Markus Philipp

Praxishandbuch Allplan 2013

BLEIBEN SIE AUF DEM LAUFENDEN!

HANSER Newsletter informieren Sie regelmäßig über neue Bücher und Termine aus den verschiedenen Bereichen der Technik. Profitieren Sie auch von Gewinnspielen und exklusiven Leseproben. Gleich anmelden unter

www.hanser-fachbuch.de/newsletter

News für CAx-Anwender!

HANSER

Verpassen Sie keine Neuerscheinung!

Der monatlich erscheinende Newsletter versorgt Sie mit News zu aktuellen Büchern aus den Bereichen CAD, CAM, CAE und PDM.

➢ Buchtipps – so entgeht Ihnen keine Neuerscheinung!
➢ Autorenportraits
➢ Blog-News – die wichtigsten Online-Portale und Social-Media-Gruppen der Branche
➢ Veranstaltungshinweise
➢ Fachartikel
➢ Umfragen

Gleich kostenlos anmelden unter:
www.hanser-fachbuch.de/newsletter

Markus Philipp

Praxishandbuch
Allplan 2013

HANSER

Der Autor: Markus Philipp, Landshut

Alle in diesem Buch enthaltenen Informationen wurden nach bestem Wissen zusammengestellt und mit Sorgfalt getestet. Dennoch sind Fehler nicht ganz auszuschließen. Aus diesem Grund sind die im vorliegenden Buch enthaltenen Informationen mit keiner Verpflichtung oder Garantie irgendeiner Art verbunden. Autor und Verlag übernehmen infolgedessen keine Verantwortung und werden keine daraus folgende oder sonstige Haftung übernehmen, die auf irgendeine Weise aus der Benutzung dieser Informationen – oder Teilen davon – entsteht, auch nicht für die Verletzung von Patentrechten, die daraus resultieren können.

Ebenso wenig übernehmen Autor und Verlag die Gewähr dafür, dass die beschriebenen Verfahren usw. frei von Schutzrechten Dritter sind. Die Wiedergabe von Gebrauchsnamen, Handelsnamen, Warenbezeichnungen usw. in diesem Werk berechtigt also auch ohne besondere Kennzeichnung nicht zu der Annahme, dass solche Namen im Sinne der Warenzeichen- und Markenschutz-Gesetzgebung als frei zu betrachten wären und daher von jedermann benützt werden dürften.

Bibliografische Information der deutschen Nationalbibliothek:

Die Deutsche Nationalbibliothek verzeichnet diese Publikation in der Deutschen Nationalbibliografie; detaillierte bibliografische Daten sind im Internet unter http://dnb.d-nb.de abrufbar.

Dieses Werk ist urheberrechtlich geschützt.

Alle Rechte, auch die der Übersetzung, des Nachdruckes und der Vervielfältigung des Buches, oder Teilen daraus, vorbehalten. Kein Teil des Werkes darf ohne schriftliche Genehmigung des Verlages in irgendeiner Form (Fotokopie, Mikrofilm oder ein anderes Verfahren), auch nicht für Zwecke der Unterrichtsgestaltung, reproduziert oder unter Verwendung elektronischer Systeme verarbeitet, vervielfältigt oder verbreitet werden.

© 2013 Carl Hanser Verlag München
Gesamtlektorat: Julia Stepp
Sprachlektorat: Kathrin Powik, Lassan
Herstellung: Andrea Stolz
Umschlagkonzept: Marc Müller-Bremer, www.rebranding.de, München
Umschlagrealisation: Stephan Rönigk
Titelillustration: Orals Parc, Encamp, Andorra, © ARTEKS Arquitectura, Andorra
Satz: Kösel, Krugzell
Druck und Bindung: Kösel, Krugzell
Printed in Germany
ISBN 978-3-446-43475-2
E-Book-ISBN 978-3-446-43489-9
www.hanser-fachbuch.de

Inhalt

Vorwort XIV

1 Allgemeines 1

1.1 **Produktfamilie Allplan 2013** 1
1.2 **Installation von Allplan** 2
    1.2.1 Hardware-Voraussetzungen 2
    1.2.2 Betriebssysteme 2
    1.2.3 Installationsarten 3
    1.2.4 Systempfade für Allplan 4
    1.2.5 Neuinstallation Allplan 2013 5
    1.2.6 Installation als Upgrade 5
    1.2.7 Installation von Updates 6
    1.2.8 Programmstart Allplan und Allmenu 6
1.3 **Allplan Update** 6
1.4 **Arbeiten mit dem Praxishandbuch Allplan 2013** 8
    1.4.1 Gliederung der Kapitel 8
    1.4.2 Daten zum Buch 9

2 Basiswissen zu Allplan 2013 13

2.1 **Das Projekt** 13
    2.1.1 Teilbilder, Pläne 13
    2.1.2 Projektattribute 14
    2.1.3 Verwaltungsdateien 15
    2.1.4 Ressourcen (Büro oder Projekt) 15
    2.1.5 Weitere Ressourcen 15
    2.1.6 Einstellungen (Projekt) 16
2.2 **Dokumentorientierte Arbeitsweise** 16

2.3	Dialoge für die Datenorganisation	17
	2.3.1 Projekt öffnen	17
	2.3.2 Projektbezogen öffnen	19
	2.3.3 Projektbezogen öffnen: Teilbilder aus Zeichnungs-/Bauwerksstruktur	20
	2.3.4 Projektbezogen öffnen: Pläne	33
	2.3.5 Projektbezogen öffnen: Bedienung der Oberfläche	37
	2.3.6 Öffnen – Freie Dokumente	39
	2.3.7 Dialog Teilbild wählen	39
	2.3.8 Speichern von Dokumenten	40
	2.3.9 Wiederherstellen von Dateien mittels *.bak-Dateien	41
	2.3.10 Anwendungstipps für die Projektstruktur	42
2.4	Kopieren von Dokumenten	44
	2.4.1 Kopieren innerhalb der Bauwerksstruktur	44
	2.4.2 Kopieren innerhalb der Planstruktur	45
2.5	Speicherorte und Favoriten	46
	2.5.1 Vordefinierte Speicherorte	46
	2.5.2 Allgemeine Speicherorte	47
	2.5.3 Favoriten	48
2.6	Der ProjectPilot – Verwaltung	48
	2.6.1 Oberfläche ProjectPilot – Verwaltung	49
	2.6.2 Baumstruktur	50
	2.6.3 Bedienung des ProjectPilot – Verwaltung	51
2.7	Die Oberfläche von Allplan	51
	2.7.1 Systematik der Icons – grafische Grundbausteine	52
	2.7.2 Oberfläche von Allplan	53
	2.7.3 Zeichenfläche	59
2.8	Oberfläche an eigenen Bedarf anpassen	63
	2.8.1 Symbolleisten und Shortcuts	63
	2.8.2 Symbolleisten und Paletten anordnen	66
	2.8.3 Assistenten	67
2.9	Nutzereingaben – Bedienung	68
	2.9.1 Eingaben über die Tastatur	69
	2.9.2 Eingaben über die Maus – Maustastenbelegungen	69
	2.9.3 Funktion aufrufen/beenden	74
	2.9.4 Aktion rückgängig machen/wiederherstellen	75
2.10	Eigenschaften von Elementen	75
	2.10.1 Eigenschaften Format	76
	2.10.2 Eigenschaften	77
	2.10.3 Eigenschaften Oberfläche	78
2.11	Elemente, Bauteile, Objekte	79
	2.11.1 Erzeugen von Elementen	80
	2.11.2 Arbeiten mit bestehenden Elementen	84
	2.11.3 Elemente modifizieren	87

	2.11.4	Aktivieren von Elementen	88
	2.11.5	Dokumentübergreifend verschieben/kopieren	92
	2.11.6	Kopieren über Zwischenablage	94
2.12	Hilfsmittel zum Konstruieren		95
	2.12.1	Punkt-Assistent – aktives Hilfsmittel	95
	2.12.2	Punktfang – passives Hilfsmittel	96
	2.12.3	Spurverfolgung – passives Hilfsmittel	98
	2.12.4	Dialogzeile zur Punkteingabe	100
2.13	Das Ebenenmodell von Allplan		102
	2.13.1	Ebenen – Grundbegriffe	103
	2.13.2	Ebenenmanager	104
	2.13.3	Ebenen zuweisen	107
2.14	Layer – Formateigenschaft und Strukturelement		109
	2.14.1	Was ist ein Layer?	109
	2.14.2	Formateigenschaft aus Layer	110
	2.14.3	Teilbilder ↔ Layer?	112
	2.14.4	Funktionen und Einstellungen	112
2.15	Darstellung in Konstruktions- und Animationsfenstern		115
	2.15.1	Angezeigte Teilbilder	116
	2.15.2	Sichtbare Layer	117
	2.15.3	Funktionen zum Beeinflussen der Bildschirmdarstellung	119
	2.15.4	Bezugsmaßstab und Zeichnungstyp	119
2.16	Darstellung im Planfenster		120

3 Grundeinstellungen 123

3.1	Optionen		123
	3.1.1	Bedienung des Dialogs Optionen	124
	3.1.2	Einstellungen und Erläuterungen zu Optionen	125
3.2	Weitere Grundeinstellungen		132
	3.2.1	Bauwerksstruktur/Zeichnungsstruktur, Planstruktur	132
	3.2.2	Bürospezifische Anpassung	132
	3.2.3	Projektattribute	133
	3.2.4	Einstellungen für Layer	133
	3.2.5	Einstellungen für Connect	134

4 Projektstart, erste Schritte 135

4.1	Projekt anlegen		135
	4.1.1	Projekt neu	135
	4.1.2	Projekt kopieren	138
	4.1.3	Projekt verwalten	138
	4.1.4	Beispiel – Projektvorlage kopieren	140

4.2		**Projektstruktur und Ebenenmodell**	141
	4.2.1	Projekt strukturieren – Grundwissen	141
	4.2.2	Zeichnungsstruktur – Grundwissen	141
	4.2.3	Bauwerksstruktur – Grundwissen	142
	4.2.4	Beispiel – Projektstruktur und Ebeneneinstellungen	145
	4.2.5	Beispiel – Teilbildnamen ergänzen	148
	4.2.6	Beispiel – Bauwerksstruktur erweitern	150
4.3		**Lageplan aufbereiten**	151
	4.3.1	Modul Konstruktion – Grundwissen	152
	4.3.2	Modul Erweiterte Konstruktion	160
	4.3.3	Modul Text – Grundwissen	161
	4.3.4	Weitere Funktionen zum Text	164
	4.3.5	Modul Maßlinie – Grundwissen	165
	4.3.6	Weitere Funktionen zur Maßlinie	169
	4.3.7	Beispiel – Lageplan als Pixelfläche	171
	4.3.8	Beispiel – Darstellung von Pixelflächen	174
	4.3.9	Beispiel – Lageplan nachzeichnen	175
4.4		**Datenaustausch – Importieren/Exportieren**	189
	4.4.1	Importieren und Exportieren	189
	4.4.2	XRef und Freies XRef	196
	4.4.3	Lageplan als DXF einlesen	197
	4.4.4	Beispiel – Lageplan-Daten einlesen, XRef	198
	4.4.5	Beispiel – Lageplan von BA I einlesen	203
	4.4.6	Beispiel – Lageplan ausrichten	205
	4.4.7	Beispiel – Ergebnis des Lageplans	208

5 Gebäudemodell – Rohbau ... 209

5.1		**Maßeingabe im Gebäudemodell**	209
5.2		**Architekturbauteile – Grundwissen**	210
	5.2.1	Höhenanbindung von Bauteilen	210
	5.2.2	Darstellung in Grundriss/Schnitt und Animation	212
	5.2.3	Attribute	213
	5.2.4	Eigenschaften von Bauteilen modifizieren	214
5.3		**Linienbauteile – Wände und Ähnliches**	217
	5.3.1	Linienbauteile – Grundwissen	217
	5.3.2	Linienbauteile bearbeiten	221
	5.3.3	Architekturbauteile zu Wänden	221
	5.3.4	Beispiel – Wände Erdgeschoss	222
5.4		**Öffnungen – Fenster, Türen und weitere**	227
	5.4.1	Öffnungen in Linienbauteilen – Grundwissen	227
	5.4.2	Eingabe von Öffnungen	231
	5.4.3	Architekturbauteile zu Öffnungen	232

	5.4.4	Beispiel – Innentüren Erdgeschoss	233
	5.4.5	Beispiel – Außentüren Erdgeschoss	236
	5.4.6	Beispiel – Fenster Erdgeschoss	238
	5.4.7	Beispiel – EG als Grundlage kopieren	240
5.5	**Ebenenanbindung anpassen**		**242**
	5.5.1	Ebenen zuweisen	242
	5.5.2	Beispiel – Ebenen zuweisen	245
	5.5.3	Beispiel – Bauteileigenschaften ändern – KG und DG	247
5.6	**Ebenen für Dächer und anderes**		**251**
	5.6.1	Sonderebenen	251
	5.6.2	Sonderebenen modifizieren	255
	5.6.3	Dachlandschaft	255
	5.6.4	Ratgeber Dach	258
	5.6.5	Beispiel – Geschosshöhen ändern	258
	5.6.6	Beispiel – Dachebene erzeugen	259
	5.6.7	Beispiel – Dachlandschaft in Ebenenmodell einbinden	261
5.7	**Architekturbauteile**		**264**
	5.7.1	Flächige Bauteile – Decke und andere	264
	5.7.2	Öffnungen in flächigen Bauteilen	267
	5.7.3	Punktförmige Bauteile	269
	5.7.4	Beispiel – Bodenplatte	271
	5.7.5	Beispiel – Decken	273
	5.7.6	Beispiel – Dachhaut	277
	5.7.7	Beispiel – Streifenfundamente	280
	5.7.8	Beispiel – Stützen und Attikaaufkantung	282
5.8	**Treppenkonstruktion**		**283**
	5.8.1	Treppenbauteile – Grundwissen	284
	5.8.2	Treppe erzeugen	286
	5.8.3	Treppe bearbeiten	288
	5.8.4	Geschossübergreifende Darstellung der Treppe	289
	5.8.5	Beispiel – Treppe EG-OG	290
	5.8.6	Beispiel – Treppe KG-EG	294
	5.8.7	Beispiel – Treppendarstellung in den Geschossen	296
5.9	**Bemaßen und Beschriften – Grundriss**		**299**
	5.9.1	Wände bemaßen	300
	5.9.2	Bauteile beschriften	302
	5.9.3	Beispiel – Bemaßen	303
	5.9.4	Beispiel – Bauteile beschriften	307
5.10	**Beispiel – Ergebnis Gebäudemodell – Rohbau**		**308**

6 Gebäudemodell – Ausbau 311

6.1 Mengen – Flächen, Räume, Geschosse 311
- 6.1.1 Räume, Geschosse, Ausbauflächen – Grundwissen 311
- 6.1.2 Funktionen zu Räumen und Geschossen 317
- 6.1.3 Erläuterung verwendeter Beschriftungsbilder 317
- 6.1.4 Beispiel – Räume mit Ausbau erzeugen 319
- 6.1.5 Beispiel – Geschoss erzeugen 323
- 6.1.6 Beispiel – Räume gruppieren 326
- 6.1.7 Beispiel – Installationsbauteil 328

6.2 Makros für Öffnungen 330
- 6.2.1 Makros für Öffnungen – Grundwissen 330
- 6.2.2 Makro für Öffnungen erstellen 332
- 6.2.3 Funktionen für Makros in Öffnungen 334
- 6.2.4 Makro in Öffnung einsetzen – Systembeschreibung 335
- 6.2.5 Beispiel – Fenstermakros ändern und tauschen 337

6.3 Geländer und Fassade 340
- 6.3.1 Modellieren 3D 340
- 6.3.2 Geländer 342
- 6.3.3 Fassade 345
- 6.3.4 Beispiel – Geländer, Treppe und Galerie 347
- 6.3.5 Beispiel – Fassade des Glaskörpers 349

6.4 Möblierung und Ausstattungselemente 355
- 6.4.1 Vergleich Symbole – Makros – SmartParts 356
- 6.4.2 SmartPart – Auswahlpalette 356
- 6.4.3 Symbole, Symbolkatalog 358
- 6.4.4 Beispiel – Möblierung mit SmartParts 359
- 6.4.5 Beispiel – Möblierung mit Symbolen 362
- 6.4.6 Beispiel – Außenanlagen ergänzen 364

6.5 Beispiel – Ergebnis Gebäudemodell – Ausbau 368

7 Ansichten, Schnitte und Reports 369

7.1 Begriffe und Grundfunktionen 369

7.2 Ableitungen – Ansichten und Schnitte 370
- 7.2.1 Ansichten und Schnitte – Grundlagen 370
- 7.2.2 Einzelschritte zu Ansichten und Schnitten 375
- 7.2.3 Nachbearbeitung von Ansichten und Schnitten 378
- 7.2.4 Beispiel – Ansichten erzeugen 379
- 7.2.5 Beispiel – Schnitt erzeugen 383
- 7.2.6 Beispiel – Ansichten nachbearbeiten 387
- 7.2.7 Beispiel – Schnitte nachbearbeiten 388

7.3		Ableitungen – Reports	392
	7.3.1	Reports – Grundwissen	392
	7.3.2	Reports – Bauwerksstruktur	392
	7.3.3	Auswahl Report und Einstellungen (BWS)	394
	7.3.4	Auswahldialoge und Einstellungen für Reports	394
	7.3.5	Layout Viewer und Layout Designer	397
	7.3.6	Benutzerinteraktion ausgewählter Reports	399
	7.3.7	Stapel-Reports erzeugen	405
	7.3.8	Beispiel – Modell auswerten	405
7.4		Ansichten, Schnitte und Reports – Teilbildbearbeitung	408
	7.4.1	Ansichten, Schnitte	408
	7.4.2	Reports – spezielle Funktionen in den Modulen	409
7.5		Änderungen am Modell – Aktualisieren der Ableitungen	410
	7.5.1	Beispiel – Ändern der Dachneigung – Dachlandschaft tauschen	410
	7.5.2	Beispiel – Schnitt/Ansicht und Reports aktualisieren	411
7.6		Beispiel – Ergebnis Schnitte und Ansichten	412

8 Planlayout, Drucken und Datenausgabe — 415

8.1		Planbearbeitung – Planausgabe	415
	8.1.1	Planzusammenstellung – Grundwissen	415
	8.1.2	Funktionen zur Planzusammenstellung	417
	8.1.3	Beispiel – Planstruktur	421
	8.1.4	Beispiel – Planzusammenstellung	425
	8.1.5	Beispiel – Plan ausgeben auf Papier	433
8.2		Planmanagement – Allplan Exchange	436
	8.2.1	Allplan Exchange – lokaler Teil	437
	8.2.2	Allplan Exchange – Webplattform	440
	8.2.3	Beispiel – Allplan Exchange	443
8.3		Datenausgabe als einzelne Datei	447
	8.3.1	Pläne/Daten archivieren	448
	8.3.2	Beispiel – Plan ausgeben als PDF-Datei (2D)	448
	8.3.3	Beispiel – Modell exportieren PDF (3D)	449
	8.3.4	Beispiel – Modell exportieren C4D	450
8.4		Ratgeber Planausgabe	451
	8.4.1	Fall 1 – Plangröße bis 841 mm Breite	451
	8.4.2	Fall 2 – Plangröße größer als 841 mm Breite	452
	8.4.3	Fall 3 – Plangröße länger als DIN A0	452
	8.4.4	Fall 4 – Ausgabe von mehreren Plänen mit eigenen Plotprofilen	453
	8.4.5	Fall 5 – Ausgabe von verkleinerten Plänen	454
	8.4.6	Testplot	454
8.5		Beispiel – Ergebnis Planzusammenstellung	455

9 Visualisierung 457
9.1 Grundlagen zur Visualisierung 457
9.1.1 Renderverfahren 457
9.1.2 Funktionen Visualisierung – Animation 458
9.1.3 Animationsfenster 460
9.1.4 Oberflächeneinstellung – Texturierung 461
9.1.5 Lichtquellen 462
9.1.6 Texturen in Allplan 463
9.1.7 Ablaufschema zum Rendern 467
9.1.8 Texturierungsregeln für Körper 468
9.1.9 Ratgeber Bildgröße 469
9.1.10 Ratgeber Animationsfenster 470
9.2 Global Illumination 471
9.2.1 Grundlagen 471
9.2.2 Einstellungen vor der Berechnung 471
9.2.3 Bild-Korrektur nach der Berechnung 473
9.2.4 Bild berechnen 474
9.2.5 Besonderheiten bei bestehenden Projekten 475

10 Allmenu 477
10.1 Allmenu – Basiswissen 477
10.1.1 Dienstprogramme 477
10.1.2 Datensicherung 478
10.1.3 Konfiguration 478
10.1.4 Service 479
10.1.5 Information 481
10.2 Allmenu – Datensicherung 481
10.2.1 Projektsicherung erstellen 482
10.2.2 Projektsicherung einspielen 483

Index 485

Vorwort

Am 10.10.2012 wurde den Kunden in aller Welt die neueste Allplan-Version 2013 vorgestellt. Mit der aktuellen Fassung des seit knapp 30 Jahren erhältlichen 3D-Planungsprogramms wurde erstmals eine volle Unterstützung für 64-Bit-Betriebssysteme eingeführt und die Verzahnung mit Online-Angeboten verwirklicht.

In Allplan 2013 wurden die in den Vorversionen begonnenen Schritte zu einer einheitlichen Benutzerführung weiterverfolgt. Allplan 2013 besitzt eine komplett neu gestaltete, einheitliche Oberfläche, die Reports wurden mit Vorlagen für den Ingenieurbau erweitert und vieles mehr.

Mit Allplan Exchange ist eine komplett neue Ausgabeschnittstelle geschaffen worden, über deren lokalen Teil Pläne automatisch in unterschiedlichen Formaten gespeichert werden können und bei Nutzung des neuen Webportals über das Internet an alle Projektbeteiligten versendet werden können. Im Zuge der Einführung von Allplan Exchange wurden die Attributverwaltung der Pläne (inklusive der Indexverwaltung) und die Verwaltung der Projektattribute komplett überarbeitet.

Der neue Architekturschatten, die Verdecktberechnung und die Ableitungen der Bauwerksstruktur ermöglichen erstmals halbautomatische, für den Architekturbedarf reduzierte Schattendarstellungen. Diese sind auch bei assoziativen Ansichten und Schnitten verfügbar.

Dieses Buch kann und soll keine vollständige Dokumentation von Allplan sein. Als Einstieg in Allplan 2013 (für Profis wie auch Anfänger) empfehle ich neben der Lektüre dieses Buches daher die Hilfe und Dokumentation von Allplan sowie einen Besuch auf den Internetseiten http://www.nemetschek-allplan.de sowie http://www.allplan-connect.com. Dort finden Sie das betreute Nutzerforum von Allplan. Nach einer kostenfreien Anmeldung können Sie im Forum lesen und schreiben sowie auf einige weitere Inhalte des Portals zugreifen. Mit Servicevertrag erhalten Sie zudem Zugriff auf eine umfangreiche Objektbibliothek mit Inhalten, die ständig erweitert und aktualisiert werden.

Neben den Internetseiten und der Dokumentation zu Allplan gibt es noch meine eigene Internetseite http://www.zeichenatelier.de/Allplan2013 mit aktuellen Informationen zu diesem und weiteren Büchern.

In diesem Buch habe ich versucht, einen Teil meiner Erfahrungen aus dem täglichen Einsatz von Allplan bei der Planung von Gebäuden und Außenanlagen, aus meiner Lehrtätigkeit und aus den vielen Diskussionen mit Kollegen einzubringen.

Besonderer Dank gilt Sieglinde Schärl, Stefanie König und weiteren Mitarbeitern des Carl Hanser Verlags für ihre Geduld und Hilfe, sowie allen Mitarbeitern der Nemetschek Allplan Systems GmbH.

Markus Philipp
http://www.zeichenatelier.de
Landshut, Januar 2013

1 Allgemeines

Was ist Allplan 2013?

Allplan 2013 ist eine bauteilorientierte 3D-Planungssoftware für Building Information Modeling (BIM). Sie deckt alle gängigen Planungsarten ab – vom einfachen 2D-Konstruieren bis hin zum virtuellen Gebäudemodell mit integrierter Mengen- und Kostenermittlung. Allplan 2013 steht für interdisziplinäres Planen von Architekten, Bauingenieuren, Fachplanern und Facility-Managern.

1.1 Produktfamilie Allplan 2013

Nemetschek bietet für die unterschiedlichen Planungsbereiche jeweils eigene Produktbereiche an, die untereinander und ineinander verzahnt sind.

- **Allplan 2013**
  - *für Architekten*: Die CAD-Lösung für Architekten beinhaltet (je nach Lizenzumfang) alle Modulbereiche von Allplan, die für den Planungsprozess des Architekten benötigt werden – von den ersten Entwurfsskizzen bis zur Werkplanung. Das in Allplan 2013 erstellte Gebäudemodell dient als Grundlage für die weiteren Fachplaner.
  - *für Ingenieure*: Die CAD-Lösung für den Ingenieurbau beinhaltet (je nach Lizenzumfang) alle Modulbereiche von Allplan, die zum Erstellen von Schal- und Bewehrungsplänen usw. notwendig sind. Mit Round-Trip Engineering wird zudem ein optimales Zusammenspiel von CAD und Statik erreicht. Die für die Berechnung notwendigen Bauteile können direkt aus dem CAD-System in die Statik-Software übernommen werden.
- **Allplan 2013 Sketch:** Mit Allplan 2013 Sketch können Sie ganz einfach professionelle Skizzen erstellen. Verschiedene Stifttypen mit einer breiten Palette von Darstellungsvarianten ermöglichen ein schnelles und effizientes Skizzieren von Entwurfsideen und Präsentationszeichnungen. Die Skizzen bieten unendliche Kombinationsmöglichkeiten mit Fotos, Renderings und vielem mehr. Allplan 2013 Sketch ist nicht mehr auf der DVD

enthalten. Sie können es aber jederzeit unter *http://www.allplan-connect.com* herunterladen. Es kann ohne Lizenz installiert werden. Voraussetzung ist wie bisher, dass Allplan in der gleichen Version installiert ist.

- **Allplan 2013 BCM:** Allplan BCM 2013 (BCM = Building Cost Management) ist ein eigenständiges Produkt für das Baukostenmanagement und den Bereich AVA für Planer. Durch die enge Verzahnung von Allplan BCM mit Allplan BIM sind nachvollziehbare Mengenansätze in frühen Planungsphasen bis hin zur Abrechnung ganz einfach möglich.
- **Allplan 2013 IBD:** Allplan IBD 2013 ist eine umfangreiche, fachspezifische Baudatenbank. Mit den Planungsdaten (CAD-Parts) und den Bauelementen (AVA-Parts) erhalten Sie eine umfangreiche Datenbank, die das mit den Bauteilen aus Allplan IBD 2013 erstellte Modell zuverlässig auswertet und eine sehr exakte Kostenberechnung im Entwurfsstadium zulässt. Die dabei ermittelten Kosten basieren auf echten Mengen und nicht, wie bei vielen Kostenvorkalkulationsprogrammen, auf Schätzwerten.

1.2 Installation von Allplan

1.2.1 Hardware-Voraussetzungen

Computer können mit dem Tool Systest2013 auf die Erfüllung der Systemvoraussetzungen für Allplan 2013 überprüft werden. Das Tool kann entweder, bei Vorliegen einer DVD, von dieser gestartet werden oder unter *http://www.nemetschek.eu/info/sys2013* heruntergeladen werden. Aktuelle Informationen zu empfohlenen Hardwarekomponenten finden Sie ebenfalls auf der Internetseite des Herstellers.

Die folgenden Angaben zur Ausstattung sind vom Hersteller übernommen worden.

Empfohlene Ausstattung	Mindestausstattung
Intel Core i5 oder i7 Prozessor oder kompatibel	Intel Core 2 Prozessor oder kompatibel
8 GB RAM	2 GB RAM
5 GB freier Festplattenspeicher	
OpenGL 3.1 kompatible Grafikkarte	
Auflösung: 1600 × 1200 Anwendungsgebiet: Performance oder High-End	Auflösung: 1280 × 1024

1.2.2 Betriebssysteme

Folgende Betriebssysteme für Arbeitsplätze und Datenserver sind vom Hersteller freigegeben:

- Windows 7, Service Pack 1 (Empfehlung: 64-Bit-Version)

- Windows Vista, Service Pack 2
- Microsoft Windows Home Server 2011
- Windows Server 2008 R2, Service Pack 1
- Windows Server 2008, Service Pack 2
- Für den Betrieb von Allplan auf MAC lagen zur Drucklegung noch keine endgültigen Informationen vor. Weitere Informationen hierzu finden Sie unter *http://www.nemetschek.eu/info/mac2013*.

Für die Erstellung dieses Buches wurde Windows 7, Service Pack 1 in der 64-Bit-Version verwendet.

1.2.3 Installationsarten

Die Installation von Allplan findet immer auf jedem Arbeitsplatz einzeln statt; d.h., das Programm wird lokal installiert. Die Datenpfade können entweder lokal oder zentral auf einem Server abgelegt werden.

Allplan wird entweder mit einer Lizenz (Demo oder endgültige Lizenz) installiert und bietet den jeweiligen Umfang an Modulen. Alternativ kann Allplan als Viewer installiert werden, um z.B. dem nicht zeichnenden Bauleiter Zugriff auf alle Daten der Projekte zu geben oder einen mobilen Arbeitsplatz für Präsentationen und/oder Besprechungen auszustatten. Allplan kann nach Ablauf der Lizenz weiterhin als Viewer mit eingeschränkten Funktionen (keine Änderungen möglich, Auswertung und Drucken uneingeschränkt möglich, alle Daten sichtbar) gestartet werden.

Je nach vorhandenen Lizenzen (eine, mehrere, mit/ohne Workgroup) sind die folgenden Varianten der Installation möglich. Der Programmordner von Allplan wird jeweils lokal abgelegt.

Vergleich der Installationsarten

	Einzelplatz	Netz ohne Workgroup	Netz mit Workgroup
Programmverzeichnis	lokal	lokal	lokal
Projektverzeichnis	lokal	Server	Server/lokal
Bürostandard	lokal	Server	Server
Netzwerk notwendig	Nein	Ja	Ja
Privates Benutzerverzeichnis	Je Arbeitsplatz	Je Arbeitsplatz	Je Windows-Benutzer zentral gespeichert
Gemeinsames Nutzen von Bürostandards	Nein	Ja	Ja
Zugriffssteuerung auf Projekte	–	Nein	Ja
Projektbearbeitung mit mehreren Nutzern gleichzeitig	Nein	Nein	Ja

Einzelplatzinstallation

Bei der Einzelplatzinstallation wird Allplan nur am jeweiligen Arbeitsplatz installiert (auch wenn sich der Rechner in einem Netzwerk befindet). Alle Daten liegen lokal auf diesem Rechner. Eine Einzelplatzinstallation eignet sich vor allem für einen einzelnen Arbeitsplatz (z. B. Laptop), wenn keine Workgroup vorhanden ist und/oder es sich um den einzigen Arbeitsplatz im Büro handelt. Bei einem stationären Arbeitsplatz und einem Datenserver im lokalen Netzwerk ist eine Netzinstallation vorzuziehen.

Netzinstallation ohne Workgroup

Alle Benutzer können über den zentralen Dateiablageordner auf den Bürostandard und alle Projekte zugreifen.

Bei dieser Installationsart ist die Zusammenarbeit von mehreren Mitarbeitern in einem Projekt nicht möglich. Wenn ein Projekt durch einen Benutzer geöffnet ist, dann wird es in dieser Zeit für die anderen Benutzer gesperrt. Die anderen Projekte können von jeweils einem anderen Benutzer bearbeitet werden. Diese Installationsart ist der Einzelplatzinstallation immer dann vorzuziehen, wenn ein Datenserver im Netzwerk vorhanden ist.

Netzinstallation mit Workgroup

Bei dieser Installationsart ist es möglich, Projekte und Benutzerordner sowohl auf dem Server als auch auf allen im Workgroup-Manager aufgenommenen Rechnern abzulegen.

An den Rechnern (Einzelarbeitsplätzen), auf denen Projekte oder Benutzerordner abgelegt werden sollen, muss dafür jeweils ein Ordner erstellt und freigegeben werden. In diesem Ordner muss ein Unterordner angelegt werden. Diese Rechner können dann über den Workgroup-Manager aufgenommen werden. Mobile Arbeitsplätze können in das System eingebunden werden. Der Nutzer muss vor dem Verlassen des Netzwerks den Arbeitsplatz auschecken.

1.2.4 Systempfade für Allplan

Bei der Installation von Allplan können zwei Pfade angegeben werden. Der zentrale Dateiablageordner sollte möglichst auf einem Server liegen, der Programmordner ist immer lokal.

Zentraler Dateiablageordner

Während der Installation kann unter **ZENTRALER DATEIABLAGEORDNER** entschieden werden, ob die Daten in einem lokalen Pfad oder in einem Serververzeichnis abgelegt werden sollen. Bei der Ablage in einem Serververzeichnis müssen ausreichende Rechte auf den freigegebenen Ordner vorhanden sein.

Bei einer Installation ohne Workgroup werden nur die Ordner *\prj* (Projekte) und *\std* (Bürostandard) angelegt. Der Ordner *\NET* wird nur bei einer Workgroup-Installation angelegt.

Im Ordner *Updates* werden je nach Einstellung unter Allplan Update-Daten für alle Rechner bereitgestellt (siehe auch Abschnitt 1.3, »Allplan Update«).

Programmordner

Der Programmordner von Allplan wird immer lokal angelegt:

- Programmordner (Standard – einstellbar): *C:\Program Files\Nemetschek\Allplan\Prg*

Weitere lokale Ordner

Neben dem Programmordner werden auch wichtige Ressourcen lokal abgelegt, auf die Allplan oft zugreift. Ab Version 2013 erfüllt Allplan die von Windows vorgeschriebenen und für die Zertifizierung notwendigen Voraussetzungen für Datenpfade, in denen veränderliche oder nutzerbezogene Dateien abgelegt werden.

- *C:\ProgramData\Nemetschek\Allplan\2013\Etc*
- *C:\Users\Benutzername\Dokumente*

1.2.5 Neuinstallation Allplan 2013

Vor der Installation von Allplan 2013 sollte auf allen CAD-Rechnern des Netzwerks, in dem Allplan 2013 installiert werden soll, der Systemtest ausgeführt werden. Den Link finden Sie im Startmenü der DVD.

Eine detaillierte Anleitung zum Installationsvorgang auf Ihrem System finden Sie auf der DVD von Allplan, die Sie über die Internetseite von Nemetschek anfordern können.

Bei der Installation eines zusätzlichen Arbeitsplatzes in einem bestehenden Netzwerk ist als zentraler Dateiablageordner der bestehende Pfad anzugeben. Dieser wird z. B. im Allmenu angezeigt.

1.2.6 Installation als Upgrade

Ein Upgrade ist der Versionssprung z. B. von Allplan 2012 auf Allplan 2013 und zumeist mit einer Datenwandlung verbunden.

Wenn bereits ältere Allplan-Versionen vorhanden sind, kann Allplan als Upgrade installiert werden. Alle Datenpfade werden beibehalten bzw. – wenn notwendig – entsprechend den neuen Bedürfnissen verschoben oder mit notwendigen neuen Inhalten bestückt. Vor der Upgrade-Installation sollte der Inhalt des zentralen Dateiablageordners gesichert werden.

Wenn mehrere Arbeitsplätze installiert werden müssen, kann nach dem Start der Installation auf dem ersten Rechner auf den weiteren Arbeitsplätzen nicht gearbeitet werden. Sobald der erste Arbeitsplatz fertig installiert und lauffähig ist (kurz ein oder mehrere Projekte antesten) können die weiteren Installationen gestartet werden.

1.2.7 Installation von Updates

Ein Update ist eine Aktualisierung eines Hauptrelease und bedarf keiner Datenwandlung. In den letzten Versionen wurden Hotfixes zur Fehlerbehebung sowie eine »Zwischenversion« zur Verfügung gestellt. Diese Aktualisierungen sollten direkt nach dem Erscheinen möglichst auf allen Arbeitsplätzen eingespielt werden (siehe auch Abschnitt 1.3, »Allplan Update«).

Zwischenversionen werden als Download im Internet und im Anschluss daran als DVD zur Verfügung gestellt und müssen auf jedem Arbeitsplatz separat eingespielt werden.

1.2.8 Programmstart Allplan und Allmenu

Nach der Installation von Allplan 2013 finden Sie zwei neue Icons auf dem Desktop sowie eine neue Programmgruppe im Startmenü unter **PROGRAMME**.

Über das Icon **ALLPLAN 2013** wird das CAD- und über das Icon **ALLMENU 2013** ein Konfigurationsprogramm gestartet.

■ 1.3 Allplan Update

Allplan bietet ab der Version 2011 eine Möglichkeit an, über die alle Installationen von Allplan komfortabel und ohne Aufwand stets auf dem aktuellsten Stand gehalten werden können. Das automatische Update funktioniert bei kleinen Änderungen (Hotfixes) genauso wie bei großen Service-Releases und aktualisierten Hilfedateien.

Allplan Updates können auf drei Arten gesteuert werden
- Updates automatisch herunterladen und automatisch installieren
- Updates automatisch herunterladen und manuell installieren
- Updates sowohl manuell herunterladen als auch manuell installieren

Die getroffenen Einstellungen gelten immer für den Rechner, unabhängig von Benutzerrechten. Jeder Benutzer kann die Einstellungen ändern (außer Workgroup-Installation).

Allplan Update in der Workgroup
In einer Workgroup-Installation kann der Systemadministrator verschiedene Einstellungen vorgeben, Installationen von Aktualisierungen auf allen Arbeitsplätzen erzwingen oder die Updates zu einem gewünschten Zeitpunkt auf alle Plätze verteilen.

Allplan Update-Einstellungen

Das Dialogfeld **ALLPLAN UPDATE EINSTELLUNGEN** dient der detaillierten Einstellung des Verhaltens von Allplan bezüglich automatischer Updates. Je nach gewählter Einstellung kann entschieden werden, dass Allplan sich nicht aktualisiert (nicht ratsam), sich halbautomatisch (gut in Netzwerken mit Systemadministratoren) oder vollautomatisch aktualisiert.

Die Einstellungen sind für alle Anwender sichtbar. In Workgroup-Installationen kann der Administrator bestimmte Einstellungen zentral steuern und somit für den Anwender deaktivieren.

Sie finden die Einstellungen im Menü ? (Hilfe).

- **UPDATES AUTOMATISCH INSTALLIEREN**
  Zur angegebenen Zeit wird automatisch nach neuen Updates gesucht. Sobald ein neues Update vorliegt, wird dieses automatisch heruntergeladen. Beim nächsten Start von Allplan wird ein heruntergeladenes Update (auch wenn es manuell mit **JETZT SUCHEN** heruntergeladen wurde) ohne weitere Nachfrage installiert.
- **NACH UPDATES SUCHEN** legt die Zeitpunkte fest, zu denen Allplan nach neuen Updates suchen soll. Die Suche erfolgt nur, falls zu diesem Zeitpunkt eine Internetverbindung besteht.

> **HINWEIS: NACH UPDATES SUCHEN** definiert unabhängig von der gewählten Installationsart den Zeitrhythmus, in dem Allplan nach Neuem suchen soll.

- **UPDATES HERUNTERLADEN, INSTALLATION MANUELL DURCHFÜHREN** (empfohlen)
  Zum eingestellten Zeitpunkt wird automatisch nach Updates gesucht und diese werden heruntergeladen. Beim nächsten Allplan-Start wird das Update nach Abfrage installiert. Bei dieser Einstellung behalten Sie volle Kontrolle über den Zeitpunkt, zu dem ein Update erfolgen soll, sparen sich aber den Aufwand, selber nach Aktualisierungen suchen zu müssen.
- **NICHT AUTOMATISCH NACH UPDATES SUCHEN** deaktiviert jeglichen Automatismus. Sie können aber mit **JETZT SUCHEN** manuell nach neuen Updates suchen. Die Installation von publizierten Updates wird in diesem Fall ohne Möglichkeit zum Abbrechen durchgeführt.
- **JETZT SUCHEN** löst eine sofortige Suche nach neuen Updates aus und lädt diese nach Bestätigung durch den Anwender herunter. Wenn **UPDATES AUTOMATISCH INSTALLIEREN** aktiviert ist, wird das heruntergeladene Update beim nächsten Allplan-Start automatisch installiert. Wenn **UPDATES HERUNTERLADEN, ABER INSTALLATION MANUELL DURCHFÜHREN** aktiviert ist, kann das heruntergeladene Update beim nächsten Allplan-Start manuell installiert werden.
- **UPDATEVERLAUF ANZEIGEN** zeigt den bisherigen Updateverlauf des Rechners an.
- **SYSADM EINSTELLUNGEN** ist nur für Allplan-Administratoren bei einer Workgroup-Installation verfügbar und bietet dem Administrator Einstellmöglichkeiten zur Kontrolle der Updates im Netzwerk an.

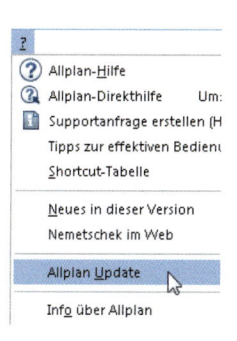

1.4 Arbeiten mit dem Praxishandbuch Allplan 2013

Die nachfolgenden Kapitel widmen sich der Bedienung von Allplan 2013 anhand eines Beispielprojekts, das in etwa 60 Teilbeispielen erläutert wird. Um Ihnen die Arbeit zu erleichtern und eine zeitgemäße Arbeitsweise zu ermöglichen, werden bei der Installation der Demo-Daten ein Vorlageprojekt, das fertige Beispielprojekt und Assistenten auf Ihren Rechner gespeichert. In den Assistenten sind alle für das Beispiel notwendigen Bauteile als Vorlagen gespeichert. Alternativ zur Arbeit mit Assistenten können die Eigenschaften nach Belieben selbst eingestellt werden oder, soweit vorhanden, die Favoriten im Vorlageprojekt verwendet werden.

Dem Beispiel voran geht jeweils eine theoretische Einführung. Diese sollten Sie auf jeden Fall durchgehen, da Sie darin Informationen und Anregungen, die über das Beispiel hinaus gehen, finden. Die Gliederung orientiert sich grob an einem möglichen Projektlauf – von den ersten Skizzen im Lageplan bis zur fertigen Eingabeplanung mit erweiterter Beschriftung und Bemaßung.

Sämtliche Screenshots sind auf einem Windows 7-Rechner (64-Bit) mit einer Workgroup-Installation von Allplan 2013 (64-Bit-Version) entstanden. Sollten bei einer Installation ohne Workgroup andere oder weniger Optionen in den Dialogen vorhanden sein, können Sie diese ignorieren.

1.4.1 Gliederung der Kapitel

In den folgenden Kapiteln werden anhand des Beispielprojekts grundlegende Arbeitsweisen und Möglichkeiten in Allplan erläutert. Neben dem Allplan-Basiswissen erlernen Sie das Anlegen eines Projekts anhand eines Vorlageprojekts, die Erstellung des Gebäudemodells, das Erzeugen von Ansichten, Schnitten und Listen sowie die Datenausgabe auf Papier.

Alle Bereiche werden anhand des Beispielprojekts erläutert. Den praktischen Beispielen der verschiedenen Bereiche geht jeweils eine Erläuterung der Funktionen und Funktionalitäten voraus. In fast allen Bereichen werden mehr Funktionen erläutert, als im jeweils nachfolgenden Beispiel direkt eingesetzt werden.

Es ist ratsam, entweder komplett neu mit dem Projekt zu beginnen oder, bei Vorkenntnissen, die entsprechenden Bereiche anhand eigener Daten durchzuspielen. Alternativ kann für spezielle Bereiche auch mit den fertigen Beispieldaten (bzw. Kopie) gearbeitet werden.

1.4.1.1 Unterkapitel des Beispiels

Die Unterkapitel, die das Beispielprojekt schrittweise weiterführen, werden durch die nebenstehende Abbildung eingeleitet. In der oberen Zeile wird jeweils das Hauptthema genannt und in den weiteren Zeilen der Funktionsbereich.

1.4.1.2 Kennzeichnungen in Beispielen und Erläuterungen

KAPITÄLCHEN: Funktionsaufrufe und Texte, die in den Dialogen vorkommen

➤ Einzelschritt bei Prinziperläuterungen der theoretischen Bereiche

▷ Einzelschritt bei der Bearbeitung des Beispielprojekts

Kursiv: Benutzereingaben bei der Bearbeitung des Beispielprojekts

Funktionen, die in Version 2013 deutlich überarbeitet und/oder erweitert wurden, sowie neue Funktionen und Möglichkeiten in Allplan 2013 sind so wie in der Randspalte zu sehen dargestellt. Die »Fundstellen« sind im Index aufgeführt.

Überarbeitet/Neu/ Erweitert in Version 2013

1.4.2 Daten zum Buch

1.4.2.1 Bezug der Daten

Die Projektdaten zum Buch können Sie über zwei Wege beziehen.

Möglichkeit 1

Sie besuchen meine Internetseite. Dort finden Sie die Projektdaten und weitere Informationen zum Download.

- *http://www.zeichenatelier.de/Allplan2013*

Möglichkeit 2

Sie besuchen den Download-Bereich des Carl Hanser Verlags.

- *http://downloads.hanser.de*

1.4.2.2 Installation der Daten

Die Installation der Daten zum Buch erfolgt nach dem Start des Setup-Vorgangs automatisch. Im Verlauf des Setup-Vorgangs auftauchende Abfragen müssen mit JA bestätigt werden. Alle notwendigen Daten werden in die jeweils vorgegebenen Verzeichnisse kopiert und die Projektverwaltung am Ende des Installationsvorgangs aktualisiert. Bei einem zweiten Installationsvorgang werden die vorhandenen Projekte **nicht** überschrieben.

1.4.2.3 Installierte Dateien und Verzeichnisse

Alle installierten Daten können Sie für eigene Projekte weiterverwenden. Sie können entweder das Vorlageprojekt zum Buch für Ihre Zwecke weiterentwickeln oder die Daten (Ressourcen) der Beispielprojekte in Ihren Bürostandard oder Ihr Vorlageprojekt kopieren. Die notwendigen Schritte zum Ressourcenaustausch finden Sie entweder in der Hilfe oder in meinem Buch *Allplan 2009 für die Ausbildung*, Carl Hanser Verlag (ISBN 978-3-446-41928-5) beschrieben.

Projektdaten

Die Projektdaten zu diesem Buch werden über ein Setup-Programm automatisch in die Projektverwaltung kopiert und in die Verwaltungsdateien eingetragen. Nach erfolgreichem Durchlauf des Setup-Programms finden Sie in der Projektverwaltung zwei neue Projekte.

- **Vorlageprojekt** *Praxishandbuch Allplan 2013 Vorlage*: Beinhaltet alle für die Bearbeitung des Buches verwendeten Daten, die nicht zur Hauptinstallation von Allplan gehören
- **Projekt** *Praxishandbuch Allplan 2013*: Beinhaltet das komplett fertige Projekt zum Buch

Das Vorlageprojekt im Detail

- **Projekteinstellungen:** Alle Pfadeinstellungen für Ressourcen sind auf *<Projekt>* gestellt. Das bedeutet, dass Sie innerhalb des Beispielprojektes **nicht** mit den Ressourcen der Hauptinstallation arbeiten.
- **Bauwerksstruktur, Zeichnungsstruktur:** Das Projekt enthält keine vorgefertigte Bauwerks- und/oder Zeichnungsstruktur. Ein Beispiel für eine Zeichnungsstruktur finden Sie im *Projekt: Praxishandbuch Allplan 2013*. Die Bauwerksstruktur wird in Abschnitt 4.2.4, »Beispiel – Projektstruktur und Ebeneneinstellungen«, mit dem im Ebenenmanager enthaltenen Assistenten erstellt und in den folgenden Kapiteln ausgebaut.
- **Planstruktur:** Eine Beispielstruktur für Pläne ist im Vorlageprojekt wie im fertigen Beispiel enthalten. Diese können Sie gegebenenfalls anpassen und weiterverwenden. Den einzelnen Strukturstufen sind jeweils Pläne zugeordnet. Die Gliederung selbst orientiert sich grob an den Leistungsphasen der HOAI. Eine detailliertere Beschreibung finden Sie in Kapitel 8, »Planlayout, Drucken und Datenausgabe«.
- **Ressourcen – Flächendefinitionen:** Soweit es sinnvoll und für das Beispiel notwendig ist, wurden die Standardressourcen verwendet und um einige Einstellungen erweitert. Die zusätzlichen Daten sind in der Gruppe *Praxishandbuch Allplan* zusammengefasst.
- **Ressourcen – Layer, Linienstile und Zeichnungstypen:** Die enthaltenen Layer entsprechen genau dem Auslieferungszustand von Allplan, wobei verschiedene, im Buch nicht verwendete Layergruppen nicht im Projekt eingefügt wurden. Linienstile und Zeichnungstypen sind um Einstellungen erweitert, die es ermöglichen, sowohl Grundrissdarstellungen als auch davon abgeleitete Schnitte ohne Qualitätsverluste und Nachbearbeitungen generieren zu können. Die jeweiligen Gruppen sind eindeutig gekennzeichnet und im Buch zum Teil beschrieben.
- **Beschriftungsbilder und Makros:** Alle im Beispiel verwendeten Variablen, Beschriftungsbilder für Bauteile (Raumbeschriftung und Geschossbeschriftung) sowie ein Plankopf sind im Projekt enthalten. Die im Verlaufe des Beispiels zu erzeugenden Makros finden Sie ebenfalls an den entsprechenden Stellen im Projekt vor.

Neu in Version 2013: Planlegenden

- **Planlegenden:** Im Beispielprojekt sind zwei Planköpfe als Planlegenden enthalten, welche die neuen Möglichkeiten der Indexdarstellung mit und ohne Sub-Indexe aufzeigen.
- **Oberflächendateien und Texturen:** Die Bauteile aus den Assistenten sind bereits mit einfachen Oberflächen (mit und ohne Texturen) angelegt. Die entsprechenden Definitio-

nen sind im Design-Ordner des Projekts enthalten bzw. basieren auf dem installierten Standard.
- **Favoritendateien:** An verschiedenen Stellen des Beispiels wird auf Favoriten (Bauteile, Einstellungen in der BWS, Darstellung usw.) verwiesen. Diese sind ebenfalls im Projekt enthalten.

Assistenten

Bei der Installation der Buchdaten wird zusätzlich zu den Projektdaten ein Ordner mit Assistenten in das lokale ETC-Verzeichnis von Allplan 2013 kopiert. Diese Assistenten tauchen nach der Installation (eventuell nach einem Neustart) automatisch in einer neuen Gruppe auf und können weder geändert noch erweitert werden.

Praxishandbuch Allplan 2013

In den Assistenten finden Sie alle Bauteile, die verwendet werden und deren Einstellungen in Assistenten speicherbar bzw. aus diesen abrufbar sind. Zusätzlich sind jeweils ähnliche Bauteile sowie 2D-Elemente wie Linien, Texte und Maßlinien vorhanden.

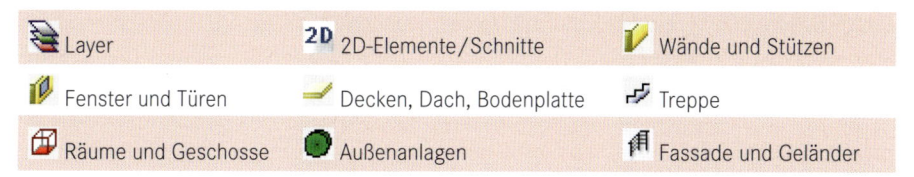

Layer	2D-Elemente/Schnitte	Wände und Stützen
Fenster und Türen	Decken, Dach, Bodenplatte	Treppe
Räume und Geschosse	Außenanlagen	Fassade und Geländer

In den einzelnen Beispielen wird immer ein Ausschnitt des Assistenten angezeigt, in dem Sie die Bauteile finden können. In der textlichen Beschreibung wird zudem auf den notwendigen Assistenten und die zu übernehmende Bauteilnummer verwiesen.

2 Basiswissen zu Allplan 2013

■ 2.1 Das Projekt

Das Projekt bildet in Allplan 2013 komplette Bauvorhaben mit mehreren Bauabschnitten und/oder Planungsphasen ab. Physikalisch ist jedes Projekt ein Ordner auf der Festplatte, in dem alle Daten (projektbezogen) gesammelt werden.

Projektbestandteile

Ein Projekt besteht aus unterschiedlichen Datentypen, die sich in Gruppen unterteilen lassen. Dies sind die wichtigsten Datengruppen:

- Teilbilder, Pläne, Projektattribute, Verwaltungsdateien → in jedem Projekt vorhanden (max. 9999 Teilbilder und 9999 Pläne pro Projekt)
- Ressourcen (Schraffuren, Muster, Layer usw.) → wahlweise im Projekt vorhanden
- besondere Ressourcen (Rechercheprojekt, PLANZVO) → spezielle, projektbezogene Verknüpfungen
- Ressourcen (Pixeldateien, Oberflächen usw.) → nach Verwendung im Projekt vorhanden

Erweitert in Version 2013: Anzahl Pläne/Teilbilder

2.1.1 Teilbilder, Pläne

Teilbilder – Konstruktionsbereich

In Allplan werden die Daten (Zeichnungen, Modelldaten) auf Teilbildern erzeugt, die ähnlich den aus dem klassischen Bauzeichnen bekannten Transparenten gegliedert werden können. D. h., es wird für ein Geschoss, eine Ansicht oder ein Detail ein Teilbild verwendet. Es können bis zu 80 Teilbilder gleichzeitig, sozusagen als »Zeichnungsstapel« zur Bearbeitung angezeigt werden. Da jedes Teilbild einer Datei entspricht, bedeutet das, dass gleichzeitig bis zu 80 Dateien (im Netzwerk pro Nutzer!) geöffnet und bearbeitet werden können. Im Projektordner auf der Festplatte wird das Teilbild unter seiner eindeutigen Nummer gespeichert. Dies ermöglicht einen von den Windows-Dateinamen unabhängigen Teilbildnamen zur Anzeige in Allplan, inklusive der Möglichkeit, Teilbildnamen mehrmals im Projekt zu verwenden. Es kann z. B. in jedem Bauabschnitt ein Teilbild **RASTER** vorhanden sein. Teilbilder werden über die Funktion **PROJEKTBEZOGEN ÖFFNEN** (Zeichnungsstruktur oder Bauwerksstruktur) verwaltet und zum Bearbeiten aktiviert.

Auf Teilbildern können alle Arten von Daten mit frei wählbarem Bezugsmaßstab erzeugt werden.

Pläne – Ausgabebereich

Für die Ausgabe der auf Teilbildern erstellten Zeichnungen (Modelldaten) auf Papier bietet Allplan Pläne an, die in der Planbearbeitung bearbeitet werden. Auf Plänen können Teilbilder und NDW-Dateien als Planelemente mit nahezu frei einstellbaren Darstellungsregeln abgelegt und mit weiteren Elementen (Planrahmen, Plankopf, zusätzlicher Beschriftung usw.) kombiniert zusammengestellt werden. Im Gegensatz zu Teilbildern kann immer nur ein Plan zur Bearbeitung geöffnet werden. Jeder Plan entspricht einer Datei, in der die Regeln zum Abbilden der Teilbilder (Referenz zum Dokument) und die direkt auf dem Plan erzeugten Daten gespeichert werden. Die auf Plänen angezeigten Daten (Planelemente) entsprechen immer dem aktuellen Stand der Planung.

Pläne werden im Projektordner unter der eindeutigen Plannummer gespeichert. Dies ermöglicht eine von den Windows-Dateinamen unabhängige Benennung von Plänen. Der Maßstab eines Plans ist immer 1:1, während die im Plan abgelegten Planelemente, ähnlich einer auf einem Transparent gezeichneten Zeichnung, in einem beliebigen Maßstab dargestellt werden können.

> **HINWEIS:** In Plannamen sollten keine für Windows-Dateinamen unerlaubten Zeichen verwendet werden, da diese für die Erzeugung von Dateien bis hin zum automatischen Versand von Plandateien verwendet werden können.

2.1.2 Projektattribute

Überarbeitet in Version 2013: Planattibute, Projektattribute

Projektattribute dienen zur Verwaltung allgemeiner Informationen zu einem Bauvorhaben. Sie können z. B. die genaue Bezeichnung des Bauvorhabens, den NN-Bezug, Angaben zum Bauherrn und zu weiteren Beteiligten in den Attributen speichern. Auf diese Daten kann überall innerhalb des Projekts zum Beschriften von Plänen und Bauteilen zurückgegriffen werden.

Die Projektattribute stellen Stammdaten des Projekts dar, die an vielen Stellen verwendet werden können. Es reicht, eine Änderung eines Projektattributes (z. B. des Bauherrn oder der Bezeichnung des Bauvorhabens) vorzunehmen, um z. B. auf allen Plänen den entsprechenden Wert zu ändern.

2.1.3 Verwaltungsdateien

Zu den Verwaltungsdateien zählen sämtliche Dateien, die intern zur Darstellung Ihrer Projektstruktur dienen (Teilbild- und Plannamen, Zeichnungsstrukturen und Bauwerksstrukturen, Ebenenmodell usw.). Verwaltungsdateien liegen sowohl direkt im Projektpfad wie auch in Unterordnern des Projekts.

2.1.4 Ressourcen (Büro oder Projekt)

Als Ressourcen werden alle Daten bezeichnet, die eine Definition (z. B. für Layer, Schraffur, Muster, Stilflächen usw.) beinhalten. Auf diese wird bei der Erzeugung von Elementen und Bauteilen zugegriffen. Alle Ressourcen können entweder im Projekt- (= projektspezifisch) oder im Bürostandard (= bürospezifisch) gespeichert werden (siehe auch Abschnitt 2.5.1, »Vordefinierte Speicherorte«).

Sie können beim Anlegen eines Projekts (oder auch später) entscheiden, ob Sie bei der Projektbearbeitung den allgemeinen Bürostandard (für jedes Projekt verfügbar) verwenden möchten oder ob Sie mit projektspezifischen Ressourcen (nur für das aktuelle Projekt verfügbar) arbeiten wollen. Wenn Sie beim Anlegen eines Projekts (oder im Nachhinein) die Zuordnung von Büro auf Projekt ändern, werden die Daten vom Bürostandard als Kopie in Ihrem Projekt abgelegt. Bei der nachträglichen Änderung der Zugriffsart von Projekt auf Büro werden die entsprechenden Daten wieder aus Ihrem Projekt entfernt.

Folgende Ressourcenarten stehen Ihnen zur Verfügung:

- Stift- und Strichdefinition
- Schriftarten
- Muster, Schraffuren, Flächenstile
- Rundstahl- und Mattenquerschnittsreihen
- Layerstrukturen, Linienstile, Zeichnungstypen
- Attributvorgaben

2.1.5 Weitere Ressourcen

Eine letzte Gruppe sind Ressourcen, auf die nur zugegriffen wird und die zum Teil extern verwaltet werden bzw. bei denen der Standard nicht verändert werden darf.

CAD-AVA-Projektzuordnung

Die CAD-AVA-Projektzuordnung bietet Ihnen eine direkte Anbindung zu Allplan BCM, dem Ausschreibungsprogramm aus dem Hause Nemetschek. Sie können Ihrem CAD-Projekt ein beliebiges AVA-Projekt zuordnen und daraus Positionen für die Materialbezeichnungen Ihrer Bauteile verwenden. Die direkte Zuordnung von Bauteilen zu einer Position ermöglicht das direkte Einspielen aus dem Bauteil resultierender Mengen in das Leistungsverzeichnis.

Planzeichen Städtebau

Es kann entweder der von Nemetschek ausgelieferte Katalog verwendet werden oder ein auf persönliche und/oder länderspezifische Anforderungen angepasster Katalog.

Der installierte Katalog Planzeichenverordnung kann nicht verändert werden und liegt deshalb im Ordner ETC (Pfad *Standard*) im lokalen Datenpfad der Installation. Näheres zu den Systempfaden von Allplan finden Sie in Abschnitt 1.2.4, »Systempfade für Allplan«.

Sie können über die Auswahlmaske der Planzeichenverordnung beliebig viele Kopien erstellen, Ihrem Projekt zuweisen und über die Funktion **PLANZEICHENSYMBOL ERSTELLEN** (Modul **GEO** → **STÄDTEBAU**) verändern.

2.1.6 Einstellungen (Projekt)

OFFSET-KOORDINATEN sollten immer dann verwendet werden, wenn Sie auf der Grundlage eines Lageplans mit überregionalen Landeskoordinaten (z. B. Gauß-Krüger-Koordinaten) starten und alle Daten auch auf diesen Koordinaten verbleiben müssen. Bei der Ausgabe werden die eingestellten Offset-Koordinaten immer addiert, beim Einlesen von Daten (und dem Absetzen von Punktsymbolen) subtrahiert.

Über die **EIN-, AUSGABEWÄHRUNG** wird geregelt, welche Währung in den Ausgabelisten Anwendung finden soll.

2.2 Dokumentorientierte Arbeitsweise

Allplan bietet Ihnen mit NDW-Dateien (modellorientierte Dateien) und NPL-Dateien (Planzusammenstellungen) eine vom Projekt unabhängige Möglichkeit der Datenstrukturierung an.

Bei dieser Arbeitsweise können Sie selbst entscheiden, wo und mit welcher Ordnerstruktur die Dateien auf der Festplatte gespeichert werden sollen. Eine sinnvolle Struktur muss hierbei vom Nutzer selbst aufgebaut werden. Diese Arbeitsweise wird, aufgrund der Überlegenheit des Projekts, in diesem Buch nicht weiter beschrieben und/oder empfohlen, außer für den Datenaustausch mit Planungspartnern, die auch Allplan 2013 (oder eine ältere Version) verwenden und nur einzelne Pläne und/oder Teilbilder benötigen. Hier ist das Speichern dieser Dateien als NPL-Daten bzw. NDW-Datei möglich und in vielen Fällen die einfachste Lösung (siehe auch Abschnitt 4.4.1.6, »Allplan-Daten austauschen (Import/Export)«.

Hauptunterschiede von NDW-Dateien zu Teilbildern

- Es ist möglich, mehrere NDW-Dateien gleichzeitig zu öffnen, diese können aber nicht gemeinsam in einem Fenster betrachtet (hinterlegt) werden.
- Teilbilder werden **immer** als eine Einheit angezeigt. Es können nicht mehrere Teilbilder in unabhängigen Fenstern bearbeitet werden.
- Der Speicherort und Speichername von NDW-Dateien ist frei wählbar.
- Teilbilder werden unter ihrer Teilbildnummer im Projektordner gespeichert. Der angezeigte Name taucht, im Gegensatz zu NDW-Dateien, nicht auf der Festplatte auf.

Hauptunterschiede von NPL-Dateien zu projektbezogenen Plänen

- Auf einem freien Plan (NPL-Datei) können keine projektbezogenen Daten abgelegt werden.
- Auf projektbezogenen Plänen können NDW-Dateien und Teilbilder verwendet werden.
- Der Speicherort und Speichername von NPL-Dateien ist frei wählbar.
- Projektattribute und Planattribute zur Planbeschriftung sind bei freien Plänen (NPL-Dateien) nicht verfügbar.

■ 2.3 Dialoge für die Datenorganisation

Allplan bietet Ihnen mit den Dialogen Projekt öffnen (Projektverwaltung) sowie **PROJEKTBEZOGEN ÖFFNEN** für Teilbilder bzw. für Pläne komfortable Möglichkeiten, alle Daten zu verwalten und optimal gegliedert anzuzeigen. Neben den Dialogen **PROJEKTBEZOGEN ÖFFNEN** gibt es für die dokumentorientierte Arbeitsweise Windows-basierte **DATEI-ÖFFNEN**-Dialoge.

2.3.1 Projekt öffnen

Über den Dialog **PROJEKT ÖFFNEN** wird das aktuell zu bearbeitende Projekt (d.h. der aktuelle Arbeitsordner) festgelegt. Hierzu muss das gewünschte Projekt markiert und die Auswahl mit **OK** bestätigt werden.

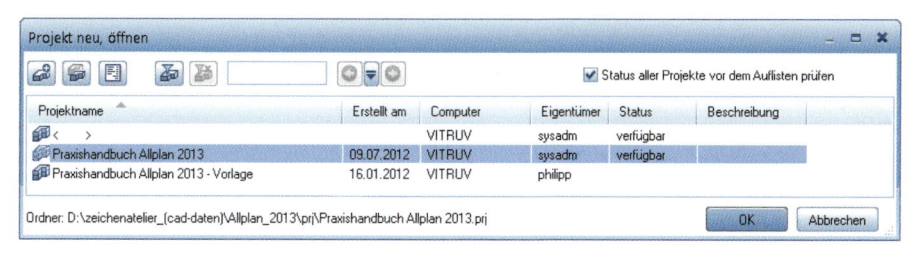

Projekt öffnen

Funktionsübersicht

Neues Projekt
- **NEUES PROJEKT** startet den Assistenten zum Anlegen eines Projekts. Nach erfolgreichem Durchlaufen des Assistenten wird der Dialog automatisch geschlossen und das neu erzeugte Projekt geöffnet.

Kopieren nach
- **KOPIEREN NACH** erzeugt eine Kopie des aktuell markierten Projekts. Nachdem die Projektkopie erzeugt wurde, wird der Dialog automatisch geschlossen und die Projektkopie geöffnet.

Reports
Neu in Version 2013
- **REPORTS** bietet den direkten Zugriff auf Auswertungen des gewählten Projekts, wie z. B. Planlisten, Planübersichten, Bauwerksstruktur und verschiedene weitere. Zusätzlich kann eine Übersicht über alle vorhandenen Projekte, Bibliotheken, Makros, Symbole und Textsymbole erstellt werden.

Der komplette Vorgang zum Erzeugen eines neuen Projektes ist in Abschnitt 4.1, »Projekt anlegen«, detailliert in zwei Varianten beschrieben.

Projektfilter
ausschalten
- **PROJEKTFILTER** öffnet den gleichnamigen Dialog, in dem Sie Filterargumente einstellen können, die auf die Projektliste wirken. Sie können hier logische Filterregeln erstellen, mit deren Hilfe Sie die Ansicht der anzuzeigenden Projekte einschränken können. Mit **AUSSCHALTEN** wird die Filterung zurückgenommen und alle Projekte werden wieder angezeigt.
- Das Feld **PROJEKTNAME SCHNELLSUCHE** erlaubt Ihnen, durch die Eingabe von Teilen der Projektnamen schnell das erste zutreffende Projekt auszuwählen.

Neu in Version 2013:
Verlauf Projekte
- Über die Schalter **VOR/ZURÜCK** und das zwischengelagerte Pull-down-Menü kann schnell zwischen den letzten geöffneten Projekten gewechselt werden, ohne in oft umfangreichen Projektlisten suchen oder filtern zu müssen.
- Die Option **STATUS ALLER PROJEKTE VOR DEM AUFLISTEN ÜBERPRÜFEN** bewirkt, dass bei jedem Öffnen des Dialogs alle Projekte auf deren Verfügbarkeit hin überprüft werden. Bei umfangreichen Projektbeständen und/oder mehrere Speicherorten für Projekte im Netzwerk sowie bei langsamen Netzwerkanbindungen wird der Aufbau der Projektliste deutlich verzögert. Das Deaktivieren dieser Option erhöht die Arbeitsgeschwindigkeit.

Spaltenüberschriften/Tabelleninhalt

Durch Anklicken der Spaltenüberschrift werden die Projekte auf-/absteigend nach der entsprechenden Spalte sortiert. Es erscheint ein Pfeil neben der Überschrift. Über das Kontextmenü können Sie weitere Spalten einfügen und/oder die jeweilige Spalte entfernen.

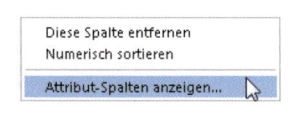

Symbol	Bedeutung
	Projekt bearbeitbar
	Projekt ist gesperrt.

Symbol	Bedeutung
	Auf das Projekt kann nicht zugegriffen werden. Der Projektordner wurde unter Windows gelöscht, oder der Rechner, auf dem sich das Projekt befindet, ist nicht erreichbar.
	Projekt ausgecheckt. Das Projekt befindet sich auf einem Rechner der Workgroup, der derzeit ausgecheckt ist. Sie können ein Informationsfenster anzeigen lassen, in dem die beim Auschecken eingegebene Notiz angezeigt wird.

Kontextmenü des markierten Projekts

Im Kontextmenü des markierten Projektes finden Sie neben den im Dialogfeld erscheinenden Funktionen zusätzlich folgende Funktionen:

- **PROJEKT LÖSCHEN** entfernt das markierte Projekt dauerhaft von der Festplatte. Dieser Vorgang kann nicht rückgängig gemacht werden!
- **UMBENENNEN** öffnet einen Dialog zum Umbenennen des markierten Projekts. Bei Projekten, die mit der Einstellung **ORDNERNAME WIE PROJEKTNAME** erzeugt wurden, wird die Bezeichnung des Projektordners auf der Festplatte gleichzeitig geändert.
- **EIGENSCHAFTEN** öffnet den Dialog zum Einstellen der Projekteigenschaften. Sie haben an dieser Stelle Zugriff auf die in Abschnitt 2.1, »Das Projekt«, beschriebenen Ressourcen, Projektattribute und Einstellungen.

Statuszeile

In der Statuszeile wird der komplette Pfad (realer Speicherort!) des markierten Projekts angezeigt. Über das spezielle Kontextmenü an dieser Stelle kann der Pfad in die Zwischenablage gelegt und z. B. in die Adresszeile des Windows-Explorers eingefügt werden.

Durch Bestätigen der Projektauswahl mit der Schaltfläche **OK** wird der Dialog verlassen und das Projekt geladen. Verlässt man den Dialog durch Anwahl der Schaltfläche **ABBRECHEN**, wird das zuletzt gewählte Projekt wieder aktiviert.

2.3.2 Projektbezogen öffnen

Über den Dialog **PROJEKTBEZOGEN ÖFFNEN: TEILBILDER AUS ZEICHNUNGS-/BAUWERKSSTRUKTUR** wird gesteuert, welche Teilbilder oder welcher Plan aktiv zum Bearbeiten sein sollen/soll.

Je nach Stellung des Schalters **PLANBEARBEITUNG** gilt Folgendes:

- **PLANBEARBEITUNG** eingeschaltet → **PROJEKTBEZOGEN ÖFFNEN** zeigt Pläne (Planstruktur)
- **PLANBEARBEITUNG** ausgeschaltet → **PROJEKTBEZOGEN ÖFFNEN** zeigt Teilbilder aus Zeichnungs-/Bauwerksstruktur

> **HINWEIS:** Die Teilbildauswahl (**PROJEKTBEZOGEN ÖFFNEN** im Modus Teilbildbearbeitung) wird immer mit der Anzeige geöffnet, die zuletzt aktiv war. Wurde die letzte Aktivierung z. B. über die Bauwerksstruktur getätigt, wird diese auch wieder angezeigt.

Allgemeine Funktionen

Folgende Funktionen werden sowohl in beiden Registern des Dialogs **PROJEKTBEZOGEN ÖFFNEN: TEILBILDER AUS ZEICHNUNGS-/BAUWERKSSTRUKTUR** als auch im Dialog **PROJEKTBEZOGEN ÖFFNEN: PLÄNE** angeboten.

Markierte Einträge aufklappen/ zuklappen

- **MARKIERTE EINTRÄGE AUFKLAPPEN – MARKIERTE EINTRÄGE ZUKLAPPEN** erweitert bzw. reduziert alle Zeichnungen/Strukturstufen. Die Funktionen wirken in der Bauwerksstruktur jeweils auf der Seite, über der die Funktion angeordnet ist.

Suchen
Neu in Version 2013

- **SUCHEN** öffnet den gleichnamigen Dialog, über den Teilbildnamen, Plannamen, Namen von Strukturstufen usw. gesucht werden können. Fundstellen werden gelb markiert. Zudem können über den Dialog **SUCHEN…** Teile oder komplette Namen (entweder im markierten Bereich oder komplett) ersetzt werden.

Aktualisieren

- **AKTUALISIEREN** liest die Strukturen neu ein. Änderungen, die zwischenzeitlich von Kollegen getätigt wurden, erscheinen nun in der Ansicht.

Anpassen

- Im Dialog **ANPASSEN** können verschiedene Grundeinstellungen für den Dialog **PROJEKTBEZOGEN ÖFFNEN** festgelegt werden. Es werden jeweils nur die Punkte angezeigt, die im aktuell geöffneten Dialog zutreffen.

2.3.3 Projektbezogen öffnen: Teilbilder aus Zeichnungs-/ Bauwerksstruktur

Projektbezogen öffnen

Der Dialog **PROJEKTBEZOGEN ÖFFNEN: TEILBILDER AUS ZEICHNUNGS-/BAUWERKSSTRUKTUR** besitzt zwei Register. Grundsätzlich kann jedes Projekt, welches mit Allplan geplant werden soll, in beiden Registern verwirklicht werden. Die Zeichnungsstruktur stellt hierbei eine flache Struktur mit nur einem Ordner Tiefe ohne weitere Gliederungsmöglichkeiten dar, während in der Bauwerksstruktur eine hierarchische Gliederung der Projekte möglich ist und sogar Reports für die Auswertung vordefiniert werden können.

Die meisten Neuerungen der letzten Versionen (seit Allplan 2008) wurden in der Bauwerksstruktur getätigt. Durch die besseren Gliederungsmöglichkeiten und die weiteren Arbeitserleichterungen erlaubt die Bauwerksstruktur ein deutlich flüssigeres Arbeiten.

Im Rahmen des Praxishandbuches Allplan 2013 wird vertieft auf die Bauwerksstruktur eingegangen und die Zeichnungsstruktur nur in Grundbegriffen erläutert. Im Beispielprojekt *Praxishandbuch Allplan 2013* ist eine einfach gehaltene Zeichnungsstruktur exemplarisch enthalten.

Unabhängig von der Strukturierung (Zeichnungsstruktur und/oder Bauwerksstruktur) gelten im Dialog **PROJEKTBEZOGEN ÖFFNEN: TEILBILDER AUS ZEICHNUNGS-/BAUWERKSSTRUKTUR** folgende Punkte:

- Es kann nur ein Teilbild aktiv sein (rot markiert).
- Es können maximal 80 Teilbilder gemeinsam geladen und angezeigt werden.
- Die anzeigbare Datenmenge aller zu ladenden Teilbilder unterliegt der Voreinstellung aus *Allmenu* (siehe Abschnitt 10.1.4, »Service«). Die maximal einstellbare Dateigröße wurde von 256 MB auf 512 MB bei Verwendung einer 64-Bit-Installation auf Windows 7 (64 Bit) erweitert. Die maximale Dateigröße eines einzelnen Teilbildes ist auf 256 MB beschränkt.
- Je nachdem, welches Register beim Verlassen des Dialogs aktiv ist, werden die dort angewählten Teilbilder zur Bearbeitung sichtbar/bearbeitbar geschaltet. Es werden nur die Teilbilder berücksichtigt, deren Strukturstufe/Zeichnung markiert ist.
- Die Kennzeichnungen der Teilbilder werden wie in Abschnitt 2.3.3.2, »Kennzeichnungen Teilbilder«, beschrieben dargestellt.
- Das Löschen der Struktur löscht keine Teilbilder.

2.3.3.1 Funktionen in beiden Registern

- **EBENENMANAGER** öffnet die zentrale Stelle zur Verwaltung der Höheneinstellungen des Projekts.

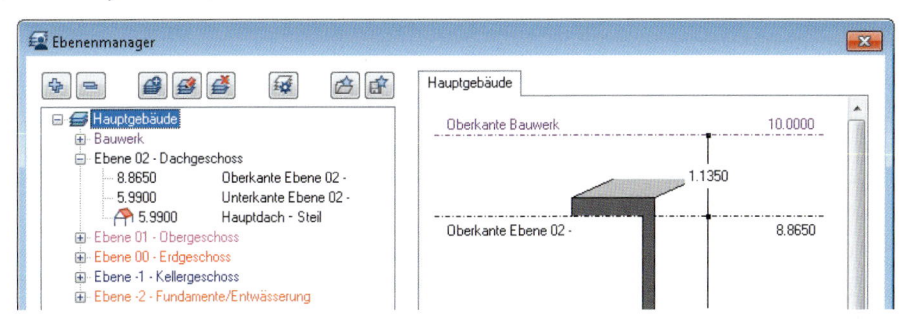

Ebenenmanager

Weitere Informationen zum Ebenenmanager finden Sie in Abschnitt 2.13, »Das Ebenenmodell von Allplan«, sowie in Abschnitt 4.2, »Projektstruktur und Ebenenmodell«.

- **GESPERRTE TEILBILDER, ZEICHNUNGEN MARKIEREN EIN/AUS** legt fest, ob durch andere Benutzer bereits geöffnete Teilbilder und Zeichnungen mit einem Symbol markiert werden sollen oder nicht. Der Name des Benutzers, der das Teilbild bzw. die Zeichnung geöffnet hat, wird im Dialog **EIGENSCHAFTEN DES TEILBILDES/** angezeigt. Diese Funktion wird nur bei einer Workgroup-Installation angezeigt.

Gesperrte Teilbilder, Zeichnungen markieren ein/aus

2.3.3.2 Kennzeichnungen Teilbilder

Bei jedem Teilbild sind drei Felder vorhanden, die den aktuellen Status des Teilbildes für die Bearbeitung anzeigen. Je nach angezeigter Farbe wird das Teilbild aktiv, aktiv im Hintergrund, passiv oder gar nicht in den Arbeitsspeicher geladen und am Bildschirm angezeigt. Die unterschiedlichen Programmteilkenner für verschiedene Datenarten (z. B. Rundstahl) werden nicht näher beschrieben.

Kennzeichnungen an Teilbildern:

- **IN BENUTZUNG** (Schlosssymbol) erscheint, wenn die Schalterstellung des Schalters **GESPERRTE TEILBILDER, ZEICHNUNGEN MARKIEREN EIN/AUS** auf **EIN** steht. Es wird bei allen Teilbildern angezeigt, die von anderen Nutzern geöffnet (und somit gesperrt) sind.
- **NICHT LESBAR** (Ausrufezeichen) wird bei unlesbaren Teilbildern angezeigt. Das Teilbild ist entweder zu groß für die aktuellen Einstellungen, schreibgeschützt oder defekt. Die Kennzeichnung für nicht lesbare und/oder defekte Teilbilder wird nur in der Bauwerksstruktur angezeigt. Temporär wird das Zeichen auch angezeigt, wenn ein Teilbild gelöscht und/oder umbenannt wird.
- **TEMPORÄR ZUGEORDNET** (nur in Zeichnungsstruktur) zeigt an, dass das Teilbild der Zeichnung nur temporär zugeordnet ist. Temporär zugeordnete Teilbilder werden beim Verlassen der Zeichnung wieder gelöst.
- **QUELLTEILBILDER DEFINIERT** zeigt an, dass dieses Teilbild Daten einer Verdeckt-Berechnung enthält und aktualisiert werden kann, wenn die Neuberechnung nicht gesperrt wurde. Bei der Aktualisierung werden die auf dem Teilbild befindlichen Daten komplett überschrieben.
- **TEILBILD** enthält Verweise auf assoziative Ansichten/Schnitte und ist somit ein Referenzteilbild.

Es werden vier verschiedene Teilbildstatus unterschieden:

- **Aktiv** – rote Markierung – Teilbild wird in den Arbeitsspeicher geladen. Es kann nur ein Teilbild aktiv sein. Neue Elemente werden auf dem aktiven Teilbild erzeugt. Alle Aktionen mit Bauteilen sind möglich.
- **Aktiv im Hintergrund** – gelbe Markierung – Teilbild wird in den Arbeitsspeicher geladen. Es werden keine neuen Elemente auf dem Teilbild erzeugt. Kopien bestehender Elemente werden auf dem Ursprungsteilbild belassen. Alle Aktionen mit Bauteilen sind möglich.
- **Passiv** – graue Markierung – Teilbild wird in den Arbeitsspeicher geladen. Das Teilbild kann nicht bearbeitet werden. Es können keine Elemente gelöscht oder geändert werden. Punktfang ist möglich, kann aber unterbunden werden.
- **Nicht angewählt** – keine Kennzeichnung – Teilbild wird nicht geladen und somit auch nicht angezeigt.

> **HINWEIS:** Ein Teilbild muss aktiv (rot) sein, 79 weitere Teilbilder können aktiv im Hintergrund (gelb) und passiv (grau) geschaltet sein. Insgesamt können 80 Teilbilder gleichzeitig angezeigt werden.

Teilbildstatus	Markierung	Bemerkung
Nicht angewählt		Leeres Teilbild
		Leeres Teilbild (benannt/unbenannt und/oder Definitionen aus EBM)
		Belegtes Teilbild
		Leeres Teilbild (Quellteilbilder def.)
		Belegtes Teilbild (Quellteilbilder def.)
		Teilbild mit Referenzteilbildern
Aktiv		Leeres Teilbild (mit weiteren Informationen)
		Belegtes Teilbild
		Leeres Teilbild (Quellteilbilder def.)
		Belegtes Teilbild (Quellteilbilder def.)
		Teilbild mit Referenzteilbildern
Aktiv im Hintergrund		Leeres Teilbild
		Leeres Teilbild (weitere Infos)
		Belegtes Teilbild
		Leeres Teilbild (Quellteilbilder def.)
		Belegtes Teilbild (Quellteilbilder def.)
		Teilbild mit Referenzteilbildern
Passives Teilbild		Leeres Teilbild (benannt)
		Belegtes Teilbild
		Leeres Teilbild (Quellteilbilder def.)
		Belegtes Teilbild (Quellteilbilder def.)
		Teilbild mit Referenzteilbildern

Der Teilbildstatus kann wie folgt geändert werden:

- Kontextmenü des Teilbildes → Status anwählen
- Anklicken eines der drei Felder vor der Teilbildnummer
- Teilbild(er) markieren und Leertaste drücken → Durchschalten der Aktivierungszustände

2.3.3.3 Register Zeichnungsstruktur

Beim Verlassen des Dialogs **PROJEKTBEZOGEN ÖFFNEN: TEILBILDER AUS ZEICHNUNGS-/BAUWERKSSTRUKTUR** bei aktivem Register **ZEICHNUNGSSTRUKTUR** werden die in der markierten Zeichnung (gelbes Ordnersymbol) aktivierten Teilbilder geladen.

> **HINWEIS:** Die nachfolgende Beschreibung zeigt nur die wichtigsten Funktionen der Zeichnungsstruktur auf. In der detaillierten Beschreibung im Beispielprojekt wird ausschließlich mit der Bauwerksstruktur gearbeitet.

Lesezeichen setzen/löschen

Suchen…
Erweitert in Version 2013

Zeichnung erstellen

Teilbildfilter

Funktionsübersicht Register Zeichnungsstruktur

- **LESEZEICHEN SETZEN/LÖSCHEN** von einem oder mehreren Lesezeichen: Um ein Lesezeichen zu setzen bzw. zu löschen, müssen die entsprechenden Teilbilder/Zeichnungen markiert werden und danach das Icon angeklickt werden. Die Änderung wird sofort wirksam.
- **SUCHEN** öffnet den gleichnamigen Dialog, über den Teilbildnamen, Plannamen, Namen von Strukturstufen usw. gesucht werden können. Fundstellen werden gelb markiert. Zudem können über den Dialog **SUCHEN…** Teile oder komplette Namen (entweder im markierten Bereich oder komplett) ersetzt werden.
- **ZEICHNUNG ERSTELLEN** legt über einen Dialog jeweils eine neue Zeichnung an. Es kann immer nur eine neue Zeichnung erstellt werden.
- **TEILBILDFILTER** öffnet den Dialog **TEILBILDFILTER**. Sie können in den angezeigten Teilbildern nach Attributen der Teilbilder filtern lassen.

Kontextmenü Zeichnungszeilen

- **STRUKTURÜBERNAHME** dient zum Übernehmen von Teilbildzuordnungen einer bestehenden Zeichnung zu einer neuen Zeichnung (nur bei neuen – leeren – Zeichnungen anwählbar).
- **TEILBILDER ZUORDNEN** öffnet den Dialog zum Zuordnen von Teilbildern zur markierten Strukturstufe. Sie können an dieser Stelle entweder einzelne Teilbilder (z. B. 15), Teilbildbereiche (z. B. 1–10) oder Kombinationen aus beidem (z. B. 1–10, 15, 21–30, 35) eingeben. Zusätzlich können Sie bestimmen, ob die Teilbilder fest zugeordnet (Option **DER AKTUELLEN ZEICHNUNG ZUORDNEN**) oder nur bis zum nächsten Zeichnungswechsel (Option **DER AKTUELLEN ZEICHNUNG TEMPORÄR ZUORDNEN**) zugeordnet werden sollen.
- **ALLE TEILBILDZUORDNUNGEN LÖSEN** löst alle Teilbilder von der aktuellen Zeichnung (fest zugeordnete und temporäre). Die Zeichnung beinhaltet danach keine Teilbilder mehr. Bei diesem Vorgang wird nur die Zuordnung der Teilbilder an die Zeichnung gelöscht, die Teilbilder selbst (die Daten auf der Festplatte) bleiben erhalten.

Kontextmenü Teilbildzeilen – Zeichnungsstruktur

Das Kontextmenü der Teilbilder in der Zeichnungsstruktur gleicht in den meisten Punkten dem der Teilbilder in der Bauwerksstruktur.

- **TEILBILDZUORDNUNG LÖSEN** entfernt die markierten Teilbilder von der aktuellen Zeichnung.

Kontextmenü Teilbild – Teilbildliste

- **DER AKTUELLEN ZEICHNUNG ZUORDNEN** ordnet die markierten Teilbilder der auf der linken Seite markierten (aktuellen) Zeichnung zu.

2.3.3.4 Register Bauwerksstruktur

Das Register Bauwerksstruktur des Dialogs PROJEKTBEZOGEN ÖFFNEN: TEILBILDER AUS ZEICHNUNGS-/BAUWERKSSTRUKTUR gliedert sich in zwei Bereiche, in denen jeweils Teilbilder in einer hierarchischen Struktur verwaltet werden können. Der linke Bereich, Bauwerksstruktur, sollte die Daten des Modells beinhalten, die in Allplan grundrissorientiert erstellt werden. Der rechte Bereich enthält Schnitte, Ansichten, Details, Perspektiven und Reports. Die Arbeitsweise, ob vorwiegend 3D, gemischt 3D mit 2D oder rein in 2D, ob mit oder ohne Layer, ist für die Strukturierung nicht ausschlaggebend. Sämtliche Anwendungsfälle, Gebäude, Bewehrungspläne oder Bauleitpläne usw., die mit Allplan abgedeckt sind, können mithilfe hierarchischer Strukturstufen gegliedert werden.

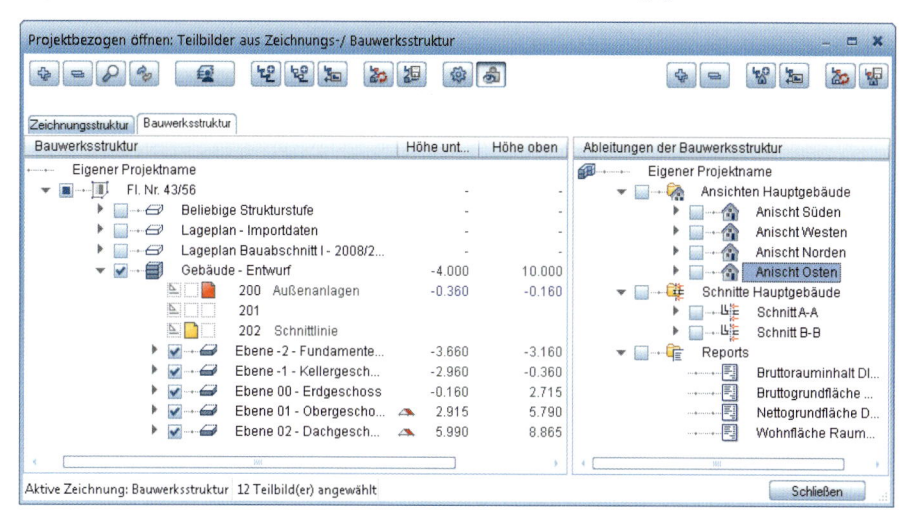

Bis zu 80 Teilbilder können aus beliebigen Strukturstufen der beiden Bereiche gemeinsam zur Bearbeitung aktiviert werden.

Beachten Sie, dass nur Teilbilder berücksichtigt werden, bei denen die direkt übergeordnete Strukturstufe aktiviert (d. h., Haken gesetzt bzw. gefüllt) ist. Beim Aktivieren einer Strukturstufe werden immer alle untergeordneten Strukturstufen mit aktiviert. Wenn Sie z. B. den Haken vor LIEGENSCHAFT setzen (Klick links), werden auch die Strukturstufen GEBÄUDE, FUNDAMENT usw. aktiviert. Wenn Sie während des Anklickens der Checkbox die STRG-Taste gedrückt halten, wird nur die Strukturstufe aktiviert.

Bedienung des Registers Bauwerksstruktur

In der Bauwerksstruktur können sowohl Teilbilder als auch Strukturstufen verschoben und/oder kopiert werden. Je nach Einstellungen und aktuell markiertem Objekt ergeben sich unterschiedliche Möglichkeiten. So können z. B. die vordefinierten Strukturstufen nur in der Reihenfolge, wie sie in der Auswahl angezeigt werden, gereiht werden. Im Dialog RESTRIKTIONEN DER BAUWERKSSTRUKTUR (Kontextmenü) können weitere Einschränkungen getätigt werden.

🖐 Einfügen erlaubt
🚫 Verbotssymbol

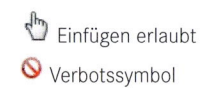

- **Einfügen von Strukturstufen/Teilbildern**: Zum Einfügen von Strukturstufen/Teilbildern zieht man entweder aus den nachfolgend beschriebenen Dialogfeldern die benötigte Strukturstufe bzw. Teilbilder an die Stelle, an der sie eingefügt werden sollen. Alternativ können auch die Funktionen des Kontextmenüs verwendet werden. Ist ein Einfügen der Strukturstufe oder des Teilbildes möglich, so wird eine Hand angezeigt, andernfalls ein Verbotssymbol.

🗑 Papierkorb

- **Entfernen von Strukturstufen/Teilbildern**: Zum Entfernen markiert man die Elemente und zieht sie aus dem Dialog BAUWERKSSTRUKTUR heraus. Alternativ können auch die Funktionen des Kontextmenüs verwendet werden. Statt des Mauszeigers erscheint ein Papierkorb.

➕ Kopieren

- Kopieren von **Strukturstufen/Teilbildern:** Zum Kopieren markiert man die Elemente, zieht diese an den gewünschten Einfügepunkt und hält dabei die **STRG**-Taste gedrückt. Wenn das nebenstehende Symbol erscheint, kann das Element fallen gelassen werden. Es erscheint ein Dialog, über den die Kopieraktion gesteuert werden kann. Alternativ können auch die Funktionen des Kontextmenüs verwendet werden.

- Verschieben von **Strukturstufen/Teilbildern:** Teilbilder können durch einfaches Ziehen und Fallenlassen anderen Strukturstufen zugeordnet werden. Die Reihenfolge wird immer durch die Teilbildnummer definiert. Beim Verschieben von Strukturstufen kann entweder eine der gewählten Strukturstufen der übergeordneten Strukturstufe als Einfügepunkt gewählt werden (die Strukturstufe wird ganz oben eingefügt), oder es wird beim Auslassen die **ALT**-Taste gedrückt und die gleiche Strukturstufenart als Einfügepunkt gewählt, um das gewählte Element direkt hinter der Strukturstufe einzufügen. Der Mauszeiger verändert sich wie nebenstehend angezeigt.

Funktionen im Register Bauwerksstruktur

Vordefinierte Strukturstufen

- VORDEFINIERTE STRUKTURSTUFEN öffnet das Auswahlfenster, aus dem Sie eine vordefinierte Strukturstufe in den Bereich Bauwerksstruktur einfügen. Vordefinierte Strukturstufen sind in der Reihenfolge untereinander intern fest definiert. So ist es z.B. nicht möglich, ein Bauwerk unterhalb eines Geschosses einzufügen. Die Auswahl kann eingeschränkt sein, wenn die Restriktionen der Bauwerksstruktur verwendet werden (IFC-konform).

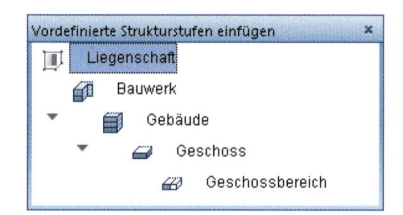

Beliebige Strukturstufen

- BELIEBIGE STRUKTURSTUFEN öffnet das Auswahlfenster, aus dem Sie eine beliebige Strukturstufe in den Bereich Bauwerksstruktur einfügen. Beliebige Strukturstufen haben keine Abhängigkeit untereinander. D.h., Sie können die Strukturstufen beliebig anordnen. Wenn Sie die Restriktionen der Bauwerksstruktur nach IFC aktiviert haben, können Sie hier keine Strukturstufen auswählen.

- **NEUE STRUKTURSTUFE EINFÜGEN** öffnet das Auswahlfenster, aus dem Sie eine neue Strukturstufe in den Bereich Ableitungen der Bauwerksstruktur einfügen. Neue Strukturstufen für den Bereich der Ableitungen der Bauwerksstruktur können nur logisch angeordnet werden. Die Strukturstufe Ansicht kann also nur unterhalb einer Ansicht oder der Strukturstufe Ansichten angeordnet werden. Die Zuordnung von Teilbildern ist nur bei den Strukturstufen Ansicht und Schnitt möglich. Der Strukturstufe Liste können keine Teilbilder zugeordnet werden. Diese Strukturstufe trägt direkt die Information der ausgewählten Liste und der Quellteilbilder.

  Neue Strukturstufe einfügen

- **TEILBILDER ZUORDNEN** finden Sie sowohl oberhalb der Bauwerksstruktur als auch oberhalb der Ableitungen der Bauwerksstruktur. Sie können Ihren Strukturstufen über diese Auswahl alle Teilbilder (derzeit 9999) zuordnen. Jedes Teilbild kann an einer Stelle in der Bauwerksstruktur oder der Ableitung der Bauwerksstruktur vorkommen. Teilbilder, die bereits zugeordnet wurden, sind in der ersten Spalte gekennzeichnet und können nicht mehr markiert werden. Bei Teilbildern, die in der Bauwerksstruktur oder den Ableitungen der Bauwerksstruktur bereits zugeordnet sind, wird ein Tooltipp angezeigt, aus dem ersichtlich wird, unter welcher Strukturstufe das Teilbild zugeordnet wurde.

  Teilbilder zuordnen

- **DATEN ERNEUT EINLESEN** liest die letzte gespeicherte Ansicht der Bauwerksstruktur bzw. der Ableitungen der Bauwerksstruktur neu ein. Dies kann notwendig werden, wenn ein anderer Benutzer zeitgleich Änderungen vorgenommen hat oder Sie versehentlich Strukturpunkte gelöscht haben. Die Wirkung der Funktion ist jeweils auf eine Seite des Registers beschränkt.

  Daten erneut einlesen
  Daten erneut einlesen

- **SPEICHERN** sichert die aktuelle Ansicht der Bauwerksstruktur bzw. der Ableitungen der Bauwerksstruktur. Bei umfangreichen Änderungen und Ergänzungen an der Bauwerksstruktur sollten Sie ab und zu diese Funktion ausführen. Die Wirkung der Funktion ist auf eine Seite des Registers beschränkt.

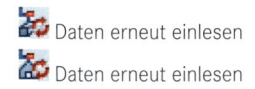

  Speichern
  Speichen

Allgemeines Kontextmenü

- Das allgemeine Kontextmenü wird über die rechte Maustaste geöffnet, wenn nichts markiert ist. Die Kontextmenüs der linken Seite (Bauwerksstruktur) und der rechten Seite (Ableitungen der Bauwerksstruktur) beinhalten zum Teil die gleichen Funktionen.

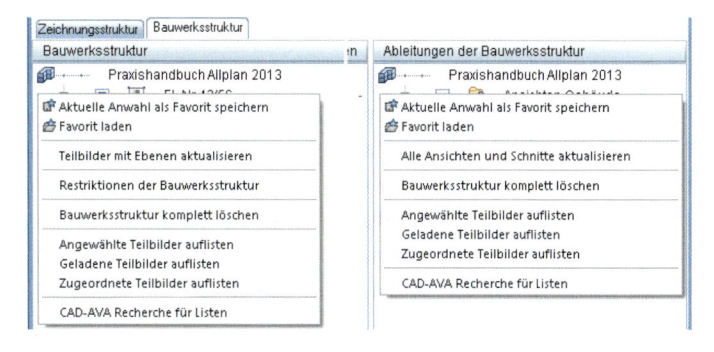

Aktuelle Anwahl als Favorit speichern

Favorit laden

- **AKTUELLE ANWAHL ALS FAVORIT SPEICHERN** und **FAVORIT LADEN** dienen zum Sichern und Wiedereinlesen von Favoritendaten, die den Aktivierungszustand (entweder Bauwerksstruktur oder Ableitungen der Bauwerksstruktur) beinhaltet. Es wird jeweils nur der Aktivierungszustand der Seite gespeichert/gelesen, die sich unterhalb des Icons befindet. Speicherort ist entweder ein gemeinsamer Unterordner für alle Benutzer oder ein benutzerbezogener Unterordner des aktuellen Projekts (unter **ANPASSEN** einstellbar).
- **TEILBILDER MIT EBENEN AKTUALISIEREN** überprüft und aktualisiert die Ebeneneinstellungen der Teilbilder und/oder Strukturstufen. Es werden alle Änderungen bearbeitet, die an den Einstellungen der Strukturstufen und/oder Teilbilder getätigt wurden.
- **ALLE ANSICHTEN UND SCHNITTE AKTUALISIEREN** startet eine Neuberechnung aller Verdeckt-Berechnungen. In den Kontextmenüs der Strukturstufen Ansichten/Ansicht und Schnitte/Schnitt befindet sich jeweils eine ähnliche Funktion, die auf die untergeordneten Strukturen mit Teilbildern wirkt. Je nach Anzahl der vorhandenen Ansichten/Schnitte sowie den Einstellungen der Verdeckt-Berechnungen kann die Neuberechnung einige Zeit in Anspruch nehmen. Es werden hierbei alle Teilbilder berücksichtigt, denen Quellteilbilder zugeordnet sind und deren Aktualisierung nicht gesperrt ist. **RESTRIKTIONEN DER BAUWERKSSTRUKTUR** öffnet das Dialogfenster zum Einstellen von Einschränkungen der möglichen Strukturierung des Projekts, um eine Gliederung zu erreichen, die IFC-konform ist. Alternativ können Sie auch eigene Einschränkungen für das aktuelle Projekt wählen. Für den Datenaustausch kann es ausreichend sein, einen Teil der Bauwerksstruktur IFC-konform aufzubauen und im restlichen Projekt alle Möglichkeiten von Allplan auszuschöpfen.
- **BAUWERKSSTRUKTUR KOMPLETT LÖSCHEN** entfernt die komplette Bauwerksstruktur inklusive der Ableitungen der Bauwerksstruktur und aller Ebenenmodelle. Die Funktion kann nicht rückgängig gemacht werden. Alle Strukturdateien werden als Backup-Dateien im Ordner *<Projekt/BIM/Backup>* gespeichert.
- **ANGEWÄHLTE TEILBILDER AUFLISTEN** zeigt in einem zusätzlichen Informationsfenster alle angewählten Teilbilder mit ihrem Status an. Sie haben so auch bei größeren Strukturen den Überblick, welche Teilbilder Sie zum Bearbeiten aktiv geschaltet haben. Die Anzeige ist immer aktuell. D. h., sobald ein Teilbild an- oder abgewählt wird, ändert sich die angezeigte Information.
- **GELADENE TEILBILDER AUFLISTEN** zeigt in einem zusätzlichen Informationsfenster alle Teilbilder an, die vor dem Öffnen des Dialogs **PROJEKTBEZOGEN ÖFFNEN: TEILBILDER AUS ZEICHNUNGS-/BAUWERKSSTRUKTUR** aktiv waren. Die Anzeige ist unabhängig davon wie die letzte Aktivierung erfolgt ist.

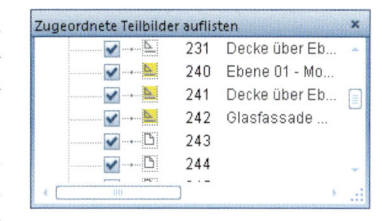

- **ZUGEORDNETE TEILBILDER AUFLISTEN** zeigt in einem zusätzlichen Informationsfenster alle Teilbilder an, die der Bauwerksstruktur und der Ableitung der Bauwerksstruktur zugeordnet sind.
- **CAD-AVA RECHERCHE FÜR LISTEN** öffnet den Dialog CAD-AVA-Projektzuordnung. Über diesen Zusatzdialog können ein oder mehrere AVA-Projekte (nur Positionszuordnung) oder Elementstämme (Formeln) von Allplan BCM zugeordnet werden (siehe auch Abschnitt 2.1.5, »Weitere Ressourcen«).

Kontextmenü Strukturstufe Projekt

Neben den im allgemeinen Kontextmenü vorhandenen Funktionen werden im Kontextmenü der Projektzeile und der weiteren Strukturstufen die folgenden Funktionen angeboten.

- **STRUKTURSTUFEN EINFÜGEN** fügt unterhalb der markierten Strukturstufe eine weitere Stufe ein. Es stehen nur als untergliederte Strukturstufen erlaubte Punkte zur Auswahl. Je nach Einstellungen in den Restriktionen der Bauwerksstruktur werden hier mehr oder weniger Strukturstufen zur Auswahl angeboten.
- **TEILBILDER ZUORDNEN** öffnet den Dialog zum Zuordnen von Teilbildern zur markierten Strukturstufe. Sie können an dieser Stelle entweder einzelne Teilbilder (z. B. 15), Teilbildbereiche (z. B. 1 – 10) oder Kombinationen aus beidem (z. B. 1 – 10, 15, 21 – 30, 35) eingeben. Über die Schaltfläche **AUSWAHLLISTE** können Sie den Dialog **TEILBILDER ZUORDNEN** öffnen.
- **KOPIEREN/AUSSCHNEIDEN/EINFÜGEN HINTER/EINFÜGEN UNTER** sind Funktionalitäten, mittels denen Sie Daten innerhalb der Struktur strukturiert kopieren und verschieben können (siehe Abschnitt 2.4, »Kopieren von Dokumenten«).

Kontextmenü der Strukturstufen

Die Befehle im Kontextmenü der weiteren Strukturstufen entsprechen weitgehend denen der Projektstufe.

- **EBENEN ZUWEISEN** öffnet den gleichnamigen Dialog, über den Sie anhand des Ebenenmanagers Standardebenen und Dachlandschaften an Strukturstufen und Teilbilder zuweisen können. Die eingestellten Werte werden in den Spalten **HÖHE UNTEN** und **HÖHE OBEN** angezeigt. Die Ebeneneinstellungen einer Strukturstufe gelten für alle zugeordneten Teilbilder, solange diesen keine eigenen Einstellungen (blaue Schrift) zugewiesen wurden, sie keine eigene Einstellungen für Standardebenen (Anzeige: –, kein Wert!) haben oder die Höhen von einem mittlerweile gelöschten Ebenenmodell bezogen haben. Wurde einem Teilbild oder einer Strukturstufe eine Dachlandschaft zugewiesen, so wird ein kleines Dachsymbol angezeigt.

> **TIPP:** Lässt man das Fadenkreuz kurz auf dem Symbol stehen, so wird ein Infotext angezeigt, der den Namen der Dachlandschaft sowie des Ebenenmodells enthält.

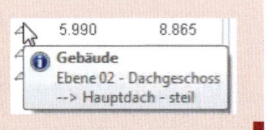

- **ANSICHTEN AKTUALISIEREN/SCHNITTE AKTUALISIEREN** startet eine Neuberechnung der Verdeckt-Berechnungen. Die jeweils untergliederten Strukturen werden mit berücksichtigt.

Den Strukturstufen Ansichten und Schnitte in den Ableitungen der Bauwerksstruktur können Teilbilder nicht direkt zugeordnet werden. Es müssen erst noch die jeweiligen Unterstufen (Ansicht/Schnitt) eingefügt werden. Eine Zuordnung von Teilbildern ist bei Reports grundsätzlich nicht möglich. Unter Reports kann nur die Strukturstufe Report zugeordnet werden, die sämtliche Einstellungen trägt.

Kontextmenü Strukturstufe Reports – Ableitungen der Bauwerksstruktur

- **EINSTELLUNGEN FÜR STAPEL-REPORTS** dient der Vordefinition der Ausgabe von Stapel-Report wie z. B. der Speicherpfad für Übergabedateien. Die Einstellungen werden projektbezogen gespeichert.
- **STAPEL-REPORT ERZEUGEN** startet einen automatischen Ablauf der untergliederten Reports. Je nach Einstellung wird jeder Report am Bildschirm angezeigt oder werden alle Reports automatisch als Datei abgelegt.

Kontextmenü Teilbildzeilen – Bauwerksstruktur

- **REFERENZTEILBILDER AUFLISTEN** zeigt in einem zusätzlichen Informationsfenster alle zu dem Teilbild gehörigen Referenzteilbilder (assoziative Ansichten/ Schnitte) an.
- **REFERENZTEILBILDER PASSIV SETZEN** ändert die Aktivierung der Teilbilder so, dass das Teilbild, über das die Funktion aufgerufen wurde, aktiv (rot) ist und alle durch assoziative Ansichten und Schnitte referenzierten (mit dem Teilbild zusammenhängende) Teilbilder passiv (grau) geschaltet werden. Der angezeigte Bereich der Bauwerksstruktur wird eingeschränkt und alle anderen Teilbilder ausgeschaltet.

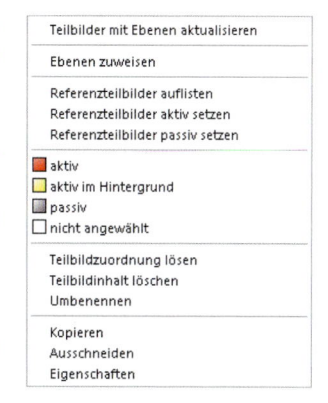

Neu in Version 2013: Referenzteilbilder passiv setzen

- **REFERENZTEILBILDER AKTIV SETZEN** ändert die Aktivierung wie zuvor beschrieben, mit dem Unterschied, dass die referenzierten Teilbilder aktiv im Hintergrund (gelb) gesetzt werden.
- **AKTIV, AKTIV IM HINTERGRUND, PASSIV, NICHT ANGEWÄHLT** ändert jeweils den Status der markierten Teilbilder.
- **TEILBILDZUORDNUNG LÖSEN** löst die markierten Teilbilder von der Bauwerksstruktur. Der Inhalt der Teilbilder (Daten auf der Festplatte) wird durch das Lösen des Teilbildes von der Bauwerksstruktur nicht beeinflusst.
- **TEILBILDINHALT LÖSCHEN** löscht den gesamten Inhalt des Teilbildes. In einem Unterdialog kann festgelegt werden, ob nur die Daten oder auch der Teilbildname gelöscht werden soll.
- **EIGENSCHAFTEN** zeigt die Attribute des Teilbildes an. Neben der Dateigröße und dem Speicherort kann zudem festgelegt werden, wer der Eigentümer des Teilbildes ist und ob alle, nur der Eigentümer oder keiner Schreibrecht besitzt. Je nach Einstellung kann das Teilbild nicht von allen aktiv geschaltet werden.

Kontextmenü Teilbildzeilen und Report – Ableitungen der Bauwerksstruktur

Die Funktionen für Ansicht und Schnitt sind fast gleich. Bei Schnitten ist zusätzlich vor der Berechnung eine Schnittlinie (Modul **ALLGEMEIN**: Dächer, Ebenen, Schnitte) auf einem der gewählten Quellteilbilder zu erzeugen.

Unter Reports/Report können keine Teilbilder zugeordnet werden. Um mehrere Reports vorzubereiten, wird die Strukturstufe Report mehrmals eingefügt, umbenannt und mit den für die Auswertung notwendigen Einstellungen versehen.

- **QUELLTEILBILDER FÜR ANSICHT, QUELLTEILBILDER FÜR SCHNITT** und **QUELLTEILBILDER FÜR LISTE** dient zum Definieren der Quellteilbilder. Setzen Sie bei allen Teilbildern einen Haken, auf denen 3D-Geometrien vorhanden sind, die in der Ansicht, dem Schnitt erscheinen bzw. die in der Liste berechnet werden sollen. Über die Checkboxen **BELEGTE TEILBILDER** und **LEERE TEILBILDER** können Sie die angezeigten Teilbilder steuern bzw. die Auswahl einschränken.

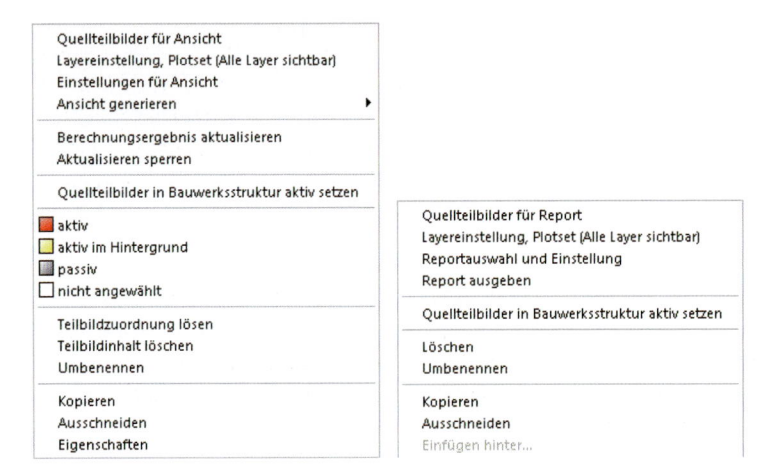

```
Quellteilbilder für Ansicht
Layereinstellung, Plotset (Alle Layer sichtbar)
Einstellungen für Ansicht
Ansicht generieren                               ▶

Berechnungsergebnis aktualisieren
Aktualisieren sperren

Quellteilbilder in Bauwerksstruktur aktiv setzen
■ aktiv
□ aktiv im Hintergrund
■ passiv
□ nicht angewählt

Teilbildzuordnung lösen
Teilbildinhalt löschen
Umbenennen

Kopieren
Ausschneiden
Eigenschaften
```

```
Quellteilbilder für Report
Layereinstellung, Plotset (Alle Layer sichtbar)
Reportauswahl und Einstellung
Report ausgeben

Quellteilbilder in Bauwerksstruktur aktiv setzen
Löschen
Umbenennen

Kopieren
Ausschneiden
Einfügen hinter...
```

- **LAYEREINSTELLUNG, PLOTSET (AKTUELL)** öffnet den Dialog zum Einstellen der sichtbaren Layer, die zum Berechnen der Ansicht, des Schnittes oder der Liste verwendet werden sollen. Sie können unter allen im Projekt verfügbaren Plotsets auswählen, die jeweils aktuellen Einstellungen verwenden oder immer alle Layer berücksichtigen.
- **EINSTELLUNGEN FÜR ANSICHT** und **EINSTELLUNGEN FÜR SCHNITT** öffnen den Dialog für die Einstellungen der Verdeckt-Berechnung. Sämtliche Einstellungen werden für das angewählte Teilbild gespeichert. Somit können Sie z.B. von einer Ansicht unterschiedliche Ergebnisse generieren, ohne die Originaldaten zu verändern.
- **ANSICHT GENERIEREN** öffnet ein Untermenü zum Kontextmenü, in dem die Standardperspektive der Ansicht oder die Koordinaten für Aug- und Zielpunkt einer freien Perspektive eingestellt werden können. Unter **FREIE PROJEKTION** können Projektionseinstellungen geladen werden, die in einem Fenster mit der Funktion **BILDAUSSCHNITT SPEICHERN, LADEN** erzeugt wurden. Direkt nach dem Auswählen einer Schnittlinie wird die Berechnung der Ansicht bzw. der Perspektive gestartet.
- **SCHNITT GENERIEREN** öffnet einen Zusatzdialog, in dem alle Schnittlinien aufgelistet werden, die auf den Quellteilbildern enthalten sind. Direkt nach dem Auswählen einer Schnittlinie wird die Berechnung des Schnitts gestartet.
- **BERECHNUNGSERGEBNIS AKTUALISIEREN** startet eine Neuberechnung mit den getätigten Einstellungen für das markierte Teilbild. Das Teilbild wird gelöscht und komplett neu generiert.
- **REPORTAUSWAHL UND EINSTELLUNGEN** öffnet den Dialog der Listeneinstellungen. In den Einstellungen können Sie angeben, welcher Report verwendet werden soll.
- **REPORT AUSGEBEN** startet die Berechnung des gewählten Reports der Quellteilbilder. Der Report wird bei jedem Aufruf neu berechnet. Je nach Anzahl und Inhalt der Quellteilbilder sowie Komplexität des Reports kann die Generierung des Reports einige Zeit in Anspruch nehmen.
- **AKTUALISIEREN SPERREN** dient dem gezielten Verhindern der Aktualisierung von Ansichten und Schnitten. Diese Einstellung kann verwendet werden, wenn direkt auf dem Ergebnisteilbild weitergearbeitet werden soll oder die Ansichten/Schnitte nicht »aus Versehen« aktualisiert werden sollen.

> **HINWEIS:** Beim Erzeugen von Ansichten und Schnitten über die Ableitungen der Bauwerksstruktur gilt es Folgendes zu beachten: Das neue Ergebnis überschreibt das bestehende Teilbild komplett und kann nicht rückgängig gemacht werden. Das »alte« Teilbild wird als *.bak-Datei gesichert (siehe auch Abschnitt 2.3.9, »Wiederherstellen von Dateien mittels *.bak-Dateien«).

- **QUELLTEILBILDER IN BAUWERKSSTRUKTUR ANWÄHLEN** setzt alle Quellteilbilder in der Bauwerksstruktur aktiv im Hintergrund (das Erste aktiv). Mit dieser Funktion haben Sie die Möglichkeit, schnell zu kontrollieren, ob alle relevanten Teilbilder als Quellteilbilder gesetzt wurden. Die aktuelle Aktivierung der Teilbilder in der Bauwerksstruktur wird dabei überschrieben.

Statuszeile

In der Statusleiste wird mit dem Text **AKTIVE ZEICHNUNG: BAUWERKSSTRUKTUR** angezeigt, dass die Auswahl der zu ladenden Teilbilder aus der Bauwerksstruktur bzw. den Ableitungen der Bauwerksstruktur erfolgt. Nachfolgend wird die Anzahl der angewählten Teilbilder angezeigt. Erscheint der Text ! **KEIN AKTIVES TEILBILD ANGEWÄHLT**, wird die Schaltfläche **SCHLIESSEN** deaktiviert.

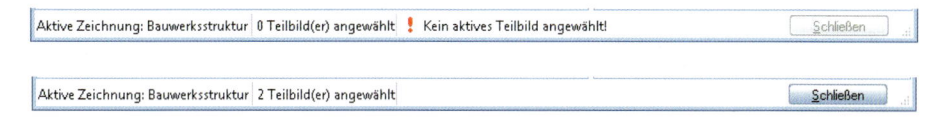

Der Dialog **PROJEKTBEZOGEN ÖFFNEN: TEILBILDER AUS ZECIHNUNGS-/BAUWERKSSTRUKTUR** kann erst geschlossen werden, wenn die Schaltfläche **SCHLIESSEN** anwählbar ist, d. h., wenn der Status eines Teilbildes aktiv (rote Schaltfläche) geschaltet wurde.

2.3.4 Projektbezogen öffnen: Pläne

Pläne dienen der Ausgabe auf Papier. Die Teilbilder (Planelemente) werden einzeln oder in Teilbildstapeln mit einer »Darstellungsregel« auf dem Plan abgelegt. Durch das Ablegen von Planelemente wird lediglich ein Verweis auf das Teilbild mit der Darstellungsregel auf dem Plan erzeugt. Jegliche Änderung am Modell ist also sofort auf dem Plan sichtbar.

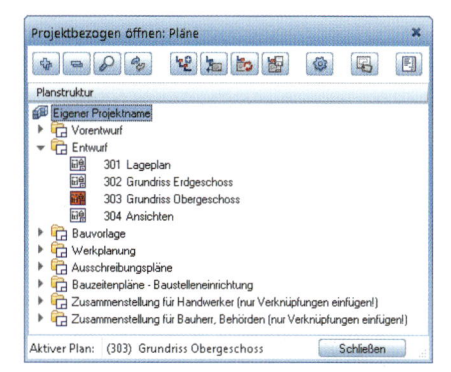

In jedem Projekt können bis zu 9999 Pläne verwaltet werden, wobei jeder Plan eindeutig über seine Nummer gekennzeichnet ist. Es kann nur ein Plan aktiv geschaltet werden.

Projektbezogen öffnen
Überarbeitet in Version 2013

Erweitert in Version 2013: Anzahl Pläne

Über **STRUKTURSTUFE EINFÜGEN** können Sie sich beliebige Strukturen für Ihre Planungen aufbauen. Eine Begrenzung der Untergliederungen ist nicht vorhanden. Es gilt zu beachten, dass jeder Plan nur einmal zugeordnet, aber beliebig oft als Verknüpfung unter anderen Strukturstufen angeordnet werden kann.

> **TIPP:** Über das Kontextmenü der Projektzeile kann bestimmt werden, ob die Strukturstufe »Alle Pläne« angezeigt werden soll. Über das Kontextmenü der Strukturstufe »Alle Pläne« kann bestimmt werden, was darunter angezeigt werden soll.

Symbole der Planstruktur

Für Pläne und Planverknüpfungen gibt es im Dialog **PROJEKTBEZOGEN ÖFFNEN: PLÄNE** folgende Kennzeichnungen.

Symbol	Bemerkung
	Strukturstufe (Sonderfunktionen bei Strukturstufe **ALLE PLÄNE**)
	Leerer, unbenannter Plan
	Benannter Plan (ohne Inhalt)
	Belegter Plan
	Aktiver Plan (leer, benannt, belegt)
	Verknüpfter Plan
	Aktiver verknüpfter Plan

Aktivieren von Plänen/Planverknüpfungen

Sie können entweder einen Plan direkt anklicken (Plansymbol vor der Nummer) oder das Plansymbol einer Verknüpfung eines Plans. Es ist unerheblich, was Sie anwählen, es werden automatisch **alle** Verknüpfungen des Plans mit markiert.

Funktionsübersicht

Strukturstufe einfügen

- **STRUKTURSTUFE EINFÜGEN** fügt eine weitere Strukturstufe unter der markierten Stufe ein. Die neue Strukturstufe wird immer unten angehängt und mit *Neuer Ordner* benannt. Der Name der Strukturstufe kann beliebig geändert werden, und die Untergliederung kann beliebig erweitert werden.

Pläne zuordnen

- **PLÄNE ZUORDNEN** öffnet eine Übersicht mit allen Plänen des Projektes. Aus den 9999 möglichen Plänen können Sie die benötigten der Strukturstufe zuordnen. Die Zuordnung der Pläne an eine Strukturstufe ist, ähnlich Teilbildern in der Bauwerksstruktur, einmalig. Anders als bei Teilbildern ist es aber möglich, beliebige Verknüpfungen von Plänen zu erzeugen.

- **DATEN ERNEUT EINLESEN** liest die letzte gespeicherte Ansicht der Planstruktur erneut ein. Dies ist z. B. notwendig, wenn ein anderer Benutzer zeitgleich Änderungen vorgenommen hat oder Sie versehentlich Strukturpunkte gelöscht haben.

  Daten erneut einlesen

- **SPEICHERN** sichert die aktuelle Ansicht der Planstruktur. Bei umfangreichen Änderungen und Ergänzungen sollte diese Funktion ausgeführt werden, um Datenverlust durch Fehlbedienung vorzubeugen. Neben der Planstruktur wird der Zustand der Strukturstufen (offen, geschlossen) für den aktuellen Benutzer mit gespeichert.

  Speichern

- **PLAN- UND PROJEKTATTRIBUTE** öffnet den neuen Dialog *Planattribute*, über den der Dialog *Projektattribute* geöffnet werden kann. Beide Dialoge sind Teil des umfassend neu gestalteten Bereichs Allplan Exchange, der in Abschnitt 8.2, »Planmanagement – Allplan Exchange«, detailliert beschrieben wird.

  Plan- und Projektattribute
  Überarbeitet in Version 2013

- **REPORTS** bietet den direkten Zugriff auf Auswertungen zu dem gewählten Projekt, wie z. B. Planlisten, Planübersichten, Bauwerksstruktur und verschiedene andere. Zusätzlich kann eine Übersicht über alle vorhandenen Projekte, Bibliotheken, Makros, Symbole und Textsymbole erstellt werden.

  Reports
  Neu in Version 2013

Kontextmenü Strukturstufe Projekt

- **PLANSTRUKTUR ALS FAVORIT SPEICHERN** sichert die komplette Planstruktur als XML-Datei. Es werden alle Strukturstufen mit Namen sowie die darunter jeweils zugeordneten Pläne sowie alle Planverknüpfungen mit deren Namen gespeichert.

  Planstruktur als Favorit speichern

- **PLANSTRUKTUR FAVORIT LADEN** lädt eine beliebige Planstruktur ein und überschreibt die aktuelle Planstruktur des aktiven Projekts. Sie können entweder eine über **PLANSTRUKTUR ALS FAVORIT SPEICHERN** gespeicherte Struktur oder die Struktur aus einem anderen Projekt (*Projekt/bim/Allplan_BIM_LayoutStructure.xml*) einlesen.

  Planstruktur Favorit laden

- **PLANSTRUKTUR KOMPLETT LÖSCHEN** entfernt die komplette Planstruktur. Die Funktion kann nicht direkt rückgängig gemacht werden. Die Strukturdateien werden als Backup-Dateien im Ordner *<Projekt/BIM/Backup>* gespeichert.

- **KOPIEREN, AUSSCHNEIDEN, EINFÜGEN, EINFÜGEN HINTER** und **EINFÜGEN UNTER** sind Funktionalitäten, mittels derer Sie Daten innerhalb der Struktur kopieren und verschieben können (siehe auch Abschnitt 2.4.2, »Kopieren innerhalb der Planstruktur«).

- Über den Punkt **STRUKTURSTUFE »ALLE PLÄNE« ANZEIGEN** ist es möglich, die oberste Strukturstufe (Alle Pläne), die immer verfügbar ist, auszublenden bzw. einzublenden. Die Strukturstufe »Alle Pläne« ist die einzige, die nicht unbenannt werden kann und in der Pläne alphabetisch oder numerisch (auf- und absteigend) sortiert werden können.

- **AKTIVEN PLAN ANZEIGEN** öffnet die Planstruktur so, dass der angewählte Plan sichtbar ist.

Kontextmenü Strukturstufe

Pläne zuordnen

- **PLÄNE ZUORDNEN** öffnet den Dialog zum Zuordnen von Plänen zur markierten Strukturstufe. Sie können an dieser Stelle entweder einzelne Pläne (z. B. 15) oder Plannummernbereiche (z. B. 1 – 10, 15, 21 – 30, 35) eingeben. Über die Schaltfläche **AUSWAHLLISTE** können Sie den Dialog **PLÄNE ZUORDNEN** öffnen.

Planverknüpfungen zuordnen

- **PLANVERKNÜPFUNGEN ZUORDNEN** öffnet den Dialog zum Zuordnen von Planverknüpfungen zu Strukturstufen. Mit Planverknüpfungen können multiple Sortierungen von Plänen erreicht werden.

Kontextmenü Plan und Verknüpfung zu Plan

- **PLAN AKTIV SETZEN** aktiviert (rotes Symbol) den markierten Plan. Neben dem markierten Plan werden auch alle Verknüpfungen aktiv (rotes Symbol) gekennzeichnet.
- **ZUORDNUNG LÖSEN** entfernt den markierten Plan aus der Strukturstufe. Es wird nur die Zuordnung gelöst, der Plan bleibt existent.
- **PLANINHALT LÖSCHEN** löscht den gesamten Planinhalt inklusive der vergebenen Attribute. Der Planname kann wahlweise entfernt werden oder bestehen bleiben.
- **VERKNÜPFUNG ERSTELLEN** erzeugt eine Verknüpfung zum markierten Plan. Die Verknüpfung wird direkt unter dem Plan eingefügt und nach erneutem Öffnen des Dialogs **PROJEKTBEZOGEN ÖFFNEN: PLÄNE** unterhalb der Pläne einsortiert. Die Verknüpfung kann beliebig in der Struktur verschoben und/oder kopiert werden, wird aber immer unterhalb den etwaig vorhandenen Plänen angezeigt. Der Name der Verknüpfung kann beliebig geändert werden. Dies hat keine Auswirkung auf den im Plankopf verwendeten Plannamen.

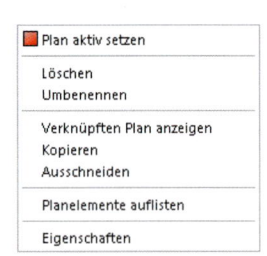

Kontextmenü Plan

Kontextmenü Verknüpfung

> **TIPP:** Planverknüpfungen sind ideal, um spezielle Zusammenstellungen von Unterlagen für Bauherren oder Handwerker neben der kompletten Planliste darzustellen. Die eigene Planstruktur der »echten« Pläne bleibt davon unberührt.

- **VERKNÜPFUNGEN ANZEIGEN** klappt die Planstruktur so auf, dass alle Verknüpfungen des aktuellen Plans sichtbar sind. So erhält man schnell eine Übersicht, in welchen Ausgabezusammenstellungen ein geänderter Plan enthalten ist.
- **PLANELEMENTE AUFLISTEN** blendet ein zusätzliches Fenster ein, in dem eine Liste mit den auf dem markierten Plan enthaltenen Teilbildern angezeigt wird. Je nach Einstellung unter Anpassen werden die in einem Plan abgelegten Planelemente auch als Tooltipp über einem Plan angezeigt.

- EIGENSCHAFTEN öffnet den Dialog *Eigenschaften* des Plans. Die Eigenschaften des Plans wurden in Allplan 2013 neu gestaltet und mit neuen Möglichkeiten aufgefüllt. Eine detaillierte Beschreibung finden Sie in Kapitel 8, »Planlayout, Drucken und Datenausgabe«.

2.3.5 Projektbezogen öffnen: Bedienung der Oberfläche

In den Dialogen **PROJEKTBEZOGEN ÖFFNEN** existieren einige Maustasten und Maustasten-Tastatur-Kombinationen, die bei der Arbeit mit Strukturstufen hilfreich sind und viele Klicks sparen können.

Bauwerksstruktur – Ableitungen der Bauwerksstruktur – Aktionen

- **LINKS-KLICK** in Checkbox der Strukturstufe – Aktivieren/Deaktivieren der Strukturstufe (komplett): Sobald der Haken bei einer Strukturstufe gesetzt wird, werden alle untergliederten Strukturstufen mit aktiv gesetzt. Alle in den Strukturstufen vorhandenen Teilbilder, deren letzter Status aktiv im Hintergrund (gelb) oder passiv (grau) war, werden wieder in diesen Status gesetzt.
- **LINKS-KLICK** auf eines der drei vor dem Teilbild angeordneten Kästchen setzt den Status oder entfernt diesen.
- **LINKS-KLICK** auf die Teilbildnummer oder den Namen eines Teilbildes oder einer Strukturstufe markiert das angewählte Objekt.
- **STRG+LINKS-KLICK** in Checkbox der Strukturstufe – Aktivieren/Deaktivieren der Strukturstufe (teilweise): Diese Aktion aktiviert/deaktiviert **nur** die angeklickte Strukturstufe. Die direkt der Strukturstufe untergliederten Teilbilder werden aktiviert/deaktiviert. Teilbilder, die einer der angeklickten Strukturstufe untergliederten Strukturstufe zugeordnet sind, bleiben wie die untergliederten Strukturstufen selbst von der Aktion unberücksichtigt.
- **LINKS-KLICK+ZIEHEN** startet einen Verschiebevorgang der markierten Teilbilder oder Strukturstufen. Wenn Strukturstufen verschoben werden, werden alle untergliederten Teilbilder und/oder Strukturstufen mit verschoben. Durch »Fallenlassen« an einer erlaubten Stelle ist das Verschieben beendet. Strukturstufen können nur auf den jeweils übergeordneten Strukturstufen eingefügt werden (z. B. Geschoss auf Bauwerk, Gebäude, Liegenschaft).
- **ALT+LINKS-KLICK+ZIEHEN** startet einen Verschiebevorgang der markierten Strukturstufe. Als Einfügepunkt kann hier auch eine gleichartige Strukturstufe gewählt werden. Die markierte Strukturstufe wird unterhalb der Strukturstufe eingefügt, über der sie »fallengelassen« wird.
- **LINKS-KLICK+ZIEHEN** in den leeren Bereich vor oder hinter einem Teilbild oder einer Strukturstufe markiert die Objekte innerhalb des Bereichs. Je nachdem, vor welchem Objekt (Teilbild oder Strukturstufe) der Vorgang gestartet wird, werden nur diese Objekte markiert.
- **DOPPELKLICK-LINKS** auf ein Teilbild öffnet dieses alleine. Alle anderen Teilbilder der gleichen Strukturstufe werden deaktiviert. Alle aktiven Strukturstufen, außer der, unter der das Teilbild sich befindet, werden deaktiviert.

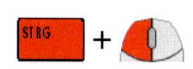

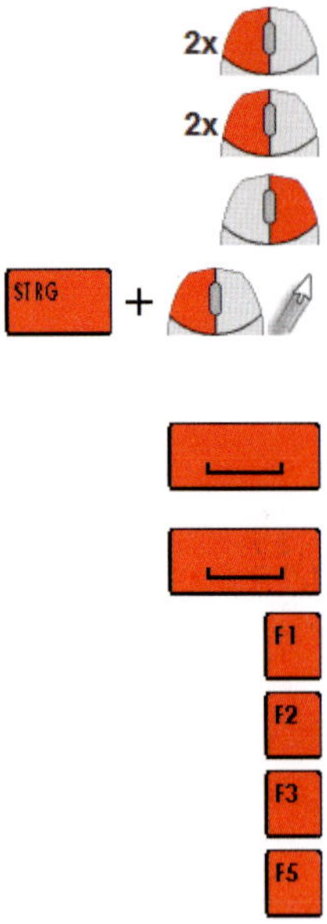

- **DOPPELKLICK-LINKS** auf eine Strukturstufe klappt diese auf oder zu.
- **DOPPELKLICK-LINKS** auf Report öffnet den Dialog *Quellteilbilder*.
- **RECHTS-KLICK** auf markierte Strukturstufen, Teilbilder oder im leeren Bereich öffnet die unterschiedlichen Kontextmenüs.
- **STRG+LINKS-KLICK+ZIEHEN** kopiert die markierte Strukturstufe oder das Teilbild. Der Funktionsablauf ist gleich aufgebaut wie bei den Funktionen **KOPIEREN – EINFÜGEN UNTER/EINFÜGEN HINTER** aus dem Kontextmenü.
- **LEERTASTE** bei markiertem Teilbild oder Teilbildern schaltet den Aktivierungszustand durch (passiv – aktiv im Hintergrund – aktiv – nicht aktiviert).
- **LEERTASTE** bei markierter Strukturstufe öffnet diese und schaltet bei mehrmaligem Betätigen den Aktivierungszustand der dann markierten Teilbilder durch.
- **F1** öffnet die Hilfe zur Bauwerksstruktur/Zeichnungsstruktur/Planstruktur.
- **F2** ist die Kurztaste zum Umbenennen der markierten Strukturstufe oder des markierten Teilbildes.
- **F3** springt, bei aktivierter Suche, zum nächsten Suchtreffer.
- **F5** aktualisiert die Darstellung der Struktur. Es wird jeweils nur der Bereich aktualisiert, in dem der Eingabefokus aktuell liegt.

Bauwerksstruktur und Ableitungen der Bauwerksstruktur – Anzeigen

- Keine der angezeigten Strukturstufen ist aktiviert. Die jeweils untergliederten Teilbilder sind blass dargestellt und werden nach Schließen des Dialogs nicht geladen.

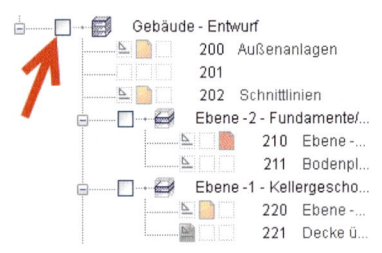

- Die Strukturstufe Gebäude – Entwurf wurde durch einen Links-Klick auf die Checkbox aktiviert. Alle untergliederten Strukturstufen wurden automatisch auf aktiv gesetzt. Alle Teilbilder werden mit den angezeigten Aktivierungszuständen beim Schließen des Dialogs geladen.

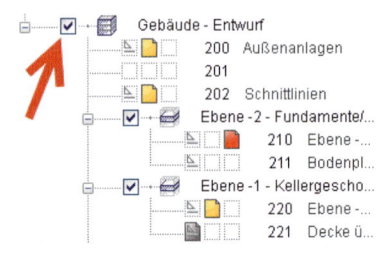

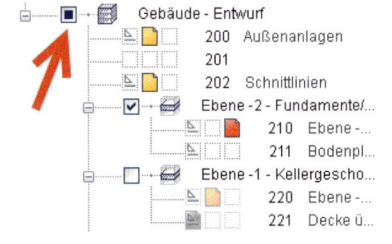

- Die Aktivierung der Strukturstufe Ebene -1 – Kellergeschoss wurde durch Anklicken der Checkbox zurückgenommen. Die Teilbilder des Kellers werden somit nicht geladen. Zudem hat sich die Anzeige der Checkbox der Strukturstufe Gebäude – Entwurf verändert. Sie symbolisiert nun, dass nicht alle untergliederten Strukturstufen aktiv sind, aber aktive vorhanden sind. Dies ist vor allem bei zusammengeklappten Strukturen wichtig, um die Übersicht zu wahren, aus welchen Strukturbereichen Teilbilder sichtbar werden. Möchte man nun auch noch die der Strukturstufe Gebäude – Entwurf direkt untergliederten Teilbilder deaktivieren, kann man entweder den Teilbildstatus selbst auf nicht sichtbar schalten oder durch **STRG+LINKS-KLICK** auf die Checkbox der Strukturstufe die Aktivierung zurücknehmen.

Planstruktur

In der Planstruktur können (bis auf die zusätzlichen Aktivierungszustände) alle für die Bauwerksstruktur dargestellten Maustasten und Maustasten-Tastatur-Kombinationen verwendet werden.

2.3.6 Öffnen – Freie Dokumente

Über den Windows-Dialog **ÖFFNEN** können Sie ein beliebiges NDW oder einen beliebigen freien Plan (NPL) öffnen. Das geöffnete (freie) Dokument wird durch einen grauen (statt weißen oder schwarzen) Zeichenhintergrund kenntlich gemacht. Alle Ressourcen des geöffneten Projekts stehen Ihnen im freien Dokument zur Verfügung, verwendete Ressourcen werden im Dokument gespeichert. Innerhalb von freien Dokumenten stehen nicht alle Funktionalitäten von Allplan zur Verfügung.

Öffnen

Es können maximal 16 freie NDW-Dateien geöffnet werden. Wenn diese geschlossen oder minimiert werden oder über den Menüpunkt **FENSTER** der Fokus auf die Teilbilddarstellung umgeschaltet wird, kann projektbezogen weitergearbeitet werden.

Einen freien Plan verlassen Sie zur projektbezogenen Weiterarbeit durch das Anwählen und Öffnen eines projektbezogenen Planes im Dialog **PROJEKTBEZOGEN ÖFFNEN: PLÄNE**.

2.3.7 Dialog Teilbild wählen

Bei vielen Arbeitsschritten ist es notwendig z. B. ein Zielteilbild (Verdeckt-, Drahtberechnung), ein Quellteilbild (Ansichten/Schnitte/Reports) oder ein Teilbild (Plan) zu wählen. Die jeweils erscheinenden Dialoge sind immer gleich aufgebaut und zeigen je nach Anwendungsfall alle Funktionen oder einen Teil der Funktionen an. Der Aktivierungszustand der Teilbilder wird zur besseren Übersicht farblich angezeigt.

- **ALLE ABWÄHLEN** deselektiert alle Teilbilder. Die Funktion ist nur verfügbar bei Dialogaufrufen, bei denen eine Mehrfachselektion Sinn macht.

  Alle abwählen

- **TEILBILD/ZEICHNUNG** zeigt die Zeichnungsstruktur zur Auswahl der Teilbilder an. Zusätzlich zu den angelegten Zeichnungen wird der Knoten **ALLE TEILBILDER** eingeblendet.

  Teilbild/Zeichnung

- **BAUWERKSSTRUKTUR** zeigt die Bauwerksstruktur mit allen Strukturstufen an. Diese Ansicht ist ideal zum geschossübergreifenden Kopieren und bei der Auswahl von Quellteilbildern für Ansichten und Schnitte sowie zum Auswählen von Grundrissen zur Ablage auf Plänen.

  Bauwerksstruktur

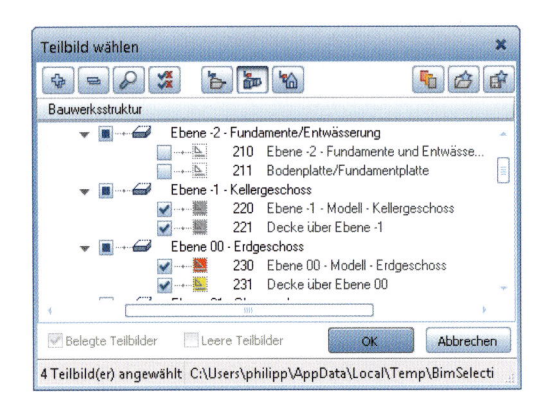

Ableitungen der Bauwerksstruktur

- **ABLEITUNGEN DER BAUWERKSSTRUKTUR** zeigt die Ableitungen der Bauwerksstruktur mit allen Strukturstufen an. Diese Ansicht ist ideal zur Auswahl des Zielteilbildes bei Verdeckt-Berechnungen sowie zum Auswählen von Ansichten und Schnitten zur Ablage auf Plänen.

Momentan geladene Teilbilder auswählen

- **MOMENTAN GELADENE TEILBILDER AUSWÄHLEN** wählt alle Teilbilder, die aktuell zur Bearbeitung geladen sind, an. Die Funktion wird nur bei Dialogen angezeigt, bei denen eine Multiselektion (Anwahl mehrerer Teilbilder) möglich ist.
- Option **BELEGTE TEILBILDER** aktiv zeigt belegte Teilbilder an. Deaktivieren Sie die Option, wenn Sie keine belegten Teilbilder angezeigt bekommen möchten.
- Option **LEERE TEILBILDER** aktiv blendet leere Teilbilder zur Auswahl ein. Deaktivieren Sie die Option, wenn Sie leere Teilbilder nicht auswählen möchten.

Favorit speichern
Favorit laden

- Über **FAVORIT LADEN** und **FAVORIT SPEICHERN** können vordefinierte Zusammenstellungen für die Aktivierung verwendet werden. Beide Funktionen sind nur bei der Definition von Quellteilbildern (Ableitungen der Bauwerksstruktur – Ansichten, Schnitte, Listen und in der Planzusammenstellung – Funktion Planelement) vorhanden.

2.3.8 Speichern von Dokumenten

Allplan unterscheidet beim Speichern von Dokumenten zwischen projektbezogenen Dateien und freien Dokumenten. Während bei vielen Aktionen alle projektbezogenen Dateien automatisch gespeichert werden, müssen freie Dokumente von Ihnen gespeichert werden. Automatische Sicherungsmechanismen existieren für freie Dokumente nicht.

2.3.8.1 Speichern bei projektorientiertem Arbeiten

Allplan sichert bei folgenden Aktionen automatisch ohne weitere Abfragen die geladenen Dateien:

- Allplan wird planmäßig beendet.
- Sie wechseln das Teilbild oder den aktiven Plan über **PROJEKTBEZOGEN ÖFFNEN**.
- Sie starten den Datenimport oder -export.
- Sie starten die Funktion **DATEIÜBERGREIFEND VERSCHIEBEN/KOPIEREN**.

Es werden immer das aktive und alle aktiv im Hintergrund befindlichen Teilbilder gespeichert und verdichtet. Der Undo-Speicher (**RÜCKGÄNGIG**, **WIEDERHERSTELLEN**) wird bei diesen Aktionen bereinigt.

Bei einem Teil dieser Aktionen legt Allplan eine *.bak-Datei an, wenn die Option **SICHERUNGSKOPIE VON TEILBILDERN ERSTELLEN** aktiviert ist (Option **ALLGEMEIN**, Register **SONSTIGES**, siehe auch Abschnitt 3.1.2.1, »Optionen Arbeitsumgebung«). Das Wiederherstellen von Daten über *.bak-Dateien ist in Abschnitt 2.3.9, »Wiederherstellen von Dateien mittels *.bak-Dateien«, beschrieben.

Automatisches Speichern

Allplan sichert alle geladenen Teilbilder (aktiv und aktiv im Hintergrund) bzw. den geladenen Plan ohne Löschen des Undo-Speichers im eingestellten Speicherintervall automatisch. Die Zeitdauer des Speicherintervalls kann in den Optionen unter Arbeitsumgebung – Speichern eingestellt werden (siehe auch Abschnitt 3.1.2.1, »Optionen Arbeitsumgebung«).

Manuelles Speichern

- **SPEICHERN** führt eine Sicherung der aktiven und aktiv im Hintergrund befindlichen Teilbilder bzw. des geladenen Plans aus. Die Daten werden nicht verdichtet und die Undo-Liste wird nicht gelöscht. Speichern
- **SPEICHERN MIT VERDICHTEN** sichert alle geladenen Dokumente, verdichtet die Informationen und löscht die Undo-Liste. Nach dem Ausführen der Funktion **SPEICHERN MIT VERDICHTEN** steht wieder mehr Arbeitsspeicher zur Verfügung. Speichern mit Verdichten

2.3.8.2 Speichern bei dateiorientierter Arbeit

NDW- und NPL-Dateien werden nur beim Schließen der Datei und beim Beenden von Allplan nach einer Sicherheitsabfrage gespeichert, nachdem eventuell nach einem Speicherort gefragt wurde. Während der Arbeit müssen Sie selbst speichern. Wird eine der beiden Funktionen zum Speichern das erste Mal für ein Dokument ausgeführt, so wird der Standarddialog zum Sichern von Dateien geöffnet. Ein automatisches Speichern, wie bei projektbezogenen Dokumenten, steht nicht zur Verfügung.

- **SPEICHERN** sichert das geöffnete Dokument und überschreibt dabei die bestehende Datei. Die Undo-Liste wird nicht gelöscht, solange das Dokument noch geöffnet ist. Speichern
- **SPEICHERN MIT VERDICHTEN** sichert das geöffnete Dokument, überschreibt dabei die bestehende Datei und löscht die Undo-Liste. Die Dateigröße wird, wie beim Schließen des Dokuments, verringert. Speichern mit Verdichten

2.3.9 Wiederherstellen von Dateien mittels *.bak-Dateien

Bei einigen Aktionen werden in Allplan automatisch (bzw. je nach Einstellung der Optionen, siehe Abschnitt 3.1.2.1, »Optionen Arbeitsumgebung«) Sicherungsdateien angelegt, die den ursprünglichen Inhalt der Teilbilder/Pläne speichern. Es wird immer nur eine

Sicherungsdatei gespeichert. Das bedeutet, dass bei einem wiederholten Kopieren auf ein Teilbild nur die letzte Aktion gesichert ist.

Bei folgenden Vorgängen werden Sicherungsdateien angelegt:

- **DOKUMENTÜBERGREIFEND KOPIEREN, VERSCHIEBEN** (siehe Abschnitt 2.11.5, »Dokumentübergreifend verschieben/kopieren«)
- **DOKUMENT LÖSCHEN**
- Vor dem Datenimport über **IMPORTIEREN** (siehe Abschnitt 4.4, »Datenaustausch – Importieren/Exportieren«)
- Vor dem Ausführen der Funktion **TEILBILDER UND PLÄNE MIT RESSOURCEN IN DAS PROJEKT EINFÜGEN** (siehe Abschnitt 4.4.1.6, »Allplan-Daten austauschen (Import/Export)«)

Systembeschreibung *.bak-Dateien wiederherstellen

Der Weg zum Wiederherstellen ist relativ einfach, sollte aber in dieser Form eingehalten werden, um einen Datenverlust zu vermeiden, falls die wiederhergestellte Datei nicht den erwarteten Inhalt aufweist.

➤ Ermitteln, welches Teilbild oder welcher Plan wiederherzustellen ist. Die Teilbild- bzw. Plannummer notieren (z. B. Teilbild 123 oder Plan 79)

➤ Ermitteln des Projektordners auf der Festplatte
Der Projektordner ist unter anderem unter **PROJEKT ÖFFNEN** für das markierte Projekt am unteren Fensterrand sichtbar.

➤ Allplan beenden oder das Projekt wechseln, um sicherzustellen, dass die wiederherzustellende Datei nicht geöffnet ist

➤ Öffnen des Projektpfades über den Windows Explorer

➤ Umbenennen des Teilbildes oder des Plans durch Anhängen eines Zusatzes (alt oder Ähnliches), z. B. Teilbild: *tb000123.ndw* oder Plan: *pb000007.npl*.

➤ Entfernen der Endung *.bak bei der entsprechenden Datei, z. B. Teilbild: *tb000123.ndw.bak* in *tb000123.ndw* oder Plan: *pb000007.npl.bak* in *pb000007.npl*

➤ Öffnen des Projektes und direkte Kontrolle der wiederhergestellten Inhalte

2.3.10 Anwendungstipps für die Projektstruktur

Je nach Projekt sind unterschiedliche Strukturen für Pläne (Planstruktur) und Teilbilder (Zeichnungsstruktur/Bauwerksstruktur) zu erstellen. Die Strukturen sind dabei abhängig von der Aufgabe und der Arbeitsweise des Büros bzw. der Mitarbeiter. Eine universell gültige Struktur gibt es somit leider nicht bzw. kann es somit leider nicht geben.

2.3.10.1 Projektstruktur – Teilbilder

Die Möglichkeiten der Projektorganisation mit der Bauwerksstruktur sind vielfältig. Bei großen Projekten und/oder Projekten mit langen Laufzeiten (und dementsprechend vielen Varianten) kann es dennoch dazu kommen, dass die Struktur kompliziert (weil groß)

und unübersichtlich wird. Um dies zu vermeiden, sollten die folgende Punkte eingehalten werden.

- Bauwerksstruktur (linke Seite)
Verwenden von übergeordneten Strukturstufen zur Abbildung von Varianten und/oder Leistungsphasen. Entweder verwendet man hierzu **BELIEBIGE STRUKTURSTUFEN** oder z. B. die Strukturstufe **LIEGENSCHAFT** und benennt diese nach der Variante/Leistungsphase.

- Ableitungen der Bauwerksstruktur (rechte Seite)
Auf der rechten Seite ist eine klare und übersichtliche Strukturierung schwieriger zu verwirklichen, da Ansichten, Schnitte und Listen nicht unter einem Knoten (außer Projekt) zusammenfassbar sind. Dementsprechend muss für jede der drei Ableitungsarten eine eigene (zur Bauwerksstruktur passende) Untergliederung in Varianten und/oder Leistungsphasen geschaffen werden.

- Die einzelnen Listen sollten entsprechend dem jeweils gewählten Report benannt werden. Die Auswahl der Quellteilbilder sollte möglichst einheitlich sein.

- Sind z. B. Grundrissänderungen notwendig, bei denen der alte Grundriss »aufgehoben« werden soll, sollte das Teilbild kopiert werden und auf dem Original weitergearbeitet werden, da dann alle Ableitungen (Ansichten, Schnitte, Listen) sowie alle Pläne aktualisiert werden können bzw. sind. Die Kopie sollte nicht direkt unter derselben Strukturstufe »gelagert« werden, um Missverständnissen vorzubeugen. Entweder schafft man sich einen Bereich für solche Variantenteilbilder, der komplett unabhängig steht, oder man fügt unter dem Geschoss eine zusätzliche (beliebige) Strukturstufe ein, unter der die »alten« Teilbilder verwaltet werden.

2.3.10.2 Speicherort der Strukturdateien

Alle für die Bauwerksstruktur, Ableitungen der Bauwerksstruktur, Planstruktur sowie den Ebenenmanager notwendigen Dateien werden im BIM-Ordner des jeweiligen Projekts gespeichert.

Bauwerksstruktur	→ *Allplan_BIM_BuildingStructure.xml*
Ableitungen der Bauwerksstruktur	→ *Allplan_BIM_Views.xml*
Planstruktur	→ *Allplan_BIM_LayoutStructure.xml*
Ebenenmodell Gebäude	→ *Allplan_BIM_LevMo_Gebäude.xml*

Bei den Ebenenmodellen wird der gewählte Modellname im Dateinamen mit verwendet. Im angezeigten Beispiel ist dies »Gebäude«.

Die jeweils letzte Änderung wird direkt in einer *.bak-Datei gespeichert. Weitere Änderungen werden im Unterordner *Backup* mit Ergänzung des Datums und der genauen Zeit gespeichert. Die maximale Zahl der geänderten Dateien ist 20. Die jeweils älteste wird bei der nächsten Änderung gelöscht.

Das Wiederherstellen von Strukturdateien läuft wie folgt ab:

- Möglichst unter Windows die Anzeige der Extensions (z. B. *.xml) einschalten
- Den BIM-Ordner des Projektes öffnen
- Die aktuelle XML-Datei in »alt« umbenennen

- Aus dem Ordner *Backup* die entsprechende gespeicherte Datei in den Ordner *BIM* kopieren. Zumeist ist die letzte »große« Datei der benötigte Zustand, in dem die gelöschten Strukturen noch enthalten sind.
- Dateinamen der Backup-Datei um alle Zeichen nach der Extension XML bereinigen

Führen Sie die Schritte mit größter Sorgfalt aus, da Fehlbedienungen den totalen Verlust der Strukturdaten zur Folge haben kann.

2.4 Kopieren von Dokumenten

In Allplan können entweder komplette Dokumente, Teilbilder oder Pläne kopiert werden oder einzelne Daten, Objekte und Elemente, wie Linien oder Wände, innerhalb eines Dokuments oder dokumentübergreifend. Die Funktionen zum Kopieren von Daten finden Sie in Abschnitt 2.11.5, »Dokumentübergreifend verschieben/kopieren«.

2.4.1 Kopieren innerhalb der Bauwerksstruktur

Innerhalb der Bauwerksstruktur haben Sie die Möglichkeit, die markierten Teilbilder oder Strukturstufen mit Teilbildern zu kopieren. Es werden alle Daten inklusive der Ebenenzuweisung dupliziert.

Teilbild kopieren (oder Strukturstufen)
- ➤ PROJEKTBEZOGEN ÖFFNEN
- ➤ zu kopierendes Teilbild oder Strukturstufe markieren (es können mehrere Elemente kopiert werden)
- ➤ Kontextmenü → KOPIEREN
- ➤ Strukturstufe markieren, unter der das Teilbild eingefügt werden soll
- ➤ Kontextmenü → EINFÜGEN UNTER oder EINFÜGEN HINTER

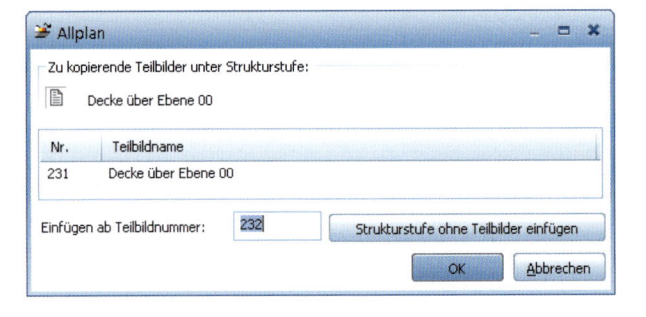

Im Dialogfeld wird oben die Strukturstufe angezeigt, aus der das Teilbild stammt. In der Liste tauchen alle Teilbilder auf, die zum Kopieren markiert wurden. Als Vorschlag zum Einfügen der Teilbilder ermittelt Allplan die nächste Teilbildnummer, die weder belegt noch benannt ist.

> **HINWEIS:** Beim Kopieren eines Teilbildes in eine andere Strukturstufe wird die Ebeneneinstellung der ursprünglichen Strukturstufe (Original) der Kopie des Teilbilds zugewiesen. Diese Einstellung muss bei Bedarf geändert werden.

➤ Einfügen ab Teilbildnummer: → Zielteilbild angeben

Bei Strukturstufen werden alle unterhalb liegenden Strukturstufen und die darin enthaltenen Teilbilder kopiert. Es kann also ein komplettes Bauwerk/Gebäude mit allen untergliederten Geschossen/Teilgeschossen auf einmal kopiert werden. Zudem kann anstatt der kompletten Daten nur die Struktur kopiert werden, wenn die Schaltfläche **STRUKTURSTUFE OHNE TEILBILDER EINFÜGEN** angewählt wurde.

Bei Bedarf sollten sowohl Ebeneneinstellungen als auch die Namen der Teilbilder angepasst werden. Die Funktionen **EBENEN ZUWEISEN** und **UMBENENNEN** sind im Kontextmenü der Teilbilder angeordnet.

2.4.2 Kopieren innerhalb der Planstruktur

Ähnlich wie Teilbilder lassen sich Pläne innerhalb der Planstruktur kopieren. Im Unterschied zu Teilbildern kann bei Plänen direkt ein Plan als Ziel markiert werden. Der Inhalt des Quellplans wird auf den (leeren!) Plan kopiert. Der zu kopierende Plan darf weder Rot markiert noch aktiv sein.

Plan kopieren

➤ Planbearbeitung
➤ **PROJEKTBEZOGEN ÖFFNEN**
➤ zu kopierenden Plan markieren
➤ Kontextmenü → **KOPIEREN**
➤ Strukturstufe markieren, unter der der Plan eingefügt werden soll, oder leeren Plan markieren, auf den der Inhalt des Quellplans kopiert werden soll
➤ Kontextmenü → **EINFÜGEN**

Wurde ein leerer Plan als Ziel gewählt, sind alle Daten auf den Plan kopiert worden. Wurde eine Strukturstufe ausgewählt, wird ein ähnlicher Dialog wie beim Kopieren in der Bauwerksstruktur angezeigt, in dem der nächste freie Plan als Ziel vorgeschlagen wird.

Es werden alle Informationen (Planattribute, Änderungsvermerke usw.) des Plans mit kopiert.

Bei Strukturstufen werden alle unterhalb liegenden Strukturstufen und die darin enthaltenen Pläne und Verknüpfungen zu Plänen kopiert. Es kann ein kompletter Bereich der Planstruktur mit allen Untergliederungen auf einmal kopiert werden. Alternativ kann nur die Struktur kopiert werden, wenn die Schaltfläche STRUKTURSTUFE OHNE PLÄNE EINFÜGEN angewählt wurde.

■ 2.5 Speicherorte und Favoriten

Allplan verwaltet alle Daten über ein eigenes System. Je nach Datentyp können Sie die Dateien in unterschiedlichen Bereichen speichern. Eine Übersicht über Ordner und Pfade, in denen Allplan-Daten liegen, finden Sie in Abschnitt 1.2.4, »Systempfade für Allplan«.

2.5.1 Vordefinierte Speicherorte

Vordefinierte Speicherorte werden in Allplan nur mit den Kurzbezeichnungen angegeben, um den Zugriff von oft benötigten Inhalten zu erleichtern. Je nach Installationsart liegen die Daten an unterschiedlichen Orten gespeichert.

Büro

BÜRO stellt den Speicherort für alle Ressourcen dar, die für alle Benutzer im Netzwerk zugänglich und einheitlich sind.

- **Speicherort:** Zentraler Dateiablageordner im Unterverzeichnis \STD

> **HINWEIS:** Bei Installation ohne Workgroup darf jeder Benutzer frei unter BÜRO Daten speichern und löschen. Bei Installationen mit Workgroup-Manager dürfen nur Benutzer mit SYSADM-Rechten Daten im Pfad BÜRO speichern und löschen.

Projekt

PROJEKT ist der Speicherort aller projektbezogenen Daten und Ressourcen, die nur während der Arbeit an dem Projekt zugänglich sind (und sein sollen).

- **Speicherort:** Zentraler Dateiablageordner im Unterverzeichnis \PRJ\[PROJEKTVERZEICHNIS]

> **HINWEIS:** Das Speichern und Löschen von Daten im Pfad **PROJEKT** ist immer allen Nutzern erlaubt, denen das Recht eingeräumt wurde, im Projekt zu arbeiten.

Privat (Userverzeichnisse)

PRIVAT ist der Speicherort der nutzerbezogenen Einstellungen sowie des privaten Projekts.

- Speicherort bei Einzelplatzinstallation oder Netzinstallation ohne Workgroup: Windows-Benutzerordner \Users\Benutzername\Dokumente
- Speicherort bei Netzinstallation mit Workgroup (Server): Zentraler Dateiablageordner im Unterverzeichnis \usr\[Benutzername]

> **HINWEIS:** Der Pfad **PRIVAT** ist bei Installationen ohne Workgroup-Manager rechnerbezogen, bei Installationen mit Workgroup-Manager benutzerbezogen.

2.5.2 Allgemeine Speicherorte

In den **OPTIONEN** im Bereich Arbeitsumgebung – Speichern können für unterschiedliche Allplan-Dateitypen Ordner gewählt werden. Die gewählten Speicherorte werden bei jedem Aufruf des Speichern-Dialogs und des Datei-öffnen-Dialogs des jeweiligen Datentyps angeboten.

Optionen

Für folgende Dateitypen können Speicherorte vordefiniert werden:

Freie Dokumente (NDW-/NPL-Dateien), Symboldatei, Makrodatei, Importieren/Exportieren, IFC, iTwo, PDF-Export, Plotdateien, 3D-Visualisierung, Pixelbilder und Filme, Ar-Eigenschaften-/Umbau-Favoriten, Eigenschaftenpaletten-Favoriten, Planelement-Favoriten, Darstellungs-Favoriten, Verdeckt-Favoriten, Assoziativer-Schnitt-Favorit, Architektur-Zahlen-Pulldowns, Architektur-Text-Pulldowns

Es sind jeweils folgende Speicherorte definierbar:

- **PROJEKT** → Aktuelles Projekt (nicht bei NDW- und NPL-Dateien)
- **PRIVAT** → Privates Projekt des Anwenders
- **FREI** → Der Pfad ist frei wählbar. In der Spalte **DURCHSUCHEN** erscheinen drei Punkte, über die der Pfad bestimmbar ist.
- **LETZTER** → Der zuletzt gewählte Pfad wird wieder vorgeschlagen.

2.5.3 Favoriten

Favoritendatei speichern

Favoritendatei öffnen

Favoriten dienen dem vereinfachten und standardisierten Aufrufen von Bauteil- und/ oder Elementinformationen oder um Arbeitsumgebungen zu speichern. Der Einsatz und Nutzen hängt stark von der Arbeitsweise des Nutzers ab und dem Wissen, dass Favoriten angelegt worden sind. In den meisten Dialogen existieren Möglichkeiten zum Speichern und Einlesen von Favoritendateien. Je nach Positionierung des Icons im Dialog werden alle oder nur ein Teil der Einstellungen gespeichert.

Favoriten – Palette Eigenschaften

Die Einstellungen werden in einer bauteilunabhängigen *.prop-Datei gespeichert. Die Funktionen zum Laden und Speichern sind nur bei Bauteilen verfügbar, deren Eigenschaften in der Palette angezeigt werden. Über die Eigenschaftenpalette lassen sich auch Favoriten zu Linien, Schraffuren und Ähnlichem anlegen.

Favoriten – bauteil- und elementbezogen

Bei fast allen Bauteilen und auch für Maßlinien und Texte können Favoriten gespeichert werden. Zum Teil ist es auch möglich, nur Teile von Einstellungen (z. B. bei Räumen nur den Ausbau) zu speichern. Die Dateien erhalten eindeutige, bauteil-/elementbezogene Endungen und können nur in den jeweiligen Dialogen verwendet werden.

Favoriten – Darstellung

Darstellungs-Favorit speichern

Darstellungs-Favorit lesen

Die Darstellungs-Favoriten dienen zum einfachen Speichern und Wiederherstellen von Bildschirmeinstellungen und können zusätzlich Einstellungen der Layersichtbarkeit (Plotsets), des Zeichnungstyps sowie des Maßstabs enthalten. Mit den Darstellungs-Favoriten können unterschiedliche Arbeitsszenarien wie z. B. Werkplanung, Detailplanung, Entwurf usw. abgebildet werden (siehe Erläuterungen in Abschnitt 2.15, »Darstellung in Konstruktions- und Animationsfenstern«).

■ 2.6 Der ProjectPilot – Verwaltung

ProjectPilot – Verwaltung

Über den ProjectPilot – Verwaltung können die meisten Datentypen von Allplan (Projekte, Teilbilder, Symbole, Listen, Textbilder usw.) projektübergreifend kopiert oder verschoben werden.

Während Sie im ProjectPilot – Verwaltung arbeiten, ist auf Ihrem Arbeitsplatz Allplan nicht aktivierbar. Zurück nach Allplan kommen Sie, wenn Sie den ProjectPilot – Verwaltung wieder schließen.

2.6.1 Oberfläche ProjectPilot – Verwaltung

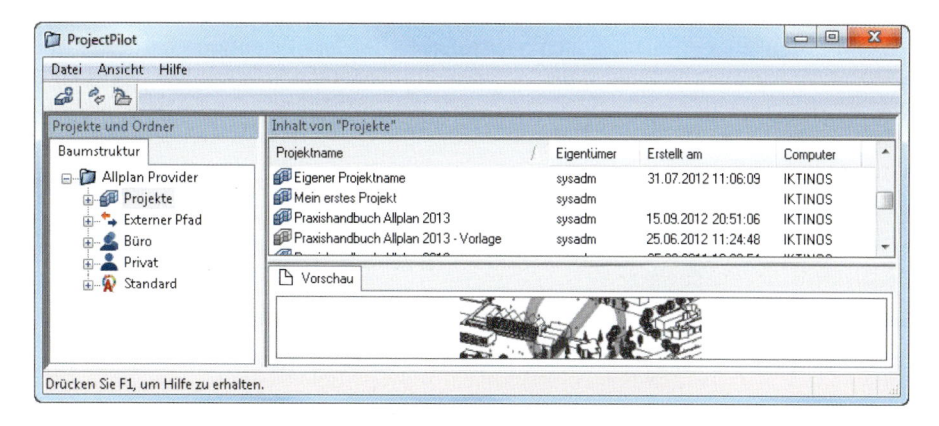

Übersicht der Menüs und Funktionen

Menü DATEI

- **NEUES PROJEKT** startet den Assistenten zum Erzeugen eines neuen Projekts (siehe Abschnitt 4.1.1, »Projekt neu«).
- **BEENDEN** schließt den ProjectPilot – Verwaltung. Sie können nun in Allplan weiterarbeiten.

Menü ANSICHT

Über die Menüpunkte des Menüs **ANSICHT** lässt sich das Aussehen des ProjectPilot – Verwaltung auf Ihre Bedürfnisse einstellen. Wenn große Teilbilder oder Pläne angezeigt werden, kann es zu Verzögerungen kommen. Schalten Sie in solchen Fällen unter **VORSCHAU** auf **KEINE**.

- **NEUES PROJEKT** startet den Assistenten zum Anlegen eines Projekts.

Linkes Fenster

Im linken Fester werden Ihre Projekte, der externe Pfad, das Büroverzeichnis, das private Verzeichnis und der Standard von Allplan angezeigt. Eine Beschreibung der Pfade finden Sie in Abschnitt 2.5, »Speicherorte und Favoriten«. Über einen Klick auf das Pluszeichen vor den einzelnen Unterpunkten (oder einen Doppelklick auf den Gliederungspunkt) können Sie die einzelnen Strukturen aufklappen.

Rechtes Fenster (oben)

Im rechten Fenster werden die Dokumente bzw. Unterordner des im linken Fenster markierten Punktes angezeigt. Mit einem Klick auf den jeweiligen Spaltentitel können Sie die angezeigten Dokumente bzw. Unterordner nach der Spalte sortiert darstellen lassen.

Rechtes Fenster (unten) – Vorschaufenster

Im Vorschaufenster wird eine Vorschau des aktuell markierten Dokuments angezeigt. Pläne und Teilbilder erscheinen im Vorschaufenster. Andere Datentypen besitzen keine Vorschau und können im ProjectPilot – Verwaltung nicht dargestellt werden. Unabhängig von der fehlenden Darstellung kann der Name geändert und können die Daten kopiert, gelöscht und verschoben werden.

Im Vorschaufenster kann ähnlich wie im Teilbild navigiert werden. So kann z. B. mit der linken Maustaste ein Zoom-Fenster aufgezogen, mittels Doppelklick mit der mittleren Maustaste alles dargestellt oder mit den Zifferntasten des numerischen Tastenblocks die Perspektive umgestellt werden.

Die Anzeige der Teilbilder reagiert auf die in Allplan aktuell sichtbar geschalteten Layer.

2.6.2 Baumstruktur

Unter dem Punkt **PROJEKTE** finden Sie alle Projekte aufgelistet, bei denen der angemeldete Benutzer Eigentümer oder zur Bearbeitung berechtigt ist.

Projekte können unterschiedliche Symbole haben, je nachdem, ob das Projekt verfügbar, in Bearbeitung, gesperrt oder ausgelagert ist.

Symbol	Bedeutung
	Projekt bearbeitbar
	Auf das Projekt kann nicht zugegriffen werden. Entweder wurde der Projektordner unter Windows gelöscht, oder der Rechner, auf dem sich das Projekt befindet, ist im Netzwerk derzeit nicht erreichbar.
	Projekt ausgecheckt. Das Projekt befindet sich auf einem Rechner der Workgroup, der derzeit ausgecheckt ist. Sie können ein Informationsfenster anzeigen lassen, in dem die beim Auschecken eingegebene Notiz angezeigt wird.
	Projekt ist gesperrt
	Projekt wird verwendet
	Das Projekt stammt aus einer früheren Allplan-Version. Um solche Projekte im ProjectPilot – Verwaltung verwenden zu können, müssen diese erst mit DATWA in die aktuelle Version umgewandelt werden. Öffnen Sie dazu das Projekt in der aktuellen Allplan-Version, oder verwenden Sie die entsprechenden Funktionen aus Allmenu (Menü *Datei*).

Unterhalb der Punkte **PROJEKT**, **BÜRO**, **PRIVAT**, **STANDARD** und **EXTERNER PFAD** gibt es folgende Unterpunkte mit zugeordneten Inhalten und Unterstrukturen.

Die verschiedenen Datenarten dürfen aus verschiedenen Gründen nicht überall vorkommen. Im Verzeichnis *Standard* gibt es zwar nahezu alle Datenarten, aber diese sind, da es sich um einen vordefinierten Standard handelt, zum Teil nicht verwaltbar.

	Projekt	Büro	Privat	Standard	Externer Pfad
Zeichnungen	Ja	Nein	Nein	Nein	Ja
Teilbilder	Ja	Nein	Nein	Nein	Ja
Pläne	Ja	Nein	Nein	Nein	Ja
Symbole	Ja	Ja	Ja	Ja	Ja
Textsymbole	Ja	Ja	Ja	Ja	Ja
Makros	Ja	Ja	Ja	Ja	Ja
Schalungsmakros	Ja	Ja	Ja	Ja	Ja
Beschritungsbilder	Ja	Ja	Ja	Ja	Ja
Schraffuren	Büro/Projekt	Ja	Ja	Ja	Ja
Muster	Büro/Projekt	Ja	Ja	Ja	Ja
Schriftarten	Büro/Projekt	Ja	Ja	Ja	Ja
Projektstrukturen	Nein	Ja	Ja	Ja	Nein
Intelligente Verlegungen	Nein	Ja	Ja	Ja	Nein
Legenden	Nein	Ja	Ja	Ja	Ja

2.6.3 Bedienung des ProjectPilot – Verwaltung

Die Bedienung des ProjektPiloten funktioniert im Wesentlichen wie die des Windows-Explorers. Daten dürfen jedoch nur in Ordner verschoben oder kopiert werden, die für diese Datenart vorgesehen sind. Zum Beispiel kann ein Teilbild nicht in den Ordner **SYMBOLE** verschoben oder kopiert werden.

■ 2.7 Die Oberfläche von Allplan

Die gesamte Oberfläche mit allen Symbolen (Icons) ist in Allplan 2013 einer Überarbeitung unterzogen worden. Der Stil der Icons und die Farbgebung wurden vereinheitlicht. Zudem sind wiederkehrende Elemente konsequent in allen Bereichen umgesetzt worden. Die optimale Größe der Icons ist »mittel«.

Überarbeitet in Version 2013: Oberfläche, Icons

Die Oberfläche gliedert sich in die Zeichenfläche und die außen angeordneten oder darüber liegenden Paletten, Symbolleisten und Toolbars. Je nach aktivem Modul werden die jeweiligen Symbole angezeigt.

2.7.1 Systematik der Icons – grafische Grundbausteine

Alle Icons von Allplan folgen gewissen Grundregeln im Aufbau. Entweder ist nur eine Symbolik im Icon vorhanden (z. B. Löschen, Modifizieren, Linie, Wand usw.) oder das Icon wird aus unterschiedlichen Elementen zusammengesetzt.

Es tauchen folgende Grundbausteine in den modulspezifischen Funktionen wieder auf.

Hauptfunktion – grapischer Baustein	Beispiele
LÖSCHEN	MASSLINIENPUNKT LÖSCHEN LINIENBAUTEIL TEILWEISE LÖSCHEN MODELL LÖSCHEN (Ebenenmodell)
OPTIONEN	OPTIONEN PUNKTFANG
ANPASSEN (in Dialogen), Einstellungen	OBERFLÄCHENEINSTELLUNGEN RASTER DEFINIEREN (Hintergrundraster) SEITE EINRICHTEN (Planzusammenstellung)
FORMATEIGENSCHAFTEN MODIFIZIEREN	PUNKT MODIFIZIEREN SKRIPT MODIFIZIEREN (SmartParts) TEXT MODIFIZIEREN
Parameter, Eigenschaften von Elementen + Kombination mehrerer Bausteine	GELÄNDEPUNKT (Erweiterte Kontruktion, Digitales Geländemodell) ALLGEMEINE AR-EIGENSCHAFTEN MODIFIZIEREN (Architekturmodule) TEXTPARAMETER MODIFIZIEREN
BILDSCHIRMDARSTELLUNG (einblenden, ausblenden)	Darstellungs-Favorit laden/speichern Maßzahl ausblenden/einblenden

Eine vollständige Auflistung der grafischen Bausteine und Beispielfunktionen finden Sie in der Hilfe von Allplan oder in der Dokumentation *Neues in Version 2013* vom Softwarehersteller.

2.7.2 Oberfläche von Allplan

Die Oberfläche von Allplan besteht aus Symbolleisten und Informationszeilen, die immer vorhanden sind, und aus schaltbaren Symbolleisten.

2.7.2.1 Grundwissen zur Oberfläche

Titelleiste

`Allplan 2013 - Eigener Projektname - Fl. Nr. 43/56/Gebäude - Entwurf:TB200 - Außenanlagen - [Animation: Gesamtmodell]`

In der Titelleiste des Hauptfensters von Allplan werden die Programmversion (Allplan 2013), das aktuelle Projekt *Praxishandbuch Allplan 2013* und Informationen über die aktuell geladenen Dokumente angezeigt. Im gezeigten Bild ist ein Teilbild (TB) in der Grundrissprojektion in einem Fenster dargestellt. Bei Mehrfensterdarstellungen wird in der Programmzeile keine Perspektivinfo gegeben.

Menüs

`Datei  Bearbeiten  Ansicht  Einfügen  Format  Extras  Erzeugen  Ändern  Wiederholen  Plug-In  Fenster  ?`

Die Menüs befinden sich am oberen Fensterrand von Allplan. Unter den Menüpunkten dieser Leiste befinden sich alle Funktionen, die Sie auch in den Symbolleisten anwählen können.

Dialogzeile

`Klick links zum Auswählen, Strg+Klick zum Hinzufügen, Umschalt+Klick zur Segmentwahl`

Die Dialogzeile kann nicht ausgeblendet werden, aber unter ANSICHT → SYMBOLLEISTEN kann eingestellt werden, ob die Dialogzeile mit Funktionsnamen angezeigt werden soll. Dies kann bei schmalen Bildschirmen und/oder niedriger Auflösung sinnvoll sein.

Je nachdem, in welchem Modus Allplan sich gerade befindet, ändert sich die Darstellung der Dialogzeile.

Statusleiste

`Modus: ? Akt    Zeichnungstyp: Entwurfszeichnung   Maßstab: 1:100   Länge: m   Winkel: 0.000  deg   %: 3`

Die Statusleiste befindet sich am untersten Rand des Hauptfensters von Allplan. In ihr werden Informationen zum Teilbild/Plan/NDW/NPL angezeigt, die zum Teil geändert werden können.

- **MODUS** zeigt an, welche Art von Eingabe Allplan erwartet.

- **ZEICHNUNGSTYP** ist das Anzeige-/Auswahlfeld für den Zeichnungstypen, der aktuell in der Bildschirmdarstellung gelten soll. Sie haben die Wahl zwischen dem Zeichnungstypen Maßstabsdefinition, bei dem alle Linienstile und Stilflächen auf eine Änderung des Bezugsmaßstabs reagieren, und den im Projekt verfügbaren Zeichnungstypen.
- **MASSSTAB** ist das Anzeige-/Auswahlfeld für den Teilbildmaßstab.

> **TIPP:** Statt über Statusleiste können Sie die Zeichnungseinheit und die Vorgabe für Winkeleingaben auch in den Optionen im Bereich Arbeitsumgebung einstellen.

- **LÄNGE** ist das Anzeige-/Auswahlfeld für die Zeichnungseinheit. Sie können die Zeichnungseinheit jederzeit ändern. Nach einer Änderung regieren alle Eingabefelder auf die neue Einheit (siehe auch Abschnitt 3.1.2.1, »Optionen Arbeitsumgebung«).
- **WINKEL** zeigt den Systemwinkel des Teilbildes an bzw. ändert diesen. Wenn als Winkeleinheit **RAD** ausgewählt ist, bezieht sich der angezeigte Wert auf einen Kreis mit einem Meter Durchmesser.
- **DEG** ist das Anzeige-/Auswahlfeld für die Einheit, in der Winkel angezeigt und/oder eingegeben werden (**DEG** → Kreisteilung in 360°, **GON** → Kreisteilung in 400°, **RAD** → Bogenmaß in m, siehe Abschnitt 3.1.2.1, »Optionen Arbeitsumgebung«).
- **%** zeigt die Auslastung des Arbeitsspeichers (reservierter Bereich für Allplan) an. Die Anzeige hängt von der Größe des Teilbildes, den darauf enthaltenen Daten sowie der eingestellten maximalen Größe des Teilbildes ab (siehe Kapitel 9, »Allmenu«).

Kontextmenü

Allplan bietet durchgehend Kontextmenüs an. Je nachdem, über welchem Element das Fadenkreuz (Mauszeiger) sich gerade befindet, wird für das jeweilige Element das zugeordnete Kontextmenü generiert. Allplan unterscheidet auch, ob ein Element bearbeitet werden kann oder nicht.

2.7.2.2 Paletten

Menüpunkt Ansicht →
Symbolleisten

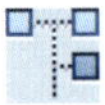

Module

Paletten können frei oder in Registern angeordnet werden. Bei Bedarf können sie über ein Anwahlicon oder Kurztasten (A → Assistent, E → Eigenschaften, F → Funktionen, M → Module) aufgerufen werden. Zudem können die Paletten so eingestellt werden, dass sie nur am Bildschirmrand als »Leiste« erscheinen, die sich erweitert, wenn der Mauszeiger über dem Reiter steht.

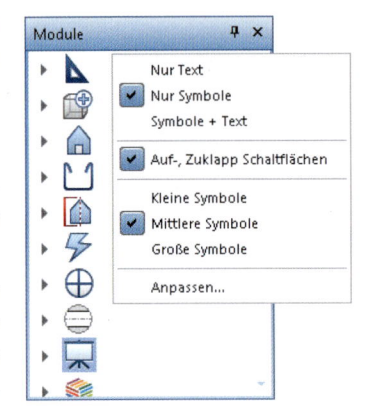

- Die Palette **MODULE** öffnet eine Baumstruktur aller installierten Module, aus der Sie das Modul auswählen können, mit dem Sie gerade arbeiten möchten. Über das Kontextmenü kann gesteuert werden, wie die Zeilen und Symbole angezeigt werden sollen. Sobald Sie hier ein anderes Modul auswählen, werden die modulabhängigen Symbolleisten und die Palette **FUNKTIONEN** geändert.

- Die Palette **EIGENSCHAFTEN** zeigt die Eigenschaften der ausgewählten Elemente an. Diese können in der Palette direkt geändert werden. Nicht alle Elemente (z. B. komplexe Elemente wie Architekturbauteile) können angezeigt werden. Diese erscheinen im Auswahlmenü ausgegraut. Bei vielen Elementen können zudem schon bei der Eingabe Einstellungen in der Palette **EIGENSCHAFTEN** vorgenommen werden.
    - **AUF AKTIVES OBJEKT ZOOMEN** verändert den Ausschnitt des aktiven Fensters so, dass das aktive Objekt komplett bildfüllend dargestellt wird.
    - Über das Kontextmenü können zusätzlich in jeder Zeile Übernahme-Schaltflächen angezeigt werden und die Beschreibung ein- bzw. ausgeblendet werden. Abhängig von der Zeile, auf der das Kontextmenü geöffnet wird, können mehr oder weniger Eigenschaften gesammelt übernommen werden.

- Die Palette **FUNKTIONEN** bietet Ihnen alle Funktionen übersichtlich zusammengefasst an. Über das Pulldown-Menü wird der Modulbereich gewählt (allgemeine Module, zusätzliche Module …) und auf der Seite das Modul (Konstruktion, Maßlinie, Text …), mit dem Sie arbeiten möchten. Ein Modulwechsel über die Palette **FUNKTIONEN** schaltet die modulabhängigen Symbolleisten um.
    - **SUCHEN** öffnet einen Dialog, über den Sie nach Funktionen über alle Module hinweg suchen lassen können.

- Die Palette **ASSISTENT** öffnet und verwaltet die Assistenten von Allplan. Über die Assistenten lassen sich leicht Vorlagedateien verwenden, die fertig definierte Elemente und Bauteile beinhalten. Bei der Verwendung von Assistenten werden möglichst alle Funktionen über die Bauteile im Assistenten aufgerufen. Das Einstellen von Materialien, Formateigenschaften usw. kann dann entfallen. Die mitgelieferten Assistenten und Gruppen können nicht verändert werden.

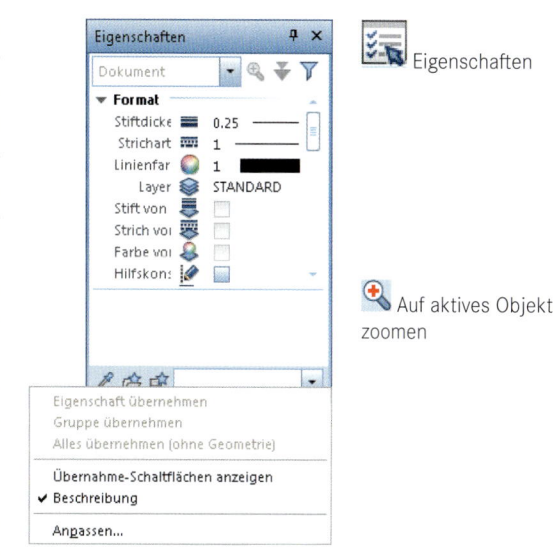

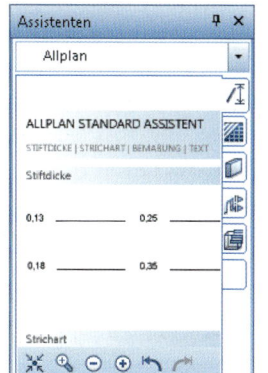

> **HINWEIS:** Die Assistenten zum Buch sowie von Nemetschek gelieferte Assistenten liegen lokal im ETC-Ordner. Assistentengruppen, die in diesem Ordner abgelegt werden, erscheinen automatisch beim Start von Allplan. Ein direktes Speichern ist nicht möglich.

Connect
Neu in Version 2013

- Die Palette **CONNECT** bietet den direkten Zugriff auf Allplan Connect. Aus dem Assistenten können die meisten Inhalte direkt in Allplan eingefügt werden (siehe auch Abschnitt 3.2.5, »Einstellungen für Connect« sowie 6.4.6, »Beispiel – Außenanlagen ergänzen«).

2.7.2.3 Symbolleisten

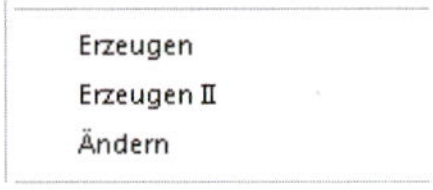

- Modulabhängige Symbolleisten (z. B. **ERZEUGEN, KONSTRUKTION**) zeigen alle Funktionen des aktiven Moduls an. Module können entweder über die Palette **MODULE**, durch Aufruf einer Funktion oder durch Anwahl eines Modul-Icons in einer eigenen Symbolleiste umgeschaltet werden.

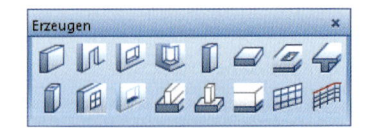

- Symbolleisten mit Grundfunktionen wie **PROJEKTBEZOGEN ÖFFNEN, PLANBEARBEITUNG, OPTIONEN, MESSEN, KOPIEREN, VERSCHIEBEN** und ähnliche sind in statischen Symbolleisten angeordnet. Diese können immer in gleicher Form angezeigt werden und sollten auch eingeblendet sein, wenn der Funktionsaufruf primär über die Palette **FUNKTIONEN** und/oder Assistenten erfolgen soll.

- Symbolleisten wie Basisfunktionen, die neben Basisfunktionen aus dem Bereich KONSTRUKTION, TEXT, MASSLINIE, PLANBEARBEITUNG und BEARBEITEN auch die modulabhängigen Flyouts ERZEUGEN, ERZEUGEN II und ÄNDERN enthalten. Für die unterschiedlichen Anwendungsgruppen existieren in diesem Bereich Zusammenstellungen der wichtigsten Funktionen. Zum Öffnen der Flyouts muss das erste Icon gedrückt gehalten und bei geöffnetem Flyout bei gedrückt gehaltener linker Maustaste der Mauszeiger über die gewünschte Funktion bewegt werden. Die Funktion, deren Icon sich unter dem Mauszeiger befindet, wenn die Maustaste gelöst wird, wird aktiviert.

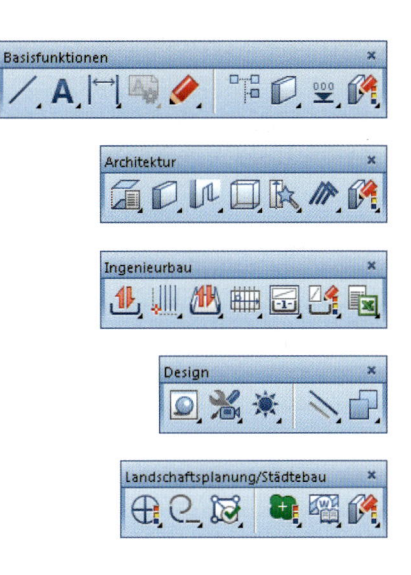

2.7.2.4 Vordefinierte Oberflächenkonfigurationen

Allplan bietet Ihnen verschiedene angepasste Oberflächen zur Auswahl an. Diese sind jeweils auf die Bedürfnisse der Nutzergruppe zugeschnitten.

Die Standardoberflächen finden Sie unter Menü ANSICHT → STANDARDKONFIGURATION. Für alle Konfigurationen können unter ANSICHT → SYMBOLLEISTEN → ANPASSEN Kurztasten eingerichtet werden.

- **STANDARDKONFIGURATION KLASSISCH:** In der Standardkonfiguration KLASSISCH sind auf vier Seiten des Bildschirms Symbolleisten angeordnet, und die Palette MODUL ist auf dem Bildschirm fixiert. Je nach Modulauswahl erscheinen unterschiedliche Symbole in den Symbolleisten.

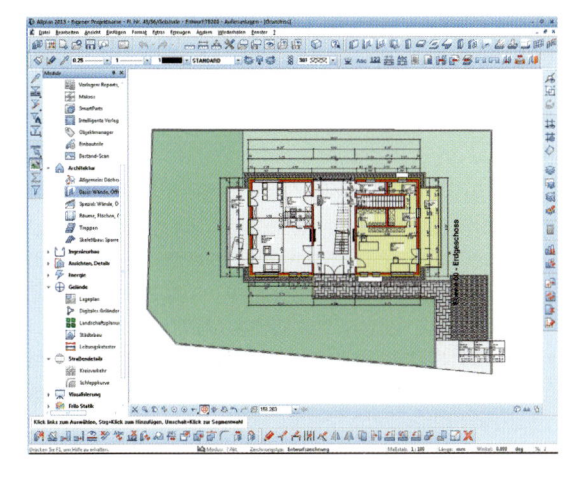

- **PALETTENKONFIGURATION:** Sie finden auf der linken Seite die Paletten für Funktion, Eigenschaften und Assistenten in Registern hintereinander angedockt. Die Module werden über die Palette **FUNKTION** geschaltet.

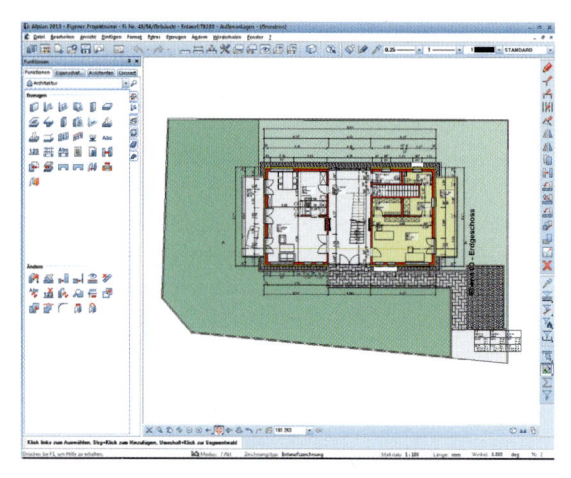

- **BEREICHSSPEZIFISCHE KONFIGURATIONEN** (z. B. Architekturkonfiguration): Auf der linken Seite sind die Symbolleisten mit Flyouts angeordnet. In den Flyouts finden Sie die gebräuchlichsten Funktionen. Im mittleren Bereich sind zudem drei Flyouts vorhanden, die auf eine Modulumschaltung reagieren.

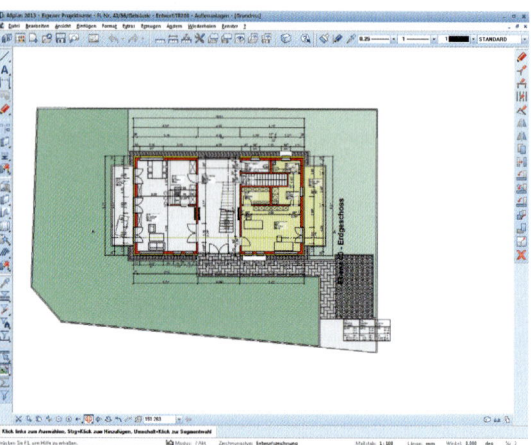

2.7.2.5 Nachgeordnete Funktionen in Dialogen

In fast allen Dialogen sowie der Palette **EIGENSCHAFTEN** finden sich die gleichen Funktionen, über die Eigenschaften übernommen, gespeichert oder geladen werden können.

Übernahme

- **ÜBERNAHME** blendet temporär das geöffnete Dialogfeld aus, um die Übernahme von Eigenschaften eines Elementes bzw. der Eigenschaft eines Elementes zu ermöglichen. Je nach Dialog, aus dem die Funktion aufgerufen wurde, werden generelle oder nur ganz spezielle Eigenschaften übernommen.

Favoritendatei speichern

Favoritendatei öffnen

- **FAVORITENDATEI SPEICHERN/FAVORITENDATEI ÖFFNEN** öffnet den Standarddialog zum Lesen und Speichern von Standardeinstellungen des Bauteils. Es kann immer nur auf Favoriten des gleichen Typs zugegriffen werden.

2.7.3 Zeichenfläche

Die Zeichenfläche von Allplan wird in einem großen Fenster angezeigt oder, nicht in der Planbearbeitung, in mehreren (maximal 16) Konstruktionsfenstern und Animationsfenstern. Jedes Fenster besitzt eine eigene Symbolleiste, in der z. B. die Perspektive und der Bewegungsmodus eingestellt werden. In der Titelleiste jedes einzelnen Fensters wird die jeweils eingestellte Perspektive angezeigt.

Standardaufteilungen (Auswahl):

- **NEUES FENSTER** erzeugt ein weiteres Darstellungsfenster, das bei Darstellung in einem Fenster bildschirmfüllend vergrößert wird und bei Darstellung in mehreren Fenstern mittig auf dem Bildschirm platziert wird.
- **1 FENSTER** ist die Standardeinstellung. Wählen Sie bei Darstellungsproblemen, die Sie nicht auf andere Weise lösen können, die Funktion **1 FENSTER**.
- **2 FENSTER, 3 FENSTER, 4 FENSTER** und weitere Funktionen teilen den Bildschirm in der im Icon angezeigten Weise in die angezeigte Fensteranzahl auf. Das Grundrissfenster befindet sich immer rechts, die anderen Fenster sind jeweils fest mit Perspektiveinstellungen bzw. Ansichtseinstellungen vorbelegt.
- **2 + 1 ANIMATIONSFENSTER** teilt den Bildschirm in drei Fenster auf. Das Fenster im linken oberen Eck wird als Animationsfenster geöffnet.

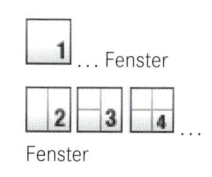

> **HINWEIS:** Die in den einzelnen Icons angezeigte Anzahl gibt die Zahl der Konstruktionsfenster wieder, die nach Funktionsanwahl gezeigt werden.

Funktionen in der Fenster-Symbolleiste

Die Funktionen befinden sich in jedem Fenster (auch Animationsfenster) entweder am unteren Rand (Standard) oder am oberen Rand des Fensters. Die Lage der Symbolleiste kann unter **ANSICHT → SYMBOLLEISTEN → FENSTER-SYMBOLLEISTE OBEN** geändert werden. Die Symbolgröße der Icons kann nur entweder auf klein oder groß gestellt werden.

Die Funktionen wirken nur auf das Fenster, zu dem die Symbolleiste gehört.

- **GANZES BILD DARSTELLEN** ändert den Bildschirmmaßstab so, dass alle sichtbaren Elemente des Dokuments vollständig dargestellt werden. Wurde das Fenster mit **BILDAUSSCHNITT SPEICHERN, LADEN** fixiert, wird dieser Ausschnitt wieder hergestellt.
- **BILDAUSSCHNITT FESTLEGEN** zoomt einen Ausschnitt aus der Zeichenfläche, indem Sie mit gedrückter linker Maustaste ein Fenster aufziehen.
- **BILD VERSCHIEBEN** verschiebt die Ansicht im aktuellen Fenster um eine bestimmte Strecke. Sie geben die Strecke mit gedrückter linker Maustaste ein. Sie können die Ansicht im aktuellen Fenster auch mit gedrückter mittlerer Maustaste oder den Cursortasten verschieben.
- **BILD NEU AUFBAUEN** regeneriert die Darstellung im jeweiligen Konstruktionsfenster. Der Bildschirmmaßstab wird nicht verändert.

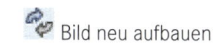

⊖ ⊕ **Bild verkleinern/vergrößern**

← → ↑ ↓ **Fensterinhalt verschieben**

Freie Projektion

- **BILD VERKLEINERN, BILD VERGRÖSSERN** verkleinert bzw. vergrößert schrittweise den Fensterausschnitt. Der Bildschirmmaßstab wird dabei verdoppelt bzw. halbiert und der Bildschirminhalt neu gezeichnet.

- **FENSTERINHALT NACH LINKS, RECHTS, OBEN, UNTEN** verschiebt die Ansicht im aktuellen Fenster um ein Viertel der Fenstergröße in die jeweilige Richtung.

- **STANDARDPROJEKTIONEN** dient der Auswahl der vordefinierten Projektionsart für das jeweilige Konstruktionsfenster. Sie können die Standardprojektionen auch einstellen, indem Sie die **STRG**-Taste gedrückt halten und gleichzeitig eine der Zifferntasten auf dem numerischen Tastenblock drücken.

- Über **FREIE PROJEKTION** können beliebige Projektionseinstellungen für das gewählte Fenster getätigt werden. Über das Ordnersymbol können Sie Einstellungen, die mit der Funktion **BILDAUSSCHNITT SPEICHERN, LADEN** gespeichert wurden, erneut einlesen.

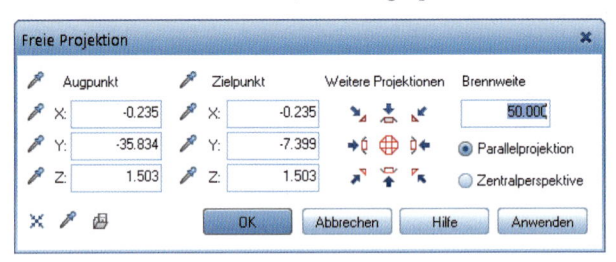

Bewegungsmodus

Vorheriger/Nachfolgender Bildausschnitt

Bildausschnitt speichern, laden

200.000

Fenster immer im Vordergrund (aus/an)

Verdeckt-Berechnung ein/aus

- **BEWEGUNGSMODUS** ändert die Interpretation der Mausbewegung des Fensters von oder in Kugelmodus bzw. Kameramodus. Standard ist für Konstruktionsfenster ausgeschaltet, für Animationsfenster eingeschaltet (siehe Abschnitt 2.9.2, »Eingaben über die Maus – Maustastenbelegungen«).

- **VORHERIGER BILDAUSSCHNITT, NACHFOLGENDER BILDAUSSCHNITT** stellt die zuvor eingestellte Ansicht wieder her bzw. ruft die nachfolgende Ansicht auf. Beide Funktionen wirken nur auf den Bildschirmausschnitt. Die Funktion wirkt nur auf die Bildschirmdarstellung, Arbeitsschritte, Layereinstellungen oder Ähnliches werden nicht verändert.

- **BILDAUSSCHNITT SPEICHERN, LADEN** öffnet den Dialog zum Speichern und Laden von Bildschirmausschnitten. Sie können über diese Funktion verschiedene oft benötigte Ausschnitte für das aktuelle Projekt speichern und wieder laden. Über **BILDAUSSCHNITT SPEICHERN, LADEN** können auch Einstellungen geladen werden, die über die Funktion **FREIE PROJEKTION** gespeichert wurden.

- **BILDSCHIRMMASSSTAB** zeigt die aktuelle Einstellung des Bildschirmmaßstabes des jeweiligen Fensters an und bietet ein Pull-down-Menü mit Eingabefeld zur Auswahl und Eingabe eines beliebigen Bildschirmmaßstabs an. Der Bildschirmmaßstab dient nur zum Einstellen der Darstellungsgröße im Konstruktionsfenster und hat keinen Einfluss auf die durch den Bezugsmaßstab geregelten Proportionen von Schriften und Strichstärken.

- **FENSTER IMMER IM VORDERGRUND** fixiert das Fenster im Vordergrund bei sich überlagernden Darstellungsfenstern. Die Funktion steht nicht zur Verfügung, wenn das Fenster maximiert ist.

- **VERDECKT-BERECHNUNG EIN/AUS** schaltet die Darstellung des jeweiligen Konstruktionsfensters mit verdeckten Kanten ein oder aus. Die Zeichnung wird sofort als ver-

deckte Darstellung angezeigt. Bei eingeschalteter Verdeckt-Berechnung werden keine reinen 2D-Elemente (z. B. Text, Schraffuren, Muster, Linien usw.) angezeigt.
- **DRAHTMODELL EIN/AUS** ändert die Darstellung des Animationsfensters in eine Drahtdarstellung – ähnlich, wie dies in Konstruktionsfenstern in der Perspektive oder Ansicht *Standard* ist.

  Drahtmodell ein/aus
- **SCHNITTDARSTELLUNG** zeigt einen (auszuwählenden) Architekturschnitt an, der mit der Funktion **SCHNITTVERLAUF** definiert wurde. Wenn zusätzlich die Funktion **VERDECKT-BERECHNUNG EIN/AUS** des Fensters aktiviert wird, werden verdeckte Kanten und Flächen ausgeblendet und eine Vorschau des Schnitts angezeigt. Die Schnittdarstellung kann bei jedem Fenster (auch Animationsfenster) separat geschaltet werden. Wird bei einem Fenster mit aktiver Schnittdarstellung die Perspektive geändert, so wird exakt der Bereich des Modells gezeigt, der im Schnittkörper enthalten ist.

  Schnittdarstellung
- **FENSTERINHALT IN ZWISCHENABLAGE** fügt den Inhalt des Animations- oder Konstruktionsfensters als Bild in die Zwischenablage. Dieses kann z. B. in in E-Mails oder in Textdokumente eingefügt werden.

  Fensterinhalt in Zwischenablage

Menü Ansicht

Im Menü **ANSICHT** befinden sich im Wesentlichen die Funktionen, die am Fenster selbst vorkommen – ergänzt durch einige weitere Funktionen, die die Darstellung beeinflussen können.

- **KOORDINATENKREUZ EINBLENDEN** aktiv zeigt in allen Konstruktionsfenstern im linken unteren Eck des Fensters ein Koordinatenkreuz (3D) an. Dies erleichtert die Orientierung im Raum.

2.7.3.1 Konstruktionsfenster

Je nachdem, in welchem Bewegungsmodus Allplan sich befindet und/oder welche Elemente gewählt sind, erscheint beim Aufruf des Kontextmenüs entweder ein allgemeines Kontextmenü, ein zum markierten Element passendes Kontextmenü oder bei aktiven Zeichenfunktionen ein Kontextmenü mit Funktionen zum Punktfang.

Allgemeines Kontextmenü

Das Kontextmenü beinhaltet folgende Bereiche:

- Funktionen zum Steuern, welche Daten wie bearbeitet werden sollen (**PROJEKTBEZOGEN ÖFFNEN…**, **PLANBEARBEITUNG** und **MODULWECHSEL**)
- die Funktion **WIEDERHOLEN**, wo immer der zuletzt verwendete Befehl angezeigt wird,
- die Funktionen der Symbolleiste **BEARBEITEN** (z. B. **LÖSCHEN**, **VERSCHIEBEN** usw.), siehe Abschnitt 2.11.2, »Arbeiten mit bestehenden Elementen«.
- **FORMAT-EIGENSCHAFTEN MODIFIZIEREN** und **3D AKTUALISIEREN**, um den schnellen Zugriff auf diese oft benötigten Funktionen zu ermöglichen.
- zwei Funktionen zum Starten des Animationsfensters

- die Funktionen **SCANBILD VERKNÜPFEN** zum Hinterlegen von eingescannten Plänen, **STANDARDEBENEN LISTEN** (siehe Abschnitt 2.13.1, »Ebenen – Grundbegriffe«) für den schnellen Zugriff auf das Ebenenmodell, **LAYER AUSWÄHLEN, EINSTELLEN** zum Einstellen der sichtbaren Layer (siehe Abschnitt 2.14, »Layer – Formateigenschaft und Strukturelement«) sowie **EIGENSCHAFTEN** zum Anzeigen der Dokumenteigenschaften.

Kontextmenü Punkt-Assistent

Das Kontextmenü **PUNKT-ASSISTENT** erscheint immer, wenn sich Allplan in einer Funktion befindet und die Angabe eines Punktes verlangt, bei einem Rechtsklick in die Zeichenfläche. Eine Beschreibung der dort vorhandenen Hilfsmittel finden Sie in Abschnitt 2.12.1, »Punkt-Assistent – aktives Hilfsmittel«.

Kontextmenü eines bestehenden Elements

Die Kontextmenüs von bestehenden Elementen sind jeweils auf den Bedarf und die Möglichkeiten des markierten Elements abgestimmt. Der Aufbau ist jeweils gleich mit unterschiedlichen Funktionen gestaltet und in die folgenden Bereiche gegliedert:

- Funktionsaufruf (hier **DECKE**) zum Starten der Funktion ohne Übernahme von Eigenschaften und die Funktion **ÜBERNAHME** zum Starten der oberhalb angezeigten Funktion inkl. der Übernahme aller Eigenschaften
- Allgemeine Funktionen der Symbolleiste **BEARBEITEN**, die direkt auf das Element angewendet werden können. Das markierte Element ist bei Aufruf einer der Funktionen als erstes Element ausgewählt.
- Funktionen der Symbolleiste **ÄNDERN**, die direkt auf das Element angewendet werden können. Das markierte Element ist bei Aufruf einer der Funktionen als erstes Element ausgewählt.
- Allgemeine, bei fast allen Elementen verfügbare Funktionen zum Anzeigen und Ändern der Objektattribute, zum Ändern der sichtbaren Layer (siehe Abschnitt 2.14, »Layer – Formateigenschaft und Strukturelement«), zum Verändern der Reihenfolge und zum Anzeigen der Eigenschaften **FORMAT** bzw. **EIGENSCHAFTEN** des markierten Elements (siehe Abschnitt 2.15.1, »Angezeigte Teilbilder«).

2.7.3.2 Animationsfenster

Über unterschiedliche Funktionen können bis zu 16 Animationsfenster geöffnet werden. Im Animationsfenster wird das 3D-Modell geschadet, also mit gefüllten Oberflächen, dargestellt. Je nach Einstellung der Bauteile, der Farben sowie der Optionen werden Texturen angezeigt.

Eine detailliertere Beschreibung der Möglichkeiten im Animationsfenster bis hin zur Ausgabe von hochwertigen, gerenderten Bildern unter Berücksichtigung der Beleuchtungssituation finden Sie in Kapitel 10, »Visualisierung«.

2.8 Oberfläche an eigenen Bedarf anpassen

Die Oberfläche von Allplan kann durch den Anwender leicht an die jeweiligen Gewohnheiten und Bedürfnisse angepasst werden. Es können nach Belieben neue Symbolleisten erzeugt, vorhandene erweitert oder gekürzt werden.

Zu diesem Zweck lassen sich neue, benutzerdefinierte Symbolleisten erzeugen. Für die meisten Funktionen können zusätzlich Kurztasten definiert werden. Außerdem können Symbolleisten (eigene und vordefinierte) und Paletten an allen vier Rändern der Anwendung angedockt werden oder alternativ auf einen weiteren Bildschirm verschoben werden. In der **PALETTE ASSISTENTEN** können eigene Gruppen definiert und mit beliebigen Inhalten gefüllt werden.

2.8.1 Symbolleisten und Shortcuts

Im Dialog **ANPASSEN** können alle Grundeinstellungen für die Darstellung der Symbolleisten und Paletten getätigt werden. Zudem können Shortcuts definiert werden. Shortcuts sind Tastenkombinationen, über die Funktionen alternativ aufrufbar sind.

> **HINWEIS:** Die bevorzugte Symbolgröße ist »mittel«. Bei kleinen Symbolen kann es deutlich leichter zu Verwechslungen kommen. Große und sehr große Symbole können leicht unscharf wirken. Die Screenshots in diesem Buch wurden vorwiegend mit der Einstellung »mittel« erzeugt. Die im Buch gezeigten Icons der Funktionen sind »mittel«, außer bei Funktionen, die nur im Kontextmenü oder in einem Dialog zu finden sind.

Anlegen eigener Symbolleisten, Änderung der Darstellung
- Menü ANSICHT
- SYMBOLLEISTEN
- ANPASSEN

Der Dialog Konfiguration öffnet sich. In der Titelzeile wird die aktuell eingestellte Konfiguration (eventuell nutzerdefiniert) angezeigt.

Über die Schaltflächen **IMPORT**, **EXPORT** können UBX-Dateien gelesen und gespeichert werden. Die Dateien enthalten die kompletten Oberflächeneinstellungen.

Die Schaltflächen **LADEN** und **SPEICHERN** dienen zum Lesen und Speichern der Oberflächeneinstellungen aus der Registrierung. Die Einstellungen sind dort benutzerbezogen abgespeichert.

➤ Register **SYMBOLLEISTEN**

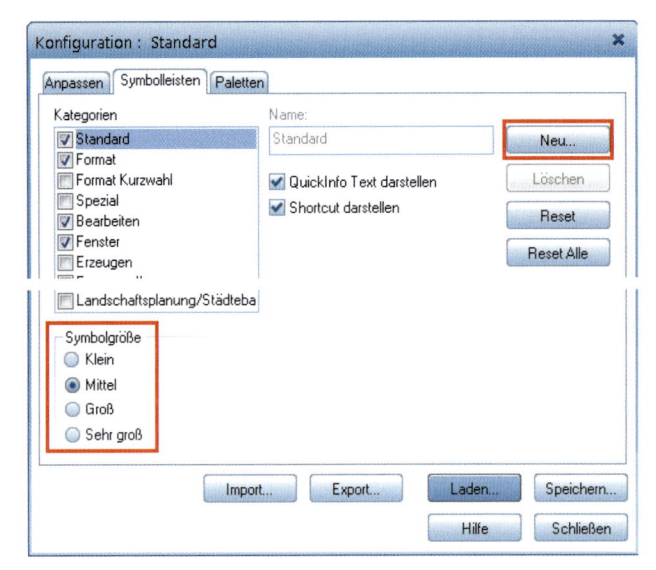

Die Einstellung **SYMBOLGRÖSSE** definiert, wie groß die Icons in der angewählten Symbolleiste angezeigt werden können.

➤ **NEU…** → Der Dialog **NEUE SYMBOLLEISTE** wird angezeigt und verlangt die Eingabe eines Namens.

➤ Geben Sie einen Namen ein (z. B. *Eigene Symbolleiste*) und bestätigen Sie die Eingabe mit **OK**.

Die neue, noch leere Symbolleiste wird im linken oberen Eck des Zeichenfensters angezeigt.

➤ Register **ANPASSEN**

➤ Wählen Sie unter **KATEGORIE** den Punkt **WEITERE FUNKTIONEN MIT SYMBOL** aus und ziehen Sie die markierten Icons in die neue Symbolleiste.

Das Ergebnis sieht z. B. wie folgt aus.

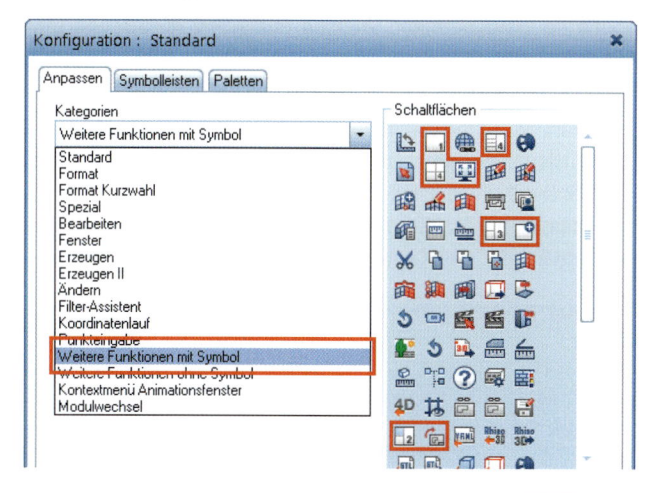

Die zur Verfügung stehenden Funktionen sind entsprechend den Symbolleisten gegliedert, wie diese in Allplan angezeigt werden. Unter dem Punkt **WEITERE FUNKTIONEN MIT SYMBOL**, Kontextmenü **ANIMATIONSFENSTER** und **MODULWECHSEL** werden z. B. die Funktionen für die Fensteraufteilung des Bildschirms oder SmartPart mit Skript modifizieren angeboten.

Einstellen von Shortcuts

- Menü **ANSICHT**
- **SYMBOLLEISTEN**
- **ANPASSEN**
- Markieren Sie das Symbol **GEDREHTE GRUNDRISSDARSTELLUNG** und klicken Sie in das Feld **NEUER SHORTCUT**.
- Drücken Sie die Tastenkombination Alt+W und klicken Sie danach die Schaltfläche **ZUWEISEN>>>** an.

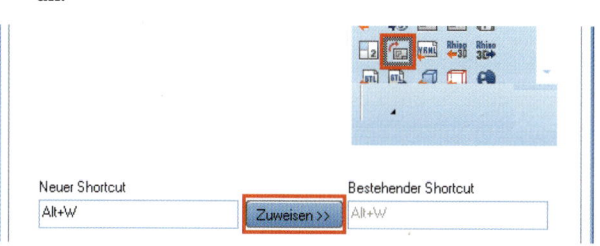

Die Kurztaste wurde zugewiesen und kann nach Verlassen des Dialogs sofort verwendet werden. Wird eine Funktion angewählt, der schon eine Kurztastenkombination zugewiesen ist, wird diese angezeigt. Versucht man eine Tastenkombination zuzuweisen, die belegt ist, wird ein Warnhinweis angezeigt.

Einstellungen für Paletten

Paletten lassen sich im gleichnamigen Register einstellen. Neben den Einstellungen, die über das Kontextmenü (Aufruf über die rechte Maustaste, wenn der Mauszeiger sich über der Palette befindet) vorgenommen werden, kann das Einblendverhalten geregelt werden.

Jede Palette hat unterschiedliche Einstellmöglichkeiten. So kann z. B. die Symbolgröße in der Palette FUNKTIONEN geändert werden, in der Palette EIGENSCHAFTEN können Beschreibung und Übernahme-Schaltflächen angezeigt werden. Für die Palette CONNECT kann der Benutzername und das Kennwort voreingestellt werden. Die Einstellung wird benutzerbezogen gespeichert, da es sich um einen persönlichen Zugang handelt.

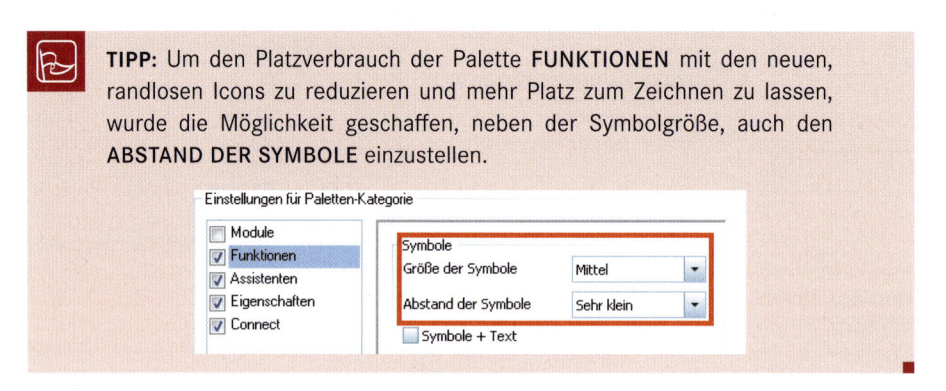

> **TIPP:** Um den Platzverbrauch der Palette FUNKTIONEN mit den neuen, randlosen Icons zu reduzieren und mehr Platz zum Zeichnen zu lassen, wurde die Möglichkeit geschaffen, neben der Symbolgröße, auch den ABSTAND DER SYMBOLE einzustellen.

2.8.2 Symbolleisten und Paletten anordnen

Anordnen von Symbolleisten

Symbolleisten, egal ob eigene oder Standard-Symbolleisten, können an allen vier Seiten der Anwendung oder alternativ auf der Oberfläche »fliegend« angeordnet werden.

Jede Symbolleiste besitzt, wenn sie angedockt ist und die Symbolleisten nicht fixiert sind, einen Balken vor dem ersten Symbol. An diesem Balken kann die Leiste angefasst und entweder innerhalb der Symbolleisten verschoben oder durch Ziehen in die Konstruktionsoberfläche abgedockt werden.

Abgedockte Symbolleisten können am oberen Fensterrahmen der Symbolleiste angefasst und an jeder beliebigen Stelle abgesetzt werden. Wird eine Symbolleiste über einen Bereich geschoben, an dem sie angedockt werden kann, so verändert sich die Größe der Vorschau. Eine abgedockte Symbolleiste kann durch Anklicken des X-Symbols im rechten oberen Eck ausgeblendet werden.

Über einen Doppelklick links in den oberen Fensterrahmen wird die Symbolleiste automatisch an ihre letzte Andockposition verschoben und dort wieder angedockt.

> **HINWEIS:** Einige Funktionen, z. B. Layer, Strich, Stift und Farbe, haben für senkrechte und waagerechte Andockpositionen unterschiedliche Symbole.

Anordnen von Paletten

Paletten können, ähnlich wie Symbolleisten, an den vier Seiten des Konstruktionsfensters angedockt werden oder frei über den Symbolleisten und Konstruktionsfenstern verbleiben. Zusätzlich gibt es für Paletten die Möglichkeit, sie an den Rand zu minimieren.

Paletten werden verschoben, indem man entweder den oberen Fensterrand oder den Registereintrag anfasst. Wenn mehrere Paletten hintereinander in Registern geschaltet sind, können diese über den Fensterrand gemeinsam verschoben werden. Die möglichen Andockpositionen werden durch blaue Symbole markiert. Die äußeren Symbole erscheinen zusätzlich jeweils in der Mitte der Ränder, das mittlere Symbol wird nur eingeblendet, wenn sich die Andockposition über einer anderen Palette befindet und Register gebildet werden können.

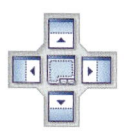

Über den Pin in der oberen Fensterleiste kann jede Palette, die angedockt ist, automatisch ausgeblendet werden. Sie erscheint entwedn bei Aufruf durch über eine Kurztaste, automatisch zur Eingabe von Eigenschaften oder durch Zeigen mit dem Mauszeiger auf den entsprechenden Text am Bildschirmrand. Paletten, die in Registern angeordnet sind, werden als Einheit ein- und ausgeblendet.

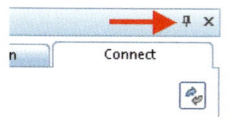

2.8.3 Assistenten

In den Assistenten von Allplan werden beliebige Elemente und Bauteile abgelegt, die zum Funktionsaufruf und/oder zur Übernahme von Eigenschaften dienen. Mit Assistenten ist es leicht möglich, Bauteile mit den gleichen Eigenschaften zu erzeugen, egal, wie umfangreich die Einstellungen des Bauteils sind. Die zu diesem Buch gehörigen Daten enthalten Assistenten, die alle wesentlichen Bauteile mit deren Einstellungen enthalten, die zum Nachvollziehen des Beispiels notwendig sind.

Assistent

Anlegen eigener Assistenten

Eigene Assistenten lassen sich erzeugen, indem Sie auf einem leeren Teilbild alle Elemente erzeugen, die im Assistenten vorhanden sein sollen, und dieses Teilbild als Assistenten speichern.

Der gesamte Ablauf ist wie folgt:

- Elemente erzeugen, die im Assistenten vorhanden sein sollen und übersichtlich anordnen. Achten Sie darauf, dass alle Elemente die gewünschten Eigenschaften haben.
- Menü DATEI → KOPIE SPEICHERN UNTER: Speicherort angeben (z. B. Userverzeichnis), Dateiname angeben → entweder Assistent mit Ressourcen oder ohne als Dateityp auswählen

> **TIPP:** Verwenden Sie möglichst Assistenten ohne Ressourcen, und erstellen Sie sich ein Vorlagenprojekt. Assistenten ohne Ressourcen funktionieren ohne jegliche Einschränkungen, auch wenn Sie Ihre Ressourcen erweitern.

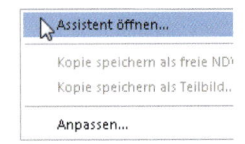

- ➤ **PALETTE ASSISTENTEN** aufrufen
- ➤ Kontextmenü in Gruppenauswahl: **NEUE GRUPPE**
- ➤ Speicherort für Gruppendefinition wählen (idealerweise gleich dem Speicherort des Assistenten) und Gruppennamen angeben
- ➤ Kontextmenü im Assistenten öffnen: **ASSISTENTEN ÖFFNEN**
- ➤ Assistenten wählen und bestätigen

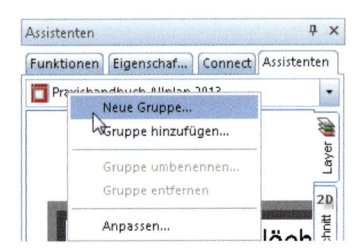

Der Assistent wird in die Ansicht geladen und kann über die Reiter gewechselt werden. Wenn Sie eine Gruppe erzeugt haben, können Sie beliebig viele weitere Assistenten in die Gruppe laden. Der Gruppenname wie auch die angezeigten Namen der Assistenten können über das Kontextmenü (Rechtsklick auf die zu ändernde Bezeichnung) geändert werden. Der angezeigte Name ist somit nicht zwangsweise gleich dem Dateinamen. Die Gruppe Allplan und weitere durch Installationsroutinen erstellte Gruppen können nicht erweitert oder verändert werden.

Über die Funktion **KOPIE SPEICHERN ALS TEILBILD…** im Kontextmenü im Assistenten lässt sich der Inhalt des aktiven Assistenten auf ein Zielteilbild speichern.

> **TIPP:** Der ideale Speicherort für eigene, eventuell büroweit gleiche, Assistenten ist das Verzeichnis *Assistent* oder ein angelegtes Unterverzeichnis im Ordner *Bürostandard*.

2.9 Nutzereingaben – Bedienung

Alle Eingaben und Angaben, die Sie in Allplan tätigen, werden entweder über die Tastatur oder die Maus getätigt.

Je nachdem, wo sich der Focus für Tastatureingaben befindet und/oder ob ein Dialog, Konstruktionsfenster oder Animationsfenster geöffnet bzw. aktiv ist, unterscheiden sich die Eingabemöglichkeiten. Zudem unterscheidet Allplan den so genannten Modus. D. h., die Eingaben bewirken je nach Modus (z. B. Funktion aktiv/nicht aktiv) Unterschiedliches.

Die in den Dialogen **PROJEKTBEZOGEN ÖFFNEN** zur Verfügung stehenden Hilfsmittel werden unter Abschnitt 2.3.5, »Projektbezogen öffnen: Bedienung der Oberfläche«, beschrieben.

2.9.1 Eingaben über die Tastatur

Neben vielen Shortcuts, die definiert sind bzw. die Sie selbst definieren, werden in Dialogen Eingaben abgefragt. In den meisten Eingabefeldern für Werteingaben kann direkt gerechnet werden, d. h. Sie können direkt einen Rechenvorgang (1 + 5 * 2) eingeben, um den Wert (11) zu erhalten.

Eingabefelder, die zur Eingabe von Attributen dienen, sind auf die jeweils maximale Anzahl von Zeichen des Attributes beschränkt. Je nach Attribut sind unterschiedliche Einschränkungen vorhanden.

2.9.2 Eingaben über die Maus – Maustastenbelegungen

Allplan bietet sehr viele Möglichkeiten und Kombinationen mit den drei Tasten von »normalen Mäusen« an und unterscheidet klar zwischen den unterschiedlichen Zuständen, in denen sich das Programm befindet. Je nachdem, in welchem Zustand sich Allplan befindet, werden die Maustasten mit unterschiedlichen Funktionen belegt. Bei einigen Aktionen wird neben der jeweiligen Maustaste zusätzlich eine Taste der Tastatur benötigt.

> **TIPP:** Verwenden Sie für die Arbeit mit Allplan eine Maus mit Scrollrad und zwei weiteren Tasten. Die mittlere Maustastenfunktion kann bei neuen Mäusen, deren Scrollrad eine Freilauffunktion besitzt, eingeschränkt sein.

Die nachfolgenden Erläuterungen zu den einzelnen Maustasten beziehen sich auf die Standardbelegung der Tasten. Das Scrollrad ist als <MITTLERE MAUSTASTE> eingestellt.

2.9.2.1 Keine Funktion aktiv

```
Klick links zum Auswählen, Strg+Klick zum Hinzufügen, Umschalt+Klick zur Segmentwahl
Drücken Sie F1, um Hilfe zu erhalten.                    Modus: ? Akt    Zeichnungstyp:
```

Sie erkennen in der Dialogzeile und der Statuszeile, wenn keine Funktion aktiv ist. In der Dialogzeile wird der Text **KLICK LINKS ZUM AUSWÄHLEN...** (wie im Bild sichtbar) angezeigt, während in der Statuszeile bei Modus: **?AKT** erscheint.

Linke Maustaste
- **KLICK** auf Befehlsicon startet die Funktion und/oder ruft einen Dialog auf.
- **KLICK** auf Element markiert das Element und zeigt die Eigenschaften des Elements in der Palette **EIGENSCHAFTEN** an, wenn diese geöffnet ist. Wird nach dem Aktivieren eines Elements eine Funktion wie **KOPIEREN** oder **VERSCHIEBEN** angewählt, so wird die Funktion auf die markierten Elemente angewendet und danach beendet. Über einen weiteren Linksklick auf einen Ziehpunkt wird dieser zum Modifizieren aktiviert.

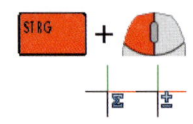

- **STRG + KLICK** auf Element markiert ein zusätzliches Element oder entfernt ein Element aus der Auswahl (nur wenn mindestens ein Element bereits markiert wurde!). Am Fadenkreuz erscheint ein Plus-Minus-Symbol, wenn sich ein Element im Fangbereich des Fadenkreuzes befindet. Ansonsten wird ein Summensymbol angezeigt.
- **UMSCHALT + KLICK** auf Element markiert Elemente mit der gleichen Segmentnummer. 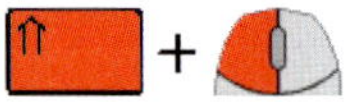
- **DOPPELKLICK** 
  - auf Element ruft das Dialogfenster **EIGENSCHAFTEN DES ELEMENTES** bzw. die Palette **EIGENSCHAFTEN** (Optionen → Arbeitsumgebung) auf,
  - auf Zeichenfläche öffnet den Dialog **PROJEKTBEZOGEN ÖFFNEN**.
- **UMSCHALT + DOPPELKLICK** auf Element ruft die Eigenschaften des Elements im Dialogfeld auf. 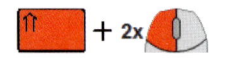
- **STRG + DOPPELKLICK** 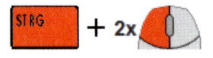
  - auf Element zeigt die Eigenschaften Format des Elementes an. Diese können direkt verändert werden,
  - auf Zeichenfläche öffnet den Dialog **LAYER**. 
- **KLICKEN** und **ZIEHEN** auf der Zeichenfläche zieht ein Aktivierungsfenster auf, mit dem Sie Elemente markieren können. Je nach Einstellung und Ziehrichtung werden nur die eingeschlossenen, die eingeschlossenen und darüber hinausgehenden Elemente, oder nur die über das Aktivierungsfenster hinausgehenden Elemente markiert. Die Eigenschaften der Elemente werden in der Palette **EIGENSCHAFTEN** angezeigt und können dort verändert werden.

Mittlere Maustaste – Scrollrad

- **DREHEN (SCROLLEN)** zoomt dynamisch ein und aus, mit dem Fadenkreuz als Zentrum. Drehen am Rad ist eine einfache und schnelle Möglichkeit, den Bildschirminhalt neu aufbauen zu lassen.
- **DOPPELKLICK** stellt den Bildschirmmaßstab und -ausschnitt so ein, dass alle sichtbaren Elemente dargestellt werden. 
- **STRG + DOPPELKLICK** zeichnet den aktuellen Bildschirmausschnitt neu. Darstellungsfehler werden korrigiert. 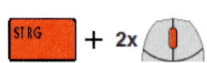
- **KLICKEN + HALTEN + BEWEGEN** verschiebt den Bildschirmausschnitt. Statt des Fadenkreuzes taucht eine Hand auf. 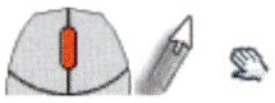
- **STRG + KLICK + HALTEN + BEWEGEN** startet einen Zoombereich zur Ausschnittsvergrößerung. 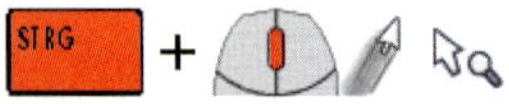

Rechte Maustaste

- **KLICK**
  - auf **ELEMENT** klappt das Kontextmenü des Elements auf. Im Kontextmenü befinden sich die gängigsten Funktionen. Bei Funktionsanwahl über das Kontextmenü des Elements wird das Element automatisch markiert und verwendet bzw. bei Funktionalitäten, bei denen mehrere Elemente nacheinander angewählt werden, wird es als Element 1 gesetzt,

- auf Zeichenfläche klappt das allgemeine Kontextmenü auf. Hier finden Sie viele Basisfunktionalitäten von Allplan.
- **DOPPELKLICK**
  - auf Zeichenfläche öffnet den Dialog **LAYER**,
  - auf Element ruft die Funktion **ERZEUGEN DES ELEMENTES** auf und übernimmt all dessen Eigenschaften. Nutzen Sie diese Funktionalität, wenn Sie gleichartige Elemente zeichnen wollen (auch bei der Übernahme aus dem Assistenten). Wenn die Option **AUTOMATISCHE MODULWECHSEL** im Register **SONSTIGES**, Optionen **ALLGEMEIN** aktiviert ist, wird das Modul des Elements aktiviert.
- **STRG + KLICK** auf Zeichenfläche öffnet den **FILTER-ASSISTENTEN** als Kontextmenü mit Optionen zur Aktivierung (siehe Abschnitt 3.1.2.3, »Optionen Aktivierung«).

2.9.2.2 Zeichenfunktion aktiv – Punktfang aktiv

Sie erkennen in der Dialogzeile und der Statuszeile den Modus, in dem sich das Programm befindet. Wenn eine Zeichenfunktion aktiv (bzw. der Punktfang in Bearbeitungsfunktion) ist und unterschiedliche Möglichkeiten der Eingabe bestehen, werden z. B. Funktionen zum Punktfang und der Punkteingabe in der Dialogzeile angezeigt, und in der Statuszeile wird bei Modus: **?PKT** angezeigt.

Linke Maustaste

- **KLICK**
  - auf Element aktiviert das Element für die Funktion bzw. setzt einen Punkt auf das Element,
  - auf Punkt setzt den Punkt (Anfangspunkt, weiterer Punkt, Endpunkt …) für die Funktion.

Mittlere Maustaste – Scrollrad

Die mittlere Maustaste verhält sich innerhalb von Funktionen gleich wie ohne aktive Funktion.

Rechte Maustaste

- **KLICK**
  - auf Zeichenfläche klappt das Kontextmenü des Punktfangs auf,
  - auf Element klappt das Kontextmenü des Punktfangs auf. Bei Anwahl einer Unterfunktion des Punktfangs wird das Element als Basis gesetzt (Element 1),
  - in Eingabefelder öffnet bei vielen Eingabefeldern ein spezielles Kontextmenü für weitere Optionen.

2.9.2.3 Bearbeitungsfunktion ist aktiv

```
<Kopieren und einfügen> Was kopieren?
Drücken Sie F1, um Hilfe zu erhalten.                    Modus: ? Akt    Zeichnungstyp
```

Sie erkennen in der Dialogzeile und der Statuszeile den Modus, in dem sich das Programm befindet. Wenn eine Bearbeitungsfunktion aktiv ist, werden nur der Funktionsname und eine Frage angezeigt. In der Statuszeile wird bei Modus: **?AKT** bzw., wenn die Summenfunktion zusätzlich aktiviert wurde, **S AKT** angezeigt.

Linke Maustaste

- **KLICK**
  - auf Element (ohne Summenfunktion) aktiviert das Element für die Funktion. Der Modus verändert sich, und die Dialogzeile zeigt Funktionen des Punktfangs an,
  - auf Element (mit Summenfunktion) aktiviert/deaktiviert das Element für die Funktion. 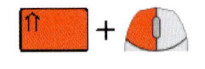
- **UMSCHALT + KLICK** auf Element aktiviert eine Gruppe (gleiche Segmentnummer) für die Funktion. 
- **KLICKEN** und **ZIEHEN** auf der Zeichenfläche zieht ein Aktivierungsfenster auf, mit dem Sie Elemente markieren können. Je nach Einstellung und Ziehrichtung werden nur die eingeschlossenen, die eingeschlossenen und darüber hinausgehenden Elemente, oder nur die über das Aktivierungsfenster hinausgehenden Elemente markiert. Bei aktiver Summenfunktion können mehrere Bereiche markiert werden, während ohne Summenfunktion die aktivierten Elemente sofort für die Funktion zur Verfügung stehen.

Mittlere Maustaste – Scrollrad

Die mittlere Maustaste verhält sich innerhalb von Funktionen so wie ohne aktive Funktion.

Rechte Maustaste

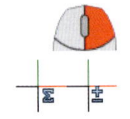

- **KLICK**
  - auf Zeichenfläche startet und beendet die Summenfunktion bei Funktionen mit Elementanwahl oder bestätigt/führt Aktionen aus, wenn die Abfrage **BESTÄTIGEN** in der Dialogzeile erscheint. Bei aktivierter Summenfunktion können weitere Aktionen getätigt werden. Diese werden erst beim Beenden (**BESTÄTIGEN**) ausgeführt,
  - in Eingabefelder öffnet bei vielen Eingabefeldern ein spezielles Kontextmenü für weitere Optionen.
- **STRG + KLICK** auf Zeichenfläche öffnet den **FILTER-ASSISTENTEN** als Kontextmenü mit Optionen zur Aktivierung. 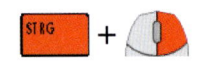

Maustastenkombination

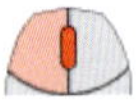

- **MITTE → LINKS** (auf Element) aktiviert eine Gruppe (gleiche Segmentnummer) für die Funktion.

- **MITTE → RECHTS**
  - auf Element aktiviert je nach eingestellter Option (Option **ALLGEMEIN**, Register **EINSTELLUNGEN**) alle Elemente gleicher Stiftdicke oder Strichart,
  - auf Zeichenfläche schaltet die polygonale Aktivierung ein bzw. beendet diese.

2.9.2.4 Navigation im Bewegungsmodus Kugel und Kamera

Bei eingeschaltetem Bewegungsmodus des jeweiligen Fensters (Konstruktionsfenster Default = aus, Animationsfenster Default = ein) ändert sich die Tastenbelegung der Maus, um Ihnen ein komfortables Navigieren im Raum zu ermöglichen. Eine Bewegung wird immer durch Gedrückthalten der jeweiligen Maustaste und die Bewegung der Maus gebildet.

Bewegungsmodus

Kugelmodus

Im **KUGELMODUS** (Standardeinstellung) wird die Kamera auf der Oberfläche einer gedachten Kugel um den Zielpunkt bewegt. Der Zielpunkt sollte möglichst nahe am Objekt liegen. Der Kugelmodus ermöglicht es, ein Objekt schnell von allen Seiten zu betrachten, und eignet sich besonders dazu, um das Modell zu »fliegen« und es von außen zu betrachten.

- **LINKE MAUSTASTE + MAUSBEWEGUNG** bewegt die Kamera auf einer gedachten Kugeloberfläche um das Objekt.
- **MITTLERE MAUSTASTE + MAUSBEWEGUNG** bewegt die Kamera seitlich, nach oben und/oder unten. Der Zielpunkt im Objekt (Kugelmittelpunkt) wird dabei verschoben.
- **RECHTE MAUSTASTE + MAUSBEWEGUNG** bewegt die Kamera auf das Objekt zu oder vom Objekt weg (auch im Kameramodus verfügbar).
- **MAUSRAD DREHEN** bewegt die Kamera auf das Objekt zu oder vom Objekt weg (auch im Kameramodus verfügbar).

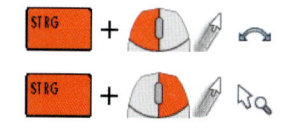

Kameramodus

Im Kameramodus (**STRG**-Taste gedrückt) wird die Blickrichtung der Kamera direkt gesteuert. Das bedeutet, die Position der Kamera (der Augpunkt) bleibt unverändert, es ändert sich aber die Blickrichtung (der Zielpunkt). Der Kameramodus eignet sich besonders für Kamerafahrten innerhalb eines Gebäudes, z. B. durch einen Korridor, eine Treppe hinauf oder Ähnliches.

- **LINKE MAUSTASTE + STRG + MAUSBEWEGUNG** dreht die Kamera um den Augpunkt.
- **RECHTE MAUSTASTE + STRG + KLICK + HALTEN + BEWEGEN** startet einen Zoombereich zur Ausschnittsvergrößerung.
- **RECHTE MAUSTASTE + MAUSBEWEGUNG** bewegt die Kamera auf das Objekt zu oder vom Objekt weg (auch im Kameramodus verfügbar).

2.9.3 Funktion aufrufen/beenden

2.9.3.1 Funktionsaufruf

Es gibt mehrere Möglichkeiten, eine Funktion aufzurufen. Je nach Aufrufart werden Eigenschaften übernommen oder Standardwerte gesetzt.

- Klick (LM) auf das Icon der Funktion startet die Funktion. Je nach eingestellten Optionen in der Layerauswahl (**AUTOMATISCHE LAYERAUSWAHL BEI MENÜANWAHL** im Register **LAYERAUSWAHL/SICHTBARKEIT**) wird ein Layer vorgeschlagen, und es werden (bei Formateigenschaftsübernahme) Formateigenschaften übernommen.

- Aufruf über definierten **SHORTCUT** entspricht dem Funktionsaufruf über das Icon der Funktion (Definition von Shortcuts siehe Abschnitt 2.8.1, »Symbolleisten und Shortcuts«).

- **DOPPELKLICK (RM)** auf ein Element startet die Funktion, mit der das Element erzeugt wurde, und übernimmt alle Einstellungen des bestehenden Elements. Über Doppelklick (RM) auf ein Bauteil/Element in einem geöffneten Assistenten kann sehr schnell und einfach auf immer gleiche oder ähnliche Bauteile zugegriffen werden.

- Erste Zeile Kontextmenü eines Elements startet die Funktion in der gleichen Weise wie der Aufruf über dessen Icon in der Symbolleiste. Es werden also keine Eigenschaften vom bestehenden Element übernommen.

- Zweite Zeile Kontextmenü eines Elements (Übernahme) analog der ersten Zeile, jedoch werden alle Eigenschaften des Elements für das neu zu erstellende Element übernommen.

Übernahme

2.9.3.2 Abfragen in der Funktion

Innerhalb jeder Funktion werden unterschiedliche Eingaben gefordert. In der Dialogzeile wird angezeigt, welche Eingaben möglich bzw. nötig sind.

- **DIALOGZEILE** mit Anzeige unterschiedlicher Abfragen, die mittels Schrägstrich (/) getrennt aufgeführt werden. Sie haben die Wahl zwischen unterschiedlichen Optionen. Im angezeigten Bild können entweder die Eigenschaften der Tür eingestellt oder die Außenwandlinie angewählt werden. Je nach Funktion können hier auch mehrere Optionen angeboten werden.

> <Aussparung, Durchbruch in Decke, Platte> Welche Decke oder Platte?

- **DIALOGZEILE** mit Punktfang erscheint immer, sobald Sie in der Zeichnungsfläche einen Punkt angeben können oder müssen. Je nach Funktion werden unterschiedliche Eingabefelder angezeigt. Bei vielen Funktionen bestehen auch bei Anzeige der Punktfangfunktionen unterschiedliche Optionen, die vor den Eingabefeldern angezeigt werden.

> <3D-Rechteckfläche> Anfangspunkt 0.000   0.000   0.000   0.010

- **DIALOGZEILE** mit Frage wird z. B. bei den Funktionen der Symbolleiste angezeigt. Sie müssen hier Elemente oder Punkte identifizieren, mit denen Sie die gewählte Aktion ausführen wollen.

> <Kopieren und verzerren, drehen> Was versetzen?

2.9.3.3 Funktion beenden

Funktionen können auf unterschiedliche Art beendet werden:

> ESC-Taste
> Funktionsabbruch durch Wahl einer anderen Funktion
> Rechtsklick auf eine Symbolleiste

Je nach Funktion werden Elemente erzeugt oder die Eingabe komplett zurückgenommen.

2.9.4 Aktion rückgängig machen/wiederherstellen

Mit den Funktionen RÜCKGÄNGIG und WIEDERHERSTELLEN werden ganze Aktionen bearbeitet. Innerhalb vieler Funktionen gibt es die Funktion LETZTE EINGABE RÜCKGÄNGIG, die einzelne Schritte rückführt.

- RÜCKGÄNGIG dient dem Zurückführen einzelner Schritte. Über das Pull-down-Menü können Sie auch mehrere Schritte auf einmal zurücknehmen. Es ist nicht möglich, einen weiter zurückliegenden Schritt zurückzunehmen und einen neueren zu behalten. Für die Rückführung einzelner Schritte innerhalb einer Funktion gibt es bei einigen Funktionen einen eigenen Schalter: LETZTE EINGABE RÜCKGÄNGIG.
- WIEDERHERSTELLEN stellt die mit RÜCKGÄNGIG gelöschten Aktionen wieder her.
- WIEDERHOLEN kann entweder über den Menüpunkt WIEDERHOLEN mit einer Liste der letzten aufgerufenen Funktionen angezeigt werden oder im allgemeinen Kontextmenü. Im allgemeinen Kontextmenü wird nur die zuletzt aufgerufene Funktion angezeigt.
- LETZTE EINGABE RÜCKGÄNGIG steht Ihnen in vielen Funktionen zur Verfügung und dient zur Rücknahme des letzten Eingabeschrittes, ohne die Funktion zu beenden.

⇐ Rückgängig

⇒ Wiederherstellen

⇐ Letzte Eingabe rückgängig

■ 2.10 Eigenschaften von Elementen

Jedem Element, Bauteil oder Objekt werden bei der Erzeugung Eigenschaften zugewiesen. Diese gliedern sich in EIGENSCHAFTEN FORMAT und EIGENSCHAFTEN. Je nach Element/Bauteil/Objekt werden unterschiedliche Eigenschaften angeboten. Neben den vorgegebenen Einstellungen können weitere Attribute für die Auswertung an nahezu alle Elemente angehängt werden.

2.10.1 Eigenschaften Format

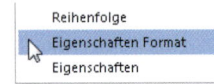

Die Gruppe Einstellungen EIGENSCHAFTEN FORMAT dient der Einstellung der wesentlichen Darstellungsmerkmale. Bei einfachen Elementen werden hier alle Einstellungen für die Grundriss- und Schnittdarstellung getätigt, bei komplexeren Bauteilen (z. B. Wände) gibt es ergänzende Einstellungen in den Dialogen des Bauteils selbst. Die EIGENSCHAFTEN FORMAT können über die Symbolleiste FORMAT oder in der Palette EIGENSCHAFTEN bei der Erzeugung beeinflusst werden. Bauteile, die unterschiedliche Darstellungen z. B. für Wandschichten besitzen, werden im Dialog des Bauteils, eingestellt.

Die ersten drei Eigenschaften (Stiftdicke, Strichart und Linienfarbe) können nur geändert werden, wenn die Eigenschaft Hilfskonstruktion nicht aktiviert ist und/oder die Eigenschaften nicht vom Layer (Linienstil) übernommen werden.

- **STIFTDICKE** (15 Strichstärken) bestimmt die Liniendicke im Ausdruck. Eine 1 m lange, 0,25 mm dicke Linie erscheint am Bildschirm im Maßstab 1:1 sehr dünn und im Maßstab 1:1000 relativ dick. Im Ausdruck ist sie immer gleich stark gezeichnet, aber im Maßstab 1:1 dann 1 m und im Maßstab 1:1000 nur 1 mm lang. Je nach Einstellung der Option DICKE LINIE in der BILDSCHIRMDARSTELLUNG werden alle Linien in »wahrer« Dicke oder als Konstruktionslinien gezeichnet, bei aktiver Option FARBE ZEIGT STIFT werden alle Linienstärken anhand ihrer Farbkodierung auf dem Bildschirm angezeigt. Die Farbkodierung kann in den OPTIONEN unter ARBEITSUMGEBUNG – STIFTFARBEN eingestellt werden und ist benutzerabhängig.

- **STRICHART** (bis zu 99 Stricharten definierbar) gibt die Zeichnungsvorschrift für die Linie selbst wieder. Hier bestimmen Sie also, welche der definierten Darstellungsarten (von punktiert bis durchgezogen) die Linien Ihres Bauteils erhalten sollen. Die Stricharten 90 bis 99 sind für den Allplan-Standard reserviert und können nicht verändert werden.

- **LINIENFARBE** (256 vordefinierte Farben) gibt an, welche Farbe eine Linie im normalen Ausdruck tragen soll. Es gilt zu beachten, dass die Linienfarbe auch abhängig von der Stiftdicke (Einstellung der Option FARBE ZEIGT STIFT in der Bildschirmdarstellung) angezeigt werden kann. Bei schwarzem Bildschirmhintergrund wird Farbe 1 als Weiß dargestellt. Wenn in der BILDSCHIRMDARSTELLUNG die Option FARBE ZEIGT STIFT aktiviert ist, werden die Linienfarben nicht angezeigt.

- **LAYER** (je nach Strukturgröße) ist eine unsichtbare Eigenschaft. Layer können für die Bearbeitung sichtbar, sichtbar gesperrt oder unsichtbar gestellt werden. Zudem können über den Layer die STIFTDICKE, STRICHART und LINIENFARBE in Abhängigkeit der Definition des Layers gesteuert werden.

- **STIFT**, **STRICH** und **FARBE VON LAYER** aktiviert bedeutet, dass das Element die Liniendarstellung aus dem Layer verwenden soll. Ist einer (oder sind alle) der drei Haken gesetzt, so wird die entsprechende Eigenschaft oberhalb deaktiviert (graue Darstellung) und zeigt die für den Zeichnungstyp/Bezugsmaßstab gültige Einstellung oder die Formateigenschaft des Layers an, wenn keine Linienstile verwendet werden.

- **HILFSKONSTRUKTION EIN/AUS** schaltet den Zeichenmodus um. Elemente, die in HILFSKONSTRUKTION erzeugt werden (oder in HK geändert werden), tauchen weder in der Animation noch auf Planausdrucken auf. Die Formateigenschaften STIFT,

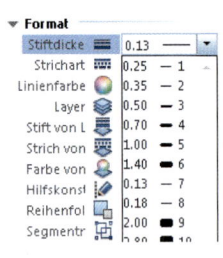

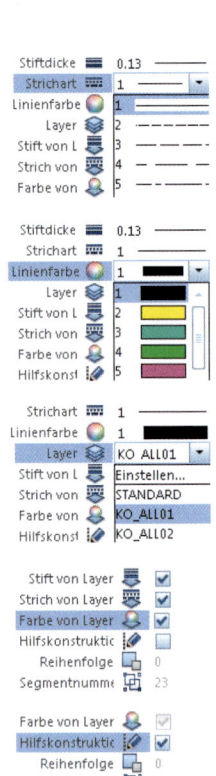

STRICHART und LINIENFARBE können nicht geändert werden. Alle Elemente in HILFSKONSTRUKTION werden in der in den OPTIONEN unter ARBEITSUMGEBUNG – ANZEIGE eingestellten Strichart und Linienfarbe dargestellt. Über die Option HILFSKONSTRUKTION in der BILDSCHIRMDARSTELLUNG lassen sich alle Elemente in HK unabhängig von der Layerzugehörigkeit ausblenden. Die komplette Hilfskonstruktion kann über die Segmentaktivierung (Umschalt + Links) markiert werden.

- REIHENFOLGE definiert die Überdeckung der Elemente untereinander. Die Reihenfolge kann Werte von –15 bis +15 annehmen, wobei Elemente mit niedrig eingestellter Reihenfolge von Elementen mit hohem Wert überdeckt werden. Je nach Elementgruppe sind verschiedene Werte voreingestellt, die eine funktionierende Basis darstellen. Die Vorgabewerte können in den OPTIONEN unter ARBEITSUMGEBUNG → DARSTELLUNGSREIHENFOLGE geändert werden.

- SEGMENTNUMMER ist bei der Erzeugung von Elementen automatisch vergeben. Bei Symbolen aus dem Symbolkatalog, die aus mehreren Elementen zusammengesetzt sind, erhalten alle Elemente die gleiche Segmentnummer. Über die sog. Segmentaktivierung (Umschalt + Links) können mehrere Elemente mit gleicher Segmentnummer auf einmal angesprochen werden.

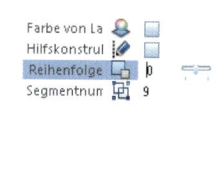

Formateigenschaften von Layer

Die Formateigenschaften von Layer definieren über den Layer des Elements die Darstellung der Elementlinien in Abhängigkeit von dem für den Layer eingestellten Linienstil. Linienstile können über den Menüpunkt EXTRAS – DEFINITIONEN → LINIENSTILE, FLÄCHENSTILE, ZEICHNUNGSTYPEN definiert und über den Dialog LAYER EINSTELLEN (Register FORMATDEFINITIONEN) Layern zugewiesen werden.

- LINIENSTIL definiert, mit welchen Formateigenschaften z. B. eine Linie in Abhängigkeit vom Maßstab angezeigt werden soll. Das bedeutet, dass Sie mit Linienstilen eine Linie im Maßstab 1:100 mit Stift 0.35 und im Maßstab 1:50 mit Stift 0.50 darstellen lassen können, ohne eine Modifikation durchführen zu müssen. So erhalten Sie z. B. von Ihrem Werkplanungsstand des Bauvorhabens binnen Sekunden eine Darstellung der Strichstärken, mit der Sie eine Texturplanung drucken können.

2.10.2 Eigenschaften

Neben den EIGENSCHAFTEN FORMAT haben nahezu alle Elemente/Bauteile/Objekte Eigenschaften, die auf das Element speziell abgestimmt sind. So kann z. B. eine Linie ein Anfangs- und/oder Endsymbol erhalten, eine Füllfläche eine Farbe in der Fläche tragen, Wände mehrere Schichten mit detaillierten Einstellungen haben und vieles mehr.

Bei einfachen Elementen werden die Eigenschaften in der Palette angezeigt und können alternativ im Dialog angezeigt werden. Bei komplexen Bauteilen (Architektur) werden die Eigenschaften immer im Dialog dargestellt.

Die Eigenschaften können entweder bei der Erzeugung über die Schaltfläche **EIGENSCHAFTEN** oder nach dem Erzeugen über das Kontextmenü aufgerufen werden.

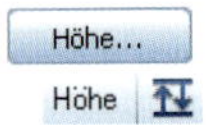

- Der Höhenbezug (Schaltfläche **HÖHE** oder **TABELLENFELD**) dient zur Definition der Anbindung von Bauteilen an das Ebenenmodell (siehe Abschnitt 2.13, »Das Ebenenmodell von Allplan«). Je nach Bauteil kann die Oberkante und Unterkante (z. B. Wände, Räume, Decken) oder nur die Unterkante (Makros, Bodenflächen, Wegeflächen, SmartParts) in Bezug zu den Ebenen gesetzt werden.

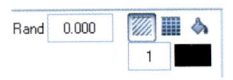

- Bei vielen Bauteilen kann die Flächendarstellung (Schraffur, Muster, Füllfläche, Pixelfläche und Stilfläche) in den Eigenschaften direkt eingestellt werden. Je nach Bauteiltyp können Auflistungen für jede Schicht, Schaltflächen, eine Auswahl mit Einstellmöglichkeiten für eine Darstellung »Rand« vorhanden sein. Die Flächenelemente Pixelfläche und Stilfläche sind nicht bei allen Bauteilen vorhanden.

- **MATERIALAUSWAHL** ist eine vordefinierte Auswahl von Attributen, die an Bauteile gehängt werden. Die Attribute **BEZEICHNUNG** und **MATERIAL** werden bei fast allen Bauteilen angezeigt und Weitere können zugeschaltet werden.

- Weitere Attribute sind je nach Bauteiltyp in den Dialogen vorhanden oder können über benutzerdefinierte Attribute hinzugefügt werden. Alternativ können alle Attribute über die Funktion **OBJEKTATTRIBUTE ZUWEISEN, MODIFIZIEREN** (Kontextmenü oder Modul **OBJEKTMANAGER**) bearbeitet werden.

> **HINWEIS:** Attribute können über die Funktion **OBJEKTATTRIBUTE ZUWEISEN/MODIFIZIEREN**, auch an einfache Elemente wie z. B. an 2D- und 3D-Linien, Flächenelemente oder modellierte Körper angehängt werden. Diese Objekte (= Element mit weiteren Attributinformationen) können beschriftet und mit Reports ausgewertet werden.

2.10.3 Eigenschaften Oberfläche

Zusätzlich zu den Eigenschaften, die die Darstellung im Grundriss bzw. in Konstruktionsfenstern steuern, tragen alle Bauteile/Elemente mit 3D-Darstellung zusätzliche Informationen zu ihrer Darstellung in der Animation. Wurde diese Eigenschaft nicht definiert, wird die Darstellung in der Animation über die Stiftfarbe geregelt.

Weitere Informationen zu den **EIGENSCHAFTEN OBERFLÄCHE** für die Animation finden Sie im Beispiel unter Kapitel 9, »Visualisierung«

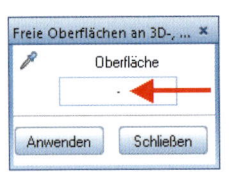

- **FREIE OBERFLÄCHEN AN 3D-/AR-ELEMENTE ZUWEISEN** öffnet den Dialog **EIGENSCHAFTEN OBERFLÄCHE** zum Zuweisen von Oberflächen an 3D-Körper und Architekturelemente. Sie können entweder von einem Bauteil die Oberfläche übernehmen (Pipette) oder durch einen Klick in das Feld **OBERFLÄCHE** den Dialog **EIGENSCHAFTEN OBERFLÄCHE** öffnen. Über die Schaltfläche neben dem Pull-down-Menü erhalten Sie Zugriff auf alle im Projekt und Büro bereits definierten Oberflächendateien (*.surf). Wenn Sie eine Oberfläche aus dem Büroverzeichnis im Projekt verwenden, wird diese inklusive der Texturdatei in den Projektordner gespeichert. Die Ordnerstruktur, aus der die Datei stammt, wird im Projekt entsprechend gleich aufgebaut. Bei einfachen 3D-Elementen und 3D-Bauteilen wird **EIGENSCHAFT OBERFLÄCHE** in der Palette **EIGENSCHAFTEN** angezeigt und kann dort direkt geändert werden. Bei allen Architekturbauteilen wird die Oberfläche zusätzlich in den Eigenschaften des Bauteils angezeigt.

- Alternativ zum Aufruf der Funktion können Sie die Einstellung der Oberfläche für die Animation entweder direkt in vielen Dialogen tätigen oder über das Kontextmenü des Bauteils.

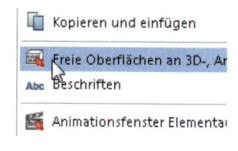

TIPP: Die Eigenschaften der freien Oberfläche werden in *.surf-Dateien gespeichert. Speicherort ist immer der Design-Ordner im aktiven Projekt. Wenn eine *.surf-Datei aus dem Büro angewählt wird, startet ein Kopiervorgang, der die verwendete Datei inklusive der Ordnerstruktur in das aktive Projekt kopiert. Wurden im Projekt *.surf-Dateien gelöscht, die für die Animation benötigt werden, wird auch im Büro-Pfad gesucht und, wenn die Datei vorhanden ist, eine Kopie im Projekt angelegt. Andernfalls erscheint eine Fehlermeldung.

2.11 Elemente, Bauteile, Objekte

Allplan kennt unterschiedliche Begriffe für die erzeugten Daten. Unabhängig davon, ob etwas Linie, Bauteil oder Objekt genannt wird, bleiben die Eingabearten gleich. Es können drei Haupttypen unterschieden werden, die nachfolgend beschrieben werden. Ferner gibt es Bauteile, die auf unterschiedliche Arten (meist polygonale Eingabe oder punktförmige Eingabe) erzeugt werden können.

Im weiteren Verlauf der Beschreibungen zum Erzeugen und Ändern wird nur der Begriff *<Element>* verwendet, um eine einheitliche Beschreibung zu ermöglichen.

2.11.1 Erzeugen von Elementen

Elemente und auch Bauteile können entweder als neue Elemente über die Funktionen aus der Symbolleiste **ERSTELLEN** erzeugt werden, durch Funktionsaufruf über bestehende Elemente/Bauteile mit und ohne Übernahme der Eigenschaften oder als Kopie von bestehenden Elementen über die Funktionen der Symbolleiste **BEARBEITEN**. Zudem erlauben einige Funktionen der Symbolleiste **ERZEUGEN II** (z. B. zwei Elemente ausrunden aus dem Modul **KONSTRUKTION**) das Erzeugen von Elementen anhand bestehender Elemente. Je nach Element/Bauteil sollten direkt bei der Erstellung sämtliche notwendige Eigenschaften gesetzt werden (**EINSTELLEN** oder **ÜBERNEHMEN**).

Bei der Arbeit mit Allplan begegnen Ihnen immer wieder die gleichen Funktionsabläufe zum Erzeugen von Elementen. So wird ein Linienbauteil (z. B. Wand, Streifenfundament, Unterzug) ähnlich einer Linie, eine Decke ähnlich einem Flächenelement (Schraffur, Muster, Füllfläche) eingegeben.

2.11.1.1 Punktförmige Elemente – Absetzpunkt/Transportpunkt

Der Absetzpunkt/Transportpunkt wird bei allen Elementen und Bauteilen angezeigt, die basierend auf einem Punkt erzeugt werden und sich in X- und Y-Richtung ausdehnen können. Bei vielen Elementen und Bauteilen kann der Absetzwinkel zusätzlich über die Eingabeoptionen und die Dialogzeile bestimmt werden.

Der Vorgang läuft wie folgt ab:

➤ Erzeugtes Objekt wird am Fadenkreuz angezeigt
➤ Absetzpunkt in der Transportpunktübersicht auswählen (anklicken)
➤ Objekt direkt absetzen oder
➤ Winkelsprung in Eingabeoptionen einstellen
➤ In Dialogzeile über **TAB**-Taste oder durch Anklicken des Feldes den Fokus auf das Feld Winkelsprung setzen

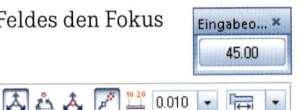

➤ <+> oder <-> drücken, um das Objekt mit dem angegebenen Winkelsprung um den Absetzpunkt zu drehen
➤ Objekt absetzen

Im Folgenden sehen sie eine unvollständige Liste von Elementen und Bauteilen, bei denen der Absetzpunkt/Transportpunkt erscheint.

Stütze	Fenster	Schornstein
Einzelfundament	Tür	Pfosten
Nische, Aussparung, Schlitz, Durchbruch	Aussparung, Durchbruch in Decke, Platte usw.	horizontaler/ vertikaler Text, Text unter Winkel

Je nach Bauteil wird der Absetzpunkt mit unterschiedlichen Optionen ergänzt und/oder es stehen nicht alle neun möglichen Absetzpunkte (z. B. bei Öffnungen) zur Verfügung.

2.11.1.2 Linienelemente – linienförmige Eingabe

Linienelemente leiten sich in der Eingabeart von der Linie ab. Sie folgen immer dem gleichen Schema.

- Funktion anwählen und Einstellungen vornehmen
- Anfangspunkt (von Punkt) angeben
- Bis Punkt angeben
- Weitere Punkte angeben oder Funktion mit ESC beenden

Im Folgenden sehen Sie eine unvollständige Liste von Elementen und Bauteilen, die bei der Erzeugung nach der Logik der Linienelemente funktionieren.

Linie	Polygonzug	Spline
3D-Linie	3D-Polygonflächen	Paralleler Linienzug 3D
Wand	Unterzug	Streifenfundament
Profilwand	Installationsbauteil	Leiste
Fassade	Geländer	Wegefläche

2.11.1.3 Flächenelemente – polygonale Eingabe

Polygonale Elemente sind in der Eingabe ähnlich einem Linienelement. Hauptunterschied ist, dass als letzter Punkt immer der erste Punkt nochmals angewählt werden muss (alternativ Funktion mit ESC abbrechen), um dem Programm das Ende der Form anzugeben und diverse Sondersteuerungen für Polygonzugeingaben und das automatische Füllen von Flächen festzulegen.

Alle Funktionen und Optionen, die bei der Eingabe von Flächenelementen anhand der polygonalen Eingabe möglich sind, sind in der Symbolleiste **EINGABEOPTIONEN** zusammengefasst und in vier Bereiche gegliedert.

Grundeinstellung – Eingabe von Flächen

Die ersten Optionen werden bei jeder Eingabe von Flächenelementen benötigt. Sie regeln nur, ob einzelne oder mehrere Flächenbereiche zusammenhängend erfasst werden sollen. Die Symbole **EINZEL** und **MULTI** sind bei der Modifikation bestehender Flächenelemente nicht anwählbar.

Einzel

- **EINZEL** erzeugt einzelne Flächenelemente. Das Element wird sofort nach Abschluss der Eingabe angezeigt, die Funktion bleibt aktiv, und es können weitere einzelne Flächenelemente mit gleicher Einstellung erzeugt werden.

Multi
Plus
Minus

- **MULTI** ermöglicht das Erzeugen von Flächenelementen mit mehreren Bereichen und/oder Aussparungen. Nach Eingabe des ersten Bereichs werden die Symbole **EINZEL** und **MULTI** ausgegraut, und Sie können über die Funktionen **PLUS/MINUS** bestimmen, ob der nächste Bereich zu den Flächen hinzugezählt (plus) oder abgezogen (minus) werden soll.

Polygonisierungseinstellungen für bestehende Elemente

Der zweite Bereich dient zur Steuerung des Verhaltens von Allplan beim Anklicken von Elementen bzw. dem Klicken in eine komplett umschlossene Fläche.

- **Kontrollkästchen aktiviert**: Die angeklickten Elemente werden entsprechend der eingestellten Option polygonisiert.
- **Kontrollkästchen deaktiviert:** Es werden nur Punkte auf Elementen ohne weitere Rückfragen (Bezugspunkteingabe) gefangen.

Ganzes Element polygonisieren

- **GANZES ELEMENT POLYGONISIEREN** aktiviert und übernimmt das ganze Element, sobald dieses angeklickt wird, und fragt nach dem Anfangspunkt, falls dieser nicht gleich dem letzten Polygonpunkt ist. Das Element geht vom Anfangspunkt Polygonisierung aus. Wenn der Anfangspunkt nicht bekannt ist, werden Anfangs- und Endpunkt mit roten Quadraten gekennzeichnet. Unter Zuhilfenahme dieser Option lassen sich z. B. Polygonzüge, Kreise, Ellipsen, Splines sowie Linien leicht komplett erfassen.

Bereich des Elementes definieren, der polygonisiert werden soll

- **BEREICH DES ELEMENTES DEFINIEREN, DER POLYGONISIERT WERDEN SOLL** übernimmt einen Teil eines Elements. Nach Anklicken eines Elements wird der Anfangspunkt (nur wenn der Anfangspunkt des Elements nicht der letzte Polygonpunkt ist) erfragt und der Endpunkt des Elementbereichs abgefragt, der polygonisiert werden soll. Unter Zuhilfenahme dieser Option lassen sich z. B. Kreise, Ellipsen oder Splines in Teilbereichen erfassen.

Bezugspunkteingabe

- **BEZUGSPUNKTEINGABE** übernimmt einen Punkt auf dem angeklickten Element und verlangt die Eingabe eines Abstandes zum Bezugspunkt. Der Bezugspunkt kann durch Anklicken eines beliebigen Punktes versetzt werden. Der angezeigte Abstand gibt den Abstand zwischen Pfeilspitze und Quadrat wieder. Unter Zuhilfenahme dieser Option lassen sich auf allen Elementen (auch Kurven) Punkte genau im Abstand zu einem Endpunkt angeben.

Hilfspunkteingabe für Polygonautomatik

- **HILFSPUNKTEINGABE FÜR POLYGONAUTOMATIK** ist nützlich, um durch Linien und Polygone geschlossene Flächen zu einem Polygon zusammenzufassen. Je nachdem, ob Sie den Hilfspunkt innerhalb oder außerhalb einer Kontur absetzen, werden die inneren oder äußeren Begrenzungslinien und -polygone aufgefädelt. In den Optionen zur allgemeinen Polygonzugeingabe können Sie einstellen, dass Architekturlinien bei der Flächenermittlung ignoriert werden.

Automatische Geometrieermittlung

- **AUTOMATISCHE GEOMETRIEERMITTLUNG** ermittelt den Umriss des Flächenbereichs automatisch, welcher durch einen Klick in eine Fläche bestimmt wurde. Bei Flächenbereichen, die von sehr kurzen und langen Linien umgeben sind, sollte in der Nähe von kurzen Linien in die Fläche geklickt werden.

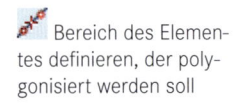

Kreisteilung/Stichmaß

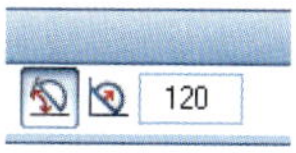

Je nachdem, ob der Schalter Kreisteilung oder Stichmaß aktiv ist, wird der eingegebene Wert als Teilung der Kurve oder als maximale zugelassene Abweichung der Sekante zur Kurve interpretiert.

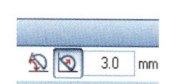

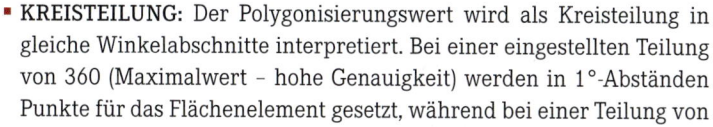

- **KREISTEILUNG:** Der Polygonisierungswert wird als Kreisteilung in gleiche Winkelabschnitte interpretiert. Bei einer eingestellten Teilung von 360 (Maximalwert – hohe Genauigkeit) werden in 1°-Abständen Punkte für das Flächenelement gesetzt, während bei einer Teilung von 8 (Minimalwert – geringe Genauigkeit) 45°-Abstände zwischen den Punkten eingehalten werden. Der eingestellte Wert sollte bei kleinen Kreisen niedrig und bei großen Kreisen hoch eingestellt werden, um möglichst geringe Abweichungen zu haben.
- **STICHMASS:** Der Polygonisierungswert wird als maximales Stichmaß interpretiert. Das Stichmaß legt den maximalen Abstand der Sekante (gerade Linie zwischen zwei Punkten des Flächenelementes auf dem Bogen) zum Bogen (in mm) fest. Die jeweilige Kurve wird so polygonisiert, dass der maximale Abstand des Polygonschenkels zur Kurve kleiner oder gleich dem eingegebenen Stichmaß ist.

Kreisteilung

Stichmaß

> **TIPP:** Die Polygonisierung mit Angabe des Stichmaßes ist genauer als über die Kreisteilung, da bei der Kreisteilung eine maximale Anzahl der Punkte die Genauigkeit vor allem bei großen Kurvenradien begrenzt. Bei sehr unterschiedlichen Radien in einer Form werden mit dem Stichmaß bessere Ergebnisse erzielt. Sollen die Teilungspunkte exakt an den gleichen Stellen (z. B. konzentrische Kreise) liegen, ist die Kreisteilung zu bevorzugen.

Filter, Zurück und Hilfe

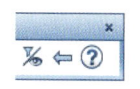

Im letzten Abschnitt finden Sie drei Hilfsfunktionen.

- Bei aktiviertem **ELEMENTFILTER** werden Grundrisslinien von Architekturelementen und 2D-Flächenelemente ignoriert. Aktivieren Sie die Funktion, wenn Sie beispielsweise in Außenanlagen Bereiche haben, bei denen Flächenelemente aneinanderstoßen.
- **ZURÜCK** entfernt den letzten angeklickten oder ermittelten Punkt zurück. Alternativ kann der letzte Punkt nochmals angeklickt werden.
- **HILFE ZUR POLYGONZUEINGABE** öffnet die allgemeine Hilfe mit dem Thema Eingabeoptionen Polygonzugeingabe, Überblick.

Elementfilter

Zurück

Hilfe zur Polygonzugeingabe

Rechteckiges Flächenelement (Kanten parallel zum Fadenkreuz)

▶ Funktion anwählen
▶ 1. Polygonpunkt anwählen (Vorschau zeigt ein Rechteck)
▶ 2. Polygonpunkt anwählen (Vorschau zeigt eine Linie)
▶ Funktion mit **ESC** abbrechen. Es wird ein rechteckiges Flächenelement erzeugt.

Beliebiges Flächenelement

➤ Funktion anwählen
➤ 1. Polygonpunkt anwählen
➤ Eingabeoptionen → gewünschte Hilfsfunktion aktivieren
➤ Weitere Punkte oder Kanten/Kurven gleichsinnig anwählen
➤ Eingabe mit **ESC** oder durch Anwahl des ersten Punktes abschließen

Füllen geometrischer Formen – Möglichkeit 1

➤ Beliebige Kontur auf dem Teilbild sichtbar, keine »offenen« Stellen
➤ **AUTOMATISCHE GEOMETRIEERMITTLUNG** einschalten
➤ In die Fläche klicken, die ausgefüllt werden soll (Kreis am Fadenkreuz)

Automatische Geometrieermittlung

Füllen geometrischer Formen – Möglichkeit 2

➤ Beliebige Kontur auf dem Teilbild sichtbar, keine »offenen« Stellen
➤ **HILFSPUNKTEINGABE FÜR POLYGONAUTOMATIK**
➤ Kante der Kontur anklicken
➤ Hilfspunkt angeben
  Klick innerhalb ergibt die minimale Fläche
  Klick außerhalb ergibt die maximale Fläche

Hilfspunkteingabe für Polygonautomatik

Im Folgenden sehen Sie eine unvollständige Liste von Elementen und Bauteilen, die nach der Eingabelogik der Flächenelemente funktionieren.

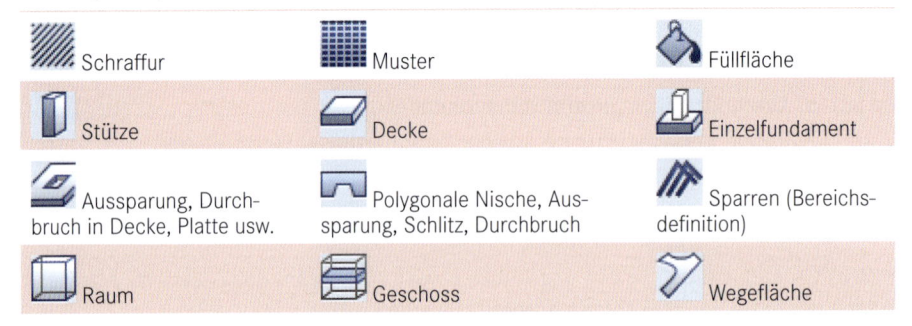

Schraffur	Muster	Füllfläche
Stütze	Decke	Einzelfundament
Aussparung, Durchbruch in Decke, Platte usw.	Polygonale Nische, Aussparung, Schlitz, Durchbruch	Sparren (Bereichsdefinition)
Raum	Geschoss	Wegefläche

Bei einigen der aufgelisteten Funktionen ist auch eine punkt- oder linienförmige Eingabe möglich.

2.11.2 Arbeiten mit bestehenden Elementen

Allplan bietet Ihnen zwei unterschiedliche Möglichkeiten, mit bestehenden Elementen zu arbeiten. Entweder aktivieren Sie erst die Funktion und danach das oder die Elemente oder erst die Elemente und danach die Funktion. Beide Funktionsabläufe sind nachfolgend beschrieben.

Ablauf Funktion aktivieren → Elemente aktivieren

➤ Funktion anwählen
➤ Elemente anwählen (z. B. Anklicken, Aktivierungsbereich angeben …)
➤ Funktionsspezifische Abfragen abarbeiten (zum Teil gleich oder ähnlich)
➤ Funktion bleibt aktiviert und Sie können sofort weitere Elemente aktivieren

Vorteil ist das geplantere Vorgehen und die Möglichkeit, alle Optionen bei der Aktivierung von Elementen auszuschöpfen. Der Ablauf ist bei allen Funktionen möglich und bringt den Zusatzvorteil, dass ein in der Funktion vorgeschalteter Elementfilter optimal arbeiten kann.

Ablauf Elemente aktivieren → Funktion aktivieren

➤ Elemente anwählen (z. B. Anklicken, Aktivierungsbereich angeben …)
➤ Funktion anwählen
➤ Funktionsspezifische Abfragen abarbeiten (zum Teil gleich oder ähnlich)
➤ Funktion wird automatisch beendet, die Aktivierung der Elemente bleibt bestehen und Sie können die Aktivierung für die nächste Funktion weiterverwenden

Vorteil ist die sehr intuitive Arbeitsweise, welche an einigen Stellen ein flotteres Arbeiten ermöglicht. Nachteil ist, dass nicht alle Funktionen mit bereits angewählten Elementen ausführbar sind und die Markierung der Elemente weniger Möglichkeiten bietet.

> **TIPP:** Verwenden Sie (vor allem als Anfänger oder Umsteiger von anderen Programmen) vorwiegend die erste Möglichkeit. Durch das geplantere Vorgehen können viele Funktionsabläufe schneller erlernt werden. Bei Einzelaktionen, z. B. Löschen eines Textes, ist die zweite Möglichkeit von Beginn an gut geeignet.

Symbolleiste Bearbeiten

In der Symbolleiste BEARBEITEN finden Sie die wichtigsten Funktionen zum Ändern der Geometrie von Elementen. Die meisten Funktionen sind in allen Modulen und mit nahezu allen Elementen anwendbar. Die für das angewählte Element sinnvollsten Funktionen sind zudem im jeweiligen Kontextmenü, die am häufigsten gebrauchten Funktionen im allgemeinen Kontextmenü zu finden.

- FORMAT-EIGENSCHAFTEN MODIFIZIEREN dient zum Ändern der Formateigenschaften von Elementen. Es werden nur die Eigenschaften des Elements verändert, die angehakt sind. Die restlichen Formateigenschaften werden so belassen, wie sie vor der Änderung waren. Alternativ zur Funktion FORMAT-EIGENSCHAFTEN MODIFIZIEREN können Sie auch die Palette EIGENSCHAFTEN oder die Funktion ALLGEMEINE AR-EIGENSCHAFTEN MODIFIZIEREN verwenden (siehe Abschnitt 5.2.4, »Eigenschaften von Bauteilen modifizieren«).

Format-Eigenschaften modifizieren

Punkte modifizieren
- **PUNKTE MODIFIZIEREN** ist die ideale Funktion, um Elementpunkte gemeinsam zu ändern. Sie können z. B. eine komplette Wand, inklusive der auf der Wand liegenden Punkte des Raumes, Referenzpunkten für Bemaßung usw., über ein Aktivierungsfenster markieren und die Lage komplett verändern. Sie haben neben der Abfrage **VON PUNKT → NACH PUNKT** auch die Möglichkeit, direkt den Delta-Wert der Modifikation anzugeben. Hierzu müssen Sie nur einen Wert in das erste Feld in der Dialogzeile eingeben. Dabei ändert Allplan automatisch den Eingabemodus.

Abstand paralleler Linien modifizieren
- Mit **ABSTAND PARALLELER LINIEN MODIFIZIEREN** können parallele Linien im Grundriss sowie parallele Linien (Körperkanten) im Raum im Abstand geändert werden. Über die Option **RICHTUNGSTREUE** kann das Verhalten von anschließenden Linien so beeinflusst werden, dass die Winkel gleich bleiben oder sich verändern. Bei minimalen Abweichungen erscheint eine Warnmeldung, die auf die Ungenauigkeit hinweist. Je nach Abweichung und zu verändernden Elementen können sich Ungenauigkeiten summieren und zu Problemen führen.

Spiegeln
- **SPIEGELN** spiegelt die angewählten Elemente an der angegebenen Achse (zwei Punkte oder Linie). Wenn **3D-ELEMENTE IN DER PERSPEKTIVE** aktiviert wird, muss die Spiegelebene (drei Punkte oder Punkt und Linie) definiert werden.

Gespiegelte Kopie
- **GESPIEGELTE KOPIE** erzeugt ein gespiegeltes Duplikat der angewählten Elemente an der angegebenen Achse (zwei Punkte oder Linie). Wenn **3D-ELEMENTE IN DER PERSPEKTIVE** aktiviert wird, muss die Spiegelebene (drei Punkte oder Punkt und Linie) definiert werden.

Kopieren und einfügen
- **KOPIEREN UND EINFÜGEN** dient zum Erzeugen einer oder mehrerer Kopien. Wenn Sie die Anzahl der Kopien (**WIE OFT**) auf 1 belassen, wird eine Kopie an dem Punkt erzeugt, den Sie bei **NACH PUNKT** angeben. Wurde eine andere Zahl angegeben, wird die erste Kopie am **NACH PUNKT** erzeugt und die weiteren entlang einer gedachten Linie durch **VON PUNKT** und **NACH PUNKT** im Abstand der beiden Punkte.

Verschieben
- **VERSCHIEBEN** verschiebt die markierten Elemente/Bauteile über **VON PUNKT → NACH PUNKT**. Sie haben neben der Abfrage **VON PUNKT → NACH PUNKT** auch die Möglichkeit, direkt den Delta-Wert der Verschiebung anzugeben. Hierzu müssen Sie nur einen Wert in das erste Feld in der Dialogzeile eingeben. Dabei ändert Allplan automatisch den Eingabemodus.

Drehen
- **DREHEN** bietet Ihnen zwei unterschiedliche Grundmodi an. In den Eingabeoptionen kann eingestellt werden, ob **NORMAL** (2D) oder **3D** gedreht werden soll. Je nach Einstellung wird nach einem Drehpunkt (**NORMAL**) oder einer Drehachse (**3D**) gefragt. Beim Drehen können die ausgewählten Elemente entweder über einen Winkel (Drehwinkel), anhand **AUSGANGSPUNKT → RICHTUNGSPUNKT** oder durch Identifizieren einer **BEZUGSGERADEN** und einer **RICHTUNGSGERADEN** gedreht werden. Beim Drehen über eine Drehachse fällt die Option der Bezugsgeraden weg. Über **BEZUGSGERADE/RICHTUNGSGERADE** lässt sich z. B. ein Schrank mit Abstand zu einer Wand einfach anhand dieser ausrichten.

Kopieren entlang Element
- **KOPIEREN ENTLANG ELEMENT** kopiert 2D-Elemente und 3D-Elemente entlang beliebiger 2D-Elemente oder Elementverbindungen. Dabei können Sie den Abstand zwischen den Elementen oder die Anzahl der Elemente eingeben. Außerdem können die Elemente lotrecht zum Pfad gedreht werden.

- **VERZERREN** verzerrt ausgewählte Elemente entweder über Faktoren in X-, Y- und Z-Richtung oder über die Eingabe einer Bezugslänge.

  Verzerren

- **LÖSCHEN** entfernt die ausgewählten Elemente vom Teilbild.

  Löschen

Weitere Funktionen der Symbolleiste Bearbeiten sind:

PUNKTABSTAND MODIFIZIEREN, **LINIE KNICKEN**, **ROTIEREN**, **KOPIEREN UND DREHEN**, **KOPIEREN, VERZERREN UND DREHEN**

2.11.3 Elemente modifizieren

Bestehende Elemente können auf mehrere Arten geändert werden. In den meisten Modulen finden sich spezielle Funktionen zum Ändern der Eigengeschaften der modulspezifischen Elemente.

Ändern über Palette Eigenschaften

> **HINWEIS:** Es werden nicht für alle Elemente aus den unterschiedlichen Modulen Eigenschaften in der Palette angezeigt.

Sobald ein oder mehrere Elemente markiert werden (ohne zuvor aktivierte Funktion), erscheinen die Eigenschaften in der gleichnamigen Palette. Wurden mehrere Elemente markiert, erscheint bei ungleichen Eigenschaften der Text *variiert*. Die meisten der angezeigten Eigenschaften können direkt verändert werden. Zudem erlauben Übernahmefunktionen (Aufruf über rechte Maustaste der Zeilen/Überschriften, siehe auch Abschnitt 2.7.2.2, »Paletten«) die Übernahme von Eigenschaften anderer angezeigter Elemente. Über schrittweises Filtern und/oder das Pull-down-Menü am oberen Rand der Palette kann zudem die Anzeige eingeschränkt werden. Am unteren Rand der Anzeige befinden sich die Funktionen zum Laden und Speichern von Favoriten. Die hier gespeicherten Einstellungen sind element- und bauteilunabhängig.

Wenn eine Musterlinie ausgewählt (oder erzeugt werden soll) und eines der Felder Höhe oder Breite markiert ist, werden die Grenzwerte des gewählten Musters angezeigt. Nur ganzzahlige Vielfache des Minimumwerts können eingestellt werden.

Ändern von Eigenschaften über Kontextmenü

Jedes Element oder Bauteil kann über dessen Kontextmenü direkt verändert werden. Am unteren Ende befinden sich die Funktionen **EIGENSCHAFTEN FORMAT**, **EIGENSCHAFTEN** sowie **OBJEKTATTRIBUTE ZUWEISEN/MODIFIZIEREN**.

- **EIGENSCHAFTEN FORMAT** öffnet bei allen Elementen einen kleinen Dialog, in dem direkt die **STIFTDICKE**, **STRICHART**, **LINIENFARBE**, Eigenschaft **HILFSKONSTRUKTION**, **SEGMENTNUMMER**, **LAYER** und **REIHENFOLGE** des einzelnen Elements geändert werden können. **STIFTDICKE**, **STRICHART** und **LINIENFARBE** sind bei Flächenelementen

und bei aktivierter Linienstilübernahme von Layern nicht anwählbar. Bei den meisten AR-Bauteilen ist die Eigenschaft **HILFSKONSTRUKTION** nicht setzbar.
- **EIGENSCHAFTEN ELEMENT** ruft das Dialogfenster **EIGENSCHAFTEN** des Elements bzw. in der Palette **EIGENSCHAFTEN** (Optionen → Arbeitsumgebung) auf.

Ändern von Eigenschaften durch direktes Anklicken

Durch das Anklicken eines Elements mit der Maus ergeben sich weitere, direkte Möglichkeiten, die Eigenschaften zu öffnen.

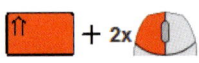

- **DOPPELKLICK** auf Element ruft das Dialogfenster **EIGENSCHAFTEN DES ELEMENTES** bzw. die Palette **EIGENSCHAFTEN** (Optionen → Arbeitsumgebung) auf.
- **UMSCHALT + DOPPELKLICK** auf Element ruft die Eigenschaften des Elements im Dialogfeld auf.
- **STRG + DOPPELKLICK** auf Element zeigt die **EIGENSCHAFTEN FORMAT** des Elements an. Diese können direkt verändert werden.

2.11.4 Aktivieren von Elementen

Elemente können entweder nach einer Funktionsanwahl (Frage in Dialogzeile) oder vor der Funktionsanwahl aktiviert werden. Die meisten Hilfsfunktionen zum Markieren von Elementen funktionieren bei beiden Varianten. Unterschiede zeigen sich im Detail.

Einzelnes Element aktivieren

Ein einzelnes Element markieren Sie durch einen Klick auf das Element (siehe auch Abschnitt 2.9.2, »Eingaben über die Maus – Maustastenbelegungen«).

Mehrere Elemente aktivieren

Zum Markieren von mehr als einem Element stehen Ihnen die Summenfunktion sowie die Bereichsmarkierung zur Verfügung.

Bereichsmarkierung

Ähnlich wie im Windows-Explorer können Sie in Allplan einen Bereich aufziehen, innerhalb dessen Elemente aktiviert werden sollen. Im **FILTER-ASSISTENTEN** können Sie wählen, ob ausschließlich vollständig eingeschlossene Elemente, sowohl vollständig eingeschlossene als auch geschnittene Elemente oder nur geschnittene Elemente aktiviert werden.

- **AKTIVIERUNG INNERHALB** markiert nur Elemente, die vollständig innerhalb des Bereichs liegen. Die Umrandung der Bereichsmarkierung ist durchgezogen und eine blaue transparente Fläche zeigt den Bereich an.
- **AKTIVIERUNG GEKREUZT UND INNERHALB** aktiviert alle Elemente, die vollständig oder teilweise innerhalb des Bereichs liegen. Die Umrandung der Bereichsmarkierung ist punktiert und eine grüne transparente Fläche zeigt den Bereich an.

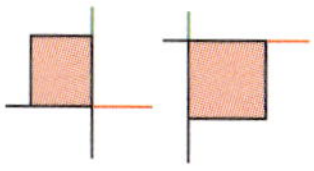

- **AKTIVIERUNG GEKREUZT** aktiviert nur Elemente, die teilweise innerhalb des Bereichs liegen. Die Umrandung der Bereichsmarkierung ist gestrichelt und eine rote transparente Fläche zeigt den Bereich an.

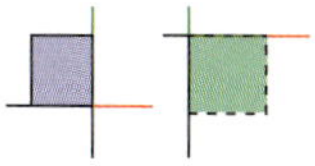

  Aktivierung gekreuzt

- **AKTIVIERUNG MIT RICHTUNGSMODUS:** Das Ergebnis der Aktivierung hängt davon ab, in welcher Richtung der Aktivierungsbereich aufgezogen wird. Bei Eingabe des Bereichs in positiver X-Richtung werden nur vollständig eingeschlossene Elemente (**AKTIVIERUNG INNERHALB**), bei Eingabe in negativer X-Richtung Elemente, die vollständig oder teilweise innerhalb des Bereichs liegen, aktiviert (**AKTIVIERUNG GEKREUZT UND INNERHALB**).

  Aktivierung mit Richtungsmodus

- **POLYGONALER AKTIVIERUNGSBEREICH** muss explizit für die aktuelle Aktivierung eingeschaltet werden. Sie können beliebig geformte Bereiche markieren, indem Sie einzelne Punkte setzen und so einen geschlossenen Polygonzug um alle zu markierenden Elemente ziehen. Es werden nur vollständig eingeschlossene Elemente markiert.

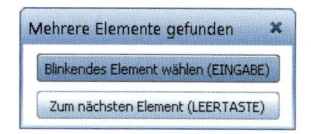

  Polygonaler Aktivierungsbereich

- **SELEKTIONSMÖGLICHKEIT BEI MEHRDEUTIGKEIT EIN/AUS** hilft bei sich überlagernden Elementen oder sehr eng liegenden Elementen bei der Auswahl durch Anklicken des gewünschten Elements. Bei eingeschalteter Funktion und sich überlagernden Elementen blinkt das erste Element zur Auswahl. Die Auswahl kann entweder übernommen werden (**EINGABE**) oder durch Drücken der **LEERTASTE** auf das nächste Element weitergeschaltet werden. Bei ausgeschalteter Funktion wird immer das älteste der sich überlagernden Elemente ausgewählt.

  Selektionsmöglichkeit bei Mehrdeutigkeit ein/aus

- **AKTIVIERUNG WIEDERHOLEN/LÖSCHEN RÜCKGÄNGIG** aktiviert die zuletzt aktivierten Elemente nochmals. Somit kann z. B. ein Tisch mit Stühlen erst kopiert werden und danach ohne komplette Neuanwahl verschoben oder gedreht werden. Alternativ zur Anwahl der Funktion über das Symbol kann diese Funktionalität auch über **DOPPELKLICK-RECHTS** aufgerufen werden (nach Aktivieren der gewünschten **BEARBEITEN**-Funktion).

  Aktivierung wiederholen/Löschen rückgängig

Summenfunktion

Die Summenfunktion kann bei aktiver Funktion über die rechte Maustaste, über den Schalter **SUMME** im Filter-Assistenten, ohne Funktion über das Gedrückthalten der Strg-Taste während der Aktivierung oder über einen Rechtsklick in die Zeichenfläche aktiviert werden. Die Summe ist mit der Bereichsmarkierung kombinierbar und wird mit einem Summensymbol am Fadenkreuz symbolisiert (siehe auch Abschnitt 2.9.2, »Eingaben über die Maus – Maustastenbelegungen«).

Summe

Aktivierung mit Filtern

Allplan bietet Ihnen über frei kombinierbare Filter unzählige Variationen zur Filterung der zu bearbeitenden Elemente. Unabhängig von den Filtern existieren in fast jedem Modul Funktionen zum Modifizieren von Elementen und/oder Bauteilen, die nur bestimmte Elemente zulassen (ausfiltern).

Die Filter unterstützen Sie bei der Auswahl von Elementen. Die Filterfunktionen werden aktiviert, wenn das Programm eine Auswahl von Elementen erwartet, z. B. nachdem Sie eine Bearbeitungsfunktion aufgerufen haben. Mit den Filtern können Sie die Auswahl auf bestimmte Elementtypen oder auf Elemente mit bestimmten Eigenschaften beschränken.

Folgende Filter stehen Ihnen im Filter-Assistenten und in der Funktion **SCHRITTWEISE FILTERN** zur Verfügung. Die speziellen Filter für Ingenieurbaumodule sind nicht aufgelistet.

Übernahme

- **ÜBERNAHME (FILTER)** übernimmt alle oder bestimmte Eigenschaften eines bestehenden Elements als Filterkriterien. Am Fadenkreuz wird eine Pipette angezeigt, sobald Sie die Elementeigenschaften übernehmen können. Die Anzeige erscheint auch bei Anwahl der Übernahmefunktion innerhalb eines einzelnen Dialogs. Zur Auswahl stehen Stiftdicke, Strichart, Farbe, Layer, Segmentnummer, Element, Schraffurnummer, Musternummer, Stiftflächennummer, Punktsymbolnummer, digitales Geländemodell, Architektur, Allfa, Städtebau/Landschaftsplanung, Rundstahl, Matten, Schalung, Finite Elemente. Es können auch mehrere Elementarten angewählt werden.

Bei allen Filtern kann entweder nach dem in der Auswahl Markierten gefiltert (Bedingung =) oder das Gewählte von der Auswahl ausgeschlossen (Bedingung <>) werden.

Wenn Sie eine Filterbedingung aus unterschiedlichen Filtern zusammensetzen möchten (z. B. Wand mit einer Strichstärke), wählen Sie die unterschiedlichen Filter der Reihe nach an und führen danach die Bereichsauswahl aus. Bei den meisten Auswahldialogen ist zudem eine Mehrfachselektion möglich. Die komplette Filterbedingung wird in der Dialogzeile angezeigt (hier: Filtere nach 3D-Elementen, die nicht grün – Farbe 4 – sind).

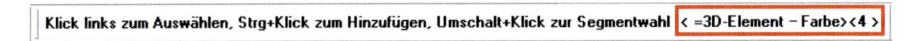

- In der Symbolleiste **FILTER-ASSISTENT** sind alle Filter zusammengefasst. Zudem finden Sie im Filter-Assistenten alle Einstellungen für die Bereichsauswahl.

Nach Stift filtern

- **NACH STIFT FILTERN** filtert nach Elementen mit einem bestimmten Stift. Es stehen alle 15 definierten Strichstärken zur Auswahl bereit. Eine Einschränkung auf benutzte Stiftstärken erfolgt nicht.

Nach Strich filtern

- **NACH STRICH FILTERN** filtert nach Elementen mit einem bestimmten Strich. Es werden alle definierten Stricharten in der Auswahl angezeigt (bis zu 99). Eine Einschränkung auf benutzte Strichstärken erfolgt nicht. Es können auch mehrere Definitionen gewählt werden.

Nach Farbe filtern

- **NACH FARBE FILTERN** filtert nach Elementen mit einer bestimmten Farbe. Sie können aus 256 Farben auswählen. Mit der Übernahmefunktion können Sie auch beliebige Farben (RGB-Werte) von Füllflächen wählen. Von anderen Elementen wird immer die Elementfarbe übernommen. So wird von einer Schraffur mit Hintergrundfarbe nicht diese übernommen, sondern die Stiftfarbe, mit der die Schraffur dargestellt wird.

Nach Layer filtern

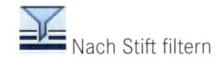

- **NACH LAYER FILTERN** filtert nach der Formateigenschaft **LAYER**. Es werden alle Layer angeboten, die im aktiven Dokument und in den aktiv im Hintergrund liegenden Teilbildern vorkommen. In der Auswahl erscheinen auch Layer, deren Bezeichnung gelöscht wurde. Diese Layer werden mit ihrer eindeutigen Layer-ID (Nummer) angezeigt.

- **NACH SEGMENTNUMMER FILTERN** filtert Elemente entsprechend der Segmentnummer. Im Dialog können Sie nur angeben, ob die Bedienung der Filterung gleich oder ungleich der im Folgenden zu übernehmenden Segmentnummer sein soll.
- **NACH HILFSKONSTRUKTION FILTERN** filtert nach allen Elementen, die entweder die Eigenschaft Hilfskonstruktion haben (Bedingung =) oder nicht (Bedingung <>).
- **NACH MUSTERLINIENEIGENSCHAFT FILTERN** filtert entweder nach Elementen, die eine Musterlinieneigenschaft haben (**EIN** → =) oder nicht (**AUS** → <>).
- **NACH ATTRIBUTEN FILTERN** filtert nach einem beliebigen Attribut, das Sie entweder über die Schaltfläche oben rechts in die Ansicht aufnehmen oder von einem Element auf dem Teilbild mittels **ÜBERNAHME** übernehmen können.
- **NACH SCHRAFFURNUMMER FILTERN**; **NACH MUSTERNUMMER FILTERN**, und **NACH STILFLÄCHENNUMMER FILTERN** filtern nach Flächenelementen der jeweiligen Art mit einer bestimmten Nummer. Es werden alle Definitionen in der Auswahl angezeigt. Zum Filtern nach einer bestimmten Schraffur-, Muster-, Stilflächennummer bietet sich die Übernahmefunktion an.
- **NACH ELEMENTEN FILTERN** filtert nach ausgewählten Elementen. Es werden immer alle mit diesem Filter filterbaren Elemente angezeigt. Folgende Elemente sind möglich:
  - Linie, Polygonzug, Kreis/Ellipse, Text, Zeiger an Text, Maßlinie
  - Schraffur, Muster, Füllfläche, Fülllinie, Pixelfläche, Stilfläche
  - 3D-Element, 3D-Körper, 3D-Linie, 3D-Fläche, Makro, Elementgruppe, Flächenobjekt, Linienobjekt, Objekt allgemein, Einbauteile
  - Kurven, Punktsymbol, Punkt, Pixelbild, intelligente Verlegung, XRef
- **NACH PLANELEMENT FILTERN** filtert nach Planelementen in der Planzusammenstellung. Solange Sie in der Teilbildbearbeitung sind, erscheint nur der Hinweis, dass noch keine Planelemente abgelegt wurden.
- **NACH ARCHITEKTURBAUTEILEN FILTERN** zeigt unter Bauteil nur Ar-Bauteile an, die auf den aktiven Teilbildern existieren. Über die unterschiedlichen Felder kann z. B. einfach nach einer Wand mit einem bestimmten Material und einer bestimmten Dicke gefiltert werden. Über Schaltfäche **ERWEITERT** kann ein Dialog geöffnet werden, in dem eine Filterinformation aus **OBJEKT**, **GEWERK** und/oder **ATTRIBUTEN** zusammengesetzt werden kann.
- **NACH UMBAUKATEGORIE FILTERN** ermöglicht den direkten Filterzugriff auf die drei Attribute Bestand, Abbruch, Neubau.
- **NACH STÄDTEBAU-, LANDSCHAFTSPLANUNG-OBJEKTEN FILTERN** filtert nach Objekten aus den Modulen **LANDSCHAFTSBAU** und **STÄDTEBAU**. Über die blaue Schaltfläche können Sie alle anwählen, die weiße Schaltfläche entfernt sämtliche Markierungen.
- **SCHRITTWEISE FILTERN**: Im Dialog **SCHRITTWEISE FILTERN** sind alle Filter, die Allplan 2013 bietet, inkl. deren Einstellmöglichkeiten vereint worden. In der Zeile **FILTERBEDINGUNG** wird die Filtereinstellung angezeigt. Je nach Bedarf kann über die unter der Filterbedingung angeordneten Funktionen die Filterung weiter beein-

flusst werden. Die Funktion **SCHRITTWEISE FILTERN** wird auch in der Palette **EIGEN-SCHAFTEN** angeboten.

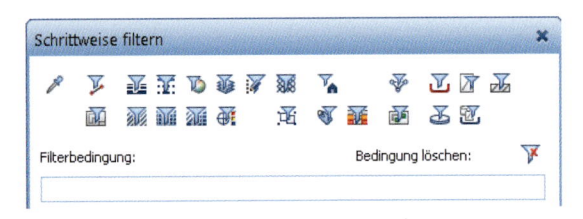

Neben den beschriebenen Filtern existieren noch weitere, speziell auf bestimmte Module abgestimmte Filter sowie Filter für die Dialoge **PROJEKT NEU**, **ÖFFNEN** und **PROJEKT-BEZOGEN ÖFFNEN**.

2.11.5 Dokumentübergreifend verschieben/kopieren

Wenn nur einzelne Elemente auf ein anderes Teilbild oder einen anderen Plan verschoben oder kopiert werden sollen, ist die Funktion **DOKUMENTÜBERGREIFEND VERSCHIE-BEN/KOPIEREN** optimal. Bei aktiver Teilbildbearbeitung (Modell) besteht die Wahlmöglichkeit zwischen unterschiedlichen Vorgehensweisen mit und ohne Bauwerksstruktur sowie mit und ohne Anzeige des Zielteilbildes. Bei aktiver Planbearbeitung (Papierbereich) wird immer eine Kopie der Elemente erzeugt, und die Auswahl des Zielplanes erfolgt über die Planstruktur.

Dokumentübergreifend kopieren mit Darstellung

Dokument-übergreifend kopieren, verschieben

➤ **DOKUMENTÜBERGREIFEND KOPIEREN, VERSCHIEBEN**
➤ Option **DARSTELLUNG DES ZIELTEILBILDS** aktivieren
➤ Auswahl mit Bauwerksstruktur, Option **KOPIEREN**
➤ Einstellungen mit **OK** bestätigen
➤ Der Dialog **ZIELTEILBILD WÄHLEN** erscheint.
➤ Zielteilbild auswählen und bestätigen

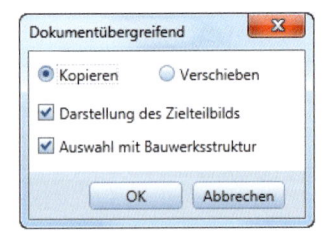

Auf der linken Seite erscheint das Original, auf der rechten Seite das Zielteilbild.

➤ Markieren Sie die Elemente, die Sie kopieren möchten, auf der linken Seite.
➤ Setzen Sie die Daten auf der rechten Seite an einem beliebigen Punkt ab.
➤ Beenden Sie die Funktion mit **ESC**.

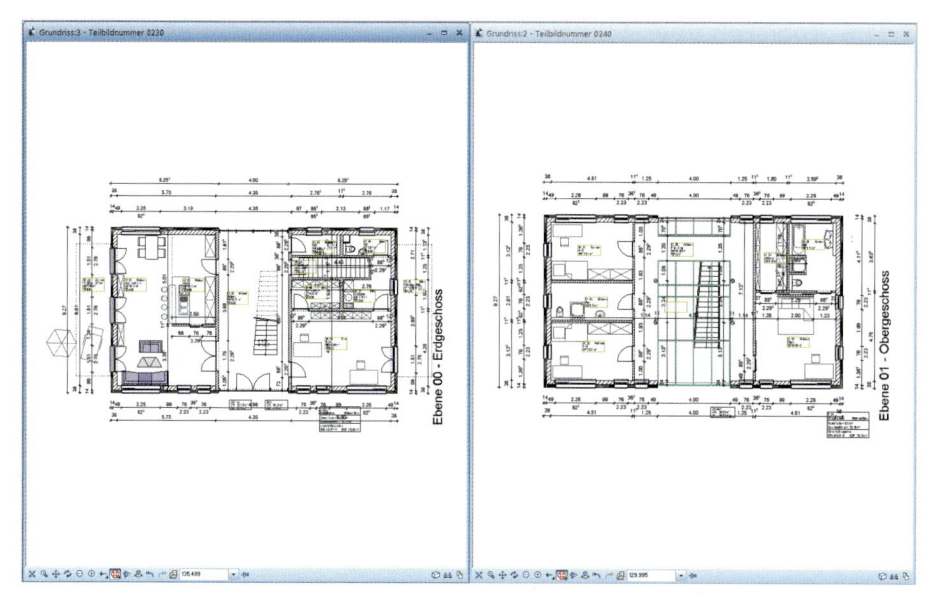

Über die Option **DARSTELLUNG DES ZIELTEILBILDES** können Sie Daten unabhängig von deren Koordinaten an beliebiger Stelle auf dem Zielteilbild absetzen. Architekturelemente mit Ebenenanbindung werden an die Ebenen des Zielteilbildes angebunden. Die Z-Koordinate und Höhe der Bauteile werden also gegebenenfalls geändert.

Dokumentübergreifend kopieren ohne Darstellung

- **DOKUMENTÜBERGREIFEND KOPIEREN, VERSCHIEBEN**
- Auswahl mit Bauwerksstruktur, Option **KOPIEREN**
- Der Dialog **ZIELTEILBILD WÄHLEN** erscheint.
- Zielteilbild auswählen und bestätigen
- Entweder **ALLES** in Eingabeoptionen anwählen oder zu kopierende Elemente auswählen

Dokumentübergreifend kopieren, verschieben

Die Daten werden sofort nach der Auswahl kopiert. Über die Aktivierungsfunktionen von Allplan (siehe Abschnitt 2.11.4, »Aktivieren von Elementen«) können Sie mehrere Elemente zum Kopieren anwählen. Die kopierten Daten behalten die X-, Y- und Z-Koordinaten der Originaldaten aus dem Quellteilbild. Architekturelemente mit Ebenenanbindung werden an die Ebenen des Zielteilbildes angebunden. Hier kann eine Aktualisierung mittels der Funktion **3D AKTUALISIEREN** notwendig werden.

2.11.6 Kopieren über Zwischenablage

Kopieren
Ausschneiden
Einfügen
Einfügen an Originalposition

Eine weitere Möglichkeit, Daten auf ein anderes Teilbild oder einen anderen Plan zu kopieren, bietet die Zwischenablage. Die Zwischenablage bietet die einzige Möglichkeit, aus oder in freie NDW-Dateien und/oder NPL-Dateien Daten zu kopieren.

Für die Arbeit mit der Zwischenablage stehen Ihnen vier Funktionen zur Verfügung. Die Arbeitsweise entspricht im Wesentlichen der in anderen Windows-Programmen. Zusätzlich können Sie mit der Funktion EINFÜGEN AN ORIGINALPOSITION Daten koordinatengleich kopieren oder verschieben.

Dokumentübergreifend kopieren/verschieben mit Zwischenablage

› Elemente markieren (ohne aktive Funktion)
› KOPIEREN oder AUSSCHNEIDEN (Ausschneiden zum Verschieben)
› Teilbild wechseln (Zielteilbild)
› EINFÜGEN
› Absetzpunkt wählen

Oder:

› EINFÜGEN AN ORIGINALPOSITION
› Elemente werden ohne weitere Abfrage auf den gleichen Koordinaten wie die Originale abgesetzt

Werden Architekturbauteile mit Höhenanbindung an Ebenen kopiert, so übernehmen diese die Ebenen vom Zielteilbild. Die Bauteilhöhe sowie die Lage in Z-Richtung können somit vom Original unterschiedlich sein.

Kopieren innerhalb eines Teilbildes/Plans

Das vorstehend beschriebene Kopieren von Elementen über die Zwischenablage kann auch verwendet werden, um bei der Bearbeitung eines Teilbildes/Plans Elemente zu kopieren. Hierbei ist nur zu beachten, dass z.B. keine Beschriftungen und Maßlinien ohne die dazugehörigen Bauteile kopiert/verschoben werden, da ansonsten Zusammenhänge verloren gehen können.

Optimaler ist die Verwendung der Funktion KOPIEREN (Symbolleiste BEARBEITEN), um Daten innerhalb eines Teilbildes/Plans zu duplizieren, und der Funktion VERSCHIEBEN zum Versetzen von Bauteilen bzw. der zum Teil in den einzelnen Modulen vorhandenen speziellen Funktionen.

2.12 Hilfsmittel zum Konstruieren

Mit den Werkzeugen **SPURLINIE** und **PUNKTFANG** bietet Allplan für alle Anwendungsfälle Möglichkeiten der Konstruktion an, die kaum Wünsche offen lassen. Durch die nahezu unendlichen Kombinationsmöglichkeiten beschränkt sich die Beschreibung auf Standardfälle. Im Beispiel sind bei vielen Teilaufgaben die Grundlagen praktisch angewendet dargestellt.

2.12.1 Punkt-Assistent – aktives Hilfsmittel

Der Punkt-Assistent beinhaltet die aktiven Komponenten des Punktfangs und kann nur über das Kontextmenü während der Punkteingabe aufgerufen werden. Im Gegensatz zu den passiven Unterstützungen, die Allplan für die Konstruktion bietet, müssen bei den Funktionen des Punkt-Assistenten Elemente und/oder Punkte gewählt werden.

Wenn in der Dialogzeile nach Punkten (z. B. Anfangspunkt, Endpunkt, weiterer Punkt, Polygonpunkt usw.) gefragt wird, kann über die rechte Maustaste in der Zeichenfläche das Kontextmenü zum Punktfang aufgerufen werden. Wird das Kontextmenü aufgerufen, während das Fadenkreuz einen Punkt oder eine Linie fängt, ist der Punkt oder die Linie für die nachfolgend gewählte Punktfangfunktion gewählt.

- **ZURÜCK** ist nur in Funktionen vorhanden, bei denen ein Schritt in der Eingabe zurückgegangen werden kann, z. B. bei bei Linie, Polygonzug, Schraffur, Muster usw.
- **LETZTER PUNKT** übernimmt den letzten Punkt als aktuellen Bezugspunkt.
- **HILFSPUNKT FÜR ABSTANDSEINGABE** fixiert den gefangenen Punkt für die Abstandseingabe. Eingaben in X-, Y- und/oder Z-Richtung beziehen sich auf diesen Punkt, auch wenn das Fadenkreuz bewegt wird.
- **KOORDINATE FIXIEREN** öffnet ein Untermenü, in dem Sie auswählen können, welche Koordinaten bzw. Kordinationkombination des gefangenen Punktes fixiert werden sollen. Über die Funktion **FESTPUNKT LÖSCHEN** wird eine Fixierung gelöst.
- **X-FEST, Y-FEST, Z-FEST** fixiert die ausgewählte Koordinate. Die anderen beiden Koordinaten bleiben frei. Fixierte Koordinaten sind vor allem bei der freien Konstruktion im Raum hilfreich.
- **BOGENMITTELPUNKT** fängt den Mittelpunkt eines beliebigen 2D-Elements bzw. einer beliebigen Kante. Verwenden Sie diese Funktion vor allem bei bogenförmigen Elemen-

ten wie Teilkreis, -ellipse und Splines. Das Element kann entweder durch einen Klick (links) oder durch Anklicken des Anfangs- und Endpunktes identifiziert werden.

- **MITTELPUNKT** fängt den Mittelpunkt eines Elements. Bei kreisförmigen Elementen wird der Mittelpunkt des Kreises gefangen Die Funktion ist gleich aufgebaut wie die Funktion **BOGENMITTELPUNKT**.

Mittelpunkt

- **SCHNITTPUNKT** findet den Schnittpunkt von zwei Elementen bzw. von zwei Elementkanten.

Schnittpunkt

- **TEILUNGSPUNKT** teilt eine einzugebende Strecke oder ein Element in beliebig viele Teile. Die Teilungspunkte werden durch Zahleneingabe oder durch Anklicken angesprochen. Bei Eingabe von negativen (oder größeren) Werten wird in der Verlängerung des Elements der Abstand weiterinterpretiert.

Teilungspunkt

- **LOTFUSSPUNKT** fängt den Punkt auf einem Element, der durch ein Lot von einem beliebigen Punkt auf dieses Element gebildet wird.

Lotfußpunkt

- **BEZUGSPUNKT** ruft die Bezugspunkteingabe auf. Es werden ein Pfeil und ein Quadrat angezeigt. Die Pfeilspitze zeigt den Bezugspunkt auf dem Element an, von dem aus der Abstand eingegeben wird (positiv = Pfeilrichtung, negativ = entgegengesetzte Richtung). Das Quadrat zeigt den Punkt an, der entsprechend dem eingegebenen Abstand vom Bezugspunkt bei Bestätigung übernommen wird.

Bezugspunkt

- **BOGENSCHNITT** fängt den Schnittpunkt, der sich aus zwei neu einzugebenden Kreisen ergibt. Die Konstruktionsmethode ist ideal bei der Eingabe von Bestandsgrundrissen mit nicht rechtwinkligen Grundrissen.

Bogenschnitt

- **SPUR-/ERWEITERUNGSPUNKT** setzt einen Spurlinienpunkt an dem Punkt ab, über den das Kontextmenü aufgerufen wurde. Alternativ zum Setzen eines Spurlinienpunktes können Sie auch einen Punkt länger anvisieren. Spurpunkte werden durch ein blaues Kreuz temporär gekennzeichnet.

Spur-/Erweiterungspunkt

- **SPURPUNKTE LÖSCHEN** entfernt einen bzw. alle Spurlinienpunkte. Dies kann notwendig werden, wenn zu viele oder ungewünschte Spurpunkte gesetzt wurden. Alternativ zum Löschen eines Spurpunktes über die Funktion **SPURPUNKTE LÖSCHEN** genügt es, wenn der zu löschende Spurpunkt länger anvisiert wird, um ihn zu löschen.

Spurpunkte löschen

- **OPTIONEN PUNKTFANG** ruft das Dialogfeld **OPTIONEN** auf. Der Bereich Arbeitsumgebung – Punktfang wird direkt angezeigt. Außer dem Unterpunkt Spurverfolgung sind alle anderen Bereiche deaktiviert.

Optionen Punktfang

- **OPTIONEN SPURVERFOLGUNG** ruft das Dialogfeld **OPTIONEN** auf. Der Bereich Arbeitsumgebung – Spurverfolgung wird direkt angezeigt. Außer dem Unterpunkt Punkteingabe sind alle anderen Bereiche deaktiviert.

Optionen Spurverfolgung

2.12.2 Punktfang – passives Hilfsmittel

Das wesentliche Hilfsmittel zum Fangen von Punkten ist der Punktfang. Dieser kann in den Optionen präzise eingestellt werden. So kann z. B. der Suchradius verstellt werden, das Tonsignal für undefinierte Punkte ausgeschaltet oder das Fangen bestimmter Punktarten aktiviert oder deaktiviert werden. Am Fadenkreuz, im 2. Quadranten – oben links, wird immer das zum anvisierten Punkt passende Fangsymbol angezeigt. Erscheint kein

Symbol neben dem Fadenkreuz, sondern nur ein kleiner Kreis um den Achsschnittpunkt, wird kein Punkt gefangen. Ist kein Symbol sichtbar, wurde der Punktfang komplett deaktiviert.

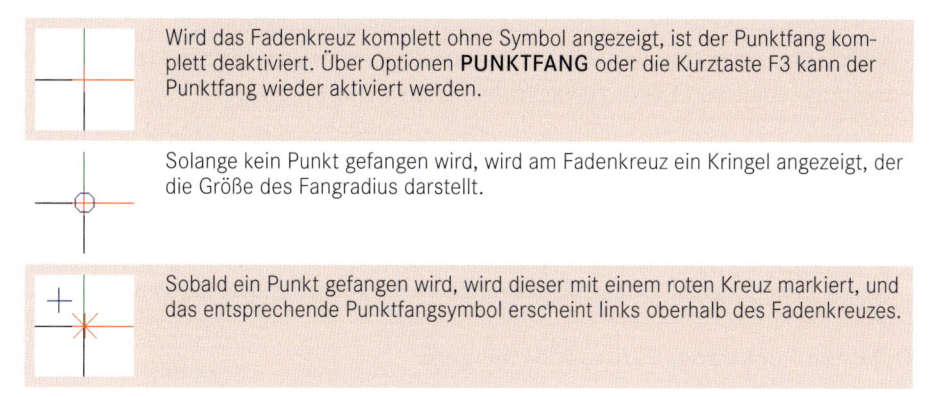

> Wird das Fadenkreuz komplett ohne Symbol angezeigt, ist der Punktfang komplett deaktiviert. Über Optionen **PUNKTFANG** oder die Kurztaste F3 kann der Punktfang wieder aktiviert werden.

> Solange kein Punkt gefangen wird, wird am Fadenkreuz ein Kringel angezeigt, der die Größe des Fangradius darstellt.

> Sobald ein Punkt gefangen wird, wird dieser mit einem roten Kreuz markiert, und das entsprechende Punktfangsymbol erscheint links oberhalb des Fadenkreuzes.

2.12.2.1 Optionen Punktfang

In den Optionen finden sich im Bereich Arbeitsumgebung – Punktfang alle Einstellungen zur Anzeige und Darstellung der Punktfangsymbole.

Optionen Punktfang

Elementsuche

- **UNTERSUCHUNGSBEREICH** stellt zwei Optionen zur Verfügung, über die Sie steuern können, ob in aktiven und/oder passiven Teilbildern Punkte und Elemente gefunden werden können oder nicht. Beide Optionen gelten sowohl für den Punktfang als auch für Spurlinien.

Punktfang

Außer der Option **(END)PUNKT** können alle Fangpunkte deaktiviert werden. Deaktivierte Punktfangsymbole haben zur Folge, dass diese Punkte nicht gefangen werden.

- **(END)PUNKT** zeigt den nächstgelegenen Endpunkt eines Elements oder einen Punkt an. Endpunkte werden bei mehreren Fangmöglichkeiten im Fangradius vor anderen Punkten gefunden. Die Option **(END)PUNKT** kann nicht deaktiviert werden. (End)Punkt
- **SCHNITTPUNKT** wird angezeigt, wenn der Schnittpunkt zweier Elemente gefangen wird. Schnittpunkt
- **MITTELPUNKT** erscheint, wenn der Mittelpunkt eines Elementes im Fangradius ist. Mittelpunkt
- **TANGENTENPUNKT** zeigt an, wenn z. B. der Endpunkt einer Linie auf einem Tangentenpunkt eines Kreises oder einer Ellipse zum Liegen kommt. Tangentenpunkt
- **QUADRANTENPUNKT** zeigt an, wenn ein Quadrantenpunkt eines Kreises oder einer Ellipse gefangen werden kann. Quadrantenpunkt
- **RASTERPUNKT** fängt den nächstgelegenen Rasterpunkt innerhalb des Fangradius. Ein Konstruktionsraster kann unter dem Menüpunkt **ANSICHT** mit den Funktionen **RASTER DEFINIEREN** und **RASTER EIN/AUS** bearbeitet werden. Es handelt sich hierbei lediglich um ein nicht druckbares Koordinatenraster. Rasterpunkt

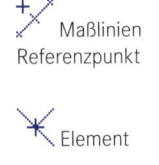

Maßlinien Referenzpunkt

- **MASSLINIEN REFERENZPUNKT** erscheint, wenn der Referenzpunkt einer Maßlinie gefangen wird. Maßlinienreferenzpunkte können in den **OPTIONEN – MASSLINIE** dauerhaft ein-/ausgeblendet werden. Bei eingeschaltetem Punktfang **MASSLINIEN REFERENZPUNKT** werden auch unsichtbare Referenzpunkte gefangen.

Element

- **ELEMENT** erscheint immer, wenn ein Punkt auf einem Element gefangen wird.

Linealfunktion

- Zum Anwenden der **LINEALFUNKTION** muss die **STRG-TASTE** gedrückt gehalten werden. Der Suchbereich wird entlang der beiden Achsen verlängert und auf dort gefundene Punkte gefluchtet. Eine Alternative zur Anwendung der Linealfunktion, die ein aktives Handeln erfordert, sind die Spurlinien als passives System.
- Über den im Feld **FANGRADIUS** eingegebenen Wert wird die Größe des (unsichtbaren) Fangradius bestimmt. Innerhalb eines Kreises um den Schnittpunkt der Achsen werden Punkte gefangen und die oberhalb dargestellten Punktfangsymbole angezeigt.

Optionen Punktfang, Bezugspunkteingabe

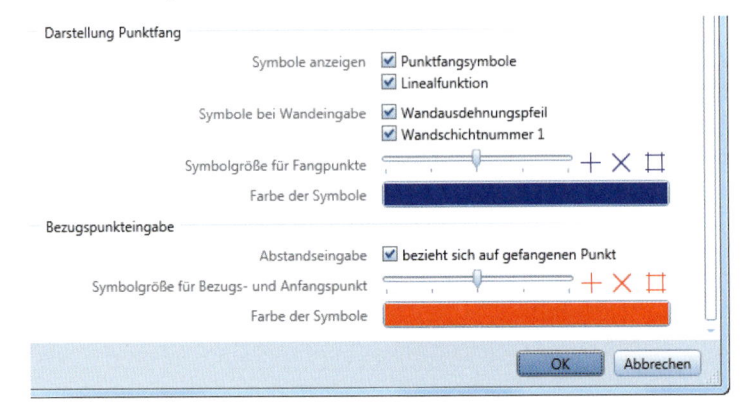

Im Bereich **DARSTELLUNG PUNKTFANG** sind Optionen zur Anzeige der Hilfsmittel zusammengefasst. Das Ausschalten der Anzeige hat keine Auswirkung auf die oberhalb eingeschalteten und zu suchenden Punkte.

Die Bezugspunkteingabe kann nicht deaktiviert werden. Je nach Einstellung der Option **ABSTANDSEINGABE BEZIEHT SICH AUF GEFANGENEN PUNKT** werden die Eingabewerte in der Dialogzeile entweder von dem gefangenen Punkt oder immer vom Anfangspunkt des zu erzeugenden Elementes gemessen.

2.12.3 Spurverfolgung – passives Hilfsmittel

Optionen Spurverfolgung

Die Spurverfolgung erleichtert das Konstruieren durch eine intelligente, definierbare Interpretation der bereits erzeugten Elemente und die Anzeige von Spurlinien. Spurlinien können ohne den Aufruf weiterer Funktionen, also passiv, nur durch Zeigen auf Punkte/Elemente, virtuelle Schnittpunkte finden, Linien parallel zu bestehenden Linien entstehen lassen und vieles mehr. Die Spurlinie besitzt eine eigene Rasterung, die beim Arbeiten mit Spurlinien immer aktiv ist. Sobald ein Punkt auf einer Spurlinie gefangen wird,

wird die Anzeige in der Dialogzeile auf die Abstandseingabe umgeschaltet bzw. die Felder werden Gelb hinterlegt.

Es stehen Ihnen bis zu fünf automatisch (oder explizit) aufgesammelte Spurpunkte zur Verfügung, die für den gesuchten Punkt wichtig sein können. Diese werden durch blaue Kreuze symbolisiert. Sobald eine gestrichelte Linie erscheint, wird zudem in einem Tooltipp am Fadenkreuz angezeigt, welche Arten von Spurlinien gefunden wurden und welche Art Punkt gefangen wird. Spurlinien stehen sowohl im 2D-Bereich als auch im freien Raum für 3D-Konstruktionen zur Verfügung.

Die Arten der Spurverfolgung

- **ERWEITERUNG** (Verlängerung) erscheint, wenn eine bestehende Linie (oder ein Kreis) weiter interpretiert wird.

Aufgabe: Anfangspunkt in Verlängerung einer bestehenden Linie finden
Zeigen Sie auf den Endpunkt eines Elements. Bewegen Sie das Fadenkreuz in etwa in Richtung der Verlängerung des Elements. Die Spurlinie erscheint, und Sie können in der Dialogzeile den Abstand des Punktes zum Endpunkt des Elements angeben oder mit der Rasterung arbeiten.

- **ORTHOGONALE SPURLINIEN** erscheinen, sobald Sie das Fadenkreuz von einem Spurpunkt in Richtung der X- oder Y-Achse bewegen. Der Systemwinkel wird hierbei ausgewertet.
- **POLARE SPURLINIEN** unterscheiden sich von **ORTHOGONALEN SPURLINIEN** durch den frei wählbaren Winkel. Der Winkelsprung der polaren Spurlinie kann in den **OPTIONEN**, Bereich Arbeitsumgebung – Spurverfolgung, bestimmt werden.
- **LOT** können Sie entweder von einem Element aus nutzen oder auf ein Element fallen lassen.

Aufgabe: Linie senkrecht zu einer bestehenden zeichnen
Lösung: Anfangspunkt auf der bestehenden Linie bestimmen, Fadenkreuz ungefähr senkrecht zur bestehenden Linie weg bewegen, Abstand des Endpunktes angeben

Aufgabe: Anfangspunkt mit einem Abstand senkrecht zu einer bestehenden Linie einrichten
Lösung: Spurpunkt durch Zeigen auf Konstruktionspunkt setzen, Fadenkreuz ungefähr senkrecht zu der bestehenden Linie weg bewegen, Abstand eingeben

- **PARALLELE** erscheint nur, wenn der erste Punkt des neuen Elementes bereits festgelegt wurde und Sie auf eine bestehende Linie anvisiert haben

Aufgabe: Linie parallel zu einer bestehenden zeichnen
Lösung: Anfangspunkt der neuen Linie festlegen, auf eine bestehende Linie zeigen, bis das Parallel-Symbol erscheint, Fadenkreuz in etwa im Abstand des ersten Punktes zur Linie bewegen (parallel), Linienlänge eingeben

- **ANGENOMMENER SCHNITTPUNKT** erscheint, wenn sich zwei Spurlinien in der Erweiterung schneiden

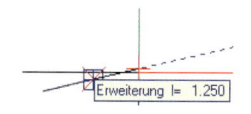

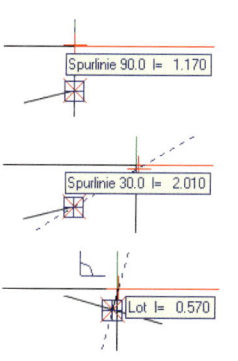

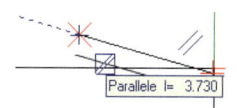

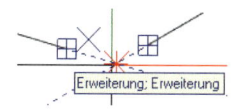

Aufgabe: Virtuellen Schnittpunkt (Schnittpunkt in der Verlängerung von zwei Linien) zweier Linien fangen

Lösung: Spurpunkt setzen (Anfangs-/Endpunkt Linie 1), 2. Spurpunkt setzen (Anfangs-/Endpunkt Linie 2), Fadenkreuz in Verlängerung einer der Linien bewegen, bis die Anzeige ERWEITERUNG; ERWEITERUNG erscheint. Punkt anklicken.

> **TIPP:** Die unterschiedlichen Spurlinienarten sind frei untereinander kombinierbar. Im Tooltipp können Sie erkennen, welche Arten von Spurlinien zur Ermittlung des Fangpunktes herangezogen werden. In vielen Situationen sind mehrere Texte logisch, es wird aber immer nur eine Möglichkeit angezeigt.

2.12.4 Dialogzeile zur Punkteingabe

In der Dialogzeile kann zwischen drei unterschiedlichen Eingabearten ausgewählt werden. Je nach gewähltem Modus (**DELTAPUNKT**, **PUNKT ÜBER WINKEL** oder **GLOBALPUNKT**) werden in der Dialogzeile unterschiedliche Eingabefelder angezeigt.

Eingabefelder der Dialogzeile

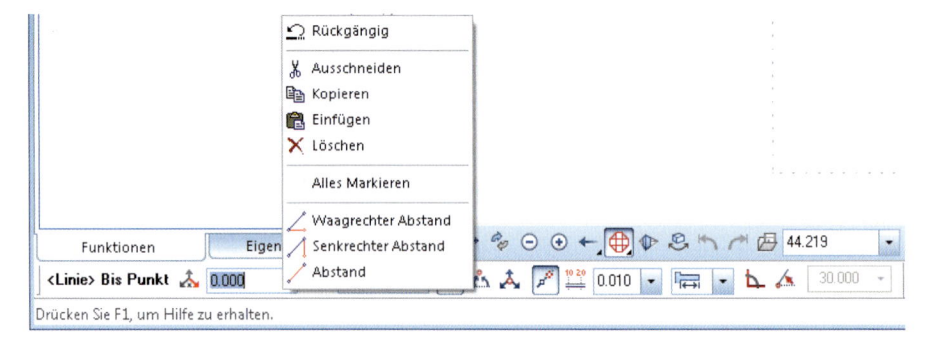

Über ein Kontextmenü (Aufruf rechte Maustaste in einem Eingabefeld) haben Sie weitere Möglichkeiten, Abstände und Längen aus Ihrer Zeichnung zu verwenden.

In allen Feldern, bei denen Wertangaben gefragt sind, kann durch die Eingabe der mathematisch korrekten Rechenformel der Wert ausgerechnet werden. So kann z. B. statt dem Wert 36 auch 12*3 oder 30+6 eingeben werden.

> **TIPP:** Verwenden Sie immer die Berechnungsmöglichkeit in den vielen Eingabefeldern von Allplan anstatt umständlich einen Taschenrechner oder den Rechner des PCs zu nutzen.

Eingabemethoden

Allplan unterscheidet drei unterschiedliche Eingabemethoden, die jeweils mit weiteren Funktionen kombinierbar sind. Je nach eingestellter Methode unterscheiden sich der erste Bereich in der Dialogzeile, die Darstellung am Fadenkreuz und die Verfügbarkeit der Spurlinien. Allen Eingaben gemeinsam ist, dass bei gelb hinterlegten Feldern ein Zeichnungspunkt oder ein Element im Fangbereich des Fadenkreuzes ist, und von diesem aus die Eingaben gerechnet werden.

Eingabemethode über Deltapunkt

- **DELTAPUNKT** aktiviert die Eingabe mit relativen Koordinaten. Die Eingaben beziehen sich daher immer auf den gefangenen (Eingabefelder gelb hinterlegt) oder letzten eingegebenen Punkt.
- **DELTAPUNKT X**, **DELTAPUNKT Y** und **DELTAPUNKT Z** bestimmen einen Punkt, der vom zuletzt angegebenen Punkt in Koordinatenrichtung den angegebenen Abstand hat. Weiß hinterlegte Eingabefelder bedeuten, dass sich auf den letzten Punkt der Konstruktion bezogen wird; sind die Felder gelb hinterlegt, wird sich auf den aktuell anvisierten Punkt bezogen. **DELTAPUNKT Z** ist in den Modulen **KONSTRUKTION**, **MASSLINIE** und **TEXT** ausgeblendet.

Deltapunkt

Deltapunkt X, Y und Z

Eingabemethode über Punkt über Winkel

- **PUNKT ÜBER WINKEL** aktiviert die Eingabe über einen Winkel und eine Länge.
- **WINKEL** dient zum Eingeben eines auf die X-Achse des Fadenkreuzes bezogenen Winkels. Ausgangspunkt ist der anvisierte Punkt. Ein gedrehtes Fadenkreuz und/oder eine gedrehte Grundrissdarstellung werden berücksichtigt.
- **LÄNGE** dient zur Eingabe des Abstandes des zu fangenden Punktes vom anvisierten Punkt in Richtung des eingestellten Winkels.
- **ABSTECKLÄNGE** legt zusätzlich den senkrechten Abstand des festzulegenden Punktes, bezogen auf den angegebenen **WINKEL** mit dem unter **LÄNGE** eingegebenen Abstand, fest.

Punkt über Winkel

Winkel

Länge

Abstecklänge

Eingabemethode über Globalpunkt

- **GLOBALPUNKT** aktiviert die Eingabe mit absoluten Koordinaten. Die eingegebenen Koordinaten beziehen sich immer auf den Ursprung. Eine Vorschau ist bei der Arbeit mit der Eingabe mit **GLOBALPUNKT** nicht verfügbar, die Spurlinien werden nicht angezeigt. Die globalen Koordinaten beziehen sich auf den Ursprung (X=0, Y=0, Z=0) des Koordinatensystems. Die Definition eines abweichenden Ursprungs ist nicht möglich.

Globalpunkt

Globale X-, Y-, Z-Koordinate

- **GLOBALE X-KOORDINATE, GLOBALE Y-KOORDINATE** und **GLOBALE Z-KOORDINATE** fangen einen Punkt durch Eingabe seiner globalen Koordinate, bezogen auf den Nullpunkt des Systems. Die **GLOBALE Z-KOORDINATE** ist in den Modulen **KONSTRUKTION**, **MASSLINIE** und **TEXT** ausgeblendet.

Weitere Funktionen der Dialogzeile im Punktfang

- **SPURLINIE** aktiviert die Spurlinie (inklusive des Spurlinienrasters). Über die beiden Pull-down-Menüs können Sie das Rastermaß und die Berücksichtigung des Fugenmaßes steuern.

Spurlinie

- **LÄNGE RASTERN** deaktiviert die Eingabefelder **DELTAPUNKT**. Es können nur noch Punkte gefangen werden, die dem gewählten Rastermaß entsprechen. Ist **PUNKT ÜBER WINKEL** aktiviert, so wird statt der Koordinaten die Länge angezeigt und gerastert. Das gewünschte Rastermaß kann entweder aus den im Pull-down-Menü hinter dem Funktions-Icon aufgelisteten Werten ausgewählt oder frei eingegeben werden.

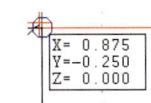

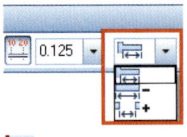

Länge rastern

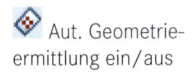

- **VORSPRUNGSMASS/RASTERMASS** ermöglicht eine Voreinstellung, bei der gewählt werden kann, ob das zu fangende Rastermaß für eine Vorlage, einen Pfeiler oder eine Öffnung verwendet werden soll. Über das Kontextmenü kann die Fugenbreite frei definiert werden.

- **RECHTWINKLIGE EINGABEART** aktiviert die orthogonale Eingabe. Es können nur Linien in X- oder Y-Richtung (je nach Anzeige DX/DY) erzeugt werden. Eine Alternative zur rechtwinkligen Eingabeart ist die Verwendung der Spurlinie.

Rechtwinklige Eingabeart

- **WINKELSPRUNG BEI LINIENEINGABE** aktiviert den Winkelsprung bei der Eingabe von Linien. Der Winkel der einzugebenden Linie rastert in Winkelsprüngen, die in das Feld hinter dem Funktionssymbol eingeben werden können. Der Winkel bezieht sich auf die X-Achse des Fadenkreuzes. Die anzugebende Länge ist immer positiv und wird entsprechend der Anzeige am Bildschirm angetragen.

Winkelsprung bei Linieneingabe

- **AUTOMATISCHE GEOMETRIEERMITTLUNG EIN/AUS** schaltet das automatische Erkennen von geschlossenen umrandeten Flächen ein oder aus. Die Option ist mit Allplan 2013 bei praktisch allen Funktionen mit polygonaler Eingabeart in der Symbolleiste **EINGABEOPTIONEN** integriert worden (siehe Abschnitt 2.11.1.3, »Flächenelemente – polygonale Eingabe«).

Aut. Geometrieermittlung ein/aus

- **ZURÜCK** geht innerhalb eines Funktionsablaufs einen Schritt zurück. Diese Funktion erscheint entweder in der Dialogzeile oder dem Eigenschaften-Dialogfeld.

Zurück

■ 2.13 Das Ebenenmodell von Allplan

Allplan arbeitet mit Bezugsebenen, Standardebenen und Sonderebenen (für Dächer usw.), an die Architekturbauteile (mit deren Unterkante und Oberkante) angebunden werden können. Die Unterkante und Oberkante von Architekturbauteilen wird über eine Regel an

Ebenen angebunden, die entweder über den Ebenenmanager oder im Teilbild selbst verwaltet werden. Dies hat den Vorteil, dass die Höheneinstellungen von Bauteilen in den unterschiedlichen Geschossen jeweils gleich sind, aber dennoch verschiedene Höhen abgebildet werden können.

> **HINWEIS:** Ebenen treten immer paarweise auf. Zu einer oberen Ebene gehört immer auch eine untere Ebene, die auf die gewünschte Höhe gesetzt werden muss. Dies ist vor allem bei Dächern wichtig.

Daraus folgt, dass nicht für jedes Bauteil die Oberkante und Unterkante in der Höhe vorab berechnet werden muss, sondern mit den allgemeinen Bezügen gearbeitet wird. Viele Bauteile haben innerhalb eines Gebäudes ähnliche oder gleiche Bezüge zu den Ebenen, werden aber unterschiedlich angezeigt. Eine Brüstung also, die 90 cm hoch sein soll, ist dies in allen Geschossen, ohne dass bei der Eingabe bekannt sein müsste, auf welcher Unterkante das Bauteil anfängt. Wird die Bezugshöhe (untere Ebene) geändert, so wird die Brüstung (wie alle anderen Bauteile auch) automatisch angepasst, weil sie die Höhe aus der Ebene bezieht.

Im Folgenden finden Sie eine Auflistung der Werkzeuge mit untereinander verzahnten Funktionalitäten, die Allplan für die Arbeit mit Ebenen zur Verfügung stellt.

Die Beschreibung der Einstellmöglichkeiten für die Bauteile selbst finden Sie in Abschnitt 5.2.1, »Höhenanbindung von Bauteilen«.

2.13.1 Ebenen – Grundbegriffe

Standardebene

Jedes Teilbild (wie auch jede NDW-Datei) besitzt ein Ebenenpaar. Die Standardebene hat keine Begrenzung (gilt auf dem gesamten Teilbild!) und ist immer eben. Die Höhenlage der unteren und oberen Ebenen des Standardebenenpaares kann auf beliebige Werte eingestellt oder aus dem Ebenmodell übernommen werden.

- **STANDARDEBENEN LISTEN** zeigt die Ebeneneinstellungen der aktiven und aktiv im Hintergrund befindlichen Teilbilder und der geöffneten NDW-Dateien an und bietet Funktionen zum Ändern der Einstellungen an. Es können entweder vom Ebenmodell unabhängige Einstellungen eingegeben oder es kann ein Bezug zum Ebenmodell hergestellt werden.

Standardebenen listen

Dachebene und freies Ebenenpaar

Dachebenen und freie Ebenenpaare sind Sonderebenen, die in einem definierten Bereich die Standardebenen ersetzen und deren Funktionen übernehmen. Außerhalb der Sonderebenen gelten die Standardebenen weiter. Ein Bauteil, dessen Höheneinstellungen sich auf die Ebenen beziehen und welches sich im Bereich der Sonderebene befindet, gleicht sich dieser an. Erstreckt sich ein Bauteil über mehrere Bereiche mit Sonderebenen und/oder über Bereiche ohne Sonderebenen (Standardebene), gleicht es sich an die jeweils gültigen Bedingungen an. **FREIE EBENEN** und/oder **DACHEBENEN** (mit und ohne Gauben) können frei kombiniert werden und können als **DACHLANDSCHAFTEN** in den **EBENENMANAGER** eingebunden werden.

- **DACHEBENEN** sind parametrisch aufgebaute Sonderebenen zum Erzeugen von regelmäßigen Dachformen. Die untere Ebene kann bei Dachebenen nicht geneigt werden. **GAUBEN** können nur in **DACHEBENEN** eingesetzt werden.
- **FREIES EBENENPAAR** erzeugt ein Ebenenpaar, bei dem sowohl die obere als auch die untere Ebene geneigt sein kann. Wenn eine unregelmäßige Dachlandschaft in beliebiger Form benötigt wird, kann der Rohkörper z. B. über das Modul **MODELLIEREN 3D** erzeugt werden und mit der Funktion **3D-KÖRPER IN ARCHITEKTUREBENEN** in freie Ebenen gewandelt werden. An die so entstandenen Ebenen können Architekturbauteile angebunden werden.

Der Vorteil von Dachebenen gegenüber freien Ebenen besteht vor allem in zwei Punkten:

- Dachebenen können aus Bereichen unterschiedlicher Neigung zusammengesetzt werden und dennoch als ein Element angesprochen werden. Bei freien Ebenen müssen Bereiche mit unterschiedlichen Neigungen einzeln erzeugt werden und hängen nicht mit den Nachbarbereichen zusammen.
- Änderungen nach dem Erzeugen von Dachebenen können über die gleichen Dialoge getätigt werden wie beim Erzeugen.

Freie Ebenen haben einen Vorteil gegenüber Dachebenen:

- Die untere Ebene von freien Ebenen kann geneigt sein, und es lassen sich nahezu alle Dachformen aus 3D-Körpern übernehmen.

2.13.2 Ebenenmanager

Der **EBENENMANAGER** ist die zentrale Verwaltung für alle Ebeneneinstellungen eines Projekts. Im Ebenenmanager können alle Ebenenmodelle eines Projekts verwaltet, erzeugt, geändert und gelöscht werden. Die Ebenenmodelle werden in einer Liste und jeweils (markiertes Ebenenmodell) grafisch dargestellt.

Den einzelnen Teilbildern (bzw. Strukturstufen) werden über die Funktionen **EBENEN ZUWEISEN** (Bauwerksstruktur) oder **STANDARDEBENEN LISTEN** (Bearbeitung Teilbilder) eine Unterkante, Oberkante und bei Bedarf zusätzlich eine Dachlandschaft zugewiesen. Die verwendeten Höhen können aus unterschiedlichen Geschossen stammen und können frei kombiniert werden.

Werden Höheneinstellungen im **EBENENMANAGER** geändert, so werden diese in allen Teilbildern geändert, denen diese Ebenen zugewiesen wurden. Eine Deckenstärke wird z. B. dadurch geändert, dass im Ebenenmanager die Einstellung geändert wird. Neben der Höhenänderung der Deckenstärke werden die oberhalb bzw. unterhalb liegenden Höhen mit geändert. Das Ebenenmodell bleibt stimmig. Alle durch die Höhenänderung ausgelösten Veränderungen werden automatisch in die betroffenen Teilbilder eingetragen.

2.13 Das Ebenenmodell von Allplan

> **HINWEIS:** Nach Änderungen im Ebenenmanager müssen die Teilbilder aktiviert werden, oder die Änderung muss über die Funktion **TEILBILDER MIT EBENEN AKTUALISIEREN** durch eine Neuberechnung der Bauteile ausgelöst werden.

Die linke Seite des Ebenenmanagers zeigt in einer Baumstruktur die im Projekt vorhandenen Ebenenmodelle. Auf der rechten Seite werden Übersichten zu den einzelnen Ebenenmodellen angezeigt. Die Grafik zeigt immer das links markierte Ebenenmodell an.

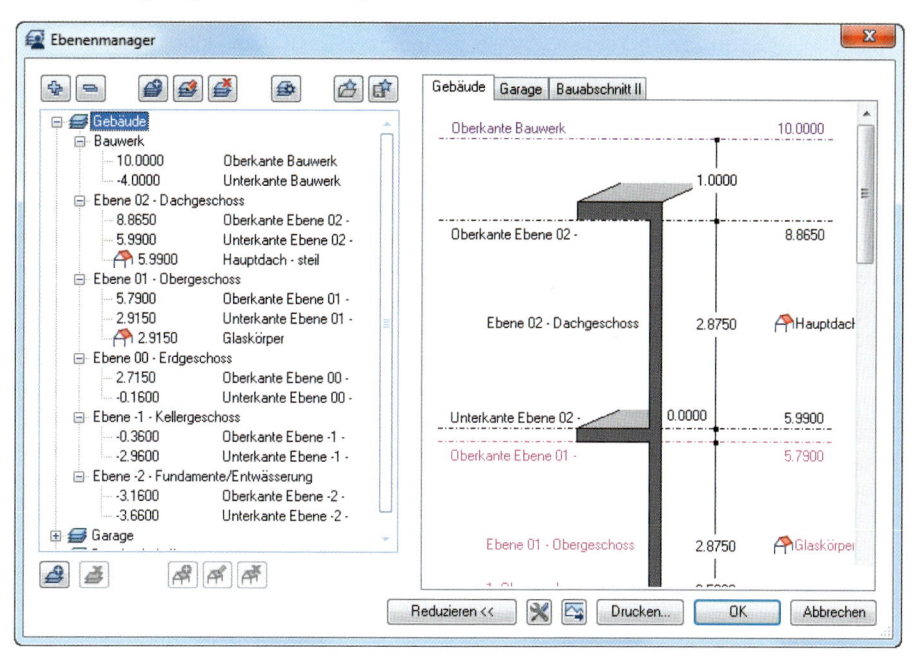

Funktionen im Ebenenmanager

Innerhalb des Ebenenmanagers stehen Ihnen die folgenden Funktionen direkt sowie Teile davon und weitere Standardfunktionen über Kontextmenüs zur Verfügung.

- **MARKIERTE EINTRÄGE AUFKLAPPEN** klappt alle Teile der Baumstruktur auf, in denen Sie eine Zeile markiert haben. Bei mehreren Modellen wirkt die Funktion immer nur auf den Teil der Baumstruktur, in dem eine Zeile markiert ist.

  Markierte Einträge aufklappen

- **ALLE EINTRÄGE ZUKLAPPEN** reduziert die Baumstruktur auf die Modellknoten. In dieser Ansicht erhält man eine gute Übersicht über die im Projekt vorhandenen Ebenenmodelle.

  Alle Einträge zuklappen

- **MODELL NEU** startet den Assistenten zum Erzeugen eines neuen (zusätzlichen) Ebenenmodells. Über den Assistenten kann eine passende Bauwerksstruktur erzeugt werden, bei der die neuen Ebenen den Strukturstufen zugewiesen sind. Das erzeugte Ebenenmodell enthält zum Teil Standardwerte (z. B. für Geschosshöhen), die nach dem Erzeugen angepasst werden können.

  Modell neu

- **MODELL MODIFIZIEREN** öffnet den gleichnamigen Dialog, der dem von **MODELL NEU** gleicht. Das markierte Ebenenmodell kann entweder auf einheitliche Standardwerte zurückgesetzt und/oder um weitere Ebenen ergänzt werden. Werte, die in allen Bereichen gleich sind, werden angezeigt, während bei unterschiedlichen Werten der Text »Variiert« angezeigt wird. Trägt man hier einen Wert ein, so werden **alle** unterschiedlichen Einträge auf den neuen Wert gesetzt.

  Modell modifizieren

- **MODELL LÖSCHEN** entfernt das markierte Ebenenmodell aus dem Ebenenmanager. Die Einstellungen in den einzelnen Teilbildern bleiben erhalten. In der Übersicht **STANDARDEBENEN LISTEN** erscheint in der Spalte *Modell unbekannt*, statt eines Modellnamens. In der Bauwerksstruktur werden nach dem Löschen des Ebenenmodells, statt der Werte der einzelnen Ebenen, Fragezeichen angezeigt, da die Höheninformationen aus einem unbekannten (da gelöschten) Ebenenmodell stammen.

  Modell löschen

- **OPTIONEN EBENENMANAGER** dient der Einstellung des optischen Erscheinungsbildes der Ebenen im Ebenenmanager. Die hier getroffene Farbauswahl wird auch in der Bauwerksstruktur für die Info-Felder der Ebenen verwendet. Zudem können Sie angeben, ob die angezeigten Höhen der unteren Ebenen den jeweiligen Fertigfußboden repräsentieren oder den Rohboden. Standard ist hier in Allplan die Interpretation der unteren Ebene als Rohboden.

  Optionen Ebenenmanager

- **EBENENPAAR EINFÜGEN** fügt ein neues Ebenenpaar in das Ebenenmodell ein. Neue Ebenen können nur unter der untersten oder über der obersten Ebene des Ebenenmodells eingefügt werden und dürfen sich nicht mit bestehenden Ebenen überschneiden. Alternativ zur Funktion **EBENENPAAR EINFÜGEN** kann auch die Funktion **MODELL MODIFIZIEREN** verwendet werden. Dies hat den Vorteil, dass Fehlermeldungen durch Eingabe falscher Höhen vermieden werden.

  Ebenenpaar einfügen

- **EBENENPAAR LÖSCHEN** entfernt das markierte Ebenenpaar aus dem Ebenenmodell. Die Ebenen oberhalb oder unterhalb werden, nach Angabe, verschoben.

  Ebenenpaar löschen

- **DACHLANDSCHAFT EINFÜGEN** fügt an dem markierten Knoten eine Dachlandschaft ein. Dachlandschaften sind im Ebenenmodell verankerte Dachebenen und/oder freie Ebenen, die beliebigen Teilbildern (und Strukturstufen) zugewiesen werden können. Es wird immer ein Teilbild mit einer (oder mehreren) Sonderebenen (Dachebenen und/oder freie Ebenenpaare) benötigt. Über eine weitere Abfrage wird bestimmt, ob die Sonderebenen des gewählten Teilbildes eins zu eins (**KEINE VERÄNDERUNG DER DACHLANDSCHAFT GEGENÜBER DER QUELLE**) übernommen werden sollen, die Unterkante der Sonderebene auf den Wert der unteren Ebene unter Beibehaltung der oberen Form gesetzt wird (**DIE UNTERKANTE DER DACHLANDSCHAFT WIRD GLEICH DER UNTERKANTE DES GESCHOSSES GESETZT**) oder die Dachlandschaft auf die Höhe der Unterkante des Geschosses (**DIE DACHLANDSCHAFT WIRD INSGESAMT AUF DIE HÖHE DER UNTERKANTE …**) angehoben werden soll.

  Dachlandschaft einfügen

- **DACHLANDSCHAFT ERSETZEN** dient zum Austauschen der markierten Dachlandschaft. Alle Bezüge bleiben erhalten. Sie finden, nachdem Sie eine Dachlandschaft durch eine neue (z. B. Satteldach durch Tonnendach) ersetzt haben, die neue Geometrie auf allen Teilbildern, denen die ursprüngliche Dachlandschaft zugewiesen wurde.

  Dachlandschaft ersetzen

- **DACHLANDSCHAFT LÖSCHEN** entfernt die markierte Dachlandschaft aus dem Modell. Auf Teilbildern, denen die Dachlandschaft zugewiesen wurde, wird diese entfernt.

  Dachlandschaft löschen

> **TIPP:** Wenn sich im Entwurfsprozess die Dachform ändert, sollte die Dachlandschaft nicht gelöscht werden, sondern mit der neuen Geometrie ersetzt werden. Die Bezüge zu **allen** Teilbildern, auf denen die Dachlandschaft verwendet wird (Verknüpfung Teilbild und Dachlandschaft) können behalten werden. Die Dachlandschaft wird automatisch beim Öffnen des Teilbildes durch die neue Geometrie ersetzt.

- **FAVORIT LADEN/ALS FAVORIT SPEICHERN** öffnet den Standarddialog zum Lesen und Speichern von Favoriten. Die gespeicherte Datei enthält das komplette, markierte Ebenenmodell (z.B. ein Ebenenmodell eines Gebäudes), um dieses für andere Projekte zu verwenden. Wenn Sie ein als Favorit gespeichertes Ebenenmodell über **FAVORIT LADEN** zum Erzeugen eines neuen Ebenenmodells einspielen, steht Ihnen der Assistent zum Erzeugen/Ergänzen der Bauwerksstruktur zur Verfügung.

Favorit laden
Als Favorit speichern

> **HINWEIS:** Über **ALS FAVORIT SPEICHERN** und **FAVORIT LADEN** können Sie ein Ebenenmodell auch innerhalb eines Projekts kopieren. Das neu eingefügte Ebenenmodell ist in allen Punkten (auch seinem Namen) identisch mit dem ursprünglichen.

- **HÖHE ÄNDERN**: Jeder Höhenwert, der entweder in der Übersicht oder der Liste erscheint (auch die Unterkante der Dachlandschaft), kann angeklickt und direkt geändert werden. Der Ablauf ist immer identisch. Sobald die geänderte Höhe bestätigt wird, wird in einem Dialog abgefragt, wie die aktuelle Änderung sich auf die darüber bzw. darunter liegenden Höhen auswirken soll.

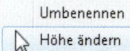

Umbenennen
Höhe ändern

2.13.3 Ebenen zuweisen

Die im Ebenenmodell definierten Höhen müssen den Teilbildern und/oder Strukturstufen zugewiesen werden. Sobald die Höhen zugewiesen wurden, wird jede Änderung im Ebenenmodell an die betroffenen Strukturstufen und Teilbilder weitergereicht. Das Zuweisen von Höhen aus dem Ebenenmodell an Teilbilder und/oder Strukturstufen wird über die Funktion **EBENEN ZUWEISEN** in der Bauwerksstruktur oder (nur für Teilbilder) über die Funktion **STANDARDEBENEN LISTEN** getätigt.

Ebenen zuweisen über die Bauwerksstruktur

Im Register **BAUWERKSSTRUKTUR** des Dialogs **PROJEKTBEZOGEN ÖFFNEN: TEILBILDER AUS ZEICHNUNGS-/BAUWERKSSTRUKTUR** ist die gesamte Struktur verfügbar. Ebenen können Strukturstufen oder Teilbildern zugewiesen werden. Teilbilder, die einer Strukturstufe direkt untergeordnet sind, und **keine** separaten Einstellungen zugewiesen bekommen haben, übernehmen die Einstellung der Strukturstufe.

Tooltipp Ebeneneinstellung

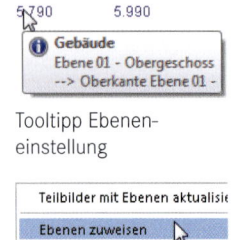

In den Spalten »Höhe unten« und »Höhe oben« werden die Einstellungen angezeigt, bzw. wird nichts angezeigt, wenn das Teilbild die Höhen aus der Strukturstufe übernimmt. Über den Anzeigefeldern erscheint der nebenstehende Tooltipp, sobald der Mauszeiger über den Werten/Symbolen ruht.

Die Funktion EBENEN ZUWEISEN befindet sich in den Kontextmenüs der Strukturstufen, der Teilbilder und der Anzeige der Ebeneneinstellungen (je Teilbild/Strukturstufe) auf der linken Seite im Register BAUWERKSSTRUKTUR. Den Teilbildern und Strukturstufen in den Ableitungen der Bauwerksstruktur sowie den Teilbildern, die nur in der Zeichnungsstruktur zugewiesen sind, kann über den Dialog PROJEKTBEZOGEN ÖFFNEN: TEILBILDER AUS ZEICHNUNGS-/BAUWERKSSTRUKTUR nichts zugewiesen werden.

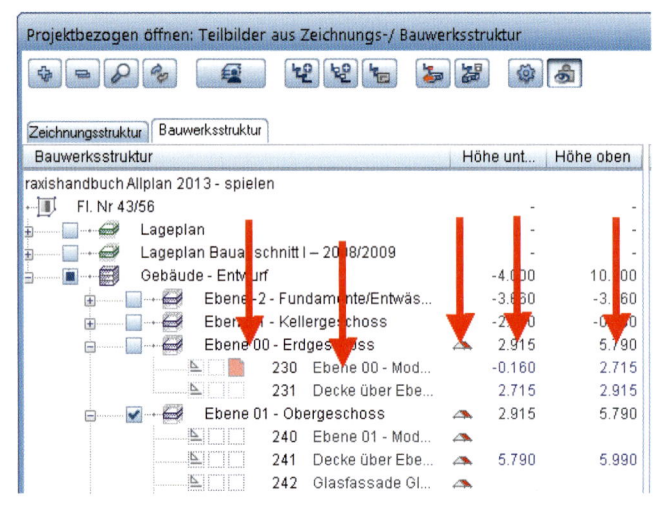

Die Multiselektion von Teilbildern **oder** Strukturstufen ist genauso möglich wie das einzelne Zuweisen an Teilbilder oder Strukturstufen. Änderungen über EBENEN ZUWEISEN wirken sich auf alle Teilbilder/Strukturstufen aus, die gemeinsam markiert wurden.

Wird einer Strukturstufe eine Dachlandschaft zugewiesen, wird diese beim ersten Öffnen eines der Strukturstufe untergeordneten Teilbildes auf dieses übertragen.

Über den Dialog EBENEN ZUWEISEN werden die Ebenen den Strukturstufen und/oder Teilbildern zugewiesen. Die dem Teilbild (oder der Strukturstufe) zugewiesenen Ebenen sind angehakt bzw. müssen angehakt werden. Zusätzlich zu den beiden notwendigen Standardhöhen kann bei Bedarf eine beliebige Dachlandschaft aus dem Modell gewählt werden. Der nachfolgende Dialog gibt Ihnen unterschiedliche Optionen an, was bei einer Höhenänderung auf dem Teilbild geschehen soll.

Elemente, die nicht an die Ebenen angebunden sind, können mit verändert werden. Sie sparen sich das Nacharbeiten, wenn Sie hier mit Bedacht Einstellungen treffen. Solange noch keine Bauteile auf den Teilbildern vorhanden sind, die von der Änderung betroffen sind, ist die Einstellung in diesem Dialog bedeutungslos.

Ebenen zuweisen über Standardebenen listen (Teilbild)

Im allgemeinen Kontextmenü, im Teilbild sowie z. B. im Modul **ARCHITEKTUR ALLGEMEIN** finden Sie die Funktion **STANDARDEBENEN LISTEN**. Nach Aufruf der Funktion werden alle geladenen (nicht passiven) Teilbilder und NDW-Dateien in einer Liste mit den Einstellungen der Standardebenen angezeigt. Die Einstellungen können durch Anklicken der entsprechenden Zeile geändert werden.

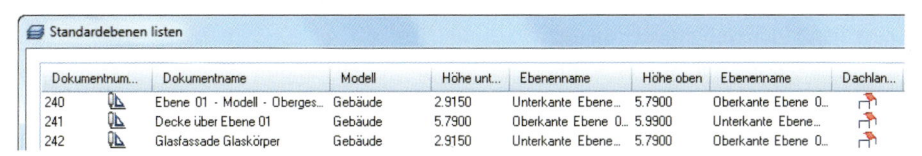

Standardebenen listen

Dokumentnum...	Dokumentname	Modell	Höhe unt...	Ebenenname	Höhe oben	Ebenenname	Dachlan...
240	Ebene 01 - Modell - Oberges...	Gebäude	2.9150	Unterkante Ebene...	5.7900	Oberkante Ebene 0...	
241	Decke über Ebene 01	Gebäude	5.7900	Oberkante Ebene 0...	5.9900	Unterkante Ebene...	
242	Glasfassade Glaskörper	Gebäude	2.9150	Unterkante Ebene...	5.7900	Oberkante Ebene 0...	

Bei Teilbildern, denen Ebenen aus dem Ebenenmodell zugewiesen sind, wird der Name des Modells und der zugewiesenen Ebene angezeigt. Anhand der Ebenennamen ist die Lage des Teilbildes im Gebäude ersichtlich.

Bei Teilbildern, die keine Informationen eines Ebenenmodells in sich tragen, werden nur die Werte der Standardebene angezeigt. Diese können direkt geändert werden.

Über einen **KLICK** auf den Ebenennamen öffnet sich der Dialog **EBENEN ZUWEISEN**. Die dem Teilbild zugewiesenen Ebenen sind markiert und werden unten angezeigt. Sobald die beiden Checkboxen bei **FREIE HÖHE UNTEN** und **FREIE HÖHE OBEN** aktiviert werden, wird das Teilbild vom Ebenenmodell entkoppelt.

2.14 Layer – Formateigenschaft und Strukturelement

2.14.1 Was ist ein Layer?

Die Layer dienen primär zur Steuerung der Sichtbarkeit und zur Gliederung der Daten auf einem Teilbild bzw. im Projekt entsprechend der jeweiligen Bedeutung. Der sekundäre Nutzen ist die Möglichkeit der Steuerung der Darstellung über Layer. Hierbei wird auf Linienstile und fest eingestellte Eigenschaften oder auf definierbare Vorgabewerte gesetzt.

Somit sind Layer weniger als Folie, sondern eher als Attribut bzw. als eine Eigenschaft zu verstehen, über welche Konstruktionselemente einer bestimmten Kategorie (z. B. tragende Wände, nicht tragende Wände) zugewiesen werden können und welche die Darstellung beeinflussen kann. Die Eigenschaft »Layer« ist somit am ehesten mit der Elementfarbe oder der Strichart vergleichbar, mit dem Zusatznutzen, dass damit auch die Sichtbarkeit gesteuert werden kann und eine Struktur im Teilbild aufgebaut wird. Unabhängig von der präziseren Bedeutung der Layer (Eigenschaft Format/Attribut) wird davon gesprochen, dass ein Element »auf« einem Layer ist.

Die gesamte Layerstruktur ist projektweit (Projekteinstellung Projekt/Büro, siehe Abschnitt 2.1.4, »Ressourcen (Büro oder Projekt)«) gleich. Alle Layer, bis auf den Layer *Standard*, können im Status (aktuell, bearbeitbar, sichtbar gesperrt, unsichtbar gesperrt) verändert werden. Diverse interne Layer können nicht bearbeitbar geschaltet werden, um die darauf enthaltene Information vor Fehleingriffen zu schützen. Über jeden Layer, außer dem Layer *Standard*, können entweder Vorschlagswerte oder fest eingestellte Formateigenschaften (und Linienstile) definiert werden, die für die Darstellung aller auf dem Layer befindlichen Elemente dienen.

In Allplan können bis zu 65 535 unterschiedliche Layer verwaltet werden. Die Nummern von 1 bis 32 767 (also etwa die Hälfte) sind für Allplan-eigene Layer reserviert. Frei verfügbar für eigene Layerstrukturen sind die Nummern 32 768 bis 65 535. Die Layerkurznamen und -langnamen sind zusammen mit den Layergruppen, der Nummer und den Einstellungen für die Darstellung (Linienstil und/oder Formateigenschaften) in einer Datei gespeichert. An jedem Element werden nur die Layernummer sowie eine Information, ob die Darstellung vom Layer übernommen werden soll, gespeichert.

> **HINWEIS:** Der Layer ist eine der Formateigenschaften, über welche die Darstellung eines Elements gesteuert werden kann, und über die sich die Sichtbarkeit des Elements steuern lässt.

2.14.2 Formateigenschaft aus Layer

Neben der Möglichkeit, die Sichtbarkeit der Elemente über Layer zu steuern und die Daten innerhalb eines Teilbildes zu strukturieren, kann die Darstellung über Layer gesteuert oder unterstützt werden. Hierzu gibt es drei unterschiedliche Einstellungen, die unterschiedliche Auswirkungen sowie Vor- und Nachteile haben.

- **NICHT VERWENDEN, FORMATEIGENSCHAFTEN AUS LAYERN IGNORIEREN** besagt, dass Formateigenschaften weder vorbelegt noch fest vom Layer übernommen werden. Bei dieser Einstellung müssen alle Formateigenschaften des zu erzeugenden Elements eingestellt werden. Die Einstellung ist ideal, wenn bei jedem zu erzeugenden Element die Darstellung separat geregelt werden soll und die Darstellung innerhalb eines Layers unterschiedlich sein soll.
- **EINFACHE ÜBERNAHME IN DIE FORMAT-SYMBOLLEISTE ALS VORSCHLAGSWERT, BEI DER LAYERANWAHL** belegt die Formateigenschaften Stift, Strich und Farbe mit den für den Layer vordefinierten Werten, die geändert werden können. Es kann bestimmt werden, welche Einstellungen vorgeschlagen werden sollen (Stiftdicke, Strichart, Linienfarbe). Die Formateinstellungen können jederzeit geändert werden. Die Einstellung ist

gut, wenn Sie grundsätzlich Elementen mit einer Layerzuordnung eine gleiche Optik geben möchten, diese aber auch ändern können möchten.

- **VON LAYER, FEST AUS DEM ZUGEORDNETEN LINIENSTIL BZW. STIFT, STRICH, FARBE:** Jedem Layer wird ein Linienstil oder eine Formateigenschaft (Strich, Stift und Farbe) zugeordnet, welche die Darstellung für jedes Element auf dem Layer verbindlich regelt. Unabhängig davon, ob die Eigenschaften fest (für alle Maßstäbe/Zeichnungstypen) oder über Linienstile (je Maßstabsbereich und Zeichnungstyp) für einen Layer eingestellt sind, wird in den Formateigenschaften eines Elements die Einstellung auf dem Layer nur angezeigt (ausgegraut) und ist nicht änderbar. Die Einstellung ist ideal, um unterschiedliche Darstellungen auf jedem Plan zu erhalten, ohne doppelte Daten auf mehreren Teilbildern erzeugen zu müssen. Die Kontrolle über Strichstärken, Strichart und Strichfarbe ist in den Definitionen der Linienstile festgelegt und wird über Zeichnungstypen oder den Bezugsmaßstab abgerufen. Bei dieser Einstellung erhalten Sie schnell und einfach Pläne, die eine einheitliche Handschrift aufweisen und gut sortierte Daten enthalten.

Linienstil – Formateigenschaften

Jedem Layer kann, bei einer festen Kopplung von Layer und Darstellung, entweder ein Linienstil oder Formateigenschaften (Stift, Strich, Farbe) zugeordnet werden. Linienstile sind ideal für Darstellungen, die sich zeichnungstyp- oder maßstabsbezogen ändern sollen (z.B. Schnittkanten von Wänden in 1:200 mit 0.25 und in 1:50 mit 0.50), während feste Formateigenschaften dann von Vorteil sind, wenn sich die Elemente in **allen** Maßstäben oder Zeichnungstypen gleich zeigen sollen (z.B. Achsen immer blau, dünn und strichpunktiert).

Zeichnungstyp und Maßstab

Linienstile (für die Darstellung von Elementen in Abhängigkeit von Layern) und Flächenstile (Stilflächen) besitzen Definitionen für jeden Zeichnungstyp und für Maßstabsbereiche. In der Auswahl der Zeichnungstypen in der Statusleiste kann der gewünschte Zeichnungstyp gewählt werden. Bei der Auswahl des Zeichnungstyps *<Maßstabs-Definition>* wird die Steuerung über Zeichnungstypen abgeschaltet und die Einstellung für Maßstäbe verwendet.

> **TIPP:** Die Arbeitsweise mit Layern **und** Linienstilen bedingt die größte Vorarbeit, bietet aber einen sehr hohen Automatisierungsgrad. Dies ist vor allem bei der Verwendung von Assistenten ideal. Diese Einstellung ist im Beispielprojekt des Buches gewählt. Alle enthaltenden Assistenten sind aufeinander abgestimmt.

2.14.3 Teilbilder ↔ Layer?

In vielen Büros werden die Daten noch ausschließlich oder hauptsächlich mit Teilbildern gegliedert. Diese Arbeitsweise ist darin begründet, dass Layer in den ersten Versionen von Allplan nicht vorhanden waren und der Speicherplatz pro Teilbild eng begrenzt war. Mittlerweile ist der Speicherplatz des Teilbildes deutlich angewachsen und die Interaktion von Bauteilen untereinander deutlich verstärkt worden.

Nachteile der Untergliederung mit Teilbildern

- Jeder Teilbildwechsel benötigt mehr Zeit als das Ändern der Layereinstellung.
- Jeder Teilbildwechsel löscht die Undo-Liste, Änderungen der Layereinstellung nicht.
- Die Sichtbarkeit von Layern lässt sich während des Zeichnens ändern. Ein Teilbildwechsel beendet automatisch die aktive Funktion.
- Es können nur 80 Teilbilder gleichzeitig angezeigt werden.
Untergliederung mit Teilbildern → zehn Teilbilder (mit Daten) pro Geschoss → maximal acht Geschosse komplett anzeigbar
Untergliederung zusätzlich mit Layern → zwei bis vier Teilbilder (mit Daten) pro Geschoss → 20 bis 40 Geschosse komplett anzeigbar
- Assoziative Beschriftung und Bemaßung ist teilbildübergreifend nicht möglich.
- Dynamische Elementdarstellungen sind nur eingeschränkt möglich.

Vorteil der Untergliederung mit Teilbildern

- Zugriff auf die Daten eines Geschosses ist bei vielen Projektbeteiligten etwas einfacher.

> **TIPP:** Gliedern Sie kleine Projekte in etwa so wie im Beispielprojekt des Buches dargestellt (zwei Teilbilder pro Geschoss). Verwenden Sie bei großen Projekten mehr Teilbilder pro Geschoss, um Arbeitsabschnitte, Bauabschnitte oder Gebäudeteile zu untergliedern.

2.14.4 Funktionen und Einstellungen

Der größte Teil der notwendigen Einstellungen, um den erzeugten Elementen die richtigen Layer zuzuweisen, läuft nahezu automatisch im Hintergrund. Für die aktive Steuerung der sichtbaren Layer sowie des aktiven Layers gibt es einfach zu verwendende Funktionen, die nachfolgend beschrieben sind.

Basisfunktionälitäten – Layer einstellen, Layer auswählen

KO_ALL01	Allgemein01
KO_ALL02	Allgemein02
KO_ALL03	Allgemein03
KO_ALL04	Allgemein04

Es werden vier unterschiedliche Status für Layer unterschieden. Ein Layer ist immer aktiv, weitere Layer können bearbeitbar, sichtbar gesperrt und unsichtbar gesperrt geschaltet werden. Je nach Einstellung in den Optionen haben Elemente auf unsichtbaren Layern Wechselwirkungen mit Elementen auf sichtbaren Layern.

- Es ist immer ein **LAYER AKTUELL**. Dieser wird bei der Erzeugung von neuen Elementen verwendet. Allplan schlägt bei jedem Funktionsaufruf automatisch den letzten Layer vor (wenn dies in den Optionen eingestellt wurde!), der bei der gewählten Funktionsgruppe verwendet wurde. Zudem erscheint in der Schnellanwahl eine Auswahl von Layern, die für die gewählte Funktion geeignet sind.
  Aktueller Layer
- Elemente, deren Layer **BEARBEITBAR** sind, können geändert, gelöscht usw. werden.
  Bearbeitbar
- Elemente, deren Layer **SICHTBAR GESPERRT** sind, können nicht verändert werden. Im Register **LAYERAUSWAHL/SICHTBARKEIT** des Dialogs **LAYER AUSWÄHLEN, EINSTELLEN** kann die Darstellung der sichtbar gesperrten Layer in eine einheitliche Farbe geändert werden.
  Sichtbar gesperrt
- **UNSICHTBAR GESPERRT** blendet die Elemente komplett aus. **UNSICHTBAR GESPERRT** ist ideal, um über die Elementeigenschaft Layer ganze Bauteilgruppen unsichtbar zu schalten. So kann z. B. bei der Möblierung eines Grundrisses die Vermassung ausgeblendet werden, um die Übersicht zu erhöhen.
  Unsichtbar gesperrt

> **TIPP:** Es gibt viele Bauteile, die Wechselwirkungen untereinander haben. Wird ein solches Bauteil geändert, und hat dies eine Auswirkung auf ein Bauteil, dessen Layer sichtbar gesperrt oder unsichtbar gesperrt geschaltet ist, erscheint der Hinweis, dass Elemente auf gesperrten Layern geändert werden. Automatisierte Änderungen, wie assoziative Beschriftungen und Bemaßungen, werden auch auf sichtbar gesperrten und unsichtbar geschalteten Layern aktualisiert.

Dialog Layer auswählen, einstellen

Der Dialog **LAYER AUSWÄHLEN, EINSTELLEN** ist die zentrale Schaltstelle, in der alle notwendigen Funktionalitäten kombiniert sind, die benötigt werden, um mit Layern arbeiten zu können. Je nachdem, an welcher Stelle im Programm der Dialog aufgerufen wird, sind alle Register oder nur das Register **LAYERAUSWAHL/SICHTBARKEIT** zum Einstellen des aktuellen Layers und/oder zum Beeinflussen der sichtbaren Layer sichtbar. In einer Workgroup-Installation hat nur der Administrator (SYSADM) und der Projekteigentümer alle Rechte zum Bearbeiten von Layern.

Layer auswählen, einstellen

- Das Register **LAYERAUSWAHL/SICHTBARKEIT** beinhaltet auf der linken Seite in einer Baumstruktur und auf der rechten Seite verschiedene Optionen. In der Baumstruktur können Sie Layer markieren und diese mit den Schaltflächen unter **STATUS ÄNDERN** schalten. Ist statt einem Layer ein Oberpunkt markiert wird, wird die Statusänderung auf alle untergliederten Layer übertragen. Über die Option **IN GELADENEN DOKUMENTEN EXISTIERENDE LAYER AUFLISTEN** kann die Anzeige der Layer auf die in den geladenen Dokumenten existierenden Layer eingeschränkt werden.
- Über das Register **PLOTSET** können Plotsets erstellt und verwaltet werden. Mit Plotsets kann der Status vieler Layer auf einmal geändert werden. Plotsets können in Darstellungs-Favoriten und bei der Planzusammenstellung verwendet werden und dienen der Vereinheitlichung von Arbeitsweisen.

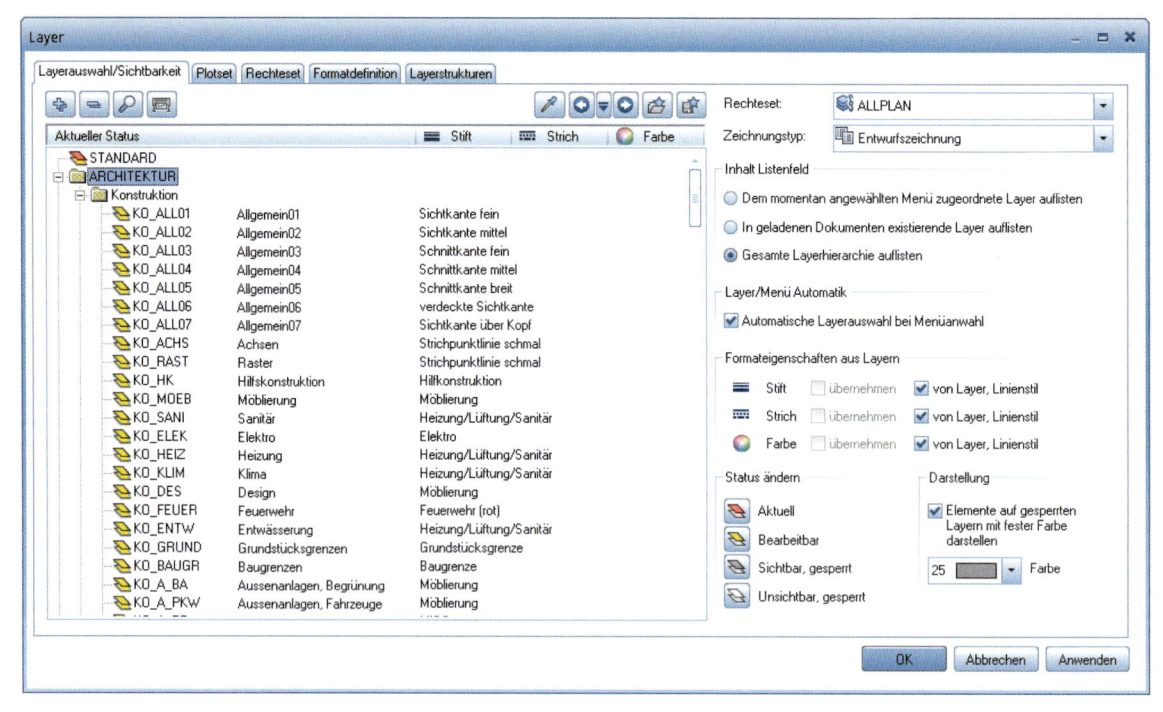

- Im Register **RECHTESET** kann Einfluss darauf genommen werden, ob alle Benutzer komplette Rechte auf alle Layer haben oder ob z. B. der Haustechniker oder Statiker verschiedene Layer nur sehen, aber nicht bearbeiten kann.
- Im Register **FORMATDEFINITION** werden den Layern Linienstile oder Formateigenschaften zugeordnet. Wird der Linienstil eines Layers geändert, hat dies direkte Auswirkungen auf die Darstellung der Elemente auf den Teilbildern und im Plan.
- Im Register **LAYERSTRUKTUREN** wird die Nummer jedes Layers angezeigt. Außerdem kann die Layerstruktur gespeichert oder durch eine andere Struktur überschrieben werden. Darüber hinaus können im Register **LAYERSTRUKTUREN** weitere Standardlayer von Allplan (gespeichert im ETC-Verzeichnis) in das aktuelle Projekt (oder Büro) eingetragen werden.

Sichtbarkeit von Layern ändern

Der Layerstatus kann entweder über die separate Funktion **LAYERSTATUS ÄNDERN** eingestellt werden oder jederzeit, wenn die Baumstruktur des Dialogs **LAYER AUSWÄHLEN, EINSTELLEN** aufgerufen wurde. Sie können also die Auswahl des aktuellen Layers mit dem Umschalten von Layersichtbarkeiten kombinieren.

Elementlayer modifizieren

Der Layer jedes Elements kann über die Formateigenschaften des Elements, die Eigenschaftenpalette oder alle Funktionen geändert werden, in denen der Layer zur Auswahl steht. Die Auswahl des neuen Layers erfolgt entweder über eine kurze Schnellauswahl oder über die Baumstruktur aller Layer.

Verlauf der Layersichtbarkeiten

- Über die neuen Schaltflächen kann der Verlauf der Layersichtbarkeiten eingesehen werden und ein oder mehrere Schritte zurück bzw. vorwärts gegangen werden.

Neu in Version 2013: Verlauf Layer

2.15 Darstellung in Konstruktions- und Animationsfenstern

In den Konstruktions- und Animationsfenstern werden nur Daten aus den geladenen Teilbildern (aktives Teilbild, Teilbild aktiv im Hintergrund und passives Teilbild) angezeigt. Bei assoziativen Ansichten und Schnitten werden Berechnungsergebnisse auch von nicht geladenen Teilbildern angezeigt. Diese werden passiv dargestellt.

Die Anzeige bzw. Darstellung von Elementen in den Konstruktionsfenstern von Allplan wird über mehrere Einstellungen geregelt. Die Einstellungen greifen ineinander.

- **PROJEKTBEZOGEN ÖFFNEN: TEILBILDER AUS ZEICHNUNGS-/BAUWERKSSTRUKTUR**: aktives Teilbild, aktive Teilbilder im Hintergrund, passive Teilbilder
- **LAYER – EINSTELLEN, PLOTSET, RECHTESET**: Diese Funktionalitäten dienen zum Aus- und Einblenden (auch Sperren) von Elementen der geladenen Teilbilder über deren Layer.
- Für die reale Dicke von erzeugten Linien sind deren Stifteinstellung sowie der gewählte Bezugsmaßstab zuständig.
- Stilflächen (wie auch Linienstile) lassen sich so definieren, dass sie auf den Bezugsmaßstab des Teilbildes oder auf den Zeichnungstyp reagieren.
- Ob Elemente dargestellt werden sollen, kann entweder über die Layersichtbarkeit (und Plotsets) oder bei verschiedenen Basiselementen direkt geregelt werden.
- **ZEICHNUNGSTYP** und **MASSSTAB** wirken auf alle aktiven (und passiven) Teilbilder. Verstellt man den Maßstab, wird der Bezugsmaßstab des aktiven Teilbildes neu gesetzt. Innerhalb der Planbearbeitung kann der Bezugsmaßstab nicht verändert werden.
- Über die **BILDSCHIRMDARSTELLUNG** können Elementtypen komplett ausgeblendet und die Darstellung von Hilfselementen beeinflusst werden.

2.15.1 Angezeigte Teilbilder

Über die Schaltung des aktiven Teilbildes und der weiteren sichtbaren Teilbilder wird die Datenbasis bestimmt. Es wird definiert, in welchem Bereich (Geschoss) des Modells bzw. in welcher Ansicht, in welchem Schnitt oder in welcher anderen Teilzeichnung (Teilbild) gearbeitet werden soll, d. h., welche Daten für die Anzeige am Bildschirm geladen werden sollen.

Es werden vier verschiedene Teilbildstatus unterschieden. Der Status wird geändert, indem entweder einer der anderen »Knöpfe« gedrückt wird, oder indem der farbige »Knopf« angeklickt wird (siehe auch Abschnitt »2.3.3 Projektbezogen öffnen: Teilbilder aus Zeichnungs-/Bauwerksstruktur«).

- Aktiv – rote Markierung: Teilbild wird angezeigt und neue Elemente werden auf dem aktiven Teilbild erzeugt
- Aktiv im Hintergrund – gelbe Markierung: Teilbild wird angezeigt, Daten können bearbeitet werden
- Passiv – graue Markierung: Teilbild wird in der Passivfarbe angezeigt, und es können keine Daten geändert werden. Die Passivfarbe kann in den OPTIONEN im Bereich Arbeitsumgebung – Anzeige eingestellt werden.
- Nicht angewählt – keine Kennzeichnung: Teilbild wird nicht angezeigt, es werden keine Daten geladen

Projektbezogen öffnen: Teilbilder aus Zeichnungs-/Bauwerksstruktur

Über den Dialog PROJEKTBEZOGEN ÖFFNEN: TEILBILDER AUS ZECHNUNGS-/BAUWERKSSTRUKTUR werden die Teilbilder ausgewählt, die zum Bearbeiten angezeigt werden sollen. Es können insgesamt bis zu 80 Teilbilder gleichzeitig angezeigt werden. Die Auswahl erfolgt entweder über die Bauwerksstruktur oder über die Zeichnungsstruktur. Eine Beschreibung des Dialogs finden Sie in Abschnitt 2.3.3, »Projektbezogen öffnen: Teilbilder aus Zeichnungs-/Bauwerksstruktur«.

Teilbildstatus ändern

Teilbildstatus ändern

Über die Funktion TEILBILDSTATUS ÄNDERN kann direkt, ohne Öffnen des Dialogs PROJEKTBEZOGEN ÖFFNEN: TEILBILDER AUS ZEICHNUNGS-/BAUWERKSSTRUKTUR Einfluss auf die angezeigten (geladenen) Teilbilder genommen werden. Im oberen Bereich wird angezeigt, auf welchem Teilbild das Element liegt, über das die Funktion aufgerufen wird. Darunter folgen Schaltflächen zum Ändern des Teilbildstatus.

Bei Funktionsaufruf über das Kontextmenü eines Elements wird angezeigt, auf welchem Teilbild sich das Element befindet. Von diesem Teilbild wird bei den Funktionen ausgegangen. Bei Funktionsaufruf über eine Kurztaste oder das Funktions-Icon wird nach Anwahl einer der im Dialog angebotenen Funktionen nach einem Element gefragt, dessen Teilbildnummer für die Aktion verwendet werden soll.

Die ersten vier Funktionen ändern nur den Status eines Teilbildes (auf dem sich das Element befindet). Bei Elementen, die sich auf dem aktiven Teilbild befinden, sind die Funktionen nicht anwählbar.

- AKTIV IM VORDERGRUND ändert den Status des Teilbildes, auf dem sich das angewählte Element befindet, auf aktiv. Das bislang aktive Teilbild wird aktiv in den Hintergrund gelegt.
- AKTIV IM HINTERGRUND ändert den Status des Teilbildes, auf dem sich das angewählte Element befindet, auf aktiv im Hintergrund.
- PASSIV ändert den Status des Teilbildes, auf dem sich das angewählte Element befindet, auf passiv.
- NICHT ANGEWÄHLT blendet das Teilbild, auf dem sich das angewählte Element befindet, komplett aus.

Die weiteren vier Funktionen ändern den Status von mehreren Teilbildern.

- TEILBILD ISOLIEREN – ALLE ANDEREN AUSSCHALTEN ändert den Status des Teilbildes, auf dem sich das Element befindet, auf aktiv und blendet alle anderen Teilbilder aus. Diese Funktion ist ideal, um gezielte Änderungen in einem Teilbild zu tätigen.
- TEILBILD AKTIV – ALLE ANDEREN PASSIV ändert den Status des Teilbildes, auf dem sich das Element befindet, auf aktiv und schaltet den Status der anderen Teilbilder passiv. Diese Funktion ist ideal für die Fehlersuche im Modell. Das aktive Teilbild wird kräftig dargestellt, während alle anderen Teilbilder grau (bzw. in Passivfarbe) dargestellt werden.
- TEILBILD AKTIV – ALLE ANDEREN AKTIV IM HINERGRUND ändert den Status des Teilbildes, auf dem sich das Element befindet, auf aktiv und schaltet den Status der anderen Teilbilder aktiv im Hintergrund. Diese Funktion ist ideal, um z. B. in allen Geschossen eine Änderung über PUNKTE MODIFIZIEREN oder ähnliche Funktionen auf einmal ausführen zu können.
- AUF VORHERIGEN ZUSTAND ZURÜCKSETZEN setzt den Aktivierungszustand zurück. Diese Funktion ist ideal, um z. B. den Zustand vor der Änderung des Aktivierungszustandes mit TEILBILD ISOLIEREN wiederherzustellen.

Die Funktion ZURÜCK kann nur einen Schritt zurückgehen. Statusänderungen, die über den Dialog PROJEKTBEZOGEN ÖFFNEN: TEILBILDER AUS ZEICHNUNGS-/BAUWERKSSTRUKTUR getätigt wurden, können nicht zurückgesetzt werden.

2.15.2 Sichtbare Layer

Die Sichtbarkeit von Layern kann über den Dialog LAYER AUSWÄHLEN, EINSTELLEN oder über die Funktion LAYERSTATUS ÄNDERN beeinflusst werden. Alle Daten, die über Layer ausgeblendet werden, bleiben geladen und interagieren (je nach Einstellung in den Optionen) mit den sichtbaren Daten.

Jede Statusänderung eines Layers wirkt auf alle geladenen Teilbilder (aktives Teilbild, aktiv im Hintergrund liegende und passive Teilbilder). Wird z. B. der Layer der tragenden Außenwände bei einem komplett sichtbaren Gebäude (alle Teilbilder des Gebäudes aktiv) ausgeblendet, werden die Außenwände in **allen** Geschossen ausgeblendet.

Aktuell

- **AKTUELL** kann nur ein Layer geschaltet werden. Auf diesem Layer werden neue Elemente erzeugt. Wenn keine Funktion aktiv ist, sollte der Layer **STANDARD** als aktiver Layer eingestellt sein.

Bearbeitbar

- **BEARBEITBAR** bedeutet, dass zwar keine neuen Elemente auf dem Layer erzeugt werden, aber alle Aktionen an bestehenden Elementen möglich sind.

Sichtbar, gesperrt

- **SICHTBAR, GESPERRT** bedeutet, dass der Layer zwar sichtbar, aber eine Bearbeitung der Elemente darauf nicht möglich ist. Für eine optimale Übersicht bietet es sich an, die Farbe der gesperrten Layer einzustellen. Wechselwirkungen zwischen Bauteilen (z. B. Raum und Wand) sind weiterhin vorhanden. Bei notwendigen Änderungen an gesperrten Bauteilen erscheint eine Meldung.

Unsichtbar, gesperrt

- **UNSICHTBAR, GESPERRT** bedeutet, dass alle Elemente, die auf diesem Layer erzeugt wurden, ausgeblendet werden. Wechselwirkungen zwischen Bauteilen (z. B. Raum und Wand) sind weiterhin vorhanden. Bei notwendigen Änderungen an gesperrten Bauteilen erscheint eine Meldung.

Layer einstellen

Layer einstellen

Zentrale Schaltstelle für die Layersteuerung ist der in Abschnitt 2.14, »Layer – Formateigenschaft und Strukturelement«, beschriebene Dialog **LAYER EINSTELLEN**.

Die Darstellung der Layerstruktur auf der linken Seite zeigt entweder alle Layer oder nur die in den geladenen Teilbildern enthaltenen Layer an. Vor allem die auf die geladenen Daten reduzierte Ansicht bietet eine gute Übersicht über die belegten Layer. Über das Kontextmenü hat man zudem direkten Zugriff auf die angelegten Plotsets und gespeicherten Favoriten, deren Einstellung übernommen werden können.

Layerstatus ändern

Layerstatus ändern

Die Funktion **TEILBILDSTATUS ÄNDERN** ist ähnlich wie die Funktion **LAYERSTATUS ÄNDERN** aufgebaut. Sie befindet sich im allgemeinen Kontextmenü jedes Elements sowie in der Symbolleiste **SPEZIAL**. Je nach Aufruf der Funktion wird die gewünschte Aktion direkt mit dem Layer des gewählten Elements oder nach Identifizieren eines Elements ausgeführt.

Neben den Schaltflächen zum Ändern des Layerstatus können Sie die Darstellung auch über den Layerverlauf ändern.

Die Funktion **LAYERSTATUS ÄNDERN** ist ideal, um einzelne, aktuell »störende« Layer bei der Arbeit auszublenden oder um alle Layer wieder anzuzeigen.

> **HINWEIS:** Die Einstellung der sichtbaren Layer hat auch auf die Darstellung in der Planzusammenstellung Einfluss!

Layereinstellung, Plotset

LAYEREINSTELLUNG, PLOTSET dient zum Einstellen der Layer, die für die Berechnung von Ansichten, Schnitten und Listen verwendet werden sollen. Über Plotsets (direkt oder über Darstellungsfavoriten) können die zu bearbeitenden Layer geschaltet werden. Für die Planzusammenstellung dienen Plotsets als schnellste Möglichkeit, die Layersichtbarkeit von (sauber) erzeugten Daten immer auf die gleiche Weise einzugrenzen.

2.15.3 Funktionen zum Beeinflussen der Bildschirmdarstellung

- **BILDSCHIRMDARSTELLUNG** dient zum Einstellen der Darstellung von Elementen und Bauteilen in den Konstruktionsfenstern. Es können gesamte Elementgruppen ausgeblendet und/oder Grundeinstellungen geändert werden. Die in der Bildschirmdarstellung gewählten Einstellungen gelten für Teilbilder, Pläne sowie etwaig geöffnete NDW-Dateien gleichermaßen.

  Bildschirmdarstellung

- **DARSTELLUNGS-FAVORIT SPEICHERN** öffnet einen Dialog, über den die aktuelle Bildschirmdarstellung, die Einstellung von **RECHTESET**, **PLOTSET** und **ZEICHNUNGSTYP** sowie des Bezugsmaßstabes des Teilbildes als Favorit gespeichert werden kann. Über die Funktion **EINSTELLUNGEN** kann ausgewählt werden, ob alle Einstellungen oder nur ein Teil gespeichert werden sollen.

  Darstellungs-Favorit speichern

- **DARSTELLUNGS-FAVORIT LESEN** öffnet den Dateiauswahldialog, über den über **DARSTELLUNGS-FAVORIT SPEICHERN** gespeicherte Favoriten eingelesen werden können. Sie können entweder alle Einstellungen aus der Favoritendatei laden oder über die Funktion **EINSTELLUNGEN** auswählen, welche gespeicherten Einstellungen geladen werden sollen.

  Darstellungs-Favorit lesen

2.15.4 Bezugsmaßstab und Zeichnungstyp

Allplan bietet zwei Möglichkeiten an, die Darstellung von Linien und Flächenelementen dynamisch zu gestalten, deren Verwendung und Kombination dem Nutzer überlassen sind.

- **BEZUGSMASSSTAB** gibt an, in welchem Maßstab der Anwender die Konstruktion voraussichtlich plotten möchte. Während der gesamten Konstruktionsphase werden durch ihn die Proportionen zwischen fest eingestellten Parametern (z. B. Texthöhe, Maßlinie, Muster, Schraffur …) und den Elementen am Bildschirm verdeutlicht. Jedes Teilbild hat einen eigenen Bezugsmaßstab. Sobald mehrere Teilbilder gemeinsam dargestellt werden, wird der Bezugsmaßstab des aktiven Teilbildes für die Darstellung aller Teilbilder verwendet. Wenn Sie einen Lageplan (inkl. Texten) aktiviert haben und einen Grundriss (inkl. Texten und Vermaßung) passiv in den Hintergrund schalten, wird alles einheitlich dargestellt.

- ZEICHNUNGSTYP schaltet zwischen unterschiedlichen Darstellungen für z. B. Werkplan und Eingabeplan um. So kann eine Stilfläche mit Zeichnungstyp WERKPLAN rot und mit Zeichnungstyp EINGABEPLAN schraffiert dargestellt werden. Zudem können über den Zeichnungstypen Linienstärken bestimmt werden. Ist der Zeichnungstyp <MASSSTABS-DEFINITION> angewählt, wird die Darstellung gemäß den Definitionen des gewählten Bezugsmaßstabs verwendet.

Einige Objekte können in der Darstellung entweder an den Maßstab oder an den Zeichnungstyp gekoppelt werden. Beides hat unterschiedliche Vor- und Nachteile. Lesen Sie im Beispielprojekt nach, um Näheres zu erfahren.

■ 2.16 Darstellung im Planfenster

Die Darstellung im Planfenster kann durch ähnliche Funktionen geändert werden, wie die im Konstruktionsfenster. Hauptunterschied ist, dass anstatt der Teilbilder ein Plan geladen wird, der Bezugsmaßstab immer auf 1:1 steht (nicht veränderlich) und drei zusätzliche Schalter für die Darstellung im Rand des Fensters vorhanden sind. Die Darstellung der Planelemente selber wird im Objekt detailliert eingestellt. Die Planzusammenstellung ist in Kapitel 8, »Planlayout, Drucken und Datenausgabe«, genauer beschrieben.

Das Planfenster gliedert sich in drei Bereiche. Der weiße Bereich stellt den Bereich dar, der später im Ausdruck erscheinen wird, mit dem hellgrauen Rand zusammen ergibt sich das eingestellte Blattformat für den Plan. Der dunkelgraue Bereich wird nicht ausgegeben.

Die Vorschau lässt sich über drei neue Funktionen regeln (Entwurfs-Ansicht, Farbplot-Vorschau und Graustufenplot-Vorschau), die sich in der Fenstersymbolleiste (entweder am unteren oder oberen Fensterrand) rechts befinden.

Entwurfs-Ansicht

- ENTWURFS-ANSICHT zeigt alle Elemente (auch nicht druckbare) an. Das Grundlayout vom Plan sollte mit der Entwurfsansicht angelegt werden. Einstellungen aus der BILDSCHIRMDARSTELLUNG beeinflussen die Sichtbarkeit von Elementen, während Definitionen aus der Funktion PLÄNE PLOTTEN unberücksichtigt bleiben. Das Druckergebnis weicht von der Darstellung ENTWURFS-ANSICHT ab.

Farbplot-Vorschau

- FARBPLOT-VORSCHAU zeigt den Plan so, wie dieser auf einem Farbplotter ausgegeben wird. Die Definitionen aus der Funktion PLÄNE PLOTTEN im Register AUSWAHL wie auch die STIFT- UND FARBZUWEISUNGEN (Register EINSTELLUNGEN) werden berücksichtigt. In der BILDSCHIRMDARSTELLUNG stehen nur noch drei Optionen zur Verfügung, und Hilfskonstruktionen und andere nicht druckbare Linien werden automatisch ausgeblendet. Die **FARBPLOT**-VORSCHAU ist ideal zur Kontrolle und zum Layout von Plänen geeignet, die Farben enthalten, und die auf Druckern und Plottern farbig ausgegeben werden sollen.

- **GRAUSTUFENPLOT**-VORSCHAU zeigt den Plan so, wie dieser auf einem monochromen Ausgabegerät gedruckt wird. Die Definitionen aus der Funktion **PLÄNE PLOTTEN** im Register **AUSWAHL** wie auch die **STIFT- UND FARBZUWEISUNGEN** (Register **EINSTELLUNGEN**) werden berücksichtigt, wobei die Farben in Graustufen gewandelt werden. In der **BILDSCHIRMDARSTELLUNG** stehen nur noch drei Optionen zur Verfügung, und Hilfskonstruktionen und andere nicht druckbare Linien werden automatisch ausgeblendet.

Graustufenplot-Vorschau

> **TIPP:** Um die Arbeit in den beiden Vorschaumodi **FARBPLOT** und **GRAUSTUFENPLOT** zu ermöglichen, werden die außerhalb des Planblattes befindlichen Elemente dargestellt, die Aktivierungs- und Markierungsfarbe verwendet und, wenn in der Bildschirmdarstellung aktiviert, der Druckbereich-Rahmen (eingestelltes Papierformat im Drucker) dargestellt.

3 Grundeinstellungen

■ 3.1 Optionen

Allplan 2013 bietet eine große Vielfalt von Einstellungen und Optionen an, die zum Definieren der Oberfläche, der Beeinflussung von Bauteilverhalten untereinander und vielem mehr gebraucht werden.

Auf der linken Seite befinden sich Haupt- und Nebengruppen, auf der rechten jeweils die Optionen und Einstellungen zu dem auf der linken Seite markierten Punkt. An einigen Stellen werden Pull-down-Menüs angeboten und/oder Unterdialoge geöffnet.

Nachfolgend möchte ich die wichtigsten Optionen und Einstellungen aus den Bereichen Arbeitsumgebung, Ebenen, Bauteile, Räume sowie Text und Maßlinie beschreiben. Mein Hauptaugenmerk liegt dabei auf dem Bereich der Architektur. Die angezeigten Einstellungen sollten für die Arbeit mit dem *Praxishandbuch Allplan 2013* verwendet werden.

Weitere Informationen zu den restlichen Optionen finden Sie in der Hilfe von Allplan.

3.1.1 Bedienung des Dialogs Optionen

Sobald man auf der linken Seite eine Zeile markiert, erscheinen auf der rechten Seite die entsprechenden Optionen. Die Lupe zum Starten der Suchfunktion ist immer sichtbar, während der Stern mit Pfeil nur erscheint, wenn der Mauszeiger über den Bereich hinwegbewegt wird.

Wird der Mauszeiger kurz über den Infoknopf (bei einigen Optionen vorhanden) gehalten, werden erläuternde Informationen zur jeweiligen Option angezeigt.

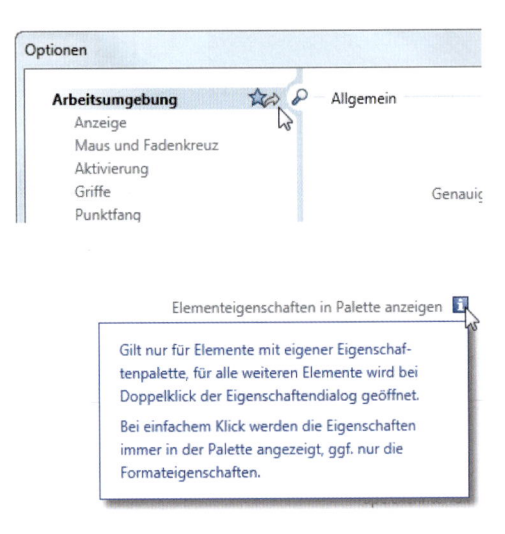

Suchen innerhalb einer bestimmten Option

Suchen innerhalb der Optionen

Durch einen Klick auf die Lupe wird eine Eingabezeile zum Suchen innerhalb der Optionen geöffnet. Sobald eine Eingabe getätigt wird, werden unterhalb des Eingabefeldes die Bereiche und Optionen angezeigt, die dem Suchkriterium entsprechen. Es ist meistens ausreichend, wenige Buchstaben einzugeben, um die Suche nach einer bestimmten Einstellung abzuschließen.

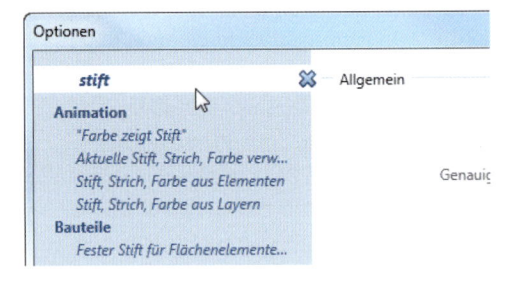

Wird eine Option ausgewählt, wird der entsprechende Bereich geöffnet, wobei die Fundstellen weiterhin gelb hinterlegt dargestellt werden.

Favoriten und Optionen

Speichern, Laden und Zurücksetzen von Optionen

Nach einem Klick auf die Schaltfläche SPEICHERN, LADEN UND ZURÜCKSETZEN VON OPTIONEN werden auf der rechten Seite drei Funktionen zum Verwalten eigener Einstellungen angezeigt. Durch Anklicken der Zeile werden jeweils weitere Optionen (Schaltflächen) eingeblendet.

- OPTIONEN FAVORITEN EXPORTIEREN dient zum Speichern der Einstellungen der markierten Bereiche. Durch Halten der STRG-Taste und Anklicken können weitere Bereiche hinzugewählt werden. Über die Kurztaste STRG + A werden alle Bereiche markiert. Es werden nur Optionen gespeichert, die den markierten Bereichen direkt untergeordnet sind.

> **Optionen Favoriten exportieren** OK ✕
> *Speichert die ausgewählten Optionen in eine Datei*

- **OPTIONEN FAVORITEN IMPORTIEREN** ermöglicht über die Schaltfläche **BROWSE** das Laden von gespeicherten Einstellungen. Nach der Auswahl einer Datei werden alle Bereiche markiert, die in der Favoritendatei gespeichert sind, und durch den Import geändert werden können. Bereiche, die nicht verändert werden sollen, können abgewählt werden. Grundsatz ist hier, dass nur Einstellungen geändert werden, die in der Datei enthalten sind, und deren Bereich beim Import markiert war.

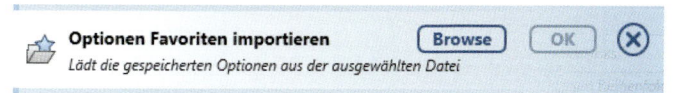

> **Optionen Favoriten importieren** Browse OK ✕
> *Lädt die gespeicherten Optionen aus der ausgewählten Datei*

- **OPTIONEN ZURÜCKSETZEN** ermöglicht, alle Optionen auf schnellem Weg in den Auslieferungszustand zurückzuversetzen. Diese Option sollten Sie immer nutzen, wenn Allplan sich nicht so verhält, wie Sie es gewohnt sind. Es ist ratsam, **vor** dem Zurücksetzen der Optionen den aktuellen Status komplett zu sichern.

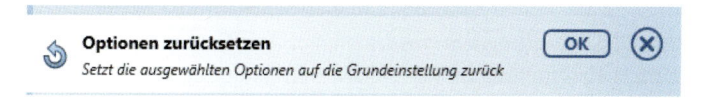

> **Optionen zurücksetzen** OK ✕
> *Setzt die ausgewählten Optionen auf die Grundeinstellung zurück*

> **HINWEIS:** Wenn sich Allplan nicht erwartungsgemäß verhält, sollten Sie die Einstellungen komplett zurücksetzen. Die Einstellungen sollten zuvor gesichert werden, um Ihre Einstellungen bei Bedarf zurückholen zu können.

3.1.2 Einstellungen und Erläuterungen zu Optionen

Im Folgenden finden Sie eine Auswahl von Optionen, die entweder relativ wichtig sind oder bei denen besondere Einstellungen notwendig sind, sodass Allplan sich wie im Buch gezeigt verhält. Die abgebildeten Screenshots zeigen, welche Einstellungen zu treffen sind, um die gewünschten Ergebnisse zu erzielen.

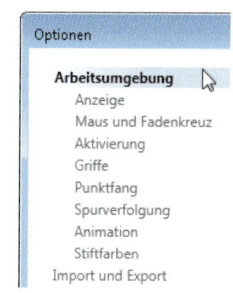

3.1.2.1 Optionen Arbeitsumgebung

ARBEITSUMGEBUNG ist zum einen die Überschrift über weiteren Bereichen wie **ANZEIGE**, **AKTIVIERUNG** usw., zum anderen können unter **ARBEITSUMGEBUNG** auch wichtige Einstellungen getroffen werden. Im Folgenden liste ich die wichtigsten auf.

Allgemein

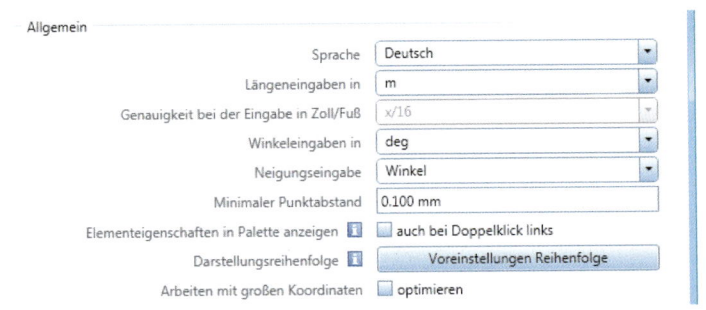

Allgemein	
Sprache	Deutsch
Längeneingaben in	m
Genauigkeit bei der Eingabe in Zoll/Fuß	x/16
Winkeleingaben in	deg
Neigungseingabe	Winkel
Minimaler Punktabstand	0.100 mm
Elementeigenschaften in Palette anzeigen	☐ auch bei Doppelklick links
Darstellungsreihenfolge	Voreinstellungen Reihenfolge
Arbeiten mit großen Koordinaten	☐ optimieren

- **SPRACHE** zeigt alle installierten Sprachen an. Die gewünschte Sprache wird nach einem Neustart von Allplan eingestellt. Die installierten Sprachen können sich von den durch die Lizenz freigeschalteten Sprachen unterscheiden. Wird eine Sprache angewählt (und Allplan neu gestartet), die in der Lizenz nicht enthalten ist, wird die Standardsprache der eingespielten Lizenz verwendet.
- **LÄNGENEINGABE IN** ermöglicht das Umstellen der Eingabe- und Anzeigeeinheit von Längen. Zur Auswahl stehen Längeneinheiten des metrischen Systems sowie Zoll/Fuß.
- **WINKELEINGABE IN** ermöglicht das Umstellen der Eingabe- und Anzeigeeinheit von Winkeln (**DEG** → Kreisteilung in 360°, **GON** → Kreisteilung in 400°, **RAD** → Bogenmaß in m).

> **TIPP:** Die Längeneingabe und Winkeleingabe kann alternativ auch in der Statusleiste geändert werden (siehe hierzu Abschnitt 2.7.2.1, »Grundwissen zur Oberfläche«).

- **NEIGUNGSEINGABE** definiert, wie Winkeleingaben interpretiert werden sollen. Die Eingaben beziehen sich jeweils auf die X-Achse (auch bei gedrehtem Fadenkreuz).
- **MINIMALER PUNKTABSTAND** gibt an, wie groß der reale Abstand zwischen zwei Punkten sein kann. Bei kleineren Abständen von Punkten werden diese von Allplan als identisch erkannt. Je nach Anwendungsfall kann dieser Wert angepasst werden.
- **EIGENSCHAFTEN IN PALETTE ANZEIGEN** definiert, dass bei allen Elementen, deren Eigenschaften derzeit in den Paletten abgebildet werden können, die Eigenschaften auch durch einen Doppelklick links auf ein Element nur über die Palette **EIGENSCHAFTEN** angezeigt werden. Bei deaktivierter Option werden bei diesen Elementen die Eigenschaften in Dialogen angezeigt, die den Eingabedialogen entsprechen.
- **DARSTELLUNGSREIHENFOLGE** regelt über Elementgruppen die Vorgabereihenfolge von Elementen und Bauteilen. Die Einstellungen sind büroweit gleich und können bei Installationen mit dem Workgroup-Manager nur vom SYSADM (Administrator) geändert werden.
- **ARBEITEN MIT GROSSEN KOORDINATEN OPTIMIEREN** ermöglicht Verbesserungen in der Performance und Darstellung, wenn Ihre Daten sehr weit vom Nullpunkt entfernt liegen.

Speichern

- **SICHERUNGSKOPIE VON TEILBILDERN ERSTELLEN** bedeutet, dass bei einigen Aktionen automatisch *bak-Dateien von den betroffenen Teilbildern erstellt werden. Zu den Aktionen, bei denen automatisch Sicherheitskopien erstellt werden, zählen alle Funktionen, bei denen Daten von einem auf ein anderes Teilbild verschoben oder kopiert werden. Der Vorgang zum Wiederherstellen von *.bak-Dateien ist in Abschnitt 2.3.10, »Wiederherstellen von Dateien mittels *.bak-Dateien«, beschrieben.
- **TEILBILDER UND PLÄNE AUTOMATISCH SPEICHERN** speichert im angegebenen **SPEICHERINTERVALL** Teilbilder und Pläne.

> **TIPP:** Sollte Ihr System nicht stabil sein oder sollten Sie mit sensiblen Daten arbeiten, ist es ratsam, das **SPEICHERINTERVALL** von den vorgeschlagenen 15 Minuten auf fünf oder weniger Minuten herabzusetzen. Es gilt zu beachten, dass *alle* aktiven Teilbilder gespeichert werden und somit bis zu 512 MB (je nach Einstellung der Teilbildgröße) gespeichert werden müssen. Dies kann bei langsamen Netzwerken zu Verzögerungen führen.

- **SPEICHERORTE** definiert für die meisten mit Allplan ex- und/oder importierbaren Datenarten deren jeweils bevorzugten Speicherort. Ändern Sie die Einstellung unter **IMPORTIEREN/EXPORTIEREN** von **LETZTER** auf **PROJEKT** ab, da die Daten des Lageplans für das Beispiel im Projektordner abgelegt sind.

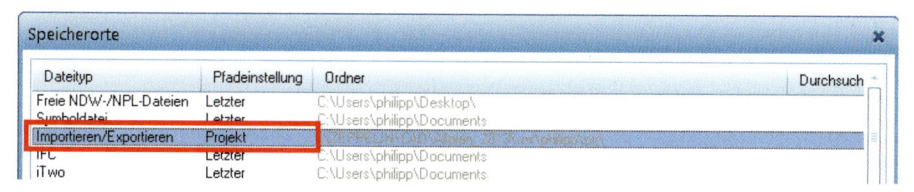

3.1.2.2 Optionen Maus und Fadenkreuz
Maus

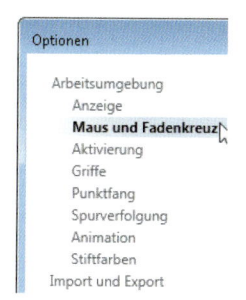

Mit der Option **VERHALTEN BEI DOPPELKLICK DER RECHTEN MAUSTASTE – AUTOMATISCHER MODULWECHSEL** kann bestimmt werden, dass das Modul automatisch gewechselt wird. Dies ist z. B. praktisch, wenn Sie spezielle Funktionen eines Moduls benötigen und Elemente aus dem Modul auf dem Teilbild haben.

Fadenkreuz

Unter der Option **FADENKREUZ** können Sie z. B. zusätzlich zum Fadenkreuz einen Mauszeiger einblenden lassen, um das Fadenkreuz verkleinern. Für die Arbeit in Perspektiven kann es hilfreich sein, wenn das Fadenkreuz in 3D »liegend« angezeigt wird.

3.1.2.3 Optionen Aktivierung
Aktivierung

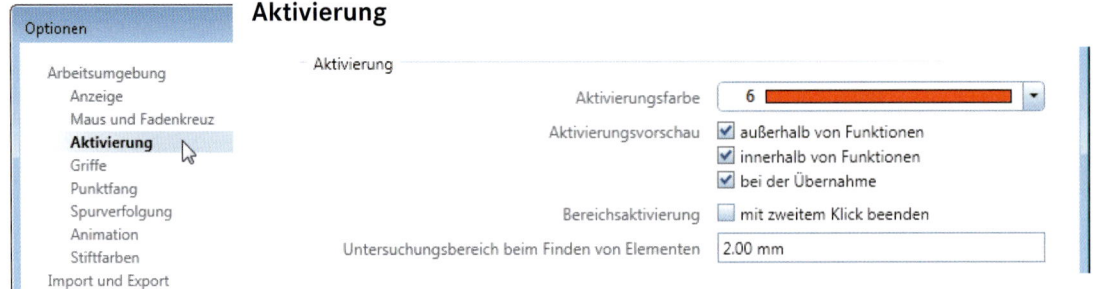

Im Bereich **AKTIVIERUNG – AKTIVIERUNG** kann die Aktivierungsfarbe eingestellt werden, und bestimmt werden, wann die Aktivierungsvorschau aktiv sein soll.

Elementinfo

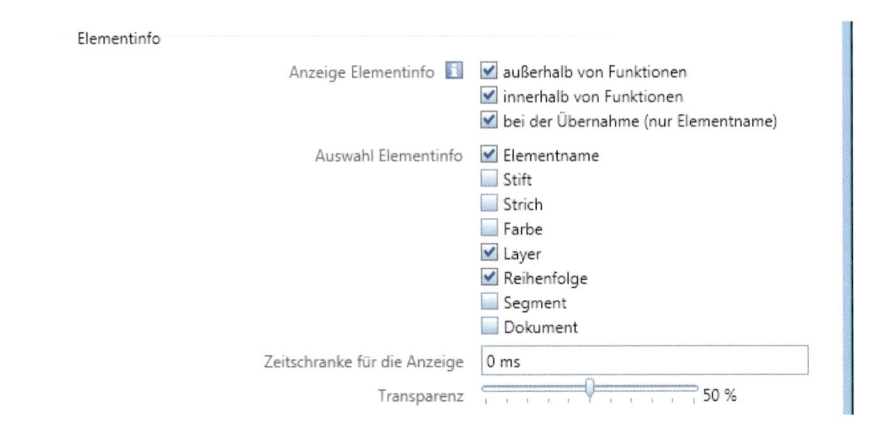

Die Elementinfo ist ein kleines, automatisch erscheinendes Fenster, in dem verschiedene Informationen des jeweils unter dem Fadenkreuz befindlichen Elements anzeigt werden. Die Informationen können helfen, das richtige Element zu fangen und/oder Fehler in der Datenstruktur zu finden. Neben den Standardeinstellungen sollte zusätzlich die Option **DOKUMENT** aktiviert sein.

3.1.2.4 Optionen Katalog

Import und Export
Kataloge
Makros und Symbole
Ebenen
Bauteile
Räume
Bewehrung

In den Optionen **KATALOG** kann für elf Bauteile bzw. Bauteilgruppen definiert werden, aus welchem Datenpool die Materialbezeichnung stammen bzw. in welchem diese gespeichert werden soll. So ist es ist z. B. möglich, einer Wand nur eine Materialbezeichnung zu geben oder die Wand direkt mit einer Position aus dem AVA-System zu verknüpfen.

Für die Arbeit am Beispiel des Buches sollen die Kataloge jeweils projektbezogen sein. Dies ist für jeden Katalog wie folgt einzeln einzustellen:

> **OPTIONEN** → Bereich **KATALOG**
> **KATALOGZUORDNUNG** des Bauteils (der Bauteilgruppe) anwählen, die geändert werden soll

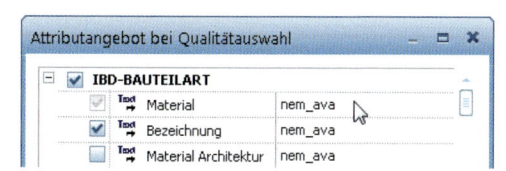

Optionen

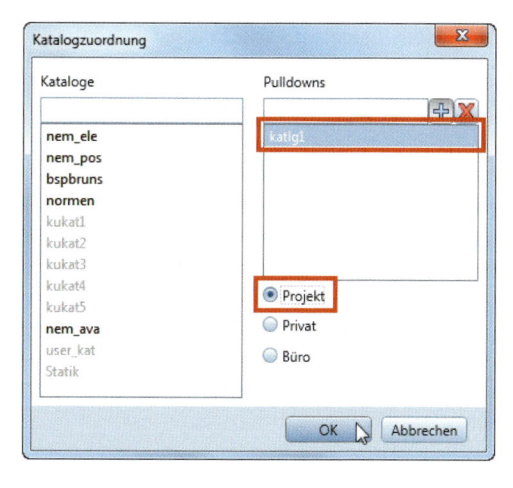

> Zu ändernden Katalog des Attributs Material (Material und Bezeichnung bei Raum) anklicken

> Auf der rechten Seite den Katalog (hier *katlg1*) auswählen und unterhalb die Auswahl auf Projekt umstellen
> Bei der Bezeichnung der Räume gibt es unten rechts zusätzliche die Option »++«, die aktiviert sein sollte.
> Einstellungen in den Dialogen jeweils bestätigen

3.1.2.5 Optionen Bauteile
Übergreifende Architektur-Einstellungen

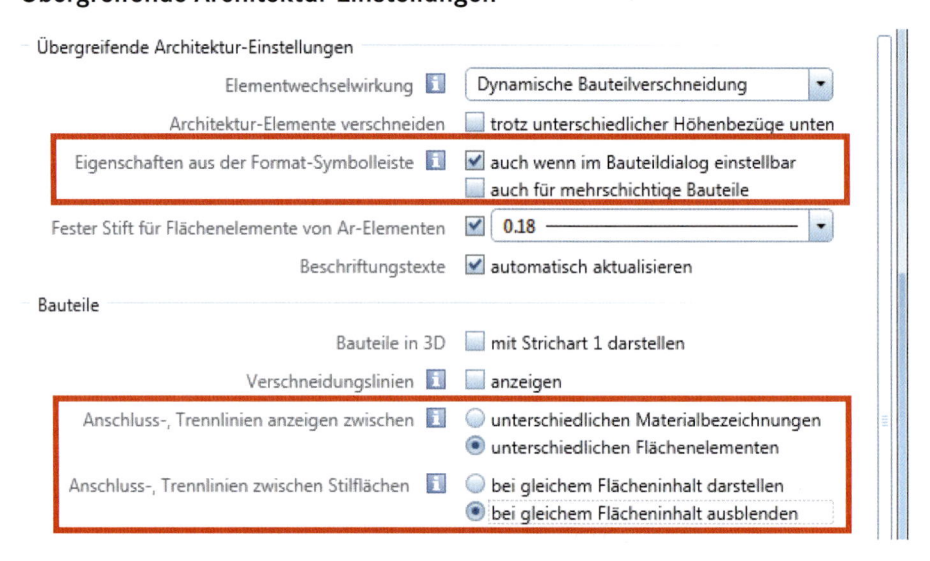

- **EIGENSCHAFTEN AUS DER FORMAT-SYMBOLLEISTE** beeinflusst bei Architekturbauteilen, ob Formateigenschaften nur im Bauteildialog oder auch in der Palette **EIGENSCHAFTEN** oder der Symbolleiste **FORMATEIGENSCHAFTEN** einstellbar sind.
- **... AUCH WENN IM BAUTEILDIALOG EINSTELLBAR** schaltet die Formateigenschaften frei, auch wenn diese im Bauteildialog eingestellt werden können.
- **... AUCH FÜR MEHRSCHICHTIGE BAUTEILE** schaltet die Formateigenschaften frei, auch wenn diese im Bauteildialog eingestellt werden können. Aufgrund des mehrschichtigen Aufbaus und der begrenzten Möglichkeiten entfällt bei dieser Option die Möglichkeit, jede Bauteilschicht mit eigenen Formateigenschaften zu versehen.

Bauteile
- **ANSCHLUSS-, TRENNLINIEN ANZEIGEN ZWISCHEN** beeinflusst, ob bei zwei aneinandergrenzenden Bauteilen Trennlinien eingezeichnet werden sollen. Die Trennlinien werden entweder bei unterschiedlichen Materialbezeichnungen oder bei unterschiedlichen Flächenelementen angezeigt.
- **ANSCHLUSS-, TRENNLINIEN ZWISCHEN STILFLÄCHEN** präzisiert den vorstehenden Punkt bei der Untersuchung von Stilflächen, und legt fest, ob diese nur über die Nummer oder den aktuell angezeigten Inhalt Einfluss auf Trennlinien nehmen sollen.

Bauteilachse

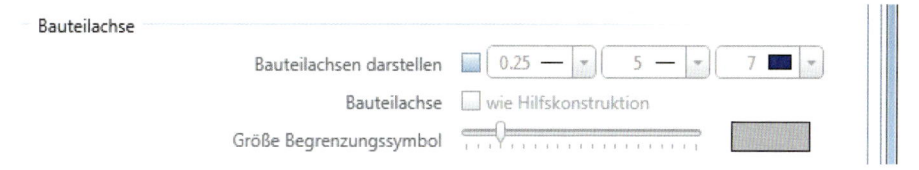

Der Bereich **BAUTEILACHSE** ermöglicht es, die Darstellung der Achsen für Linienbauteile einzuschalten und deren Darstellung zu beeinflussen (siehe auch Abschnitt 5.3, »Linienbauteile – Wände und Ähnliches«).

Bauteilprofil

Aktivieren Sie diese Optionen bei Bedarf. Sie haben die Wahl zwischen exakter Durchdringung oder Durchdringung in Form eines das Profil umschließenden Rechtecks. Die Einstellung wirkt sich auf alle Durchdringungen von Profilbauteilen aus, wird aber auf bestehende erst bei einer Modifikation oder durch **3D AKTUALISIEREN** angewendet.

3.1.2.6 Optionen Räume

Erzeugen

- **RÄUME UND UNTERZÜGE VERSCHNEIDEN** bedeutet, dass auch an Unterzügen, die den Raum kreuzen, Ausbauflächen erzeugt werden. Aktivieren Sie diese Option.

Raum-Ausbau

Ist keine der drei Optionen zu Seitenflächen, Bodenflächen und Deckenflächen aktiviert, so hat jeder Raum auf allen Seiten (wenn Ausbauschichten im Raum definiert wurden) über die komplette Raumfläche und Raumhöhe Seitenflächen. Bei Räumen, die direkt an den nächsten Raum grenzen, werden keine Ausbauflächen erzeugt. Wenn Sie, wie für das Beispiel des Buches notwendig, nur dort Seitenflächen haben möchten, wo Wände, Stützen usw. an den Raum angrenzen, ist die erste Option zu aktivieren.

3.2 Weitere Grundeinstellungen

3.2.1 Bauwerksstruktur/Zeichnungsstruktur, Planstruktur

Im Dialog **PROJEKTBEZOGEN ÖFFNEN** können die Darstellung der Baumstruktur sowie verschiedene Grundeinstellungen an die eigenen Bedürfnisse angepasst werden. Je nachdem, in welchem Zustand (Zeichnungsstruktur/Bauwerksstruktur oder Planstruktur) der Dialog geöffnet wird, ist ein Teil der Optionen nicht anwählbar.

Vorgeschlagene Speicherorte für Favoritendateien
- **UNTERORDNER DES JEWEILIGEN BENUTZERS:** Jeder Benutzer speichert seine eigenen Favoriten im Projekt ab. Der Zugriff auf die Favoriten des Kollegen ist nur schwer möglich.
- **GEMEINSAMER UNTERORDNER FÜR ALLE BENUTZER:** Alle Benutzer speichern ihre Favoritendateien im gleichen Pfad ab. Bei dieser Einstellung kann ein Mitarbeiter »vorarbeiten«, indem er die Struktur mit den häufigsten Favoriten fertig erstellt.

3.2.2 Bürospezifische Anpassung

An vielen Stellen, vor allem bei Ausgabelisten, sollen der Büroname und eventuell auch ein Bürologo erscheinen. Dieses lässt sich (bei Workgroups durch den SYSADM) über **EXTRAS → DEFINITIONEN** einstellen.

Die Daten sind nacheinander einzutragen.

Büroname und Adresse eingeben
- Menü **EXTRAS → DEFINITIONEN**
- **BÜRONAME UND ADRESSE**
- **BÜRONAMEN** eingeben und bestätigen
- **BÜROADRESSE** eingeben und bestätigen
- **TELEFONNUMMER** eingeben und bestätigen
- **E-MAIL-ADRESSE** eingeben und bestätigen
- Als Letztes erscheint ein Dateiauswahlfenster zur Auswahl einer Bilddatei Ihres Bürologos.

> **HINWEIS:** Der Pfad des Firmenlogos wird gespeichert. Es wird keine Kopie der Datei an zentraler Stelle abgelegt. Gute Ergebnisse erhalten Sie mit Logos im Höhen-/Breitenverhältnis von 1:2,3. Zugelassene Dateitypen sind: *.png, *.jpg und *.bmp.

3.2.3 Projektattribute

Mit Allplan 2013 wird – im Zusammenhang mit den neuen Funktionalitäten von Allplan Exchange – die bislang notwendige Freischaltung der Projektattribute aufgegeben. Ab Allplan 2013 können immer alle Projektattribute ohne Einschränkungen verwendet werden.

3.2.4 Einstellungen für Layer

Um die Layer und die Automatismen, die Layer bieten, voll ausnützen zu können, sollten vor dem Beginn der Arbeit folgende Einstellungen überprüft werden.

Layer/Menü Automatik

Unter LAYER/MENÜ AUTOMATIK gibt es die Option AUTOMATISCHE LAYERAUSWAHL BEI MENÜANWAHL. Wenn diese Option aktiviert ist, wird für jede Funktion bzw. jede Funktionsgruppe der Layer automatisch vorgeschlagen. Hierbei wird der zuletzt mit der Funktion verwendete Layer verwendet. Neben dem Vorschlag des aktiven Layers werden in der Schnellauswahlliste Layer angeboten, die thematisch zu der gewählten Funktion passen. Die Liste kann erweitert werden.

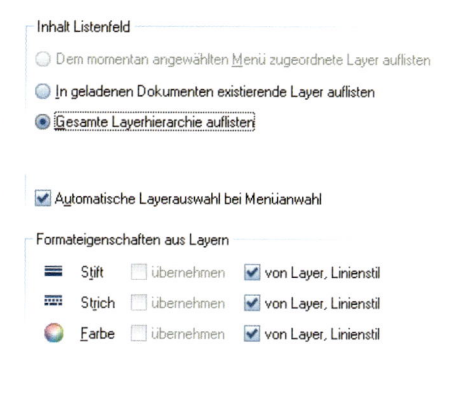

Formateigenschaften aus Layer

Im Bereich FORMATEIGENSCHAFTEN AUS LAYERN kann vorbestimmt werden, welche Eigenschaften eines Layers übernommen werden sollen. Entweder (wie angezeigt) können die Eigenschaften des dem Layer zugeordneten Linienstils (fest eingestellte Eigenschaften) übernommen werden oder, wenn im Register FORMATDEFINITION statt der Option VON LAYER, FEST AUS DEM ZUGEORDNETEN LINIENSTIL BZW. STIFT, STRICH, FARBE die Option EINFACHE ÜBERNAHME in der Format-Symbolleiste als Vorschlagswert bei der Layerauswahl aktiviert ist, können Stift, Strich, Farbe als Vorschlag verwendet werden.

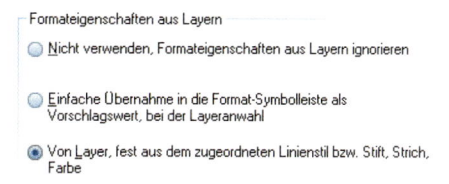

Bei der Bearbeitung des Buches sollten die Optionen im Bereich der Layer wie in den Bildern eingestellt werden. Damit können alle Vorteile, die mit vorgegebenen Ressourcen inklusive Assistenten möglich sind, getestet werden.

3.2.5 Einstellungen für Connect

Neu in Version 2013: Palette Connect

Mit einer direkten Anbindung der Inhalte von Allplan Connect über die Palette CONNECT bietet Allplan mit Version 2013 eine neuartige Verzahnung an. Um diese neuen Möglichkeiten und Inhalte optimal nutzen zu können, sollten Sie sich unter *www.allplan-connect.com* anmelden. Die Anmeldung ist an keinerlei Voraussetzungen geknüpft und kann von jedem Nutzer ausgeführt werden. Wenn Sie über einen Servicevertrag verfügen oder Allplan vor kurzem gekauft haben, haben Sie durch die Eingabe der Kundennummer Zugriff auf mehr Inhalte.

Unter ANSICHT → SYMBOLLEISTEN → ANPASSEN können Sie im Register PALETTEN für die Palette CONNECT Voreinstellungen treffen, mit denen Sie automatisch bei Allplan Connect angemeldet werden und somit jederzeit Zugriff auf die Inhalte haben.

Unter CONNECT-BENUTZERNAME ist entweder die von Ihnen für Allplan Connect verwendete E-Mail-Adresse oder Ihr Connect-Benutzername anzugeben. Im Feld CONNECT-PASSWORT muss Ihr Passwort angeben werden.

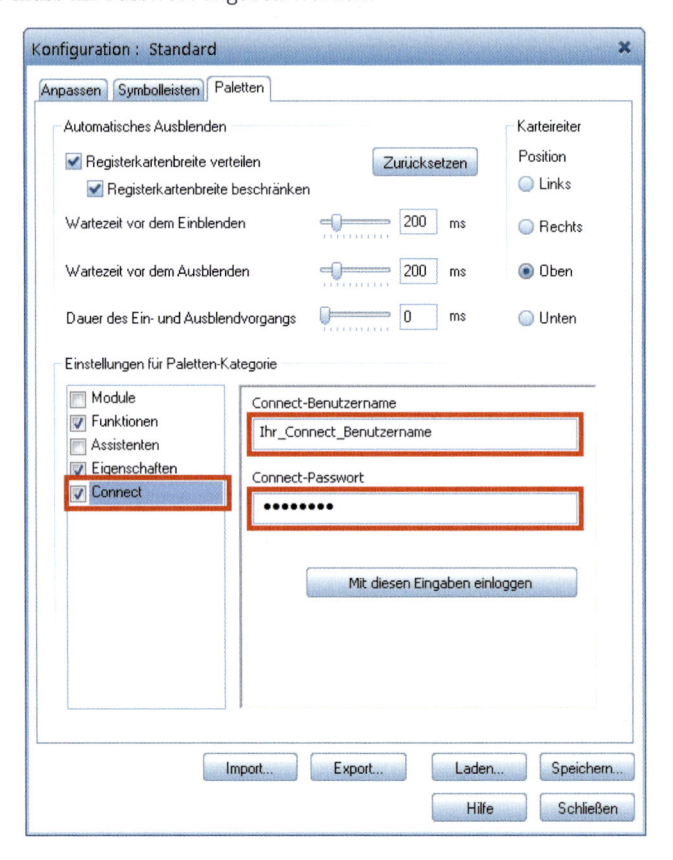

Sobald Sie den Dialog verlassen, und die Palette CONNECT geöffnet ist, werden Sie automatisch angemeldet, und in der Palette werden die für Sie verfügbaren Inhalte angezeigt.

4 Projektstart, erste Schritte

In diesem Kapitel finden Sie fundierte Grundinformationen für einen erfolgreichen Start mit Allplan: Vom Anlegen eines neuen Projekts über das Einlesen von Pixeldateien und das Erzeugen von ersten 2D-Geometrien, Maßlinien, Texten und einfachen Elementgruppen bis hin zum Import von Lageplandaten von Vermessungsämtern. Darüber hinaus wird beschrieben, wie ein Plan aus einem anderen Projekt (oder von einem Allplan-Planungspartner) in Allplan in das aktuelle Projekt eingelesen werden kann.

4.1 Projekt anlegen

Ein neues Projekt kann entweder als Kopie eines bestehenden (Vorlage-)Projekts oder als neues Projekt (mit oder ohne Struktur) angelegt werden. Die Verwendung von Vorlageprojekten hat den Vorteil, dass unterschiedliche Ressourcen für spezielle Anwendungsfälle erstellbar sind. Zum Beispiel kann es bei Bauvorhaben für die Automobilindustrie oder Kommunen erforderlich sein, nach speziellen Pflichtenheften zu arbeiten, die in eigenen Vorlageprojekten inklusive Assistenten realisierbar sein können. Die Arbeitsweise kann mit Assistenten und Vorlageprojekten vereinheitlicht werden, ohne dass die Mitarbeiter jede Definition per Hand tätigen müssen.

4.1.1 Projekt neu

Sie finden **PROJEKT NEU** entweder über **PROJECTPILOT – VERWALTUNG** oder über **PROJEKT NEU, ÖFFNEN**. Nach Anwahl der Funktion wird ein Assistent gestartet, mit dessen Hilfe ein Projekt inklusive der meisten Projekteinstellungen erzeugt werden kann. Der Assistent muss komplett durchlaufen werden (zum Begriff »Projekt« siehe auch Abschnitt 2.1, »Das Projekt«). In den einzelnen Schritten des Assistenten zum Anlegen eines neuen Projekts können bzw. müssen verschiedene Einstellungen getätigt werden.

Projekt neu, öffnen
ProjectPilot – Verwaltung
Projekt neu

Dialogfeld: Neues Projekt – Wähle Projektname

- **PROJEKTNAME** ist die Bezeichnung des Projekts, unter der es in der Projektliste auftaucht. Es muss ein Name vergeben werden, der in der Projektliste noch nicht vorhanden ist. Sonderzeichen können im Projektnamen nicht verwendet werden.
- **PROJEKTORT** wird nur bei Workgroup-Installationen angezeigt. Allplan-Projekte können in Workgroup-Installationen auf unterschiedliche Rechner verteilt werden, um z. B. zu ermöglichen, dass ein Projektleiter eine Kopie oder das Original eines Projekts mit auf die Baustelle nimmt. Über **SUCHEN...** wird ein Zusatzdialog geöffnet, über den ein verfügbarer Rechner ausgewählt werden kann.
- **ORDNERNAME WIE PROJEKTNAME** gibt an, ob der Windows-Ordner auf der Festplatte den Namen des Projekts oder die interne Projektnummer tragen soll.

Die Voreinstellung dieser Einstellung kann im Allmenu geändert werden (siehe Abschnitt 10.1.3, »Konfiguration«, Einstellung der Option **ORDNERNAME WIE PROJEKTNAME**).

> **HINWEIS:** Wenn der Ordnername auf der Festplatte gleich dem Projektnamen ist, kann das Projekt leichter gefunden werden. Problematisch kann es mit langen Projektnamen werden, wenn das Datenverzeichnis in einem Freigabeordner in einer Unterstruktur »versteckt« ist und eine tiefe Orderstruktur für Oberflächendateien (*.surf-Dateien) verwendet wird. Diese Kombination kann die maximale Zeichenanzahl für Pfade sprengen und an vielen Stellen im Programm zu kleinen und größeren Problemen führen.

Dialogfeld: Neues Projekt – Weitere Einstellungen (Ressourcen)

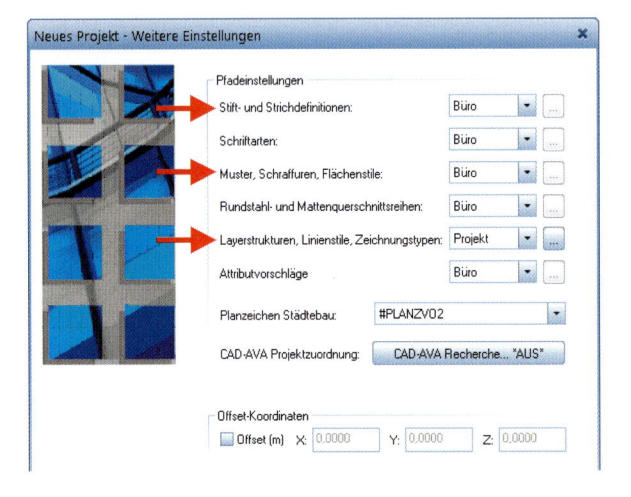

- Unter **PFADEINSTELLUNGEN** können Sie steuern, ob im Projekt auf die Projektressourcen des Bürostandards oder auf projektspezifische Projektressourcen zugegriffen werden soll (siehe Abschnitt 2.1.4, »Ressourcen (Büro oder Projekt)«). Wird der Pfad auf *Projekt* umgestellt, kann gewählt werden, ob die Daten aus dem Büro (Pull-down *Projekt* = Kopie von *Büro*), oder aus einem anderen bestehenden Projekt (Auswahl über Schaltfläche = Kopie der Daten aus dem gewählten Projekt) in das neue Projekt kopiert werden sollen. Die verschiedenen Ressourcen bauen zum Teil aufeinander auf und sollten immer möglichst komplett aus einer Quelle übernommen werden (markierte Ressourcen im Bild). Die Pfadeinstellung für Layerstrukturen, Linienstile, Zeichnungstypen ist Default auf *Projekt*.
- **OFFSET-KOORDINATEN** benötigen Sie, wenn Sie direkt auf Daten weiterarbeiten möchten (oder müssen), die auf Gauß-Krüger-Koordinaten basieren. Die Offset-Koordinaten können durch den Import von Daten erzeugt werden.

Dialogfeld: Neues Projekt – Weitere Einstellungen (Struktur)

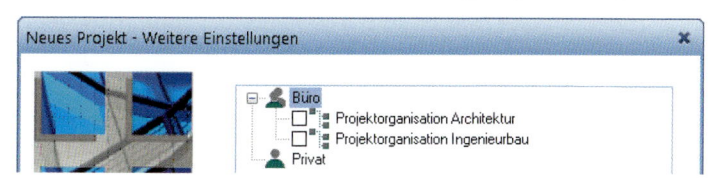

Für ein neu zu erstellendes Projekt kann eine Strukturvorlage verwendet werden. Die Strukturvorlagen beinhalten alle Informationen der Bauwerksstruktur, des Ebenenmodells, der Zeichnungen sowie der Teilbildnamen mit Zuordnungen und Plannamen. Eigene Projektstrukturen können aus bestehenden Projekten über den **PROJECTPILOT – VERWALTUNG** abgeleitet werden. Bei den meisten Projekten wird entweder eine komplett neue Struktur erstellt oder ein Vorlageprojekt verwendet.

Neues Projekt – Weitere Einstellungen (Rechte) – nur bei Workgroup

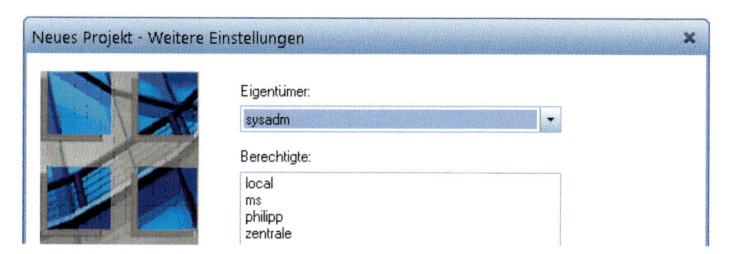

Im letzten, nur bei Workgroup-Installationen vorhandenen, Dialog werden der Eigentümer des Projekts sowie die Nutzer bestimmt, welche berechtigt sind, das Projekt zu sehen und zu bearbeiten.

4.1.2 Projekt kopieren

Die Alternative zum Neuanlegen eines Projekts ist das Erzeugen einer Kopie von einem Vorlageprojekt. Vorlageprojekte können leicht weiterentwickelt und gepflegt werden. Andere Projekte sind von den Neuerungen nicht betroffen und es bedarf keines großen Verwaltungsaufwands eine neue Struktur einzupflegen. Mit unterschiedlichen Vorlageprojekten können Anforderungen, die durch unterschiedliche Auftraggeber definiert werden, und/oder sich aus der Projektart ableiten, leicht erfüllt werden.

Bei der Kopie eines Projekts werden *alle* Einstellungen und Daten des Projekts (bzw. Vorlageprojekts) dupliziert.

Kopieren nach

Eine Projektkopie wird mit der Funktion KOPIEREN NACH im Dialog PROJEKT NEU, ÖFFNEN erzeugt. Über PROJECTPILOT – VERWALTUNG existiert ein alternativer Weg.

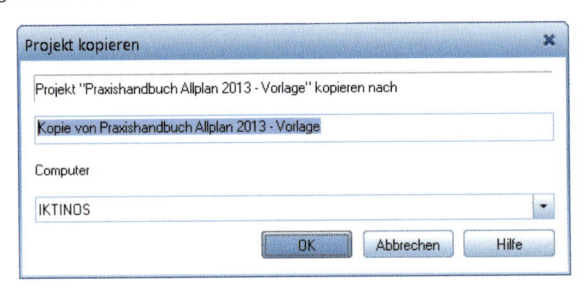

Bei Ausführung der Funktion KOPIEREN NACH erscheint der Dialog PROJEKT KOPIEREN, über den der Name der Projektkopie sowie, nur bei Workgroup-Installationen, der Projektspeicherort (Computer) gesteuert wird.

4.1.3 Projekt verwalten

Fast alle Einstellungen, die bei der Erzeugung eines neuen Projekts getätigt werden können, können nach Erzeugen des Projekts angepasst werden. Die Hauptfunktionen, die für die Verwaltung eines Projektes notwendig sind, befinden sich im Kontextmenü des Projekts.

4.1.3.1 Projekt umbenennen

Über UMBENENNEN kann der Projektname geändert werden. Es gelten die gleichen Einschränkungen bezüglich Sonderzeichen und Länge wie bei der Projekterstellung. Wurde die Projekteinstellung ORDNERNAME WIE PROJEKTNAME gewählt, wird das Verzeichnis, in dem die Projektdaten gespeichert sind, mit umbenannt. Der Projektname wird in vielen Reports verwendet.

4.1.3.2 Eigenschaften

Die Eigenschaften werden über das Kontextmenü des jeweiligen Projekts im Dialog PROJEKT NEU, ÖFFNEN aufgerufen.

Projektinformationen

Der Bereich **PROJEKTINFORMATIONEN** beinhaltet reine Informationsfelder zur Projektgröße, zum Speicherort, dem Erstellungsdatum sowie dem verfügbaren Speicherplatz. Nur die folgenden Informationen lassen sich an dieser Stelle ändern:

- **ORDNERNAME WIE PROJEKTNAME** gibt an, ob der Windows-Ordner auf der Festplatte den Namen des Projekts oder die interne Projektnummer tragen soll. Durch Aktivieren oder Deaktivieren dieser Option wird der Windows-Ordner auf der Festplatte entsprechend umbenannt.
- **ATTRIBUTE BELEGEN** dient zum Eintragen von Standardinformationen zum Bauvorhaben, die an vielen Stellen (z. B. Planköpfe, Listen usw.) abgerufen werden können. Der Bereich der Projektattribute wurde in Allplan 2013 komplett neu gestaltet und ist im Beispielprojekt in Abschnitt 8.2, »Planmanagement – Allplan Exchange«, detailliert beschrieben.

Die Felder **RECHNERNAME**, **EIGENTÜMER** und **BERECHTIGTE** sind nur bei einer Workgroup-Installation vorhanden.

- **RECHNERNAME** zeigt alle Rechner an, auf denen Projekte gespeichert werden können. Der Rechner, auf dem das aktuelle Projekt gespeicher ist, ist blau markiert.
- **EIGENTÜMER** gibt an, welcher Benutzer alle Rechte im Projekt hat. Dieser ist blau hinterlegt dargestellt. Der Eigentümer oder der SYSADM kann den Eigentümer ändern und/oder Benutzer entfernen und hinzufügen.
- **BERECHTIGTE** zeigt alle Benutzer an. Die für dieses Projekt freigeschalteten Benutzer sind blau hinterlegt dargestellt.

Pfadeinstellungen

- Die Pfadeinstellungen wie z. B. **STIFT- UND STRICHDEFINITIONEN** und **ATTRIBUTVORSCHLÄGE** können nur von Büro auf Projekt oder umgekehrt eingestellt werden. Über den Eigenschaften-Dialog des Dialogs **PROJEKT NEU, ÖFFNEN** können keine Daten aus anderen Projekten übernommen werden. Wird der Pfad von Projekt auf Büro umgestellt, werden die projektbezogenen Daten gelöscht.
- **PLANZEICHENVERORDNUNG** dient zum Verwalten und Einstellen der gewünschten Planzeichenverordnung, die im aktuellen Projekt Verwendung finden soll. Die Einstellung ist nur im Modul **STÄDTEBAU** von Bedeutung.
- **CAD-AVA-PROJEKTZUORDNUNG – RECHERCHEPROJEKT EINSTELLEN:** Als »Rechercheprojekte« werden AVA-Projekte bezeichnet, in denen bei der Erzeugung der Mengenlisten nach den verbauten Elementen gesucht wird, über die also eine »Recherche« durchgeführt wird. Dabei legt die Reihenfolge der Elementstämme und -bücher, die bei der Festlegung der Rechercheprojekte gewählt werden, auch die Reihenfolge für die Recherche fest (von oben nach unten). Da nur die gefundenen Elemente in den Positionen, aus denen sie aufgebaut sind, aufgeschlüsselt werden können, ist es wichtig, dass bereits für die Materialdefinition nur diejenigen Elementkataloge verwendet werden, die bei der Erzeugung der Mengenlisten dann auch tatsächlich hinterlegt sind. Über diesen Mechanismus ist es möglich, aus einem Material mehrere Positionen mit den korrekten Maßen auszuwerten, die z. B. mit Formeln aktiviert werden können.

- **RECHERCHEPFAD EINSTELLEN** – allgemeine Voreinstellung: Vor dem Einstellen des Rechercheprojekts muss der Pfad zu den Projektdatentabellen eingestellt werden. Hierzu müssen Sie die Eigenschaften von einem Projekt öffnen und dort auf die Schaltfläche **RECHERCHEDEFINITIONEN** am unteren Rand klicken.
- **RECHERCHEPROJEKT EINSTELLEN** – Einstellung für aktuelles Projekt: Im Dialog CAD-AVA-Projektzuordnung kann nun eingestellt werden, auf welche Projekte bei der Elementsuche zugegriffen werden soll. Alle Projekte, in denen gesucht werden soll, sind über die Zeile ***Recherche-Ende*** zu verschieben. Es kann entweder die Zeile ***Recherche-Ende*** oder das Projekt verschoben werden. Die Einstellung kann leicht getestet werden, indem eine beliebige Bauteilmaske (z. B. Wand) geöffnet, dort unter Katalogzuordnung *nem_ava* für Material eingestellt wird und dann versucht wird, das Material einzustellen.

Einstellungen

- **OFFSET-KOORDINATEN** benötigen Sie, wenn Sie direkt auf Daten weiterarbeiten möchten (oder müssen), die auf Gauß-Krüger-Koordinaten basieren.
- **EIN-, AUSGABEWÄHRUNG** gibt an, welche Währung verwendet werden soll.

4.1.4 Beispiel – Projektvorlage kopieren

Für den Praxisteil des Buches – die Übungen – ist die Projektvorlage zu verwenden, die mit dem Setup automatisch installiert wurde. Im Vorlageprojekt sind alle zu den Assistenten des Buches passenden Ressourcen sowie weitere, im Verlauf der Übungen notwendige Daten enthalten. Das Vorlageprojekt wie auch die Assistenten des Buches können Sie für eigene Zwecke weiterentwickeln.

Projektvorlage kopieren

▷ **PROJEKT NEU, ÖFFNEN**
▷ Projekt *<Praxishandbuch Allplan 2013 – Vorlage>* markieren
▷ **KOPIEREN NACH**
▷ Projektname angeben und mit **OK** bestätigen

Der Projektordner wird erzeugt und die Daten werden aus dem Vorlageprojekt in Ihr Projekt kopiert. Sobald alle Daten kopiert wurden, wird der Dialog **PROJEKT NEU, ÖFFNEN** automatisch geschlossen und das neue Projekt geöffnet. In der Programmzeile wird der Name des aktuellen Projekts, sprich der Name, den Sie soeben eingeben haben, angezeigt.

> **HINWEIS:** Der Speicherort (Computer) muss nur bei einer Workgroup-Installation angegeben werden.

4.2 Projektstruktur und Ebenenmodell

4.2.1 Projekt strukturieren – Grundwissen

Grundsätzlich gibt es zwei Möglichkeiten in Allplan 2013, die Einzelzeichnungen eines Projekts zu strukturieren.

PROJEKTBEZOGEN ÖFFNEN: TEILBILDER AUS ZEICHNUNGS-/BAUWERKSSTRUKTUR öffnet die Maske zur Auswahl der zu bearbeitenden Teilbilder. Allplan bietet mit der Zeichnungsstruktur eine flache und mit der Bauwerksstruktur eine hierarchische Struktur an.

Projektbezogen öffnen

> **HINWEIS:** Unabhängig davon, ob über die Zeichnungsstruktur oder die Bauwerksstruktur gearbeitet wird, können bis zu 80 Teilbilder gleichzeitig (als Teilbildstapel) bearbeitet werden. Teilbilder können entweder ausgeblendet, passiv, aktiv im Hintergrund oder aktiv geschaltet werden. Hierbei gilt: nur ein Teilbild aktiv und zusätzlich 79 Teilbilder passiv und aktiv im Hintergrund.

4.2.2 Zeichnungsstruktur – Grundwissen

In der Zeichnungsstruktur kann jedes Teilbild mehreren Zeichnungen zugeordnet werden. Mittels Zeichnungen kann jedes Projekt in Ebenen, Details, Ansichten, Schnitte usw. gegliedert werden. Es kann immer nur eine Zeichnung aktiv sein. Wenn für jedes Geschoss eine Zeichnung angelegt ist, in der die jeweiligen Teilbilder zugeordnet sind, kann nicht ohne eine weitere Zeichnung (Arbeitsmodell) komfortabel gearbeitet und das Gebäude komplett betrachtet werden. Eine mögliche Zeichnungsstruktur für das Beispielprojekt finden Sie im fertigen Beispielprojekt.

4.2.3 Bauwerksstruktur – Grundwissen

Die Bauwerksstruktur arbeitet mit einer eindeutigen Zuordnung der Teilbilder zu Strukturstufen. Die zu aktivierenden Teilbilder können beliebigen Strukturstufen zugeordnet sein.

Im Register **BAUWERKSSTRUKTUR** wird auf der linken Seite (unter Bauwerksstruktur) das Gebäudemodell (3D-Modell) gezeigt und auf der rechten Seite (Ableitungen der Bauwerksstruktur) werden alle Daten angezeigt, die aus dem Modell ableitbar sind (Ansichten, Schnitte, Reports).

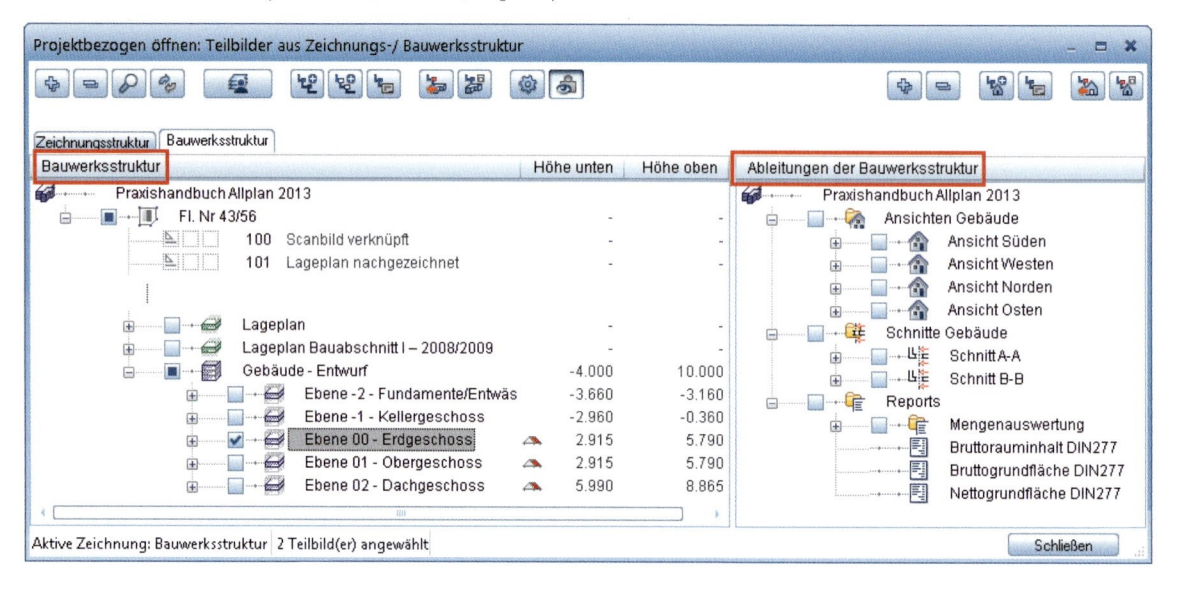

Bauwerksstruktur – Gebäudemodell

Für die Bauwerksstruktur (linke Seite des Registers) gibt es folgende vordefinierte Strukturstufen und eine beliebige Strukturstufe, die über das Kontextmenü oder die jeweiligen Funktionen ausgewählt und zugeordnet werden können.

Vordefinierte Strukturstufen

Liegenschaft → Bauwerk → Gebäude → Geschoss → Teilgeschoss

Beliebige Strukturstufen

Beliebige Strukturstufe

Unter jeder Stufe können Sie Teilbilder und/oder weitere Strukturstufen einfügen. Es gilt nur zu beachten, dass vordefinierte Strukturstufen in der Hierarchie gegliedert sind.

Über die **RESTRIKTIONEN DER BAUWERKSSTRUKTUR** (Kontextmenü *Projektstufe Bauwerksstruktur*) können die möglichen Gliederungsstufen eingeschränkt werden. Dies kann z. B. sinnvoll sein, wenn Sie eine Struktur benötigen, die den IFC-Richtlinien entspricht.

Ableitungen der Bauwerksstruktur – Ansichten, Schnitte, Listen

Die Ableitungen der Bauwerksstruktur gliedern sich in drei unterschiedliche Bereiche, unter denen Strukturstufen angelegt werden können. Den Strukturstufen Ansicht und Schnitt können Teilbilder zugeordnet werden.

Ansichten → Ansicht und Schnitte → Schnitt

Neue Strukturstufe einfügen

Es können immer nur gleichartige Strukturstufen untergeordnet werden. Der untergeordneten Strukturstufe können Teilbilder zugeordnet werden, die als Zielteilbilder definierbar sind. Zielteilbilder werden extra gekennzeichnet und tragen neben den Daten weitere Informationen wie eine Quellteilbildliste und Einstellungen für die Verdeckt-Berechnung.

Reports → Report

Den Strukturstufen Reports und Report können keine Teilbilder zugeordnet werden. Der Report, die untergeordnete Strukturstufe, trägt die kompletten Informationen, Quellteilbilder und Einstellungen, die für die Ausgabe von Reports notwendig sind. Es bietet sich an, den Report entsprechend dem verwendeten Template (Report-Datei) und die Strukturstufe Reports z. B. nach Gebäuden, Leistungsphasen oder Ähnlichem zu benennen.

Erstes Öffnen des Registers Bauwerksstruktur

Beim ersten Öffnen des Registers **BAUWERKSSTRUKTUR** (oder nach dem Löschen der Bauwerksstruktur) erscheint ein Assistent, über den Sie entweder eine vorgefertigte Bauwerksstruktur auswählen, eine Struktur aus einem bestehenden Projekt übernehmen, eine aus existierenden Zeichnungen zu erstellende Struktur erzeugen lassen oder mit einer leeren Basis starten können. Bei der Übernahme der Struktur werden nur Ebenenmodell, Bauwerksstruktur sowie Ableitungen der Bauwerksstruktur übernommen. Teilbildnamen werden nicht überschrieben und/oder übernommen. Somit kann auch bei alten Projekten eine Basisstruktur übernommen werden.

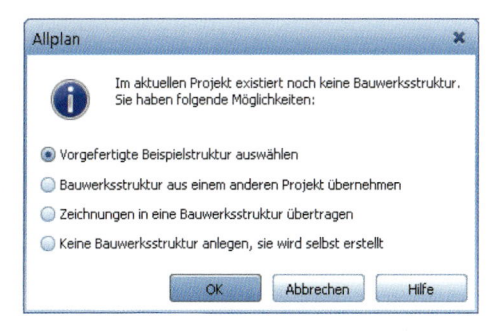

Bauwerksstruktur anlegen – Assistent über Ebenenmanager

Über den **EBENENMANAGER** kann ein Assistent gestartet werden, der menügesteuert ein neues Ebenenmodell und, wenn gewünscht, eine passende Bauwerksstruktur erzeugen kann. Die Verknüpfungen der Strukturstufen zu den Ebenen werden über den Assistenten automatisch angelegt. Der Ebenmanager ist beim ersten Start noch komplett leer.

Ebenenmanager

Modell neu

- **MODELL NEU** startet einen Dialog, über den die wesentlichen Voreinstellungen für das Ebenenmodell getätigt werden. Es wird ein standardisiertes Ebenenmodell erzeugt. Dieses kann nach der Erzeugung im Ebenenmanager leicht verfeinert und den notwendigen Gegebenheiten angepasst werden. Wird die Checkbox **BAUWERKSSTRUKTUR ANLEGEN/ERGÄNZEN** angewählt und danach der Dialog mit **OK** geschlossen, startet ein weiterer Assistent, mit dessen Hilfe die Bauwerksstruktur eingerichtet werden kann, die in der Anzahl der Geschosse dem Ebenenmodell entspricht. Die jeweiligen Ebenen werden den Strukturstufen hierbei automatisch zugeordnet.

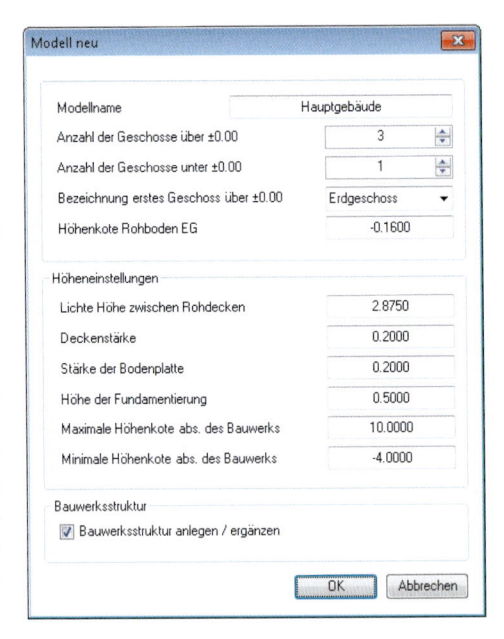

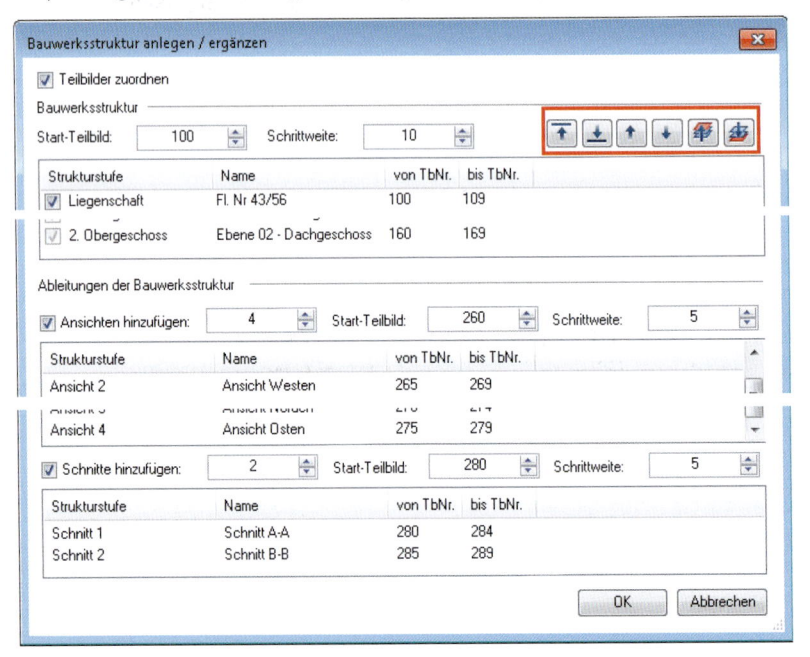

- **BAUWERKSSTRUKTUR ANLEGEN/ERGÄNZEN:** Wenn bereits eine Projektstruktur angelegt ist (mindestens ein Knotenpunkt auf der linken Seite), wird zusätzlich nach dem Knotenpunkt gefragt, unter dem die neuen Strukturstufen eingefügt werden sollen. Die Strukturstufen im oberen Bereich werden mit den zugeordneten Teilbildern in der Bauwerksstruktur (Gebäudemodell) erzeugt. Die Einstellungen im unteren Bereich (Ansichten, Schnitte) erzeugen jeweils einen Knoten unter den Ableitungen der Bauwerksstruktur inklusive den jeweils zugeordneten Teilbildern. In der Spalte **NAME** kann für die Strukturstufen jeweils ein eigener Name vergeben werden. Der hier eingegebene Name wird für die Benennung der Strukturstufen verwendet. Diese werden bei der Erzeugung der Strukturstufen als Namen verwendet.

Oben rechts befinden sich sechs Funktionen, über welche die Strukturstufen der Geschosse in der Bauwerksstruktur sortiert werden können:

- Die beiden linken Funktionen verschieben die markierte Strukturstufe ganz nach unten oder oben.
- Die beiden mittleren Funktionen verschieben die markierte Strukturstufe um eine Stufe nach unten oder oben.
- Die beiden rechten Funktionen sortieren die Geschosse entsprechend der Lage im Gebäude neu. Die rot markierte Fläche symbolisiert die oberste Ebene.

4.2.4 Beispiel – Projektstruktur und Ebeneneinstellungen

Für das Beispiel wird eine Struktur mit dem Assistenten (**MODELL NEU**) im Ebenenmanager erstellt. Achten Sie darauf, dass die Abfrage beim ersten Öffnen der Bauwerksstruktur korrekt beantwortet und keine Bauwerksstruktur aus bestehenden Daten übernommen wird. Im Projekt *<Praxishandbuch Allplan 2013>* ist die komplette Bauwerksstruktur enthalten. Zusätzlich ist eine mögliche Zeichnungsstruktur enthalten, die innerhalb der Beschreibungen in diesem Buch nicht weiter behandelt wird.

> **HINWEIS:** Das Ebenenmodell kann auch eingesetzt werden, wenn das Projekt ohne Bauwerksstruktur, also ausschließlich über eine Zeichnungsstruktur, verwaltet werden soll.

Struktur mit Ebenenmanager erzeugen

Dieser Dialog erscheint nur beim ersten Öffnen oder nach komplettem Löschen der Bauwerksstruktur.

▷ **PROJEKTBEZOGEN ÖFFNEN: TEILBILDER AUS ZEICHNUNGS-/BAUWERKSSTRUKTUR**
▷ Register **BAUWERKSSTRUKTUR**
▷ **KEINE BAUWERKSSTRUKTUR ANLEGEN, SIE WIRD SELBST ERSTELLT** anwählen

Projektbezogen öffnen

▷ **EBENENMANAGER**

Ebenenmanager

4 Projektstart, erste Schritte

Modell neu

▷ **MODELL NEU**

▷ Stellen Sie die Werte im Dialog **MODELL NEU** entsprechend nebenstehender Abbildung ein.
▷ Checkbox **BAUWERKSSTRUKTUR ANLEGEN/ERGÄNZEN** anwählen und bestätigen

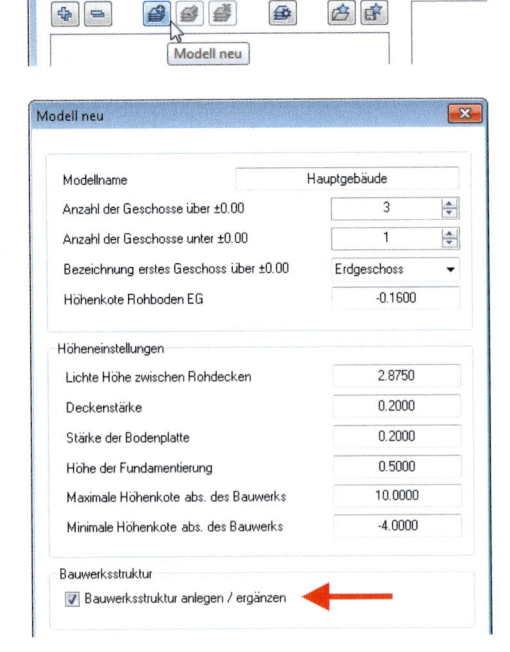

▷ Im Dialog **BAUWERKSSTRUKTUR ANLEGEN/ERGÄNZEN** die angezeigten Eingaben tätigen

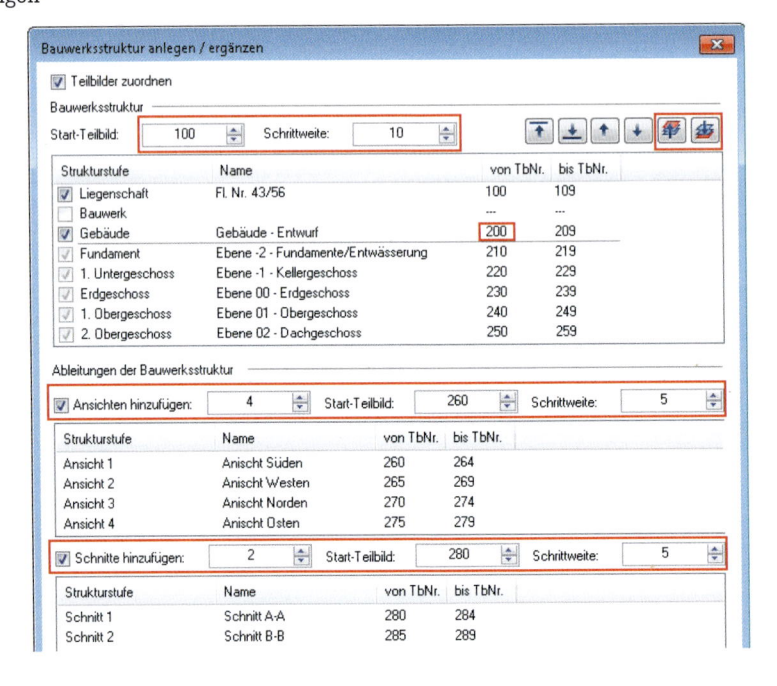

Achten Sie vor allem auf die markierten Bereiche. Über die Schaltflächen oben links wird die Sortierung der Geschosse geregelt. Das Startteilbild und die Schrittweite werden unter der Bauwerksstruktur und den Ableitungen der Bauwerksstruktur eingestellt. In der Bauwerksstruktur sollte zudem für die Strukturstufen ab dem Gebäude ein neuer Startwert (von TbNr. → 200) definiert werden. Die Anzahl der Ansichten kann frei definiert werden (Vorschlag: Ansichten 4, Schnitte 2). Als letztes bietet es sich an, die Namen der Strukturstufen auszufüllen.

> **HINWEIS:** Die Namen, die für die Strukturstufen im Assistenten angegeben werden können, tauchen sowohl in der Bauwerksstruktur als auch im Ebenenmanager auf. Wenn keine Namen eingegeben werden, werden die in der Spalte »Strukturstufe« aufgelisteten Bezeichnungen verwendet.

Sobald Sie den Dialog **BAUWERKSSTRUKTUR ANLEGEN/ERGÄNZEN** mit **OK** abschließen, erscheint wieder der Ebenenmanager.

- Über **ANPASSEN EBENENMANAGER** kann die Anzeige der Baumstruktur auch mit einer farbigen Codierung angezeigt werden. Dies erhöht die Übersicht und macht den Zusammenhang zwischen grafischer Darstellung und Auflistung deutlicher. Wird links ein Ebenenpaar oder eine Ebene markiert, scrollt die Anzeige auf der rechten Seite zur entsprechenden Stelle.

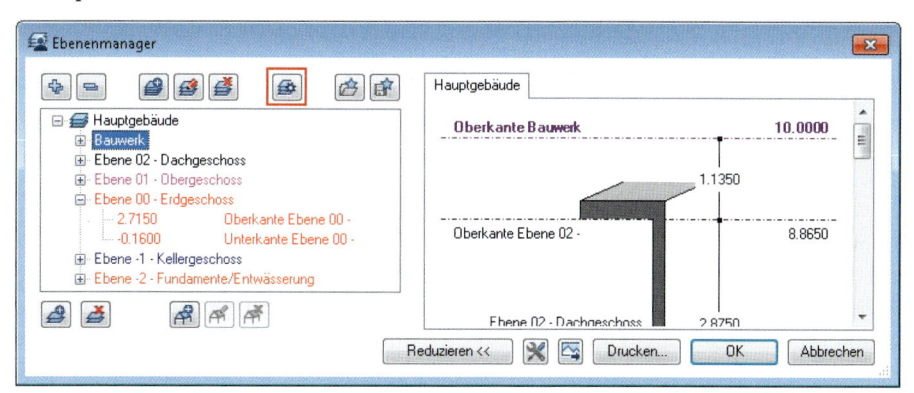

Anpassen Ebenenmanager

Die Bauwerksstruktur wird erzeugt, sobald Sie den Ebenenmanager mit **OK** verlassen. Wenn Sie Anpassungen der Geschosshöhen für Kellergeschosse und Ähnliches vornehmen möchten, öffnen Sie den Ebenenmanager neu, nachdem Sie entweder kurz ein Teilbild geöffnet haben, oder die Bauwerksstruktur *und* die Ableitungen der Bauwerksstruktur über die jeweilige Speicherfunktion gesichert haben.

Speichern
Speichern

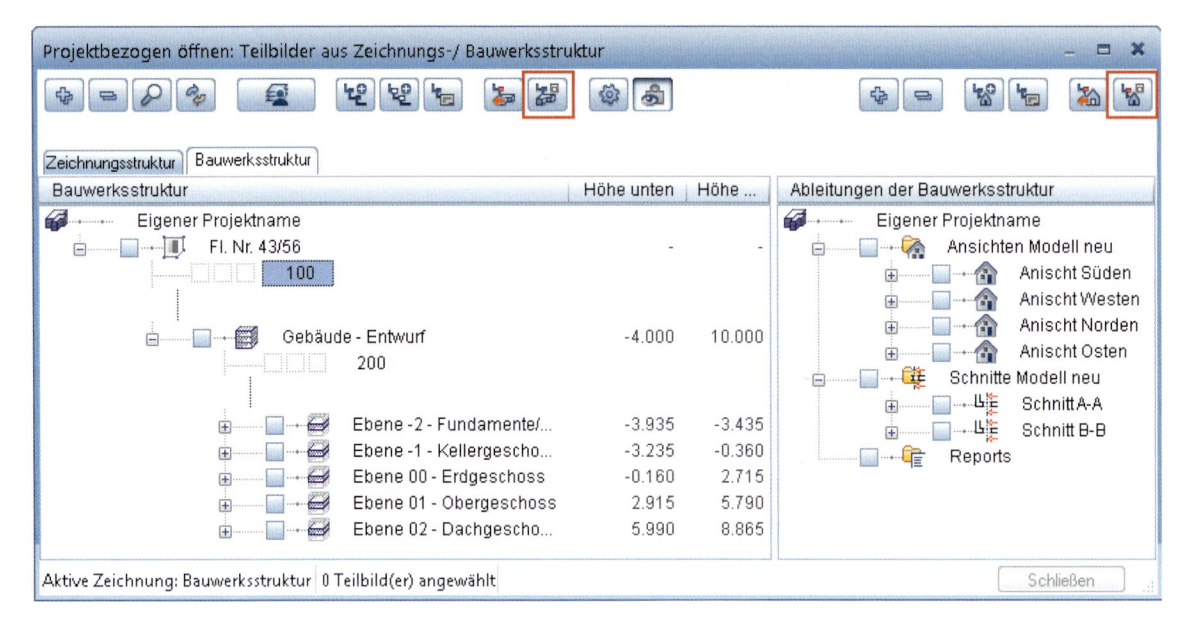

Die Projektstruktur ist nun fertig angelegt und kann verwendet werden. Das Teilbild, auf dem der Lageplan als Pixelfläche eingelesen werden soll, ist benannt und mit einer Einfügemarke versehen, um zu gewährleisten, dass Sie jederzeit einzelne Teilbilder aus dem fertigen Projekt in Ihr Übungsprojekt kopieren können und diese mit Ihren eigenen Daten zusammenpassen.

4.2.5 Beispiel – Teilbildnamen ergänzen

Anhand der Strukturstufen und der Teilbildnummern kann schon viel über den Inhalt der jeweiligen Teilbilder ausgesagt werden. Dennoch ist es unbedingt notwendig, alle Teilbilder möglichst eindeutig benennen. Meist wird für die Namen der Teilbilder ein relativ festes Schema verwendet. Dies hat den Vorteil, dass die wichtigen Elemente des Namens immer in einer festgelegten Reihenfolge vorhanden sind, und es ist in der Struktur übersichtlicher.

Teilbildnamen in der Bauwerksstruktur

▷ PROJEKTBEZOGEN ÖFFNEN: TEILBILDER AUS ZEICHNUNGS-/BAUWERKSSTRUKTUR
▷ Register BAUWERKSSTRUKTUR
▷ Öffnen Sie die Strukturstufen der Bauwerksstruktur (linke Seite) so weit, dass Sie eine Übersicht über alle Geschosse erhalten, und ändern Sie die Namen der Teilbilder, die in der Tabelle aufgeführt sind. Die Teilbildnamen können entweder durch einen **LINKS**-**KLICK** im Bereich des Namens, über das Kontextmenü oder die Taste **F2** umbenannt werden.

Strukturstufe	Nr.	Teilbildname
Fl. Nr. 43/56	100	Lageplan aus Scanbild
	101	Lageplan aus Pixelfläche
	102	Lageplan nachgezeichnet
	105	Vorkonstruktion für Dachlandschaft Hauptdach
	106	Vorkonstruktion für Dachlandschaft Glaskörper
Gebäude – Entwurf	200	Außenanlagen
	202	Schnittlinie
Ebene –2 …	210	Ebene –2 – Fundamente und Entwässerung
	211	Bodenplatte/Fundamentplatte
Ebene –1 …	220	Ebene –1 – Modell Kellergeschoss
	221	Decke über Ebene –1
Ebene 00 …	230	Ebene 00 – Modell Erdgeschoss
	231	Decke über Ebene 00
Ebene 01 …	240	Ebene 01 – Modell Obergeschoss
	241	Decke über Ebene 01
Ebene 02…	250	Ebene 02 – Modell Dachgeschoss
	251	Decke/Dach über Ebene 02

Teilbildnamen in den Ableitungen der Bauwerksstruktur

Wie im Gebäudemodell sollen auch für Ansichten und Schnitte die zugeordneten Teilbilder benannt werden.

▷ PROJEKTBEZOGEN ÖFFNEN: TEILBILDER AUS ZEICHNUNGS-/BAUWERKSSTRUKTUR
▷ Register BAUWERKSSTRUKTUR
▷ Öffnen Sie die Strukturstufen der Ableitungen der Bauwerksstruktur (rechte Seite) und ändern Sie die Namen der in der Tabelle aufgeführten Teilbilder.

Projektbezogen öffnen

Strukturstufe	Nr.	Teilbildname
Ansicht Süden	260	Ansicht Süden – Hintergrundelemente
	264	Ansicht Süden – Vordergrundelemente
Ansicht Westen	265	Ansicht Westen – Hintergrundelemente
	268	Ansicht Westen – Vordergrundelemente
Ansicht Norden	270	Ansicht Norden – Hintergrundelemente
	274	Ansicht Norden – Vordergrundelemente
Ansicht Osten	275	Ansicht Osten – Hintergrundelemente
	279	Ansicht Osten – Vordergrundelemente
Schnitt A-A	281	Detaillierung Schnitt A-A
Schnitt B-B	286	Detaillierung Schnitt B-B

Die leeren Teilbilder bei den Ansichten und das Teilbild jeweils vor der Detaillierung der Schnitte werden mit generierten Daten gefüllt. Ziel bei den Ansichten ist, dass die aus dem Modell abgeleiteten Daten direkt ohne weitere Nacharbeiten verwendet werden können. Bei den Schnitten ist dies zumeist noch nicht möglich, da eine viel größere Detailtiefe notwendig ist.

4.2.6 Beispiel – Bauwerksstruktur erweitern

Struktur erweitern

Für die späteren Versuche, den Lageplan aus Fremdformaten und einem älteren Allplan-Format zu importieren, soll die Struktur um eine beliebige Strukturstufe erweitert werden. Dies kann z. B. auch für Datenimporte von Fachplanern aus den Bereichen Heizung, Lüftung, Sanitär und Elektro oder auch Außenanlagen sinnvoll sein.

Für den Lageplan ist die angelegte Bauwerksstruktur um eine Strukturstufe zu erweitern. Zudem wird eine Strukturstufe benötigt, unter der die Teilbilder Platz finden, die über einen Datenimport von Allplan-Daten (»Bauabschnitt I« – Lageplan aus den Büchern *Allplan 2008* und *Praxishandbuch Allplan 2009*) eingelesen werden.

Strukturstufen einfügen

Für den Lageplan soll eine beliebige Strukturstufe vor den Geschossen eingefügt werden, der die Versuchsteilbilder für den Datenimport zugeordnet werden können.

Projektbezogen öffnen
▷ **PROJEKTBEZOGEN ÖFFNEN: TEILBILDER AUS ZEICHNUNGS-/BAUWERKSSTRUKTUR**

▷ Register **BAUWERKSSTRUKTUR**

▷ Öffnen Sie das Kontextmenü der Strukturstufe Liegenschaft.

Beliebige Strukturstufe
▷ **BELIEBIGE STRUKTURSTUFEN**

▷ Ziehen Sie aus dem Fenster **BELIEBIGE STRUKTURSTUFEN EINFÜGEN** eine **BELIEBIGE STRUKTURSTUFE** auf der Strukturstufe der Liegenschaft (Fl. Nr. 43/56).

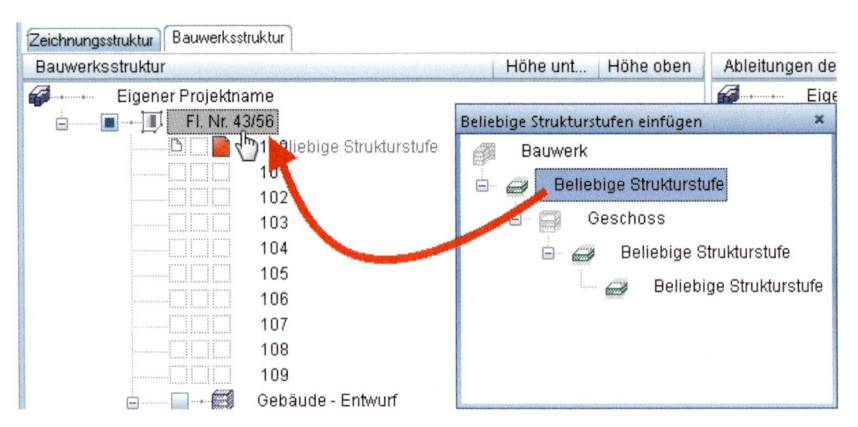

Die Strukturstufe wird direkt hinter der Liegenschaft eingefügt.

▷ Fügen Sie eine weitere **BELIEBIGE STRUKTURSTUFE** ein. Lassen Sie auch diese Strukturstufe auf der Liegenschaft fallen.

▷ Benennen Sie die obere Strukturstufe in *Lageplan – Importdaten* und die untere in *Lageplan Bauabschnitt I – 2008/2009* um.

Teilbilder zuordnen

▷ **TEILBILDER ZUORDNEN** (oder Kontextmenü der Strukturstufe → Teilbilder zuordnen → Auswahlliste)
▷ Markieren Sie die Teilbilder 110 bis 119.
▷ Ziehen Sie die markierten Teilbilder auf die beliebige Strukturstufe *Lageplan* und lassen Sie diese dort fallen (Drag & Drop).

Teilbilder zuordnen

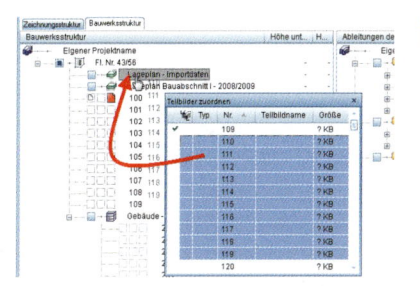

TIPP: Die Teilbilder wurden über Drag & Drop der Strukturstufe zugeordnet. Auf die gleiche Weise können Teilbilder von einer Strukturstufe entfernt werden.

▷ Ordnen Sie der Strukturstufe *Lageplan Bauabschnitt I – 2008/2009* die Teilbilder 120–129 zu.
▷ Benennen Sie die Teilbilder wie folgt um.

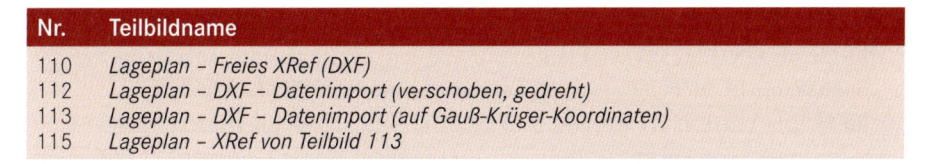

Nr.	Teilbildname
110	Lageplan – Freies XRef (DXF)
112	Lageplan – DXF – Datenimport (verschoben, gedreht)
113	Lageplan – DXF – Datenimport (auf Gauß-Krüger-Koordinaten)
115	Lageplan – XRef von Teilbild 113

Eine schnelle Alternative zum Zuordnen von Teilbildern zu Strukturstufen (funktioniert analog auch bei Zeichnungen und für Pläne in der Planstruktur) ist es, über das Kontextmenü der Strukturstufe die Funktion **TEILBILDER ZUORDNEN …** aufzurufen und den Teilbildbereich oder auch einzelne Teilbilder anzugeben (Bereich: 120–129, einzelne Teilbilder: 120, 121, … oder Kombination).

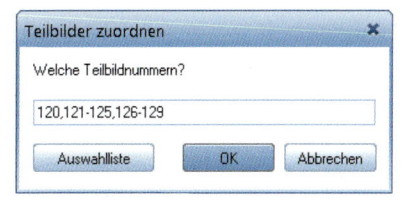

■ 4.3 Lageplan aufbereiten

Im ersten Schritt soll der eingescannte Lageplan als Pixelfläche auf ein leeres Teilbild abgelegt werden und auf einem weiteren Teilbild nachgezeichnet werden. Der Vorgang könnte zwar über den Import genauer Daten verkürzt werden, dient aber im Zuge des Beispiels auch zum Erlernen der Grundfunktionen von Allplan.

4.3.1 Modul Konstruktion – Grundwissen

Im Modul **KONSTRUKTION** finden Sie die meisten Funktionen zum Erzeugen und Ändern von Elementen, die Sie für einfache Aufgaben und Grundkonstruktionen benötigen. Die Eingabemechanismen folgen dabei immer den in Abschnitt 2.11.1, »Erzeugen von Elementen«, beschriebenen Eingabemöglichkeiten.

- **ANFANGSSYMBOL** und **ENDSYMBOL** können bei vielen Elementen (z. B. Linie, Polygonzug, Kreis usw.) frei gewählt werden.

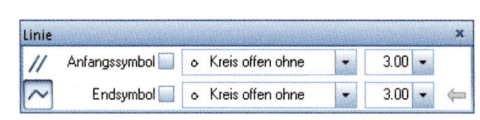

- **LETZTE EINGABE RÜCKGÄNGIG** erscheint entweder in der Dialogzeile oder in Dialogen zur weiteren Einstellung von Elementeigenschaften und setzt innerhalb einer Funktion einen Einzelschritt zurück.

4.3.1.1 Basisfunktionen für Linien und Kreise

- **LINIE (EINZELLINIE, LINIENZUG):** Die Linie ist der Prototyp (bezogen auf die Eingabeart) aller linear einzugebenden Elemente und Bauteile. Bei der Eingabe eines Linienzuges entstehen einzelne Elemente, bei der Eingabe eines Polygonzuges ein einziges Element. Einzellinien sind meist einfacher in der weiteren Bearbeitung.
  - Im Modus **EINZELLINIE** wird immer nur eine Linie erzeugt. Nach Angabe des zweiten Punktes bricht die Funktion ab und verlangt einen neuen Anfangspunkt.
  - Im Modus **LINIENZUG** werden Linienzüge erstellt, deren Einzellinien nicht zusammenhängen. Der Linienzug kann mit **ESC** beendet werden. Einmaliges Abbrechen bewirkt den Abbruch der Linienzugeingabe, die Funktion bleibt weiterhin aktiv. Die Eingabe folgt immer diesem Muster:
  - **VON PUNKT/ELEMENT**
  - **BIS PUNKT** oder **NACH PUNKT/ELEMENT**

- **RECHTECK** bietet vier unterschiedliche Methoden an, ein Rechteck zu erzeugen. Die wichtigste Methode ist die Eingabe über die Diagonale. Diese wird auch für Flächenelemente genutzt. Es werden immer einzelne Linien erzeugt. In den Eingabeoptionen können Sie die vier Eingabemodi einstellen. Je nachdem, welche Option gewählt wurde, werden unterschiedliche Angaben in der Dialogzeile abgefragt. Über die erste Schaltfläche – **RECHTECK ALS POLYGONZUG ERZEUGEN** – kann bestimmt werden, ob die vier Linien des Rechtecks als eine Einheit oder als unabhängige Linien erzeugt werden sollen.
  - **ÜBER DIE DIAGONALE EINGEBEN:** Abfrage von Anfangspunkt und Endpunkt der Diagonale des Rechtecks. Die Neigung des fertigen Rechtecks am Bildschirm hängt vom eingestellten Systemwinkel ab.
  - **AUSGEHEND VON DER GRUNDLINIE EINGEBEN:** Abfrage von Anfangspunkt und Endpunkt der Grundlinie. Darauf folgt die Angabe der Breite des Rechtecks über die Eingabe in der Dialogzeile oder in der Zeichnung.
  - **AUSGEHEND VON DER MITTELLINIE EINGEBEN:** Abfrage von Anfangspunkt und Endpunkt der Mittellinie. Darauf folgt die Angabe der halben Breite des Rechtecks über die Eingabe in der Dialogzeile oder in der Zeichnung.

- **AUSGEHEND VOM MITTELPUNKT EINGEBEN:** Abfrage des Mittelpunktes und eines Eckpunktes des Rechtecks.
- **KREIS** bietet Ihnen drei Eingabemöglichkeiten für die Lage und den Radius des Kreises sowie vier Optionen zur Eingabe an. Je nachdem, welche Eingabeart aktiviert ist, unterscheiden sich die einzelnen Schritte zum Erzeugen eines Kreises leicht voneinander. Die jeweils benötigten Angaben sind folgende:
  - **KREIS ÜBER MITTELPUNKT:** Der erste anzugebende Punkt ist der Kreismittelpunkt. Der Radius kann entweder über einen Punkt der Zeichnung oder in der Dialogzeile angegeben werden.
  - **KREIS ÜBER 2 PUNKTE:** Die zwei anzugebenden Punkte geben immer den Durchmesser des Kreises an.
  - **KREIS ÜBER 3 PUNKTE ODER 2 PUNKTE UND RADIUS:** Hier hat man die Möglichkeit, einen Kreis entweder über drei Punkte oder zwei Punkte und die Eingabe des Radius einzugeben. Anstatt definierter Punkte kann auch ein bestehendes Element angewählt werden, das die Tangente zum Kreis bilden soll. Bei mehreren möglichen Lösungen werden alle Lösungen temporär zur Auswahl angeboten.

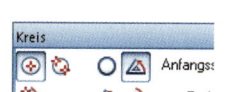

Für die Eingabe des Öffnungswinkels (Kreisbogen) oder eines Vollkreises stehen die weiteren Eingaben zur Verfügung. Im Folgenden werden sie anhand der Erzeugung eines Kreises über den Mittelpunkt erläutert.

VOLLKREIS EINGEBEN

> **MITTELPUNKT**
> **RADIUS** eingeben. Fertig!

ENDWINKEL EINGEBEN

> **MITTELPUNKT**
> **RADIUS** eingeben.
> **ANFANGSWINKEL** eingeben (bezogen auf X-Achse)
> **ENDWINKEL** eingeben (bezogen auf X-Achse). Fertig!

ENDWINKEL ÜBER DELTAWINKEL EINGEBEN

> **MITTELPUNKT**
> **RADIUS** eingeben.
> **ANFANGSWINKEL** eingeben (bezogen auf X-Achse)
> **DELTAWINKEL** eingeben (gemessen von Anfangswinkel). Fertig!

ENDWINKEL ÜBER BOGENLÄNGE EINGEBEN

> **MITTELPUNKT**
> **RADIUS** eingeben.
> **ANFANGSWINKEL** eingeben (Eingabe der Länge des Kreisbogenteils bezogen auf X-Achse).

Polygonzug

Spline

- **BOGENLÄNGE** (Bogenlänge bezogen auf den Anfangswinkel). Fertig!
- **POLYGONZUG** erzeugt einen zusammenhängenden Linienzug als ein Element. Die Optionen zur Polygonisierung von bestehenden Elementen können deaktiviert und entweder das Stichmaß oder die Kreisteilung für die Polygonisierung von Kurven eingestellt werden.
- **SPLINE** erzeugt eine gekurvte Linie. Über die beiden linken Schaltflächen können Sie den Anschluss im Anfangs- und Endpunkt beeinflussen. Die Optionen zur Polygonisierung von bestehenden Elementen können deaktiviert und es kann entweder das Stichmaß oder die Kreisteilung für die Polygonisierung von Kurven eingestellt werden.

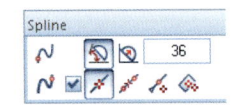

> **HINWEIS:** Zu den Optionen, die Ihnen bei der Polygonisierung zur Verfügung stehen, finden Sie in Abschnitt 2.11.1.3, »Flächenelemente – polygonale Eingabe«, nähere Informationen.

Ellipse

- **ELLIPSE** erzeugt eine Ellipse über dem Mittelpunkt mittels Angabe zweier Scheitelpunkte. Für die Eingabe von Teilellipsen stehen die gleichen Funktionen (bis auf Bogenlänge) wie bei Kreisen zur Verfügung.

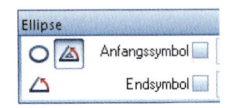

Schraffur

Muster

Füllfläche

Pixelfläche

Stilfläche

Allgemeine Parameter

4.3.1.2 Basisfunktionen für Flächenelemente

Die Funktionen Schraffur, Muster, Füllfläche, Pixelfläche und Stilfläche sind in ihrer Funktionsweise sehr ähnlich. Alle fünf Flächenelemente können in die anderen Elementarten gewandelt werden. Die Eingabe erfolgt gemäß den Regeln der allgemeinen Polygonzugeingabe (siehe Abschnitt 2.11.1.3, »Flächenelemente – polygonale Eingabe«).

Allgemeine Parameter für Flächenelemente

Zum Teil besitzen die Flächenelemente ähnliche oder gleiche Parameter zum Einstellen. Modifiziert man bestehende Elemente, werden alle Einstellungen in der Palette **EIGENSCHAFTEN** tabellarisch dargestellt und können geändert werden. Sämtliche Änderungen werden direkt angezeigt.

- **WINKEL** gibt den Winkel an, um den das Flächenelement gedreht werden soll. Bei Füllflächen finden Sie die Option unter **ERWEITERT**.
- Checkbox **RICHTUNGSSEITE** aktiviert die Übernahme einer Polygonseite als Basislinie für das Flächenelement.
- Checkbox **HINTERGRUNDFARBE** aktiviert die Schaltfläche **FARBE**. Es kann eine beliebige RGB-Farbe als Hintergrundfarbe für Schraffur und Muster ausgewählt werden.
- **BILDSCHIRMNULLPUNKT ↔ BELIEBIGER PUNKT:** Je nach Wahl des Bezugspunktes wird der Ursprung als Bezug gewählt oder ein von Ihnen für das aktuelle Flächenelement zu bestimmender Bezugspunkt.

Parameter Schraffur

- **LINIENABSTAND**
  - **GLEICHBLEIBEND IM PLAN, WIE IN DER DEFINITION FESTGELEGT** bedeutet, dass der Linienabstand der Schraffur immer gleich, unabhängig von der Einstellung des Maßstabs, bleibt. Der Linienabstand richtet sich nach der Einstellung, die bei der Definition der Schraffur getroffen wurde. Diese Einstellung dient in Architekturbauteilen als Standard.
  - **MASSSTABSGERECHTE ANPASSUNG IM PLAN – BEZUGSMASSSTAB AUS DEFINITION** ändert den Linienabstand entsprechend dem in der Definition eingestellten Wert für den Bezugsmaßstab für die maßstabsgerechte Anpassung des Linienabstandes.

Parameter Muster

- **SKALIERUNG – BREITE/HÖHE**
  - **MASSSTABSGERECHTE ANPASSUNG IM PLAN – GLEICHBLEIBEND IM PLAN:** Bei der Option **MASSSTABSGERECHTE ANPASSUNG IM PLAN** ändert sich die Größe der Musterelemente je nach eingestelltem Maßstab, bei der Option **GLEICHBLEIBEND IM PLAN** entspricht die Größe der Musterelemente immer der Größe, die in der jeweiligen Definition der einzelnen Muster eingestellt wurde, unabhängig vom gewählten Maßstab.
  - **BREITENFAKTOR/HÖHENFAKTOR** gibt die jeweilige Größe der Musterelemente an bzw. skaliert diese. Die Einstellung bezieht sich immer auf die Höhen- und Breitendefinition des Musters. Sie wirkt sich gleichermaßen auf maßstabsabhängige wie auf maßstabsunabhängige Muster aus. Werte > 1 vergrößern die Musterelemente, Werte < 1 verkleinern sie.
- **VERLEGUNGSART**
  - **PASSEND/EINGESCHRIEBEN/HINAUSRAGEND:** Diese Optionen beschreiben die Genauigkeit, mit der das gewählte Muster in die polygonale Umgrenzung eingepasst wird. Standardeinstellung für 90 % der Anwendungsfälle ist **PASSEND**.

Parameter Füllfläche

FARBDATEI

- **FARBSYSTEM** stellt Ihnen eine Reihe von Farbsystemen vollständig und weitere, z. B. RAL Design System, in Auszügen zur Verfügung. Unter dem Punkt *Freie RGB-Farbpalette* können eigene Farbdefinitionen abgespeichert werden.
- **FARBDATEI** gibt die Datei innerhalb des gewählten Farbsystems an. Bei einigen Farbsystemen gibt es hier keine Auswahlmöglichkeit.
- **FARBNAME** gewährt Zugriff auf die Farbpalette, aus der eine Farbe ausgewählt werden kann, bzw. zeigt den gewählten Farbnamen an.
- Checkbox **NUR PALETTE ANZEIGEN** reduziert den Eingabedialog auf die gewählte Farbpalette. Die RGB-Farbanwahl wird ausgeblendet.
- **RGB-FARBANWAHL – SCHIEBEREGLER:** Sie haben in diesem Bereich die Möglichkeit, sich über die Schieberegler eine eigene Farbe zu mischen. Beide Regelungssysteme hängen zusammen. Wird ein RGB-Schieberegler verschoben, verschieben sich auch FSH-Regler.

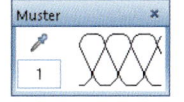

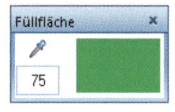

Farbe aus Pixel übernehmen

- **FARBE AUS PIXEL ÜBERNEHMEN** ermöglicht die Übernahme eines beliebigen Bildschirmpunktes über eine Lupenfunktion als Farbe in die Auswahl. Das Dialogfeld wird temporär ausgeblendet. Ein Verschieben des Bildschirmausschnittes ist nicht möglich.
- Schaltfläche **ERWEITERUNG >> – REDUZIEREN <<** öffnet bzw. schließt ein zusätzliches Dialogfeld, in dem Sie Farbverläufe mit ein und zwei Farben sowie Transparenzen mit und ohne Verlauf definieren können.

Parameter Pixelfläche

Bereich **PIXELBILD**

> **TIPP:** Unter Arbeitsumgebung → Anzeige → Darstellung kann die Option **PIXELFLÄCHEN IN HOHER QUALITÄT DARSTELLEN UND PLOTTEN** aktiviert werden. Die Anzeige am Bildschirm wird deutlich detaillierter und die Aufbaugeschwindigkeit verringert sich. Die Option hat keine Auswirkung auf das Druckergebnis, wenn Windowstreiber verwendet werden.

- **PIXELBILD** zeigt den Namen der aktuell gewählten Pixeldatei an. Über die Schaltfläche am Ende der Zeile kommen Sie zur Dateiauswahl, über die Sie eine beliebige Pixeldatei auswählen können. Die gewählte Datei wird in das aktuelle Projekt kopiert und auf Wunsch auch als Kopie im Büropfad abgelegt (siehe Abschnitt 2.5.1, »Vordefinierte Speicherorte«).
- **PIXELBILDGRÖSSE** zeigt die Größe des gewählten Pixelbildes in X- und Y-Richtung an.
- Checkbox **WIEDERHOLUNG** gibt an, ob das Pixelbild einmal (**AUS**) oder wiederholt (**EIN**) im angegebenen Bereich dargestellt werden soll. Die Einstellung **AUS** eignet sich für Fotos, **EIN** eignet sich für Texturen in der Grundrissdarstellung.

Bereich **TRANSPARENZ**

- **TRANSPARENZ IN %** gibt den Grad der Transparenz für die Pixelfläche ein. 0 % bedeutet undurchsichtig, 100 % bedeutet völlig durchsichtig.
- **PIXEL AUSBLENDEN** aktiviert die nachfolgenden beiden Optionen. Über die Option **FARBE** kann eine Bildfarbe des Pixelbildes ausgeblendet werden. Die Toleranz gibt an, wie genau die gewählte Farbe ausgeblendet wird. Hohe Toleranz bedeutet mehr ausgeblendete Bereiche.

> **TIPP:** Optimale Ergebnisse erzielen Sie z. B. mit TIF-Dateien. JPG und ähnliche komprimierte Formate sind aufgrund ihrer Clusterung weniger geeignet.

- **VORSCHAU** zeigt eine einfache Vorschau der gewählten Einstellungen an. Mithilfe der Nemetschek-Logos als Hintergrund der Vorschau können Sie z. B. die Transparenzeigenschaften überprüfen. Das Quadrat hat eine Seitenlänge von 1 m, sodass Sie bei der Einstellung **GRÖSSE IN METERN** (Bereich **SKALIERUNG**) die Größenverhältnisse zwischen Pixelbild und Polygonfläche beurteilen können.

Bereich **SKALIERUNG**

- **GRÖSSE IN METERN** setzt 100 Pixel des Bildes mit 1 m Bildgröße gleich. Über die beiden Faktoren können Sie die Bildgröße bestimmen.
- **GRÖSSE WIE POLYGON** verzerrt das Bild auf die Größe der die Polygonfläche umschließenden Min-/Max-Box.
- **X/Y KONSTANT** fixiert das Seitenverhältnis von X zu Y des Bildes für weitere Modifikationen.

Der Vorgang zum maßstäblichen Einlesen von Pixelflächen (z. B. für Lagepläne oder Bestandspläne) wird im Beispiel beschrieben.

Parameter Stilflächen

Bei der Stilfläche kann nur über die Definition der Stilfläche Einfluss auf die jeweilige maßstabs- bzw. zeichnungstypabhängige Einstellung genommen werden (siehe Abschnitt 2.15, »Darstellung in Konstruktions- und Animationsfenstern«).

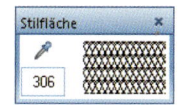

4.3.1.3 Weitere Funktionen zur Konstruktion

Im Modul **KONSTRUKTION** finden Sie eine große Anzahl an Funktionen für die Arbeit mit 2D-Elementen. Nachfolgend sind nur die wichtigsten Funktionen neben den Basisfunktionen für Linien, Kreisen und Flächenelementen aufgeführt.

Konstruktion – Menü Erzeugen – Ableitungen bestehender Elemente erzeugen

- **PARALLELE ZU ELEMENT** erzeugt eine oder mehrere Parallelen zu einem Element (Kreise, Linie, Polygonzüge, Ellipsen, Splines). Es wird immer eine Parallele zum gesamten Element erzeugt. — Parallele zu Element
- **PARALLELER LINIENZUG** erzeugt eine oder mehrere parallele Linienzüge anhand eingegebener Punkte. Der Abstand kann nach jedem Punkt variiert werden, um z. B. einen Dachüberstand mit unterschiedlichen Trauf- und Ortganüberständen zeichnen zu können. Die Eingabemethode mit Abstand ist bei vielen Flächenelementen enthalten. — Paralleler Linienzug
- **GESCHLOSSENER LINIENZUG** erzeugt einen geschlossenen Linienzug zu beliebigen Linien und Polygonschenkeln. Die vorhandenen Linien müssen sich dabei nicht berühren oder geschlossen sein. Es reicht aus, wenn Sie eine beliebige Anzahl von Linien der Reihe nach aktivieren und als letzte Linie die erste erneut identifizieren. — Geschlossener Linienzug
- **TANGENTE** erzeugt eine Linie an einem Kreis oder Kreisbogen, die den Kreis tangiert. Wenn Sie eine Tangente von einem beliebigen Punkt auf z. B. einen Kreis konstruieren wollen, muss die Option **ELEMENT** bei der Option **PUNKTEINGABE** deaktiviert sein. Ansonsten erhalten Sie nicht die gewünschten Ergebnisse. — Tangente
- **WINKELHALBIERENDE** erzeugt eine Winkelhalbierende zu zwei Linien. Diese Linien können bereits bestehen oder Sie definieren sie durch Angabe von Anfangs- und Endpunkt. Der Anfangspunkt der Winkelhalbierenden liegt im (virtuellen) Schnittpunkt der beiden Linien, die Richtung der Winkelhalbierenden kann sich in alle vier Bereiche, die durch die sich kreuzenden Linien gebildet werden, erstrecken. — Winkelhalbierende

Konstruktion – Menü Ändern

- **ZWEI ELEMENTE VERSCHNEIDEN** verlängert zwei Elemente bis zu ihrem Schnittpunkt. Wenn Sie die Option **MIT CLIPPING** aktivieren, werden Ihnen alle möglichen Lösungen zur Auswahl angezeigt. Ein Verkürzen von Linien ist bei eingeschalteter Option **MIT CLIPPING** möglich.

  Zwei Elemente verschneiden

- **ZWEI ELEMENTE AUSRUNDEN** verbindet zwei Elemente mittels eines Kreisbogens. Bei deaktivierter Option **MIT CLIPPING** bleiben überstehende Linien stehen. Wird ein und dieselbe Linie zweimal hintereinander angeklickt, so ändert sich die normale Linie in einen Bogen, dessen Endpunkte auf den Endpunkten der Ursprungslinie liegen. Die Funktion kann auch an zwei Kanten eines Raumes angewendet werden.

  Zwei Elemente ausrunden

- **FASEN** dient zum Verbinden von nicht parallelen Linien und Polygonzügen. Bei Teilpolygonen können auch Teilpolygone abgefast werden. Bei aufeinanderfolgenden Teilpolygonen wird ein neues Teilpolygon eingefügt, bei nicht aufeinanderfolgenden Teilpolygonen werden die zwischenliegenden Teilpolygone gelöscht. In den Eingabeoptionen kann auf den Modus **MITTELLINIE** umgeschaltet werden, mit dessen Hilfe die Neigung der Fase bestimmt werden kann. Standard ist der Modus **ALLGEMEIN**, bei dem zwei gleiche Winkel zu den bestehenden Kanten entstehen.

  Fasen

- **BEREICH AUSSCHNEIDEN** schneidet einen Bereich aus vorhandenen Elementen aus. Konstruktionselemente, wie z. B. Linien, Kreise, Schraffuren oder Muster, werden an den Rändern dieses Bereiches in Einzelelemente zerschnitten. Beachten Sie, dass die Reste von Flächenelementen unter Umständen noch zusammenhängen. Ein Aufteilen von Flächenelementen in Einzelflächen ist mit dieser Funktion nicht möglich.

  Bereich ausschneiden

- **DOPPELTEN LINIENTEIL LÖSCHEN** entfernt übereinanderliegende Linien bzw. Linienabschnitte, sog. doppelte Linienteile. Der doppelt gezeichnete Teil wird komplett entfernt. Als doppelte Linienteile zählen auch deckungsgleiche Kreise, Ellipsen, Kurven und Ausschnitte davon.

  Doppelten Linienteil löschen

- **ELEMENT ZWISCHEN SCHNITTPUNKTEN LÖSCHEN** entfernt die Teile von geometrischen Basiselementen, die zwischen zwei Schnittpunkten liegen. Als »Schnittpunkt« gilt auch der Endpunkt eines Elements.

  Element zwischen Schnittpunkten löschen

- **TEILELEMENT LÖSCHEN** löscht frei definierbare Ausschnitte von geometrischen Basiselementen. Es können sowohl Einzelelemente als auch Polygonzüge und Elementverbindungen angesprochen werden. Bei Polygonzügen und Kurven erscheint immer die Bezugspunkteingabe.

  Teilelement löschen

- **ELEMENT TEILEN** teilt ein bestehendes Basiselement (oder eine beliebige Strecke) in mehrere gleiche Teile. An den Teilungspunkten werden Einzelpunkte abgesetzt. Für die abgesetzten Einzelpunkte wird die aktuelle Einstellung aus der Funktion **EINZELPUNKT** verwendet. In den Eingabeoptionen kann gewählt werden, ob das gesamte Element oder nur ein Teil des Elements betrachtet werden soll.

  Element teilen

- **ÜBERLAGERNDE LINIEN VEREINEN** vereint übereinanderliegende Linien zu Einfachlinien. Sie können wählen, ob alle Linien inklusive gemusterter Linien aktiviert und gewandelt oder ob gemusterte Linien von der Funktion ausgeschlossen werden.

  Überlagernde Linien vereinen

- **LINIEN ZU POLYGONEN VERBINDEN** fädelt aneinander anschließende Linien automatisch zu einem Polygon auf. Bei einer Verzweigung wird diese Automatik unterbrochen und Sie können sich entscheiden, mit welcher Verzweigung weitergegangen werden

  Linien zu Polygonen verbinden

soll. Bei Linien mit unterschiedlichen Formateigenschaften (z. B. Linienfarbe) können Sie die Formateigenschaften für das neue Polygon in einem Dialogfeld festlegen. Mit dieser Funktion können auch Architekturelemente wie Leisten (Modul **MENGEN: RÄUME, FLÄCHEN, GESCHOSSE**), Baugrenzen (Modul **STÄDTEBAU**) und Hecken (Modul **LANDSCHAFTSPLANUNG**) nachträglich verbunden werden. Das verbundene Element erhält dabei automatisch alle Eigenschaften des zuerst angeklickten Elements.

- **POLYGONE IN EINZELLINIEN ZERLEGEN** zerlegt ein Polygon in einzelne Linien. Der Linienzug verhält sich so wie ein Linienzug, der mit **LINIE** erzeugt worden ist.

- **DECKUNGSGLEICHE LINIEN, KREISE, POLYGONE VEREINEN** dient zum Zusammenfassen von Linien, Kreisen und Polygonen, die teilweise übereinanderliegen oder in gleicher Richtung aneinander anschließen. Bei Elementen mit unterschiedlichen Formateigenschaften werden Sie nach den Formateigenschaften für das neue Element gefragt. Die Elemente müssen im gleichen Dokument liegen.

- **LINIEN AUF ELEMENT TRIMMEN** verkürzt oder verlängert Linien und Polygone bis zum Schnittpunkt mit einem Bezugselement. Als Bezugselement können Linie, Polygonzug, (Teil-)Kreis, (Teil-)Ellipse oder Spline gewählt werden. Über die Eingabeoption **VIRTUELL** können Linien weiter interpretiert, d. h., sogenannte virtuelle Schnittpunkte verwendet werden.

- **DUPLIKATE LÖSCHEN** führt mehrere deckungsgleiche identische Elemente in ein Element zusammen und löscht die überflüssigen Elemente. Es werden nur Elemente reduziert, die genau deckungsgleich sind. Füllflächen, die sich nur teilweise überdecken, werden nicht reduziert.

- **AUSRICHTEN** richtet Konstruktionselemente horizontal, vertikal und/oder zentriert aus. Elemente mit der gleichen Segmentnummer werden als ein Objekt ausgerichtet, Architekturelemente werden ignoriert.

- **VERTEILEN** verteilt Konstruktionselemente auf verschiedene Arten. Elemente mit der gleichen Segmentnummer werden als ein Objekt ausgerichtet, Architekturelemente werden ignoriert.

- **FLÄCHENELEMENT, AR-FLÄCHE, BEREICH MODIFIZIEREN** dient zum Ändern der Flächenausdehnung von Elementen wie z. B. Schraffuren, Mustern, Füllflächen, Pixelflächen, Stilflächen und flächigen Architekturbauteilen (z. B. Decke, Raum, Geschoss, Bodenfläche, Deckenfläche, Dachhaut). Diese können je nach eingestellter Option vergrößert oder verkleinert werden.

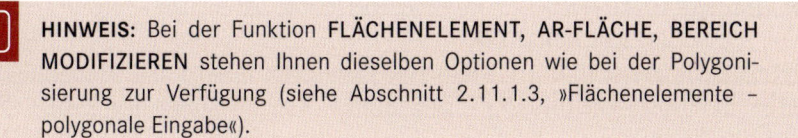

> **HINWEIS:** Bei der Funktion **FLÄCHENELEMENT, AR-FLÄCHE, BEREICH MODIFIZIEREN** stehen Ihnen dieselben Optionen wie bei der Polygonisierung zur Verfügung (siehe Abschnitt 2.11.1.3, »Flächenelemente – polygonale Eingabe«).

- **FLÄCHENELEMENT, AR-ELEMENT TRENNEN** trennt Flächenelemente (Schraffuren, Muster, Füllflächen, Pixelflächen, Stilflächen) sowie flächige und linienförmige Architekturelemente (Wand, Decke, Unterzug, Raum usw.) an einer anzugebenden Linie (oder an einem Basiselement) in zwei Teile. Bei beschrifteten Elementen oder Bauteilen wird nach dem Zerteilen für die Einzelteile eine Beschriftung angeboten.

- **FLÄCHENELEMENTE AR-ELEMENTE VEREINIGEN** vereint zwei Teile artgleicher Flächenelemente und Architekturbauteile zu einem Objekt. Das erste identifizierte Element gibt jeweils vor, welches Element/Bauteil zum ersten hinzugefügt werden kann. Die Eigenschaften des ersten Elements werden für das Gesamtobjekt verwendet.
- **FLÄCHENELEMENTE WANDELN** wandelt beliebige Flächenelemente (Schraffuren, Muster, Füllflächen, Pixelflächen oder Stilflächen) in ein Flächenelement des angegebenen Typs. Die Eigenschaften können entweder von einem bestehenden Flächenelement übernommen oder neu eingestellt werden. Mit dieser Funktion können auch Flächendarstellungen von Architekturbauteilen geändert werden.
- **MUSTERLINIE MODIFIZIEREN** ändert die Parameter bestehender Musterlinien. Sie können diese Funktion auch zum Ändern von **REVISIONSWOLKEN** verwenden.

4.3.2 Modul Erweiterte Konstruktion

Das Modul **ERWEITERTE KONSTRUKTION** bietet Ihnen neben den Funktionen des Moduls **KONSTRUKTION** einige sehr interessante und nützliche Funktionen an, die aber zumeist nur relativ selten zum Einsatz kommen werden.

Erweiterte Konstruktion – Menü Erzeugen

- **ACHSRASTER** dient zum Erzeugen eines Rastersystems mit senkrecht zueinander stehenden Achsen in zwei Richtungen. Jede Richtung kann einzeln eingestellt werden. Jede Richtung gliedert sich in Bereiche mit Achsen im gleichen Abstand. Die Anzahl der Achsen je Bereich sind für alle Bereiche, bis auf den letzten, gleich der Anzahl der gewünschten Abstände. Der letzte Bereich benötigt eine Achse mehr, um das gesamte Raster abschließen zu können.
- **GELÄNDEPUNKT** erzeugt einen Einzelsymbolpunkt, der die Höheninformation tragen kann und in 3D angezeigt wird. Über Geländepunkte können Sie die Messwerte eines Nivellements eingeben.
- **ELEMENTGRUPPE** fasst Elemente und/oder Bauteile zu einer Gruppe zusammen. Die Elementgruppe trägt eine Bezeichnung, ist in Listen auswertbar sowie als ein Objekt markierbar. Die Elementgruppe ist eine einfache Form, Einzelelemente dauerhaft aneinanderzubinden.
- **POLARACHSRASTER** erzeugt ein sternförmiges Raster. Die Eingabe erfolgt in ähnlicher Weise wie bei einem **ACHSRASTER**.
- **MUSTERLINIE ZWISCHEN 2 ELEMENTEN ERZEUGEN** erzeugt eine Musterlinie, die sich an Linien angleicht. Dies ist z. B. zum Erzeugen von Böschungslinien ideal.
- **POLYGON IN SPLINE** erzeugt anhand des bestehenden Polygonzugs ein Spline. Die Eckpunkte des Polygons werden zu Stützpunkten des Splines oder erzeugen aus einem Spline einen Polygonzug. Die Stützpunkte des Splines werden in Eckpunkte des Polygons umgewandelt. Die Funktion erzeugt neue Elemente, die Originale bleiben erhalten.

- **FUNKTION ZEICHNEN** öffnet einen Dialog, in dem Sie eine mathematische Funktion eingeben können. Diese wird als Linienfolge erzeugt.
- **ELEMENT ZUSÄTZLICH MIT MUSTERLINIE VERSEHEN** erzeugt eine Kopie des Originals mit Musterlinieneigenschaften. Es kann immer nur ein Element ausgewählt werden. Bei Elementverbindungen kann ein Teilelement gewählt werden, das verwendet werden soll. Die Elementrichtung wird durch einen Pfeil am Elementanfang angezeigt.

Funktion zeichnen

Element zusätzlich mit Musterlinie versehen

Erweiterte Konstruktion – Menü Ändern

- **SPLINE MODELLIEREN** dient zum Modellieren von Splines. Wenn Sie einen oder mehrere Punkte zum Modifizieren identifiziert haben, können Sie den Wirkungsbereich über die Eingabeoption **RADIUS** einstellen.
- **ELEMENTGRUPPE AUFLÖSEN** löst Elementgruppen in ihre Einzelteile auf. Beschriftungen und an die Elementgruppe angehängte Beschriftungen werden gelöscht.
- **ACHSRASTER MODIFIZIEREN** dient zum Aufrufen und Ändern der Eigenschaften von Achsrastern und Polarachsrastern. Der angezeigte Dialog entspricht dem Dialog zum Erzeugen des Rasters.
- **ACHSRASTER AUFLÖSEN** löst das gewählte Raster in einfache Konstruktionselemente auf. Diese können danach einzeln gelöscht oder verschoben werden.

Spline modellieren

Elementgruppe auflösen

Achsraster modifizieren

Achsraster auflösen

4.3.3 Modul Text – Grundwissen

Im Modul **TEXT** finden Sie alle Funktionen, die Sie benötigen, um Textzeilen und Textblöcke zu erzeugen und zu bearbeiten. Funktionen für intelligente, d. h. von Bauteilen und deren Eigenschaften abhängige, Beschriftungen finden Sie in den jeweiligen Modulen.

Die Funktionen **TEXT HORIZONTAL**, **TEXT VERTIKAL**, **TEXT UNTER WINKEL** erzeugen Textzeilen und Textblöcke. Die einstellbaren Parameter sind jeweils gleich mit der Unterscheidung des Textwinkels.

Bevor Sie einen Text eingeben können, muss ein **TEXTANFANGSPUNKT** (bei **TEXT UNTER WINKEL** erst ein **TEXTWINKEL**, dann ein **TEXTANFANGSPUNKT**) angegeben werden. Sobald der **TEXTANFANGSPUNKT** angegeben wurde, erscheint der Eingabedialog für Texte.

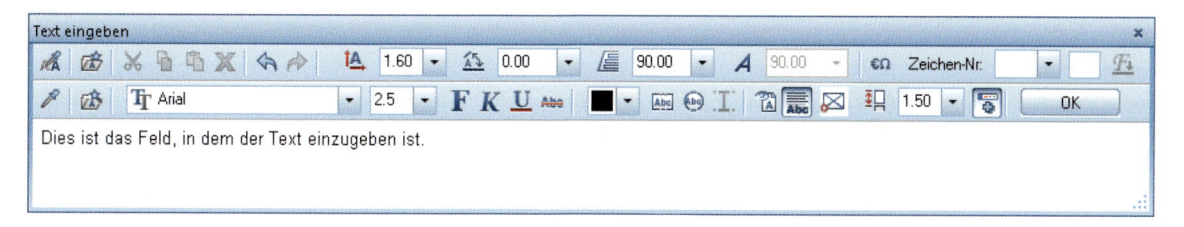

Text

Text horizontal

Text vertikal

Text unter Winkel

Beim ersten Start des Textes erscheint der Dialog in einer reduzierten Form. **SYMBOLLEISTE ERWEITERN** zeigt alle Parameter des Dialogs **TEXT EINGEBEN** an.

Mit der Funktion **SYMBOLLEISTE ERWEITERN** können Sie alle Funktionen des Texteditors einblenden lassen.

Symbolleiste erweitern

Funktionsübersicht

Text übernehmen und einfügen

- **TEXT ÜBERNEHMEN UND EINFÜGEN** übernimmt durch Anklicken eines bereits auf der Zeichenfläche abgesetzten Textes diesen direkt in die Texteingabe. Einfügepunkt ist der Cursor, markierter Text wird durch den übernommenen Text ersetzt.

Text Favoriten
Ausschneiden
Kopieren
Einfügen
Löschen

- **TEXT FAVORITEN** stellt eine einfache Funktionalität zum Speichern und Abrufen für oft gebrauchte Formulierungen als Textbausteine zur Verfügung.

- **AUSSCHNEIDEN, KOPIEREN, EINFÜGEN, LÖSCHEN** stellen die bekannten Funktionen im Textfenster zur Verfügung. Die Funktionalität entspricht der Windows-Zwischenablage. Sie können also Texte aus z. B. Word oder anderen Textverarbeitungsprogrammen direkt in das Eingabefeld übernehmen. Formatierungen können nicht komplett übernommen werden.

Rückgängig
Wiederherstellen

- **RÜCKGÄNGIG** und **WIEDERHERSTELLEN** wirken nur auf Änderungen am aktuellen Textblock. Sobald Sie den Dialog verlassen, können einzelne Änderungen nicht zurückgeführt werden.

Verhältnis Höhe/Breite

- **VERHÄLTNIS HÖHE/BREITE** gibt das Verhältnis von Höhe zu Breite des Textes an. Es ändert sich nur die Textbreite, die Texthöhe bleibt konstant. Sie können die Schriftbreite aller Schriftarten verändern. Die Anzeige im Dialogfeld bleibt immer konstant. Der Text wird als Ganzes verzerrt, d. h. die Buchstaben und die Abstände werden verändert.

Textwinkel

- **TEXTWINKEL** legt den Winkel fest, unter dem der Text abgesetzt wird. Je nachdem, über welche Funktion Sie den Textdialog gestartet haben, ist ein eigener Startwert eingesetzt. (**TEXT HORIZONTAL:** 0,00, **TEXT VERTIKAL:** 90,00, **TEXT UNTER WINKEL:** xx,xx). Durch die Änderung des Textwinkels nach dem Funktionsaufruf kann jederzeit von einem vertikalen auf einen horizontalen Text gewechselt werden.

Spaltenwinkel (Einzug)

- **SPALTENWINKEL (EINZUG)** gibt den Spaltenwinkel in Grad an, mit dem die Textzeilen des Textblocks untereinander versetzt werden. Die Textzeilen erhalten demnach unterschiedliche Einzüge. Der Spaltenwinkel ist nur an der Textvorschau in der Zeichnung sichtbar.

Kursivwinkel bei Allplan-Schriftart

- **KURSIVWINKEL BEI ALLPLAN-SCHRIFTART** ist nur für Allplan-Schriftarten verfügbar. Bei TrueType- und anderen Schriftarten erfolgt die Einstellung über die Schaltfläche *Kursiv*. Der Winkel ist in den Schriftarten selbst fixiert.

Zeichentabelle öffnen

- **ZEICHENTABELLE ÖFFNEN** öffnet einen eigenen Dialog über den Sie Sonderzeichen auswählen und in die Zwischenablage einfügen können. Über **EINFÜGEN** können Sie das Zeichen in Ihren Text übernehmen. Die eingefügten Zeichen haben immer die Texthöhe 2,5 mm.

Sonderzeichen einfügen

- **SONDERZEICHEN EINFÜGEN** dient zum Einfügen des im Feld **ZEICHEN-NR.** gewählten Sonderzeichens in Ihren Text. Sie können entweder eine in der Liste vorhandene Zeichennummer auswählen oder einen beliebigen ISO-Code eingeben. Im Feld zwischen der Zeichennummer und dem Icon **SONDERZEICHEN EINFÜGEN** wird das eingestellte Zeichen angezeigt. Wird im Text ein Zeichen markiert, erscheint die zugehörige Nummer unter Zeichen-Nr.

Textformat übernehmen

- **TEXTFORMAT ÜBERNEHMEN** blendet den Dialog aus und Sie können die Formateinstellungen eines bestehenden Textes übernehmen. Die eingelesenen Formateinstellungen werden auf den gesamten Text übertragen.

- **TEXTFORMAT FAVORITEN:** Mit **TEXTFORMAT FAVORITEN** rufen Sie ein Dialogfeld auf, in dem Sie Textparameter einstellen und als Favorit (*.txfa) speichern bzw. gespeicherte Favoriten aufrufen können (siehe auch Abschnitt 2.5.3, »Favoriten«).
- **SCHRIFTART** öffnet das Pull-down-Menü, in dem Sie unter allen installierten Schriftarten (TrueType, OpenType und Type 1) sowie aus den Nemetschek-Schriftarten den gewünschten Typ auswählen können. In Textzeilen und Textblöcken kann entweder mit TrueType-Schriftarten gearbeitet werden oder mit einer Nemetschek-Schriftart.
- **TEXTHÖHE** gibt die Texthöhe des Textes in mm an. Sie können Texthöhen von 0,1 mm bis 999,9 mm angeben.

Für die Auswahl der Schriftart und der Texthöhe finden Sie im Dialog *Text eingeben* zwei Auswahlfelder.

- **FETT, KURSIV, UNTERSTRICHEN** und **DURCHGESTRICHEN** ändern die Formatierung des markierten Textabschnittes. Sind mehrere Abschnitte mit unterschiedlichen Formatierungen markiert, erscheinen die Funktionen grau. Die Formatierungen **FETT** und **DURCHGESTRICHEN** sind bei Nemetschek-Schriftarten nicht anwählbar.
- **TEXTFARBE** ändert die Farbe des markieren Textes. Wenn Sie Formateigenschaften vom Layer übernehmen (Linienstil, Zeichnungstyp), hat diese Einstellung keine Wirkung auf Ihren Text. Ändern Sie entweder den Layer, entfernen Sie die Farbkopplung zum Layer oder verwenden Sie Steuerungszeichen (%Cx – x = 0 – 9 – Farben 0 – 9) für die Einstellung der Schriftfarbe.
- **ECKIGE KLAMMER** und **RUNDE KLAMMER** fügen Textumrahmungen in Ihren Text ein. Es erscheinen Steuerungszeichen in Ihrem Textblock, die diese Formatierung steuern. Wenn Sie die Steuerungszeichen entfernen, wird die Klammer wieder entfernt. Die Umrandung wird in der aktuell eingestellten Stiftdicke des Textes angezeigt (auch bei TrueType).
- **TRENNSTRICH** fügt einen Trennstrich in den Text ein, der mit runder Klammer oder eckiger Klammer umrahmt ist. Es erscheinen Steuerungszeichen in Ihrem Textblock, die diese Formatierung steuern. Wenn Sie die Steuerungszeichen entfernen, verschwindet der Trennstrich. Der Trennstrich ist nur in Verbindung mit eckiger Klammer oder runder Klammer möglich.
- **FÜLLFLÄCHE UNTERLEGT** unterlegt den eingegebenen Text mit einer Füllfläche. Der Text erscheint (je nach Einstellung der Reihenfolge) vor der Zeichnung freigestellt. Die Farbe der Füllfläche ist für die Bildschirmdarstellung immer gleich der Hintergrundfarbe des Fensters. Beim Ausdruck wird immer Weiß verwendet bzw. die hinter dem Text liegenden Zeichnungsinhalte werden nicht gedruckt. Eine Anpassung der Farbe und/oder der Abstände ist nicht möglich.
- **TEXTBLOCK** erzeugt einen Textblock mit zusammenhängenden Textzeilen. Der Absetzpunkt bezieht sich auf die erste Zeile des Textblocks. Wurde die Option bei der Erzeugung des Textes deaktiviert, zerfällt der Text nach Beendigung der Eingabe in einzelne Zeilen.

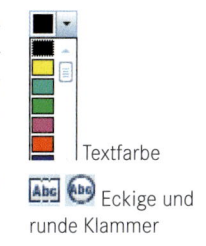

> **TIPP:** Die Option **TEXTBLOCK** sollte immer aktiv sein. Schalten Sie diese nur aus, wenn Sie aus Ihrem Textblock Textzeilen machen möchten.

◻ Textanfangspunkt

- **TEXTANFANGSPUNKT** gibt den gewählten Textanfangspunkt der ersten Zeile an. Sie haben innerhalb der Schaltfläche neun Möglichkeiten, den Textanfangspunkt zu setzen. Die Vorschau des Textes auf dem Teilbild/Plan wird entsprechend den neuen Einstellungen geändert.

⇅ Zeilenabstand

- **ZEILENABSTAND** gibt den Zeilenabstand in Abhängigkeit von der Textgröße an. Für jeden Textblock, auch bei unterschiedlichen Texthöhen, gilt immer der eingestellte Wert, basierend auf der ersten im Text eingestellten Texthöhe.

4.3.4 Weitere Funktionen zum Text

Text – Menü Erzeugen

Textzeiger

- **TEXTZEIGER** erzeugt eine Linie mit den Formateigenschaften (Stiftdicke, Strichart, Farbe und Layer) des angewählten Textes, mittels der Sie vom Text auf die Zeichnungsteile hinweisen können. Als Startpunkte am Text werden acht außerhalb des Textes liegende Punkte gefangen (analog den Textanfangspunkten). Bei Textblöcken kann neben den acht um den Block liegenden Hauptpunkten auch bei jeder Textzeile ein Anfangs- und Endpunkt gefangen werden. Im Modus **EINZELLINIEN** erzeugen Sie einen einfachen Textzeiger, im Modus **LINIENZUG** können Sie geknickte Textzeiger erzeugen.

₁A Text mit Nummerierung

- **TEXT MIT NUMMERIERUNG** erzeugt Textzeilen, die automatisch nummeriert werden. Sie können Format, Startwert und Schrittweite der Nummerierung festlegen. Über Steuerungszeichen (z. B. %K0 für einen an die Textgröße angepassten Kreis) können Sie die Optik Ihrem Bedarf anpassen.

A Dokumentinformation als Beschriftung absetzen

- **DOKUMENTINFORMATION ALS BESCHRIFTUNG ABSETZEN** setzt einen Informationsblock zum aktuellen Dokument als Text auf der Zeichenfläche ab. Die Informationen werden als statischer Text abgesetzt und eignen sich vor allem für den **BILDSCHIRMAUSDRUCK**.

Text – Menü Ändern

A Text modifizieren

- **TEXT MODIFIZIEREN** dient zum Ändern von Inhalten von Textzeilen oder Textblöcken. Wenn Sie nur einzelne Textzeilen/-blöcke modifizieren möchten, kann die Funktion auch über das Kontextmenü aufgerufen werden. Mit der Funktion **TEXT MODIFIZIEREN** können auch einfache Beschriftungen von Bauteilen (z. B. Raumbezeichnung) geändert werden. Die Eigenschaften des Bauteils werden entsprechend abgeändert.

A Textparameter modifizieren

- **TEXTPARAMETER MODIFIZIEREN** ändert die ausgewählten Textparameter von Textzeilen bzw. Textblöcken. Die nicht ausgefüllten Felder werden bei den zu ändernden Texten nicht beeinflusst.

A Textreferenzpunkt

- **TEXTREFERENZPUNKT** setzt einen Referenzpunkt für einen beliebigen Text oder ändert/löscht bereits gesetzte Referenzpunkte. Nutzen Sie diese Option, wenn der Text in einem konstanten Abstand zu einem bestimmten Punkt der Zeichnung platziert werden soll. Jedes Mal, wenn Sie diesen Punkt manipulieren (z. B. verschieben), ändert sich der Text automatisch mit.

- **TEXT VERSETZEN** verschiebt und/oder verzerrt Textzeilen oder Textblöcke. Der Bereich, in den der gewählte Text eingepasst werden soll, muss durch die Angabe des linken unteren sowie des rechten oberen Punktes definiert werden.   *Text versetzen*
- **TEXT VERZERREN** verzerrt den Text durch die Angabe von Faktoren in X- und Y-Richtung. Als Festpunkt dient der Bezugspunkt des Textes. Die entsprechenden Eigenschaftswerte des Textes werden entsprechend verändert.   *Text verzerren*
- **TEXT ERSETZEN** sucht und ersetzt einzelne Zeichen oder Zeichenfolgen in den markierten Texten.   *Text ersetzen*
- **TEXTBLOCK AUFLÖSEN** löst einen Textblock in voneinander unabhängige Textzeilen auf. Alternativ zu dieser Funktion können Sie auch über **TEXT MODIFIZIEREN** den Dialog **TEXT EINGEBEN** öffnen und dort die Eigenschaft **TEXTBLOCK** entfernen.   *Textblock auflösen*
- **TEXTZEILEN ZU TEXTBLOCK** erzeugt aus mehreren horizontalen Textzeilen einen Textblock. Dabei werden die aktuell eingestellten Textparameter verwendet. Die ursprünglichen Texte bleiben erhalten.   *Textzeilen zu Textblock*
- **TEXTE AUSRICHTEN** dient zum Ausrichten von Textzeilen. Die Texte werden immer an dem am weitesten links, rechts, oben oder unten stehenden Text ausgerichtet.   *Texte ausrichten*
- **TEXTZEILE LÖSCHEN** entfernt einzelne Textzeilen aus Textblöcken.   *Textzeile löschen*

> **TIPP:** Texte können auch mit der Funktion **AUSRICHTEN** aus dem Modul **KONSTRUKTION** bearbeitet werden. Sie benötigen dann zwar einen zusätzlichen Filter, können aber dafür auch bei gedrehter Grundrissdarstellung und/oder gedrehtem Fadenkreuz in Richtung der Achsen des Fadenkreuzes Texte ausrichten.

4.3.5 Modul Maßlinie – Grundwissen

Im Modul **MASSLINIE** finden Sie alle Funktionen, die Sie benötigen, um normale Maßlinien und Koten zu erzeugen. Alle Funktionen zum Ändern von Maßlinien aus diesem Modul können auch auf assoziative Maßlinien (z. B. Wände bemaßen) angewendet werden. Bei der Eingabe von Maßlinien und Koten wird erst nach dem Ort der Maßlinie (außer bei **MASSLINIE DIREKT**) und danach nach den zu vermaßenden Punkten gefragt.   *Maßlinie*

- **MASSLINIE** öffnet die Eingabeoptionen der Maßlinie, die vier unterschiedliche Varianten zur Erzeugung von Maßlinien bieten. Über die Schaltfläche **EIGENSCHAFTEN** können Sie den Dialog zur Einstellung der Maßlinienparameter öffnen. Die meisten Einstellungen sind für alle Maßlinientypen gleich oder ähnlich und werden im Folgenden kurz erläutert.   *Maßlinie*
    - **MASSLINIE HORIZONTAL, MASSLINIE VERTIKAL** und **MASSLINIE IM WINKEL** sind die einfachsten Funktionen für Maßlinien. Bei der Erzeugung muss erst die Stelle, an der die Maßlinie gezeichnet werden soll, angegeben werden, bevor zu bemaßende Punkte angegeben werden können.   *Maßlinie horizontal / Maßlinie vertikal / Maßlinie im Winkel*

Maßlinie direkt

Kote

- **MASSLINIE DIREKT** fragt erst zwei Punkte ab, die vermaßt werden sollen und die die Richtung der Maßlinie definieren, danach den Maßlinienort und weitere zu bemaßende Punkte.

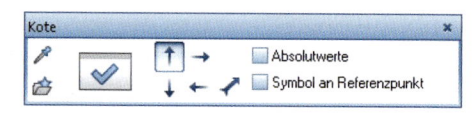

- **KOTE** erstellt Kotenmaßlinien für Schnitte, Ansichten und Details. Sie haben die Wahl zwischen vier vordefinierten und einer frei einstellbaren Richtung, ob absolute Werte (nur positives Vorzeichen) verwendet werden sollen, und ob das Kotensymbol am Referenzpunkt abgesetzt werden soll. Bei Koten ist nach der Angabe des Maßlinienorts die Definition des Bezugspunkts der Koten notwendig. Bei einer Kotenvermaßung werden alle angezeigten Werte auf den Basispunkt bezogen. Der Abstand zum Basispunkt wird am Symbol angezeigt.

> **TIPP:** Wenn Sie mit **SYMBOL AN REFERENZPUNKT** arbeiten, können Sie innerhalb eines Teilbildes alle Koten mit einer Kotenmaßlinie zusammenfassen. Fehler durch unterschiedliche Bezugspunkte können so vermieden werden.

4.3.5.1 Parameter für Maßlinien, Koten, Absteckung

Die wesentlichen Parameter sind bei allen Arten der Maßlinien und Koten gleich. Je nach Typ werden mehr oder weniger Optionen angezeigt. Die Funktionen zum Vermaßen von Kreisen und Winkeln zeigen weniger Optionen bei einer anderen Gliederung im Dialog auf.

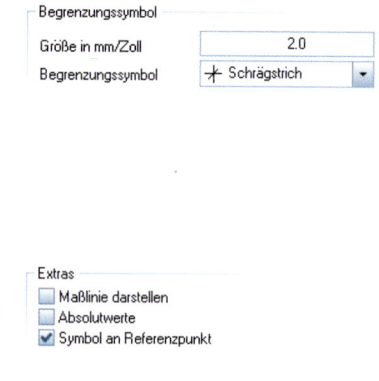

Die im Bereich **BEGRENZUNGSSYMBOL** getroffenen Voreinstellungen gelten für die gesamte Maßlinie. Während des Identifizierens der einzelnen Punkte kann für jeden Maßlinienpunkt ein eigenes Begrenzungssymbol gewählt werden. Die Anzeige im Dialog Maßlinie verändert sich dabei auf »Aus«. Die eingestellte Größe ist für alle Begrenzungssymbole einer Maßlinie gleich.

Der Bereich **EXTRAS** ist, je nachdem, welche Maßlinienart (Maßlinie, Kote, Absteckung) erzeugt werden soll, mit unterschiedlichen Optionen ausgestattet.

- Option **MASSLINIE DARSTELLEN** (allgemein) regelt, ob die Maßlinie selbst dargestellt werden soll oder nicht.

- Option **TEXT STATT MASSZAHL BEI GLEICHEN ABSTÄNDEN** (nicht bei **KOTE** und **ABSTECKUNG**) erzeugt bei identischen Maßen einen Ersatztext statt der Maßzahl.

- Option **ABSOLUTWERTE** (nur bei **KOTE** und **ABSTECKUNG**) aktiviert die Absolutwertdarstellung (nur positive Zahlen) der Maßzahlen. Bei Kotenbemaßungslinien werden alle Werte mit positivem Vorzeichen, bei der Absteckbemaßung bzw. Orthogonalbemaßung werden die Werte ohne Vorzeichen dargestellt.

- Option **SYMBOL AN REFERENZPUNKT** (nur bei **KOTE**) dient zum Erzeugen der Kotensymbole und Messwerte am zu bemaßenden Punkt. Mit dieser Einstellung können Sie die Anzahl der Maßlinien für Koten pro Teilbild auf eine reduzieren.
- **FORMATEIGENSCHAFTEN DER MASSLINIE** bietet Einstellmöglichkeiten für Stift, Strich, Farbe für die verschiedenen Bestandteile der Maßlinie: Maßlinie, Maßhilfslinie, Symbol und Zahlen/Texte sowie zur Bestimmung des Layers der Maßlinie. Durch Aktivieren der Checkboxen oberhalb der Tabelle für die Eigenschaften (gleich in allen Elementen) kann bestimmt werden, dass alle Elemente jeweils gleiche Eigenschaften haben. Bei der Kopplung der Darstellung an Layer sind diese Einstellungen ohne Bedeutung.

Register Text

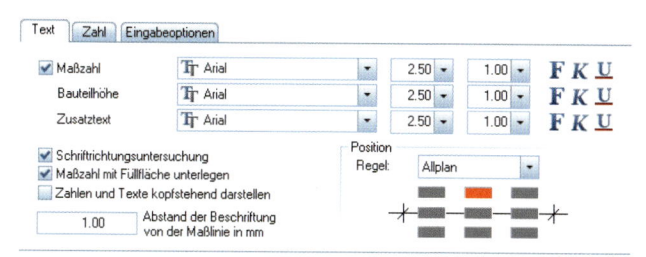

Im Bereich der Formateinstellungen von **MASSZAHL**, **BAUTEILHÖHE** und **ZUSATZTEXT** können die Parameter Schriftart, Texthöhe, Verhältnis Höhe/Breite, Fett (Fett nicht für Nemetschek-Schriftarten) sowie die Schriftgrade Kursiv und Unterstreichung jeweils gesondert eingestellt werden.

- Option **SCHRIFTRICHTUNGSUNTERSUCHUNG** aktiviert die Ausrichtung der Texte und Maßzahlen einer Maßlinie entsprechend der DIN 1356-1 (1995-02). (Von unten bzw. von rechts lesbar.)
- Option **MASSZAHL MIT FÜLLFLÄCHE UNTERLEGEN** unterlegt die Maßzahlen und Texte mit einer Füllfläche. Je nach Einstellung der Reihenfolge erscheinen die Maßzahlen und Texte freigestellt. Die Farbe der Füllfläche ist für die Bildschirmdarstellung immer gleich der Hintergrundfarbe des Fensters. Beim Ausdruck wird immer Weiß verwendet, bzw. die hinter den Maßzahlen und Texten liegenden Zeichnungsinhalte werden nicht gedruckt. Die Größe der Hinterlegung kann in den Optionen eingestellt werden, die Farbe ist nicht frei definierbar.
- Option **MASSZAHL UND TEXTE KOPFSTEHEND DARSTELLEN** zeigt die Texte und Maßzahlen einer Maßlinie unabhängig von der Richtung nach DIN 1356-1 (1995-02) kopfstehend an.
- Option **ABSTAND DER BESCHRIFTUNG VON DER MASSLINIE IN MM** regelt den realen Abstand der Maßzahl von der Maßlinie. Der Abstand wird in mm bzw. Zoll eingegeben (−99 bis +99 mm) und bezieht sich auf die Unterkante bzw. Oberkante der Maßzahl im Bezug zur Maßlinie.
- **POSITION** bestimmt, nach welchen Kriterien (Normen) die Maßzahlen einer Maßlinie angeordnet werden sollen. Die Regel »Allplan mit der Position oberhalb der Maßlinie« kommt den Forderungen der DIN 1356-1 (1995-02) nahe, auch wenn die Norm für CAD-Darstellungen nicht ausreichend ist.

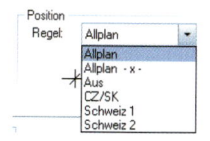

Register Zahl

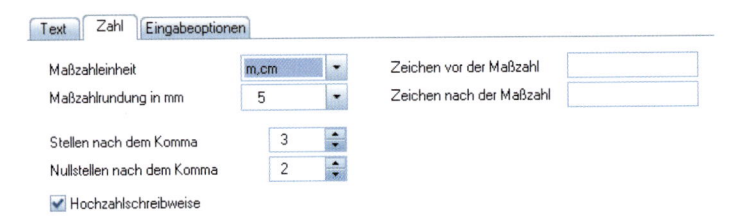

Screenshot: Register "Zahl" mit Feldern Maßzahleinheit (m,cm), Maßzahlrundung in mm (5), Stellen nach dem Komma (3), Nullstellen nach dem Komma (2), Hochzahlschreibweise (aktiviert), Zeichen vor der Maßzahl, Zeichen nach der Maßzahl.

- **MASSZAHLEINHEIT** gibt die Einheit der Bemaßung an. Neben metrischen Maßzahleinheiten können auch Einheiten in Zoll/Inch verwendet werden.
- **MASSZAHLRUNDUNG IN MM** gibt an, mit welcher Genauigkeit die ermittelte Maßzahl auf dem Bildschirm dargestellt werden soll. Intern wird mit dem ursprünglichen Wert gerechnet.
- **STELLEN NACH DEM KOMMA/NULLSTELLEN NACH DEM KOMMA** gibt die Anzahl der Nachkommastellen und Nullstellen nach dem Komma an. Beide Werte stehen im Bezug zueinander. Zahlen mit weniger Nachkommastellen als angegeben werden bis zur angegebenen Grenze mit Nullen aufgefüllt. Die Anzahl der Nullstellen nach dem Komma muss immer kleiner oder gleich der Anzahl der Stellen nach dem Komma sein. Bei Vermaßungen mit der Maßzahleinheit Zoll oder Inch sind die Schaltflächen deaktiviert.
- Option **HOCHZAHLSCHREIBWEISE** aktiviert die Hochzahlschreibweise der letzten Stelle.
- Option **FIXBRUCH** ist nur für Inch- und Zollvermaßungen verfügbar. Die angezeigten Werte bekommen einen ganzzahligen Teil, gefolgt von einem Bruch.
- Option »+« **BEI POSITIVEM WERT** (nur bei **KOTE** verfügbar) aktiviert die Darstellung von positiven Werten bei der Kotenvermaßung mit Vorzeichen. Negative Werte werden immer mit Vorzeichen dargestellt.
- Option »+/−« **BEI NULLWERT** (nur bei **KOTE** und **ABSTECKUNG** verfügbar) regelt, ob bei Nullwerten das ±-Zeichen vorangestellt werden soll oder nicht.
- **ZEICHEN VOR DER MASSZAHL/ZEICHEN NACH DER MASSZAHL:** Es können bis zu zehn Zeichen eingegeben werden, die vor bzw. hinter jeder Maßzahl dieser Maßlinie ausgegeben werden.

Register Eingabeoptionen (nicht bei Absteckung)

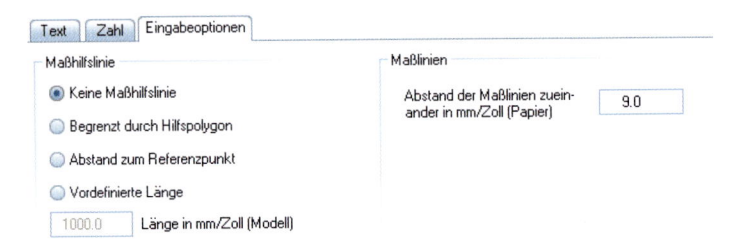

Screenshot: Register "Eingabeoptionen" mit Bereich Maßhilfslinie (Optionen: Keine Maßhilfslinie (ausgewählt), Begrenzt durch Hilfspolygon, Abstand zum Referenzpunkt, Vordefinierte Länge – 1000.0 Länge in mm/Zoll (Modell)) und Bereich Maßlinien (Abstand der Maßlinien zueinander in mm/Zoll (Papier): 9.0).

- Im Bereich **MASSHILFSLINIE** kann gewählt werden, ob und wie Hilfslinien erzeugt werden sollen.

- **ABSTAND DER MASSLINIEN ZUEINANDER IN MM/ZOLL** gibt den Abstand zwischen den Maßlinien z. B. eines Maßblocks bei der Erzeugung der Maßlinie an.

Schaltflächen im Rand des Dialogfeldes

- **OPTIONEN MASSLINIE** öffnet den Dialog zur Definition grundlegender Maßlinienparameter wie z. B. der Darstellung der Referenzpunkte und der Größe der zu hinterlegenden Füllfläche.

Optionen Maßlinie

4.3.5.2 Parameter bei der Modifikation von Maßlinien

Bei der Modifikation der Maßlinien über **KONTEXTMENÜ – EIGENSCHAFTEN** erscheint eine weitere Registerkarte neben den im vorangegangenen Kapitel beschriebenen.

Registerkarte Abschnitt/Punkt

Die Änderungsmöglichkeiten in dieser Registerkarte werden nur im markiert dargestellten Maßlinienabschnitt bzw. der markierten Kote durchgeführt.

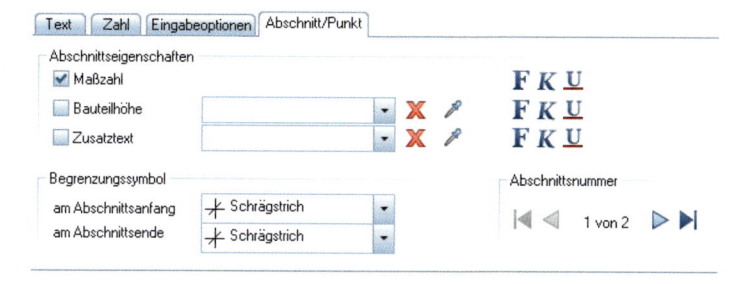

- **ABSCHNITTSEIGENSCHAFTEN** definiert für den gewählten Abschnitt Sondereigenschaften. Es können z. B. die Maßzahl ein-/ausgeblendet, eine Bauteilhöhe oder ein Zusatztext hinzugefügt bzw. gelöscht oder deren Textparameter geändert werden.
- **ABSCHNITTSNUMMER:** Damit können Sie zwischen den einzelnen Maßlinienabschnitten bzw. Punkten wechseln. Verschieben Sie sich das Dialogfeld so, dass Sie die Maßlinie/Kotenvermaßung gut im Blick haben.
- **BEGRENZUNGSSYMBOL** stellt für den markierten Maßlinienabschnitt Begrenzungssymbole für den Anfang und das Ende zur Verfügung.

4.3.6 Weitere Funktionen zur Maßlinie

Maßlinie – Menü Erzeugen

- **MASSLINIEN IN BLOCKFORM** erstellt Maßlinien in Blockform. Sie haben die Wahl zwischen folgenden Typen: **MASSLINIE HORIZONTAL, MASSLINIE VERTIKAL, MASSLINIE IM WINKEL**. Der erste Maßpunkt bleibt auch für die weiteren Maßlinien des Blocks Ausgangspunkt. Die Funktion kann ideal sein, wenn viele Maßlinien in gleichem Abstand erzeugt werden sollen.

Maßlinien in Blockform

- **AUTOMATIKBEMASSUNG** erzeugt automatisch eine Maßlinie, wenn Sie eine Schnittlinie durch die Bauteile ziehen. Die Schnittpunkte der Linie mit den Bauteilen werden automatisch bemaßt.

Automatikbemaßung

- **AUTOMATISCHE KOTENBEMASSUNG** erzeugt automatisch eine Kotenmaßlinie, wenn Sie eine Schnittlinie durch die Bauteile ziehen. Die Schnittpunkte der Linie mit den Bauteilen werden automatisch bemaßt.

Automatische Kotenbemaßung

- **ACHSBEMASSUNG** erzeugt Maßlinien, die auf eine Achse bezogen sind. Der erste Abschnitt (nächstliegend zur gewählten Achse) wird nur angedeutet dargestellt. Nach dem Ort für die Maßlinie muss eine Bezugslinie gewählt werden. Die Maßlinie wird senkrecht zur Bezugslinie aufgebaut.

Achsbemaßung

- **KURVENBEMASSUNG** dient zum Bemaßen von Kreisen, Teilkreisen, Kreiswänden, Klothoiden und Splines. Die Eigenschaften der Maßlinien für Kurven unterscheiden sich von der normalen Maßlinie.

Kurvenbemaßung

- **WINKELBEMASSUNG** vermaßt Innen- oder Außenwinkel. Es stehen nicht alle Parameter der Maßlinie zur Verfügung. Die Eigenschaften der Maßlinien für Kurven unterscheiden sich von der normalen Maßlinie.

Winkelbemaßung

Maßlinie – Menü Ändern

- **MASSLINIENPUNKT EINFÜGEN** erweitert eine Maßlinie (oder Kotenmaßlinie) um einen weiteren Punkt. Sie haben bei jedem einzufügenden Maßlinienpunkt die Möglichkeit, das Begrenzungssymbol zu bestimmen. Zudem können Sie für den jeweils nächsten Abschnitt die Öffnungs-/Bauteilhöhe und einen Zusatztext angeben.

Maßlinienpunkt einfügen

- **MASSLINIENPUNKT LÖSCHEN** entfernt einen einzelnen Maßlinienpunkt aus einer Maßlinie. Sie müssen dazu das Begrenzungssymbol anklicken, das entfernt werden soll. Besitzt eine Maßlinie nur noch zwei Punkte, so ist ein weiteres Löschen mit dieser Funktion nicht möglich.

Maßlinienpunkt löschen

- **MASSZAHL VERSCHIEBEN** dient zum Verschieben einer einzelnen Maßzahl. In den Eingabeoptionen können Sie einstellen, ob **SENKRECHT** zur Maßlinie oder **ENTLANG** der Maßlinie verschoben werden soll. Ist keine der beiden Schaltflächen aktiviert, kann die Maßzahl frei verschoben werden. Der Funktionsablauf gleicht dem bei der Funktion **VERSCHIEBEN** und ähnlichen Funktionen.

Maßzahl verschieben

- **MASSZAHLORT OPTIMIEREN** ändert die Platzierung von Maßzahlen, die verschoben wurden. Alle Maßzahlen der Maßlinie werden wieder nach der eingestellten Regel (unter **POSITION**, Register **TEXT**) platziert. Die Platzierung der Maßzahlen nimmt nur auf die eigene Maßlinie Rücksicht.

Maßzahlort optimieren

- **MASSLINIE VERSCHIEBEN** dient zum Verschieben einzelner oder mehrerer paralleler Maßlinien. Die Referenzpunkte der Maßlinie bleiben erhalten, der Bezug zur Zeichnung wird nicht beeinflusst. Außerdem können Sie die Abstände der Maßlinien in einem Maßlinienblock verzerren und die Abstände zwischen mehreren Maßlinien egalisieren bzw. ausrichten.

Maßlinie verschieben

- **MASSLINIE MODIFIZIEREN** ändert Parameter bei bereits gezeichneten Maßlinien. Nur die im Dialog neu ausgefüllten Parameter werden jeweils verändert. Alle anderen Eigenschaften bleiben erhalten. _Maßlinie modifizieren_
- **BAUTEILHÖHE, ZUSATZTEXT MODIFIZIEREN** dient zum Setzen, Löschen und Ändern von Bauteilhöhen (z.B. Bauteilhöhen von Öffnungen und Fundamenten) sowie zum Setzen, Löschen und Ändern von Zusatztexten in Maßlinien. Die eingefügten Werte werden nicht assoziativ erzeugt. Sollte sich also die Bauteilgeometrie ändern, so bleibt die eingetragene Höhe bestehen. _Bauteilhöhe, Zusatztext modifizieren_
- **MASSHILFSLINIEN MODIFIZIEREN** dient zum Ändern der Länge von Maßhilfslinien. Wenn die Maßhilfslinie noch keine Länge hat, so kann man sie am Begrenzungssymbol fassen. _Maßhilfslinien modifizieren_
- **MASSLINIE AUFTEILEN** teilt eine Maßlinie in mehrere unabhängige Maßlinien auf. Es wird der Aufteilungspunkt und ein Abstandspunkt verlangt. Der zweite Punkt definiert, in welche Richtung der zweite Teil der Maßlinie verschoben werden soll. _Maßlinie aufteilen_
- **REFERENZPUNKT MODIFIZIEREN** dient zum Anzeigen und Ändern der Lage von Referenzpunkten einer Maßlinie. Durch das Versetzen des Referenzpunktes kann die Maßlinie geändert werden. Achten Sie immer darauf, dass alle Referenzpunkte auf echten Zeichnungspunkten sitzen. Nutzen Sie auch die Funktion **BEMASSUNG KONTROLLIEREN**. _Referenzpunkt modifizieren_
- **BASISWERT MODIFIZIEREN** ändert den Bezugspunktwert einer Kotenmaßlinie. Wird der Basispunkt versetzt (durch Anklicken eines anderen Punktes), so wird in Richtung der Kotenvermaßung der Bezugswert passend im Bezug zum bisherigen Wert automatisch ermittelt. _Basiswert modifizieren_
- **MASSLINIEN ZUSAMMENFÜGEN** fügt nebeneinanderliegende, richtungsgleiche Maßlinien zu Maßketten zusammen. _Maßlinien zusammenfügen_
- **MASSZAHL AUS-, EINBLENDEN** blendet einzelne Maßzahlen ein oder aus. Alternativ dazu können Sie auch über die Eigenschaften der Maßlinie – Register **ABSCHNITT/PUNKT** einzelne Maßzahlen einblenden oder ausblenden. _Maßzahl aus-, einblenden_
- **BEMASSUNG KONTROLLIEREN** blendet alle Referenzpunkte von Maßlinien ein, die (je nach Einstellung) nicht auf Endpunkten, Elementen oder Schnittpunkten liegen. Die jeweils angezeigten Punkte können direkt versetzt werden. Freie Referenzpunkte werden auf allen sichtbaren Teilbildern erkannt, können aber nur auf dem aktiven und auf die aktiv im Hintergrund liegenden Teilbilder verschoben werden. _Bemaßung kontrollieren_

4.3.7 Beispiel – Lageplan als Pixelfläche

Eine Alternative zum Hinterlegen von gescannten Plänen ist die Pixelfläche aus dem Modul **KONSTRUKTION**. Eine allgemeine Funktionsbeschreibung im Zusammenhang mit weiteren Flächenelementen finden Sie in Abschnitt 4.3.1, »Modul Konstruktion – Grundwissen«.

Für die Einstellung des richtigen Maßstabs kann im optimalen Fall eine Nebenrechnung für den Faktor verwendet werden. In ungünstigen Fällen, bei denen die Daten aus unbekannten Quellen stammen, ist der Faktor durch den Vergleich einer gemessenen Strecke mit dem korrekten Maß zu ermitteln.

Pixelfläche maßstäblich hinterlegen

▷ **PROJEKTBEZOGEN ÖFFNEN: TEILBILDER AUS ZEICHNUNGS-/BAUWERKSSTRUKTUR** und Teilbild 101 aktivieren
▷ **PIXELFLÄCHE** (Allgemeine Module – **KONSTRUKTION**)
▷ Format in der Palette **EIGENSCHAFTEN: LAYER** (FL_PIX – Pixelfläche)
▷ Wählen Sie über die Schaltfläche oben rechts (drei Punkte) die Bitmap-Datei *Lageplan.bmp* aus dem Ordner *Projekt → Praxishandbuch Allplan (Hanser Verlag)* aus und bestätigen Sie die Auswahl.

Auf der rechten Seite ist eine Vorschau eingeblendet, unterhalb derer Bildinformationen angezeigt werden. Beim gewählten Bild wird die nebenstehende Information angezeigt. Wichtig ist die Auflösung (hier 600 dpi).

▷ Wechseln Sie unter **SKALIERUNG** auf **GRÖSSE IN METER**.
▷ Geben Sie im Feld **IN X:** folgende Rechenoperation hinter dem Wert **19.920** ein:
… 2.54 × 1000/600
▷ Klicken Sie nach der Eingabe in ein anderes Feld. Die Rechenoperation wird ausgeführt und die Größe wird geändert. (x = 84.328, y = 101.685)
▷ Bestätigen Sie die Einstellung mit **OK**.
▷ Setzen Sie die Pixelfläche am Bildschirm ab und beenden Sie die Eingabe mit **ESC**.

Über die Funktion **MESSEN** können Sie die Länge der angezeigten Skala überprüfen. Je nachdem, wie genau Sie klicken, erhalten Sie eine Länge von ca. 25,0 m angezeigt.

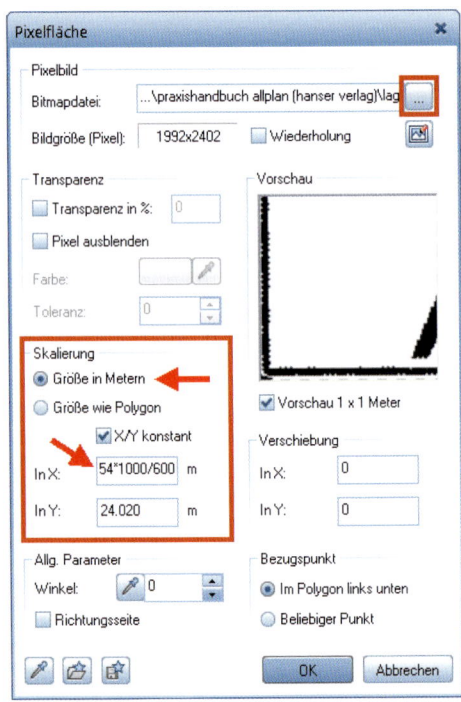

Pixelfläche verschieben

Für die weitere Bearbeitung ist es sinnvoll, wenn der Lageplan leicht gedreht wird, um eine den Achsen entsprechende Ausrichtung des Gebäudes zu erreichen. Die Gebäudeausrichtung auf die Achsen hat, vor allem bei kleineren Gebäuden, den Vorteil, dass die Ansichten direkt in den Ableitungen erzeugt werden können, aber den Nachteil, dass möglichst auf allen Grundrissen ein Nordpfeil für die bessere Orientierung platziert werden sollte.

Der als Scanbild hinterlegte Lageplan ist bereits korrekt ausgerichtet und soll für den als Pixelfläche hinterlegten Lageplan als Referenz dienen.

▷ **PROJEKTBEZOGEN ÖFFNEN: TEILBILDER AUS ZEICHNUNGS-/BAUWERKSSTRUKTUR** und Teilbild 100 zusätzlich passiv schalten

Projektbezogen öffnen

Der zweite Lageplan wird eingeblendet.

▷ **VERSCHIEBEN** → Pixelfläche anklicken
▷ Geben Sie den Startpunkt und den Endpunkt der Verschiebung an. Der Startpunkt (**VON PUNKT**) sollte ein Punkt sein, von dem die neue Lage (**NACH PUNKT**) bekannt ist.
  VON PUNKT wählen → **NACH PUNKT** wählen

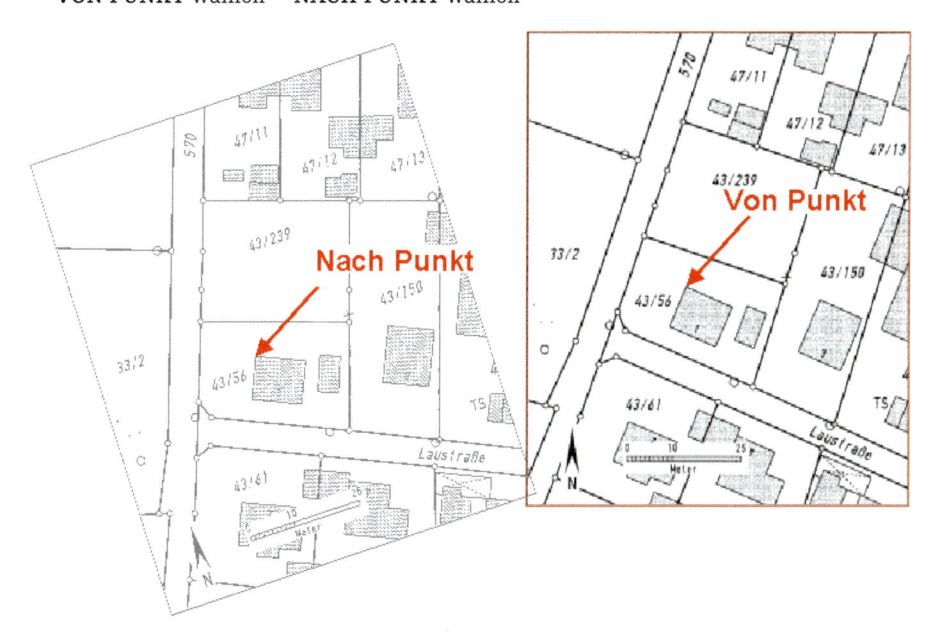

Verschieben

Die Pixelfläche wird an den neuen Punkt verschoben. Die beiden Lagepläne sollten sich nun überlagern. Unter Umständen wird der als Scanbild hinterlegte Lageplan von der Pixelfläche abgedeckt.

Pixelfläche drehen

Die Pixelfläche soll nun entsprechend dem Lageplan gedreht werden. Der Drehwinkel ist 18,1° und wird als Wert eingegeben, als Drehpunkt soll der letzte Punkt (**NACH PUNKT** vom Vorgang verschieben) verwendet werden. Das Drehen eines Elements anhand eines Richtungspunktes wird im weiteren Verlauf des Beispiels beschrieben.

▷ **DREHEN** → Pixelfläche anklicken
▷ Kontextmenü öffnen (rechte Maustaste) → **LETZTER PUNKT**
▷ Drehwinkel (18,1°) in der Dialogsymbolleiste eingeben und bestätigen (**ENTER**)

Die Pixelfläche wird um den eingegebenen Winkel gedreht.

> **HINWEIS:** In der Dialogzeile werden der Name der aufgerufenen Funktion (hier **DREHEN**) sowie ein oder mehrere Optionen angezeigt.

4.3.8 Beispiel – Darstellung von Pixelflächen

Für die Darstellung von Pixelflächen auf dem Teilbild bzw. zum Teil auch für die Planausgabe gibt es diverse Einstellmöglichkeiten. Bei Pixelflächen kann die Lage (im Bezug zu anderen Zeichnungselementen) eingestellt werden und es kann zusätzlich eine Farbe des Pixelbildes transparent geschaltet werden.

Darstellung des Pixelbildes

Pixelbilder können zusammen mit den anderen Flächenelementen (siehe Abschnitt 4.3.1.2, »Basisfunktionen für Flächenelemente«) über die Bildschirmdarstellung in den Hintergrund gelegt werden. Dies ist allerdings weniger sinnvoll, da durch die differenzierte Steuerung der Reihenfolge deutlich mehr Möglichkeiten in der Darstellung vorhanden sind. Bei Pixelflächen können zudem noch transparente Bereiche bzw. Farben definiert werden.

Bei der Pixelfläche soll der weiße Hintergrund transparent geschaltet werden.

▷ Öffnen Sie die Eigenschaften der Pixelfläche (in der Palette) durch einen Doppelklick links auf die Pixelfläche.
▷ Schalten Sie die Eigenschaft **PIXEL AUSBLENDEN** ein und ändern Sie die Farbe auf Weiß, indem Sie das Farbfeld anklicken und im nächsten Dialog die Farbe Weiß auswählen.
▷ Klicken Sie in die Zeichnungsfläche, um die Markierung aufzuheben.

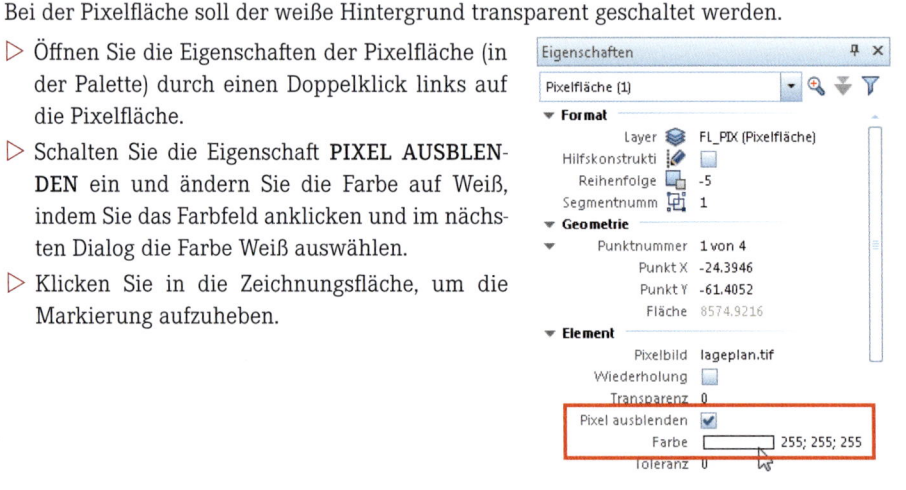

> **HINWEIS:** Jede Änderung einer Eigenschaft eines Elements in der Palette **EIGENSCHAFTEN** wird sofort angezeigt.

4.3.9 Beispiel – Lageplan nachzeichnen

Die ersten einfachen Schritte des Projektes werden anhand vom Lageplan dargestellt, der mit einfachen Elementen nachgezeichnet, bemaßt und beschriftet sowie mit Gebäude und Bäumen ergänzt werden soll. Alle Elemente sind im Assistenten enthalten. Sie können entweder die Funktionen über einen rechten Doppelklick auf die entsprechenden Elemente aktivieren (inkl. Übernahme der Eigenschaften) oder die Funktionen aufrufen und alle Einstellungen selbst vornehmen. Zum Kennenlernen der Formateigenschaften wird die aufwendigere Variante (ohne Übernahme aus dem Assistenten) gezeigt. In den weiteren Beispielen des Projekts erfolgt die Einstellung der Formateigenschaften durch Übernahme der Daten aus dem Assistenten und/oder durch die Einstellung des korrekten Layers.

Bezugsmaßstab des Teilbildes ändern

Der Maßstab jedes neu geöffneten Teilbildes ist automatisch auf 1:100 voreingestellt. Der Lageplan soll im Maßstab 1:500 gezeichnet werden. Die Eingabe des Bezugsmaßstabs ist für die Konstruktion selbst nicht von Bedeutung, da immer mit den Originalmaßen gearbeitet wird. Für Texte und die Darstellung der Linienstärken auf dem Bildschirm und später als Voreinstellung für den Ausdruck sollte der Maßstab zu Beginn der Arbeit wunschgemäß eingestellt werden.

▷ Teilbild 102 aktiv, Teilbild 101 aktiv im Hintergrund. Benennen Sie das Teilbild 101 in *Lageplan nachgezeichnet* um.
▷ Klick auf Maßstabsangabe in der Statusleiste (oder Ansicht → **BEZUGSMASSSTAB**)
▷ Wählen Sie den Maßstab 1:500 aus.

Der Maßstab des aktiven Teilbildes wird auf 1:500 neu gesetzt.

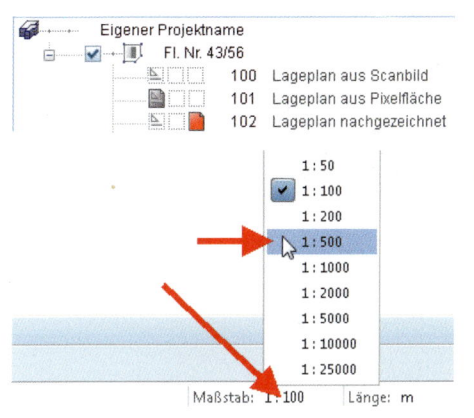

Zeichnungstyp einstellen

Das Beispielprojekt arbeitet komplett mit Zeichnungstypen. Die gängigsten Anforderungen sind in den Zeichnungstypen des Projektes umgesetzt. Für den Lageplan soll der Zeichnungstyp **BAUVORLAGE** aus der Gruppe **GRUNDRISSE – PRAXISHANDBUCH ALLPLAN** verwendet werden.

▷ Klick auf den Text hinter **ZEICHNUNGSTYP:** in der Statusleiste
▷ Wählen Sie den Zeichnungstyp **BAUVORLAGENZEICHNUNG** aus der Gruppe **GRUNDRISSE PRAXISHANDBUCH ALLPLAN**.

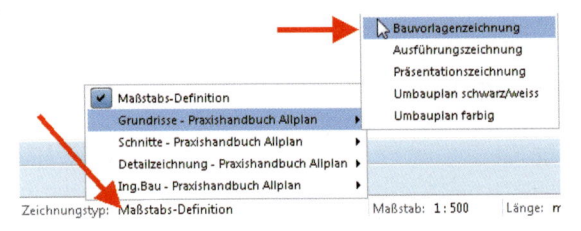

Der gewählte Zeichnungstyp wird angezeigt. Da bislang keine vom Zeichnungstyp abhängigen Daten erzeugt wurden, hat sich in der Anzeige nichts geändert.

Grundstücksgrenzen mit Linien nachzeichnen

Formateinstellungen können Sie entweder in der Symbolleiste **FORMAT** oder in der Palette **EIGENSCHAFTEN** auswählen. Innerhalb des Beispielprojektes wird für Stiftdicke, Strichart und Linienfarbe immer die Einstellung »von Layer« verwendet. Die jeweiligen Felder sind ausgegraut, und die aktuelle Darstellung orientiert sich am aktiven Zeichnungstyp (hier Grundrisse – Praxishandbuch Allplan → Bauvorlage).

Linie

▷ **LINIE**
▷ Format in der Palette **EIGENSCHAFTEN:**
   LAYER (KO_GRUND)
   STIFT VON LAYER → aktiviert
   STRICH VON LAYER → aktiviert
   FARBE VON LAYER → aktiviert

> **HINWEIS:** Die Buchstaben KO stehen für die Gruppe Architektur – Konstruktion.

Modus Linienzug

▷ Anfangssymbol wie angezeigt und Modus **LINIENZUG**
▷ Zeichnen Sie nun die Grenzen des Grundstücks nach. Nutzen Sie möglichst die Spurlinien dabei. Die rechte obere Ecke des Grundstücks hat einen rechten Winkel.

Zoomen Sie sich nahe genug an die Punkte heran, um größtmögliche Genauigkeit zu erreichen. Kleine Abweichungen sind im Moment unerheblich, da im weiteren Verlauf des Beispiels exakte Daten eingelesen werden. Welcher Punkt als Startpunkt gewählt wird, bleibt Ihnen überlassen.

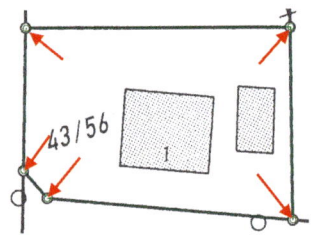

Abzubrechende Gebäude mit Rechtecken nachzeichnen

Nach den Grundstücksgrenzen sollen die beiden bestehenden Gebäude mit Abbruchlinien gekennzeichnet werden. Hierzu könnten Sie wie bei der Grundstücksgrenze Linien verwenden. Die Lösung mit zwei Rechtecken – als Polygonzüge erstellt – ist effektiver.

▷ **RECHTECK**
  Eingabeoption **GRUNDLINIE**
▷ **Format** in der Palette **EIGENSCHAFTEN**:
  LAYER (PIB_ABB_AL)
  STIFT VON LAYER → aktiviert
  STRICH VON LAYER → aktiviert
  FARBE VON LAYER → aktiviert

> **TIPP:** Die Buchstaben PIB_ABB stehen für die Gruppe **PLANEN IM BESTAND – ABBRUCH**. Die Strichart 99 und die Farbe können auch über Strichart und Linienfarbe gewählt werden, wenn die Automatik ... **VON LAYER** nicht verwendet wird.

▷ **ANFANGSPUNKT (1)** der Grundlinie soll der linke obere Eckpunkt des bestehenden Hauptgebäudes sein.
▷ **ENDPUNKT (2)** der Grundlinie ist der rechte obere Eckpunkt.
▷ Bei **PUNKT/BREITE** geben Sie den dritten Punkt **(3)** – ein beliebiger Punkt auf der unteren Kante des Gebäudes – an.

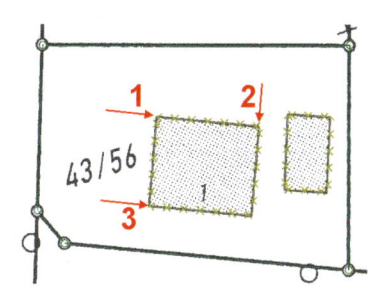

Das Rechteck wird nach Angabe der Höhe (des dritten Punktes) direkt erzeugt. Erzeugen Sie für die Garage (Nebengebäude) ein Rechteck mit den gleichen Einstellungen.

Grundstück mit Füllfläche einfärben

▷ **FÜLLFLÄCHE**
▷ **Format** in der Palette **EIGENSCHAFTEN**:
  LAYER (KO_FUELL)

▷ **EINGABEOPTIONEN** → **EINZEL** und automatische Geometrieermittlung aktivieren

▷ **Eigenschaften**
  Stellen Sie die gewünschte Farbe für das Grundstück über die Eigenschaften in den Eingabeoptionen ein (z. B. Farbe 9).

▷ Klicken Sie innerhalb des Grundstücks einmal links an einer Stelle, an der kein Punkt gefangen wird („Bommel" am Fadenkreuz).

Die gesamte Fläche wird automatisch gefüllt, die beiden Rechtecke (Gebäude) werden nicht ausgespart. Als Alternative zur automatischen Geometrieermittlung können Sie auch alle Punkte des Grundstücks nacheinander anklicken. Der Vorgang entspricht dem Zeichnen der Grenzlinie. Die neu erzeugte Fläche überdeckt im Moment die Pixelfläche, da diese auf einem passiven Teilbild liegt. Wenn Sie das Teilbild 101 aktiv in den Hintergrund schalten, ändert sich die Arbeitsdarstellung.

TIPP: Mit der Einstellung **MULTI** können mehrere Flächenbereiche definiert bzw. in Flächenbereichen Aussparungen erzeugt werden.

Fläche messen mit Funktion Fläche messen

▷ MESSEN → FLÄCHE oder FLÄCHE MESSEN
▷ Klicken Sie die Füllfläche an oder klicken Sie alle Grenzpunkte der Reihe nach als Umriss der zu messenden Fläche an.

Messen
Fläche messen

Es erscheint ein Dialog, in dem die Messwerte angezeigt werden.

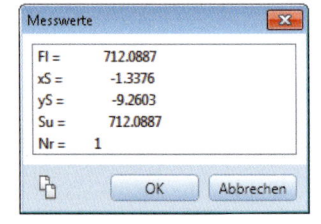

TIPP: Bei aktivierter automatischer Geometrieermittlung können Sie alternativ auch in eine von Linien oder anderen Konstruktionselementen vollständig umschlossene Fläche klicken. Die Automatik greift hier genauso wie bei Flächenelementen.

Fläche messen durch Ablesen der Größe aus den Eigenschaften

Eine Alternative zur Funktion FLÄCHE MESSEN bietet die Palette EIGENSCHAFTEN, in der viele Eigenschaften des aktuell markierten Objekts angezeigt werden.

▷ Füllfläche markieren (durch einen einfachen Linksklick)
▷ Palette EIGENSCHAFTEN öffnen (falls diese nicht sichtbar angeordnet wurde)

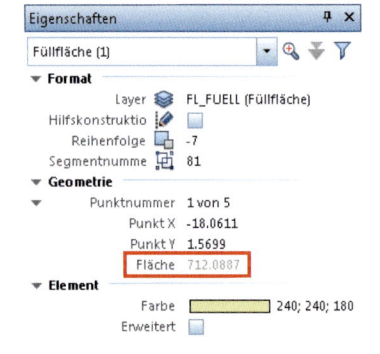

Palette Eigenschaften (E)

Die Fläche kann direkt abgelesen werden. Wurde mehr als eine Fläche markiert, wird unter dem Punkt *Fläche* *variiert* angezeigt und unterhalb des Punkts *Element* wird die Flächensumme eingeblendet.

Horizontalen Text und Textzeiger erzeugen
▷ Modul **TEXT**
▷ **TEXT HORIZONTAL**
▷ Format in der Palette **EIGENSCHAFTEN**:
   LAYER (TX_500)
   STIFT VON LAYER → aktiviert
   STRICH VON LAYER → aktiviert
   FARBE VON LAYER → aktiviert
▷ Legen Sie den **TEXTANFANGSPUNKT** rechts vom Grundstück fest.

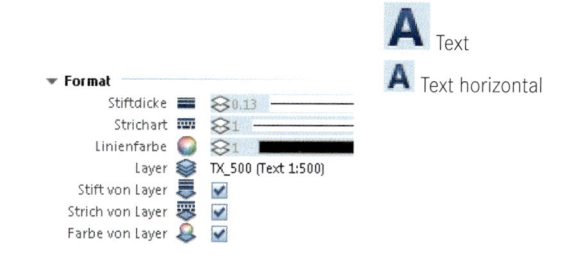

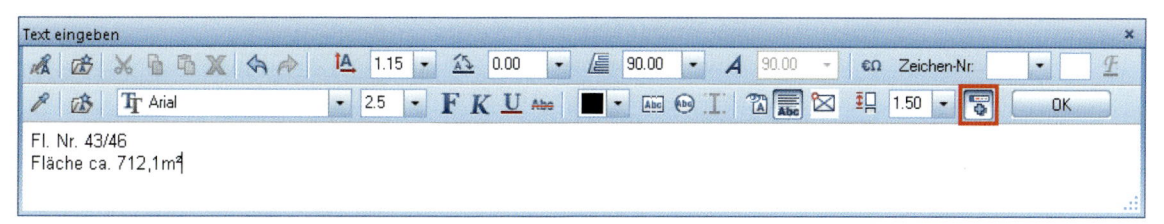

Text

Text horizontal

Erweitern Sie bei Bedarf die Anzeige der Funktionen im Texteditor mit der Funktion **SYMBOLLEISTE ERWEITERN**. Stellen Sie die Eigenschaften des Textes in etwa wie angezeigt ein. Achten Sie darauf, dass die beiden Parameter **TEXTBLOCK** und **FÜLL-FLÄCHE** aktiviert sind.

▷ Schreiben Sie den angezeigten Text ins Eingabefeld und bestätigen Sie die Eingabe mit **OK**.

Symbolleiste erweitern

Textblock

Füllfläche

Der Text wird während des Schreibens am Bildschirm angezeigt und durch die Bestätigung der Eingabe (mittels **OK** rechts oben) erzeugt.

> **HINWEIS:** Die Eingabe von Text im Texteditor kann alternativ auch über **STRG+ENTER** abgeschlossen werden.

▷ **TEXTZEIGER**: Wählen Sie als **ANFANGS-SYMBOL** »Kreis gefüllt ohne« und als **ENDSYMBOL** »Stahlbau gefüllt ohne« aus. Die **SYMBOLGRÖSSE** ist mit 3 mm ausreichend. Als Modus wählen Sie **EIN-ZELLINIE** an.

▷ Die Einstellungen für die Linie (Formateigenschaften) werden automatisch vom Text übernommen und in der Palette angezeigt.

Textzeiger

▷ Bewegen Sie nun das Fadenkreuz in den Randbereich des Textes. Dieser sollte rot werden, und die möglichen **ANFANGSPUNKTE** sollten bei Annäherung an den Punkt einrasten. Der Endpunkt des Textzeigers sollte im Grundstück wie nebenstehend angegeben werden.

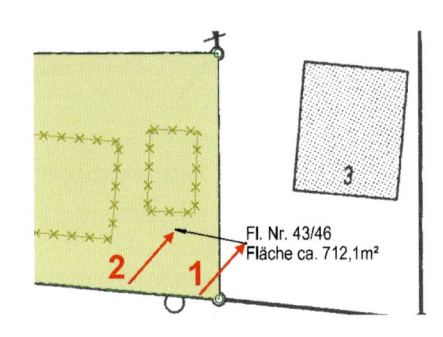

Layer bei der Arbeit ausblenden

Layerstatus ändern

Die Füllfläche und der Text sollen für die nächsten Schritte ausgeblendet werden, um die Arbeit zu erleichtern.

Über das Kontextmenü lassen sich die Layer der Elemente leicht identifizieren und ausblenden. Führen Sie die nachfolgenden Schritte auch für den Text aus.

▷ Fadenkreuz über Füllfläche bewegen
Je nach dem, welche Informationen für das Element unter **OPTIONEN – AKTIVIERUNG** eingestellt wurden, werden mehr oder weniger Zeilen angezeigt. Der Objektname und einige Elemente (TAB = …) werden immer angezeigt, solange die Elementinfo nicht komplett deaktiviert ist.

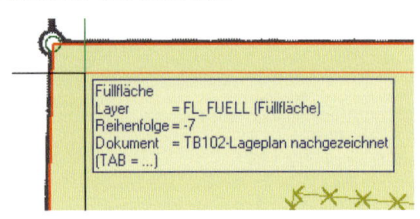

HINWEIS: Für diese Aktion darf keine Funktion aktiv sein. Bei aktiver Funktion erscheint ein anderes Kontextmenü bzw. eine andere Elementinfo.

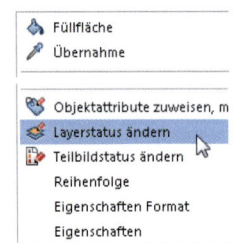

▷ Kontextmenü der Füllfläche öffnen
▷ **LAYERSTATUS ÄNDERN**
▷ Option **UNSICHTBAR, GESPERRT**

Der Dialog wird automatisch geschlossen und der Layer der Füllfläche ausgeblendet. Blenden Sie danach auch den Text und die Abbruchlinien aus. Nur das Grundstück sowie das Scanbild sollen noch sichtbar bleiben.

TIPP: Die Funktion **LAYERSTATUS ÄNDERN** finden Sie auch in der Symbolleiste *Spezial* oder unter dem Menüpunkt *Ansicht*.

Neues Gebäude mit Rechteck und Linien einzeichnen

▷ **RECHTECK**
▷ Format in der Palette **EIGENSCHAFTEN: LAYER (LS_GEB), STIFT VON LAYER, STRICH VON LAYER** und **FARBE VON LAYER** → aktiviert
▷ Eingabeoption **ÜBER DIAGONALE EINGEBEN**
▷ Visieren Sie das obere rechte Grundstückseck an und geben Sie in der Dialogzeile folgende Werte ein: Dx = −7,00 <Tab> Dy = −4,5

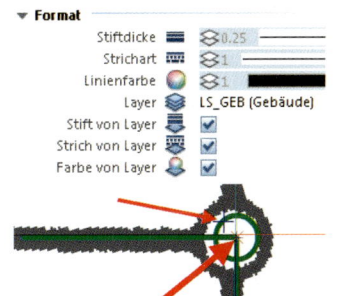

Rechteck

> **HINWEIS:** Mit der **TAB**-Taste können Sie den Eingabefokus von einem Feld zum nächsten springen lassen. Immer wenn die Lage des neuen Punktes (der neuen Konstruktion) im Bezug zu bestehenden Punkten/Linien/Bauteilen bekannt ist, kann wie dargestellt gearbeitet werden. Wichtig ist, dass der Bezugspunkt nicht angeklickt, sondern nur »gezeigt« wird, und vor dem Bestätigen der Werte kontrolliert wird, ob die Felder noch gelb hinterlegt sind.

▷ Visieren Sie entweder den Anfangspunkt des Rechtecks an oder stellen Sie das Fadenkreuz in einen leeren Bereich. Geben Sie für den Diagonalpunkt folgende Werte ein: Dx = −6,255 <Tab> Dy = −9,27

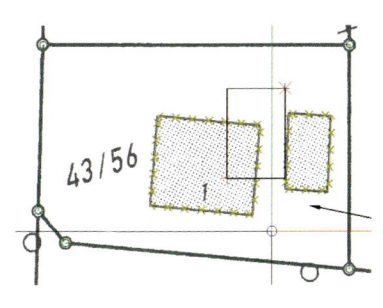

Der rechte Teil des Baukörpers ist nun erzeugt.

Der linke Teil soll die gleichen Abmessungen erhalten und mit genau vier Meter Abstand errichtet werden. Visieren Sie den linken oberen Eckpunkt des gerade gezeichneten Rechtecks an und geben den Abstand von Dx = −4,00 ein. Bestätigen Sie den ersten Punkt und fahren Sie wie beim ersten Gebäudeteil fort.

Jetzt sind beide Hauptbaukörper erzeugt. Somit fehlt nur noch der Glaskörper dazwischen. Dieser soll mit zwei Linien ergänzt werden.

▷ **LINIE**

Linie

> **TIPP:** Wenn Sie eine Funktion erneut aufrufen oder sich innerhalb einer Funktionsgruppe bewegen, wird der zuletzt verwendete Layer erneut vorgeschlagen.

▷ Visieren Sie den rechten oberen Eckpunkt des linken Gebäudes an und geben als Abstand nach unten Dy = −0,12 an. Bestätigen Sie die Eingabe mit **ENTER** (= **VON PUNKT**).

▷ Bewegen Sie das Fadenkreuz nach rechts bis zur linken Kante des rechten Gebäudes. Die aktiven Spurlinien zeigen Ihnen mit dem blauen Symbol (oberer Pfeil) an, dass Sie das Lot auf eine bestehende (oder virtuelle) Linie fangen. Klicken Sie diesen Punkt an und brechen Sie die Funktion ab.

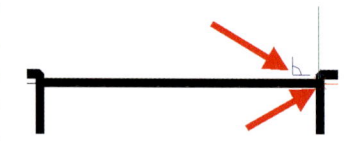

▷ Erzeugen Sie mit den gleichen Maßen den unteren Abschluss des Glaskörpers.

Gebäudeteile füllen

Blenden Sie über die Funktion **LAYERSTATUS ÄNDERN** die Abbruchlinien des bestehenden Gebäudes aus. Diese stören bei der automatischen Geometrieermittlung.

Füllfläche

▷ **FÜLLFLÄCHE**
▷ Format in der Palette **EIGENSCHAFTEN**:
 LAYER (LS_GEB)

Füllen Sie die beiden Dachhälften (linker und rechter Gebäudeteil erhalten später Pultdächer mit First zur Mitte) mit zwei unterschiedlichen Rottönen und den Glaskörper dazwischen mit einem hellen Blau. Zum Beispiel Farbe 100 (dunkles Rot), Farbe 106 (helleres Rot) und Farbe 126 (helles Blau).

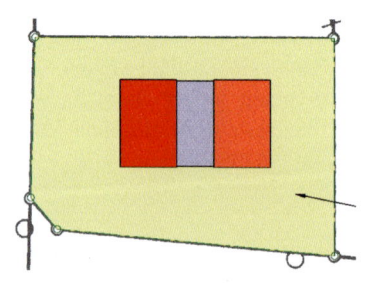

> **HINWEIS:** Die Funktion **FÜLLFLÄCHE** wurde zuletzt mit dem Layer KO_FUELL verwendet. Aus diesem Grund wird der Layer aktiv (und somit sichtbar), sobald die Funktion wieder aufgerufen wird. Blenden Sie entweder bei der Anwahl des gewünschten Layers den Layer KO_FUELL wieder aus oder erzeugen Sie einfach die neuen Füllflächen.

Lageplan bemaßen

Maßlinie
Maßlinie horizontal

▷ Modul **MASSLINIE**
▷ **MASSLINIE**
▷ Eingabeoption **MASSLINIE HORIZONTAL**

▷ **EIGENSCHAFTEN** öffnen und Parameter einstellen. Ändern Sie die Eigenschaften entsprechend der folgenden Abbildung oder probieren Sie eigene Einstellungen aus. Achten Sie darauf, dass der Layer (ML_500) eingestellt ist und die Texthöhe nicht zu groß ist. In der Vorschau oben links erhalten Sie einen ersten Überblick über Ihre Einstellungen. Im Register **EINGABEOPTIONEN** sollten Sie zudem noch die Option **KEINE MASSHILFSLINIE** aktivieren.

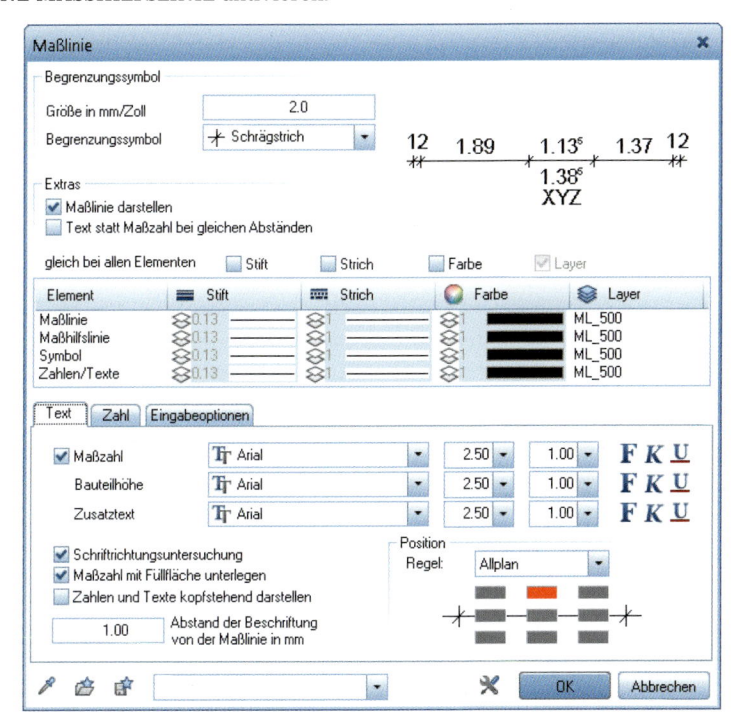

▷ **ANFANGSPUNKT** der ersten Maßlinie **(großer Pfeil)**
▷ Zu bemaßende Punkte **(kleine Pfeile)** anklicken. Klicken Sie jeden Punkt direkt an und beenden Sie die Eingabe der Maßlinie mit **ESC**.
▷ Erzeugen Sie auf die gleiche Weise weitere horizontale und vertikale Maßlinien.

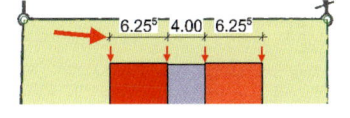

> **TIPP:** Maßlinien werden mit jedem weiteren Punkt automatisch ergänzt. Liegt ein neuer Punkt zwischen bereits definierten Punkten, wird das entsprechende Maß geteilt. Achten Sie darauf, dass bei jedem zu vermaßenden Punkt das Symbol für Schnittpunkt oder Endpunkt angezeigt wird.

Baum als Kreis mit Schatten

Der Hausbaum soll als einfacher Kreis mit Schattenansatz dargestellt werden. Die Flächenteile sind jeweils mit Farbe zu füllen. Je nach dem, welche Einstellungen in der Bildschirmdarstellung gewählt wurden, wird der Kreismittelpunkt angezeigt oder nicht.

Bildschirmdarstellung

▷ BILDSCHIRMDARSTELLUNG
▷ Aktivieren Sie die Option KREISMITTELPUNKT.

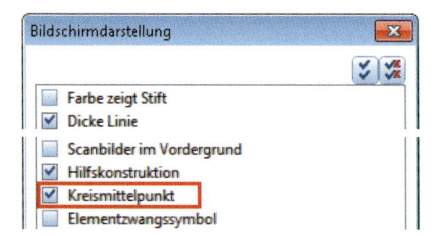

> **HINWEIS:** Unabhängig von der Darstellung am Bildschirm werden Mittelpunkte von Kreisen und Ellipsen nicht gedruckt. Deaktivieren Sie die Option nur, wenn die Mittelpunkte bei der Konstruktion stören oder das Fangen von Kreismittelpunkten verhindert werden soll.

Kreis

▷ KREIS
▷ Format in der Palette EIGENSCHAFTEN: LAYER (LS_BAUM), STIFT VON LAYER, STRICH VON LAYER und FARBE VON LAYER → aktiviert
▷ Stellen Sie die Option KREIS ÜBER MITTELPUNKT und VOLLKREIS EINGEBEN ein.
▷ MITTELPUNKT außerhalb des Grundstücks angeben

▷ Eingabe RADIUS: *1,25 m* (Eingabe mit ENTER bestätigen)
▷ Zeichnen Sie einen weiteren, leicht zum ersten versetzten Vollkreis.

Der zweite Kreis dient der Darstellung des Schattens.

Element zwischen Schnittpunkten löschen

▷ ELEMENT ZWISCHEN SCHNITTPUNKTEN LÖSCHEN
▷ Bewegen Sie das Fadenkreuz über den zu entfernenden Teil des zweiten Kreises und klicken Sie es an.

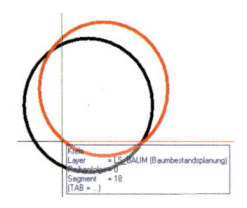

Der Teil des Kreises, der in dem ersten Kreis ist, sollte verschwinden.
- ▷ **FÜLLFLÄCHE**
- ▷ Formateinstellungen: **LAYER** (LS_BAUM)
- ▷ Stellen Sie z. B. Farbe 66 als Füllfarbe für den Baumschatten ein.
- ▷ Füllen Sie den sichelförmigen Baumschatten mit der automatischen Geometrieermittlung (Klick in die Fläche).

Füllfläche

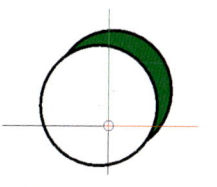

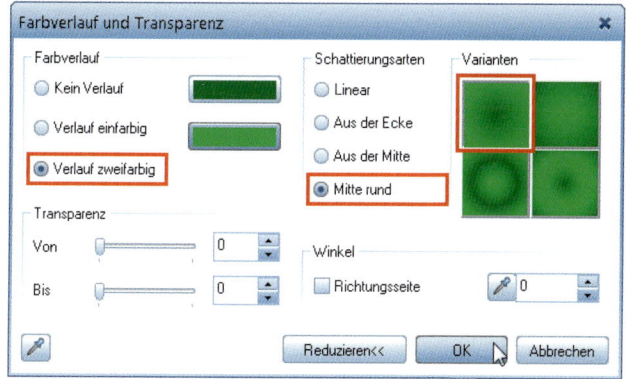

- ▷ Ändern Sie nun die Einstellungen der Füllfläche, indem Sie über die Schaltfläche **EIGENSCHAFTEN** den Dialog öffnen und auf **ERWEITERT>>** klicken, um einen Farbverlauf für den Baum einzustellen. Orientieren Sie sich an den abgebildeten Einstellungen.

Zum Färben des Vollkreises können Sie wieder die automatische Geometrieermittlung oder die Polygonisierung von Allplan verwenden.

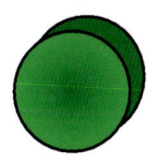

Baum verschieben

Der Baum, bestehend aus mehreren Elementen, soll an seine endgültige Position verschoben werden.
- ▷ **VERSCHIEBEN**
- ▷ Markieren Sie den kompletten Baum, indem Sie einen Aktivierungsrahmen von links oben nach rechts unten aufziehen. Der Bereich, in dem Elemente markiert werden, wird blau angezeigt.
- ▷ **VON PUNKT** ist der Mittelpunkt des Kreises.
- ▷ **NACH PUNKT** ist der Absetzpunkt vor dem linken Gebäudeteil.

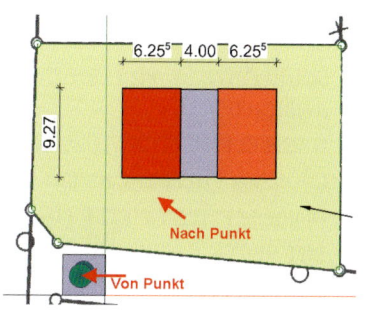

Verschieben

Reihenfolge der erzeugten Elemente prüfen

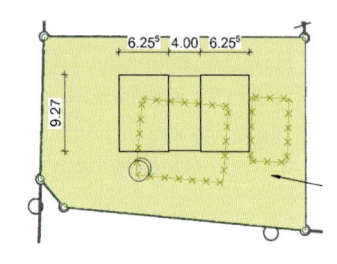

Wenn Sie alle Layer einblenden, kann es sein, dass nicht alle Elemente sichtbar sind. Allplan erzeugt neue Elemente mit der in der Option **ALLGEMEIN** definierten Reihenfolge. Bei Elementen mit gleicher Reihenfolge ist das zuletzt erzeugte oder geänderte Element vor dem anderen sichtbar.

Der Lageplan könnte in etwa so wie in der Abbildung aussehen. Spätestens wenn Sie die Farbe der Füllfläche des Grundstücks ändern, »verschwinden« die restlichen Füllflächen. Die Füllflächen des Baumes und Daches müssen demnach in der Reihenfolge so verändert werden, dass sie zumindest eine Stufe vor dem Grundstück, aber noch hinter den sie umgebenden Linien liegen, bzw. die Füllfläche des Grundstücks hinter allen anderen Elementen liegt.

Es gibt mehrere Möglichkeiten, die Reihenfolge von Elementen zu verändern. Zuerst sollte ergründet werden, welchen Wert die einzelnen Elemente bei Reihenfolge eingestellt haben.

▷ Klicken Sie die Füllfläche des Grundstücks an und kontrollieren Sie den Wert in der Palette. Die Reihenfolge müsste auf −7 eingestellt sein.

▷ Klicken Sie nun den Kreis des Baumes an. In der Palette **EIGENSCHAFTEN** müsste die Reihenfolge auf 0 stehen.

TIPP: Für alle Grundelemente ist die Reihenfolge zum Neuerzeugen in den Optionen voreingestellt.

Reihenfolge der erzeugten Elemente ändern

Die Reihenfolge der Füllflächen des Baumes und des Gebäudes soll verändert werden. Die Reihenfolge dieser Füllflächen soll von −7 auf −4 (also drei Stufen) nach vorne gesetzt werden. Somit sind die Füllflächen hinter den umgebenden Linien, aber vor der Füllfläche des Grundstückes.

Schrittweise filtern

Nach Elementen filtern

Mit Bereichseingabe, neu filtern

▷ **SCHRITTWEISE FILTERN** (Palette **EIGENSCHAFTEN** oder **FILTERASSISTENT** unter **ANSICHT**)
▷ **NACH ELEMENTEN FILTERN (1)**
▷ Checkbox **FÜLLFLÄCHE (2)**
▷ Dialog **ELEMENT-FILTER (3)** bestätigen
▷ **MIT BEREICHSEINGABE, NEU FILTERN (4)**
▷ Dialog **SCHRITTWEISE FILTERN** bestätigen

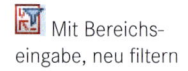

4.3 Lageplan aufbereiten   187

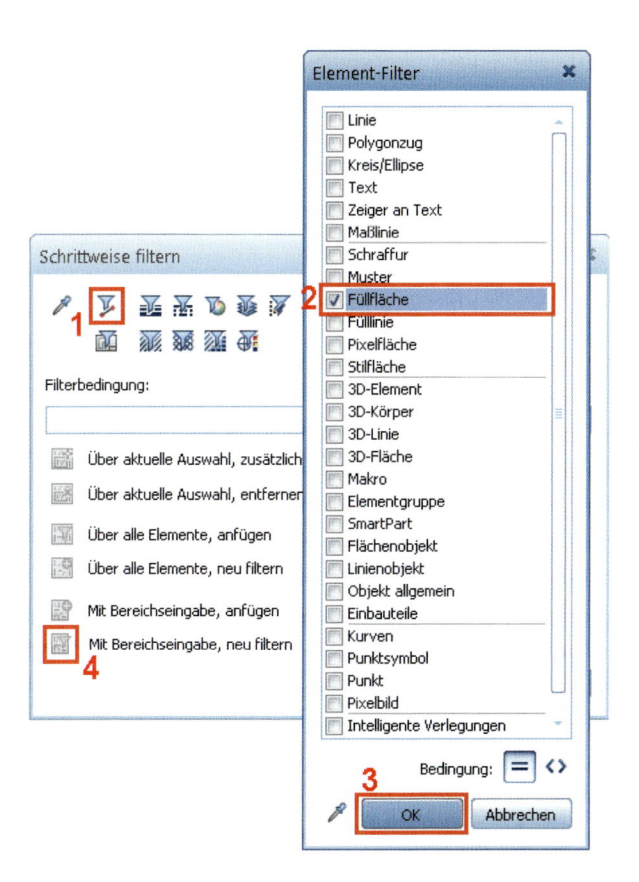

▷ Ziehen Sie einen Aktivierungsrahmen von rechts oben nach links unten über dem Lageplan auf. Die Füllfläche des Grundstücks soll nicht komplett mit eingeschlossen werden.

Es sollten nur die Füllflächen des Daches und des Baumes mit Handles markiert werden. Falls mehr markiert dargestellt wird, brechen Sie mit **ESC** ab und probieren es erneut.

▶ Ändern Sie in den Eigenschaften in der Palette den Wert **REIHENFOLGE** in −2 ab. Sie können entweder den Regler verschieben oder den Wert direkt eintragen.

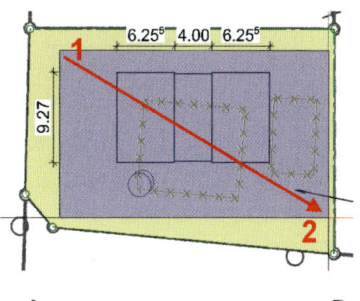

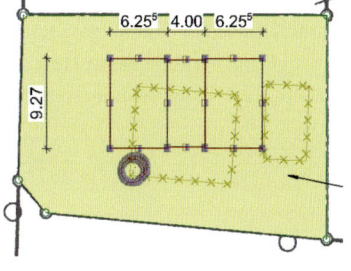

Jede Änderung, die Sie in den Eigenschaften der Palette tätigen, wird sofort in der Zeichnung umgesetzt.

▷ Bestätigen Sie den neuen Wert für die Reihenfolge mit **ENTER**. Die Flächenelemente von Haus und Baum werden vor dem Grundstück angezeigt

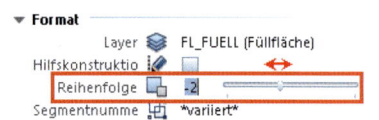

Elemente kopieren – Hausbaum kopieren

Kopieren und Einfügen

▷ **KOPIEREN**
▷ **AKTIVIERUNGSFENSTER** über dem Baum aufziehen (alle Elemente des Baumes vollständig umschlossen)
▷ **VON PUNKT** angeben, z. B. Eckpunkt eines Gebäudes
▷ **NACH PUNKT** (Baum absetzen – **NACH PUNKT** ist entsprechend dem **VON PUNKT** zu setzen)

Fertiger Lageplan

Nachfolgend sehen Sie ein mögliches Ergebnis des Lageplans. Es wurden noch Pfeile (Dreieck aus Linien mit Füllfläche) für die Eingänge und Zufahrten zu den Stellplätzen eingezeichnet. Die Reihenfolge der Linien und Füllflächen wurde noch weiter verfeinert, dass z. B. die Bäume die Grenzlinien verdecken. Wenn Sie sich das fertige Beispiel aus dem Projekt *Praxishandbuch Allplan 2013* genauer anschauen, können Sie die entsprechenden Einstellungen z. B. über die Elementinfos ablesen.

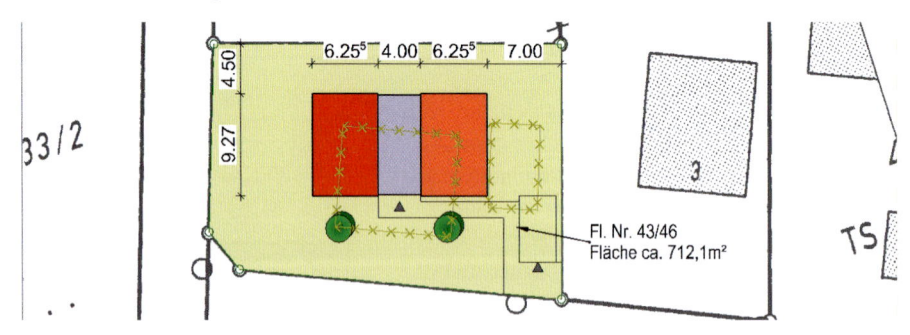

In Kapitel 8, »Planlayout, Drucken und Datenausgabe«, finden Sie Informationen, wie aus dem »unübersichtlichen« Lageplan mit Informationen zum Neubau und Abbruch zwei unterschiedliche Pläne gemacht werden können. Daten sollten möglichst nur einmal erzeugt und »wiederverwertet« werden. Die Darstellung lässt sich auf unterschiedlichste Arten in der Planzusammenstellung beeinflussen.

4.4 Datenaustausch – Importieren/Exportieren

Allplan bietet Ihnen unter dem Menüpunkt DATEI die Bereiche **IMPORTIEREN** und **EXPORTIEREN** an. An dieser Stelle sind fast alle Funktionen zum Datenaustausch aufzufinden. Im Rahmen des Beispiels wird am Ende dieses Kapitels der Import von DXF-Dateien und das Einlesen eines Plans aus Allplan mit zugehörigen Teilbildern beschrieben.

4.4.1 Importieren und Exportieren

Allplan bietet sehr viele Schnittstellen zu anderen Formaten an, über die Daten gelesen und/oder geschrieben werden können. Je nach Art der Daten und Ziel des Austausches, kann das optimale Datenformat gewählt werden. Die meisten Funktionen sind unter **IMPORTIEREN** und **EXPORTIEREN** im Menü **DATEI** zusammengefasst. Zudem sind einige, zum Teil andere, Funktionen im Modul **SCHNITTSTELLEN** und in weiteren Modulen untergebracht, in denen der Austausch alltäglich ist

4.4.1.1 DWG, DXF, DGN und weitere Datenarten
Datenimport

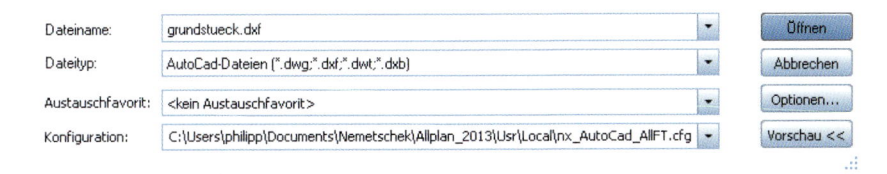

Dateiname:	grundstueck.dxf
Dateityp:	AutoCad-Dateien (*.dwg;*.dxf;*.dwt;*.dxb)
Austauschfavorit:	<kein Austauschfavorit>
Konfiguration:	C:\Users\philipp\Documents\Nemetschek\Allplan_2013\Usr\Local\nx_AutoCad_AllFT.cfg

Der Importvorgang von AutoCAD-Dateien und anderen Daten ist jeweils gleich aufgebaut. Nach Aufruf der Funktion öffnet sich ein Dateiauswahlfenster, in dem der Dateityp jeweils auf bestimmte Datentypen eingeschränkt ist. Über die Schaltflächen **OPTIONEN**, **VORSCHAU** sowie die Auswahlfelder **AUSTAUSCHFAVORIT** und **KONFIGURATION** erhalten Sie eine Vorschau der zu importierenden Datei und können Einfluss auf den Importvorgang nehmen.

- **VORSCHAU** ist deaktiviert, solange keine Datei ausgewählt ist. Über **VORSCHAU** wird der Inhalt der markierten Datei in einem separaten Fenster angezeigt. Die Voransicht reicht meistens aus, um zu prüfen, ob die richtige Datei für den Importvorgang gewählt wurde. Wenn in der Datei neben dem Modellbereich ein oder mehrere Papierbereiche vorhanden sind, können Sie über ein Kontextmenü zwischen den Views wechseln.

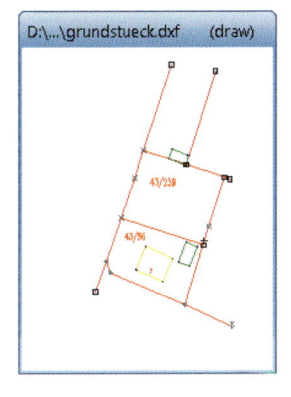

- **OPTIONEN** öffnet einen Dialog zur detaillierten Einstellung des Importvorgangs. Sie haben in Allplan eine Vielzahl von Möglichkeiten, den Import und Export über diese Optionen zu beeinflussen. Je nach Dateityp unterscheiden sich diese nochmals. Über die Austauschfavoriten haben Sie nun Zugriff auf die üblichsten Austauschszenarien.

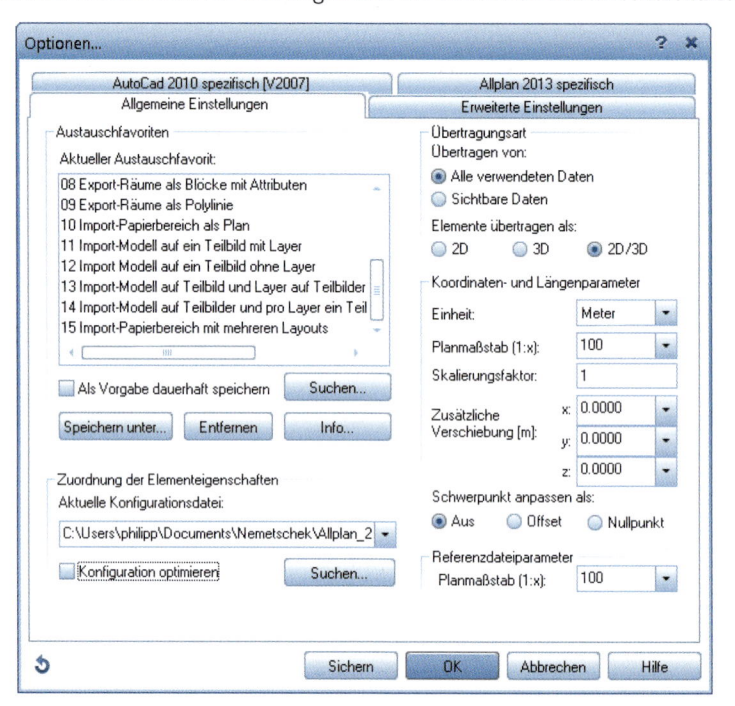

HINWEIS: Je nachdem, welchen Dateityp Sie ausgewählt haben bzw. welche Dateiversion vorliegt, unterscheiden sich die Optionen. So können bei verschiedenen Dateitypen im Register ... SPEZIFISCH Prototyp-Dateien, Bibliotheken oder Ähnliches gewählt werden. Mithilfe dieser Dateien kann der Datenaustausch weiter verbessert werden.

Register Allgemeine Einstellungen

- **AKTUELLER AUSTAUSCHFAVORIT** dient der Anwahl gespeicherter Austauschfavoriten sowie dem Speichern der aktuellen Einstellung in einem neuen Austauschfavoriten. Sobald ein anderer Favorit ausgewählt wird, werden alle Einstellungen entsprechend den gespeicherten Vorgaben gesetzt.
- Im Bereich **ÜBERTRAGUNGSART** wird darauf Einfluss genommen, ob auch nicht sichtbar geschaltete Daten importiert werden sollen, und es kann definiert werden, wie Elemente übertragen werden sollen. Bei der Einstellung 2D werden alle Daten als reine 2D-Daten eingelesen, 3D-Daten werden in 2D-Daten umgewandelt.
- **KOORDINATEN- UND LÄNGENPARAMETER:** Je nach Datei, die Sie einlesen, sollten gewisse Voreinstellungen getroffen, bzw. geändert werden.

Unter **PLANMASSSTAB (1:X)** stellen Sie den Maßstab der einzulesenden Datei ein. Die Textgröße wird entsprechend dem Maßstab eingestellt.

EINHEIT und **SKALIERUNGSFAKTOR** regeln die Umsetzung der Zeichnungseinheiten nach Allplan. Sollte eine Zeichnung in der falschen Größe importiert worden sein, kann dieser Wert für den Neuimport korrigiert werden. Es sollte immer nur eine der beiden Einstellungen geändert werde, da sich gegenläufige Änderungen aufheben können. Über den Skalierungsfaktor kann auch die Zeicheneinheit korrigiert werden, wenn statt im metrischen System mit Zoll/Inch gearbeitet wurde.

ZUSÄTZLICHE VERSCHIEBUNG (M): verschiebt beim Import die Daten um definierte Werte. Es kann z. B. ein Lageplan so importiert werden, dass der Schwerpunkt der Datei bei null zu liegen kommt.

Register Allplan 2013-spezifisch

- **LAYERVERTEILUNG** steuert, wie Layer beim Import in Allplan interpretiert werden sollen. Standardeinstellung ist Layer. Bei großen Dateiimporten kann es sinnvoll sein, die Layer auf unterschiedliche Teilbilder aufzugliedern. Die Option **DOKUMENTE (GILT NICHT FÜR INHALT EINER REFERENZDATEI)** ist in solchen Fällen zu aktivieren.
- **IMPORTIERTE REFERENZDATEI** steuert, wie XRefs aus der zu importierenden Datei in Allplan auf Teilbildern angelegt werden sollen. Bei Dateien mit vielen XRefs bietet es sich an, eine Zeichnung automatisch anlegen zu lassen.
- **LAYERHIERARCHIE FALLS LAYERERZEUGUNG BEIM IMPORT** gibt an, in welcher Layergruppe von Allplan neue Layer angelegt werden sollen. Sollten Sie für den Datenaustausch mit einem Planungspartner genau definierte Gruppen in Allplan angelegt haben, sollten diese hier gewählt werden.
- **NEU ERZEUGEN BEIM IMPORT** steuert, ob Allplan beim Import neue Definitionen automatisch anlegen soll. Wenn Sie hier z. B. **MUSTERDEFINITION** aktivieren, werden nicht bekannte Muster automatisch in Allplan angelegt. Dies verbessert die Darstellung der importierten Datei, führt aber dazu, dass die büro- oder projektorientierten Ressourcen anwachsen.

Einzelfunktionen zum Importieren von Dateien

- **AUTOCAD DATEIEN IMPORTIEREN…** öffnet den Dateiauswahldialog zum Import von AutoCAD-Dateien. Als Dateiendungen können *.dwg, *.dxf, *.dwt und *.dxb ausgewählt werden.
- **ANDERE DATEN IMPORTIEREN…** öffnet den Dateiauswahldialog zum Import von MicroStation-Dateien (*.dgn), HPGL2-Dateien (*.plt, *.hp, *.hpg, *.hpl, *.prn, *.p0? und *.p1?) sowie MicroStation V8-Zeichnungen (*.dgn).
- **LETZTE PROTOKOLLDATEI ANZEIGEN** öffnet das Übertragungsprotokoll des letzten Import- oder Exportvorgangs. Im Protokoll werden z. B. die Anzahl der übertragenen Dateien und die Zuordnung von Mustern und Layern aufgelistet.

Datenexport

Der Exportvorgang ist ähnlich dem Import aufgebaut. Neben den Einstellungen, die auch beim Import vorhanden sind, muss das gewünschte Dateiformat in der benötigten Version ausgewählt werden.

Dateiname:	TB_102_Lageplan nachgezeichnet
Dateityp:	AutoCad-Dateien (*.dwg) V12
Austauschfavorit:	<kein Austauschfavorit>
Konfiguration:	C:\Users\philipp\Documents\Nemetschek\Allplan_2013\Usr\Local\nx_AllFT_AutoCad.cfg

- **AUTOCAD-DATEIEN EXPORTIEREN…** ermöglicht die Ausgabe von *.dwg- und *.dxf-Dateien der Versionen V12 bis 2010, *.dwf-Dateien V6 und V7 sowie *.svg-Dateien. Je nach gewähltem Datentyp unterscheiden sich die Einstellmöglichkeiten.
- **ANDERE DATEN EXPORTIEREN…** ermöglicht die Ausgabe von MicroStation V8-Zeichnungen (*.dgn).
- **LETZTE PROTOKOLLDATEI ANZEIGEN** öffnet das Übertragungsprotokoll des letzten Import- oder Exportvorgangs. Im Protokoll werden z. B. die Anzahl der übertragenen Dateien und die Zuordnung von Mustern und Layern aufgelistet.

4.4.1.2 PDF-Dateien

PDF steht für Portable Document Format und wurde als plattformunabhängiges Dateiformat für Dokumente des Unternehmens Adobe Systems entwickelt und 1993 veröffentlicht. Ziel des Dateiformats war es, ein Dokumentformat für elektronische Dokumente zu schaffen, das unabhängig von Betriebssystem und Hardware-Plattform ist und somit immer originalgetreu wiedergegeben werden kann. PDF-Dateien können entweder über PDF-Drucker (geringe Datenqualität und -größe) erzeugt oder direkt aus vielen Programmen (hohe Datenqualität bei deutlich größeren Dateien) gespeichert werden.

PDF-Datei exportieren

- **PDF-DATEI EXPORTIEREN** erzeugt eine PDF-Datei aus dem aktuellen Plan. Im Dialog **PDF-DATEI EXPORTIEREN** kann unter anderem bestimmt werden, ob die Datei druckbar ist, ein Kennwort erhält, welche Auflösungen Bitmaps erhalten usw. Die Funktion **PDF-DATEI EXPORTIEREN** ist nur im Planmodus verfügbar. In der Druckvorschau und der Listenausgabe können auch PDF-Dateien ausgegeben werden.

PDF-Datei importieren

- **PDF-DATEI IMPORTIEREN** liest 2D- und 3D-PDF-Dateien auf das aktuell geöffnete Dokument ein. Je nach Ursprung der PDF-Datei gibt es sehr große Unterschiede in der Qualität und der Darstellung der Daten in Allplan. Beim Import von 2D-Daten wird die PDF-Datei auf der Zeichenfläche mit der linken unteren Ecke am Globalpunkt abgesetzt. 3D-Daten behalten die Koordinaten, die sie im Original hatten.

> **HINWEIS:** Wenn PDF/A-1a (PDF/A ist ein ISO-Standard für die Verwendung des PDF-Formats in der Langzeitarchivierung elektronischer Dokumente) angewählt ist, gelten folgende Einschränkungen: Layer können nicht übergeben werden, TrueType-Schriftarten müssen eingebettet werden, transparente Füllflächen sind nicht möglich, Kennwörter zum Öffnen

> des Dokuments können nicht vergeben und das Drucken des Dokuments kann nicht eingeschränkt bzw. ausgeschlossen werden. Weitere Informationen zu PDF/A finden Sie unter *http://www.pdfa.org*.

- **3D-PDF EXPORTIEREN** erzeugt eine PDF-Datei. Übertragen werden die Geometrie, die Materialien (Texturen), Kameras und Lichter. Sie finden die Funktion 3D-PDF exportieren nur im Kontextmenü eines Animationsfensters.

  3D-PDF-Datei exportieren

> **TIPP:** 3D-PDF-Dateien können z. B. im Adobe Acrobat Reader ab Version 7 geöffnet werden. Sie können so z. B. dem Bauherrn das Gebäudemodell per E-Mail schicken. Dieser kann sich im frei Modell bewegen. Je nach Gebäudemodell und Detaillierungsgrad können sehr große Datenmengen entstehen.

4.4.1.3 IFC-Dateien

IFC steht als Abkürzung für *Industry Foundation Classes*. IFCs definieren ein objektorientiertes Datenmodell für alle am Bauprozess Beteiligten, das von allen Applikationen, die IFC unterstützen, genutzt werden kann. Dies ermöglicht den exakten Datenaustausch zwischen diesen Applikationen. IFCs werden von der IAI (Internationale Allianz für Interoperabilität) definiert und entwickelt.

Mit der IFC-Version 2x3 kann eine große Anzahl von Elementen an andere Systeme übergeben bzw. von diesen Systemen an Allplan übergeben werden.

- **IFC-DATEN IMPORTIEREN** importiert IFC-Dateien in Allplan. Während des Importvorgangs werden Sie nach einem Startteilbild gefragt. Die eingelesenen Daten werden dann auf die dem Startteilbild folgenden Teilbilder abgelegt.

  IFC-Daten importieren und exportieren

- **IFC-DATEN EXPORTIEREN** gibt einen Bereich des Projekts in ein IFC-Modell in den von der IAI zertifizierten Formaten 2x3 oder 2x3 XML aus. Es werden Geometriedaten von Elementen sowie die zugewiesenen Attribute übertragen.

> **TIPP:** Im Dialog **IFC-DATEN IMPORTIEREN/EXPORTIEREN** finden Sie am unteren Rand einen Optionsschalter, über den Sie den Austausch detailliert steuern können. Hier kann auf den Skalierungsfaktor, eine Koordinatenverschiebung sowie auf die zu übertragenden Elemente Einfluss genommen werden.

4.4.1.4 3D-Grafik-Dateien

Importfunktionen

- **CINEMA 4D-DATEN IMPORTIEREN** liest C4D-Dateien ab R10 oder C4D-XML-Dateien ein, die in Cinema 4D ab R9.5 für Allplan erzeugt wurden. Ab Cinema 4D R10.5 stellt Cinema 4D eine Funktion zur Verfügung, über die direkt Daten von Cinema 4D auf ein Teilbild geschrieben werden können. Es darf dabei keine Funktion und/oder eine NDW-

  CINEMA 4D-Daten importieren

Datei geöffnet sein. Ist das zu beschreibende Teilbild belegt, so erscheint eine Sicherheitsabfrage.

- **SKETCHUP-DATEIEN IMPORTIEREN** liest Daten aus Google SketchUp im *.skp-Format ein. Die Daten des 3D-Modells behalten die in Google SketchUp definierten Koordinaten und werden als 3D-Flächen auf dem Dokument abgesetzt.
- **STL DATEIEN IMPORTIEREN** liest Daten im *.stl-Format ein. Die Daten werden als 3D-Dreiecksflächen übertragen. Es werden die aktuellen Formateigenschaften für die eingelesenen Elemente verwendet.
- **RHINO-DATEIEN IMPORTIEREN** liest Dateien im Format *.3dm in Allplan ein. Alle Daten werden als 3D-Flächen auf den Originalkoordinaten des Quellsystems erzeugt. Komplexe, parametrische Objekte wie Nurbs werden in Polyeder gewandelt. Die Netzdichte ist während des Importvorgangs einstellbar.

Exportfunktionen

- **CINEMA 4D/VRML/3DS/U3D EXPORTIEREN** exportiert aus den 3D-Informationen Dateien, die mit verschiedenen 3D-Programmen aus dem Bereich der Visualisierung geöffnet und bearbeitet werden können. Verwenden Sie nach Möglichkeit jeweils das aktuellste, angebotene Format.
- **SKETCHUP-DATEIEN EXPORTIEREN** speichert die Modelldaten im Google SketchUp-Format (*.skp). Die so erzeugten Daten können z. B. bei Google Maps eingestellt werden.
- **STL-DATEIEN EXPORTIEREN** speichert die Modelldaten im *.stl-Format. Sie haben die Wahlmöglichkeit zwischen Binärformat und Textformat. Das STL-Format (Surface-TesselationLanguage, STereoLithografie) beschreibt die Oberfläche von 3D-Körpern durch Dreiecke. Die folgenden Eigenschaften werden nicht übertragen: Oberflächen, Texturen, Linienfarben, Stricharten, Stiftstärken und Layer. Polygonflächen mit mehr als vier Punkten werden in Dreiecke aufgeteilt.
- **RHINO-DATEN EXPORTIEREN** erzeugt aus 3D-Elementen eine Datei im Format *.3dm. Es werden Elementfarbe, Strichart, Stiftdicke, Material (ohne Texturdateien) sowie Layer mit Layerfarbe übertragen.

4.4.1.5 Datenaustausch mit dem AVA-System

Über diese Schnittstelle lassen sich entweder Daten an das AVA-System oder Excel übertragen. Durch eine Rückübertragung der Daten an das CAD-System können Sie sehr komfortabel Daten in Allplan verändern. So können Sie z. B. von allen auf einem Teilbild vorhandenen Wänden das Material in einem Zuge ändern oder auch nur von bestimmten Wänden, die Sie in dem externen Programm gefiltert haben.

- **ALLPLAN BCM- UND MENGEN-DATEN EXPORTIEREN** speichert Informationen zu den auf den aktiven Dokumenten (Teilbildern oder freien NDWs) enthaltenen Bauteilen (Attribute, Mengen usw.) in XCA-Dateien in Listenform ab. Diese Daten sind mit externen Programmen wie Allplan BCM oder Microsoft Excel lesbar und können dort weiter verarbeitet werden. Zudem können die externen Programme automatisch nach dem Schreiben der Daten durch Allplan geöffnet werden.
- **ITWO-DATEN EXPORTIEREN** speichert Daten aus Allplan für die weitere Verwendung im Programm iTWO von RIB.

- **ALLPLAN BCM- UND MENGEN-DATEN IMPORTIEREN** liest in externen Programmen bearbeitete XCA-Dateien wieder ein. Die Änderungen werden in Allplan direkt aktualisiert.

Allplan BCM- und Mengen-Daten importieren

> **HINWEIS:** Die erste Spalte der zu importierenden Datei muss die Allright-Bauteil-ID enthalten. Diese Spalte darf nicht verändert werden.

Alternativ können in vielen Reporten Allplan BCM-Mengendateien geschrieben werden. Über den Objektmanager können auch Daten geschrieben und gelesen werden.

4.4.1.6 Allplan-Daten austauschen (Import/Export)

Die Funktionen **GELADENEN PLAN MIT RESSOURCEN EXPORTIEREN** und **GELADENE TEILBILDER MIT RESSOURCEN EXPORTIEREN** sind ideal zum komfortablen Austausch von Teilen eines Projekts. Neben den drei Funktionen zum Austausch von Allplan-Daten können Sie Daten über den externen Pfad im ProjektPilot, über Projektsicherungen aus dem Allmenu und direkt mit **KOPIE SPEICHERN UNTER** austauschen.

Export

- **GELADENEN PLAN MIT RESSOURCEN EXPORTIEREN** speichert den aktuellen Plan mit den zugehörigen Teilbildern in einem Zip-Archiv. Die Teilbilder werden als NDW-Dateien mit Ressourcen gespeichert.
- **GELADENE TEILBILDER MIT RESSOURCEN EXPORTIEREN** speichert das aktive Teilbild sowie alle aktiv im Hintergrund liegenden Teilbilder als NDW-Dateien in ein Zip-Archiv.

Import

- **TEILBILDER UND PLÄNE MIT RESSOURCEN IN DAS PROJEKT EINFÜGEN** dient zum Wiedereinlesen von mit einer der beiden vorangegangenen Funktionen exportierten Daten. Teilbilder und/oder Pläne, die bereits im Projekt enthalten sind, können überschrieben werden (*.bak-Dateien werden erzeugt).

Anwendungsbeispiel

- Übergabe von Daten an den Statiker, der auch mit einer aktuellen Version von Allplan arbeitet
- Einbindung externer Mitarbeiter: Der externe Mitarbeiter hat eine komplette Projektkopie auf seinem Rechner (das Original befindet sich auf dem Server des Büros) und versendet nur die fertigen Pläne inkl. der zugehörigen Teilbilder.

> **HINWEIS:** Scanbilder werden nicht exportiert. Scanbilder müssen entweder in Pixelbilder gewandelt werden oder separat (*.rlc-Datei) verschickt und im Zielprojekt abgelegt werden. Sie können die hinterlegten Scanbilder auch über die Funktion **PIXELFLÄCHE ERZEUGEN** (Modul **BESTAND-SCAN**) in Pixelflächen umwandeln.

4.4.2 XRef und Freies XRef

Unter dem Menüpunkt EINFÜGEN stehen Ihnen zwei Funktionen für XRefs zur Verfügung. Beide Funktionen arbeiten ähnlich, verwenden aber unterschiedliche Daten.

Projektbezogene Referenzen

XRefs sind ideal für Teilgrundrisse oder Darstellungen, die zwar immer da sein sollen, aber nicht verschoben oder zusätzlich aktiviert werden sollen. Darstellungen können so beispielsweise für Dachdraufsichten, Lagepläne auf Original-Koordinaten oder Anschnitte von anderen Gebäudeabschnitten eingeblendet werden. Zudem ist es über projektbezogene XRefs möglich, die Grenze der darstellbaren Teilbilder zu umgehen. Sie können auf einem Teilbild nahezu beliebig viele XRefs ablegen.

XRef

- **XREF** öffnet die Dialog-Symbolleiste zum Einstellen und Auswählen eines projektbezogenen Teilbildes als XREF. Es können nur einzelne Teilbilder als XREF hinterlegt werden.
- **TEILBILD-NR.** öffnet den Standarddialog zum Auswählen von Teilbildern. Sie können das gewünschte Teilbild entweder über die ZEICHNUNGSSTRUKTUR, die BAUWERKSSTRUKTUR oder die ABLEITUNGEN DER BAUWERKSSTRUKTUR aussuchen.
- **ABSETZEN (BELIEBIG → KOORDINATENGLEICH → DECKUNGSGLEICH)** regelt, ob der Absetzpunkt des XRefs automatisch ermittelt werden soll oder beliebig ist. Je nach Einstellung wird der Absetzpunkt automatisch korrigiert.
- **SKALIERUNG 1: ...** steuert, ob Sie das Teilbild vergrößert oder verkleinert ablegen möchten. Sie können z. B. eine Detailzeichnung in Ihr Teilbild einbinden.
- **VERLEGEART (NORMAL → ERWEITERT)** gibt an, ob das XRef als normales XRef (Darstellung nur 2D, Clipping möglich) oder als erweitertes XRef (Darstellung 3D mit Ebenen aus Quelle oder Ziel) erzeugt werden soll.

Externe Referenzen

Über FREIES XREF können verschiedene Datenformate auf Teilbildern hinterlegt werden, die nicht in das Projekt importiert werden. Der Pfad wird jeweils absolut gespeichert.

Freies XRef

- **FREIES XREF** öffnet vor dem Dialog FREIES XREF die Dateiauswahl. Hier kann aus einem beliebigen Pfad eine NDW-, DGN-, DWG- oder DXF-Datei ausgewählt und als FREIES XREF definiert werden. Beachten Sie, dass der Pfad zur Datei immer vorhanden sein muss, da im Teilbild nur ein Verweis auf die Datei und die Darstellungsregel abgelegt wird. Je nachdem, welche Datenart Sie verwenden möchten, haben Sie mehr oder weniger Möglichkeiten, Einstellungen zu tätigen.

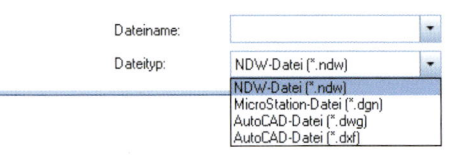

> **TIPP:** Wenn externe Daten als Xref eingebunden werden sollen, ist es ratsam, die Datei, die verwendet werden soll, in den Projektordner zu kopieren. Damit können Sie sicherstellen, dass die Datei bei Projektsicherungen usw. mit enthalten ist.

- NDW-Datei (*.NDW) bietet die meisten Einstellungen, da es sich um ein Allplan-eigenes Datenformat handelt. Sie haben die gleichen Möglichkeiten wie bei einem XRef von einem Teilbild.

- MICROSTATION-DATEI (*.DGN)
  AUTOCAD-DATEI (*.DWG)
  AUTOCAD-DATEI (*.DXF)
  bietet nur die Optionen SKALIERUNG und ABSETZEN an. Es wird immer ein normales XRef erzeugt.

> **TIPP:** Die Funktion **FREIES XREF** bietet Ihnen die Möglichkeit, Daten von Fachplanern in Ihrer Planung zu hinterlegen, ohne die Daten in Allplan importiert zu haben. Der Austausch der Dateien oder eine externe Bearbeitung sind so ohne Aufwand möglich.

4.4.3 Lageplan als DXF einlesen

Für erste Skizzen und schnell zu erstellende Vorentwurfslagepläne reicht ein gescannter Lageplan – als Pixelfläche oder Scanbild eingebunden – meistens aus. Im weiteren Projektverlauf ist es notwendig, mit exakten Daten des Vermessungsamtes zu arbeiten. Diese Daten können in das Projekt eingelesen und weiter verwendet werden.

Bevor es nun zum Datenimport geht, gilt es, das Ziel des Imports festzulegen.

Ziel 1

Nur die genauen Grundstücksabmessungen sind notwendig. Es sind Änderungen an bestehenden Grenzen einzutragen, und/oder ein Grundstück ist zu teilen.

→ Daten auf Teilbild importieren und auf die Planung verschieben und drehen

Ziel 2

Die Daten dürfen auf keinen Fall geändert werden.

→ DXF-Datei direkt in einem Teilbild als XRef hinterlegen oder auf ein Extra-Teilbild importieren und dieses hinterlegen. Dieses anhand der Planung ausrichten.

Ziel 3

Sie benötigen für die Baustelle einen Koordinatenplan als Einmessplan.

→ Daten sind mit Originalkoordinaten einzulesen

Für die weitere Bearbeitung ergeben sich zwei Möglichkeiten: Entweder Sie erstellen die Planung komplett auf den Originalkoordinaten (Option **ALLGEMEIN**, Arbeiten mit großen Koordinaten optimieren) oder Sie hinterlegen im Lageplan die wesentlichen Teilbilder der Planung als XRef und den Lageplan Ihrer Planung als XRef. Dabei ist nur zu beachten, dass unterschiedliche Teilbilder verwendet werden.

4.4.4 Beispiel – Lageplan-Daten einlesen, XRef

Im Folgenden werden die einzelnen Schritte für drei Möglichkeiten aufgezeigt, wie man mit DXF-Daten für Lagepläne verfahren kann. Standard für den ersten Import ist der verschobene und gedrehte Lageplan.

Der Lageplan befindet sich im Projektverzeichnis. Er ist also auch im Vorlageprojekt enthalten und wurde beim Anlegen des Projekts mit kopiert.

> **HINWEIS:** Der Pfad wird z. B. unter **PROJEKT NEU, ÖFFNEN** am unteren Rand angezeigt.

Lageplan importieren – auf Gauß-Krüger-Koordinaten

Der erste Import wird auf Original-Koordinaten *ohne* Verschiebung vorgenommen. Die Daten liegen extrem weit vom Ursprung – und den dort bereits erzeugten Daten – entfernt. Achten Sie darauf, dass der gezeichnete Lageplan *nicht* direkt gleichzeitig mit dem auf Teilbild 114 importierten Daten angezeigt wird.

▷ Teilbilder 114 aktiv (nur TB 114!)
▷ **AUTOCAD DATEN IMPORTIEREN ...**
▷ Wählen Sie im Dialog **IMPORTIEREN** den Dateityp **AUTOCAD-DATEI** (*.DXF).
▷ Pfad = Projektpfad, Datei *grundstueck.dxf*
▷ Öffnen Sie die **OPTIONEN**.
▷ Wählten Sie im Register **ALLGEMEINE EINSTELLUNGEN** den **AUSTAUSCHFAVORITEN** *<11 Import-Modell auf ein Teilbild mit Layer>* aus.
▷ Ändern Sie danach den **PLANMASSSTAB (1:X)** unter **KOORDINATEN- UND LÄNGENPARAMETER** sowie unter Referenzdateiparameter von *<100>* auf *<1000>*.

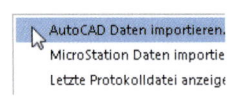

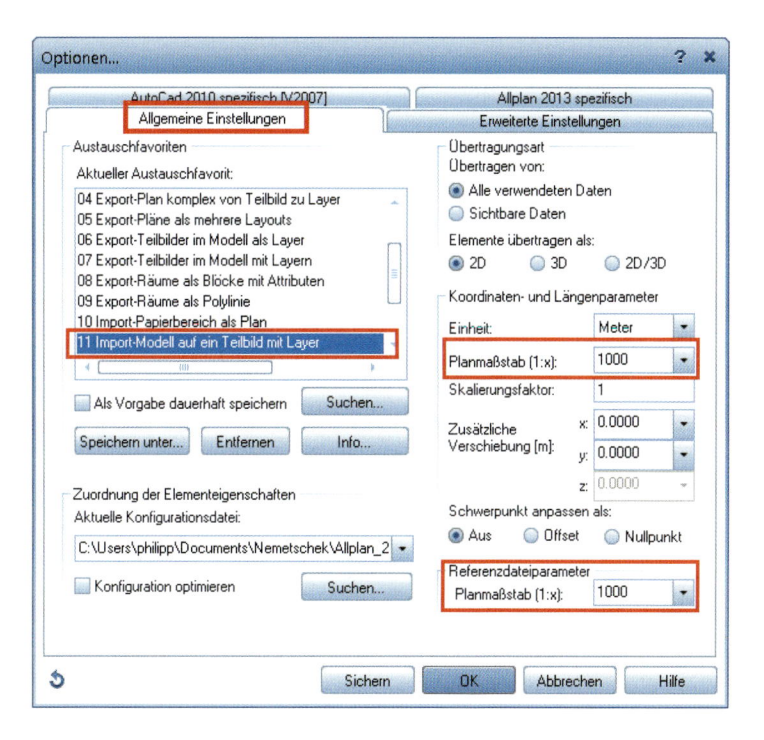

TIPP: Die Auswahl des aktuellen Austauschfavoriten verändert sich, sobald eine Einstellung nicht genau dem Favoriten entspricht. Sie können die geänderten Einstellungen über **SPEICHERN UNTER…** als eigenen Favoriten speichern.

▷ Öffnen Sie das Register **ERWEITERTE EINSTELLUNGEN** und setzen Sie den Haken bei **MAKRO**. Die in der Originaldatei enthaltenen Makros sollen in diesem Fall aufgelöst werden.

▷ Öffnen Sie das Register **ALLPLAN 2013 – SPEZIFISCH** und ändern Sie die folgenden Einstellungen.

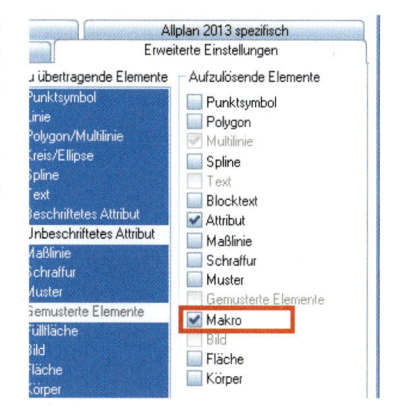

Layerstufe 1 → Lageplan;

Layerstufe 2 → Lageplan;

LAYERSTUFE 2 = DATEINAME → deaktiviert

▷ Öffnen Sie nochmals das Register **ALLGEMEINE EINSTELLUNGEN**.

▷ Klicken Sie auf die Schaltfläche **SPEICHERN UNTER** im Bereich **AUSTAUSCHFAVORITEN** und speichern Sie die aktuellen Einstellungen als Austauschfavorit <*Lageplan_Originalkoordinaten*> ab. Falls Sie Erläuterungen hinzufügen wollen, können Sie dies über die Schaltfläche **INFO...** erledigen. Die Voreinstellungen sind für die nächsten Importvorgänge gespeichert.

▷ Bestätigen Sie die Angaben in diesem Dialog und im Dialog **IMPORTIEREN** mit **ÖFFNEN**.

Die Konfiguration wird komplett eingelesen.

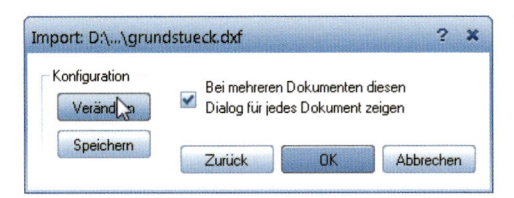

TIPP: Über **VERÄNDERN** können Sie den Dialog **KONFIGURATION FÜR KONVERTIERUNG** öffnen. In den einzelnen Registern können Sie Einfluss auf die »Übersetzung« der Daten nehmen. Quellsystem ist die AutoCAD-Datei, Zielsystem Allplan 2013. Über das Kontextmenü können Sie die automatische Zuordnung verändern und Ihren Bedürfnissen anpassen.

▷ Bestätigen Sie beide Dialoge. Die Daten werden eingelesen und am Bildschirm angezeigt.

Messen Strecke

▷ Überprüfen Sie mit **MESSEN STRECKE** das Gebäude auf Fl. Nr. 43/56. Das Wohnhaus hat die Abmessungen 10,98 × 9,24 m.

Messen Koordinaten

▷ Überprüfen Sie mit **MESSEN KOORDINATEN** den angegebenen Punkt des Wohnhauses auf Fl. Nr. 43/56.

Die Koordinaten zeigen, dass das Grundstück sehr weit vom Nullpunkt weg liegt. Dieser Lageplan ist ideal als Grundlage für einen Koordinatenplan. Für die weitere Arbeit am Gebäudemodell ist er nicht direkt geeignet. Wenn Sie eines Ihrer anderen Teilbilder mit anzeigen lassen, sehen Sie nur noch zwei sehr kleine Punkte links unten und rechts oben in der Zeichnungsfläche.

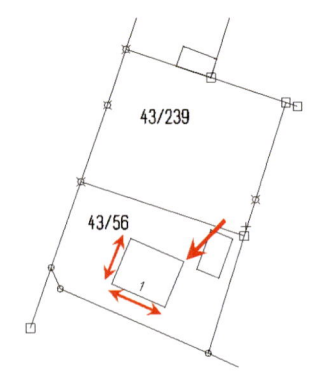

Lageplan importieren – auf Planungskoordinaten

Beim zweiten Import werden die Koordinaten so angepasst, dass die Daten um den Nullpunkt herum angeordnet sind. Die Daten werden nach dem Import auf die Planung verschoben und nach dieser ausgerichtet.

▷ Teilbilder 112 aktiv (nur TB 112!)
▷ **AUTOCAD DATEN IMPORTIEREN...**
▷ Wählen Sie im Dialog **IMPORTIEREN** den Dateityp **AUTOCAD-DATEI (*.DXF)**.
▷ Pfad = Projektpfad, Datei *grundstueck.dxf*
▷ Öffnen Sie die **OPTIONEN**.

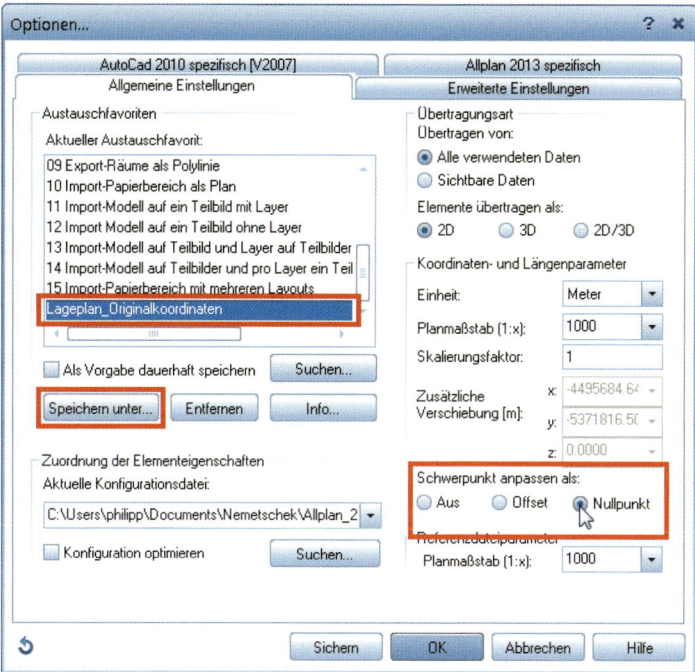

▷ Wählten Sie im Register **ALLGEMEINE EINSTELLUNGEN** den soeben gespeicherten **AUSTAUSCHFAVORITEN** *<Lageplan_Originalkoordinaten>* aus oder stellen Sie die Optionen wie vorher beschrieben ein.
▷ Stellen Sie unter den Koordinaten- und Längenparametern die Option **SCHWERPUNKT ANPASSEN ALS** auf **NULLPUNKT**.
▷ Speichern Sie die aktuellen Einstellungen als Austauschfavorit *<Lageplan_auf_Nullpunkt>* ab.
▷ Der restliche Importvorgang läuft so wie zuvor beschrieben ab.
▷ Überprüfen Sie mit **MESSEN KOORDINATEN** den gleichen Punkt des Wohnhauses auf Fl. Nr. 43/56.

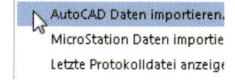

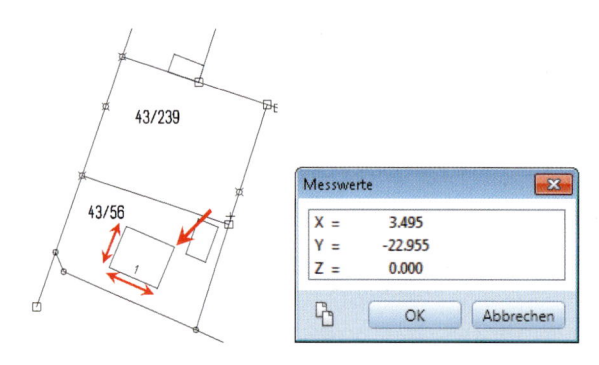

Die Koordinaten liegen nahe dem Nullpunkt. Das ist ideal, um entweder auf dieser Basis die gesamte Planung aufzubauen oder den Lageplan auf den erfolgten Planungsstand zu verschieben und daran auszurichten.

Original-Lageplan als XRef auf Planungskoordinaten hinterlegen

Die Planung sollte nicht direkt in Bezug zu Teilbild 114 (**LAGEPLAN – DXF – DATEN-IMPORT → AUF GAUSS-KRÜGER-KOORDINATEN**) aufgebaut werden, da bei sehr großem Abstand zum Nullpunkt des Systems Probleme in der Darstellung und mit Bauteilen auftauchen können. Ansichten und Schnitte, die von einem Modell abgeleitet werden, werden zudem in der Nähe des Nullpunktes platziert. Bei gleichzeitiger Betrachtung von Daten im Bereich des Nullpunktes und auf Gauß-Krüger-Koordinaten erscheinen nur zwei kleine Punkte (zumeist links unten und rechts oben) im Konstruktionsfenster.

Um die Originalkoordinaten dennoch unverändert belassen zu können, wird das Teilbild 114 einem anderen Teilbild (als XRef) hinterlegt. Das XRef ist in der Lage frei verschiebbar, ohne dass die Originalkoordinaten verändert werden müssten. Werden später exakte Koordinaten der Planung benötigt, kann z. B. ein Teilbild mit den Gebäudeumrissen auf einem zweiten Teilbild zum Lageplan hinterlegt werden und es können dort die Koordinaten eingetragen werden. Aus diesen Daten kann ein eigener Plan generiert werden, dessen Daten nur Bezüge zur Planung aufweisen.

▷ Teilbild 116 aktiv

XRef

▷ **XREF** (Menü **EINFÜGEN**)
▷ Wählen Sie Teilbild 114 über die Teilbildauswahl (Klick in weißes Feld hinter Teilbild-Nr.) aus.
▷ **VERLEGEART**: normal, **ABSETZPUNKT**: beliebig
▷ Formateinstellungen: **LAYER** (LS_ALL)
▷ Setzen Sie das XRef auf dem Teilbild ab und beenden Sie die Funktion mit **ESC**.

Die Lage des XRefs auf dem Teilbild (Bezug zur Planung) ist momentan noch unwichtig.

Lageplan als freies XRef hinterlegen

▷ Teilbild 110 aktiv
▷ **FREIES XREF**
▷ Öffnen Sie den Ordner des aktuellen Projekts.

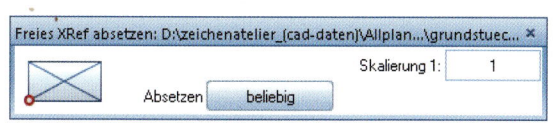

▷ **DATEITYP → AUTOCAD-DATEI (*.DXF)**
   Wählen Sie dann die Datei *grundstueck.dxf* zum Öffnen aus.
▷ **ABSETZPUNKT:** beliebig
▷ Formateinstellungen: **LAYER** (LS_ALL)
▷ Setzen Sie das XRef auf dem Teilbild ab und beenden Sie die Funktion mit **ESC**.

> **HINWEIS:** Freie XRefs können nur verschoben werden. Aufgrund der Einschränkungen der Anzeigetechnologie kann weder der Inhalt noch die Drehung beeinflusst werden. Wenn Sie diese Technik für die Darstellung von Fremddaten verwenden möchten, sollten diese möglichst lagerichtig zu Ihren Daten erzeugt werden und beim Speichern nur *die* Layer sichtbar geschaltet werden, die Sie für Ihre Darstellung benötigen.

4.4.5 Beispiel – Lageplan von BA I einlesen

Der Lageplan enthält zwei Grundstücke. Das obere wurde in den ersten beiden Auflagen dieses Buches für einen Dreispänner verwendet, auf dem unteren soll in dieser Ausgabe ein Haus entstehen.

Der Lageplan für das obere Grundstück soll als Plan eingelesen werden. Dies entspricht im Wesentlichen dem Vorgang, mit dem Sie auch Daten mit Planungspartnern oder externen Mitarbeitern (mit der gleichen Allplan-Version) austauschen können. In diesem Fall stammen die einzulesenden Daten aus einer älteren Allplan-Version, die ohne Probleme in die aktuelle Version eingelesen werden kann.

Plan aus Allplan importieren

Ein über die Funktion **PLÄNE MIT RESSOURCEN** gespeicherter Plan beinhaltet alle Daten des Originals und bietet während des Importvorgangs an, die Daten zu überschreiben, die bereits vorhanden sind (bei Nummerngleichheit). In diesem Fall sind in der Datei ein Plan mit der Nummer 201 sowie ein Teilbild mit der Nummer 120 enthalten. Beide Dateien sind im Projekt bislang noch nicht belegt worden. Da keine Daten auf das aktuelle Teilbild geschrieben werden (außer es wäre bei den zu importierenden Daten enthalten), ist es unerheblich, welches Teilbild gerade aktiv ist.

▷ Beliebiges Teilbild aktivieren
▷ Menü **DATEI → IMPORTIEREN**
▷ **TEILBILDER UND PLÄNE MIT RESSOURCEN IN DAS PROJEKT EINFÜGEN**
▷ Öffnen Sie den Ordner des aktuellen Projekts.

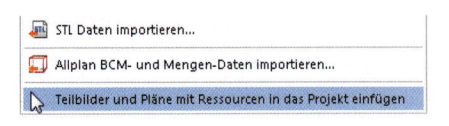

> **HINWEIS:** Den Speicherort des aktuellen Projekts finden Sie z. B. in der Fußzeile des Dialogs **PROJEKT NEU, ÖFFNEN ...** (siehe auch Abschnitt 2.3.1, »Projekt öffnen«).

▷ Wählen Sie die Datei *Lageplan BA I.zip* zum Öffnen aus.
▷ Wählen Sie, falls sie nicht ausgewählt sind, alle Teilbilder und Pläne an, die Ihnen zum Importieren angeboten werden, und bestätigen Sie die Auswahl mit **ENTER**.

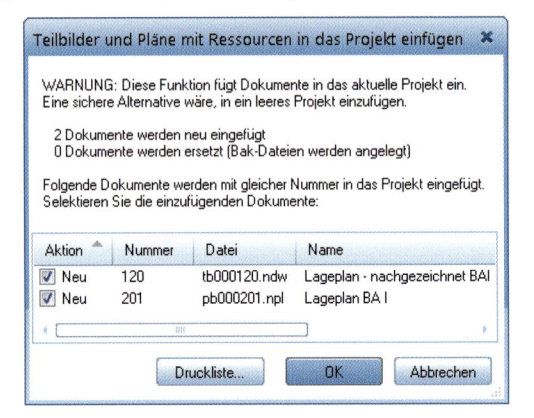

> **TIPP:** Wenn ein Teilbild oder Plan in Ihrem Projekt noch nicht belegt ist, erscheint unter Aktion »neu«. Sollte schon ein Teilbild oder Plan mit der Nummer enthalten sein, erscheint unter Aktion »ersetzen«. Sie können immer selbst entscheiden, welche Daten Sie importieren möchten. Bei Austauschdaten von einem freien Mitarbeiter sind meist Daten zu ersetzen.

▷ Bestätigen Sie die folgende Sicherheitsabfrage, in der angezeigt wird, wie viele Dateien überschrieben bzw. dem Projekt hinzugefügt werden sollen, mit **JA**.

Die Daten werden importiert, bei Bedarf gewandelt und in die Projektverwaltungsdateien eingetragen. Es folgt noch eine Meldung, die Ihnen anzeigt, welche Dateien wie behandelt wurden.

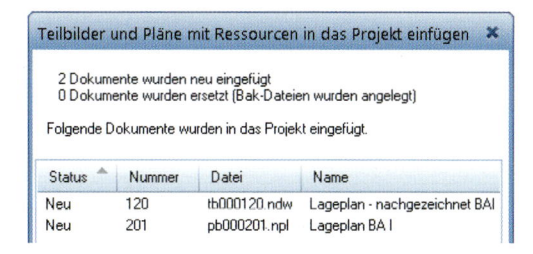

> **HINWEIS:** Von jeder Datei, die ersetzt wurde, hat Allplan automatisch eine *.bak-Datei erzeugt. Falls nicht die gewünschten Daten importiert wurden, kann der alte Zustand über diese Dateien wiederhergestellt werden (siehe hierzu Abschnitt 2.3.9, »Wiederherstellen von Dateien mittels *.bak-Dateien«).

4.4.6 Beispiel – Lageplan ausrichten

Der erste Lageplan und die importierten Daten des Vermessungsamtes sollen nun aufeinander abgestimmt werden. Zum einen ist der importierte Lageplan noch genau auf die Planung zu verschieben und zu drehen, zum anderen soll der gezeichnete Plan auf die korrekten Grenzen modifiziert werden, um dessen Genauigkeit zu erreichen, ohne dass die Zeichnung neu aufgebaut werden müsste.

Importierte Daten auf Planung verschieben und ausrichten

Der Vorgang wird exemplarisch mit Teilbild 112 – den auf die Planungskoordinaten verschobenen Daten – durchgeführt. Der Vorgang ist bei Teilbild 116 analog auszuführen. Die Daten auf Teilbild 110 (freies XRef) können nicht gedreht werden. Soll auf dieser Basis gearbeitet werden, muss die Planung gedreht werden.

Die gezeigten Bilder können von der Darstellung auf Ihrem Monitor abweichen. Sie müssen sich die entsprechenden suchen.

▷ Legen Sie das Teilbild 102 passiv (grau) in den Hintergrund und schalten Sie eines der Teilbilder 110, 112 oder 116 aktiv (rot). Achten Sie darauf, dass die Markierung des Teilbildes 102 in kräftiger Farbe erscheinen muss.
▷ Blenden Sie störende Layer aus. Nur der Layer KO_GRUND der gezeichneten Daten ist notwendig.
▷ **VERSCHIEBEN**
▷ Aktivieren Sie alle zu verschiebenden Elemente.
▷ Geben Sie unter **VON PUNKT** den oberen rechten Eckpunkt des Grundstücks an (zu verschiebende Daten).
▷ **NACH PUNKT** ist der zugehörige Eckpunkt des gezeichneten Lageplans.

Drehen

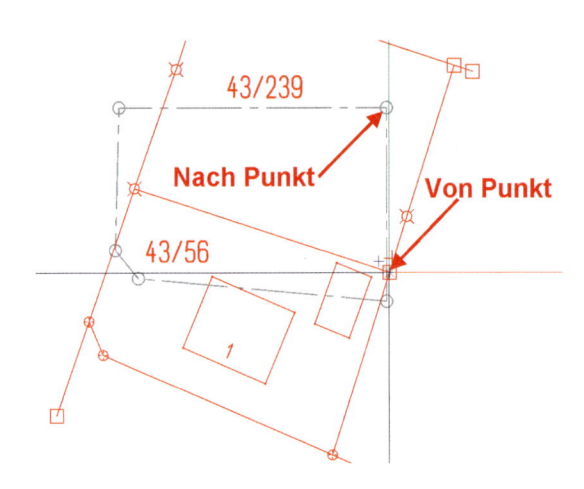

▷ DREHEN
▷ Aktivieren Sie alle zu drehenden Elemente.
▷ Geben Sie den **DREHPUNKT** (gemeinsamer Punkt) an.
▷ **AUSGANGSPUNKT** angeben
▷ **RICHTUNGSPUNKT** angeben

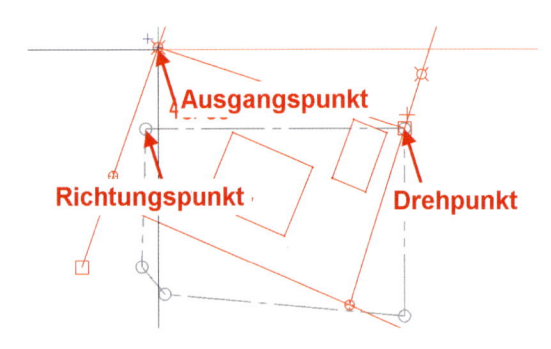

Die Lagepläne sind ausgerichtet und besitzen einen gemeinsamen Punkt. Der nachgezeichnete Lageplan ist mehr oder weniger genau und muss im nächsten Schritt modifiziert werden.

Die Daten auf den anderen beiden Teilbildern sollten Sie auf die gleiche Weise ausrichten.

Gezeichneten Lageplan ausrichten

▷ Teilbilder 112 passiv (grau) und Teilbild 101 aktiv (rot)
▷ Blenden Sie über die Funktion **LAYERSTATUS ÄNDERN** alle Layer ein.
▷ Zoomen Sie sich näher an einen Eckpunkt heran.

Layerstatus ändern

TIPP: Wenn mehrere Punkte von Elementen übereinanderliegen (z. B. Eckpunkt Füllfläche, Endpunkte von Linien), können diese auf einmal in der Lage modifiziert werden.

Die grauen Linien sind die exakten Daten, die grünen Linien die nach dem Scanbild gezeichneten Linien, die an die exakten Daten anzupassen sind. Die Flächenelemente verdecken die auf Teilbild 112 liegenden genauen Linien und Punkte. Über die Bildschirmdarstellung können sämtliche Flächenelemente in den Hintergrund gelegt werden. Die Darstellung sollte nach dem Ausrichten der Daten zurückgestellt werden. Zudem kann es hilfreich sein, die Darstellung der Linien auf Konstruktionslinien (d. h. dicke Linie aus) umzustellen.

▷ Ändern Sie bei Bedarf die Option **DICKE LINIE** und **FLÄCHENELEMENTE IM HINTERGRUND** in der **BILDSCHIRMDARSTELLUNG**.

▷ **PUNKTE MODIFIZIEREN**

▷ Welche Punkte wollen Sie modifizieren? Ziehen Sie ein Aktivierungsfenster über den Eckpunkt.

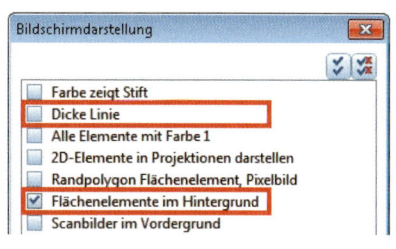

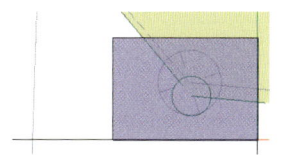

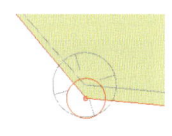

Bildschirmdarstellung

Punkte modifizieren

> **HINWEIS:** Nur mit einem Aktivierungsfenster haben Sie die Möglichkeit, alle übereinanderliegenden Punkte der verschiedenen Elemente auf einmal zu aktivieren. Alle Elemente, die von der Modifikation betroffen sind, werden komplett in der Markierungsfarbe dargestellt.

▷ **VON PUNKT** → Punkt im aktiven (bunten) Teilbild
▷ **NACH PUNKT** → grauer Punkt des Hintergrundteilbildes

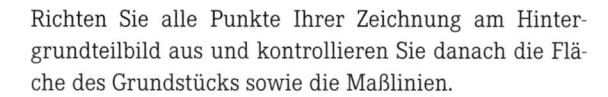

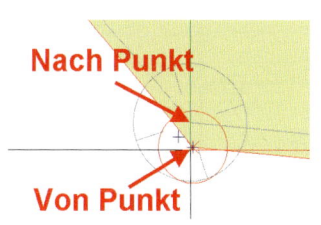

Richten Sie alle Punkte Ihrer Zeichnung am Hintergrundteilbild aus und kontrollieren Sie danach die Fläche des Grundstücks sowie die Maßlinien.

Lageplan BA I ausrichten

Die im vorhergehenden Beispiel eingespielten Daten des Bauabschnittes I müssen auf Ihre Planung abgestimmt werden (oder umgekehrt). Hier soll der importierte Lageplan als Grundlage dienen, um zu gewährleisten, dass Ihr Gebäudemodell genau auf den vorgegebenen Koordinaten platziert wird. Der Vorgang ist im Prinzip immer gleich. Die zu verschiebenden Daten werden aktiv oder aktiv im Hintergrund geschaltet (auch mehrere Teilbilder) und das Referenzteilbild passiv in den Hintergrund gelegt. Falls Sie nur einen der Lagepläne auf Ihre Planung verschoben hatten, blenden Sie nur diesen ein.

Verschieben

▷ Teilbild 120 passiv (grau), Teilbilder 101 aktiv (rot) und die Teilbilder 110, 112, 115 aktiv im Hintergrund (gelb)
▷ **VERSCHIEBEN** und **ALLES** aktivieren
▷ **VON PUNKT → NACH PUNKT** wie beim Teilbeispiel zuvor wählen und so die eigene Planung auf die importierten Daten abstimmen

Verschieben Sie auch den eingescannten Lageplan. Die Pixelfläche auf Teilbild 101 kann mit der Funktion **VERSCHIEBEN**, das Scanbild auf Teilbild 100 mit der Funktion **SCANBILDBEREICH VERSCHIEBEN** (Modul **BESTAND-SCAN**) ausgerichtet werden. Korrigieren Sie auch den Text auf Teilbild 102. Dieser zeigt wahrscheinlich nicht die korrekte Größe des Grundstücks (704,96 m^2 nach exakten Daten) an.

4.4.7 Beispiel – Ergebnis des Lageplans

Lageplan Ergebnis

Nachfolgend sehen Sie ein mögliches Ergebnis des Lageplans. Das Teilbild 120 (Lageplan von Bauabschnitt I) ist passiv geschaltet.

Sie können das fertige Beispiel aus dem Projekt Praxishandbuch Allplan 2013 als Vorlage verwenden. Die Eigenschaften der einzelnen Elemente können zum Teil aus der Elementinfo entnommen werden. Alle Einstellungen werden durch Markieren der Elemente in der Palette **EIGENSCHAFTEN** sichtbar.

5 Gebäudemodell – Rohbau

Bevor es nun mit der Bearbeitung des Grundrisses (bzw. des Modells) losgeht, benötigen Sie noch etwas Hintergrundinformation zu Bauteilen und deren Attributen sowie der Anbindung von Architekturbauteilen an die Standardebenen.

■ 5.1 Maßeingabe im Gebäudemodell

Das Gebäudemodell in Allplan (ähnlich wie in anderen Programmen) basiert auf dem Modell des Rohbaus des Gebäudes und beschreibt dieses mit seinen Hauptbauteilen in den Abmessungen, die vor Ort erstellt werden (können). Die weiteren Schichten auf den Wänden, Decken und Böden werden über ein zusätzliches Bauteil raumweise erzeugt. Bei den Öffnungen werden weitere Bauteile (Fenster-, Türmakros und Fensterbankmakros) in die Öffnungen eingesetzt, und die Leibungen erhalten den Putz von der Definition des anliegenden Raumes.

Die Auswertung der Bauteile mittels Reports wertet diese Geometrien exakt aus. Je nach ausgewähltem Report werden die Abrechnungsregeln der VOB (bzw. der zu Grunde liegenden DIN-Norm des Gewerks für die Abrechnung) bei der Mengenermittlung berücksichtigt.

Die Bemaßung des Modells gibt die Rohbaumaße (real im Modell vorhandene Werte) wieder. Bei der Bauteilbeschriftung können Bezüge zwischen angrenzenden Bauteilen aufgebaut und angezeigt werden.

Daraus folgt Folgendes:
- Eingabe aller Bauteilabmessungen und Höhen als Rohbaumaße
- Eingabe aller Öffnungsmaße als reine Rohbaumaße (Öffnungsbreite und Öffnungshöhe)
- Bemaßen des Rohbaus (inkl. der Rohbauhöhe)
- Beschriften von Öffnungshöhen (Sturz und Brüstung), die sich auf den fertigen Fußboden beziehen
- Beschriften aller weiteren notwendigen oder gewünschten Maße unter Berücksichtigung von Ausbauten und/oder weiteren Regeln

5.2 Architekturbauteile – Grundwissen

Basis: Wände, Öffnungen, Bauteile

Spezial: Wände, Öffnungen, Bauteile

Viele Einstellmöglichkeiten tauchen in gleicher oder ähnlicher Form bei unterschiedlichen Bauteilen auf. Zudem gibt es Bauteile, die unterschiedliche Namen (und Zwecke) haben, aber bei der Eingabe der Eigenschaften nahezu gleich ablaufen. Aus diesem Grund werden vor Beginn der Erklärung von speziellen Bauteilen die allgemein verfügbaren Parameter zu massiven Bauteilen wie WAND, STÜTZE, DECKE, UNTERZUG, FUNDAMENT, STURZ, ROLLOKASTEN und viele mehr besprochen.

5.2.1 Höhenanbindung von Bauteilen

Alle Architekturbauteile können auf Ebenen (siehe Ebenenmodell von Allplan in Abschnitt 2.13, »Das Ebenenmodell von Allplan«) bezogen erzeugt werden. Die Höhe wird im Bezug zu den Ebenen angegeben und aus diesen Bezügen berechnet. Der Bezug zu den Ebenen kann unterschiedlich gestaltet werden und ist bei allen Bauteilen der Architektur gleich oder ähnlich vorhanden. Das bedeutet, dass bei der Eingabe des Bauteils dessen genaue Höhe nicht bekannt sein muss.

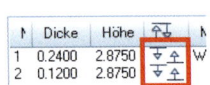

Bei allen Bauteilen des Bereichs Architektur sind sich ähnelnde Zeichen für Höhe vorhanden, über die die Einstellungen angezeigt und auch geändert werden können. Entweder bilden diese Symbole die Schaltfläche oder es existiert eine Schaltfläche HÖHE.

Über den Dialog HÖHE werden die Oberkante und die Unterkante des Bauteils an Ebenen angebunden. Es stehen jeweils mehrere Optionen zur Verfügung, die nahezu frei kombiniert (einige unlogische Kombinationen sind ausgeschlossen) werden können.

Die folgenden Einstellungen können logisch miteinander kombiniert werden, jedoch sollte darauf geachtet werden, dass sich die Unterkante des Bauteils immer unterhalb der Oberkante befindet, da ansonsten seltsame Effekte auftreten können.

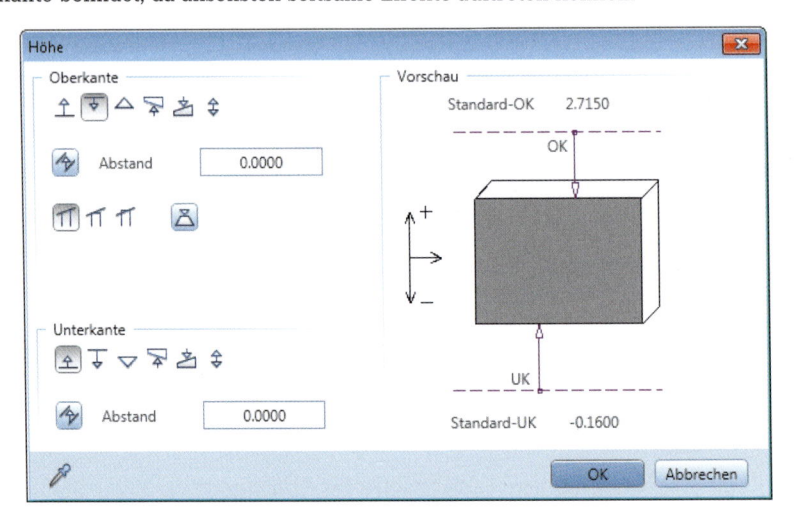

Einstellmöglichkeiten für Bauteiloberkante und -unterkante

Bei der Anbindung des Bauteils an die Ebenen wird zwischen dessen Unterkante und Oberkante unterschieden. Beide können entweder an eine unterschiedliche (untere oder obere Ebene), an die gleiche Ebene, mit absoluten Koten unabhängig von den Ebenen oder bezugnehmend auf ein bestehendes Bauteil angebunden werden. Teilweise können die Einstellungen kombiniert werden, teilweise schließen sich Einstellungen gegenseitig aus. Bei Abstandseingaben gibt ein positiver Wert immer den Abstand in Z-Richtung nach oben an, ein negativer Wert immer den Abstand in Z-Richtung nach unten.

- Bauteilkante **AN UNTERE EBENE** mit Abstand anbinden
- Bauteilkante **AN OBERE EBENE** mit Abstand anbinden
  - **ABSTAND LOTRECHT/SENKRECHT** gibt an, wie die Eingabe des Abstands von der Ebene aus gemessen werden soll. Die Schalterstellung ist bei Standardebenen bedeutungslos, bei schräger (Dach-)Ebene notwendig.
- **ABSOLUTE OK** und **ABSOLUTE UK** dienen dazu, einem Bauteil eine genau definierte Oberkante und/oder Unterkante zu geben. Bauteilkanten, die absolut angegeben werden, sind immer waagerecht. Der Schalter für lotrecht/senkrecht wird ausgeblendet und durch den Text Höhenkote ersetzt. Werteingaben beziehen sich immer auf ±0,00. ±0,00 ist für ein Projekt einmalig! D.h., alle Höheneingaben beziehen sich auf die gleiche Nullebene.
- **OBERKANTE/UNTERKANTE EINES BESTEHENDEN BAUTEILS ÜBERNEHMEN** dient zum Wählen der Höhe der Bauteilunterkante bzw. -oberkante eines anderen Bauteils bzw. einer Ebene, die sich nicht über das Bauteil erstreckt. Dabei findet lediglich eine Übernahme statt, es wird keine Abhängigkeit gebildet. Wenn sich die Höhe des Bauteils ändert, von dem die Höhe übernommen wurde, hat dies keine Auswirkung auf das Bauteil, dessen Höhe Sie eingestellt haben. Wenn man das Übernahmebauteil bzw. die Übernahmeebene ändert, hat dies keine Auswirkung mehr auf das Bauteil.
- **FESTE BAUTEILHÖHE** kann entweder für die Oberkante oder die Unterkante des Bauteils eingestellt werden. Der einzugebende Wert ist immer positiv, bei Oberkante mit fester Bauteilhöhe nach oben, bei Unterkante mit fester Bauteilhöhe nach unten eingetragen. Wird die Bauteilhöhe mit einer absoluten Kote kombiniert, so entfällt die Auswahl **LOTRECHT/SENKRECHT**.

Spezielle Einstellmöglichkeiten für Bauteiloberkante

Für die Bauteiloberkante gibt es noch weitere Einstellungen, die vor allem bei der Bearbeitung von Dachgeschossen benötigt werden.

- **NORMAL** bindet das Bauteil entlang der Ebene an. Das Bauteil wird bei einer schrägen Ebene ebenso abgeschnitten.
- **KNIESTOCK** fixiert den untersten Punkt des Bauteils, der sich mit der Ebene schneidet, als Höhe. Das Bauteil wird immer waagerecht abgeschnitten.

Kamin, Schornstein

Maximale Bauteilhöhe

- **KAMIN, SCHORNSTEIN** fixiert den obersten Punkt des Bauteils, der sich mit der Ebene schneidet, als Höhe. Das Bauteil wird immer waagerecht abgeschnitten (nicht verfügbar bei **BAUTEILHÖHE**.)
- **MAXIMALE BAUTEILHÖHE** gibt die maximale Höhe an, die ein Bauteil, bezogen auf dessen untersten Punkt, erlangen darf. Diese Funktion ist bei Bauteilen unter Dachebenen anzuwenden, die z. B. nur 2,60 m (bis UK Kehlbalken) hoch werden dürfen. Diese Bauteile gleichen sich so lange an die Ebene an, bis die maximale Höhe erreicht ist. Dort werden sie waagerecht.

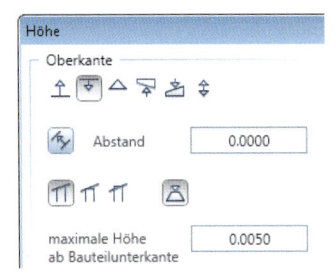

5.2.2 Darstellung in Grundriss/Schnitt und Animation

Die Darstellung für den Grundriss/Schnitt wird über die Formateigenschaften und Flächendarstellung, die Darstellung für die Animation über die Einstellung der Oberfläche oder die Formateinstellung – Farbe gesteuert.

Formateigenschaften

In vielen Bauteilen können die Formateigenschaften im Dialog des Bauteils direkt angegeben werden. In den Optionen kann eingestellt werden, dass bei einschichtigen Bauteilen, die im Dialog diese Einstellmöglichkeit haben, zusätzlich eine Eingabe über die Palette **EIGENSCHAFTEN** oder Symbolleiste *Format* möglich ist. Diese Option existiert auch für mehrschichtige Bauteile. Bei diesen werden bei einer Formatänderung über die Palette **allen** Bauteilschichten der gleiche Layer bzw. die gleichen Formateigenschaften zugewiesen (siehe auch Abschnitt 3.1.2.5, »Optionen Bauteile«).

Wenn mit einer Kopplung von Stift, Strich und Farbe an dem Layer gearbeitet wird, sind die Felder grau hinterlegt (wie im Bild dargestellt) und können nicht geändert werden. Die angezeigten Einstellungen entsprechen immer der aktuellen Darstellung und hängen von Layer (in Verbindung mit dem Linienstil) und Maßstab oder Zeichnungstyp ab.

Flächenelemente

Grundriss/Schnitt – Flächendarstellung

Alle Architekturbauteile besitzen Parameter zur Darstellung der Schnittflächen und/oder Grundrissflächen. Bei einigen selten verwendeten Bauteilen sind nicht alle Möglichkeiten vorhanden. Immer vorhanden sind Schraffur, Muster und Füllfläche.

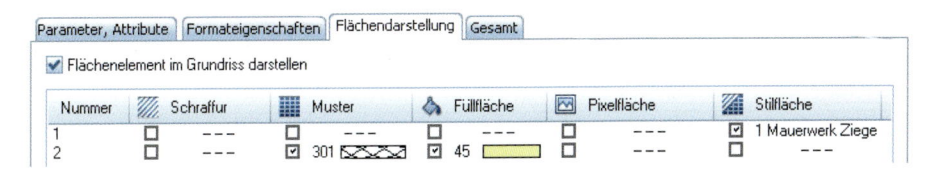

Nummer	Schraffur	Muster	Füllfläche	Pixelfläche	Stilfläche
1	---	---	---	---	☑ 1 Mauerwerk Ziege
2	---	☑ 301	☑ 45	---	---

Sie haben die Wahl zwischen **SCHRAFFUR**, **MUSTER**, **FÜLLFLÄCHE**, **PIXELFLÄCHE** und **STILFLÄCHE** sowie den Kombinationen **SCHRAFFUR/FÜLLFLÄCHE** und **MUSTER/FÜLLFLÄCHE**.

Wenn Sie die Option **FLÄCHENELEMENT IM GRUNDRISS DARSTELLEN** aktivieren, wird das Bauteil im Grundriss mit den angewählten Flächenelementen ausgefüllt. Die Darstellung im Schnitt wird immer mit Flächenelementen (wenn im Bauteil eingestellt) berechnet.

Oberfläche (Animation)

OBERFLÄCHE (ANIMATION) öffnet den Dialog zum Festlegen der **FREIEN OBERFLÄCHE** für die Animation. Es kann entweder eine bestehende Oberflächendatei ausgewählt oder eine neue erstellt werden.

Freie Oberflächen an 3D-/Ar-Elementen zuweisen

Alternativ zur Einstellung der Oberfläche für jedes einzelne Bauteil kann die Farbe in der Animation verwendet werden. Jede Stiftfarbe entspricht einer Einstellung in der Animation. Dies hat den Vorteil, dass schnell alle Wandfarben die gleich erzeugt wurden, geändert werden können, und den Nachteil, dass die Animationsfarbe eine Auswirkung auf die Darstellung des Grundrisses hat.

5.2.3 Attribute

Mit Attributen werden weitere Eigenschaften der Bauteile festgelegt, die nicht sichtbar sind. So kann z. B. über das Attribut **MATERIAL/QUALITÄT** eingestellt werden, welcher Baustoff notwendig ist und über das Attribut **GEWERK**, welcher Leistung das Bauteil zuzuordnen ist. Über **GEWERK** und **ABRECHNUNGSART** werden in vielen Reports die auszugebenden Mengen (nach VOB) gesteuert.

Je nach Bauteil sind Schaltflächen für die Attribute vorhanden, oder die Angaben werden in Listenform dargestellt. Zudem existiert bei vielen Bauteilen über eine weitere Schaltfläche (Attribute) die Möglichkeit, zusätzliche Eigenschaften über Attribute an das Bauteil anzuhängen.

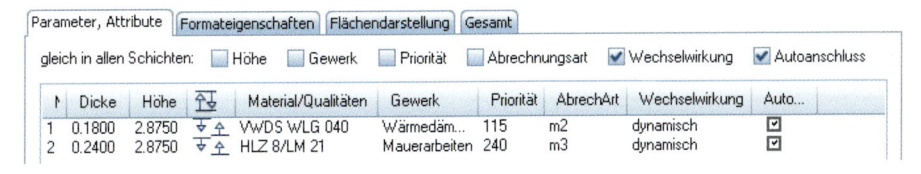

	Dicke	Höhe		Material/Qualitäten	Gewerk	Priorität	AbrechArt	Wechselwirkung	Auto...
1	0.1800	2.8750		VWDS WLG 040	Wärmedäm...	115	m2	dynamisch	☑
2	0.2400	2.8750		HLZ 8/LM 21	Mauerarbeiten	240	m3	dynamisch	☑

Bereich Attribute

- **GEWERK** öffnet einen Auswahldialog, der alle verfügbaren Gewerke enthält. Über das Gewerk eines Bauteils wird die Mengenermittlung nach VOB gesteuert.
- **PRIORITÄT** regelt bei sich überlappenden Bauteilen, welches der Bauteile durchgehend gerechnet (und dargestellt) werden soll. Nicht alle Bauteile üben auf jedes andere Bauteil Wechselwirkungen aus.
- **ABRECHNUNGSART** oder **EINHEIT** gibt an, mit welcher Einheit die Menge des Bauteils ausgewertet werden soll. Diese Angabe ist bei vielen Listen nicht zwingend erforderlich, sollte aber dennoch korrekt ausgefüllt werden.

Bereich Materialauswahl

- **MATERIAL/QUALITÄTEN** öffnet je nach Katalogeinstellung eine Auswahl von Materialien. Das Material wird in den Listen mit ausgegeben. Es kann entweder ein Material eingegeben, oder in einem Zusatzdialog können verschiedene Ausprägungen für unterschiedliche Auswertungen angegeben werden.
- **UMBAUKATEGORIE** kann die Werte Bestand, Abbruch oder Neubau annehmen und dient zur Unterscheidung von Bauteilen bei der Planung großer und kleiner Umbauten. Näheres finden Sie in der **HILFE** von Allplan.
- **KATALOGZUORDNUNG** stellt eine Auswahl von Katalogen zur Verfügung, aus denen unter **MATERIAL/QUALITÄTEN** Einträge ausgewählt werden können. Je nach Bauteilgruppe kann eine unterschiedliche Anzahl von Katalogen für die Qualitäten verwendet werden. Je mehr Kataloge angewählt werden, desto mehr Angaben können Sie im Bauteil tätigen. Über einen Klick auf die Katalogbezeichnung kommen Sie in die Katalogauswahl für das einzelne Attribut (siehe auch Abschnitt 3.1.2.4, »Optionen Katalog«).

5.2.4 Eigenschaften von Bauteilen modifizieren

Es gibt mehrere Möglichkeiten, Bauteileigenschaften zu ändern. Je nach Methode können nur ein Bauteil, nur artgleiche Bauteile oder gleiche Eigenschaften an beliebigen Bauteilen geändert werden. Die meisten Bauteile können nach dem Erzeugen über einen Dialog geändert werden, der dem beim Erzeugen des Bauteils gleicht.

Bauteileigenschaften über Doppelklick links

➤ Fadenkreuz über zu änderndes Bauteil bewegen, bis die Aktivierungsanzeige das gewünschte Bauteil anzeigt
➤ **DOPPELKLICK** linke Maustaste
➤ Parameter des Bauteils ändern
➤ Bei Bedarf Eigenschaften mit **ÜBERNAHME** von einem bereits geänderten Bauteil übernehmen

Übernahme

Bauteileigenschaften über Kontextmenü

➤ Fadenkreuz über das zu ändernde Bauteil bewegen, bis die Aktivierungsanzeige das gewünschte Bauteil anzeigt
➤ rechte Maustaste → Kontextmenü
➤ EIGENSCHAFTEN
➤ Parameter des Bauteils ändern
➤ Bei Bedarf Eigenschaften mit ÜBERNAHME von einem bereits geänderten Bauteil übernehmen

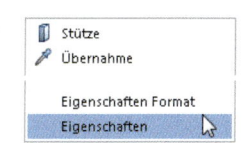

Übernahme

Beide Vorgehensweisen funktionieren bei fast allen Bauteilen. Achten Sie immer darauf, dass das gewünschte Bauteil markiert wird.

> **TIPP:** Sollte das zu ändernde Bauteil nicht direkt angesprochen werden (überlagernde Elemente), so können Sie über die Funktion LAYERSTATUS ÄNDERN → UNSICHTBAR GESPERRT schnell und einfach Bauteile, die »im Weg« sind, über deren Layer ausblenden. Über TEILBILDSTATUS ÄNDERN können komplette Teilbilder (mit störenden Bauteilen) schnell ausgeblendet werden.

Funktionen zum Modifizieren von Architekturbauteilen

- AR-BAUTEILEIGENSCHAFTEN ÜBERTRAGEN ist ideal bei umfangreicheren Änderungen gleicher oder ähnlicher Bauteile.
➤ AR-BAUTEILEIGENSCHAFTEN ÜBERTRAGEN
➤ Übernahmebauteil anklicken (legt die Bauteilart fest, die geändert werden soll)
➤ Ändern Sie die Bauteileigenschaften ab.
➤ Markieren Sie alle zu ändernden Bauteile. Die Summenfunktion ist automatisch aktiv.
➤ ANWENDEN klicken oder rechte Maustaste zum Übertragen der Eigenschaften auf die Bauteile

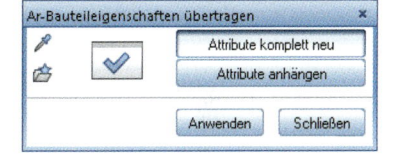

Ar-Bauteileigenschaften übertragen

Im Auswahldialog wird bestimmt, ob die aktuell eingestellten Attribute komplett neu übertragen (bestehende werden gelöscht) oder ob die Attribute des zu ändernden Bauteils mit den aktuell eingestellten ergänzt werden sollen. Dies ist wichtig, wenn Sie z. B. weitere Attribute für Wände in unterschiedlichen Materialien und unterschiedliche Attribute für Stahlbeton- und Mauerwerkswände definiert haben.

> **HINWEIS:** Bei Änderungen an Bauteilachsen werden die Linienbauteile anhand ihrer Achse neu erzeugt. Das kann den Effekt haben, dass sich Wände verschieben. Bei Änderungen an der Geometrie von Stützen wird der Schwerpunkt der alten Stützenform als Fixpunkt angenommen und darüber die neue Profilform aufgebaut.

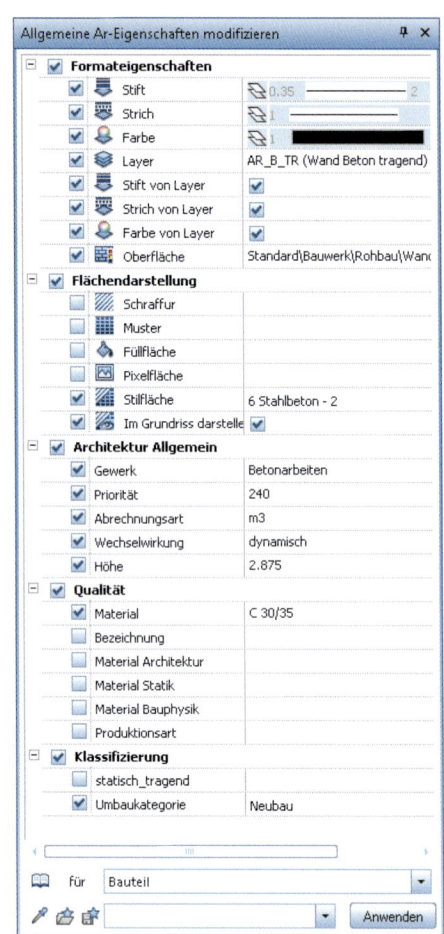

- **ALLGEMEINE AR-EIGENSCHAFTEN MODIFIZIEREN** ist die allgemeine Funktion zum Ändern von Architekturbauteilen. Hierbei gilt, solange ein Feld im Auswahldialog nicht ausgefüllt wird (leer, Checkbox nicht aktiv), wird die entsprechende Eigenschaft im Bauteil nicht verändert. Das bedeutet, dass Sie z. B. allen Wänden eine andere Höhe geben können, während das Material, die Flächendarstellung und die Formateigenschaften der Wände unverändert bleiben.

Ar-Eigenschaften modifizieren

Übernahme

> **AR-EIGENSCHAFTEN MODIFIZIEREN**
> Zu ändernde Eigenschaften direkt eingeben oder mit **ÜBERNAHME** die Eigenschaften eines bestehenden Bauteils einlesen
> Eigenschaften, die nicht auf weitere Bauteile angewendet werden, deaktivieren
> Bauteile auswählen, die geändert werden sollen
> **ANWENDEN** anklicken oder rechte Maustaste zum Übertragen der Eigenschaften auf die Bauteile nutzen

Mit **AR-EIGENSCHAFTEN MODIFIZIEREN** können die in der Auswahl vorhandenen Eigenschaften geändert werden. Geometrieänderungen (Schichtdicken, Profile bei Stützen usw.) werden nicht geändert.

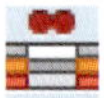

Umwandlung Umbauplanung

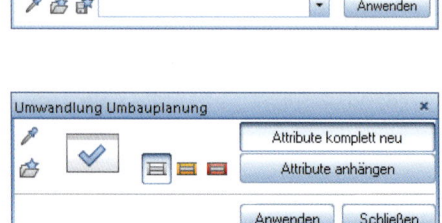

- **UMWANDLUNG UMBAUPLANUNG** ändert Formateigenschaften, Flächendarstellung und Attribute bestehender Bauteile. Bei der Planung von Umbauten können Sie komfortabel und schnell die abzubrechenden Wände in deren Darstellung und Ausprägung der Attribute ändern. Genauso können Sie die Funktion verwenden, um Bauteilen andere Materialien inklusive der Darstellung zu geben. Die Formateigenschaften im Dialogfeld **UMWANDLUNG UMBAUPLANUNG** können auch auf 2D-Elemente übertragen werden.

Nähere Informationen hierzu finden Sie auch in Abschnitt 2.11.2, »Arbeiten mit bestehenden Elementen«, im Absatz zur Funktion **FORMAT-EIGENSCHAFTEN MODIFIZIEREN**.

5.3 Linienbauteile – Wände und Ähnliches

5.3.1 Linienbauteile – Grundwissen

Linienbauteile fasst eine Gruppe von Bauteilen zusammen, die in der Art der Eingabe ähnlich der Linie aus dem Modul **KONSTRUKTION** aufgebaut sind. Alle Linienbauteile besitzen eine Bauteilachse, anhand derer das Bauteil bei der Eingabe erzeugt wird und über die das Bauteil bei Problemen neu generiert werden kann. Zur Gruppe der Linienbauteile zählen z. B. Wände, Streifenfundamente und Unterzüge.

5.3.1.1 Allgemeine Eigenschaften von Linienbauteilen

Für die Eingabe von Linienbauteilen gibt es bis zu acht unterschiedliche Hilfsfunktionen, die Sie bei der Eingabe unterstützen bzw. die verschiedene Eingabemöglichkeiten anbieten. Bei Linienbauteilen mit freien Querschnitten entfällt die Hälfte der Eingabemöglichkeiten.

Eingabetypen

Die Teilung für kreis- und splineförmige Grundrisse kann in den Optionen **BAUTEILE – WANDEINGABE** beeinflusst werden. Sie haben in den Optionen die Wahl zwischen einer exakt definierten Kreisteilung (unabhängig vom Radius) oder einer maximalen Abweichung von der Idealform (Stichmaß). Für Linienbauteile mit freien Querschnitten (Profilwand, Streifenfundament, Unterzug) stehen kreis- und splineförmige Grundrisse nicht zur Verfügung bzw. wird bei Kombination von freien Querschnitten und kreis- und splineförmigen Grundrissen eine Warnmeldung gegeben und das Bauteil als Rechteck erzeugt.

- **GERADES BAUTEIL** erzeugt ein gerades Linienbauteil. Die Eingabe folgt weitgehend der Funktion **LINIE** aus dem Modul **KONSTRUKTION**. Sie geben den ersten Punkt (**ANFANGSPUNKT**) des Bauteils gefolgt von weiteren Punkten (**BIS PUNKT**) an. Wird der »Bis Punkt« auf eine bestehende Bauteilkante gelegt, wird der Linienzug zur Eingabe automatisch unterbrochen.   Gerades Bauteil
- **RECHTECKIGE BAUTEILEINGABE** erzeugt einen rechteckigen Linienzug, bestehend aus vier einzelnen Linienbauteilen. Die Eingabe folgt weitgehend der Funktion **RECHTECK** aus dem Modul **KONSTRUKTION**. Je nach Wahl der Eingabeoption werden Ihnen unterschiedliche Angaben abverlangt. Eine Erläuterung der unterschiedlichen Funktionen finden Sie in Abschnitt 4.3.1.1, »Basisfunktionen für Linien und Kreise«.   Rechteckige Bauteileingabe
- **KREISFÖRMIGES BAUTEIL** erzeugt ein kreisförmiges Linienbauteil ausgehend von der Sekante.   Kreisförmiges Bauteil

Funktionsablauf Kreis-Linienbauteil:

▸ Anfangspunkt und Endpunkt des Kreis-Linienbauteils angeben
▸ Bogenausdehnungspunkt in der Zeichenfläche angeben

- ▶ Vorschau entsprechend dem letzten angegebenen Radius wird eingeblendet
- ▶ Radius eingeben
- ▶ Vorschau kontrollieren
- ▶ Radius korrigieren oder bestätigen

○ **Kreisförmiges Bauteil um Mittelpunkt**

- **KREISFÖRMIGES BAUTEIL UM MITTELPUNKT** erzeugt ein kreisförmiges Linienbauteil ausgehend vom Mittelpunkt. Die Eingabemethoden für Kreise aus der Konstruktion stehen nicht zur Verfügung.

Funktionsablauf Kreis-Linienbauteil um Mittelpunkt:

- ▶ Mittelpunkt angeben
- ▶ Radius eingeben
- ▶ Anfangs- und Endwinkel angeben (Vollkreis: Anfangswinkel 0°, Endwinkel 360°)

N-Eck-Bauteileingabe (halb)

- **N-ECK-BAUTEILEINGABE (HALB)** erzeugt einen Linienbauteilzug in Form eines N-Ecks, der mit einem »halben« Stück beginnt. Die Anzahl der Teilstücke ist in der Dialog-Symbolleiste anzugeben. Die beiden halben Stücke zählen als eines. Der Funktionsablauf ist der gleiche wie beim Kreis-Linienbauteil.

N-Eck-Bauteileingabe (ganz)

- **N-ECK-BAUTEILEINGABE (GANZ)** erzeugt einen Linienbauteilzug in Form eines N-Ecks, der mit einem »halben« Stück beginnt. Die Anzahl der Teilstücke ist in der Dialog-Symbolleiste anzugeben. Der Funktionsablauf ist der gleiche wie beim Kreis-Linienbauteil.

Bauteil aus Elementübernahme

- **BAUTEIL AUS ELEMENTÜBERNAHME** erzeugt Linienbauteile auf Basis bestehender 2D-Elemente (z. B. Linien, Polygone, Ellipsen, Splines) oder Elementverbindungen. Element-Linienbauteile haben nur eingeschränkte Funktionalitäten.

Funktionsablauf Element-Linienbauteil:

- ▶ 2D-Element zeichnen (z. B. mittels Elementverbindung)
- ▶ Anfangs- und Endpunkt des 2D-Elements als Anfangs-/Endpunkt des Linienbauteils identifizieren
- ▶ Die Form wird automatisch erzeugt.

Splineförmiges Bauteil

- **SPLINEFÖRMIGES BAUTEIL** erzeugt ein splineförmiges Linienbauteil unter Angabe von Stützpunkten. Die Eingabe erfolgt analog der Eingabe von Splines aus dem Modul **KONSTRUKTION**. Es können maximal 99 Stützpunkte angegeben werden.

> **HINWEIS:** Je nach gewählter Bauteileingabe sind zusätzliche Eingaben erforderlich. Kreisförmige und splineförmige Bauteile können nur mit rechteckigem Querschnitt erzeugt werden.

Ausdehnungsrichtung

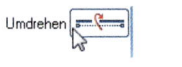

Jedes Linienbauteil hat eine Dicke (Wände zusätzlich eine Schichtenfolge), die in den **EIGENSCHAFTEN** einzustellen ist. Beim Zeichnen des Bauteils kann über die Schaltfläche **UMDREHEN** die Ausdehnungsrichtung gedreht werden. Das Bauteil wird anhand der **BAUTEILACHSE** (linear) erzeugt.

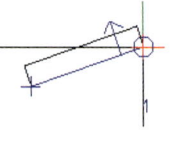

Bereich Bauteilachse

Linienbauteile werden anhand ihrer Achse erzeugt und verwaltet. Die Bauteilachse kann frei innerhalb der Bauteilbreite verschoben werden. Entweder verwenden Sie zum Einrichten der Achse die Rasterpunkte (Schichtkanten, Schichtmitten) oder geben den gewünschten Wert als Abstand von den Außenkanten des Bauteils an.

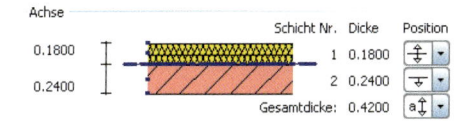

- **EINSTELLUNGEN BAUTEILACHSE** öffnet die Optionen mit dem Bereich Bauteile. Unter **BAUTEILACHSE** können Sie selbige einschalten und/oder deren Darstellung beeinflussen. Das Anzeigen der Bauteilachse ist z. B. bei Änderungen an bestehenden Bauteilen hilfreich (siehe auch Abschnitt 3.1.2.5, »Optionen Bauteile«).

Einstellungen Bauteilachse

5.3.1.2 Linienbauteile Wand, Profilwand, Unterzug, Streifenfundament

- **WAND** erzeugt ein Linienbauteil mit einem rechteckigen Querschnitt, der aus bis zu fünf Schichten mit jeweils unterschiedlichen Eigenschaften (auch in der Höhe) zusammengesetzt werden kann.

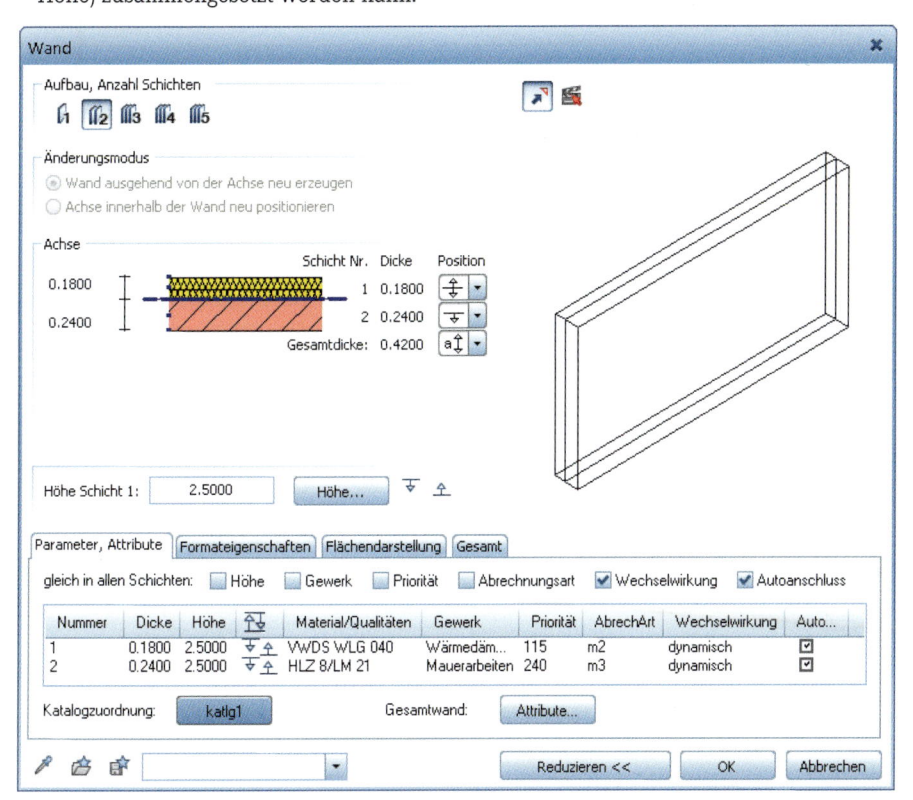

Wand

Der Dialog der Wand ist in Registern aufgebaut. Bei Aktivierung des Registers **GESAMT** erscheinen alle Eigenschaften der Wand. Je nach Anzahl der gewählten Wandschichten werden die Zeilen in den Listen ergänzt. Die meisten Parameter können für jede Schicht einzeln getroffen werden. Über die Checkboxen können Eigenschaften gewählt werden, die in allen Schichten gleich sein sollen. Innerhalb der Auflistungen kann ein Kontextmenü mit weiteren Funktionen aufgerufen werden, mittels dem z. B. der Schichtaufbau umgedreht oder einzelne Wandschichten entfernt/hinzugefügt werden können.

- **UNTERZUG**, **ÜBERZUG** und **PROFILWAND** erzeugen entweder Linienbauteile mit rechteckigem Querschnitt oder anhand eines Symbols einer geschlossenen Kontur oder mehrerer Konturen Linienbauteile mit beliebigen Querschnitten. Optimal für Stahlbauteile sind die beiden Symbolkataloge **STAHLPROFILE** und **STAHLPROFILE ECKIGN IDEALISIERT**, die bei der Installation von Allplan ausgewählt werden konnten. Die Hauptunterschiede zwischen **UNTERZUG**, **ÜBERZUG** und **PROFILWAND** sind, dass in Unterzügen keine Fenster- und Türöffnungen erzeugt werden können und bei der Profilwand keine Umschaltung auf rechteckige Querschnittsform möglich ist.

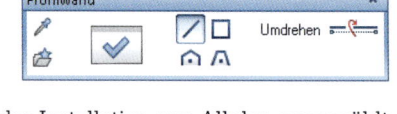

  - Im Bereich **QUERSCHNITTSFORM** kann über die Schaltfläche **PROFIL** ein Symbol aus dem Datenkatalog eingelesen werden. Das Symbol wird, wenn es geeignet ist (d. h., wenn es keine unerlaubten Elemente und keine Verzweigungen beinhaltet), angezeigt. Über **SPIEGELN** und **DREHEN** kann die Form ausgerichtet werden.

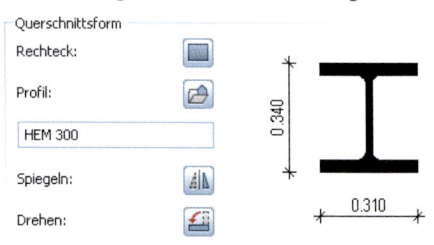

  - **EINSTELLUNGEN BAUTEILACHSE**, **BAUTEILPROFIL** öffnet die Optionen mit dem Bereich Bauteile. Unter **BAUTEILPROFIL** kann man die Darstellung von Profilträgern im 3D beeinflussen (siehe auch Abschnitt 3.1.2.5, »Optionen Bauteile«).

- **STREIFENFUNDAMENT** bietet parametrisierte Formen für Fundamente an. Alternativ zu den vordefinierten Formen kann auch eine freie Form aus einem Symbol geladen werden.

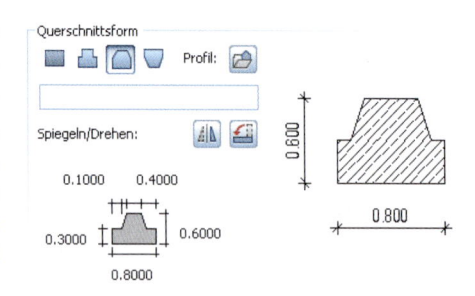

  - **QUERSCHNITTSFORM** schaltet unterschiedliche Parameter frei, die die jeweils gewählte Form definieren. Sie haben die Wahl zwischen: **RECHTECKIG**, **ABGETREPPT** und **ABGESCHRÄGT**, oben oder unten, als parametrisierte Formen und als **PROFIL** zum Laden freier Formen. Für freie Formen wird eine geschlossene Form, die als Symbol gespeichert ist, benötigt (siehe Unterzug und Profilwand.)

- **ACHSE** bietet bei Streifenfundamenten eine zusätzliche Funktion an. Mit der Option **ZENTRISCH UNTER WAND**, der Einstellung der **WANDDICKE** (bzw. **ÜBERNAHME**) kann die Achse des Fundaments so eingestellt werden, dass es ausreicht, die Außenkante/Innenkante einer Wand abzugreifen, um das Fundament mittig unter der Wand auszurichten.

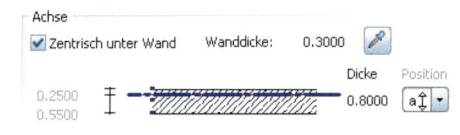

5.3.2 Linienbauteile bearbeiten

Für die Bearbeitung von Linienbauteilen gibt es neben den allgemeinen Funktionen zu Architekturbauteilen vor allem die drei folgenden Funktionen.

- **LINIENBAUTEIL AN LINIENBAUTEIL** dient zum Verbinden gleichartiger Linienbauteile. Das zuerst angewählte Bauteil bestimmt den Bauteiltyp. Bei T-Anschlüssen wird das zuerst angeklickte Linienbauteil entsprechend verlängert oder verkürzt; das andere bleibt bestehen. Bei Eckanschlüssen können beide Linienbauteile verlängert oder verkürzt werden. Das als Zweites angeklickte Linienbauteil hat Vorrang gegenüber dem Ersten bezüglich der durchgeführten geometrischen Modifikation.

Als zusätzliche Angabe können Sie in der Dialogzeile eine Fugenbreite für den Anschluss angeben. Es wird ein zusätzliches Bauteil (Fuge) erzeugt. Es können nur gerade Linienbauteile aneinander angeschlossen werden.

- **LINIENBAUTEIL AN LINIE** schließt ein Linienbauteil an eine bestehende Linie an. Der Bauteilbereich, der angeklickt wurde, bleibt erhalten, wenn die Linie das Bauteil schneidet.
- **LINIENBAUTEIL TEILWEISE LÖSCHEN** entfernt Teilstücke aus Linienbauteilen, Leisten und Seitenflächen (sowie weiteren auf einer Linie basierenden Bauteilen). Alle Elemente, die sich in diesem Teilstück befinden, wie Fenster und Türen, werden ebenfalls gelöscht. Die Bereichsangabe erfolgt über zwei Punkte auf dem Linienbauteil.
- **3D AKTUALISIEREN** dient zum Neuberechnen aller auf den aktiven Teilbildern befindlichen Architekturbauteile nebst Beschriftungen. Ausgeblendete Layer werden je nach Einstellung in den Optionen berücksichtigt.

5.3.3 Architekturbauteile zu Wänden

- Die **AUFKANTUNG** entspricht im Aufbau der normalen Wand. Bei der Eingabe benötigt die Aufkantung eine Wand als Referenz. Die Oberkante der gewählten Wand wird als Unterkante in die Höheneinstellungen eingetragen.
- Die **POLYGONWAND** ist eine einschichtige Wand, die über die Polygonzugeingabe in jegliche Grundrissform gebracht werden kann. Öffnungen können wie in normalen

Wänden gesetzt werden. Bei der Brüstungs-/Schwellendarstellung kann es bei nicht parallelen Wandkanten zu unschönen Darstellungen kommen.

- **WANDPFEILER** erzeugt einen Wandpfeiler in einer Wand. Wandpfeiler können nicht von Wänden unabhängig erzeugt werden und erzeugen in jeder der vorhandenen Wandschichten ein Bauteil. Wird nur in einer Schicht ein Wandpfeiler benötigt (z. B. STB-Pfeiler), so können die nicht benötigten Bauteile nach dem Erzeugen gelöscht werden.

- **INSTALLATIONSBAUTEIL** erzeugt lineare oder polygonale Installationsbauteile für Vormauerungen usw. Installationsbauteile werden korrekt bei der Wohnflächenberechnung berücksichtigt und tragen eigene Informationen zu den Ausbauflächen oder übernehmen diese vom Raum.

5.3.4 Beispiel – Wände Erdgeschoss

Im nächsten Teilbeispiel werden Sie die Außen- und Innenwände des Gebäudes erstellen. Die Einstellungen für Material usw. sollen Ihnen hierbei als Anhaltspunkte dienen und die Möglichkeiten von Allplan aufzeigen. Alternativ zu den angezeigten Eigenschaften können Sie die Einstellungen auch aus dem Assistenten übernehmen.

Darstellung einstellen

▷ **BEZUGSMASSSTAB:** 1:100
▷ **ZEICHNUNGSTYP:** *Bauvorlage* (Gruppe: *Grundrisse – Praxishandbuch Allplan*)

Außenwände erzeugen

▷ Teilbild 230 aktiv, Teilbild 102 passiv
  Blenden Sie zusätzlich alle belegten Layer bis auf LS_GEB (Gebäude) aus.
▷ **WAND** oder **DOPPELRECHTSKLICK** auf das entsprechende Bauteil im Assistenten *Wände und Stützen*
▷ **EIGENSCHAFTEN** öffnen und wie folgt einstellen

> **HINWEIS:** Wenn Sie das Bauteil über Doppelrechtsklick aus dem Assistenten übernommen haben, sind alle Einstellungen erledigt. Kontrollieren Sie dennoch jedes Bauteil, um mit den Dialogen und Einstellmöglichkeiten vertraut zu werden.

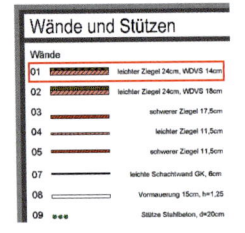

▷ **AUFBAU, ANZAHL SCHICHTEN** → 2
▷ Eigenschaften der Wand, wie angezeigt (oder Bauteil **01**, Assistent *Wände und Stützen*)

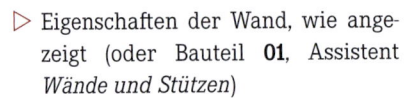

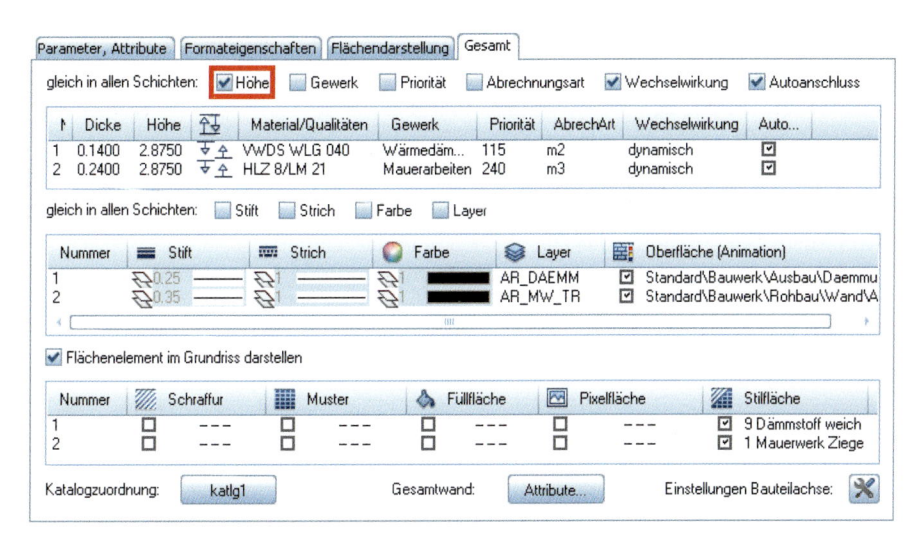

Klicken Sie für die Auswahl/Eingabe der Werte jeweils in das Feld, in dem der Wert erscheinen soll (angezeigt wird) und wählen Sie bzw. geben Sie die im Bild angegebenen Daten ein.

▷ Die Option **GLEICH IN ALLEN SCHICHTEN** sollte für **HÖHE** eingeschaltet sein.
▷ Überprüfen Sie die Einstellung der Höhe in einer Schicht oder über die Schaltfläche **HÖHE** für Schicht 1.
▷ Verschieben Sie die Achse der Wand auf die obere Kante der Dämmschicht. Die Abmessungen des Gebäudes sollen aus dem Lageplan übernommen werden.
▷ Bestätigen Sie die Eingaben mit **OK**.
▷ Stellen Sie die Eingabeoption auf **GERADES LINIENBAUTEIL**.
▷ Wählen Sie nun in der Zeichenfläche den ersten Wandpunkt an.
▷ Überprüfen Sie die Ausdehnungsrichtung der Wand. Mit **UMDREHEN** können Sie die Ausdehnungsrichtung beeinflussen.
▷ Zeichnen Sie die ersten drei Wände (Punkte **1** bis **4**) des linken Baukörpers und anschließend die entsprechenden Wände (Punkte **5** bis **8**) des zweiten Gebäudeteils. Nach dem vierten Punkt müssen Sie den Linienzug einmal mit **ESC** abbrechen, um die Lücke zwischen Punkt **4** und **5** erzeugen zu können. Nach Punkt **8** können Sie die Funktion komplett beenden (zweimal **ESC**).

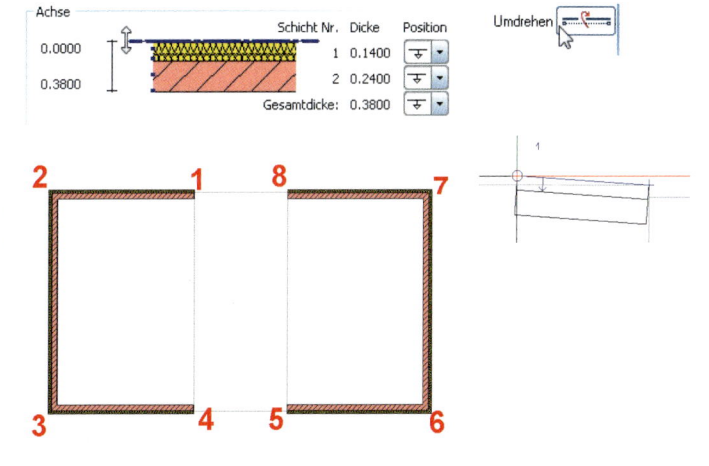

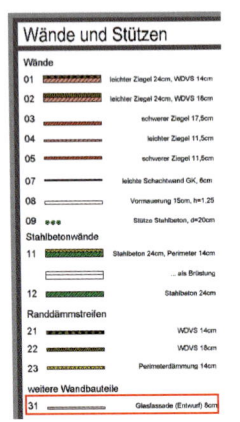

▷ Übernehmen Sie die Eigenschaften (**DOPPELRECHTSKLICK**) der Glasfassade (Entwurf) 8 cm – Bauteil **31**, Assistent *Wände und Stützen* – für den oberen und unteren Abschluss des Glaszwischenbaus.

▷ Wählen Sie den **ANFANGSPUNKT** der ersten Wand am Endpunkt der Linie des Lageplans. Der korrekte Ansatzpunkt ist unterhalb des Ziegels im Bereich der Dämmung angesiedelt.

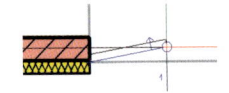

▷ **BIS PUNKT** der Wand ist der entsprechende zweite Endpunkt der gleichen Linie auf der anderen Seite des Zwischenbaus.

> **HINWEIS:** Je nachdem, mit welchem Punkt Sie beginnen, müssen Sie mittels des Schalters die Ausdehnungsrichtung der Wand korrigieren.

Die Wandeingabe wird automatisch abgebrochen, da es an dieser Stelle unlogisch ist, weitere Wände in dem Punkt anzuschließen.

▷ Erzeugen Sie auf die gleiche Weise auch die andere Glaswand.

Teilbilder ausblenden

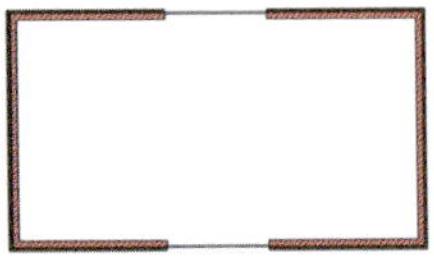

Für die weitere Bearbeitung des Beispiels benötigen Sie den Lageplan nicht mehr, da alle Informationen (Umrisse des Gebäudes) mit den ersten Wänden in den Grundriss übertragen wurden.

Das Ausblenden von Teilbildern kann auf zwei Arten erledigt werden. Entweder öffnen Sie den Dialog **PROJEKTBEZOGEN ÖFFNEN: TEILBILDER AUS ZEICHNUNGS-/BAUWERKS-STRUKTUR** und entfernen dort die Passiveinstellung bei Teilbild 102 oder Sie folgen den nächsten Schritten und blenden das Teilbild mit der Funktion **TEILBILDSTATUS ÄNDERN** aus.

▷ Rechte Maustaste auf einer Linie des passiven Teilbildes (Gebäudekante im Innenbereich)

Das Kontextmenü wird geöffnet.

▷ **TEILBILDSTATUS ÄNDERN**
▷ Klicken Sie auf die Schaltfläche **NICHT ANGEWÄHLT**.

Das Teilbild 102 wird ausgeblendet, und als einziges sichtbares Teilbild (aktiv) bleibt Teilbild 230 übrig. Es sollten nur noch die Außenwände (inkl. Glaswand) sichtbar sein.

Trennwand zum Glaskörper (Punkt zu Punkt)

Die nächsten Wände, die erzeugt werden sollen, sind die tragenden Innenwände, die den Aufenthaltsbereich zum Glaskörper hin abschließen sollen.

▷ Übernehmen Sie die Eigenschaften der Wand »leichter Ziegel 17,5 cm« aus dem Assistenten (Bauteil **03**, Assistent *Wände und Stützen*).

▷ Erzeugen Sie die Trennwände jeweils vom inneren Eckpunkt der Ziegelwand aus bis zur anderen Gebäudeseite.

Die Wandverschneidung wird später gerichtet werden, da die Priorität bei der tragenden Innenwand (richtigerweise) höher eingestellt ist, als die Priorität der tragenden Wandschicht der Außenwand. Achten Sie darauf, dass die linke Wand nach links orientiert ist und die rechte nach rechts.

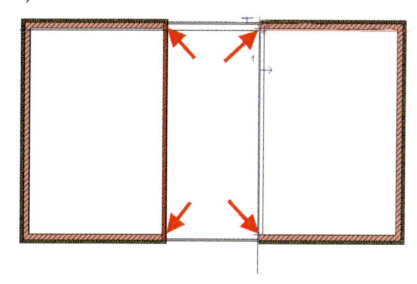

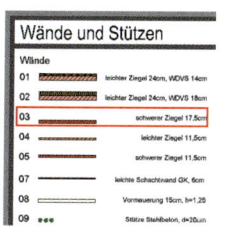

Übernahme von Eigenschaften einer bestehenden Wand

Die nächsten Wände sind die tragenden Trennwände, welche die gleichen Einstellungen wie die Trennwände besitzen. Sie haben mehrere Möglichkeiten, die Eigenschaften von einer bestehenden Wand (Bauteil) zu übernehmen.

Lösung 1 – Übernahme mit Pipette

▷ **WAND**
▷ **ÜBERNAHME** in Eingabeoptionen **WAND**
▷ **ÜBERNAHMEBAUTEIL** anklicken

Wand
Übernahme

Alle Eigenschaften der Wand werden übernommen.

Lösung 2 – Funktionsaufruf direkte Übernahme der Eigenschaften

Voraussetzung: Es darf keine Funktion aktiv sein.

▷ **DOPPELKLICK** rechts auf Wand oder Kontextmenü → **ÜBERNAHME**
▷ Funktion **WAND** wird gestartet und alle Eigenschaften der Wand werden übernommen.

> **HINWEIS:** Je nach Einstellung der Option verändert sich das Verhalten bei Doppelklick der rechten Maustaste – bei automatischem Modulwechsel wird automatisch in das Modul gewechselt, zu dem das Bauteil gehört.

Innenwand (Wand zu Wand)

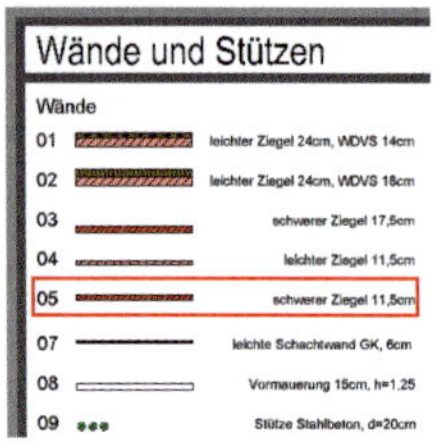

▷ **WAND**

▷ Eigenschaften wie angezeigt (Bauteil **05**)

▷ Kontrollieren Sie die Priorität. 130 ist der korrekte Wert.

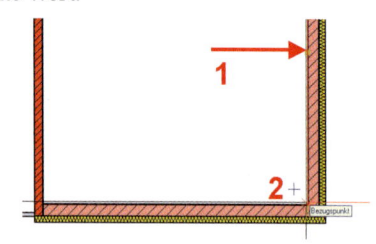

▷ **ANFANGSPUNKT (1)** festlegen (auf der Innenkante der rechten Außenwand)

▷ Bezugspunkt (bei Bedarf, wenn **KLICK** 1 oberhalb der Mitte gesetzt wurde) durch einen **LINKSKLICK (2)** auf das Inneneck der Wände setzen

▷ Den **ABSTANDSWERT** *4,26* eingeben und mit **ENTER** bestätigen

▷ **AUSDEHNUNGSRICHTUNG** der Wand überprüfen (nach oben) → bei Bedarf ändern

▷ **BIS PUNKT** festlegen (waagerecht vom Anfangspunkt der Wand bis zur rechten Innenwand gezogen → **PUNKT** anklicken)

Falls die Richtung mit der Spurlinie nicht exakt gerade gesetzt wurde, erscheint die Bezugspunkteingabe. Klicken Sie dann den unteren **WANDPUNKT** an und geben Sie als **ABSTANDSWERT** *4,26* an.

Innenwand mit beliebiger Länge

Die Erzeugung der nächsten Innenwand läuft fast gleich der vorherigen ab. Nur die Definition des Endpunktes wird statt auf einer bestehenden Wand über eine definierte Länge getätigt.

▷ **WAND**

▷ Übernehmen Sie die Eigenschaften von Bauteil **04**, Assistent Wände und Stützen.

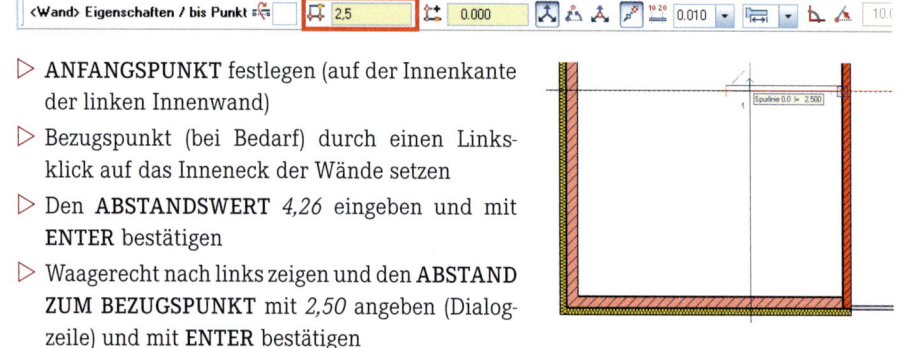

▷ **ANFANGSPUNKT** festlegen (auf der Innenkante der linken Innenwand)

▷ Bezugspunkt (bei Bedarf) durch einen Linksklick auf das Inneneck der Wände setzen

▷ Den **ABSTANDSWERT** *4,26* eingeben und mit **ENTER** bestätigen

▷ Waagerecht nach links zeigen und den **ABSTAND ZUM BEZUGSPUNKT** mit *2,50* angeben (Dialogzeile) und mit **ENTER** bestätigen

▷ Wandeingabe beenden

Übersicht Innenwände

Erzeugen Sie die in der Übersicht dargestellten Innenwände. Achten Sie darauf, dass Sie jeweils die angegebenen Wände aus dem Assistenten (Bauteilnummer bezieht sich auf den Assistenten *Wände und Stützen*) übernehmen.

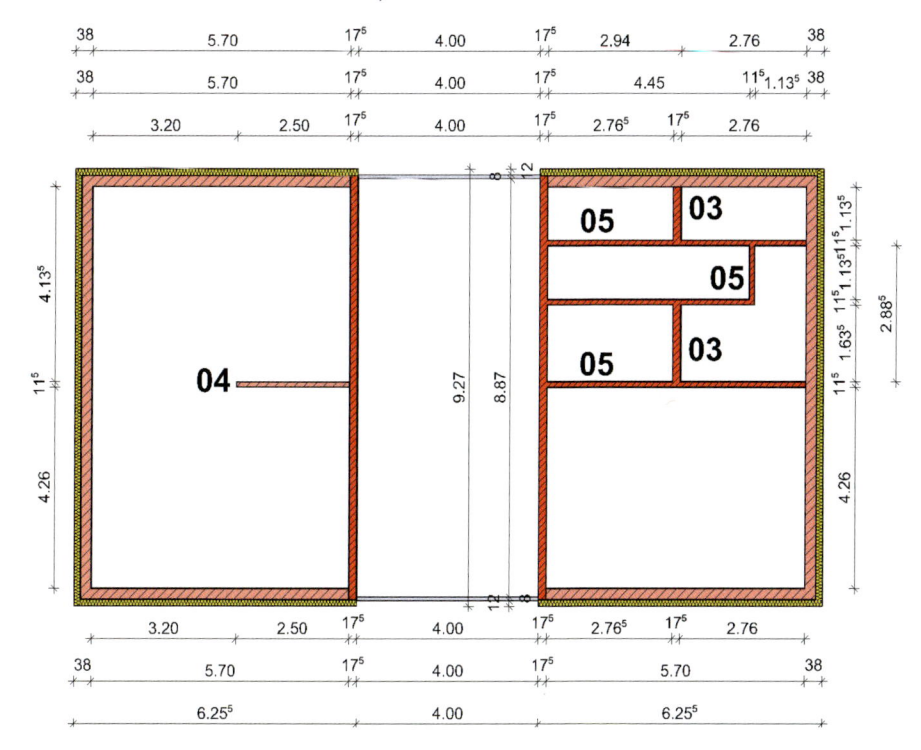

■ 5.4 Öffnungen – Fenster, Türen und weitere

5.4.1 Öffnungen in Linienbauteilen – Grundwissen

Fenster, Türen sowie Nischen, Durchbrüche und Aussparungen können unter dem Begriff Öffnungen zusammengefasst werden und sind so genannte »Abzugskörper«. D. h., Öffnungen brauchen ein übergeordnetes Bauteil, in welches Sie ein Loch schneiden können.

Die Eingabe der Öffnungsgröße wird immer als Rohbaumaß angegeben. Dies wird bei der Vermaßung ersichtlich. Für die »fertigen« Maße (z.B. lichte Türhöhe zwischen UK-Rohsturz und Fertigfußbodenhöhe) können Beschriftungsbilder in nahezu unendlicher Vielfalt nach eigenen Wünschen erzeugt werden.

5.4.1.1 Allgemeine Eigenschaften von Öffnungen

Die Bauteile TÜR, FENSTER, ECKFENSTER, WANDNISCHE, AUSSPARUNG, SCHLITZ und DURCHBRUCH sowie POLYGONALE WANDNISCHE, AUSSPARUNG, SCHLITZ und DURCHBRUCH werden über ähnliche Dialoge mit fast gleichen Elementen gesteuert.

- **ÖFFNUNGSMODELLIERER DATEN AUS KATALOG LESEN** öffnet einen Datei-Öffnen-Dialog, über den fertige Favoriten mit Öffnungseinstellungen eingelesen werden können. Die Favoriten können neben den Informationen für das Öffnungsbauteil weitere Informationen für enthaltene Öffnungsmakros, Rollladenkasten, Sturz, Verblendung und Falz. 
- **TRANSPORTPUNKT** legt den Punkt fest, an dem Sie die Vorschau des Bauteils am Fadenkreuz hängen haben. Es können nur die unteren Transportpunkte angewählt werden. Sie bestimmen mit dem ersten Klick gleichzeitig, wo das Bauteil seine Außenkante hat. 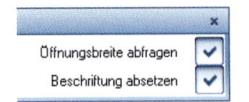
- **ÖFFNUNGSBREITE ABFRAGEN** legt fest, ob, nachdem Sie den ersten Öffnungspunkt bestätigt haben, die Breite der Öffnung in der Dialogzeile nochmals abgefragt oder die in den Eigenschaften eingestellte Breite ohne Abfrage übernommen werden soll. Standard ist **EIN**.
- **BESCHRIFTUNG ABSETZEN** legt fest, ob nach der Erzeugung des Bauteils automatisch der Dialog zur Bauteilbeschriftung geöffnet werden soll. Standard ist **AUS**.

5.4.1.2 Eigenschaften für Türen, Fenster und Eckfenster

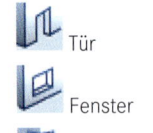

Die meisten Eigenschaften für Fenster und Türen sind gleich oder ähnlich. Im Folgenden finden Sie eine zusammenfassende Darstellung mit Ausschnitten aus dem Bauteildialog der Tür und des Fensters.

Register Öffnung

- **ANSICHTSFORM** stellt unterschiedliche Grundtypen für die Öffnung bereit. Bei Türöffnungen können Sie aus vier, bei Fensteröffnungen aus sechs (+ freie Form) parametrisierten Ansichtsformen wählen. Je nachdem, welche Form gewählt wird, verändert sich die **DARSTELLUNG** auf der rechten Seite des Dialogs. Links werden die jeweils passenden **PARAMETER** zur Definition der Öffnung angezeigt. Bei freien Formen ist zu beachten, dass sich in der Mitte verjüngende Formen (z. B. wie ein I-Träger) nicht für Öffnungen zugelassen sind. 
- **AUFSCHLAG** öffnet den Dialog zur Auswahl der Türaufschlagsymbole. Jede Türöffnung kann, solange kein Makro mit mehreren Öffnungsflügeln eingesetzt wurde, nur einen Türaufschlag erhalten. Bei Fensteröffnungen ist kein Aufschlagsymbol möglich.

- **PARAMETER** zeigt die aktuellen Einstellungen für die Geometrie des Öffnungsbauteils an. Sie können unter **ÖFFNUNGSBREITE** die Breite der Öffnung angeben, die Ihnen bei der Eingabe vorgeschlagen wird (bzw. ohne Nachfrage übernommen wird). Die Felder **BRÜSTUNGSHÖHE** und **ÖFFNUNGSHÖHE** dienen in der Regel nur der Überprüfung des eingestellten **HÖHENBEZUGS**. Änderungen wirken sich direkt auf die getroffenen Einstellungen des **HÖHENBEZUGS** aus. Je nach Ebenenanbindung kann das Ergebnis dem Gewünschten entsprechen oder erheblich davon abweichen. Die Bauteilhöhe sollte immer über den Dialog **HÖHE** eingestellt werden, da nur hier alle Möglichkeiten zur Verfügung stehen.

- Option **FENSTERTÜR** wird für die korrekte Darstellung und Auswertung von Balkontüren, Terrassentüren und Ähnlichem benötigt. Die Berechnung der Wohnfläche, Belichtungsfläche usw. ist auf das Bauteil abgestimmt und erkennt automatisch, dass es sich um Außentüren handelt.

- **MAKRO 1 BIS N** zeigt die der Öffnung zugeordneten Makros an und bietet folgende Funktionen zu ihrer Verwaltung an.
  - **MAKRO EINFÜGEN** öffnet den Dialog zur Makroauswahl.
  - **ANGEWÄHLTES MAKRO ENTFERNEN** löscht das Makro mit der in dem Auswahlfeld angezeigten Nummer aus dem Bauteil. Das Entfernen kann nur durch Verlassen (Abbruch ohne Übernahme der Änderungen) des Bauteildialogs rückgängig gemacht werden.

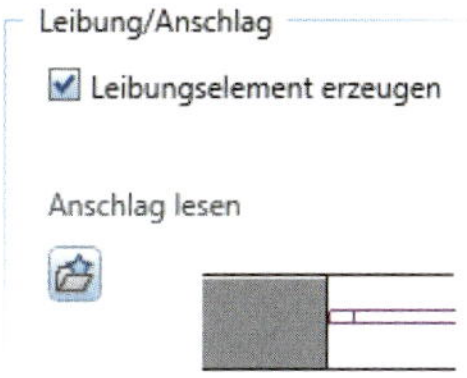

- **LEIBUNG/ANSCHLAG**
  - **LEIBUNGSELEMENT ERZEUGEN** schaltet im Register dieselbe Option aktiv. Im Register **LEIBUNG/ANSCHLAG** kann die Lage des Öffnungsmakros sowie die Ausformulierung von Fenster-/Türanschlägen bestimmt werden.
  - **ANSCHLAG LESEN** öffnet den Standarddialog zum Einlesen gespeicherter Tür- oder Fensteranschläge.

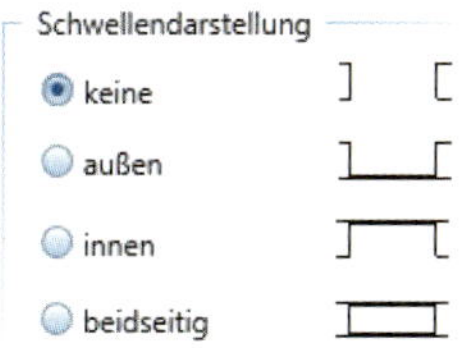

- **SCHWELLENDARSTELLUNG/BRÜSTUNGSDARSTELLUNG:** Je nach eingestellter Option (**KEINE**, **AUSSEN**, **INNEN**, **BEIDSEITIG**) werden eine oder zwei Linien als Draufsicht der Schwelle/Brüstung des Öffnungsbauteils erzeugt.

- **SCHWELLE/BRÜSTUNG FORMATEIGENSCHAFTEN** bietet Formateigenschaften für die Brüstungs- und Schwellendarstellung an. Ist die **SCHWELLENDARSTELLUNG/BRÜSTUNGSDARSTELLUNG** auf **KEINE** gestellt, können keine Formateigenschaften angewählt werden.

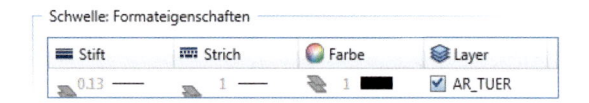

Register Anschlag

Die Auswahl der Anschlagtypen wird erst angezeigt, nachdem der Anfangspunkt der Öffnung und damit die Wand, definiert wurde, in der die Öffnung platziert werden soll. Die Möglichkeiten hängen direkt von der Anzahl und Dicke der Wandschichten ab.

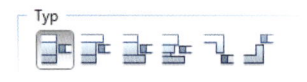

- **TYP** bietet sechs unterschiedliche Anschlagtypen zur Auswahl an. Je nach gewähltem Typ erscheinen in der **DARSTELLUNG** auf der rechten Seite weitere Eingabefelder. Bei Anwahl einer der beiden rechten Anschlagvarianten mit Verblendung werden der Bereich **VERBLENDUNG** und die Optionen **EINGABESEITE ÖFFNUNGSBREITE (AUSSENSEITE/INNENSEITE)** aktiviert. Probieren Sie die Einstellungen jeweils aus. Komplexe Einstellungen sollten als Favoriten gespeichert werden.

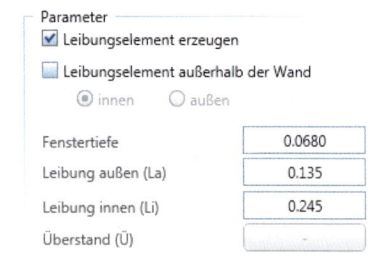

- **PARAMETER** definieren die Leibung der Öffnung sowie die Türtiefe/Fenstertiefe.

  - Option **LEIBUNGSELEMENT ERZEUGEN** aktiviert nachfolgenden Parameter. Ist die Option deaktiviert, wird kein **LEIBUNGSELEMENT** erzeugt und Öffnungsmakros werden mittig eingesetzt.

  - Über die Option **LEIBUNGSELEMENT AUSSERHALB DER WAND** können Sie eine der Öffnung vorgesetzte Leibung erzeugen. Eingesetzte Öffnungsmakros werden außerhalb der Wand abgesetzt. Mit **ÜBERSTAND (Ü)** geben Sie die Überlappung an.

  - **TÜRTIEFE/FENSTERTIEFE** gibt an, welche Stärke der Stock des Öffnungsmakros besitzt.

  - **LEIBUNG AUSSEN (LA)/LEIBUNG INNEN (LI)** definiert die Leibung außen und innen. Wird eine der beiden Einstellungen geändert, so wird die Zweite entsprechend der Wanddicke korrigiert.

- **ANSCHLAG LESEN/ANSCHLAG SPEICHERN** öffnet den Standarddialog zum Einlesen/Speichern von Tür- oder Fensteranschlägen (siehe auch Abschnitt 2.5.3, »Favoriten«).

5.4.1.3 Eigenschaften für Nische, Aussparung, Schlitz (auch polygonal)

- Unter **TYP** geben Sie an, ob das Bauteil eine Nische (bleibt im Endzustand offen) oder eine Aussparung (wird geschlossen) werden soll. Je nach **TYP** werden unterschiedliche Parameter angeboten.
- Über die **SICHTBARKEITSOPTION** wird geregelt, ob die zu erzeugende Aussparung in 3D sichtbar sein soll. Standard ist eingeschaltet.
- **GRUNDRISSDARSTELLUNG** bietet die Wahl zwischen **OFFEN BIS BODEN, KEINE LINIE** und **STURZ, BRÜSTUNGSLINIE DARSTELLEN**.
- **ANSICHTSFORM** stellt drei unterschiedliche parametrisierte Ansichtsformen sowie die Übernahme einer freien Form zur Auswahl. Je nach Auswahl werden unter **PARAMETER** mehr oder weniger Eingabefelder angezeigt, und die Übersicht auf der rechten Seite verändert sich.
- **PARAMETER** zeigt die aktuellen Einstellungen für die Geometrie des Bauteils an. Sie können die **BREITE** und **TIEFE** des Bauteils angeben, die Ihnen bei der Eingabe vorgeschlagen werden (bzw. ohne Nachfrage übernommen werden). Die Felder **HÖHE BIS UK** und **HÖHE** dienen mehr der optischen Überprüfung des eingestellten **HÖHENBEZUGS**. Änderungen wirken sich direkt auf die getroffenen Einstellungen des **HÖHENBEZUGS** aus. Je nach Ebenenanbindung kann das Ergebnis dem Gewünschten entsprechen oder erheblich davon abweichen. Tätigen Sie sämtliche Einstellungen der Bauteilhöhe immer über **HÖHE**.

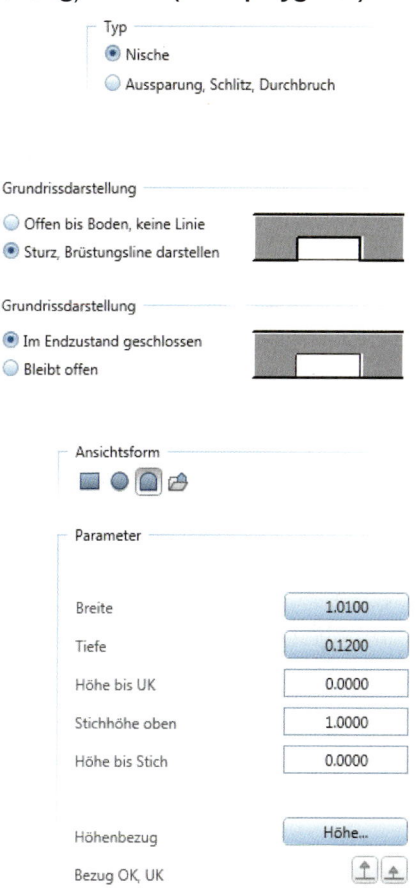

5.4.2 Eingabe von Öffnungen

Fenster- und Türöffnungen haben eine definierte Innen- und Außenseite. Durch den ersten Klick wird die Außenseite der Öffnung (Außenwandlinie) fixiert.

Option Direkte Abstandeingabe

Die Option befindet sich in der Dialogzeile vor dem ersten Eingabefeld. Die folgende Abläufe für die Öffnungseingabe ergeben sich daraus.

Abstandeingabe deaktiviert

Direkte Abstandeingabe deaktiviert

▶ Gewünschte Funktion für Öffnung aktivieren
▶ Option **DIREKTE ABSTANDEINGABE** deaktivieren
▶ Bereich der Wand anklicken, in dem die Öffnung erzeugt werden soll
▶ Bezugspunkteingabe wird automatisch aktiviert (bei Bedarf Bezugspunkt durch Anklicken eines beliebigen Punktes versetzen)
▶ Abstand des ersten Öffnungspunktes zum gewählten Bezugspunkt eingeben
▶ Eingabe mit **ENTER** bestätigen
▶ Bei eingeschalteter Optionseinstellung **ÖFFNUNGSBREITE ABFRAGEN** noch die Öffnungsbreite eingeben

Abstandeingabe aktiviert

Direkte Abstandeingabe aktiviert

▶ Gewünschte Funktion für Öffnung aktivieren
▶ Option **DIREKTE ABSTANDEINGABE** aktivieren
▶ Auf die gewünschte Wand zeigen → gefangener Architekturpunkt wird mit Kreuz markiert, Bauteilvorschau wird im angegebenen Abstand eingeblendet (bei Bedarf den Bezugspunkt durch Anklicken eines Punktes versetzen)
▶ Vorschau kontrollieren und bei Bedarf Fenster durch Anklicken einer anderen Position versetzen
▶ Gewünschten Abstand in der Dialogzeile eingeben
▶ Eingabe mit **ENTER** oder durch Anklicken der Wand bestätigen
▶ Bei eingeschaltetet Optionseinstellung **ÖFFNUNGSBREITE ABFRAGEN** noch die Öffnungsbreite eingeben

5.4.3 Architekturbauteile zu Öffnungen

Sturz

Rollladenkasten

Falz

Verblendung

- **STURZ** erzeugt über einer vorhandenen Öffnung (Voraussetzung zum Erzeugen) einen Sturz. Die Unterkante des Sturzes wird dabei aus der Öffnung ausgelesen. Im fertigen Demo-Projekt sind Stürze über den Innentüren erzeugt worden.
- **ROLLLADENKASTEN** erzeugt einen Rollladenkasten über einer vorhandenen Öffnung (Voraussetzung zum Erzeugen) eines Linienbauteils. Rollladenkästen können nur über Öffnungen erzeugt werden und liegen immer komplett innerhalb einer Wandschicht.
- **FALZ** und **VERBLENDUNG** dienen zur detaillierten Ausformulierung des Anschlagbereichs von Öffnungen. Die Verblendung kann in den meisten Fällen direkt beim Öffnungsbauteil (Tür, Fenster, Eckfenster) erzeugt werden. Bei beiden Funktionen wird von der angeklickten Linie ausgegangen, und beide Bauteile sind derzeit in Rundbogenöffnungen nicht zulässig.

5.4.4 Beispiel – Innentüren Erdgeschoss

Bei den Innentüren (wie auch bei den anderen Öffnungsbauteilen) muss der Bodenaufbau bei der Ermittlung der Öffnungshöhe mitgerechnet werden, da mit Allplan immer Rohbauöffnungen erzeugt werden. Für die Innentüren bedeutet das, dass diese 2,295 m hoch zu erzeugen sind. Die Unterkante des Bauteils ist dann auf die Oberkante der Rohdecke und die Oberkante mit dem entsprechenden Abstand definiert.

Die Öffnungshöhe berechnet sich wie folgt.

Geplanter Fußbodenaufbau im Erdgeschoss	0,16 m
Türhöhe von Fertigfußboden bis UK-Sturz (roh)	2,135 m
Summe	2,295 m

Öffnungen können mit Makro (Einbauelement) erzeugt werden. Alle im Assistenten enthaltenen Öffnungen sind so definiert.

Ändern der Darstellung

Um bei der Erzeugung eine bessere Übersicht über die Elemente zu haben, ist es günstig, einen Zeichnungstypen einzustellen, in dem die Darstellung der Wände nur eine Schraffur ist. Hierzu eignet sich z. B. der Zeichnungstyp *Ausführungszeichnung* IN DER GRUPPE *Grundrisse – Praxishandbuch Allplan*. Die Strichstärken dieses Zeichnungstyps sind für den Maßstab 1:50 optimiert. Aus diesem Grund sollte auch der Maßstab entsprechend umgestellt werden. Die im Beispiel verwendeten Makros reagieren auf den Zeichnungstypen. D.h., die Darstellungstiefe ist in den Zeichnungstypen *Werkplanung* höher als in den Zeichnungstypen *Entwurf*. Alternativ wäre eine maßstabsabhängige Definition von Makros möglich.

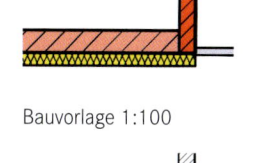

▷ Zeichnungstyp → *Ausführungszeichnung (Grundrisse – Praxishandbuch Allplan)*
▷ BEZUGSMASSSTAB → *1:50*

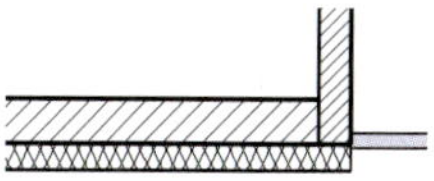

Bauvorlage 1:100

Ausführung 1:50

Der Grundriss wird nun ohne Farben dargestellt, und die Linien sind im Vergleich zu vorher »dünner« geworden.

Innentüren

Im Assistenten *Fenster und Türen* finden Sie die Bauteile zum Übernehmen. Kontrollieren Sie dennoch die Einstellungen, um später leichter die von der Vorgabe im Assistenten abweichenden Bauteile erstellen zu können.

Die erste Tür soll in das WC führen, das vom Glaskörper erschlossen wird.

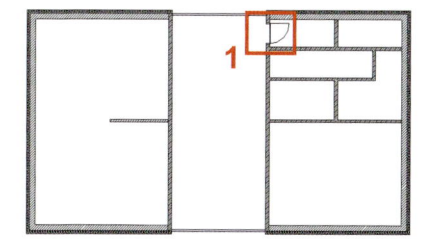

Tür

▷ **TÜR** oder **DOPPELRECHTSKLICK** auf das entsprechende Bauteil im Assistenten *Fenster und Türen* (Bauteil **21**)

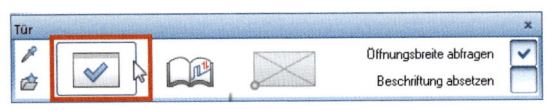

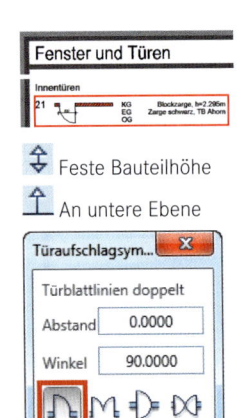

▷ **EIGENSCHAFTEN** öffnen
▷ Register **ÖFFNUNG**
▷ Ansichtsform → Rechteck
▷ Aufschlag z. B. rund 90°
▷ **HÖHE** (Schaltfläche) → **OBERKANTE** → *Feste Bauteilhöhe* **BT-HÖHE** → *2,2950* → **UNTERKANTE** → *an untere Ebenen* **ABSTAND** → *0,000*

Das bedeutet, dass die Unterkante der Türöffnung gleich der Oberkante des Rohbodens (= OK-Rohdecke) und 2,295 Meter hoch ist (bis UK-Sturz).

▷ **MAKRO 1 BIS N** → *1 (Blockzarge – schwarz …)*
▷ **SCHWELLENDARSTELLUNG** → *Keine*
▷ Option **LEIBUNGSELEMENT ERZEUGEN** (**LEIBUNG/ANSCHLAG**) → *deaktiviert*
▷ Bestätigen Sie die Einstellungen in beiden Dialogen mit **OK**.
▷ Deaktivieren Sie die **DIREKTE ABSTANDEINGABE** in der Dialogzeile, falls diese aktiv sein sollte.
▷ Setzen Sie den ersten Öffnungspunkt.
▷ **ABSTAND ZUM ÖFFNUNGSPUNKT** → *0,125*

▷ **ABSTAND ZUM ENDPUNKT DER ÖFFNUNG** → *0,885*

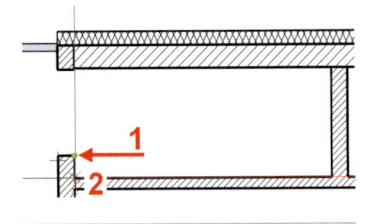

▷ Geben Sie durch einen Linksklick auf eine der vier im Bild markierten Stellen die Öffnungsrichtung des Makros (Einbauteil der Tür) an. Bestätigen Sie die Einstellung mit der rechten Maustaste.

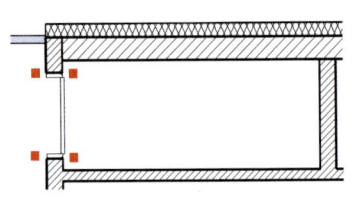

5.4 Öffnungen – Fenster, Türen und weitere

▷ Format in der Palette EIGENSCHAFTEN: LAYER (AR_TUER), STIFT VON LAYER, STRICH VON LAYER und FARBE VON LAYER → aktiviert

▷ Aufschlagrichtung bestimmen (Fixieren der angezeigten Vorschau durch einen Klick mit der linken Maustaste)

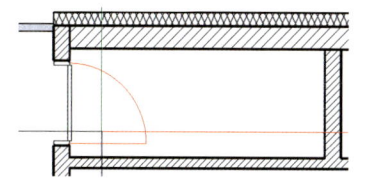

> **HINWEIS:** Das Türmakro ist nicht in allen Zeichnungstypen bzw. Maßstäben im angezeigten Detailgrad sichtbar.

Übersicht Innentüre

▷ Erzeugen Sie die in der Übersicht dargestellten Innentüren. Die angegebenen Zahlen beziehen sich auf die Bauteilnummer, die die jeweilige Tür im Assistenten *Fenster und Türen* bezeichnet. Übernehmen Sie jeweils die Eigenschaften.

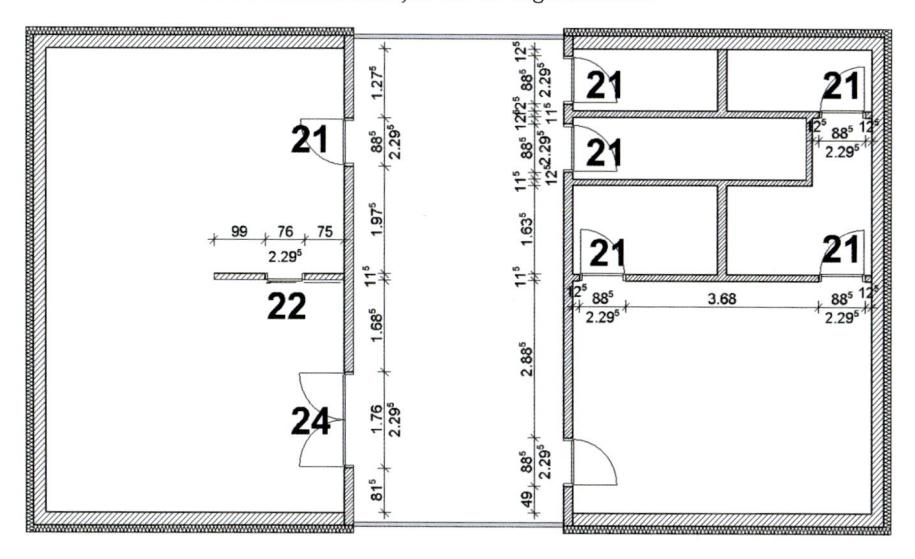

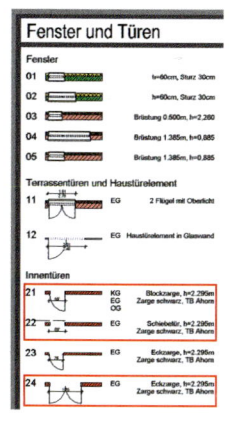

> **HINWEIS:** Bei der zweiflügeligen Tür müssen Sie für die beiden Türblätter jeweils einen eigenen Anschlag absetzen.

5.4.5 Beispiel – Außentüren Erdgeschoss

Die Terrassentüren sollen mit überdämmtem Stock ausgeführt werden, um diese Wärmebrücke zu minimieren. Zudem soll mit dem Fenstermakro (enthält zwei Öffnungsflügel und Oberlicht) auch eine Außenfensterbank erzeugt werden. Die kompletten Einstellungen sind wieder im Assistenten enthalten und hier zur Kontrolle abgebildet. Um die Schwellen-/Brüstungsdarstellung später einzeln ausblenden zu können, wird nicht der Layer des Bauteils, sondern ein separater Layer aus dem Bereich der Fenster verwendet.

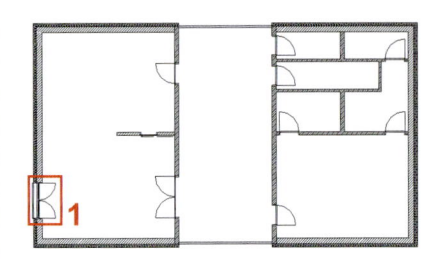

Terrassentür

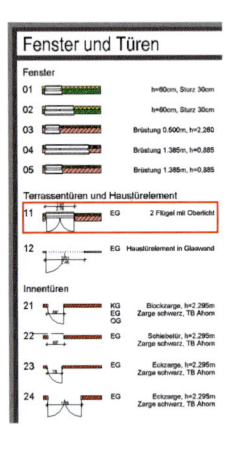

▷ **TÜR** und Eigenschaften aus dem Assistenten übernehmen oder **DOPPELRECHTSKLICK** auf das entsprechende Bauteil im Assistenten *Fenster und Türen* (Bauteil **11**)

▷ **AUSSENWANDLINIE** im Bereich der Terrassentür anklicken

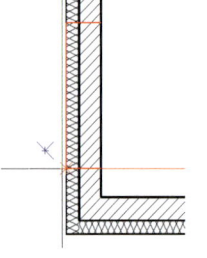

! HINWEIS: Bei allen Öffnungen, die in Außenwänden platziert werden, ist stets die äußerste Wandlinie anzuklicken. Von dieser ersten Kante aus wird die Leibung gerechnet.

▷ **EIGENSCHAFTEN** öffnen
▷ Register **ANSCHLAG**
▷ Ändern Sie den **TYP** und aktivieren Sie die Option **LEIBUNGSELEMENT ERZEUGEN**.
▷ **PARAMETER: TÜRTIEFE** → *0,0800*
  LEIBUNG AUSSEN (LA) → *0,14* (= Dicke der Dämmschicht)
▷ **DARSTELLUNG:** Außenseite → *0,0300* (Maß, mit dem der Stock überdämmt wird) Die Werte für die anderen Seiten sollten sich automatisch nach der Eingabe im ersten Feld richten.

HINWEIS: Erst nachdem Sie die Wand identifiziert haben, in welche die Öffnung eingesetzt werden soll, erscheint im Register **ANSCHLAG** eine Auswahl zum Einstellen des **TYPS**. Zuvor können die vielfältigen Möglichkeiten, den Anschlag der Öffnung einzustellen, nicht korrekt angezeigt werden.

▷ Register ÖFFNUNG
▷ SCHWELLENDARSTELLUNG → Option außen aktiv
▷ SCHWELLE: FORMATEIGENSCHAFTEN → LAYER (AR_FENSP)

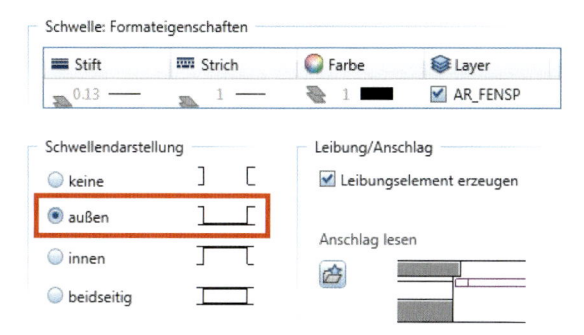

HINWEIS: Die Auswahlfenster **STIFT**, **STRICH** und **FARBE** sind nicht anwählbar, da im Dialog **LAYER EINSTELLEN** die drei Haken bei **FORMATEIGENSCHAFTEN** auf **LAYER** gesetzt sind.

▷ HÖHE (Schaltfläche) → OBERKANTE → *Feste Bauteilhöhe*
BT-HÖHE → *2,7600* → UNTERKANTE → *an untere Ebenen*
ABSTAND → *0,000*

Der Fußbodenaufbau ist im Makro bereits durch einen aufgedoppelten Stock (Schwelle) berücksichtigt.
▷ Bestätigen Sie die Angaben jeweils.

Überprüfen Sie die Lage des Bezugspunktes und setzen Sie diesen bei Bedarf durch Anklicken des äußeren Eckpunkts unten links neu.
▷ ABSTAND ZUM ÖFFNUNGSPUNKT → *1,13*

▷ ABSTAND ZUM ENDPUNKT DER ÖFFNUNG → *1,510*

> **HINWEIS:** Die Öffnungsbreite (Abstand zum Öffnungspunkt) wird immer in Pfeilrichtung angetragen, auch wenn der Transportpunkt anders gewählt war. Die Bildschirmanzeige kann hier zwischenzeitlich unstimmig sein.

▷ Drehen Sie das Fenstertürmakro so, dass die Öffnungsflügel nach innen zeigen, und bestätigen Sie die Ausrichtung des Makros mit der rechten Maustaste.

▷ Format in der Palette **EIGENSCHAFTEN**: **LAYER** (AR_TUER), **STIFT VON LAYER**, **STRICH VON LAYER** und **FARBE VON LAYER** → aktiviert

▷ Bestimmen Sie nacheinander für die beiden Öffnungsflügel die Aufschlagrichtungen. Gesetzt wird der Anschlag mittels eines Linksklicks, wenn die Vorschau korrekt aussieht.

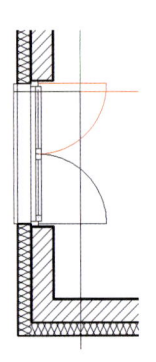

> **TIPP:** Bei Öffnungsmakros, die mehrere Öffnungsflügel besitzen, kann für jeden Flügel ein Anschlagsymbol abgesetzt werden.

5.4.6 Beispiel – Fenster Erdgeschoss

Die Eingabe von Fenstern läuft im Wesentlichen so wie die der Türen ab. Es sollen nun drei unterschiedliche Fenstertypen eingesetzt werden.

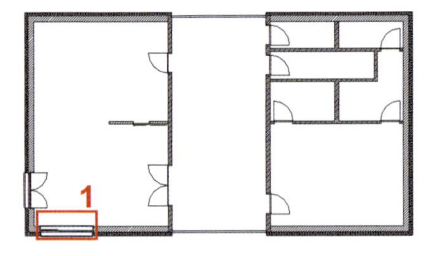

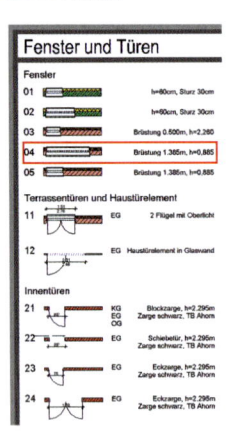

Fenster einsetzen

▷ **FENSTER** und Eigenschaften aus dem Assistenten übernehmen oder **DOPPELRECHTSKLICK** auf das entsprechende Bauteil im Assistenten *Fenster und Türen* (Bauteil)

▷ **TRANSPORTPUNKT** bei Bedarf versetzen

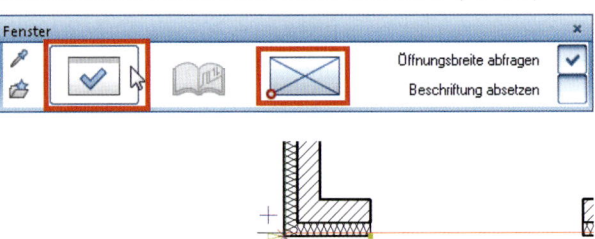

5.4 Öffnungen – Fenster, Türen und weitere

Der Transportpunkt wird immer auf der Außenwandlinie angegeben. Von unten gesehen liegt im Auswahlfeld die Außenwandlinie unten.

▷ Register **ÖFFNUNG**
▷ **BRÜSTUNGSDARSTELLUNG** → Option beidseitig aktiv
▷ **BRÜSTUNG: FORMATEIGENSCHAFTEN LAYER** (AR_FENSP)

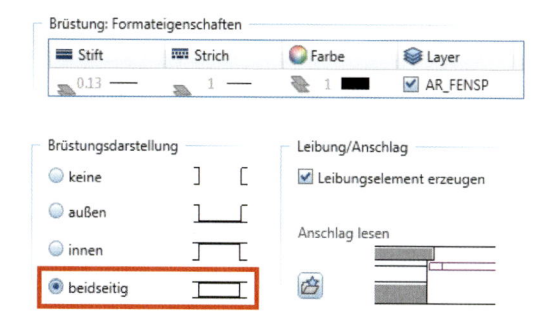

▷ **HÖHE** (Schaltfläche) → **OBERKANTE** → *Feste Bauteilhöhe*
  BT-HÖHE → *0,8250* → **UNTERKANTE** → *an untere Ebenen*
  ABSTAND → *1,100*

Im Hauptdialog sollte nach der Einstellung der Höhen Folgendes angezeigt werden.

Das Fenster wird mit einer Brüstungshöhe (bezogen auf die untere Ebene = Oberkante Rohdecke) von 1,10 m und einer Öffnungshöhe (Rohbauöffnung) von 0,825 cm erzeugt.

▷ Register **ANSCHLAG**
▷ Stellen Sie den Anschlagtyp usw. so ein wie bei den Außentüren bzw. kontrollieren Sie die Einstellungen.
▷ Bestätigen Sie die Angaben jeweils mit **OK**.
▷ Überprüfen Sie die Lage des Bezugspunktes. Der Bezugspunkt (Pfeil **–2**) soll am äußersten Eck des Gebäudes platziert sein.
▷ **ABSTAND ZUM ÖFFNUNGSPUNKT** → *0,63*

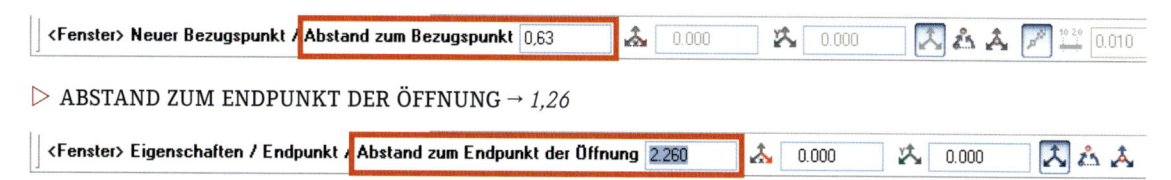

▷ **ABSTAND ZUM ENDPUNKT DER ÖFFNUNG** → *1,26*

Fenster und Türen ergänzen

▷ Erzeugen Sie die in der Übersicht dargestellten Fenster, Fenstertüren sowie das Hauseingangselement. Die angegebenen Zahlen beziehen sich auf die Bauteilnummer des jeweiligen Bauteils im Assistenten *Fenster und Türen*. Übernehmen Sie jeweils die Eigenschaften.

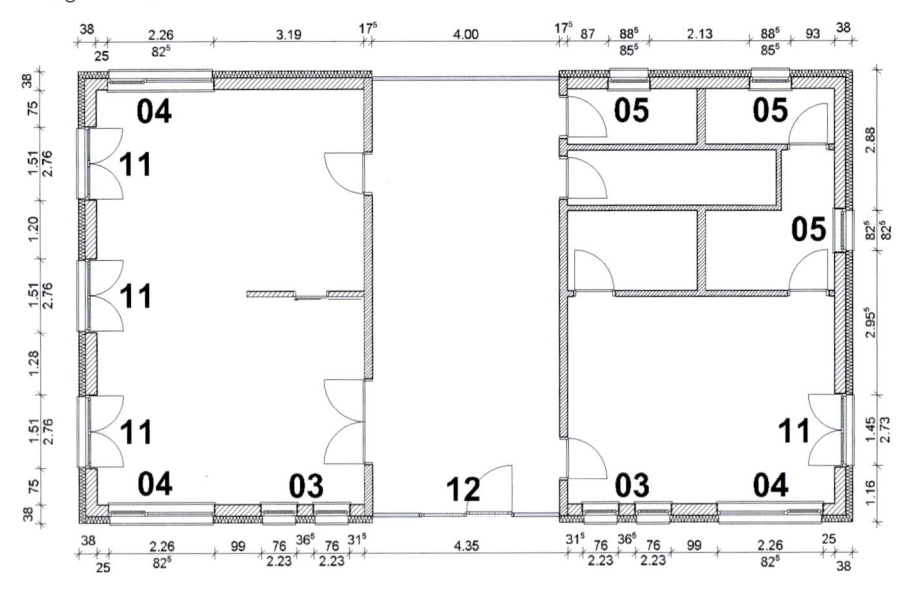

Die Öffnungsmaße – Öffnungsbreite und Öffnungshöhe – sind in der tragenden Schicht bemaßt, da diese eingegeben werden. Die Abstände zu den Gebäudeecken beziehen sich auf die Dämmschicht. Durch die Überdämmung des Stocks sind die Öffnungen in der Dämmschicht kleiner.

> **HINWEIS:** Sie sollten immer darauf achten, dass Öffnungen in Außenwänden korrekt eingegeben werden. Unstimmigkeiten, die nach längerer Zeit bemerkt werden, führen meistens zu einem deutlich höheren Zeitaufwand für die Beseitigung der Probleme.

5.4.7 Beispiel – EG als Grundlage kopieren

Der aktuelle Stand des Erdgeschosses soll als Grundlage für das Obergeschoss sowie das Dachgeschoss kopiert werden. Da beide Teilbilder noch leer sind und das Erdgeschoss noch nicht fertiggestellt wurde, kann das Teilbild 230 komplett über die Bauwerksstruktur kopiert werden. In den beiden Geschossen müssen danach nur noch einige Anpassungen getätigt werden. Der einzige Nachteil ist, dass die schon beschrifteten Teilbilder 240 und 250 den Namen des Erdgeschosses erhalten und auch dessen Ebenenzuordnung behalten. Dies kann jedoch schnell korrigiert werden.

5.4 Öffnungen – Fenster, Türen und weitere

Teilbild kopieren

▷ PROJEKTBEZOGEN ÖFFNEN: TEILBILDER AUS ZEICHNUNGS-/BAUWERKSSTRUKTUR
▷ Register **BAUWERKSSTRUKTUR**, linke Seite Bauwerksstruktur

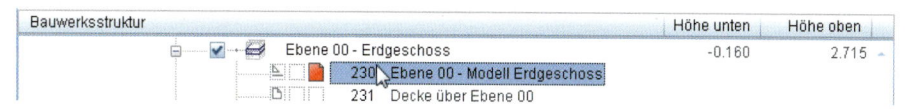

Projektbezogen öffnen

▷ Teilbild 230 Ebene 00 – Modell – Erdgeschoss markieren
▷ Kontextmenü → **KOPIEREN**

▷ Strukturstufe: Ebene 01 – Obergeschoss markieren
▷ Kontextmenü → **EINFÜGEN UNTER**
▷ **EINFÜGEN** ab Teilbildnummer → 240

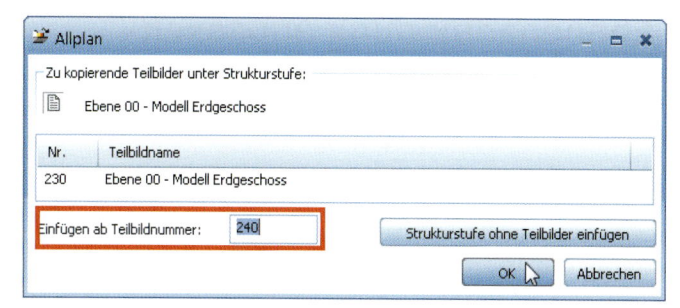

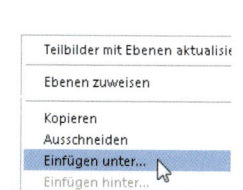

▷ Eingabe mit **OK** bestätigen

Eine Kopie des Erdgeschosses wurde erzeugt. Gehen Sie analog vor, um weitere Kopien auf den Teilbildern 220 und 250 (Kellergeschoss und Dachgeschoss) zu erstellen.

▷ Ändern Sie die beiden Teilbildnamen entsprechend der Geschossbezeichnung auf die Namen zurück, die Sie den Teilbildern in Abschnitt 4.2.5, »Beispiel – Teilbildnamen ergänzen«, gegeben haben.

Strukturstufe	Nr.	Teilbildname
Ebene −1 …	220	Ebene −1 − Modell Kellergeschoss
Ebene 01 …	240	Ebene 01 − Modell Obergeschoss
Ebene 02…	250	Ebene 02 − Modell Dachgeschoss

> **HINWEIS:** Die erzeugten Kopien sind exakte Kopien des Originals. Die Ebenenzuweisung (nicht sichtbar bei Ebene 00) wird beibehalten und, da sie nicht der übergeordneten Strukturstufe entspricht, mit blauen Zahlen angezeigt.

Die Ebeneneinstellungen werden in den Beispielen des nächsten Abschnitts gerichtet.

5.5 Ebenenanbindung anpassen

Die Strukturstufen sind immer an die jeweiligen Ebenen des Modells angebunden. Die gleiche Einstellung wird einem leeren Teilbild unterhalb dieser Strukturstufe zugewiesen. Dies wurde bei Teilbild 230, Ebene 00 − Modell Erdgeschoss automatisch im Hintergrund erledigt. Wird ein leeres Teilbild unterhalb einer Strukturstufe geöffnet, der keine Ebenen zugewiesen wurden (z. B. beliebige Strukturstufe Lageplan − Importdaten), werden die Höhen der Standardebenen direkt im Teilbild entsprechend der Vorgabe aus den Optionen getätigt.

Die Deckenstärken für die Bodenplatte und die Geschossdecken sind bereits im Ebenenmanager definiert. Diese können direkt den entsprechenden Teilbildern zugewiesen werden. Die Grundlagen zum Ebenenmanager und zum Ebenenmodell finden Sie in Abschnitt 2.13, »Das Ebenenmodell von Allplan«.

5.5.1 Ebenen zuweisen

Bei der automatisierten Erstellung der Bauwerksstruktur wurden den einzelnen Strukturstufen Ebenen aus dem Ebenenmodell zugewiesen. Für weitere Strukturstufen, die Sie einfügen möchten, wenn Sie das Modell neu aufbauen, dem Modell ein anderes Ebenenmodell zuweisen möchten und/oder Teilbildern andere Standardebenen als dem übergeordneten Strukturpunkt zugewiesen werden sollen, gibt es zwei Lösungswege.

Basis für alle Höhen des Gebäudes sind die Ebenenmodelle im Ebenenmanager. Im Ebenenmanager ist das gesamte Gebäude (je Ebenenmodell eine Darstellung) übersichtlich dargestellt. Jedes Teilbild (bzw. jede Strukturstufe) wird mit zwei beliebigen Höhendefinitionen aus **einem** Ebenenmodell verknüpft. Die beiden Höhen werden im Teilbild mit den Höhen der Standardebenen verknüpft. Eine Änderung der Höhe im Teilbild selbst ist nicht möglich. In der Regel erhält die Strukturstufe des Erdgeschosses die Einstellungen *Oberkante EG* und *Unterkante EG*, das Teilbild für die Decke über dem Erdgeschoss, die vom Erdgeschoss abweichende Einstellung *Unterkante 1.OG* und *Oberkante EG*.

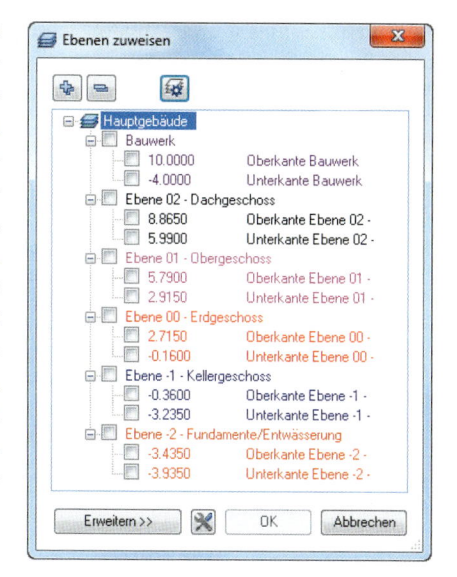

Nach einer Änderung der Ebenenzuweisung erscheint der Dialog **ETAGE-VERHALTEN BETROFFENER TEILBILDER**, in dem das Verhalten von nicht ebenenabhängigen Elementen bestimmt werden kann. Zusätzlich kann, wenn die Zuweisung an eine Strukturstufe erfolgt, bestimmt werden, ob die direkt untergliederten Teilbilder die gleiche, neue Einstellung erhalten sollen.

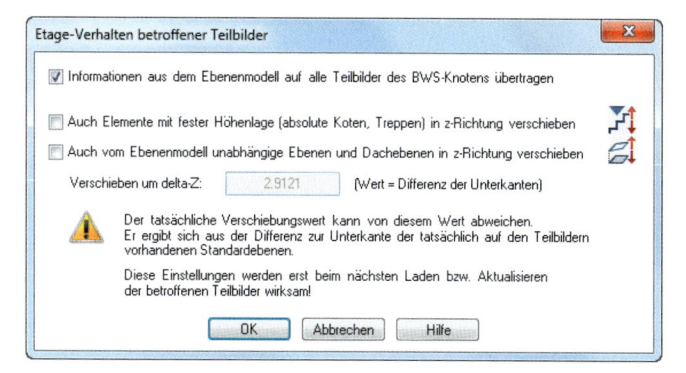

Die Zuweisung von Ebenen an Teilbilder kann entweder über den Dialog **PROJEKTBEZOGEN ÖFFNEN: TEILBILDER AUS ZEICHNUNGS-/BAUWERKSSTRUKTUR** (Ebenen zuweisen) oder auf dem Teilbild (**STANDARDEBENEN LISTEN**) erfolgen. Beide Wege sind nachfolgend beschrieben.

5.5.1.1 Ebenen zuweisen über Bauwerksstruktur

Über die zentrale Schaltstelle zum Aktivieren von Teilbildern, den Dialog **PROJEKTBEZOGEN ÖFFNEN: TEILBILDER AUS ZEICHNUNGS-/BAUWERKSSTRUKTUR** kann auch die Zuweisung von Ebenen an Teilbilder erfolgen, und die Höhen werden übersichtlich (im Register **BAUWERKSSTRUKTUR**) dargestellt. Die dazu bereitgehaltene Funktion heißt

EBENEN ZUWEISEN und befindet sich ausschließlich im Kontextmenü der Strukturstufen, Teilbilder und Höhenanzeigen.

Ebenen zuweisen

Projektbezogen öffnen

➤ PROJEKTBEZOGEN ÖFFNEN: TEILBILDER AUS ZEICHNUNGS-/BAUWERKSSTRUKTUR
➤ Register BAUWERKSSTRUKTUR
➤ Kontextmenü an einer der angegebenen Stellen öffnen

Ebenen zuweisen

➤ EBENEN ZUWEISEN
➤ Ebenen im Dialog EBENEN ZUWEISEN auswählen
➤ Dialog ETAGE-VERHALTEN BETROFFENER TEILBILDER lesen und Optionen nach Bedarf auswählen

> **HINWEIS:** Die Einstellungen des Dialogs ETAGE-VERHALTEN BETROFFENER TEILBILDER sind nur wichtig, wenn auf dem Teilbild Bauteile mit absoluten Höhen, Sonderebenen, 3D-Körper ohne Höhenbezug, Treppen oder ähnliche Elemente vorhanden sind.

5.5.1.2 Ebenen zuweisen über Standardebenen listen

Über die Funktion STANDARDEBENEN LISTEN kann während der Teilbildbearbeitung die Auflistung aller geladenen Teilbilder (Anzeige inkl. geöffneter NDW-Dateien) mit deren Ebeneneinstellungen aufgerufen werden.

Sollte ausschließlich über die Zeichnungsstruktur gearbeitet werden, müssen Sie über diese Funktion alle Ebenenzuweisungen tätigen. Wenn, wie im Beispielprojekt, mit der Bauwerksstruktur gearbeitet wird, ist die Funktion STANDARDEBENEN LISTEN eine Alternative zur Funktion EBENEN ZUWEISEN im Dialog PROJEKTBEZOGEN ÖFFNEN: TEILBILDER AUS ZEICHNUNGS-/BAUWERKSSTRUKTUR.

Standardebenen listen

➤ STANDARDEBENEN LISTEN

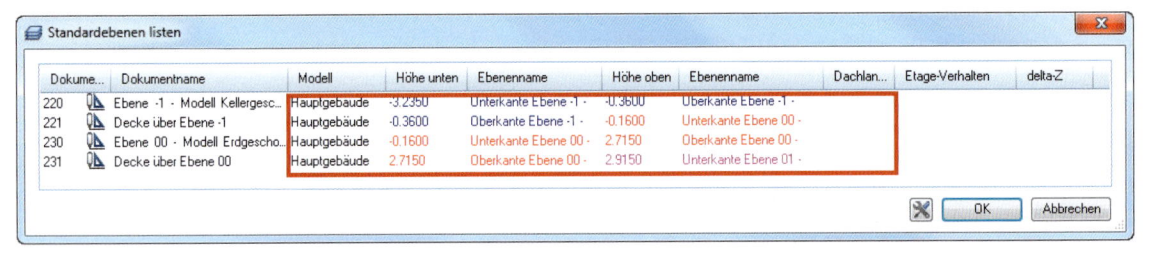

➤ Teilbild durch Klick in die Zeile (markierter Bereich) auswählen

Ein Klick im Bereich Modell bis Dachlandschaft der Auflistung öffnet den Dialog EBENEN ZUWEISEN.

Es kann entweder eine Ebene aus einem Modell oder eine freie Höhe für unten oder oben ausgewählt werden. Eine Kombination von einem freien Wert (unten oder oben) mit einer Ebene aus einem Ebenenmodell ist möglich, aber nicht ratsam. Bei Daten aus älteren Versionen von Allplan werden die Werte der Standardebenen bei FREIE HÖHE OBEN und FREIE HÖHE UNTEN angezeigt.

➤ Angaben bestätigen
➤ ETAGE-VERHALTEN BETROFFENER TEILBILDER einstellen

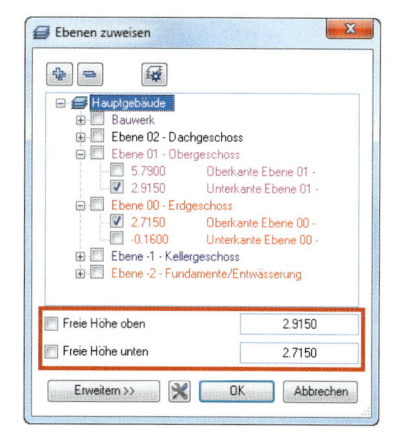

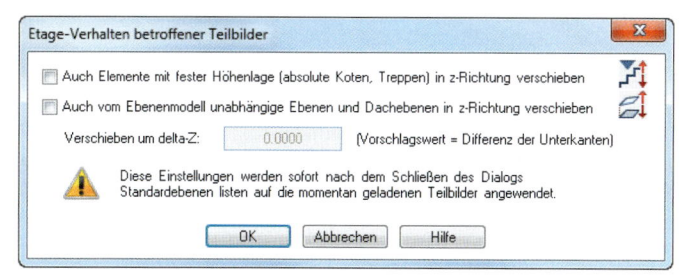

➤ Angaben jeweils bestätigen
➤ Die Änderungen an den Standardebenen werden sofort ausgeführt.

Der Dialog ETAGE-VERHALTEN BETROFFENER TEILBILDER kann auch in der Auflistung in den Feldern ETAGE-VERHALTEN und DELTA-Z aufgerufen werden.

> **HINWEIS:** Die Einstellungen des Dialogs ETAGE-VERHALTEN BETROFFENER TEILBILDER sind nur wichtig, wenn auf dem Teilbild Bauteile mit absoluten Höhen, Sonderebenen, 3D-Körper ohne Höhenbezug, Treppen oder ähnliche Elemente vorhanden sind.

5.5.2 Beispiel – Ebenen zuweisen

Die Teilbilder 240 und 250 (Obergeschoss und Dachgeschoss) wurden durch den Kopiervorgang aus Abschnitt 5.4.7, »Beispiel – EG als Grundlage kopieren«, mit Daten gefüllt. Beim Vorgang wurden die kompletten Teilbilder **mit** sämtlichen Verweisen kopiert. Darunter fällt auch die Zuweisung zum Ebenenmodell, also die Einstellung der Standardebenen, die jetzt geändert werden muss. Die Teilbilder für Bodenplatte und Decken sollen auch andere Zuweisungen zu Ebenen erhalten, deren Abstand der Dicke der jeweiligen Bauteile entspricht.

Ebenen zuweisen – Bauwerkstruktur

Die Funktion EBENEN ZUWEISEN finden Sie in der nachfolgend beschriebenen Form **nur** in der Bauwerksstruktur.

▷ PROJEKTBEZOGEN ÖFFNEN: TEILBILDER AUS ZEICHNUNGS-/BAUWERKSSTRUKTUR

Projektbezogen öffnen

▷ Register BAUWERKSSTRUKTUR, linke Seite Bauwerksstruktur

Ebenen zuweisen – Geschosshöhen

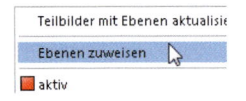

▷ Öffnen Sie das Kontextmenü zum Teilbild 240 → EBENEN ZUWEISEN
▷ Aktivieren Sie beide Ebenen unter dem Strukturpunkt Ebene 01 – Obergeschoss.
▷ Bestätigen Sie die Angaben und die nachfolgende Abfrage jeweils mit OK.

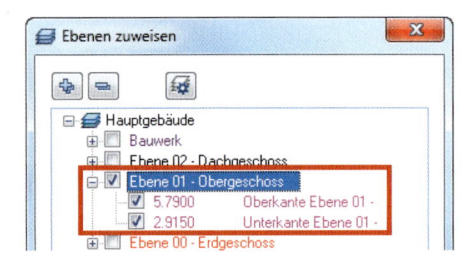

Ändern Sie auf die gleiche Weise die Ebeneneinstellung von Teilbild 220 und 250.

Nr.	Teilbildname	Strukturpunkt/Ebenennamen
220	Ebene –1 – Modell Kellergeschoss	Ebene –1 – Kellergeschoss Oberkante Ebene –1 Unterkante Ebene –1
250	Ebene 02 – Modell Dachgeschoss	Ebene 02 – Dachgeschoss Oberkante Ebene 02 Unterkante Ebene 02

Ebenen zuweisen – Teilbilder mit Decken

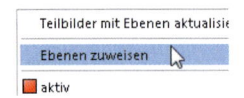

▷ Öffnen Sie das Kontextmenü zum Teilbild 221 → EBENEN ZUWEISEN
▷ Aktivieren Sie die Ebene Oberkante Ebene –1 **(1)** und die Ebene Unterkante Ebene 00 **(2)**.

Dem Teilbild für die Decke über dem Kellergeschoss werden zwei Höhen zugewiesen, die aus unterschiedlichen Strukturpunkten des Ebenenmodells stammen und dessen Abstand exakt der gewünschten Deckenstärke entspricht. Weisen Sie auch den anderen Teilbildern die entsprechenden Höhen zu.

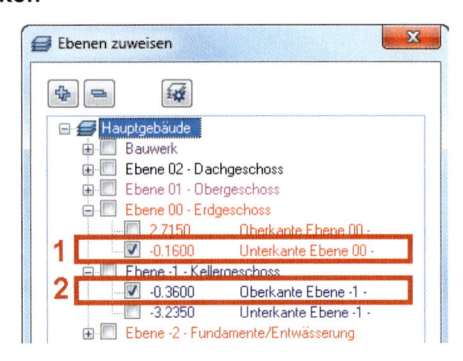

Nr.	Teilbildname	Ebenennamen
211	Bodenplatte/Fundamentplatte	Oberkante Ebene −2 Unterkante Ebene −1
221	Decke über Ebene −1	Oberkante Ebene −1 Unterkante Ebene 00
231	Decke über Ebene 00	Oberkante Ebene 00 Unterkante Ebene 01
241	Decke über Ebene 01	Oberkante Ebene 01 Unterkante Ebene 02

TIPP: Die Werte *Höheneinstellungen der Ebenen* erscheinen in der Bauwerksstruktur hinter den Teilbildern in den Spalten *Höhe unten* und *Höhe oben* in blauer Schrift. Wenn Sie mit dem Mauszeiger über dem Wert stehen bleiben, wird ein Tooltipp angezeigt, in dem ersichtlich ist, aus welchem Modell und von welcher Ebene der jeweilige Wert stammt.

5.5.3 Beispiel – Bauteileigenschaften ändern – KG und DG

Die kopierten Bauteile im Keller-, Ober- und Dachgeschoss sind noch genau so vorhanden wie die Originale im Erdgeschoss. Nur die Höhenlage hat sich verändert. Für die weitere Bearbeitung ist es z. B. notwendig, den Keller von *Mauerwerk mit Dämmung* auf *Stahlbeton mit Perimeterdämmung* zu ändern. Zudem sind in allen Geschossen, außer dem Erdgeschoss, zu viele Wände und Öffnungen vorhanden.

Bauteile ändern

Kellergeschoss bereinigen

Aktiveren Sie das Teilbild 220 – Ebene −1 – Modell – Kellergeschoss und löschen Sie alle Bauteile des linken Baukörpers und des Durchgangs. Entfernen Sie zudem Türen, Fenster und Innenwände, bis der Inhalt Ihres Teilbildes dem nebenstehenden Bild entspricht.

Zum Löschen der Fenster und Türen können Sie z. B. die Filter verwenden oder Sie wählen die Funktion **LÖSCHEN** und klicken in den »leeren« Bereich zwischen den Leibungsflächen.

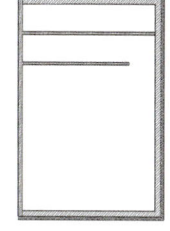

Ändern der Darstellung

Für die weitere Bearbeitung bietet im Moment der Zeichnungstyp *Bauvorlagezeichnung im Maßstab 1:100* eine bessere Übersicht, da die Bauteile farblich markiert dargestellt werden.

▷ Zeichnungstyp → *Bauvorlagezeichnung (Grundrisse – Praxishandbuch Allplan)*
▷ **BEZUGSMASSSTAB** → *1:100*

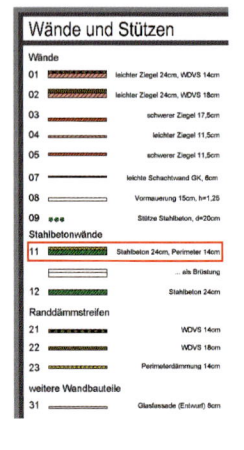

Außenwand in Stahlbeton und Perimeterdämmung ändern

▷ **AR-BAUTEILEIGENSCHAFTEN ÜBERTRAGEN**
▷ **ÜBERNAHMEBAUTEIL** anklicken → Stahlbeton 24 cm, Perimeter 12 cm (Bauteil **11**) im Assistenten anklicken

Der Bauteildialog wird mit den Einstellungen der Wand aus dem Assistenten geöffnet.

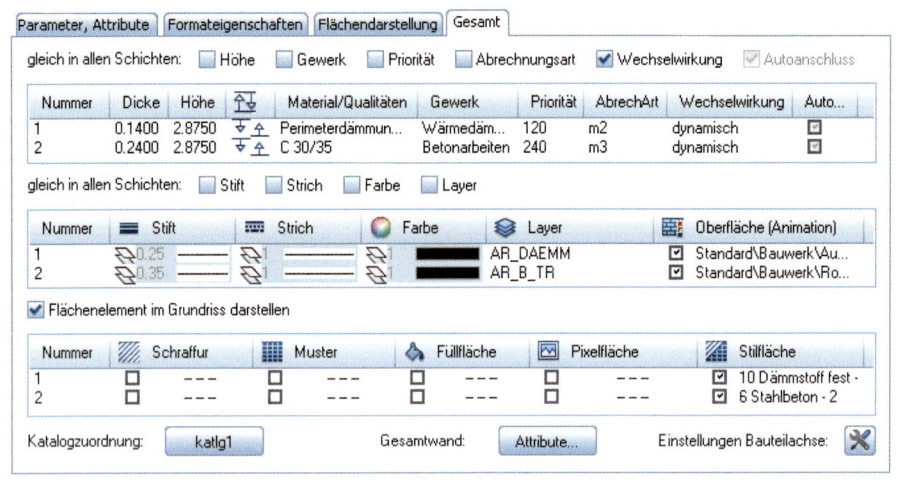

▷ Ändern Sie die Bauteilachse auf die äußere Linie der Dämmschicht.

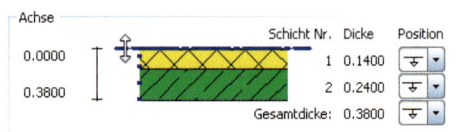

> **HINWEIS:** Das Bauteil wird anhand der Achse neu aufgebaut. Die Achse bleibt (z. B. bei einer Dickenänderung) demnach an der gleichen Stelle, während die Außenkanten entsprechend der Lage in Bezug auf die neue Achse gesetzt werden.

▷ Bestätigen Sie die neuen Eigenschaften mit **OK**.
▷ Wählen Sie die Option **ATTRIBUTE KOMPLETT NEU**.
▷ Markieren Sie alle zweischaligen Außenwände.
▷ Bestätigen Sie die Ausführung mit **ANWENDEN**. Die Darstellung inklusive aller Eigenschaften und Attribute wird auf die Bauteile übertragen.

Alle Außenwände werden mit den eingestellten Eigenschaften neu erzeugt.

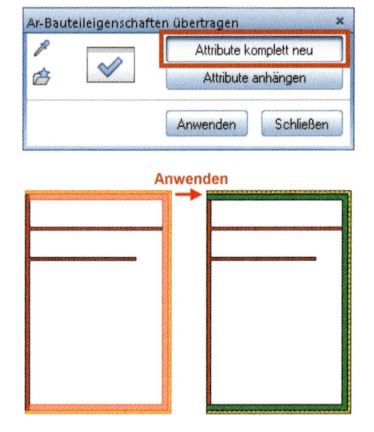

> **HINWEIS:** Es ist unerheblich, ob Sie nur eine oder beide Wandschichten markieren. Allplan erkennt den Zusammenhang der Wandschichten und führt die Änderungen an der kompletten Wand korrekt durch.

Ziegelwand in Stahlbeton ändern

▷ Ändern Sie die linke Ziegelwand in eine Stahlbetonwand. Die linke Kante soll gleich bleiben. Nur die Darstellung und das Material sollen geändert werden. Verwenden Sie die Einstellungen von Bauteil **12**, Assistent *Wände und Stützen* als Basis.

Ar-Eigenschaften modifizieren

Übernahme

Die Wand zum Glaskörper soll die eine Außenkellerwand werden, da das Gebäude nur zum Teil unterkellert ausgeführt werden soll. Für die Übernahme der Eigenschaften haben Sie nun mehrere Möglichkeiten. Sie können genauso vorgehen wie bei der Außenwand und die Eigenschaften von der entsprechenden Wand aus dem Assistenten übernehmen oder mit der Funktion AR-EIGENSCHAFTEN MODIFIZIEREN nur die Attribute und Darstellung der inneren Wandschicht der Außenwand übernehmen und auf die Ziegelwand übertragen.

▷ AR-EIGENSCHAFTEN MODIFIZIEREN
▷ ÜBERNAHME → Stahlbetonwand anklicken

Die Eigenschaften des Bauteils werden in den Auswahldialog eingelesen. In diesem Fall ist es richtig, wenn Sie alle Eigenschaften überschreiben lassen. Sie können bei Bedarf auswählen, welche Eigenschaften geändert werden sollen und welche nicht. Hierzu können die Haken bei den nicht zu ändernden Werten entfernt werden.

▷ Markieren Sie die linke Wand und bestätigen Sie die Auswahl mit **ANWENDEN**.
▷ Ergänzen Sie das fehlende Wandstück, indem Sie mit der Funktion **LINIENBAUTEIL AN LINIENBAUTEIL** die dünne Wand an die Außenwand anschließen.

Linienbauteil an Linienbauteil

Bauteile im Obergeschoss entfernen

Schalten Sie das Teilbild 240 – Ebene 01 – Modell – Obergeschoss aktiv und entfernen Sie alle Bauteile bis auf die nebenstehend angezeigten. Die Wände des Glaskörpers sollen erhalten bleiben.

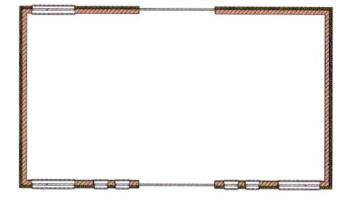

Bauteile im Dachgeschoss entfernen

Wie im Keller- und Obergeschoss sind auf Teilbild 250 Ebene 02 – Modell – Dachgeschoss sämtliche Öffnungen (Türen und Fenster), die Innenwände und zusätzlich die Wände des Glaskörpers zu entfernen. Zusätzlich ist im Dachgeschoss die Wand zum Glaskörper mit der gedämmten Außenwand auszutauschen. Hierbei ist darauf zu achten, dass die Außenkante (zum Glaskörper hin) gleich bleibt.

Grundriss KG und OG ergänzen

Ergänzen Sie nun die beiden Grundrisse des Kellergeschosses und des Obergeschosses, wie in der bemaßten Übersicht angegeben. Achten Sie im Kellergeschoss darauf, dass die Fenster an die obere Ebene angehängt werden bzw. dass Sie die richtigen Fenster aus dem Assistenten übernehmen.

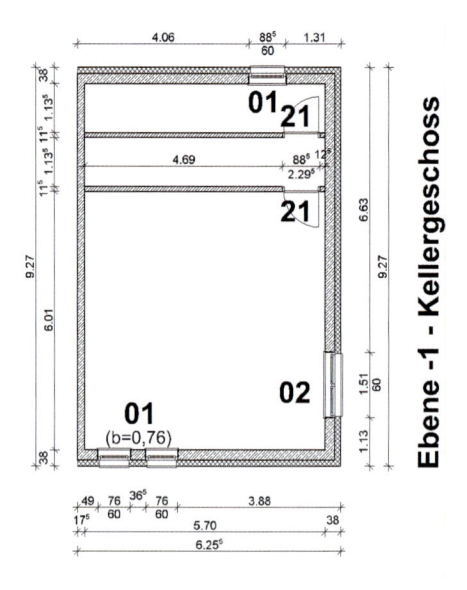

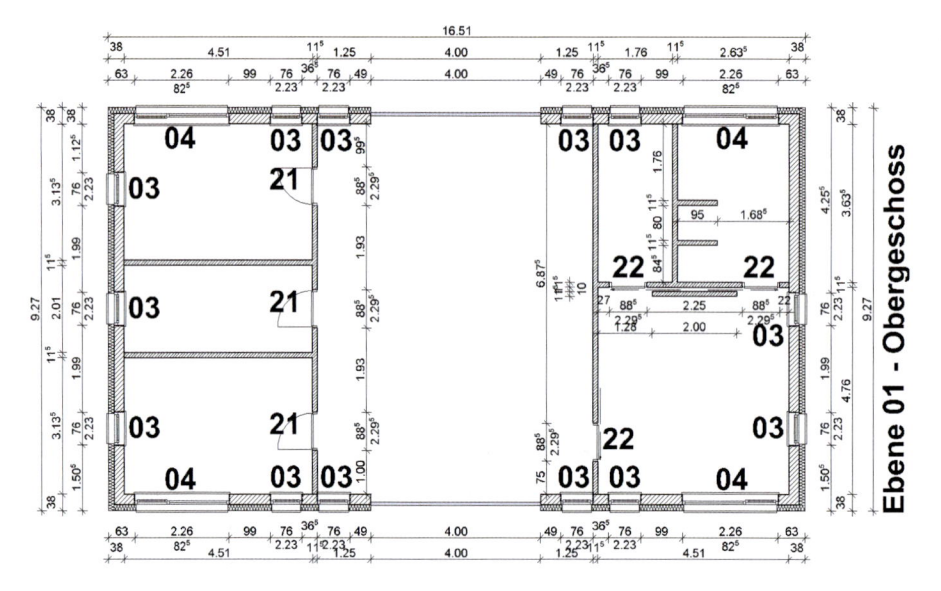

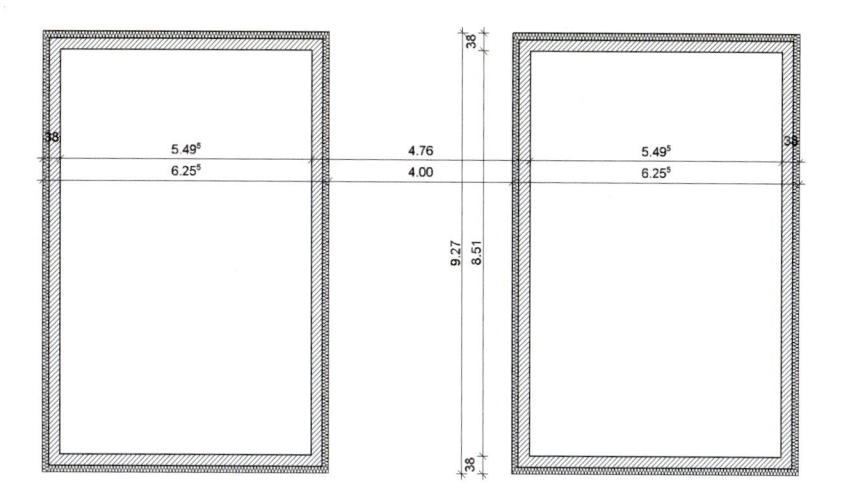

5.6 Ebenen für Dächer und anderes

In Abschnitt 2.13, »Das Ebenenmodell von Allplan«, wurde das Ebenenmodell von Allplan in seinen Grundzügen beschrieben. Der Ebenenmanager mit seinen Grundfunktionen und die Standardebenen wurden in den vorgehenden Abschnitten erläutert. Nun werde ich die Möglichkeiten von Allplan zum Erzeugen von Dächern und anderen freien Formen für die Höhenausbildung von Bauteilen behandeln.

5.6.1 Sonderebenen

Freie Ebenen und Dachebenen (der Sammelbegriff ist »Sonderebenen«) können entweder direkt auf Teilbildern verwendet werden, oder in das Ebenenmodell eingebunden und als Dachlandschaften eingesetzt werden. Jede Sonderebene besteht aus einer oberen und unteren Ebene. Bei freien Ebenen können beide eine Neigung aufweisen, bei Dachebenen und Gauben können nur die oberen geneigt sein. Dachebenen können sich aus Bereichen mit unterschiedlichen Höhen und Neigungen zusammensetzen und sind als ein Objekt aktivierbar. Bei freien Ebenen ist nur ein Bereich möglich.

5.6.1.1 Freies Ebenenpaar

Die Neigung der oberen und/oder unteren Ebene eines freien Ebenenpaares wird jeweils durch drei einzugebende Punkte definiert. Die Definitionspunkte für die Neigungen sind unabhängig von dem Bereich, in dem die Dachebene gelten soll.

Freies Ebenenpaar

Die Eigenschaften des freien Ebenenpaares dienen nur der Einstellung der Höhe der Ebenen und/oder deren Höhe. Die Ausdehnung der Ebene ist nach Bestätigung der Einstellungen im Grundriss zu tätigen.

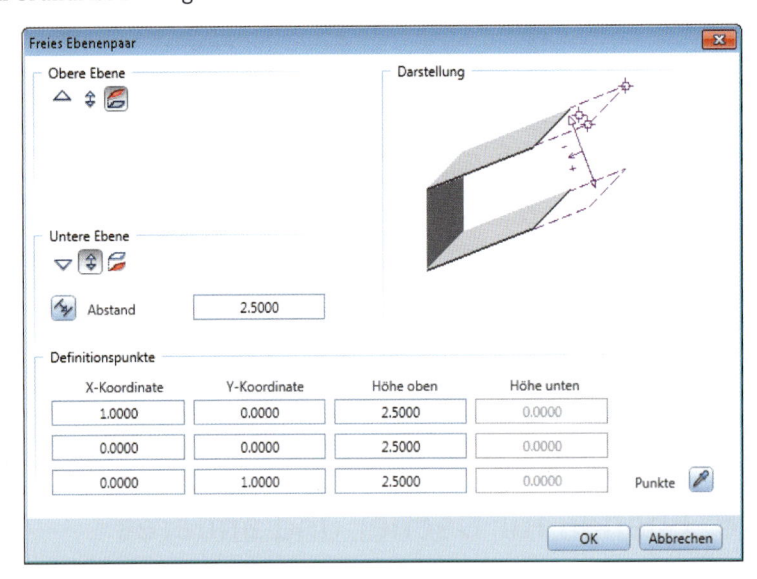

Je nachdem, welche Kombinationen Sie für **UNTERE EBENE** und **OBERE EBENE** wählen, erhalten Sie verschiedene Eingabefelder freigeschaltet.

Die Symbole haben im Einzelnen folgende Bedeutung:

- **ABSOLUTE KOTE (OBEN)** und **ABSOLUTE KOTE (UNTEN)** dienen zum Einstellen der jeweiligen Ebene des Ebenenpaares waagerecht auf der eingestellten Höhe über Null-Null.
- **FESTER ABSTAND** lässt die Definition einer Ebene gekoppelt an die andere zu. So kann man z. B. ein schräg im Raum verlaufendes Ebenenpaar durch Definition einer der beiden Ebenen einrichten.
- **OBERE EBENE FREI** und **UNTERE EBENE FREI** werden benötigt, wenn eine oder beide Ebenen des freien Ebenenpaares geneigt sein sollen.
- Mit dem Schalter **LOTRECHT/SENKRECHT** kann die Interpretation des eingegebenen Wertes entsprechend gesteuert werden. Zu beachten ist immer die Grafik im rechten Bereich des Dialoges.

Im Bereich **DEFINITIONSPUNKTE** können entweder per Hand Koordinaten für die Höheneinstellungen der Ebenen angegeben werden oder mit **PUNKTE** die gewünschten Punkte aus Ihrer Zeichnung übernommen werden. Bei der Übernahme der Punkte aus der Zeichnung wird jeweils nach der Z-Koordinate des Punktes in der Dialogzeile gefragt.

- Über die Schaltfläche **ÜBERNAHME** können Sie die Definitionspunkte aus der Zeichnung übernehmen. Sie können entweder Punkte im Grundriss bestimmen und die Höhe eingeben oder die Punkte in der Perspektive direkt anwählen.

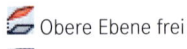

△ Absolute Kote (oben)
▽ Absolute Kote (unten)
⇕ Fester Abstand
Obere Ebene frei
Untere Ebene frei
lotrecht
senkrecht
Übernahme

5.6.1.2 Dachebene und Gaube

Dachebenen (inkl. Gauben) sind parametrisierte freie Ebenenpaare. Diese Sonderebenen stellen das optimale Hilfsmittel für regelmäßige Dachformen dar. Es können nahezu alle beliebigen Dachformen ermittelt werden. Die Dachverschneidungen werden entsprechend den Eingaben automatisch ermittelt.

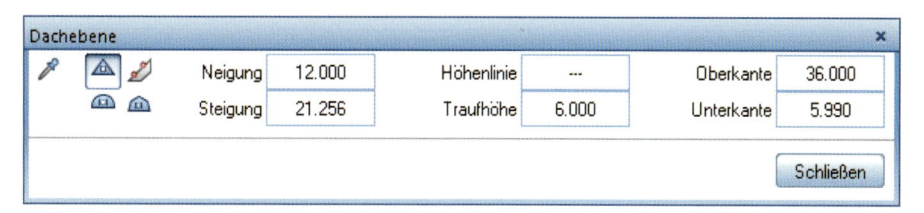

Dachebene
Dachgaube

DACHEBENE ruft die *Dialog-Symbolleiste* der Dachebene auf. Die Eingabe des Bereichs, in dem die Dachebene gelten soll, wird im Grundriss (polygonale Fläche) getätigt. Je nach Wahl der Dachform werden unterschiedliche Eingabefelder angeboten. **OBERKANTE** und **UNTERKANTE** sind immer verfügbar. Dachebenen können über beliebigen Grundrissen aufgebaut werden und an jeder Dachkante unterschiedliche Traufhöhen und Neigungen aufweisen sowie aus unterschiedlichen Grundformen zusammengesetzt sein.

Funktionen, Eingabefelder

- **ÜBERNAHME** dient zum Einlesen der Einstellungen von einer bestehenden Dachkante. Es kann immer nur die Einstellung der angeklickten Dachkante eingelesen werden, da *alle* Dachkanten unterschiedliche Einstellungen haben können.

  Übernahme

- **HÖHENLINIE** erzeugt eine Linie, die dem Dachverlauf genau auf der angegebenen Höhe folgt. Die hier erzeugte Linie kann im Entwurf für die Abschätzung der Raumbereiche über 2 Meter verwendet werden. Die korrekte 2-m-Linie (und 1-m-Linie) ist von der Wohnflächenberechnung abzuleiten, da nur dort Ausbauflächen komplett berücksichtigt werden können.
- **TRAUFHÖHE** gibt die Höhe der Dachebene an deren niedrigster Stelle an. Dies kann z. B. der Schnittpunkt der Sparrenunterkante mit der Außenkante der Außenwand sein.
- **OBERKANTE** gibt die maximale Höhe des Daches an. Der Wert sollte immer so hoch gewählt werden, dass die Firsthöhe niedriger als die **OBERKANTE** ist.
- **UNTERKANTE** bestimmt die Höhe der unteren Ebene des Dachebenenpaares. Im Normalfall sollte hier die Höhe der unteren Standardebene des Teilbildes eingetragen werden. Die **UNTERKANTE** muss immer unterhalb der gewünschten **TRAUFHÖHE** sein.

Einstellungen der einzelnen Dachformen

Je nach gewählter Dachform sind unterschiedliche Eingaben notwendig und möglich. Die Dialog-Symbolleiste zeigt nur die notwendigen Einstellungen.

- **PULT- UND SATTELDACH**

  Pult- und Satteldach

  - **NEIGUNG/STEIGUNG** dient der Angabe der Dachneigung. Sobald ein Wert eingetragen wird, wird der zweite automatisch berechnet. Im Feld **NEIGUNG** wird die Dachneigung in Grad angegeben, bei **STEIGUNG** in Prozent. Der jeweils andere Wert wird automatisch errechnet.

- Die Eingabeoption **DURCH PUNKT** dient zum Bestimmen der Traufhöhe über einen frei definierbaren Fixpunkt des Daches.

Die Eingabe eines **PULT- UND SATTELDACHES** erfolgt immer in folgenden Schritten:
▶ Eingabe der Oberkante und Unterkante des Daches
▶ Bestimmen des Umrisses der Dachebene (Standard ist Außenkante der Wände)
▶ Eingabe der Neigung oder Steigung sowie der Traufhöhe
▶ **DACHKANTE** anklicken, an der die Werte (Neigung, Traufhöhe) gelten sollen
▶ Einstellungen für die nächste Kante ändern und/oder weitere Dachkanten anklicken

Pult- und Satteldach durch zwei Punkte

- **PULT- UND SATTELDACH DURCH ZWEI PUNKTE** definiert die Dachneigung über zwei frei bestimmbare Punkte, deren Höhen bekannt sein müssen. Die Punkte können auch außerhalb des Dachebenenbereiches liegen, da sie nur für die Ermittlung der Neigung der Ebene im Raum (zusammen mit der Traufkante) verwendet werden. Die Punkte können auch in der Perspektive abgegriffen werden (Höhen werden dann übernommen).

Die Eingabe eines **PULT- UND SATTELDACHES DURCH ZWEI PUNKTE** erfolgt immer in folgenden Schritten:
▶ Eingabe der Oberkante und Unterkante des Daches
▶ Bestimmen des Umrisses der Dachebene (Standard ist Außenkante der Wände)
▶ Punkt 1 angeben (Höhe eingeben, wenn Punkt im Grundriss identifiziert wurde)
▶ Punkt 2 angeben (Höhe eingeben, wenn Punkt im Grundriss identifiziert wurde)
▶ Dachkante anklicken, an der die ermittelte Höhe und Neigung gelten sollen

Tonnendach

- **TONNENDACH** öffnet den Dialog zum Einstellen des Tonnendach-Profils. Je nachdem, welche Anforderung an das Dach gestellt ist und welche Parameter bekannt sind, können hier Eintragungen vorgenommen werden. Die Werte beeinflussen sich gegenseitig. Wenn z. B. die **MAX. HÖHE** eingegeben wird, verändert sich die **STRICHHÖHE**.

Die Eingabe eines **TONNENDACHS** erfolgt immer in folgenden Schritten:
▶ Eingabe der Oberkante und Unterkante des Daches
▶ Bestimmen des Umrisses der Dachebene (Standard ist Außenkante der Wände)
▶ Umschalten in der Dialog-Symbolleiste auf **TONNENDACH**
▶ Eintragen der gewünschten Parameter
▶ Anklicken von zwei gegenüberliegenden Dachkanten, die parallel sind

Mansarddach

- **MANSARDDACH** öffnet den Dialog zum Einstellen des Mansarddach-Profils. Hier haben Sie die Möglichkeit, einzelne Bereiche mit unterschiedlichen Neigungen und Längen aneinanderzuhängen. Einzige Voraussetzung ist, dass die Neigung immer positiv ist.

Die Eingabe eines **MANSARDDACHS** erfolgt immer in folgenden Schritten:
- Eingabe der Oberkante und Unterkante des Daches
- Bestimmen des Umrisses der Dachebene (Standard ist Außenkante der Wände)
- Umschalten in der Dialog-Symbolleiste auf **MANSARDDACH**
- Eintragen der gewünschten Parameter
- Übertragen des Profils an eine Dachkante durch Anklicken der Kante

> **HINWEIS:** Alle Dachformen und Eingabemöglichkeiten des Daches gelten gleichermaßen bei der Gaube. Gauben bedürfen allerdings einer Dachebene, in die sie eingesetzt werden können.
>
> Die Funktion **GAUBE** kann auch verwendet werden, um z. B. einen erhöhten Bereich für ein Oberlicht oder Ähnliches zu definieren.

5.6.2 Sonderebenen modifizieren

Nachfolgend finden Sie die wichtigsten Funktionen zum Modifizieren freier Ebenenpaare und Dachebenen.

- **EBENEN MODIFIZIEREN** dient zum Verschieben der oberen oder unteren Ebene eines freien Ebenenpaares (Neigung der Ebenen bleibt) in Z-Richtung oder dient zum Verschieben der Definitionspunkte der Ebene zum Ändern der Neigungen.

  Ebenen modifizieren

- **DACHEBENEN MODIFIZIEREN** dient zum Ändern bereits erzeugter Dachebenen. Es erscheint der gleiche Dialog wie beim Erzeugen der Dachebene. Sie können die Einstellung jeder Dachkante wieder ändern.

  Dachebenen modifizieren

- **DACHKÖRPER LÖSCHEN** entfernt Dachkörper aus der Dachebene. Sie können z. B. Dachgauben mit dieser Funktion wieder aus der Dachebene löschen.

  Dachkörper löschen

> **TIPP:** Im Modul *Architektur – Allgemein: Dächer, Ebenen, Schnitte* sind noch weitere Funktionen, z. B. **DACHKÖRPER KOPIEREN**, **DACHKÖRPER SPIEGELN** usw. zum Ändern von Sonderebenen enthalten. Die Funktionsweise ist ähnlich den entsprechenden Funktionen der Symbolleiste **BEARBEITEN**. Die Funktionen können nur auf Dachkörper, also Dachebenen, angewendet werden.

5.6.3 Dachlandschaft

Dachlandschaften beschreiben freie Ebenenformen innerhalb des Ebenenmanagers, welche aus Sonderebenen entstanden sind. Eine direkte Eingabe einer Dachlandschaft **ohne** Vorkonstruktion von Dach- und/oder freien Ebenen ist nicht möglich. Eine Dachlandschaft kann Teilbilder und Strukturstufen zusätzlich zu einer Oberkante und Unterkante zugeordnet werden. Als Anzeige dient ein kleines Dachsymbol mit einer zusätzlichen Checkbox, die bei den Teilbildern und/oder Strukturstufen aktiviert werden muss, welche die Dachlandschaft erhalten sollen.

Auf Teilbildern, denen eine Dachlandschaft zugewiesen wurde, wird die Ebene so angezeigt, als ob sie auf dem Teilbild erzeugt wurde. Sollten Änderungen an der Dachlandschaft notwendig werden, muss entweder die Dachlandschaft vom Ebenenmodell entkoppelt oder die Dachlandschaft ausgetauscht werden. Eine Änderung oder das Löschen auf dem Teilbild ist nicht möglich.

Dachlandschaft in Ebenenmodell aufnehmen

Die einzelnen Funktionen zum Ebenenmanager sind in Abschnitt 2.13.2, »Ebenenmanager«, beschrieben. An dieser Stelle wird nur auf das Aufnehmen von freien Ebenen zu Dachlandschaften eingegangen.

Projektbezogen öffnen

Ebenenmanager

Dachlandschaft einfügen

> **DACHEBENEN** und/oder **FREIE EBENENPAARE** auf einem Teilbild erzeugen
> **PROJEKTBEZOGEN ÖFFNEN: TEILBILDER AUS ZEICHNUNGS-/BAUWERKSSTRUKTUR**
> **EBENENMANAGER**
> Ebenenmodell auswählen und Knotenüberschrift markieren, unter der die Dachlandschaft eingefügt werden soll
> **DACHLANDSCHAFT EINFÜGEN**
> Aus Teilbild (oder aus NDW-Datei) **(1)**
> Teilbild wählen, auf dem die vorbereitete Dachebene liegt
> Bei Bedarf den Namen der Dachlandschaft ändern oder den Dokumentnamen übernehmen lassen **(2)**
> Option zum Einfügen der Dachlandschaft in das Ebenenmodell einstellen
> Angaben bestätigen

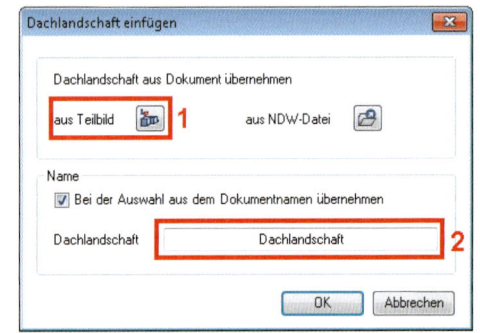

Die Dachlandschaft wird in das Ebenenmodell eingefügt und unter den beiden schon zuvor vorhandenen Unterpunkten wird das Ebenenmodell mit dem eingestellten Namen angezeigt.

> **TIPP:** Je nachdem, welche Option zum Einfügen Sie für die Übernahme in den Ebenenmanager eingestellt haben, erhalten Sie unterschiedliche Ergebnisse. Testen Sie die unterschiedlichen Anwendungsfälle aus.

Dachlandschaft austauschen

Der Austausch einer Dachlandschaft verläuft fast gleich dem Einfügen einer Dachlandschaft in das Ebenenmodell.

- Alternative **DACHEBENEN** und/oder **FREIE EBENENPAARE** auf einem Teilbild erzeugen oder bestehende ändern
- **PROJEKTBEZOGEN ÖFFNEN: TEILBILDER AUSZEICHNUNGS-/BAUWERKSSTRUKTUR**
- **EBENENMANAGER**
- Ebenenmodell auswählen und auszutauschende Dachlandschaft markieren
- **DACHLANDSCHAFT ERSETZEN**
- Aus Teilbild (oder aus NDW-Datei)
- Teilbild wählen, auf dem die vorbereitete Dachebene liegt
- Bei Bedarf den Namen der Dachlandschaft ändern oder den Dokumentnamen übernehmen lassen
- Option zum Einfügen der Dachlandschaft in das Ebenenmodell einstellen
- Angaben bestätigen

Projektbezogen öffnen

Ebenenmanager

Dachlandschaft ersetzen

In alle Teilbilder und Strukturstufen, in denen die ausgetauschte Dachlandschaft verwendet wird, wird beim Öffnen des Teilbildes die Information der neuen Dachlandschaft eingetragen.

> **TIPP:** Über die Funktionalität des Austauschens einer Dachlandschaft können Ebeneninformationen in vielen Teilbildern gleichzeitig geändert werden. Sollten Sie noch Teilbilder zur Strukturierung der Elemente (anstatt Layer) und/oder eine breit aufgefächerte Teilbildstruktur verwenden, können Fehler durch unterschiedliche Dächer in einem Geschoss vermieden werden.

Dachlandschaften von Ebenenmodell entkoppeln

Eine Dachlandschaft kann jederzeit im aktiven Teilbild vom Ebenenmodell entkoppelt werden. Es entstehen dabei Dachebenen und freie Ebenenpaare, die Sie mit den Standardfunktionen weiterbearbeiten können. Dies kann z. B. dann nützlich sein, wenn das Originalteilbild, in dem die Sonderebenen erzeugt wurden, für Änderungen nicht mehr zur Verfügung steht oder Varianten erzeugt werden sollen.

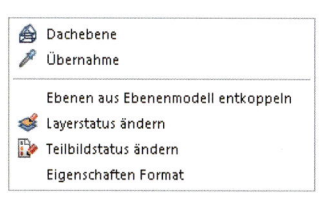

Dachebene
Übernahme
Ebenen aus Ebenenmodell entkoppeln
Layerstatus ändern
Teilbildstatus ändern
Eigenschaften Format

Der Vorgang zum Entkoppeln der Ebenen läuft wie folgt ab:

- Teilbild mit Dachlandschaft öffnen
- Kontextmenü über rechte Maustaste (Mauszeiger über der Dachlandschaft) öffnen
- Ebenen aus Ebenenmodell entkoppeln

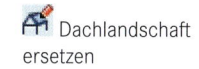

5.6.4 Ratgeber Dach

Für die optimale Anwendung der Möglichkeiten in Allplan mit Ebenen Dächer zu erzeugen, ist es sinnvoll, sich vor dem Anlegen der Dachebenen und Strukturen einige Fragen zu stellen:

Offener Dachstuhl (echtes DG) oder Dach oberhalb waagrechter Decke?
Soll der Dachstuhl offen, sprich die Neigung des Dachs im Raum sichtbar sein, ist das Obergeschoss gleich dem Dachgeschoss. Erhält das letzte Obergeschoss eine waagerechte Decke, benötigt man eine zusätzliche Ebene und somit eine weitere Strukturstufe für das Dach.

Ist die Form des Daches klar oder wird diese sich im Entwurfsverlauf sehr oft ändern?
Wenn im Entwurfsvorgang sehr viel am Dach gearbeitet werden muss, kann es sinnvoll sein, die Dachebene auf dem Teilbild direkt zu erzeugen und zu bearbeiten und erst nach Abschluss des Entwurfes in das Ebenenmodell einzubinden.

Sind Vordächer und/oder Dachvorsprünge nötig? Sind Dächer für Garagen vorgesehen?
In jeden Knoten des Ebenenmodells kann eine Dachlandschaft eingefügt werden. Damit können z. B. im Erdgeschoss das Vordach, im Obergeschoss das Dach der Garage und im Dachgeschoss das Hauptdach angelegt werden. Somit sind nahezu alle Gebäudeformen komplett im Ebenenmodell, inkl. Dachlandschaften, abbildbar.

5.6.5 Beispiel – Geschosshöhen ändern

Die Höhe des Kellergeschosses ist beim Erzeugen des Ebenenmodells (mit Bauwerksstruktur) über den Assistenten gleich der Höhe der anderen Geschosse gesetzt worden. Der Keller soll mit einer lichten Höhe von 2,44 m im fertigen Zustand gebaut werden. Die einzugebende (Roh-)Höhe beträgt 2,44 m (lichte Höhe fertig) + 0,16 m (Fußbodenaufbau) = 2,60 m.

Geschosshöhe Kellergeschoss anpassen

▷ **PROJEKTBEZOGEN ÖFFNEN: TEILBILDER AUS ZEICHNUNGS-/BAUWERKSSTRUKTUR**

▷ **EBENENMANAGER**

▷ Klicken Sie auf die Zahl der lichten Rohbaugeschosshöhe des Kellers und ändern diese auf *2,60*.

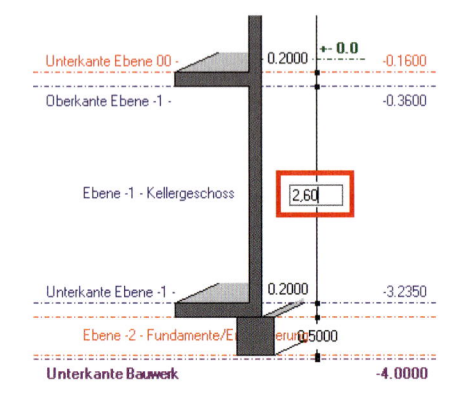

▷ Stellen Sie im Dialog **EBENENHÖHEN ANPASSEN** die Option **HÖHEN BEIBEHALTEN** für oberhalb liegende Ebenen und **NACH OBEN VERSCHIEBEN** für unterhalb liegende Ebenen ein und bestätigen Sie die Einstellung.
▷ Bestätigen Sie auch die Änderungen im Ebenenmanager.

Alle Strukturstufen und Teilbilder, die Ebeneneinstellungen der unterhalb des Kellergeschosses liegenden Ebenen verwenden, werden automatisch aktualisiert. Sobald eines der Teilbilder, deren Ebenen geändert wurden, geöffnet wird, werden die Daten des Teilbildes neu berechnet und die Änderungen an den Bauteilen vollzogen.

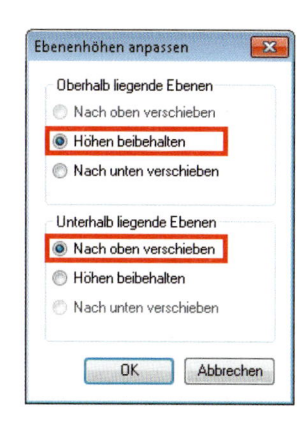

5.6.6 Beispiel – Dachebene erzeugen

Die beiden äußeren Baukörper sollen Pultdächer erhalten. Der Glaskörper soll zwei Schrägverglasungen mit einem dazwischen liegenden Flachdach (Verbindungssteg als Flachdach) erhalten.

Der gesamte Dachkörper ist in mehreren Schritten aus vier Dachebenen, verteilt auf zwei Teilbilder, zu erzeugen.

Auf Teilbild 105 und 106 sollen die Dachebenen für das Ebenenmodell vorbereitet werden. Dazu wird das Obergeschoss passiv in den Hintergrund gelegt und das für die Vorkonstruktion notwendige Teilbild aktiv.

Pultdächer des Hauptgebäudes erzeugen

▷ **PROJEKTBEZOGEN ÖFFNEN: TEILBILDER AUS ZEICHNUNGS-/BAUWERKSSTRUKTUR**
▷ Teilbild 105 aktiv und Teilbild 240 passiv
▷ **DACHEBENE**
▷ Geben Sie den Umriss (Punkte **1–4**) der linken Dachebene an.

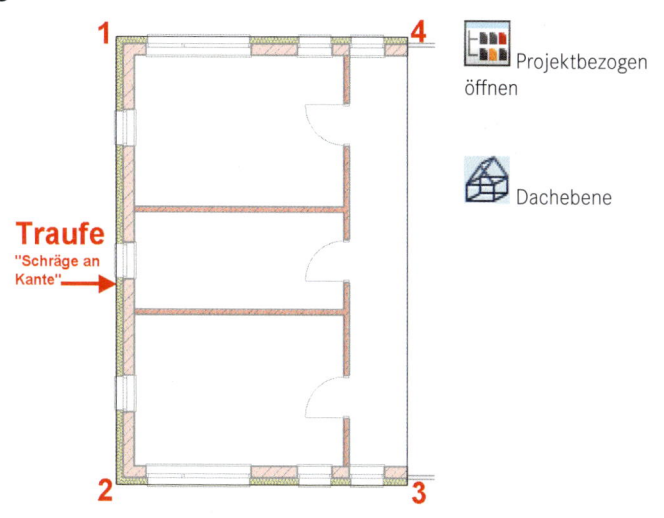

▷ Ändern Sie die Werte in der Dialog-Symbolleiste wie angegeben ab.

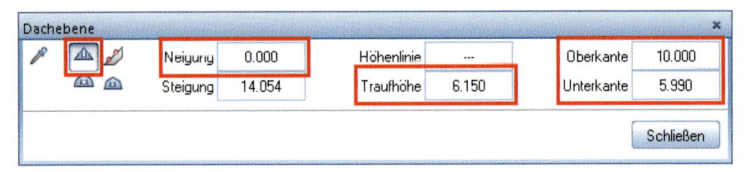

Dachebene						
	Neigung	0.000	Höhenlinie	---	Oberkante	10.000
	Steigung	14.054	Traufhöhe	6.150	Unterkante	5.990

▷ Klicken Sie die linke Kante (Schräge an Kante) an. An dieser Stelle soll die Traufe sein.

Überprüfen Sie die Ebene in der Perspektive oder mit der Drei-Fenster-Darstellung. Die Dachform sollte nun sichtbar sein.

▷ Erzeugen Sie auf der 2. Gebäudeseite ein entsprechendes Pultdach mit auf der rechten Seite liegender Traufe.

HINWEIS: Die Unterkante entspricht der Höhe der unteren Ebene des 2. Obergeschosses.

Pultdächer des Glaskörpers erzeugen

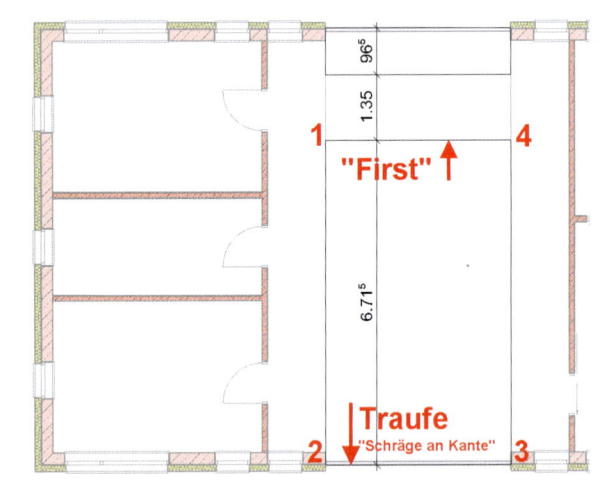

Im hinteren Bereich des Glaskörpers soll ein Steg eingebaut werden, der ein Flachdach aus Stahlbeton hat. Das Glasdach selbst soll an die Attika des Flachdachs anschließen und hat dort einen definierten Höhenpunkt bzw. den First.

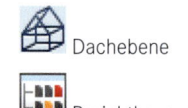

Dachebene

Projektbezogen öffnen

▷ **DACHEBENE**
▷ **PROJEKTBEZOGEN ÖFFNEN: TEILBILDER AUS ZEICHNUNGS-/BAUWERKSSTRUK-TUR**
▷ Teilbild 106 aktiv, Teilbild 230 und 105 passiv
▷ Geben Sie den Umriss (Punkte **1 – 4**) der Dachebene an.

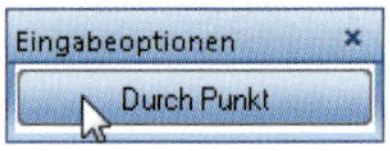

▷ Stellen Sie die **NEIGUNG** auf 4° und die **UNTERKANTE** auf *2,915* ein.

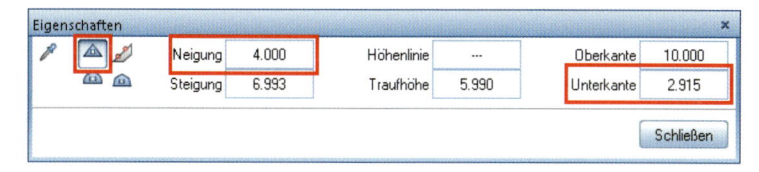

▷ Eingabeoption → **DURCH PUNKT** (Durch welchen Punkt soll die Schräge verlaufen?)
▷ Punkt **1** oder **4** anklicken
▷ **HÖHE DIESES PUNKTES** → *6,530*
▷ Klicken Sie die untere Kante des Ebenenumrisses als Traufe (**SCHRÄGE AN KANTE**) an und beenden Sie die Eingabe der Dachebene mit **SCHLIESSEN**.

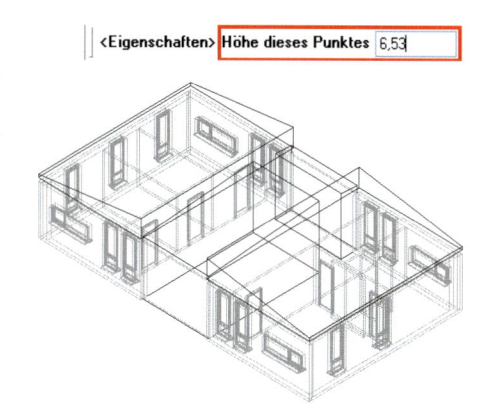

Erzeugen Sie auch im oberen Bereich eine Dachebene, deren höchster Punkt bei 6,24 m und deren Traufe oben liegt.

> **HINWEIS:** Bei der Methode **DURCH PUNKT** ist die Traufhöhe im Dialog **EIGENSCHAFTEN** unerheblich. Nur Oberkante, Unterkante und die Neigung werden verwendet.

5.6.7 Beispiel – Dachlandschaft in Ebenenmodell einbinden

Um mit den soeben erzeugten Dachebenen optimal arbeiten zu können, sollen sie in das Ebenenmodell eingebunden werden. Die Dachebenen des Glaskörpers werden in Ebene 01 – Obergeschoss und die der Hauptgebäude in Ebene 02 – Dachgeschoss eingebunden.

Dachlandschaft einfügen
▷ **PROJEKTBEZOGEN ÖFFNEN: TEILBILDER AUS ZEICHNUNGS-/BAUWERKSSTRUKTUR**
▷ **EBENENMANAGER**
▷ Markieren Sie Ebene 02 – Dachgeschoss.
▷ **DACHLANDSCHAFT EINFÜGEN**

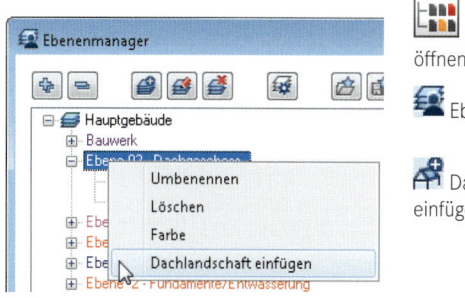

▷ **AUS TEILBILDER** → Teilbild 105 auswählen → Auswahl bestätigen
▷ Benennen Sie die **DACHLANDSCHAFT** um in *Hauptdach*.

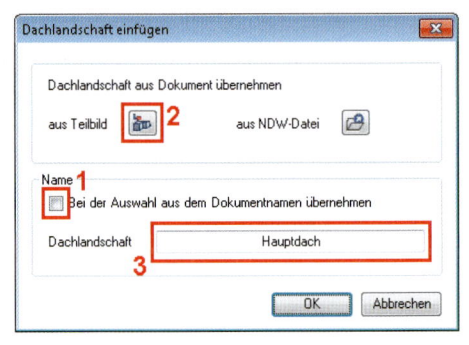

▷ Wählen Sie die zweite Option aus. Die Dachlandschaft übernimmt als Höhe für die untere Ebene die Unterkante des Dachgeschosses.

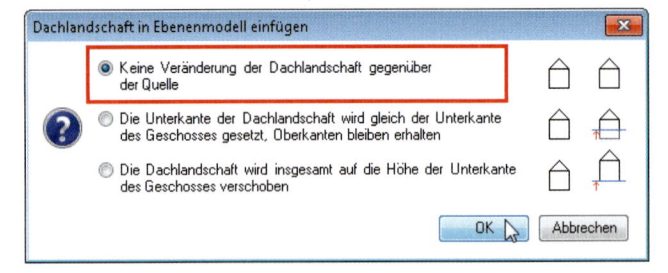

Die Dachlandschaft wird im Ebenenmanager angezeigt und kann nach Verlassen des Ebenenmanagers Teilbildern und/oder Strukturen zugewiesen werden.

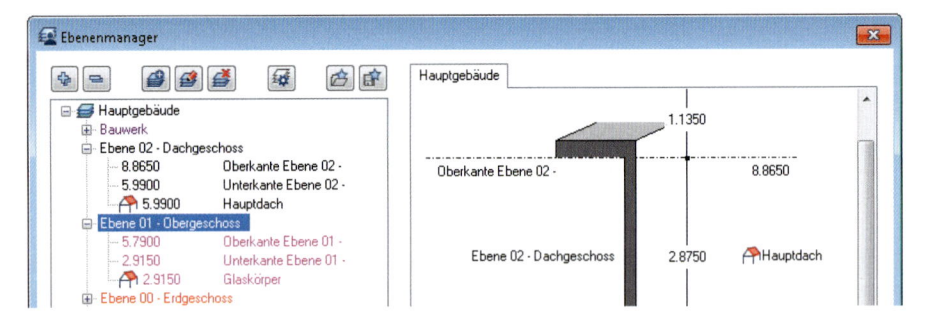

Fügen Sie der Ebene 01 – Obergeschoss die Ebenen aus Teilbild 106 auf die gleiche Weise hinzu. Die Dachlandschaft wird mit dem Namen Glaskörper benannt.

Dachlandschaft zuweisen

Der Vorgang, mit dem Sie einem Teilbild oder einer Strukturstufe eine Dachlandschaft zuweisen, läuft exakt gleich ab, wie das Zuweisen der Ebenen aus dem Ebenenmodell an Strukturstufen und Teilbilder.

Dachlandschaft einfügen

▷ PROJEKTBEZOGEN ÖFFNEN: TEILBILDER AUS ZEICHNUNGS-/BAUWERKSSTRUKTUR

▷ Markieren Sie die Strukturstufe Ebene 02 – Dachgeschoss.

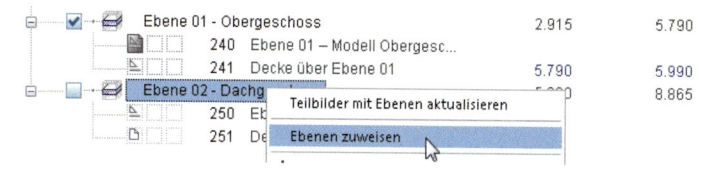

Projektbezogen öffnen

▷ EBENEN ZUWEISEN (Kontextmenü Strukturstufe)

▷ Setzen Sie den Haken bei DACHGESCHOSS oder die drei Haken einzeln.

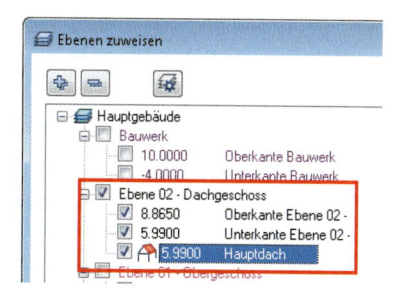

> **TIPP:** Sie können die Dachlandschaft nach Belieben auch mit anderen Ebenen kombinieren, genauso wie ein Teilbild im Bereich des Dachgeschosses auch nur die Standardebenen (obere und untere Ebene) zugewiesen bekommen kann. Nutzen Sie bei Bedarf alle möglichen Varianten aus.

▷ Bestätigen Sie die Zuweisung mit OK.

▷ Wählen Sie die Option INFORMATION AUS DEM EBENENMODELL AUF ALLE TEILBILDER DES BWS-KNOTENS ÜBERTRAGEN im Dialog ETAGE-VERHALTEN BETROFFENER TEILBILDER.

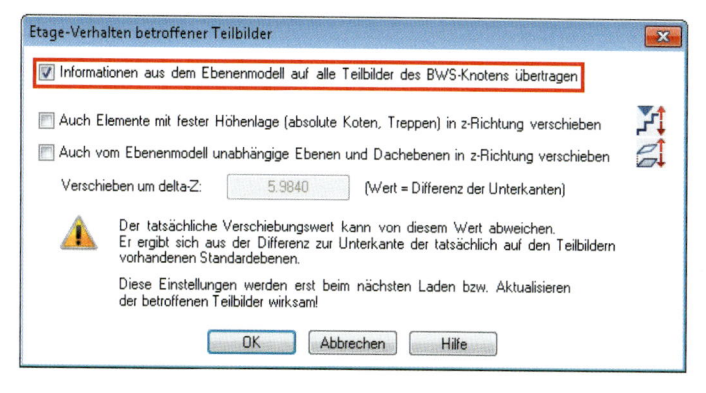

▷ Bestätigen Sie mit OK.

Die Informationen werden auf alle Teilbilder übertragen. Bei den Teilbildern, die bereits einen Inhalt besitzen, und bei benannten Teilbildern erscheint das Symbol für die Dachlandschaft. Die Ebeneneinstellung der Standardebenen wird nicht angezeigt, da diese gleich der Einstellung der Strukturstufe ist.

Sobald ein neues, leeres Teilbild geöffnet wird, das einer Strukturstufe mit zugewiesener Dachlandschaft untergeordnet ist, wird dem Teilbild neben den Ebeneneinstellungen auch die Dachlandschaft automatisch zugewiesen.

Weisen Sie der Strukturstufe Ebene 01 – Obergeschoss und dem Teilbild 240 die Ebenen mit der Dachlandschaft Glaskörper zu. Achten Sie bei der Strukturstufe darauf, dass in diesem Fall die Informationen nicht auf die der Strukturstufe untergliederten Teilbilder übertragen werden sollen, da ansonsten die Ebeneneinstellungen des Teilbildes 241 überschrieben würden. Teilbild 241 erhält zusätzlich noch die Dachlandschaft des Glaskörpers zugewiesen.

Ebene 00 - Erdgeschoss		-0.160	2.715
230 Ebene 00 - Modell Erdgesch...			
231 Decke über Ebene 00		2.715	2.915
Ebene 01 - Obergeschoss		2.915	5.790
240 Ebene 01 – Modell Obergesc...			
241 Decke über Ebene 01		5.790	5.990
Ebene 02 - Dachgeschoss		5.990	8.865
250 Ebene 02 – Modell Dachges...			
251 Decke/Dach über Ebene 02			

■ 5.7 Architekturbauteile

Neben den linear orientierten Bauteilen der Architektur bietet Allplan flächige Bauteile und Bauteile, die sich über einen Punkt (Transportpunkt) eingeben lassen an. Einige Bauteile bieten wahlweise unterschiedliche Eingabearten an, wie z. B. bei der Stütze, bei der von einem Absetzpunkt auf eine flächige Eingabeart umgeschaltet werden an. Bei allen Bauteilen, die mehrere Eingabeformen besitzen, kann im Eigenschaftendialog über einen Schalter die Eingabeart umgeschaltet werden.

5.7.1 Flächige Bauteile – Decke und andere

Decke, Plattenfundament und Dachhaut sind flächige Bauteile, die über die polygonale Eingabe, gleich wie die Flächenelemente aus der Konstruktion, eingegeben werden. Während bei der Decke und dem Plattenfundament nur eine Schicht möglich ist, können Sie bei der Dachhaut bis zu fünf Schichten (vgl. Wand) angeben.

Decke und Plattenfundament werden wie Wände an die Ebenen angebunden. Die Dachhaut interpretiert die Sonderebenen über deren Geltungsbereiche hinaus und wird nicht über den Standarddialog **HÖHE** eingestellt.

Decke und Plattenfundament

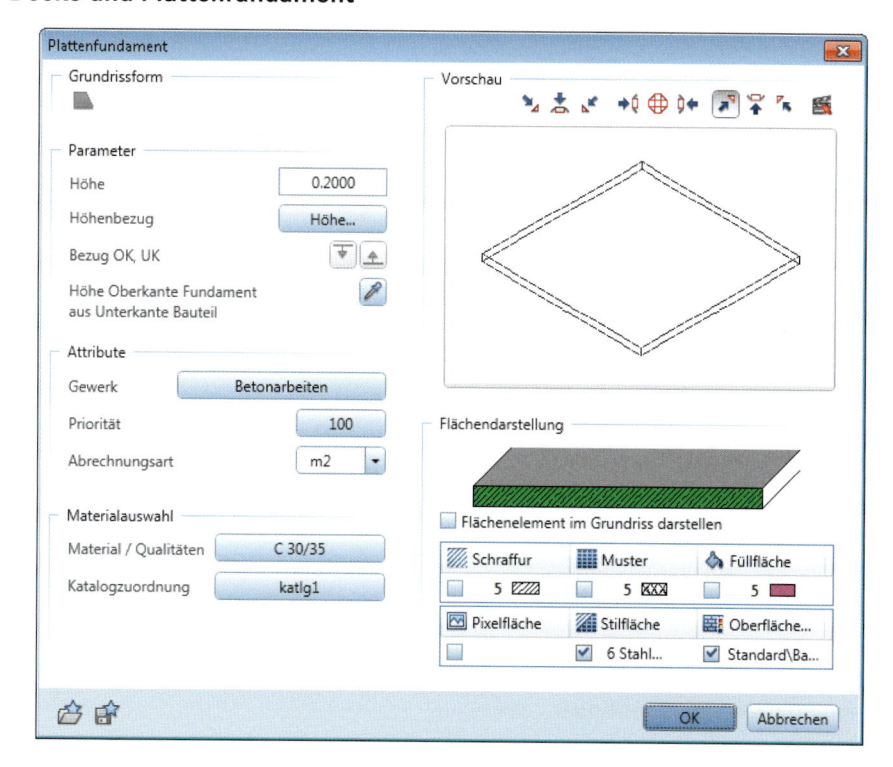

DECKE und PLATTENFUNDAMENT sind flächige Bauteile, die wie die Flächenelemente der Konstruktion erzeugt werden. In der Regel werden Decken und Bodenplatten auf eigenen Teilbildern erzeugt. Die Plattendicke leitet sich dann aus dem Ebenenmodell ab und kann dort komfortabel geändert werden

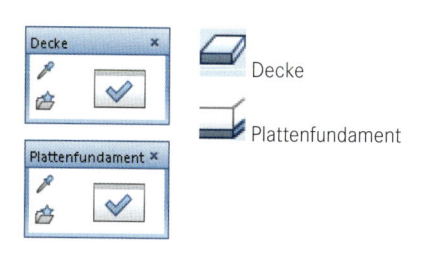

Decke

Plattenfundament

Dachhaut

Die Dachhaut kann bis zu fünf Schichten erhalten und passt sich entsprechend dem Eingabetyp nur an die obere Ebene an. Durch die besondere Art der Ebenenanbindung kann die Dachhaut Sonderebenen über den Geltungsbereich hinaus interpretieren und ermöglicht es so, auf einfache Weise Dachüberstände zu erzeugen. Der Dachüberstand sollte nicht bei der Eingabe der Ebenen berücksichtigt werden.

Je nach Anzahl der gewählten Schichten für das Dach werden die Zeilen in der Übersicht ergänzt. Die meisten Parameter können für jede Schicht einzeln getroffen oder über die Checkboxen in den Schichten gleichgeschaltet werden.

Dachhaut

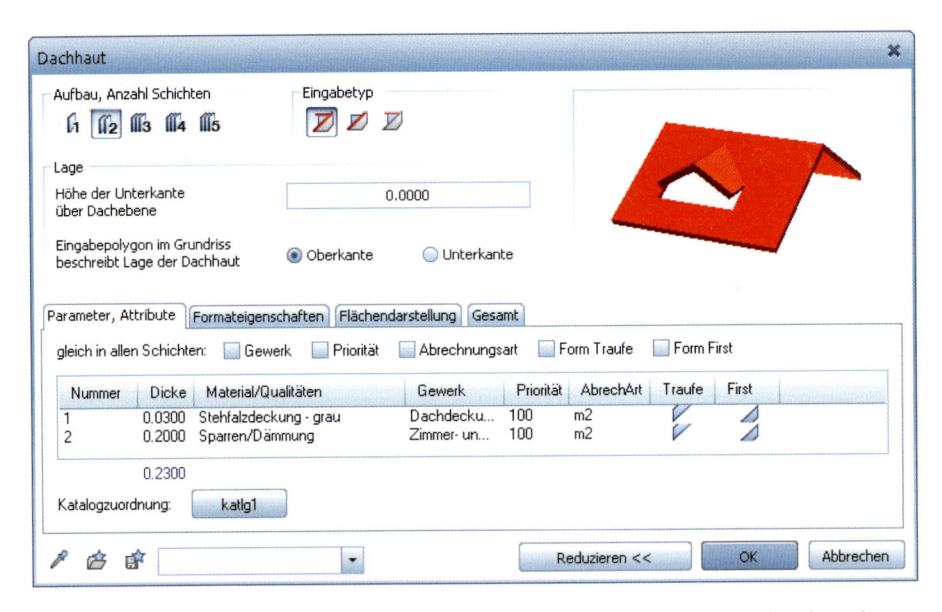

Innerhalb der Auflistungen haben Sie die Möglichkeit, ein Kontextmenü mit weiteren Funktionen aufzurufen, mittels derer der Schichtaufbau umgedreht oder einzelne Schichten entfernt oder hinzugefügt werden können.

Eigenschaften der Dachhaut

In den Eigenschaften der Dachhaut finden sich Einstellmöglichkeiten, die über normale Architekturbauteile hinausgehen. Bei der Dachhaut kann für jede Schicht die Form der Traufe und des Firstes zusätzlich angegeben werden.

- **AUFBAU** legt die Anzahl der Schichten der Dachhaut fest. Je nach Einstellung haben Sie eine unterschiedliche Anzahl (1–5) von Schichten zur Verfügung. Die Auflistungen erweitern sich automatisch.

- **Eingabetyp**: Die Dachhaut kennt drei unterschiedliche Eingabetypen. Sie reagiert auf in der Dachebene vorhandene Gauben.

  - **EINGABETYP – ÜBER ALLES**: Eingabe über alle Dach- bzw. Gaubenebenen als Eingabe in einem Zug. Kein Dachüberstand bei Gauben möglich.
  - **EINGABETYP – GAUBE AUSGESPART**: Eingabe der Außenkanten des Daches. Völlig eingeschlossene Dachebenen, wie z. B. Gauben, werden ausgespart.
  - **EINGABETYP – NUR GAUBE**: Eingabe der Gaubendächer inkl. deren Dachüberstände. Der Gaubenkörper muss vom Dachkörper vollständig eingeschlossen sein, ein Dachüberstand bei Gauben ist möglich.

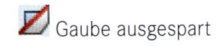

> **TIPP:** Der Eingabetyp **NUR GAUBE** eignet sich auch dazu, um bei mehreren Dächern Dachüberstände an den gewünschten Stellen zu erzeugen. Löcher in Dachhäuten, die mit dem Eingabetyp **NUR GAUBE** erzeugt wurden, führen zu fehlerhaften Darstellungen. Verwenden Sie in diesen Fällen die Funktion **DACHFLÄCHENFENSTER**.

- **LAGE**
  - **HÖHE UNTERKANTE ÜBER DACHEBENE** gibt den Abstand an, mit dem die Unterkante der Dachhaut über/unter (+/−) der Dachebene liegt.
  - **EINGABEPOLYGON IM GRUNDRISS** bestimmt, ob sich die Eingabe der Dachhaut im Grundriss auf die Oberkante oder die Unterkante der Dachhaut bezieht.

In der Regel ist die Lage der Unterkante der Dachhaut bekannt (z. B. Oberkante Sparren). Die projizierte Lage der Oberkante, die im Grundriss gezeichnet wird, wird automatisch in Abhängigkeit von Traufabschluss, Neigung und Dicke der Dachhaut ermittelt. Diese Option ist nur bei der Erzeugung des Bauteils verfügbar und kann im Nachhinein nicht mehr geändert werden.

- **FORM TRAUFE/FORM FIRST** legt die Form fest, mit der Traufe und First abgeschlossen werden. Es kann entweder für jede Schicht eine Form angegeben oder (Checkboxen **FORM TRAUFE, FORM FIRST**) eine für alle Schichten ausgewählt werden.

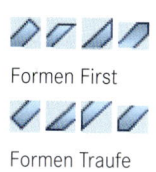

Formen First

Formen Traufe

5.7.2 Öffnungen in flächigen Bauteilen

Aussparung und Durchbruch

Aussparungen in Decken und Plattenfundamenten können entweder über **FLÄCHENELEMENT, AR-FLÄCHE, BEREICH MODIFIZIEREN** eingegeben, schon bei der Eingabe der Bauteile berücksichtig oder über die Funktion **AUSSPARUNG, DURCHBRUCH IN DECKE, PLATTE** erzeugt werden. Die Auswertung für Aussparungen und Ähnliches kann nur korrekt erfolgen, wenn die Öffnungen über die Funktion **AUSSPARUNG, DURCHBRUCH IN DECKE, PLATTE** erzeugt wurden. Werden z. B. in einer Aussparung für die Treppe Ausbauflächen am Deckenrand benötigt, muss die Aussparung über **FLÄCHENELEMENT, AR-FLÄCHE, BEREICH MODIFIZIEREN** eingegeben werden

AUSSPARUNG, DURCHBRUCH IN DECKE, PLATTE erzeugt Aussparungen und Öffnungen in Decken bzw. Platten. Sie können zwischen

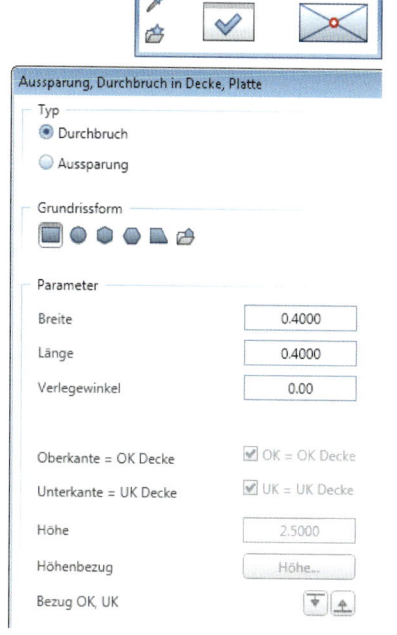

Aussparung, Durchbruch in Decke, Platte

rechteckiger, runder, n-eckiger (über Innen- oder Außenradius), beliebig polygonaler Öffnung und beliebiger Öffnung aus dem Symbolkatalog wählen. Deckenaussparungen können sowohl von unten als auch von oben in eine Decke eingesetzt werden.

- **TYP** gibt an, ob die Aussparungen durch die gesamte Decke gehen (**DURCHBRUCH**) oder nur einen Teil der Deckenstärke betreffen soll (**AUSSPARUNG**). Je nachdem, welche Option gewählt ist, wird der untere Teil der Parameter aktiviert oder deaktiviert.
- **GRUNDRISSFORM** legt die Form der Aussparung fest. Hierbei gilt zu beachten, dass die rechteckige, runde, n-eckige und beliebige Öffnungsform über einen Absetzpunkt gesetzt werden, wohingegen die polygonale Öffnung im Grundriss angegeben, wie ein Flächenelement definiert werden muss. Polygonale Öffnungen sind z. B. ideal für Treppenaussparungen.
- **PARAMETER** legen die Form der Aussparungen im Detail fest. Bei einem Durchbruch wird die Höheneinstellung von der Decke übernommen und kann nicht verändert werden. Aussparungen müssen genauer definiert werden.
- **MAKRO** zeigt das in der Öffnung verkettete Makro an. Deckenöffnungen können nur ein Makro beinhalten.
  - **MAKRO EINFÜGEN** öffnet den Dialog zur Makroauswahl. In Aussparungen kann nur ein Makro eingesetzt werden.
  - **ANGEWÄHLTES MAKRO ENTFERNEN** löscht das Makro mit der in dem Auswahlfeld angezeigten Nummer aus dem Bauteil. Das Entfernen kann nur durch Verlassen des Bauteildialogs rückgängig gemacht werden.

Makro einfügen

Angewähltes Makro entfernen

Dachflächenfenster

Dachflächenfenster

Dachflächenfenster können nur in das Bauteil Dachhaut eingesetzt werden. Dort gleichen sie sich automatisch einer geänderten Dachneigung an. Werden Dachflächenfenster im Grundriss über die Funktion der Symbolleiste **BEARBEITEN** manipuliert (kopiert, verschoben, gespiegelt), bleibt die Lage innerhalb der Dachhaut erhalten. Die entsprechenden Parameter werden automatisch angepasst.

In der Dialog-Symbolleiste kann für das Dachflächenfenster eine feste **OBERKANTE** oder **UNTERKANTE** eingestellt werden. Die Höheneingaben beziehen sich auf die Bezugsebene (Eingabefeld). Sobald eine feste **OBERKANTE** oder **UNTERKANTE** angegeben wurde, lässt sich das Dachflächenfenster nur noch auf der eingestellten Höhe in die Dachhaut einsetzen.

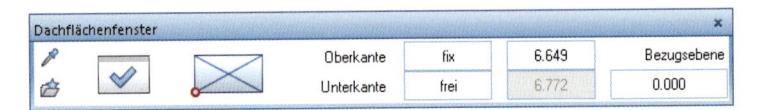

Dachflächenfenster					
			Oberkante	fix	6.649	Bezugsebene
			Unterkante	frei	6.772	0.000

- **LEIBUNG**: Für rechteckige Dachflächenfenster stehen Ihnen vier und für andere Formen drei verschiedene Leibungsformen für die obere und untere Seite zur Verfügung, die frei kombiniert werden können. Je nach gewünschter Leibung werden in der Geometrie weitere Angaben notwendig und in der Vorschaugrafik angezeigt.

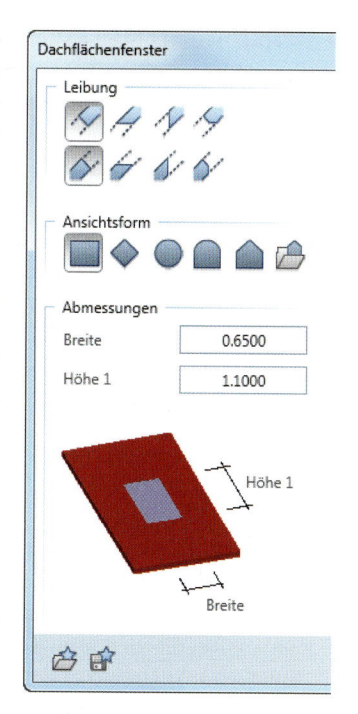

- **ANSICHTSFORM, ABMESSUNGEN** stellt unterschiedliche Grundtypen für die Öffnung bereit. Je nach Form werden weitere Eingabefelder im Bereich **ABMESSUNGEN** eingeblendet. Bei rechteckiger Ansichtsform sind alle Leibungskombinationen möglich, bei den weiteren Formen entfällt die Leibungsform mit Angabe der Tiefe.
- **GEOMETRIE** zeigt in einer Übersichtsgrafik alle notwendigen Maße an. Im unteren Bereich sind die jeweiligen Eingabefelder für die Leibungsform und die Lage des Makros vorhanden. Die Eingabefelder der Makrodicke werden nur angezeigt, wenn ein Makro gewählt und wurde. Die Eingabefelder für die Tiefe werden nur bei den rechten Leibungsformen eingeblendet.
- **LEIBUNG**: Es stehen Ihnen für rechteckige Dachflächenfenster vier und für andere Formen drei verschiedene Leibungsformen für die obere und untere Seite zur Verfügung, die frei kombiniert werden können. Je nach gewünschter Leibung werden in der Geometrie weitere Angaben notwendig und in der Vorschaugrafik angezeigt.
- **ANSICHTSFORM, ABMESSUNGEN** stellt unterschiedliche Grundtypen für die Öffnung bereit. Je nach Form werden weitere Eingabefelder im Bereich **ABMESSUNGEN** eingeblendet. Bei rechteckiger Ansichtsform sind alle Leibungskombinationen möglich, bei den weiteren Formen entfällt die Leibungsform mit Angabe der Tiefe.
- **GEOMETRIE** zeigt in einer Übersichtsgrafik alle notwendigen Maße an. Im unteren Bereich sind die jeweiligen Eingabefelder für die Leibungsform und die Lage des Makros vorhanden. Die Eingabefelder der Makrodicke werden nur angezeigt, wenn ein Makro gewählt und wurde. Die Eingabefelder für die Tiefe werden nur bei den rechten Leibungsformen eingeblendet.
- **MAKRO** zeigt das in der Öffnung verkettete Makro an. Dachflächenfenster können wie Aussparungen und Deckenöffnungen nur ein Makro beinhalten.
  - **MAKRO EINFÜGEN** öffnet den Dialog zur Makroauswahl.
  - **ANGEWÄHLTES MAKRO ENTFERNEN** löscht das Makro mit der in dem Auswahlfeld angezeigten Nummer aus dem Bautil. Das Entfernen kann nur durch Verlassen des Bauteildialogs rückgängig gemacht werden.

Makro einfügen

Angewähltes Makro entfernen

5.7.3 Punktförmige Bauteile

Die Bauteile **STÜTZE**, Einzelfundament und **SCHORNSTEIN** folgen bei der Eingabe den gleichen Regeln. Bei allen Bauteilen kann ein horizontaler Querschnitt angegeben werden, und zum Absetzen ist nur ein Punkt anzugeben.

- **STÜTZE:** Für die Stütze stehen vier parametrische Formen, eine polygonale Eingabemethode sowie die freie Profilwahl zur Verfügung. Je nachdem, welche Form Sie anwählen, erscheinen im Bereich Parameter weitere Eingabefelder. Bei der polygonalen Form entfällt der Absetzpunkt und in der Dialogzeile erscheint die Abfrage zur polygonalen Eingabe.

> **HINWEIS:** Werden Stützen mit der Funktion **AR-BAUTEILEIGENSCHAFTEN ÜBERNEHMEN** ausgetauscht (Querschnittsänderung), wird der Schwerpunkt der bestehenden Stütze als Fixpunkt angenommen und die neue Form entsprechend eingesetzt.

- **EINZELFUNDAMENT:** Für Einzelfundamente stehen drei parametrische Grundformen sowie die polygonale Eingabe zur Verfügung. Bei den Grundformen und der polygonalen Form sind die Seiten des Fundaments immer senkrecht. Bei den letzten beiden Grundformen können Sie sich nach oben oder unten verjüngende Fundamente erzeugen.
    - **POSITIONIERUNG** stellt mit der Übernahme eine Methode zur Verfügung, über die der Absetzpunkt des Einzelfundamentes durch Übernahme von einem bestehenden Bauteil so eingerichtet werden kann, dass das Einzelfundament zentrisch unter dem Bauteil abgesetzt werden kann, ohne den Mittelpunkt des Bauteils zu kennen oder konstruieren zu müssen.
- **SCHORNSTEIN:** Für den Schornstein gibt es 17 unterschiedliche Formen: Von einem runden, einzügigen Schornstein bis hin zu Schornsteinen mit bis zu vier Zügen (jeweils rund und eckig). Je nach angewählter Form wird die Übersichtsskizze verändert. Die Züge sind durchnummeriert und die Definitionsrichtung für Dicken- und Breitenangaben dargestellt.

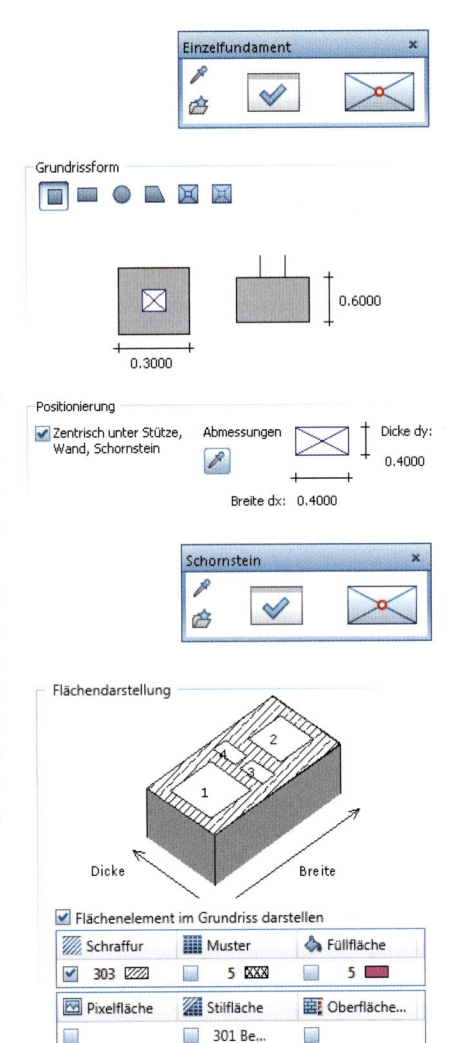

5.7.4 Beispiel – Bodenplatte

Das Gebäude ist nur teilunterkellert und hat somit in zwei Bereichen auf unterschiedlichen Höhen eine Bodenplatte. Somit ist die Bodenplatte in zwei unterschiedlichen Ebenen auszuführen; einmal als Bodenplatte auf dem so benannten Teilbild, und der zweite, höher liegende Teil, auf dem Teilbild der Decke über dem Kellergeschoss, da die Bodenplatte hier höhengleich zur Kellerdecke sein soll.

Die Höheneinstellungen der Bodenplatte gleichen denen der Wände und der Decken aus dem nächsten Beispiel. Die Dicke des Bauteils wird durch den Bezug zu den Standardebenen eingestellt, deren Werte über den Ebenenmanager gesteuert werden. Dies erleichtert die Eingabe und spätere Änderung.

Bodenplatte – unteres Niveau

▷ PROJEKTBEZOGEN ÖFFNEN: TEILBILDER AUS ZEICHNUNGS-/BAUWERKSSTRUKTUR
▷ Teilbild 211 (Bodenplatte/Fundamentplatte) aktiv, Teilbild 220 (Ebene-1 – Modell – Kellergeschoss) passiv
▷ BODENPLATTE oder DOPPELRECHTSKLICK auf das entsprechende Bauteil im Assistenten *Decke, Dach, Bodenpl.* (Bauteil 01).
▷ EIGENSCHAFTEN
▷ HÖHENBEZUG → HÖHE… **(1)**
OBERKANTE an OBERE EBENE, UNTERKANTE an UNTERE EBENEN
jeweils mit ABSTAND *0.00*

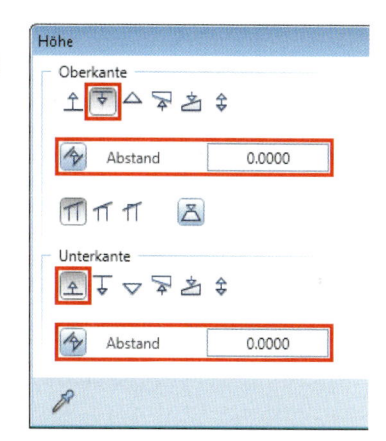

▷ ATTRIBUTE: **(2** und **3)**
GEWERK → *Betonarbeiten*
PRIORITÄT → 100
MATERIAL/QUALITÄTEN → *C 30/35*
▷ FLÄCHENDARSTELLUNG: **(4** und **5)**
FLÄCHENELEMENTE IM GRUNDRISS DARSTELLEN → deaktiviert
STILFLÄCHE → *6 – Stahlbeton –2*
▷ Einstellungen bestätigen

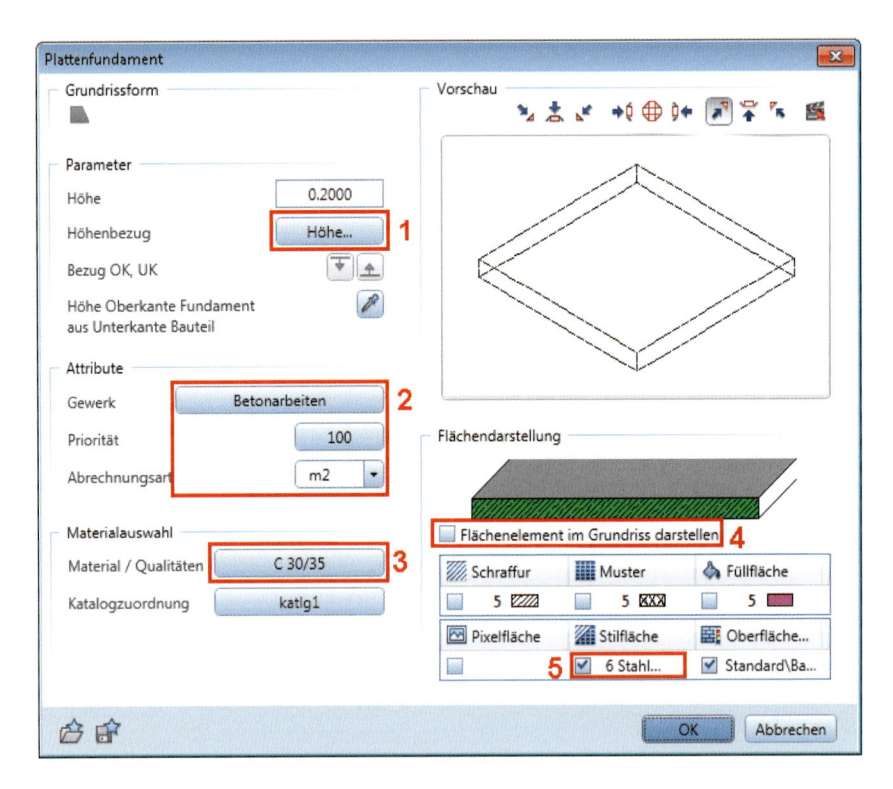

▷ Format in der Palette EIGENSCHAFTEN: LAYER (AR_FLGR), STIFT VON LAYER, STRICH VON LAYER und FARBE VON LAYER → aktiviert

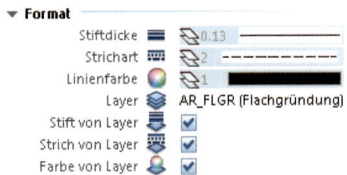

▷ Geben Sie die Abmessungen (Punkte **1**–**4**) der Bodenplatte an. Die Bodenplatte soll bis zur Außenkante der tragenden Wandschicht der Außenwände reichen.

▷ Erzeugen Sie einen Randdämmstreifen – umlaufende Wand (Perimeterdämmung, Bauteil **23** – Assistent *Wände und Stützen*)

Bodenplatte – oberes Niveau

▷ PROJEKTBEZOGEN ÖFFNEN: TEILBILDER AUS ZEICHNUNGS-/BAUWERKSSTRUKTUR

▷ Teilbild 221 (Decke über Ebene −1) aktiv, Teilbild 230 (Ebene 00 – Modell – Erdgeschoss) passiv

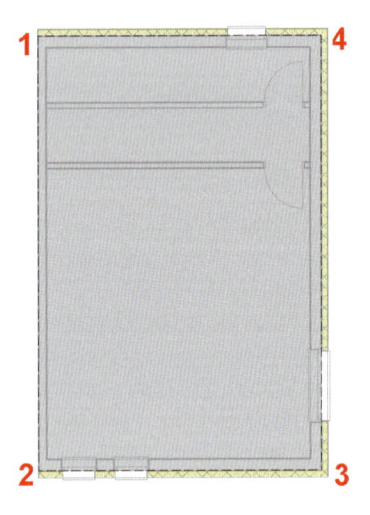

Projektbezogen öffnen

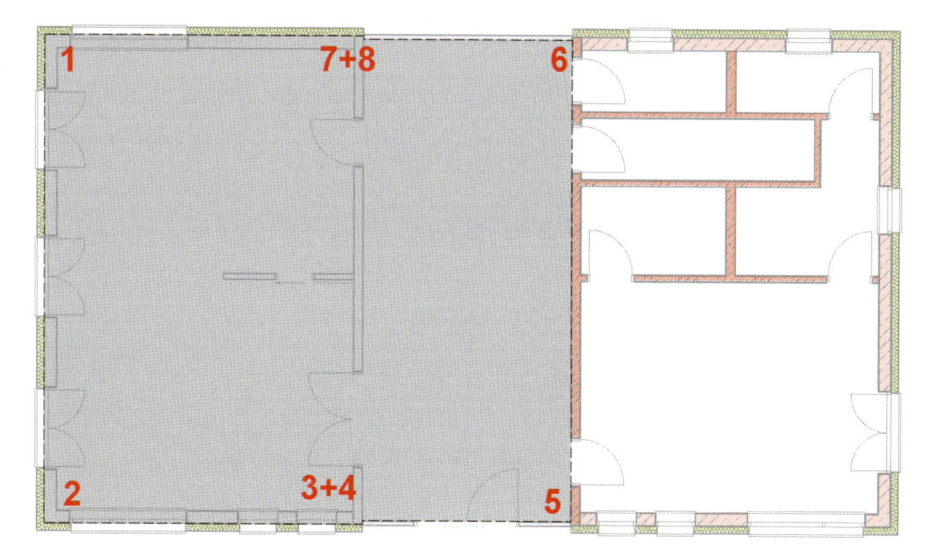

▷ **BODENPLATTE (PLATTENFUNDAMENT)** oder **DOPPELRECHTSKLICK** auf das entsprechende Bauteil im Assistenten *Decke, Dach, Bodenpl.* (Bauteil **01**)
▷ Erzeugen Sie unter dem linken Gebäudeteil und dem Glaskörper die Bodenplatte wie angezeigt (Punkte **1–8**). Achten Sie darauf, dass Sie die Außenkante des Mauerwerks und die Innenkante der Glasfassade als Bezugspunkte anwählen.
▷ Erzeugen Sie auch hier einen Randdämmstreifen (Perimeterdämmung, Bauteil **23** – Assistent *Wände und Stützen*). Im Bereich des Glaskörpers ist die Dämmdicke von 14 cm auf 8 cm zu verringern. Öffnen Sie hierzu die Eigenschaften der Wand, klicken Sie in die Dicke der zu ändernden Schicht und tragen Sie dort den neuen Wert ein.

Die Höhe des Randdämmstreifens wird im Zuge der Fundamente noch so angepasst, dass diese bis etwa 1 m unter Geländeoberfläche reichen wird und neben der Darstellung im Grundriss auch die korrekte Darstellung im Schnitt erleichtert.

5.7.5 Beispiel – Decken

Im Gebäude müssen mehrere Zwischendecken sowie zwei Verbindungsstege erzeugt werden. Die Höheneinstellungen der Decken sind die Gleichen wie bei den Wänden in den Geschossen. Die Höhe wird aus den Einstellungen mit den eingestellten Ebenen automatisch ermittelt. Die Änderung der Deckenstärke erfolgt komfortabel über den Ebenenmanager.

Decke über Ebene 01, 02 und –1

Übernehmen Sie alle Einstellungen aus dem Assistenten. Kontrollieren Sie dennoch die Einstellungen. Der Aufbau des Dialogs *Decke* ist nahezu gleich dem der *Bodenplatte*.
▷ **PROJEKTBEZOGEN ÖFFNEN: TEILBILDER AUS ZEICHNUNGS-/BAUWERKSSTRUKTUR**

Decke

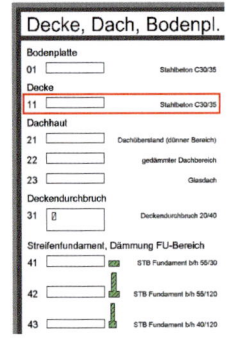

▷ Teilbild 241 (Decke über Ebene 01) aktiv, Teilbild 240 (Ebene 01 – Modell – Obergeschoss) passiv
▷ **DECKE** oder **DOPPELRECHTSKLICK** auf das entsprechende Bauteil im Assistenten *Decke, Dach, Bodenpl.*
▷ **EIGENSCHAFTEN:**
HÖHENBEZUG → HÖHE…
OBERKANTE an **OBERE EBENE**, **UNTERKANTE** an **UNTERE EBENEN** jeweils mit **ABSTAND** *0.00*
▷ **ATTRIBUTE:**
GEWERK → *Betonarbeiten*
PRIORITÄT → *100*
MATERIAL/QUALITÄTEN → *C 30/35*
▷ **FLÄCHENDARSTELLUNG:**
FLÄCHENELEMENTE IM GRUNDRISS DARSTELLEN → deaktiviert
STILFLÄCHE → *6 – Stahlbeton –2*
▷ Einstellungen bestätigen
▷ Format in der Palette **EIGENSCHAFTEN: LAYER** (AR_DECKE), **STIFT VON LAYER**, **STRICH VON LAYER** und **FARBE VON LAYER** → aktiviert
▷ Geben Sie die Eckpunkte der Decke über Ebene 01 wie angezeigt ein. Achten Sie darauf, dass die Außenkante der Ziegelschale gleich der Außenkante der Decke ist. Orientieren Sie sich für den Steg an den Punkten der Dachlandschaft, die sichtbar sein sollten.

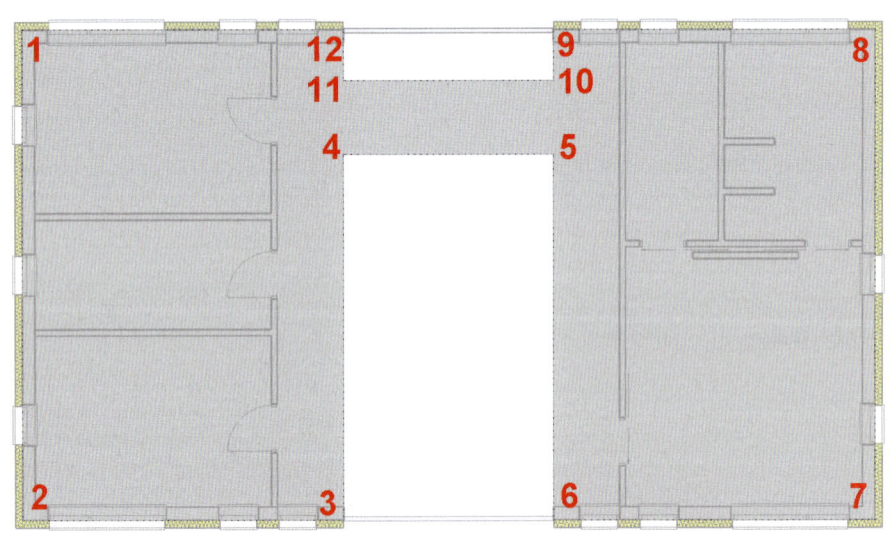

Decke über Ebene 00 und Ebene 01

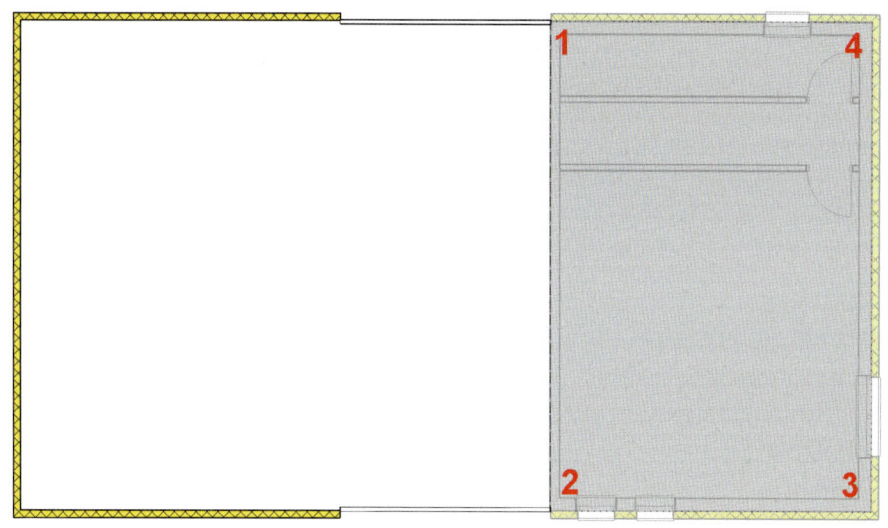

Decke über Ebene -1

Erzeugen Sie ebenso die Decke über Ebene 00 und Ebene −1. Bei der Decke über Ebene 00 ist es sinnvoll, wenn Sie die Decke über Ebene 01 mit einschalten, um deren Abmessungen zu übernehmen.

Randdämmstreifen erstellen

Betrachtet man das gesamte Modell (alle Teilbilder mit 3D-Geometrien aktiviert), so stellt man fest, dass auf Deckenhöhe Streifen vorhanden sind, die eine Fehlstelle in der Dämmung darstellen. Für diese Fehlstellen existieren zwei Lösungen. Sie können entweder die Dämmschicht der Außenwände höher (unterhalb der Decke liegende Wände) oder tiefer (oberhalb der Decke liegende Wände) anbinden oder auf dem Teilbild der Decke eine Wand mit den Eigenschaften der Dämmung und Höhe der Decke zeichnen. Die Vorgehensweise eines Randdämmstreifens auf dem Teilbild der Decke wird nachfolgend beschrieben.

▷ **WAND** oder **DOPPELRECHTSKLICK** auf das entsprechende Bauteil im Assistenten *Wände und Stützen*
▷ Randdämmstreifen entsprechend der Dämmung der Außenwände erstellen (Bauteil **21**, **22** oder **23**)

Erstellen Sie auf den Teilbildern 221, 231 und 241 die Randdämmstreifen. Der Randdämmstreifen der Kellerdecke soll mit Perimeterdämmung (Bauteil **23**) ausgeführt werden.

Erstellen Sie im Bereich der Glasfassaden des Glaskörpers auf Teilbild 231 jeweils Fassadenteile, um auch dort die sonst entstehende Lücke zu schließen.

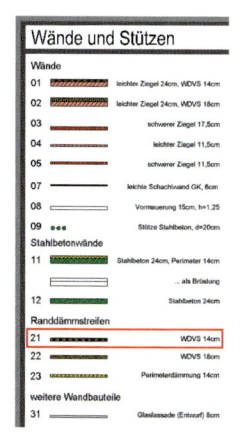

Deckenöffnung – Treppe (Decke KG)

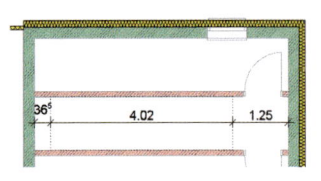

Für die Treppe vom Kellergeschoss ins Erdgeschoss (Ebene –1 zu Ebene 00) wird eine große Aussparung benötigt. Diese können Sie entweder mit AUSSPARUNG, DURCHBRUCH IN DECKE, PLATTE oder durch Abziehen der Fläche mit FLÄCHENELEMENT, AR-FLÄCHE, BEREICH MODIFIZIEREN erzeugen. Die Kellertreppe soll im rechten Gebäudeteil platziert werden. Sie soll links (Austritt) einen Abstand von 36,5 cm zur Wand und rechts (Antritt) einen Abstand von 1,25 m haben. Als Treppenlänge bleiben 4,02 m übrig. Nachfolgend ist de Vorgang mit FLÄCHENELEMENT, AR-FLÄCHE, BEREICH MODIFIZIEREN beschrieben.

▷ Teilbild 221 aktiv, Teilbild 220 passiv

▷ FLÄCHENELEMENT, AR-FLÄCHE, BEREICH MODIFIZIEREN

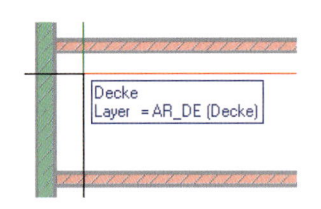

Identifizieren Sie die Decke als zu modifizierendes Flächenelement, indem Sie die Decke anklicken (Bauteilname im Infotext).

▷ EINGABEOPTIONEN → MINUS

▷ Geben Sie die Umrisse der Treppe mit den angegebenen Maßen ein. Nutzen Sie möglichst viele vorhandene Punkte als Bezugspunkte.

▷ Schließen Sie die Eingabe durch ESC ab.

Deckenöffnung für Abwasserleitungen

Exemplarisch für eine Deckenaussparung soll im rechten Baukörper ein Schacht für Abwasserleitungen ausgebildet werden.

▷ PROJEKTBEZOGEN ÖFFNEN: TEILBILDER AUS ZEICHNUNGS-/BAUWERKSSTRUKTUR

▷ Teilbild 231 (Decke über Ebene 00) aktiv, Teilbild 240 (Ebene 01 – Modell – Obergeschoss) passiv

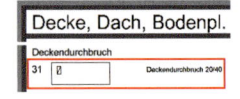

▷ AUSSPARUNG, DURCHBRUCH IN DECKE, PLATTE (bzw. Bauteil 31 aus Assistent übernehmen)

▷ Identifizieren Sie die Decke.

▷ TRANSPORTPUNKT → links oben

▷ EIGENSCHAFTEN: TYP → DURCHBRUCH, GRUNDRISSFORM → RECHTECK → BREITE → 0,20 LÄNGE → 0,40

▷ Setzen Sie die Aussparung, wie angezeigt, in die Ecke ein.

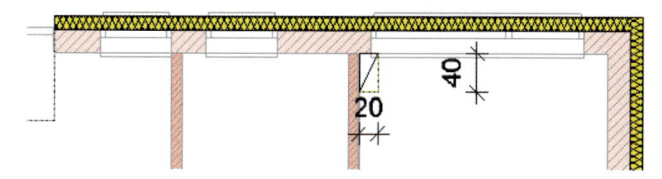

▷ In der Decke zwischen Kellergeschoss und Erdgeschoss ist die gleiche Aussparung einzuplanen. Hier sollte die Aussparung nur auf der linken Seite bis zur nächsten Wand vergrößert werden.

5.7.6 Beispiel – Dachhaut

Die Dachhaut kann, ähnlich der Wand, nur mit einer Schichtdefinition über den gesamten Bereich erzeugt werden. Um unterschiedliche Schichtfolgen für den Dachüberstand und den gedämmten mittleren Dachbereich zu erhalten, gibt es unterschiedliche Lösungsansätze. Ein Ansatz wäre, den Dachüberstand als eigene Dachhaut zu erzeugen. Alternativ kann die Dachhaut auch in einem Stück, entweder nur als »dünne« Haut oder mit Dämmpaket, im Bereich des Dachüberstandes konstruiert werden.

Wenn geplant ist, den Entwurf mit Sparren aus dem Modul **SKELETTBAU: SPARREN, PFETTEN, PFOSTEN** zu erzeugen, sollte die Dachhaut mit einer Schichtfolge so erzeugt werden, dass die Unterkante der Dachhaut gleich der Oberkante der Sparren ist. Die Dachhaut selbst stellt in diesem Fall nur die Schalung mit Unterdach und Dacheindeckung dar.

In diesem Beispiel werden keine Sparren erzeugt und die Dachhaut in zwei Bereiche, einmal gedämmt und einmal ungedämmt, unterteilt.

Dachhaut erzeugen – Innerer Bereich

▷ **PROJEKTBEZOGEN ÖFFNEN: TEILBILDER AUS ZEICHNUNGS-/BAUWERKSSTRUKTUR**
▷ Teilbild 251 aktiv, Teilbild 250 passiv
▷ **DACHHAUT** oder **DOPPELRECHTSKLICK** auf das entsprechende Bauteil im Assistenten *Decke, Dach, Bodenpl.* (Bauteil **22**)
▷ **HÖHE DER UNTERKANTE ÜBER DACHEBENE** → 0.00
▷ **EINGABEPOLYGON IM GRUNDRISS** → **OBERKANTE**
▷ **EIGENSCHAFTEN** (Dach mit Dämmung)

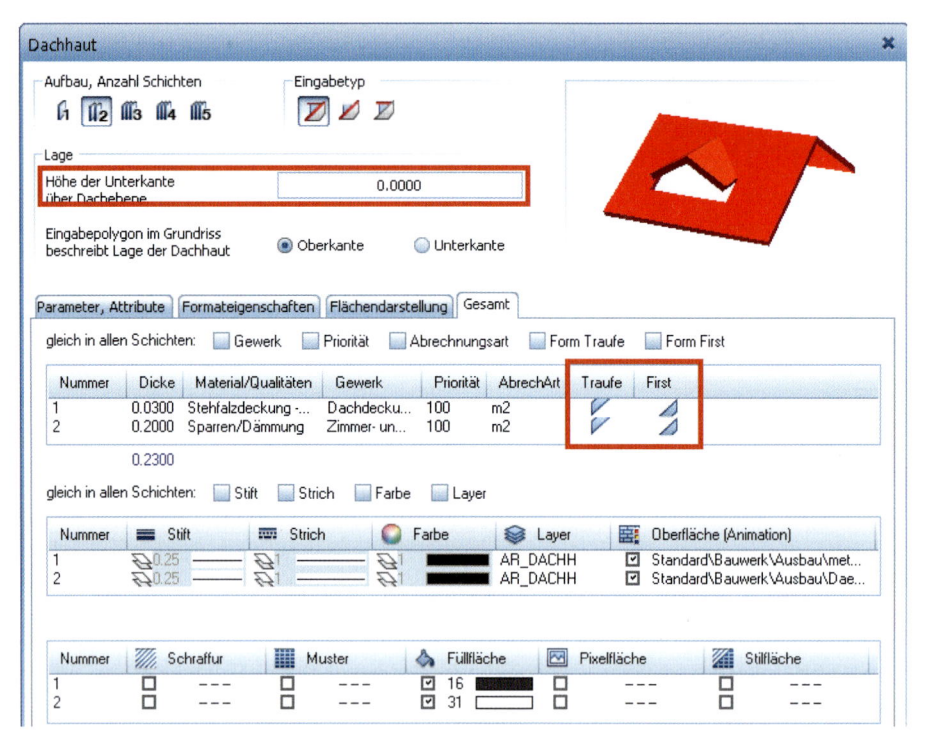

Achten Sie darauf, bei First und Traufe den senkrechten Abschluss zu wählen!

▷ Bestimmen Sie im Grundriss die Ausdehnung der Dachhaut des linken Baukörpers so, dass diese mit der Außenkante des Mauerwerks abschließt, und erzeugen Sie eine zweite Dachhaut auf dem rechten Baukörper.

▷ Übernehmen Sie nun mit Übernahme die Eigenschaften der Dachhaut ohne Dämmung aus dem Assistenten (Bauteil **21**).

▷ Wählen Sie den Modus **MULTI: ZUSAMMENGESETZTE FLÄCHE EINGEBEN** in den Eingabeoptionen aus.

▷ Geben Sie in der Dialogzeile den Abstand *0,50* ein.

> **HINWEIS:** Die Eingabe eines Abstandes bewirkt, dass der Dachrand (hier 50 cm) außerhalb (Punkte gegen den Uhrzeigersinn anklicken) der gewählten Punkte liegt.

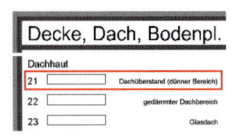

▷ Geben Sie die vier Außenecken der tragenden Außenwandschicht an.

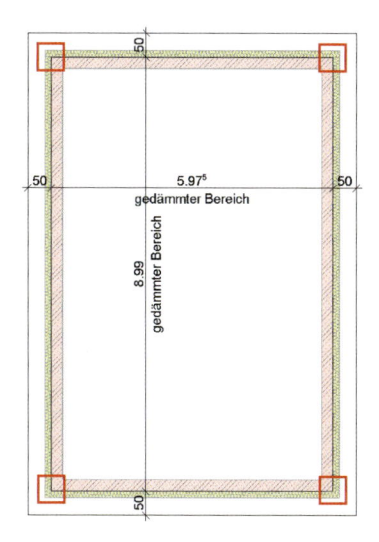

▷ Wählen Sie in den Eingabeoptionen nun die Option **MINUS** und wählen Sie nochmals die vier Punkte an. Durch das Umschalten auf Minus in den Eingabeoptionen und der Definition der Umrisse wird das Loch in der dünneren Dachhaut definiert.

Anpassen der Dämmung

Die Dämmschicht der Außenwände ist zu niedrig (ähnlich dem fehlenden Dämmstreifen der Decken), da grundsätzlich in den Assistenten nur Standardfälle abgebildet werden – hier die Außenwand für ein Normalgeschoss. Sie haben nun zwei Möglichkeiten. Sie können entweder auf dem Teilbild der Dachhaut eine einschichtige Wand mit den Einstellungen der Dämmschicht erzeugen oder die Dämmschicht aus dem Teilbild des Dachgeschosses in der Ebenenanbindung ändern.

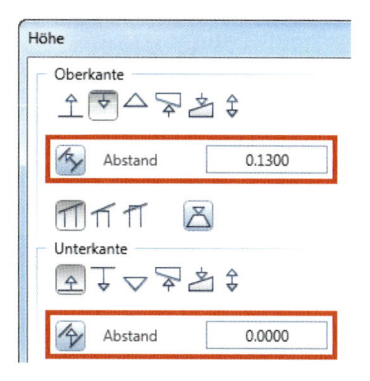

▷ Ändern Sie die Ebenenanbindung (nur Oberkante ändern) der Dämmschicht der Außenwände auf Teilbild 250 wie nebenstehend ab. Achten Sie darauf, dass der Abstand **LOTRECHT** angegeben wird. Der einzugebende Wert errechnet sich aus der Differenz der unteren Schichten der beiden verwendeten Dachhäute.

Lotrecht

HINWEIS: Sie können den Status der Teilbilder leicht über die Funktion **TEILBILDSTATUS ÄNDERN** (Symbolleiste **SPEZIAL** oder Kontextmenü) so umschalten, dass die Wände aktiv und die Dachhaut passiv ist.

Teilbildstatus ändern

5.7.7 Beispiel – Streifenfundamente

Wie die Bodenplatte sind auch die Fundamente auf zwei Ebenen zu erzeugen – die untere Ebene unterhalb der Bodenplatte des Kellergeschosses (auf Teilbild 210) und der obere Teil auf dem Teilbild des Kellergeschosses, also unterhalb der Bodenplatte des oberen Bereichs. Die unterschiedlichen Fundamente sind auf dem Assistenten *Decke, Dach und Bodenplatte* mit enthalten.

Fundamente – unteres Niveau

Im unteren Bereich ist ein Streifenfundament mit ca. 55 cm Breite notwendig, auf dem direkt die Bodenplatte aufliegt.

▷ Teilbild 210 aktiv, Teilbild 220 und 211 passiv

▷ **STREIFENFUNDAMENT** oder **DOPPELRECHTSKLICK** auf das entsprechende Bauteil im Assistenten *Decke, Dach, Bodenpl.* (Bauteil **41**)

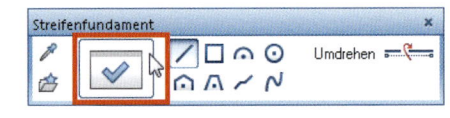

▷ **EIGENSCHAFTEN**

▷ **HÖHENBEZUG → HÖHE… (1)**

▷ **OBERKANTE** an **OBERE EBENE**, **UNTERKANTE** über Bauteilhöhe definiert → *0.300*

▷ **ATTRIBUTE: GEWERK** → *Betonarbeiten*; **PRIORITÄT** → *100*
MATERIAL/QUALITÄTEN → *C 30/35* **(2)**

▷ **FLÄCHENDARSTELLUNG: FLÄCHENELEMENTE IM GRUNDRISS DARSTELLEN** → deaktiviert; **STILFLÄCHE** → *6 - Stahlbeton –2* **(3)**

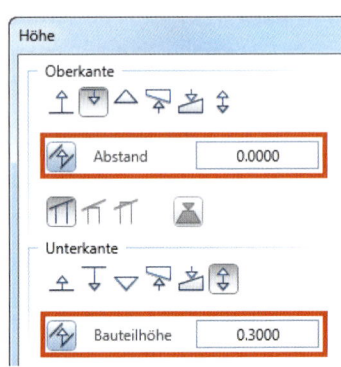

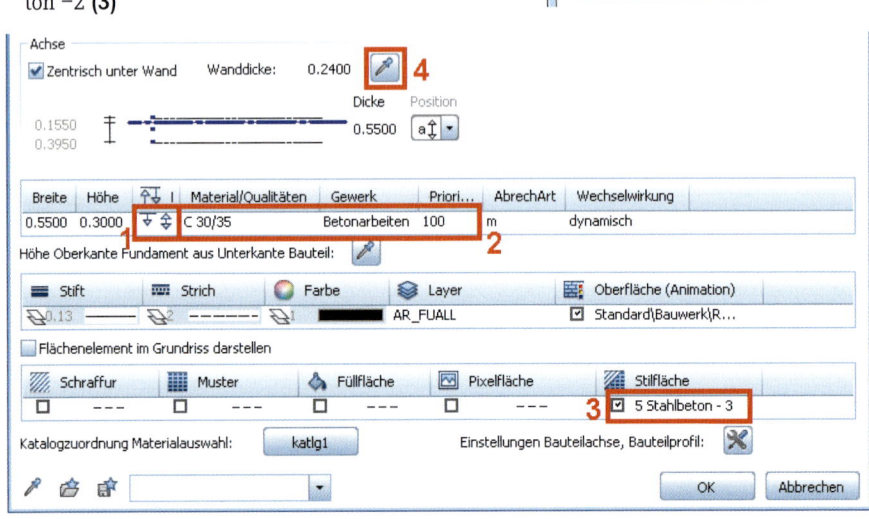

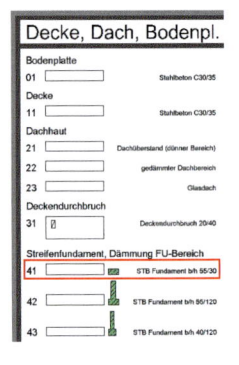

› Wählen Sie die Funktion **ÜBERNAHME (4)** im Bereich **ACHSE** und klicken Sie im Grundriss die Tragschicht einer Außenwand an.

Nachdem Sie eine Wand identifiziert haben, wird die Lage der Bauteilachse für das Streifenfundament automatisch berechnet. Die Wanddicke wird so in Bezug zur Fundamentbreite gesetzt, dass die Lage der Achse des Fundamentes der Außenkante der Wand entspricht.

▷ Bestätigen Sie die Einstellungen und erzeugen Sie die Fundamente der Außenwände.

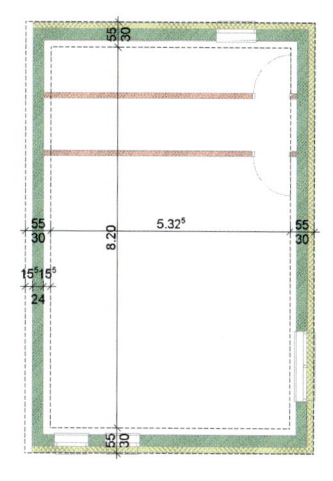

Fundamente – oberes Niveau

Die Fundamente im oberen Bereich sollen mit den Wänden des Kellergeschosses sichtbar sein, aber nicht die volle Geschosshöhe haben. Überprüfen Sie die Höheneinstellung und nach der Erzeugung die Lage der Fundamente.

▷ Teilbild 220 aktiv, Teilbild 230 und 221 passiv
▷ **STREIFENFUNDAMENT** oder **DOPPELRECHTSKLICK** auf das entsprechende Bauteil im Assistenten *Decke, Dach, Bodenpl.* (Bauteil **42** und **43**)
▷ Erzeugen Sie, wie nachfolgend dargestellt, die Fundamente unter den Wänden.

Das Fundament unter der Glasfassade hat eine höhere Priorität, da sonst eine Lücke zum Fundamenthals des inneren Fundaments entstehen würde.

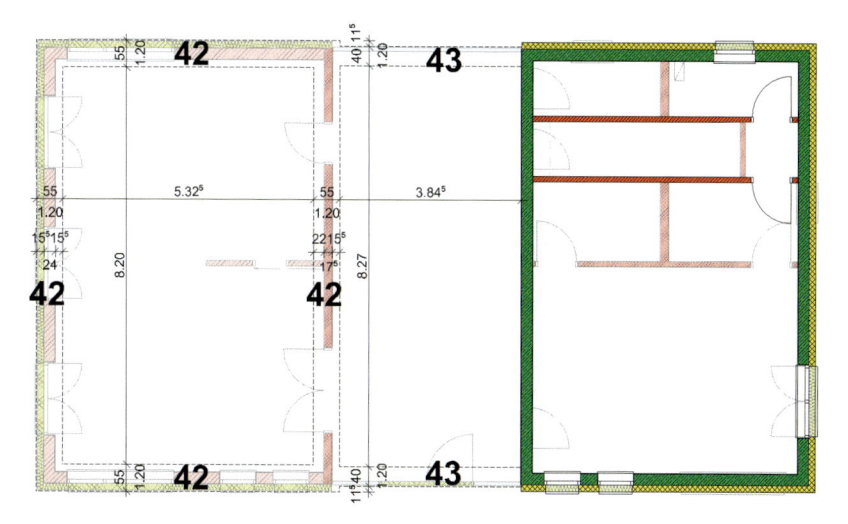

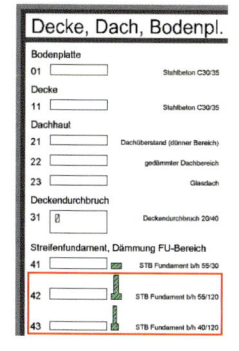

> **HINWEIS:** Bei Linienbauteilen, die einen unregelmäßigen Querschnitt (vom Rechteck abweichend) besitzen, kann es in Ecken zu Lücken kommen. Zeichnen Sie in solchen Fällen eine Diagonale als Hilfslinie und schließen Sie die Linienbauteile daran an.

Randdämmung ändern

Ändern Sie auf Teilbild 221 – Decke über Ebene −1 die Randdämmstreifen so, dass diese bis zur Oberkante der Fundamente reicht und der Fundamenthals somit gedämmt ist. Der notwendige Wert ermittelt sich aus der Höhe der Fundamente abzüglich des unteren Fundamentbereichs (120 cm – 30 cm) und ist bei der Unterkante der Randdämmung als Abstand von der unteren Ebene nach unten (also mit Vorzeichen Minus) anzugeben. Alternativ könnte die Höhe der Unterkante auch mit einer absoluten Kote fixiert werden.

5.7.8 Beispiel – Stützen und Attikaaufkantung

Die letzten Bauteile, die notwendig sind, um den Rohbau des Gebäudes zu vervollständigen, sind vier Stützen im Obergeschoss am Rand der Galerie sowie zwei Attikaaufkantungen für den Anschluss der Glasdächer an den flachen Dachbereich aus Stahlbeton.

Stützen im Obergeschoss

Die Stützen müssen so gesetzt werden, dass der Mittelpunkt der Stütze auf der oberen/unteren Kante der Trennwände des Bades (linker Gebäudeteil) liegt und der Rand der Stütze gleich der Außenkante der unterhalb liegenden Wand ist.

▷ Teilbild 240 aktiv, 230 und 231 passiv

▷ **STÜTZE** oder **DOPPELRECHTSKLICK** auf das entsprechende Bauteil im Assistenten *Wände und Stützen* (Bauteil **09**)

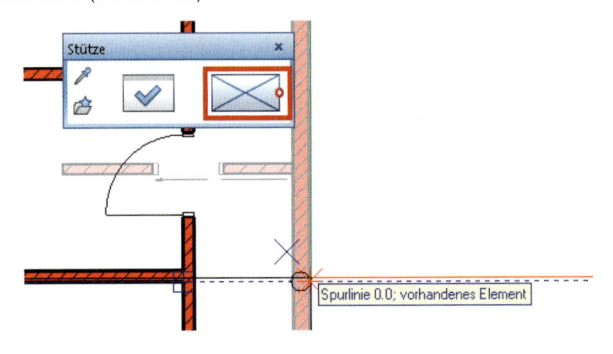

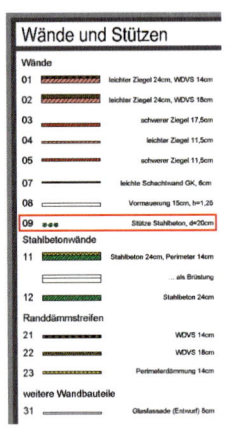

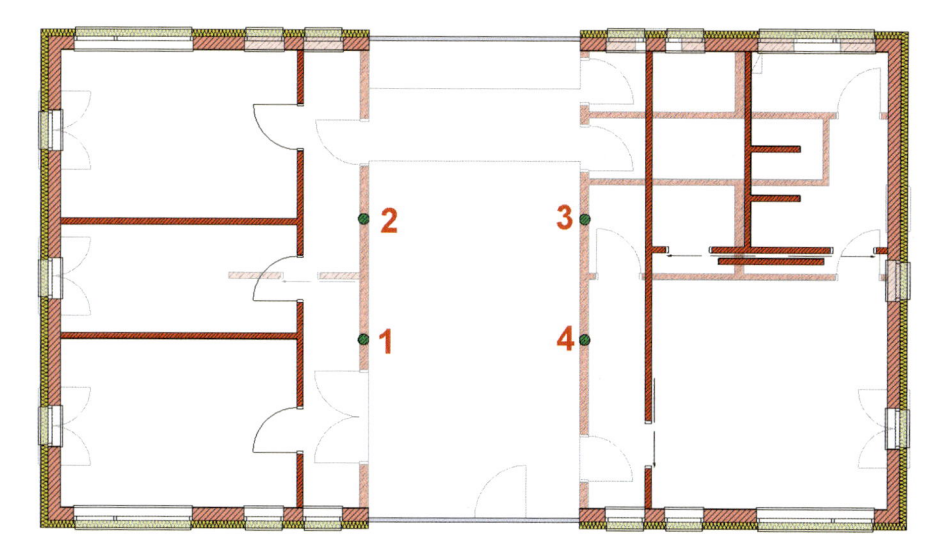

▷ Erzeugen Sie die linken beiden Stützen (**1** und **2**), indem Sie den Transportpunkt auf **RECHTS**-**MITTE** stellen und mithilfe der Spurlinie die bestehenden Wandkanten nutzen.
▷ Setzen Sie auch die beiden rechten Stützen (**3** und **4**) genau gegenüber der linken Stützen ab.

Attika im Dachgeschoss

Erzeugen Sie auf Teilbild 250 – Ebene 02 – Modell Dachgeschoss zwei Attikawände, deren Vorderkante mit der Decke abschließt (Assistent *Wände und Stützen*, Bauteil **12** als Brüstung). Die Aufkantung hat eine Höhe von 75 cm über der Stahlbetondecke und wird später mit einer Blechabdeckung versehen.

■ 5.8 Treppenkonstruktion

Im Modul **TREPPENKONSTRUKTION** befinden sich alle Funktionen zum Erzeugen verschieden geformter Treppen. Die meisten Treppenformen können über den Assistenten erzeugt werden. Die jeweils erzeugten Treppen haben die gleichen Eigenschaften und können auf die gleiche Weise modifiziert werden.

Treppenkonstruktion

> **HINWEIS:** Treppen werden auf fertige Fußbodenhöhen bezogen und können **nicht** an Ebenen gekoppelt werden. Bei der Eingabe muss der Fußboden der am Treppenantritt und -austritt liegenden Räume beachtet werden.

5.8.1 Treppenbauteile – Grundwissen

Bei jeder Treppe existieren die gleichen Bauteile und ähnliche Einstellmöglichkeiten für die Geometrie der Treppe.

Treppendarstellung in 2D – Register Format, 2D

Im Register FORMAT, 2D können für jedes Bauteil der Treppe die Formateigenschaften definiert werden. Jedes Bauteil kann eigene Eigenschaften erhalten und so z. B. in der Planzusammenstellung, wenn jeweils ein eigener Layer eingestellt wurde, leicht ausgeblendet werden.

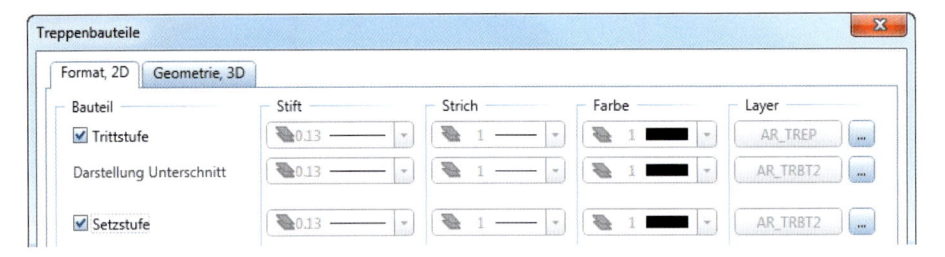

Register Geometrie, 3D

Im Register GEOMETRIE, 3D finden Sie all die Einstellungen, mit denen Sie die Bauteilgeometrie und deren Darstellung in der Animation und im Schnitt beeinflussen können. Zudem können das Material bzw. die Qualitäten definiert werden.

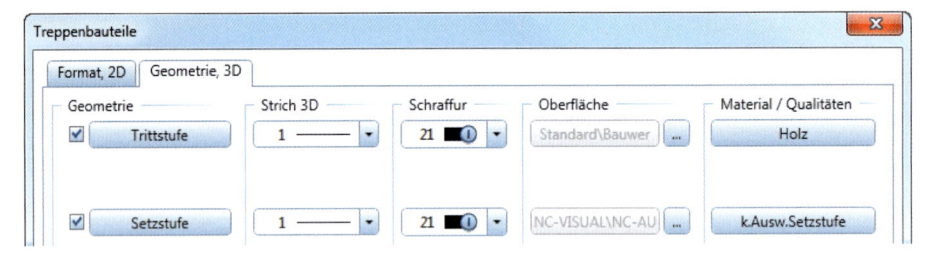

Die Geometrie der einzelnen Bauteile wird über einzelne Dialoge (Schaltflächen im Register GEOMETRIE, 3D) eingestellt. Zum Teil existieren Hilfen, die einen Teil der Einstellungen halbautomatisch erledigen.

- Detaileinstellungen der einzelnen Bauteile
  Alle Treppenbauteile werden basierend auf dem Grundrisspolygon definiert. Je nach Bauteiltyp können der Abstand zur Außengrenze der Treppe und die Breite des Elements eingegeben werden. Es sind nur positive Werte möglich. Wenn z. B. ein seitlicher Überstand der Trittstufen über den Stahlbetonunterbau benötigt wird, ist der Unterbau mit einem Abstand zum Grundrisspolygon zu definieren. In den einzelnen Dialogen befindet sich im oberen Bereich jeweils der Bereich zum Einstellen der Bauteile selbst in der dritten Dimension, die entsprechend dem angewählten Bauteil ausgestaltet sind und teils über weitere Dialoge ergänzt werden. Für folgende Bauteile sind jeweils eigene Dialoge vorhanden.

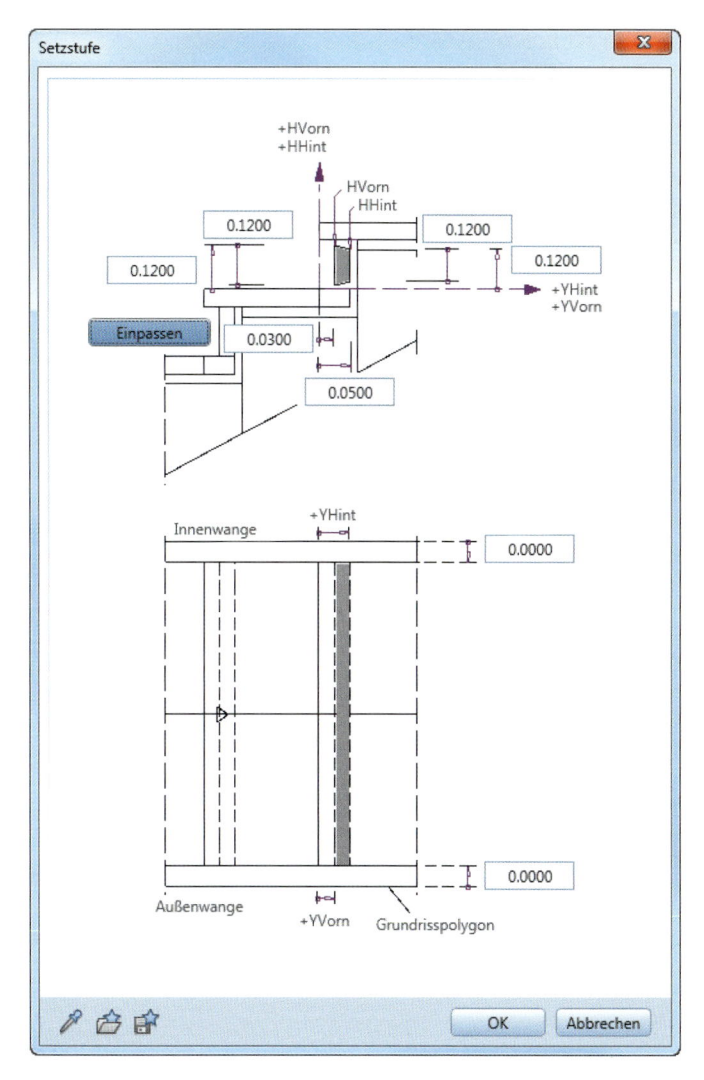

- TRITTSTUFE (MIT UNTERSCHNITT), SETZSTUFE
- UNTERBAU INNEN, UNTERBAU MITTIG, UNTERBAU AUSSEN
- WANGE INNEN, WANGE MITTIG, WANGE AUSSEN
- HANDLAUF INNEN, HANDLAUF AUSSEN
- FREIES BAUTEIL INNEN, FREI MITTIG, FREI AUSSEN, NORM-TEST ELEMENT

5.8.2 Treppe erzeugen

Alle verfügbaren Treppenformen, dreifach gewendelte Treppen und Treppen mit beliebigem Grundriss lassen sich komfortabel über den Treppenassistenten erzeugen.

Treppenassistent
Erweitert in Version 2013

- **TREPPENASSISTENT:** Die wichtigsten Standardtreppenformen können mit dem Treppenassistenten mit wenigen Eingaben weitgehend automatisch erstellt werden. Die mit dem Treppenassistenten erzeugten Treppen können mit der Funktion **TREPPE MODIFIZIEREN** geändert werden.

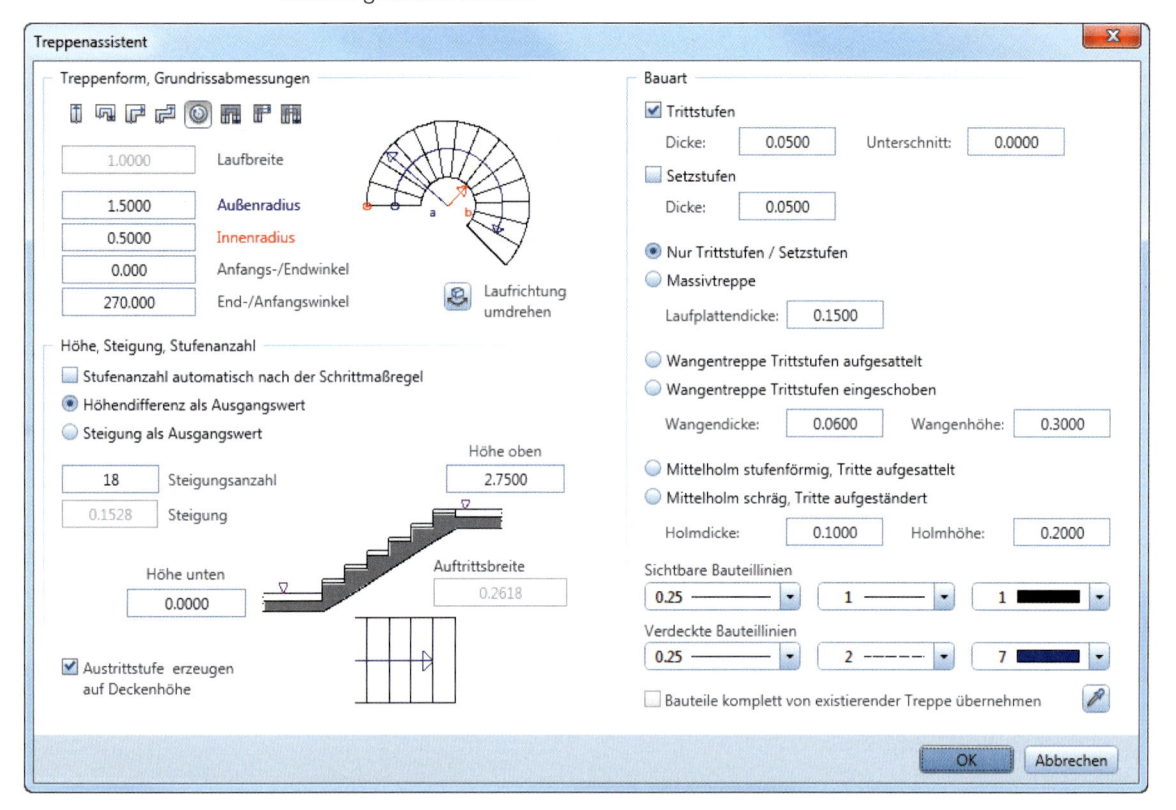

- **TREPPENFORM, GRUNDRISSABMESSUNGEN** bietet alle Treppenformen bis auf die **DREIFACH GEWENDELTE TREPPE** und die **WENDELTREPPE** an. Je nachdem, welche Geometrie gewählt wird, erscheinen die entsprechenden Eingabefelder zur Eingabe der Grundgeometrie.
- **HÖHE, STEIGUNG, STUFENANZAHL** definiert die Anzahl der Steigungen und die Höhendifferenz zwischen Antritt (**HÖHE UNTEN**) und Austritt (**HÖHE OBEN**) der Treppe. Die Eingabe der Höhen ist bei der Treppe von den Ebenen unabhängig (absolute Koten) und kann nicht an diese gekoppelt werden.
- **BAUART** dient zur genaueren Vordefinition der Treppenbauteile. Im oberen Bereich können Sie zwischen unterschiedlichen Kombinationen wählen, im unteren die Formateigenschaften der **SICHTBAREN** und **VERDECKTEN BAUTEILLINIEN** einstellen.

- Über die Funktion **ÜBERNAHME** können die Bauteile (inkl. aller Eigenschaften) einer bestehenden Treppe eingelesen und verwendet werden. Nach Einlesen der Eigenschaften einer bestehenden Treppe wird der Teil **BAUART** des Dialogs deaktiviert.

Übernahme

Einzelfunktionen für Treppen

Mit den folgenden Funktionen können entweder einfache Treppen anhand der Grundrissabmessungen erstellt oder unregelmäßige Treppengrundrisse als Basis verwendet werden. Die Anzahl der einzugebenden Umrisspunkte des Grundrisspolygons ist jeweils bindend.

- **GERADE TREPPE** benötigt vier Punkte im Grundriss.
- **HALBGEWENDELTE TREPPE** benötigt acht Punkte im Grundriss.
- **EINFACH VIERTELGEWENDELTE TREPPE** benötigt sechs Punkte im Grundriss.
- **ZWEIFACH VIERTELGEWENDELTE TREPPE** benötigt acht Punkte im Grundriss.
- **DREIFACH VIERTELGEWENDELTE TREPPE** benötigt zehn Punkte im Grundriss.

Gerade Treppe

Halbgewendelte Treppe

Einfach viertelgewendelte Treppe

Zweifach viertelgewendelte Treppe

Dreifach gewendelte Treppe

> **HINWEIS:** Bei gewendelten Treppen können Sie in deren Eigenschaften zwischen sechs unterschiedlichen Verzugsmethoden für die Treppenstufen wählen.

- **HALBPODESTTREPPE** benötigt acht Punkte im Grundriss.
- **EINVIERTELPODEST-TREPPE** benötigt sechs Punkte im Grundriss.
- **ZWEIVIERTELPODEST-TREPPE** benötigt acht Punkte im Grundriss.

Halbpodesttreppe

Einviertelpodest-Treppe

Zweiviertelpodest-Treppe

> **HINWEIS:** Bei Treppenarten mit Podest kann die Lage der Stufen am An- und Austritt der Podeste in den Eigenschaften zusätzlich bestimmt werden.

- **WENDELTREPPE** wird über den Mittelpunkt der Treppe, den Innenradius und den Außenradius der Treppe bestimmt. Zudem wird der Öffnungswinkel der Wendeltreppe über Anfangs- und Endpunkt abgefragt. Eine Spindeltreppe (ohne Spindel in der Mitte) entsteht, wenn der innere Radius relativ klein gewählt wird. Die Spindel selbst kann mit einer Stütze ergänzt werden.
- **TREPPE MIT BELIEBIGEM GRUNDRISS** wird über eine (nahezu) beliebige Anzahl von Umrisspunkten definiert. Zusätzlich zum Umriss der Treppe muss die Lage der Lauflinie angegeben werden.

Wendeltreppe

Treppe mit beliebigem Grundriss

Eingabe einer Treppe über den Treppenassistenten

> **TREPPENASSISTENT**
> Geometrie der Treppe auswählen und Abmessungen eingeben
> Höhenlage der Treppe bezogen auf ±0.00 des Gebäudes definieren (FFB-Höhen!)
> Entweder die gewünschten Basiseigenschaften der Treppenbauteile angeben, Übernahme der Bauteile einer bestehenden Treppe oder:

Treppenassistent

- Bestätigen der Eigenschaften
- Absetzpunkt der Treppe einstellen (Umdrehen verändert die Laufrichtung)
- Absetzpunkt der Treppe wählen

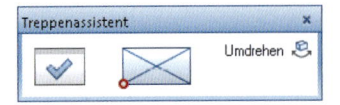

Eingabe einer Treppe mit Angabe der Geometrie im Grundriss

- Aufruf der gewünschten Treppenform
- Eingabe der Außenabmessungen der Treppe, angefangen am Antritt der Treppe
- Höhe oben und unten angeben
- Details der Treppe einstellen

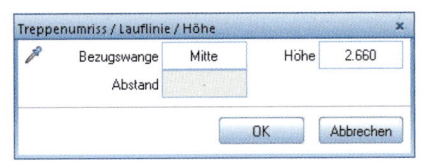

- Treppenbauteile einstellen über EIGENSCHAFTEN
- Abschließen der Treppenkonstruktion mit SCHLIESSEN
- Absetzen der Treppenbeschriftung (oder Abbruch ohne Beschriftung)

5.8.3 Treppe bearbeiten

Treppenschnitt

- **TREPPENSCHNITT** erzeugt Schnittlinien für den Grundriss der Treppe. Die Schnittlinien werden im angegebenen Abstand erzeugt. Über die Eigenschaften kann die Darstellung für die Bereiche der Treppe, die oberhalb und unterhalb der Schnittlinie liegen, separat eingestellt werden. Zusätzlich kann jeweils die Darstellung der Lauflinie bestimmt werden.

> **HINWEIS:** Die Formateigenschaften werden jeweils nur überdefiniert. Die Layerzuordnung der zu Grunde liegenden Elemente der Treppe bleibt daher erhalten.

Lauflinie ein-/ausblenden

Treppe modifizieren

- **LAUFLINIE EIN-/AUSBLENDEN** blendet die Lauflinie der Treppen ein oder aus.
- **TREPPE MODIFIZIEREN** öffnet den Dialog der Treppengeometrie erneut zum Ändern von Parametern der Treppe. Nach Übernahme der Änderung wird die bestehende Beschriftung der Treppe entfernt und ein neues Absetzen des Beschriftungsbildes angeboten.

5.8.4 Geschossübergreifende Darstellung der Treppe

Allplan besitzt derzeit keinen Automatismus zur optimalen Darstellung von Treppen in allen Geschossen. Dennoch ist es einfach, eine korrekte Darstellung der Treppe in den Grundrissen zu erreichen.

Eine praktikable und einfache Vorgehensweise läuft wie folgt ab (KG-EG-OG):

➤ Erzeugen aller Treppen eines Gebäudes, angefangen bei der untersten Treppe. Die Treppen sind jeweils auf den Teilbildern zu erzeugen, deren Unterkante der unteren Höhe der Treppe entspricht. Jede Treppe wird nur einmal erzeugt!

➤ Teilbild OG aktiv, Teilbild EG passiv
Treppe EG-OG mit Linien durchzeichnen. Bei Bedarf eine Elementgruppe aus den einzelnen Linien bilden (Layer der Treppe).

➤ Teilbild EG aktiv, Teilbild KG passiv

➤ Treppenschnitt der Treppe EG-OG erzeugen

➤ EIGENSCHAFTEN:
Register DARSTELLUNG OBEN
DARSTELLUNG DER BAUTEILE OBEN ÄNDERN → UNSICHTBAR
DARSTELLUNG DER LAUFLINIE OBEN ÄNDERN → UNSICHTBAR
Register DARSTELLUNG UNTEN: Keine Änderungen
Der untere Teil der Treppe wird so dargestellt, wie die Bauteile erzeugt wurden, der obere Teil der Treppe wird komplett ausgeblendet.

➤ Oberen Teil Treppe KG-EG mit Linien durchzeichnen

➤ Teilbild KG aktiv

➤ Treppenschnitt der Treppe KG-EG erzeugen
EIGENSCHAFTEN:
Register DARSTELLUNG OBEN
DARSTELLUNG DER BAUTEILE OBEN ÄNDERN → FORMATEIGENSCHAFTEN ÄNDERN
DARSTELLUNG DER LAUFLINIE OBEN ÄNDERN → FORMATEIGENSCHAFTEN ÄNDERN
Register DARSTELLUNG UNTEN: Keine Änderungen
Die Elemente des oberen Teils der Treppe werden gestrichelt dargestellt, während der untere Teil der Treppe mit den Einstellungen dargestellt wird, die für die Bauteile in den Eigenschaften der Treppe definiert wurden.

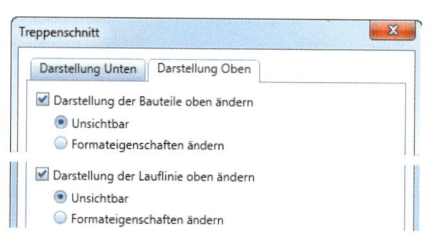

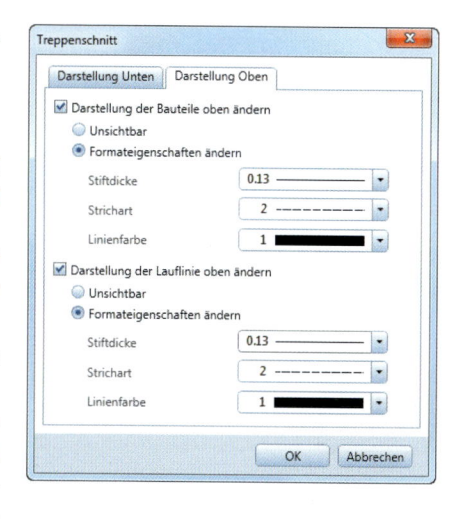

> **TIPP:** Alternativ zum Zeichnen der Treppe können Sie sich auch eine Verdeckt-Berechnung des Bereiches der Treppe erzeugen und diese auf dem Teilbild einfügen.
>
> Oder Sie kopieren die Treppe in das nächste Geschoss und wandeln die Treppe mit der Funktion **ELEMENTE WANDELN** (**MODUL ALLGEMEIN: DÄCHER, EBENEN, SCHNITTE**) in 2D-Konstruktionselmente um.

5.8.5 Beispiel – Treppe EG–OG

Die Treppe Erdgeschoss in das Obergeschoss soll als einläufige gerade Treppe ausgebildet werden, deren Antritt breiter als der Austritt ist. Der zu berücksichtigende Fußbodenaufbau beträgt in beiden Geschossen 16 cm. Die beste Übersicht zum Erzeugen von Treppen bietet die Fensteraufteilung in drei Fenster. Das Umstellen der Darstellung über den Darstellungsfavoriten hat den Vorteil, dass die Layereinstellung und optische Erscheinung der Daten wie im Buch abgebildet ist.

Fenstereinstellung und Darstellung

▷ **3 FENSTER** (unter Menü *Fenster*)
▷ Zeichnungstyp → *Bauvorlagezeichnung (Grundrisse – Praxishandbuch Allplan)*
▷ **BEZUGSMASSSTAB** → *1:100*

Alternativ zum einzelnen Einstellen von **ZEICHNUNGSTYP** und **BEZUGSMASSSTAB** können Sie auch Darstellungs-Favoriten verwenden.

Darstellung über Darstellungs-Favoriten ändern

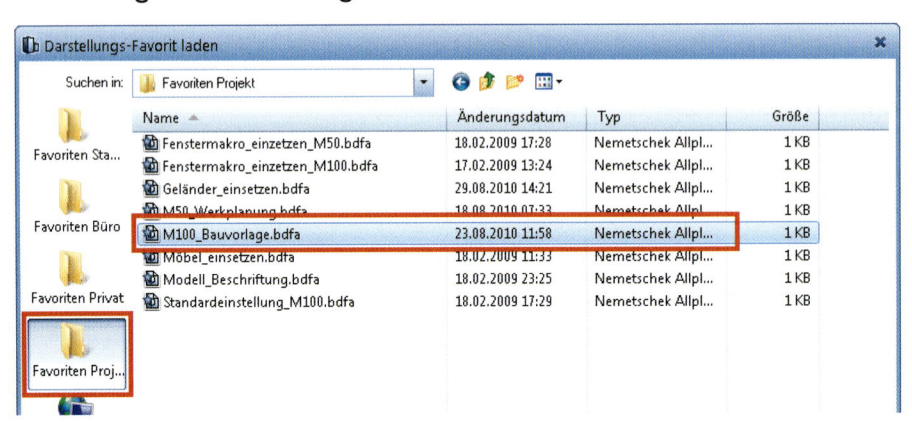

▷ Darstellungs-Favorit lesen
▷ Im Ordner **FAVORITEN PROJEKT** *M100_Bauvorlage.bdfa* auswählen und bestätigen

Der Favorit schaltet **nur** den Maßstab und den Zeichnungstypen um.

5.8 Treppenkonstruktion

Treppe Ebene 00 (EG) zur Ebene 01 (OG) mit Eingabe des Umrisses im Grundriss

▷ PROJEKTBEZOGEN ÖFFNEN: TEILBILDER AUS ZEICHNUNGS-/BAUWERKSSTRUKTUR
▷ Teilbild 230 aktiv, Teilbild 231 passiv
▷ GERADE TREPPE oder DOPPELRECHTSKLICK auf das entsprechende Bauteil im Assistenten *Treppe* (Bauteil **01**)
▷ Formateinstellungen: LAYER (AR_TREP), STIFT VON LAYER, STRICH VON LAYER und FARBE VON LAYER → aktiviert
▷ Treppenumriss eingeben: Achten Sie darauf, die Punkte entweder in aufsteigender (**1–4**) oder absteigender (**4–1**) Reihenfolge einzugeben.

Projektbezogen öffnen

Gerade Treppe

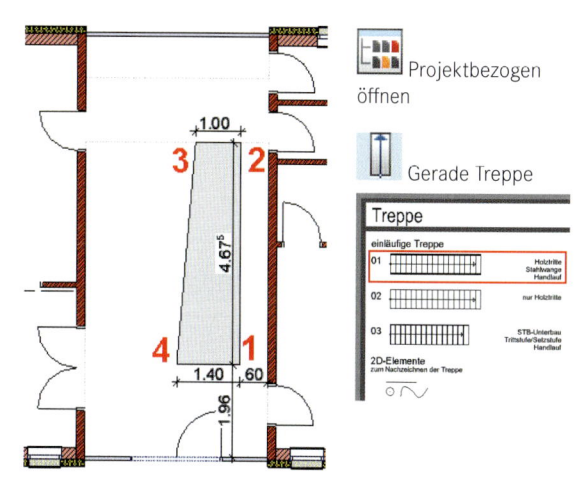

HINWEIS: Der erste und der letzte Punkt definieren bei allen Treppengrundrissen den Antritt der Treppe.

▷ Der Dialog TREPPENUMRISS/LAUFLINIE/HÖHE erscheint. Klicken Sie in das Feld hinter HÖHE.

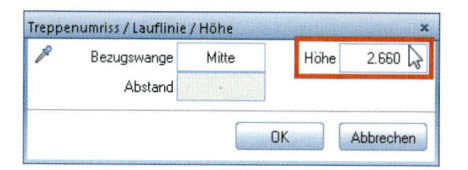

▷ Geben Sie im Dialog TREPPENHÖHE folgende Werte ein:

STUFENZAHL → *17*
HÖHE UNTEN → *0.00*
HÖHE OBEN → *3,075 (bzw. Rechenvorgang 2,915 + 0,16)*
Option AUSTRITTSSTUFE ERZEUGEN AUF DECKENHÖHE aktiviert

▷ Bestätigen Sie beide Dialoge mit OK.

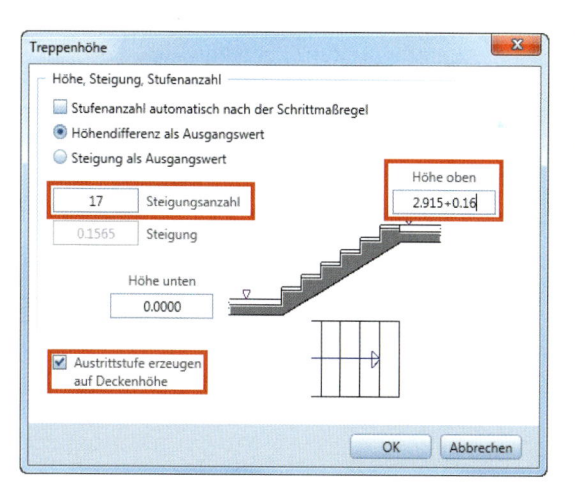

Der Wert 3,075 errechnet sich aus dem des Rohfußbodens des Obergeschosses plus des Bodenaufbaus (2,915 + 0,16).

Die Treppe wird erzeugt und eine Dialogzeile mit weiteren Einstellmöglichkeiten angezeigt.

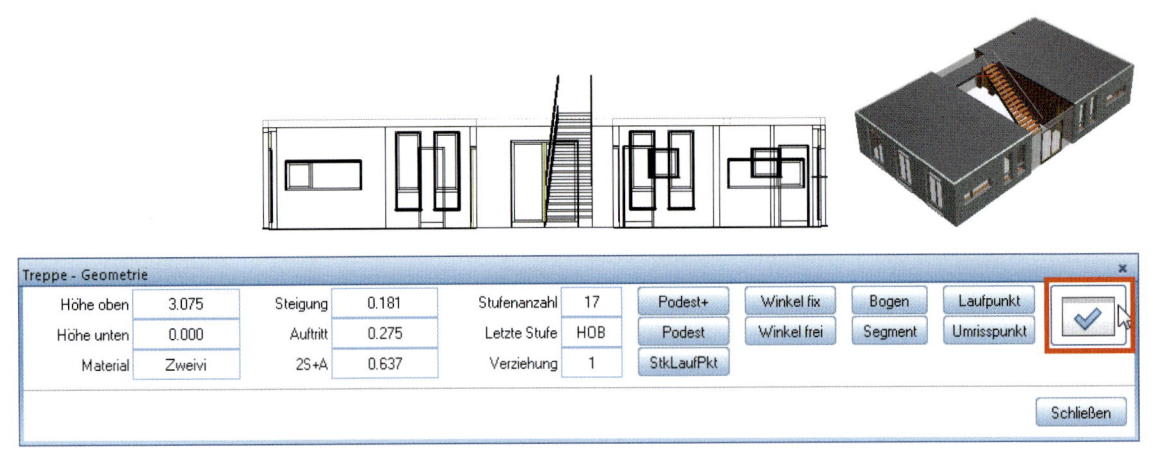

▷ **TREPPENBAUTEILE UND EIGENSCHAFTEN**
▷ Register **FORMAT 2D** – Einstellungen kontrollieren

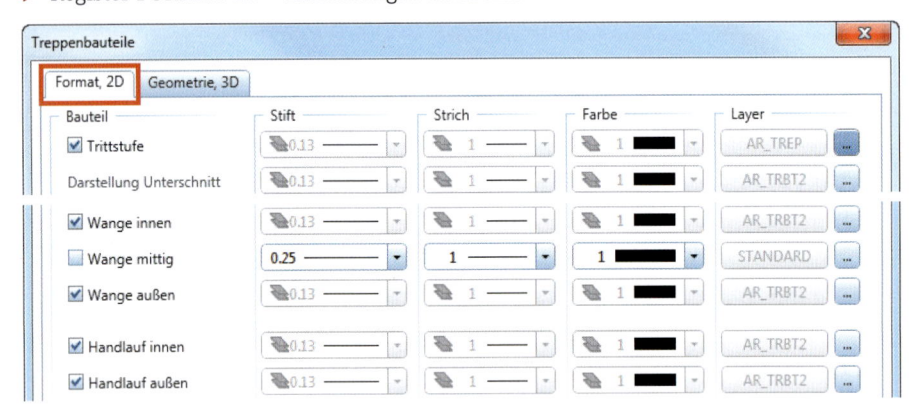

▷ Register **GEOMETRIE 3D** – Einstellungen kontrollieren

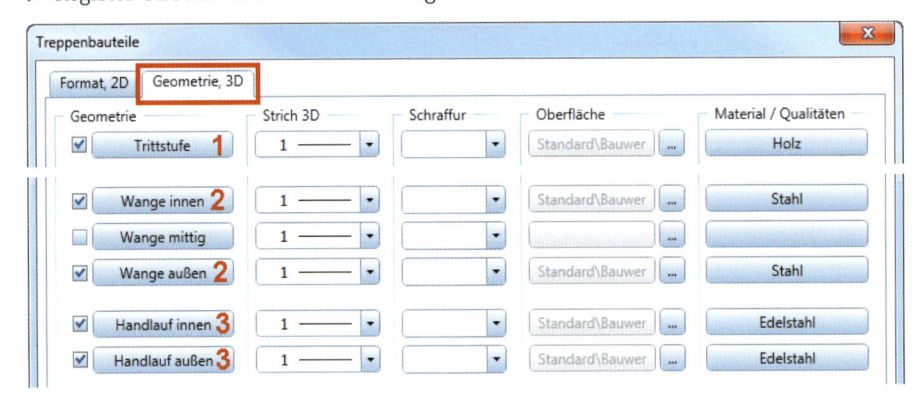

Als Nächstes ist die Bauteilgeometrie genauer zu bestimmen. Im Grundriss sind alle Bauteile auf beiden Seiten mit *0.00* an das **GRUNDRISSPOLYGON** anzuschließen. Ändern Sie die weiteren Einstellungen wie jeweils angezeigt.

▷ **TRITTSTUFE (1):** Die Trittstufe soll eine gleichmäßige Dicke von 7 cm haben. Der Wert muss für die Vorder- und die Hinterkante separat eingestellt werden. Die Trittstufen sollen zudem einen Abstand von 2 cm (Wangenbreite) vom Grundrisspolygon haben.

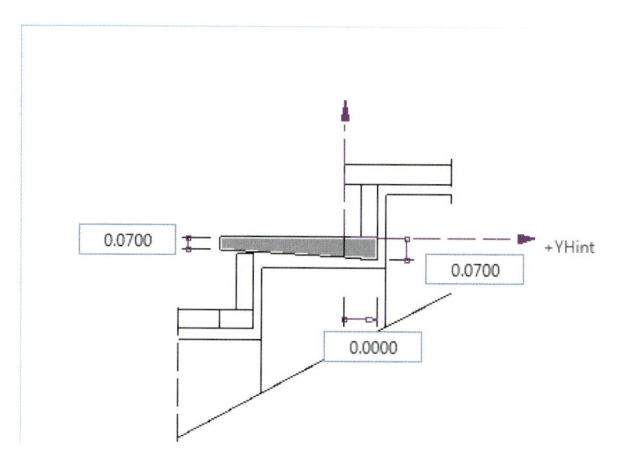

▷ **WANGE INNEN** und **WANGE AUSSEN (2)**
Die Dicke der Wange ist im Grundrissausschnitt als Abstand (0 cm und 2 cm) zum Grundrisspolygon anzugeben. Die restlichen Werte können aus der Grafik übernommen werden. Beide Wangen (innen und außen) sollen die gleichen Einstellungen erhalten.

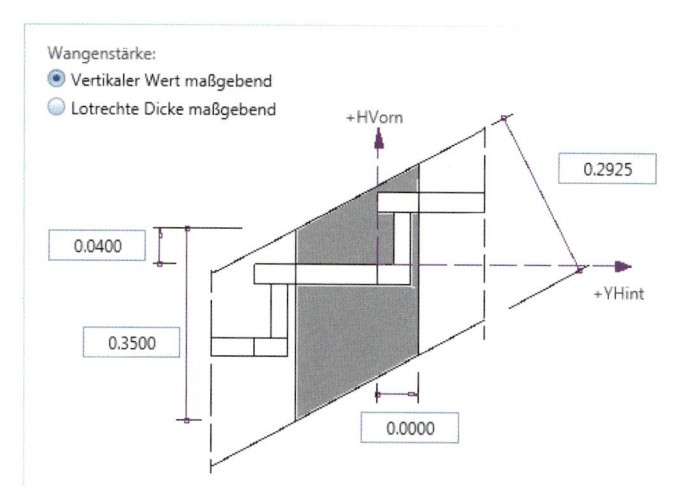

▷ **HANDLAUF INNEN** und **HANDLAUF AUSSEN (3)**
Die Breite des Handlaufs ist im Grundrissausschnitt als Abstand (0 cm und 5 cm) zum Grundrisspolygon anzugeben. Die Höhe des Handlaufs ist rechts oben anzugeben (5 cm).

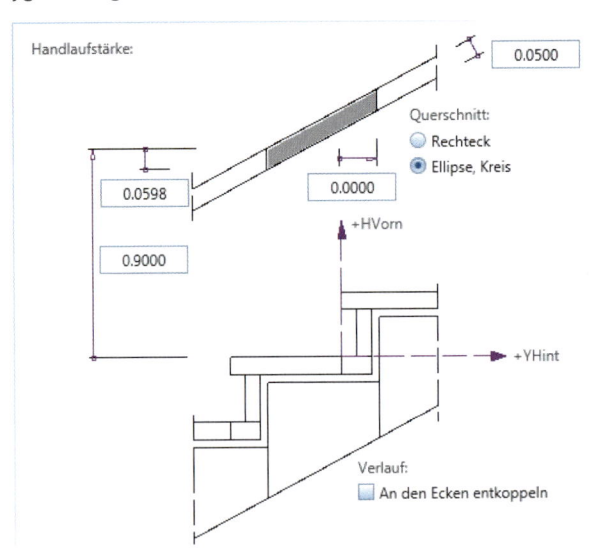

▷ Bestätigen Sie alle Dialoge und beantworten Sie die folgende Abfrage mit **JA**.
▷ Brechen Sie die Beschriftung der Treppe mit **ESC** ab. Diese wird später über die Funktion **BESCHRIFTEN** erzeugt.

Übernahme

TIPP: Während der Erzeugung der Treppe können Sie jederzeit mit **ÜBERNAHME** Eigenschaften einer Treppe aus einem geöffneten Assistenten oder einer auf einem sichtbaren Teilbild befindlichen Treppe übernehmen.

5.8.6 Beispiel – Treppe KG–EG

Die Treppe von Ebene −1 (Kellergeschoss) zu Ebene 00 (Erdgeschoss) soll mit dem Treppenassistenten erzeugt werden. Dieser ist ideal für Geometrien, die nur rechte Winkel aufweisen und/oder deren Abmessungen klar definiert sind (z. B. Fertigteiltreppen). Die Treppe soll als Stahlbetontreppe mit Steinstufen und Edelstahlhandlauf erzeugt werden.

Treppe EG–OG – Treppe erzeugen über den Treppenassistenten
▷ **PROJEKTBEZOGEN ÖFFNEN: TEILBILDER AUS ZEICHNUNGS-/BAUWERKSSTRUKTUR**
▷ Teilbild 220 aktiv, Teilbild 221 passiv
▷ **TREPPENASSISTENT**

5.8 Treppenkonstruktion

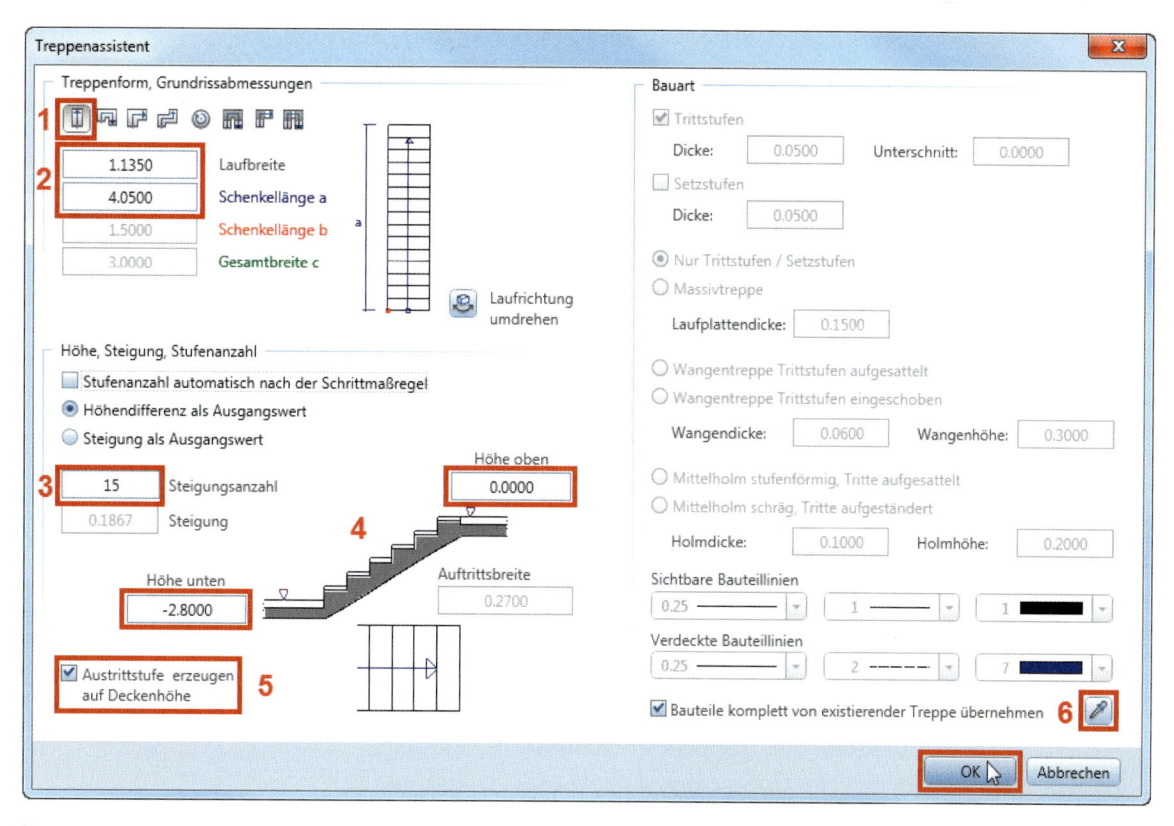

▷ Stellen Sie als Erstes die Geometrie der Treppe **(1)** mit den Grundrissabmessungen ein. Die Treppenlänge (**SCHENKELLÄNGE A**) soll 4,05 m und die **LAUFBREITE** 1,135 m sein **(2)**.

▷ Ändern Sie die **STEIGUNGSANZAHL** auf *15* **(3)**, die **HÖHE OBEN** auf *0,00*, Höhe unten auf *−2.800* **(4)** und aktivieren Sie die Option **AUSTRITTSSTUFE ERZEUGEN AUF DECKENHÖHE (5)**.

▷ **BAUTEILE KOMPLETT VON EINER EXISTIERENDEN TREPPE ÜBERNEHMEN** → Treppe in Assistent anwählen (Bauteil **03**) **(6)**

▷ Meldung bestätigen. Die Einstellungen im Bereich Bauart werden grau hinterlegt und können erst wieder geändert werden, wenn die Option **BAUTEILE KOMPLETT VON EINER EXISTIERENDEN TREPPE ÜBERNEHMEN** deaktiviert wird.

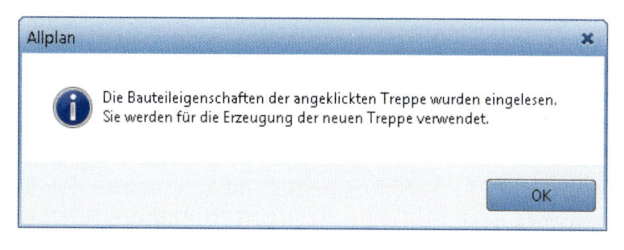

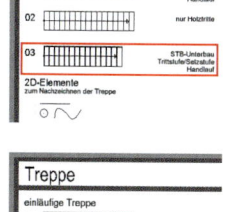

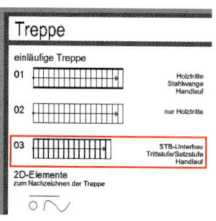

▷ Bestätigen Sie die Einstellung.

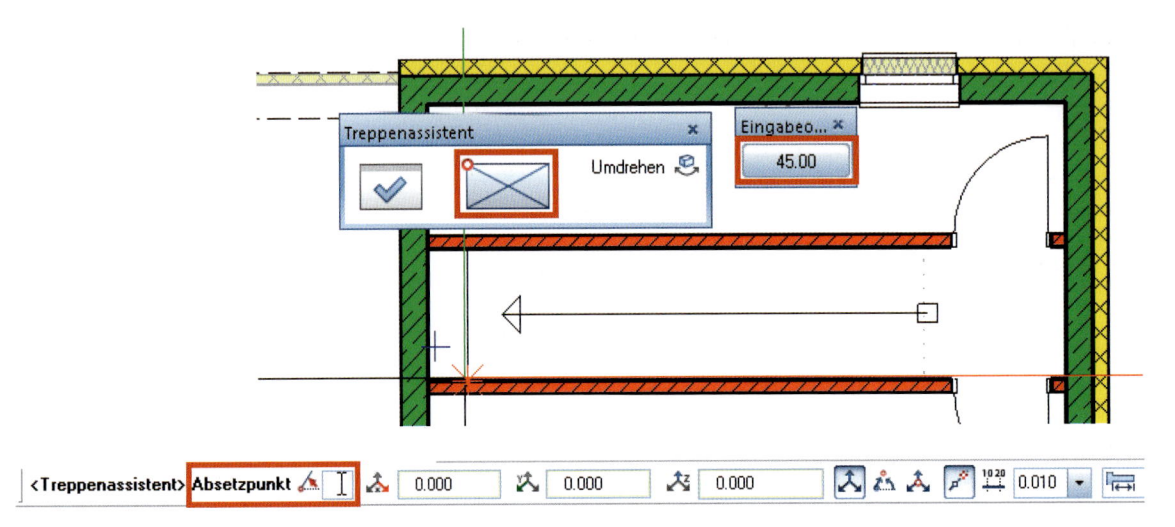

▷ Ändern Sie die Laufrichtung mit **UMDREHEN**, verstellen Sie den **TRANSPORTPUNKT** und drehen die Treppe über die Dialogzeile so, dass die Treppe punktgenau abgesetzt werden kann. Der Abstand am Austritt der Treppe zur Stahlbetonwand soll 36,5 cm sein.

▷ Brechen Sie die Beschriftung der Treppe ab.

Treppe modifizieren

Bauteile der Treppe kontrollieren

▷ **TREPPE MODIFIZIEREN** und Treppe identifizieren

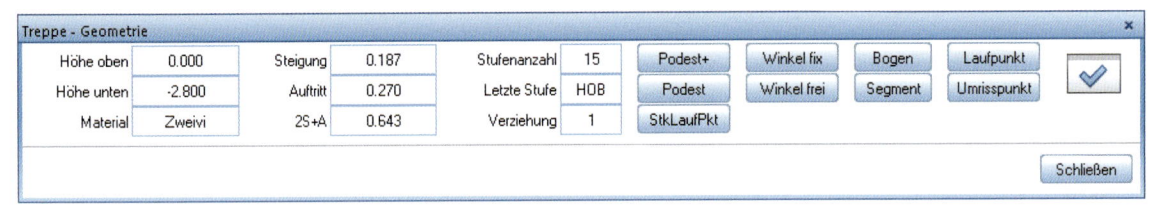

▷ **TREPPENBAUTEILE UND EIGENSCHAFTEN**

TIPP: Alternativ zur Funktion **TREPPE MODIFIZIEREN** können Sie die Eigenschaften der Treppe auch über das Kontextmenü aufrufen.

5.8.7 Beispiel – Treppendarstellung in den Geschossen

Treppe Darstellung

Um in allen Geschossen eine korrekte Darstellung der Treppen zu erreichen, ist es notwendig, im Obergeschoss die Haupttreppe und im Erdgeschoss die Kellertreppe mit Linien durchzuzeichnen oder die Treppe über **DATEIÜBERGREIFEND KOPIEREN/VERSCHIEBEN** auf die jeweils darüber liegende Ebene zu kopieren und in 2D-Elemente aufzulösen. Wird die Treppe nachgezeichnet, kann selbst entschieden werden, welche Linien dargestellt werden sollen. Bei der aufgelösten Treppenkopie werden alle Elemente so dargestellt, wie diese in der Treppe erzeugt wurden. Die Formateigenschaften bleiben jeweils erhalten.

Die Treppe von Erdgeschoss zum Obergeschoss soll kopiert und aufgelöst werden, während die Kellertreppe nachgezeichnet werden soll. Das Ausblenden der Teilbilder zur Kontrolle und das Fertigstellen der 2D-Abbilder der Treppe ist auf schnelle Weise über die Funktion TEILBILDSTATUS ÄNDERN im Kontextmenü zu bewerkstelligen.

Treppendarstellung Obergeschoss – Draufsicht Haupttreppe

▷ Teilbild 230 aktiv
▷ DOKUMENTÜBERGREIFEND KOPIEREN/VERSCHIEBEN ... im Menü DATEI anwählen
▷ Option: KOPIEREN → AUSWAHL MIT BAUWERKSSTRUKTUR
▷ Teilbild 240 – Ebene 01 – Modell Obergeschoss als Zielteilbild auswählen und bestätigen. Der folgende Hinweis, dass das Zielteilbild belegt ist, darf in diesem Fall mit OK bestätigt werden.
▷ Wählen Sie die Treppe durch Anklicken der Lauflinie an.

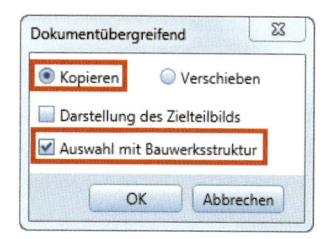

Dokumentübergreifend kopieren, verschieben...

Die Daten werden ohne weitere Abfrage direkt kopiert.

▷ PROJEKTBEZOGEN ÖFFNEN: TEILBILDER AUS ZEICHNUNGS-/BAUWERKSSTRUKTUR
▷ Teilbild 240 aktiv
▷ Wählen Sie im Modul ARCHITEKTUR → ALLGEMEIN: DÄCHER, EBENEN, SCHNITTE die Funktion ELEMENTE WANDELN an.
▷ Geben Sie als Wandlungsart »Architektur in 2D-Konstruktion« an.
▷ Identifizieren Sie die Treppe durch Anklicken der Lauflinie. Die 3D-Darstellung der Treppe wird entfernt, und Sie erhalten Linien und einen Kreis.
▷ Beenden Sie die Funktion mit ESC.
▷ Blenden Sie alle störenden Layer aus (z. B. über LAYERSTATUR ÄNDERN im Kontextmenü).
▷ Zeichnen Sie mit den Funktionen LINIE und KREIS den Grundriss der Treppe nach. Achten Sie auf die Formateinstellung der Elemente (Layer → AR_TREP). Im Assistenten *Treppe* sind 2D-Elemente mit den korrekten Eigenschaften zum Übernehmen enthalten.

Projektbezogen öffnen

Elemente wandeln

Linie

Kreis

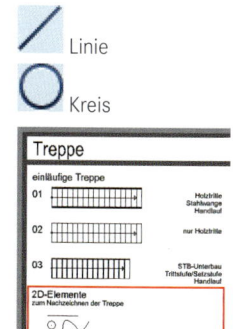

Treppendarstellung Erdgeschoss – Draufsicht Kellertreppe

Erzeugen Sie auf Teilbild 230 durch Nachzeichnen der Linien eine Draufsicht der Kellertreppe. Das Teilbild 220 sollte hierbei passiv im Hintergrund liegen. 2D-Elemente für die Übernahme der Eigenschaften finden Sie im Assistenten **TREPPE (2D-Elemente)**. Die Haupttreppe erhält einen Treppenschnitt.

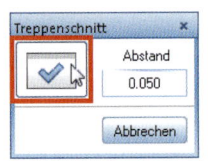

Treppenschnitt

▷ Teilbild 230 aktiv
▷ **TREPPENSCHNITT** Treppe anwählen
▷ **EIGENSCHAFTEN**
   Register **DARSTELLUNG UNTEN** → Bauteile unverändert (keine Option aktiv)
   Register **DARSTELLUNG OBEN** → Einstellungen wie angezeigt
▷ Bestätigen Sie die Angaben in beiden Dialogen.
▷ Geben Sie die Lage des Schnitts im Grundriss an. Achten Sie darauf, dass **ANFANGS**- und **ENDPUNKT** auf dem Umriss der Treppe liegen.
▷ Erzeugen Sie auch für die Kellertreppe einen Treppenschnitt mit den gleichen Einstellungen.

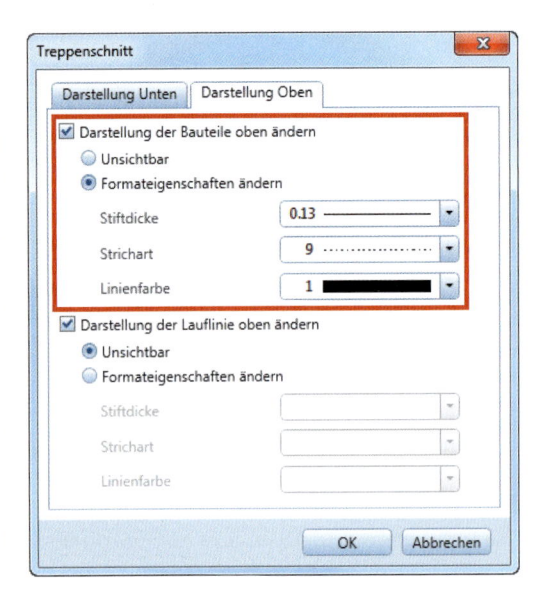

TIPP: Wenn Sie den Layer AR_TRBT2 zusätzlich ausblenden, sehen Sie die Treppen so, wie sie später bei korrekter Planaufbereitung im Ausdruck erscheinen werden.

Ergebnis der Treppen

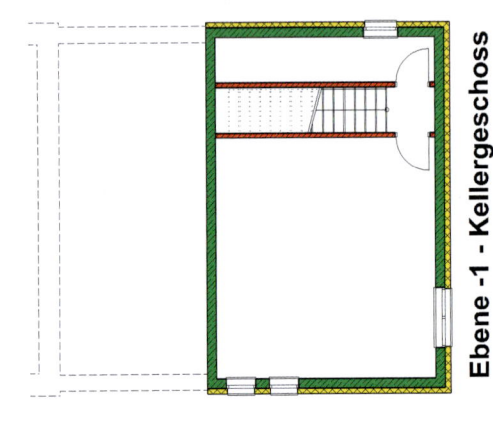

Ebene -1 - Kellergeschoss

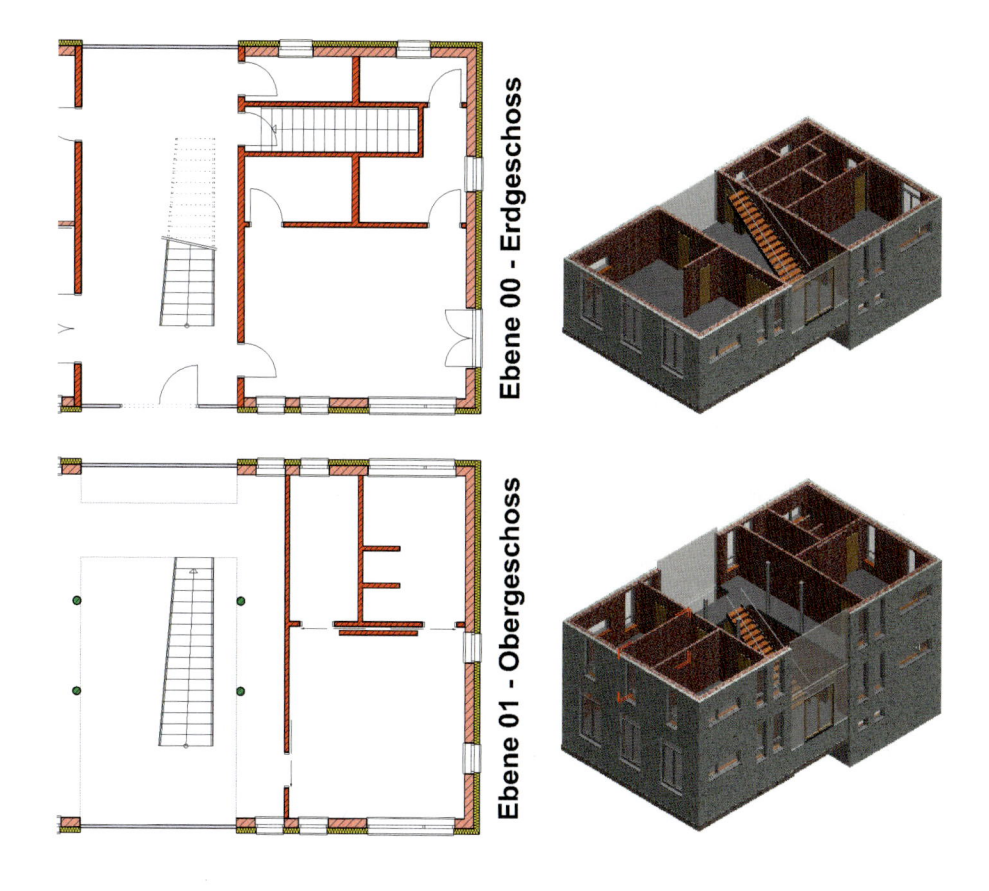

5.9 Bemaßen und Beschriften – Grundriss

Allplan stellt zum Bemaßen und Beschriften unterschiedliche Funktionen zur Verfügung, deren Einsatzbereiche sich zum Teil überschneiden und unterschiedliche Vor- und Nachteile haben. Bei Maßlinien, egal, ob über **WÄNDE VERMASSEN** assoziativ oder über **MASSLINIE** erzeugt, werden die auf dem Teilbild vorhandenen Abmessungen verwendet, die in aller Regel Rohbaumaße abbilden. Beschriftungen können als Beschriftungsbilder selbst »programmiert« werden und erlauben somit alles abzubilden, was berechnet werden kann. Wichtig ist bei allen Funktionen, die assoziative Maßlinien und Beschriftungen erzeugen, dass die erzeugten Maßlinien und Beschriftungsbilder auf dem Teilbild der Bauteile abgesetzt werden.

5.9.1 Wände bemaßen

Für Wände, auch Profilwände und Polygonwände, gibt es in Allplan die Funktion **WÄNDE BEMASSEN**. Mittels dieser Funktion kann ein kompletter Maßlinienblock abgesetzt werden, der Öffnungen inkl. Höhen, Räume und Weiteres assoziativ bemaßt. An den Stellen, an denen die automatisch mit **WÄNDE BEMASSEN** erzeugten Maßlinien zu wenig Aussagekraft haben und/oder zu viele Punkte vermaßt sind, können die Maßlinien mit den konventionellen Funktionen aus dem Modul **MASSLINIE** weiterbearbeitet werden.

Wände bemaßen

- **WÄNDE BEMASSEN** erstellt automatisch eine oder mehrere Maßketten zu einer oder mehreren Wänden. Die mit der Funktion **WÄNDE BEMASSEN** erzeugten Maßlinien verhalten sich assoziativ, wenn sie sich auf dem gleichen Teilbild befinden, wie die zu bemaßenden Bauteile.

> **HINWEIS:** Nach dem Erzeugen sind assoziative Maßlinien nur dadurch von einfachen Maßlinien zu unterscheiden, dass das Kontextmenü der Maßlinie kontrolliert wird. Dort taucht bei Maßlinien, die mit der Funktion **WÄNDE BEMASSEN** erzeugt wurden, die Funktion **WÄNDE BEMASSEN** auf.

Unter **WÄNDE BEMASSEN** werden die gleichen Einstellungen angeboten wie bei der normalen Maßlinie. Im zusätzlichen Register **MASSBLOCK** können die gewünschten Maßlinien angewählt werden. Sämtliche mit der Funktion **WÄNDE BEMASSEN** erzeugten Maßlinien können mit den Standardfunktionen des Moduls **MASSLINIE** bearbeitet werden. In Abschnitt 4.3.5, »Modul Maßlinie – Grundwissen«, sind die Funktionen hierzu aufgeführt und die Einstellmöglichkeiten erläutert.

Register Massblock

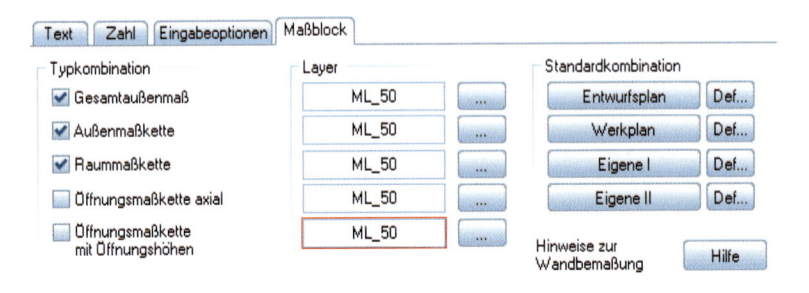

Unter **TYPKOMBINATIONEN** können die Maßlinientypen angewählt werden, die im Maßblock dargestellt werden. Der Abstand der Maßlinien im Block wird in der Registerkarte **EINGABEOPTIONEN** im Bereich **MASSLINIEN** festgelegt. Die Maßlinientypen **ÖFFNUNGSMASSKETTE AXIAL** und **ÖFFNUNGSMASSKETTE MIT ÖFFNUNGSHÖHEN** berücksichtigen nur die Bauteile Tür, Fenstertür und Fenster. Nischen usw. können derzeit nicht automatisiert vermaßt werden. Die Angabe der Öffnungsmaße erfolgt immer ausgehend von der Wandschicht, die als Richtungselement definiert wird. Es werden immer die Maße der Öffnung ausgegeben, die das Bauteil hat (zumeist Rohbaumaße).

> **TIPP:** Sollten Sie die Öffnungshöhe bezogen auf den Fertigfußboden des anliegenden Raumes benötigen, können Sie entweder das Maß ausbessern, die gewünschte Höhe als Zusatztext eingeben (Öffnungshöhe ist dann auszublenden) oder ein variables Textbild (Beispiel in Vorlageprojekt enthalten) verwenden, in dem der Raumausbau für die Höhe berücksichtigt wird.

- **LAYER** zeigt für jeden Maßlinientyp den Layer an. Über die Schaltfläche neben der Anzeige können Sie für jeden Typ den Layer definieren.

Typkombinationen: 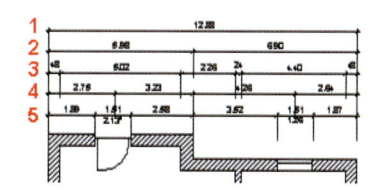
- **GESAMTAUSSENMASS (1):** Die zu bemaßenden Punkte werden entlang des Richtungselements ermittelt.
- **AUSSENMASSKETTE (2):** Die zu bemaßenden Punkte werden entlang des Richtungselements ermittelt.
- **RAUMMASSKETTE (3):** Die zu bemaßenden Punkte werden entlang der Linie ermittelt, die dem Richtungselement gegenüberliegt.
- **ÖFFNUNGSMASSKETTE AXIAL (4):** Bei diesem Maßlinientyp werden die Achsen von Öffnungen bemaßt. Die zu bemaßenden Öffnungspunkte werden entlang des Richtungselements ermittelt.
- **ÖFFNUNGSMASSKETTE MIT ÖFFNUNGSHÖHEN (5):** Bei diesem Maßlinientyp werden die Endpunkte von Öffnungen und die Öffnungshöhen bemaßt. Die zu bemaßenden Öffnungspunkte werden entlang des Richtungselements ermittelt.

Der Vorgang zum assoziativen Bemaßen von Wänden läuft wie folgt ab:
> **WÄNDE BEMASSEN** 
> Eigenschaften des zu erzeugenden Maßblocks einstellen
> Zu bemaßende Wände anwählen
> Auswahl mit Klick der rechten Maustaste bestätigen
> Aktive Wandlinie als Richtungselement anwählen. Die Wandlinie wird als Bezugslinie für den Maßlinienblock verwendet und steuert so die Bemaßung.
> Maßblock absetzen (bei Bedarf umdrehen und/oder den Abstandpunkt verwenden)

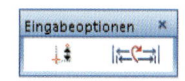

Wände bemaßen

5.9.2 Bauteile beschriften

Fast alle Eigenschaften eines Objekts (bzw. Architekturbauteils) und/oder einfachen Elements mit Attributen können beschriftet und ausgewertet werden. Jedes Objekt (also z. B. auch Linien mit angehängten Attributen) kann über die nachfolgenden Funktionen beschriftet werden und somit können die unsichtbaren Attribute sichtbar gemacht werden. Bei Bauteilen, die meistens beschriftet werden müssen (z. B. Öffnungen, Treppen, Räume), wird direkt nach dem Erzeugen des Bauteils die Funktion **BESCHRIFTUNG** aktiviert.

Neu in Version 2013: Markierung bei Beschriften

Das ausgewählte Objekt wird bei den nachfolgend beschriebenen Funktionen zum einen in der Dialogzeile tituliert, zum anderen auf dem Teilbild markiert. Alle Objekte, die eine flächige Darstellung besitzen, werden mit einer roten Fläche (temporär) versehen, die restlichen Objekte werden während des Vorgangs Rot gezeichnet. Sie haben durch die Markierung eine optimale Kontrolle, ob das gewünschte Bauteil gewählt wurde.

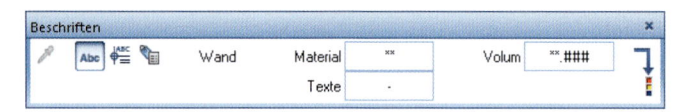

- **BESCHRIFTEN** dient zum nachträglichen Beschriften von Objekten. Bei vielen Bauteilen der Architektur wird direkt nach dem Erzeugen die Funktion **BESCHRIFTEN** aufgerufen. Eine direkt nach dem Erzeugen des Bauteils erzeugte Beschriftung unterscheidet sich nicht von einer Beschriftung, die durch separaten Funktionsaufruf erzeugt wurde. 
  - **STANDARDBESCHRIFTUNG:** Je nach Bauteil erscheinen unterschiedliche Dialoge, die Zugriff auf Basiselemente zum Beschriften des jeweiligen Bauteils geben. Die Standardbeschriftung kann nicht erweitert oder ausgetauscht werden. 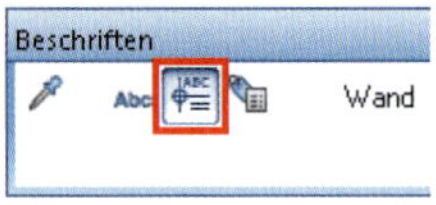
  - **BESCHRIFTUNGSBILD** bietet den Zugriff auf frei definierbare Beschriftungen. Es sind nahezu alle Attribute in Beschriftungsbildern auswertbar. Zusätzlich können bei der Definition von Beschriftungsbildern unterschiedliche Folien für Maßstäbe oder Zeichnungstypen erzeugt werden, um mit einem Beschriftungsbild unterschiedliche Auswertungstiefen (z. B. für Bauvorlage und Werkplanung) zu ermöglichen. Mittels Formeln in Beschriftungsbildern kann auf Bauteilbezüge zurückgegriffen werden. So kann z. B. eine Öffnungshöhe bezogen auf den Fertigfußboden des Raumes und Ähnliches beschriftet werden. Mit **ÜBERNAHME** kann eine bestehende Beschriftung von einem anderen Bauteil übernommen werden. Die Beschriftung über Beschriftungsbilder kann die Objektbeschriftung, Brüstungshöhe und Höhenkote komplett ersetzen und ist somit ideal, um eine einheitliche Optik bei allen Plänen zu erreichen und nur durch das Umschalten von **MASSSTAB** oder **ZEICHNUNGSTYP** die Darstellungstiefe zu verändern. 
  - **OBJEKTBESCHRIFTUNG** öffnet den Dialog **ATTRIBUTE FÜR BESCHRIFTUNG AUSWÄHLEN**, über den Sie auf die Attribute des angewählten Objekts zugreifen können. Es werden alle einfachen, geometrischen Attribute und Attribute mit Bauteileigenschaften (Material, Bezeichnung usw.) des Objekts angezeigt. Über die Objektbeschriftung können sehr schnell Objekteigenschaften beschriftet werden. Bezüge zu anderen Objekten können mit dieser Variante nicht beschriftet werden.

- **BRÜSTUNGSHÖHE** bietet entweder eine Basisbeschriftung für Brüstungshöhen oder den Zugriff auf Beschriftungsbilder. Beschriftungsbilder, die über die Funktion **BRÜSTUNGSHÖHE** eingesetzt wurden können nicht getauscht werden.
- **HÖHENKOTE** dient zur Beschriftung eines Bauteils mit einer Höhenkote an einer definierten Stelle. Bei schräg verlaufenden Ober- und Unterkanten von Bauteilen können Sie daher mit **HÖHENKOTE** an beliebigen Stellen die Bauteilhöhen auslesen und beschriften lassen. Bei der Höhenkote können ebenfalls Beschriftungsbilder eingesetzt werden.
- **DOKUMENTLEGENDE** erzeugt Legenden über Objekten. Die Dokumentlegenden werden je nach ihrer Erzeugungsart bei Änderungen der Bauteile automatisch aktualisiert. Je nach gewählter Dokumentlegende werden unterschiedliche Bauteile angezeigt.

> **HINWEIS:** Je nach Aufruf eines Beschriftungsbildes über **BESCHRIFTEN**, **BRÜSTUNGSHÖHE** und **HÖHENKOTE** können sich unterschiedliche Werte für Höhen ergeben.

5.9.3 Beispiel – Bemaßen

Die Grundrisse sollen nun mit den Öffnungen (Rohbaumaße) vermaßt werden. Die Maßlinien sollen auf zwei unterschiedliche Layer *(Außen und Innen)* gelegt werden, um in der Planzusammenstellung mehr Darstellungsmöglichkeiten zu haben.

Laden Sie, bevor mit dem Bemaßen begonnen wird, den Darstellungsfavoriten *M100_Bauvorlage.bdfa*.

Wände Erdgeschoss vermaßen – Öffnungsmaßkette mit Öffnungshöhen

Die Abmessungen der Öffnungen werden in der Wandschicht ermittelt, auf der das Richtungselement liegt. D. h., wenn bei einem zweischaligen Wandaufbau die innere Tragschicht als Richtungselement angewählt wird, werden die Öffnungsgrößen in dieser Schicht ermittelt.

▷ **PROJEKTBEZOGEN ÖFFNEN: TEILBILDER AUS ZEICHNUNGS-/BAUWERKSSTRUKTUR**
▷ Teilbild 230 aktiv
▷ **WÄNDE BEMASSEN**
▷ Ändern Sie die **EIGENSCHAFTEN** wie angezeigt, oder übernehmen Sie die Eigenschaften aus dem Assistenten **2D-ELEMENTE, SCHNITT** (Bauteil **12**). Die Funktion **ÜBERNAHME** finden Sie im Eigenschaften-Dialog der Maßlinie.

> **HINWEIS:** Die Layereinstellung im Register **MASSBLOCK** kann nicht von bestehenden Maßlinien übernommen werden.

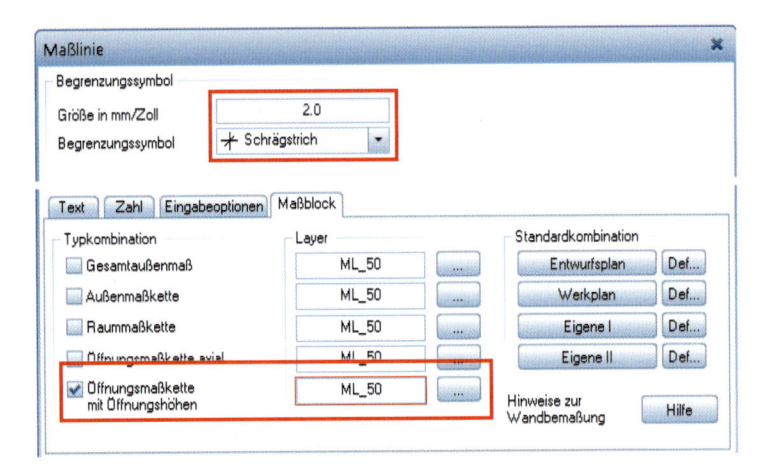

▷ **BEGRENZUNGSSYMBOL** einstellen → Textgrößen → *2.00*
▷ Register **MASSBLOCK**
 TYPKOMBINATION → **ÖFFNUNGSMASSKETTE MIT ÖFFNUNGSHÖHEN**
 LAYER → ML_50

In der Vorschau wird das System der zu erzeugenden Maßlinien angezeigt.

▷ Angaben bestätigen
▷ Markieren Sie die oberen Außenwände **(1** und **2)**. Achten Sie darauf, dass die Markierung das Eck mit einschließt. Sollte dies nicht der Fall sein, markieren Sie die anschließende Wand **(3** und **4)** zusätzlich.

▷ Bestätigen Sie die Auswahl mit der rechten Maustaste.
▷ Klicken Sie die Innenwandkante als **RICHTUNGSELEMENT** an.
▷ **ABSTAND ZUM ABSETZPUNKT EIN, MASSLINIENANORDNUNG UMDREHEN,** um die Maßlinie oberhalb des Fadenkreuzes angezeigt zu bekommen
▷ Maßlinie durch Anklicken des Gebäudeeckpunktes absetzen

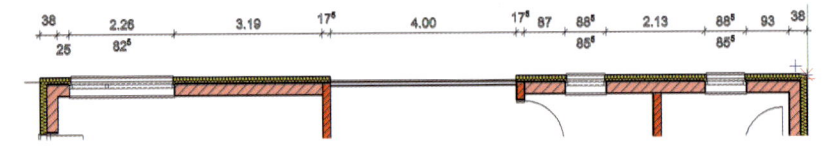

Wände Erdgeschoss vermaßen – Raummaßkette

Bei der Raummaßkette werden alle Wände, die der als Richtungselement aktivierten Wandkante gegenüberliegen, als Innenwände vermaßt.

Wände bemaßen ▷ **WÄNDE BEMASSEN** → **EIGENSCHAFTEN**

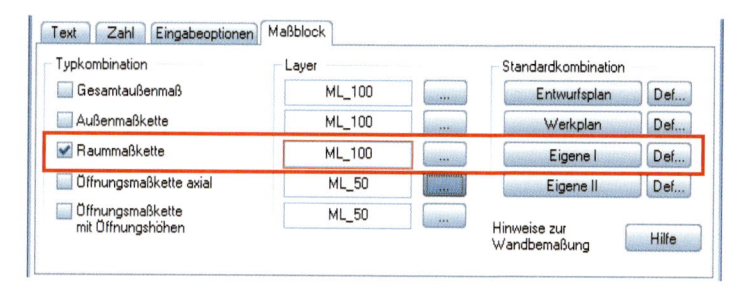

▷ Register **MASSBLOCK**
 TYPKOMBINATION → **RAUMMASSKETTE**
 LAYER → ML_100
▷ Angaben bestätigen
▷ Wände markieren → bestätigen
▷ Außenkante der Wand als **RICHTUNGSELEMENT** anklicken
 Alle Wände, die auf der dem Richtungselement gegenüberliegenden Wandseite anschließen, werden als Raummaße erkannt und in die Maßkette eingebunden.

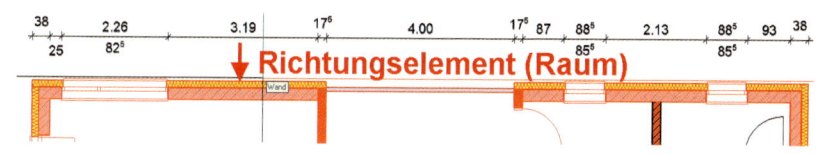

▷ Maßlinie absetzen

Wände Erdgeschoss vermaßen – Außenmaßkette und Gesamtaußenmaß

Bei der Außenmaßkette werden Vorsprünge des Baukörpers sowie auf dem Richtungselement liegende, auch markierte Wände bemaßt. Wandteile, die nicht aneinanderstoßen (wie südliche und nördliche Außenwand), werden mit deren Fuge vermaßt. Die Maßlinie **GESAMTAUSSENMASS** gibt immer das komplette Maß der markierten Wände (also deren maximale Ausdehnung) auf dem Richtungselement an.

▷ **WÄNDE BEMASSEN**
 EIGENSCHAFTEN
 Register **MASSBLOCK**
 TYPKOMBINATION → **GESAMTAUSSENMASS** → **AUSSENMASSKETTE**
 LAYER → jeweils ML_100

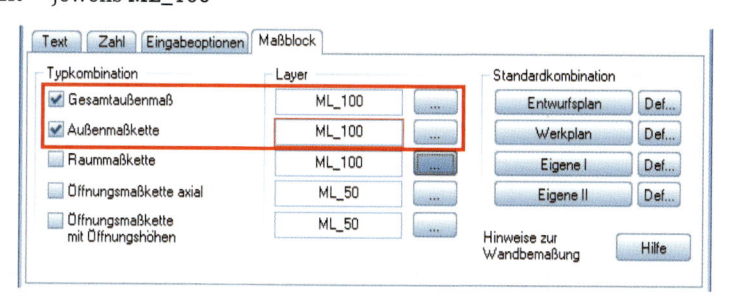

Wände bemaßen

▷ Angaben bestätigen
▷ Wände markieren → bestätigen
▷ Außenkante der Wand als **RICHTUNGSELEMENT** anklicken
▷ Maßlinienblock absetzen

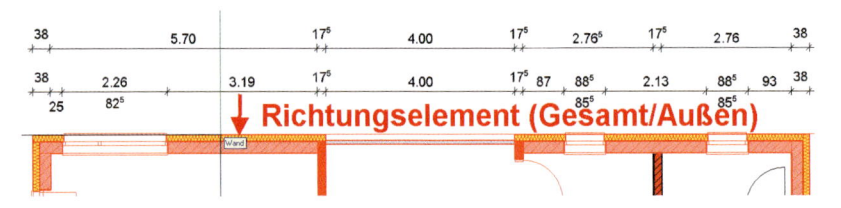

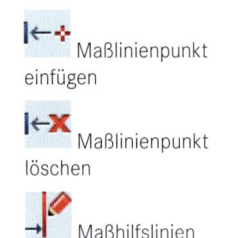

Weitere Wände vermaßen

Bemaßen Sie die restlichen Wände des Erdgeschosses. Verwenden Sie für die Innenwände mit Türen den Maßlinientyp **ÖFFNUNGSMASSKETTE MIT ÖFFNUNGSHÖHEN**, und entfernen Sie überschüssige Maßlinienpunkte, bzw. ergänzen Sie fehlende Maßlinienpunkte (**MASSLINIENPUNKT LÖSCHEN, MASSLINIENPUNKT EINFÜGEN**).

Mit der Funktion **MASSHILFSLINIEN MODIFIZIEREN** können Sie die Maßlinien optisch zu einem Block zusammenfassen. Beim Anwenden der Funktion ist zu beachten, dass die Maßhilfslinie, solange diese nicht verlängert wurde, den Anfangspunkt im Maßliniensymbol hat.

Auf die gleiche Weise sollten Sie die anderen beiden Geschosse bemaßen.

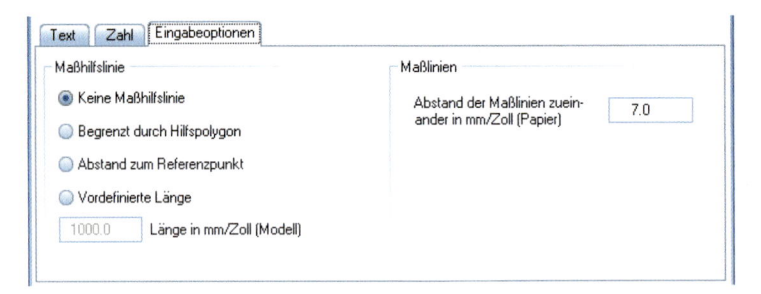

Probieren Sie unterschiedliche Einstellungen für die Maßlinienerzeugung aus. Testen Sie z. B. auch andere Werte für den Maßlinienabstand im Register **EINGABEOPTIONEN**.

Ein bemaßtes und beschriftetes Zwischenergebnis finden Sie in Abschnitt 5.10, »Beispiel – Ergebnis Gebäudemodell – Rohbau«. Ergänzen Sie die Maßlinien mit den restlichen drei Gebäudeseiten sowie den Innentüren. Fügen Sie auch im Kellergeschoss und Obergeschoss Maßlinien hinzu. Die Maßlinien für Innentüren und ergänzende Maße für den Innenraum sollen auf einem extra Layer (z. B. ML_50) erzeugt werden.

5.9.4 Beispiel – Bauteile beschriften

Jedes Objekt kann mit der Funktion **BESCHRIFTEN** mit den Eigenschaften beschriftet werden. Je nachdem, welche Eigenschaften ein Bauteil besitzt, hat es mehr oder weniger Beschriftungsmöglichkeiten. Über **BESCHRIFTUNGSBILDER** und **OBJEKTBESCHRIFTUNG** haben Sie einen erweiterten Zugriff auf Beschriftungen.

Treppe beschriften

▷ **PROJEKTBEZOGEN ÖFFNEN: TEILBILDER AUS ZEICHNUNGS-/BAUWERKSSTRUKTUR,** Teilbild 230 aktiv

▷ **BESCHRIFTEN**

▷ Treppe anklicken (Lauflinie) → Auswahl bestätigen

▷ Einstellungen für die Beschriftung wählen. Sollte die Dialog-Symbolleiste sich anders zeigen, müssen Sie den ersten Schalter anwählen.

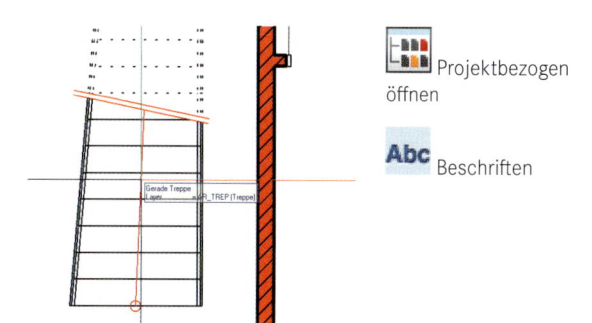

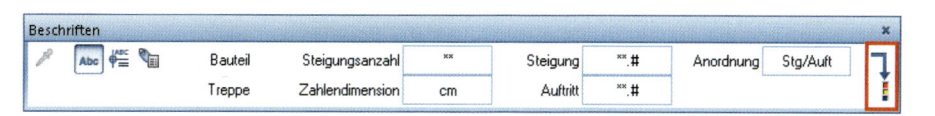

Projektbezogen öffnen

Beschriften

▷ **UMSCHALTER PARAMETEREINSTELLUNG/EINGABE** → Textparameter einstellen
▷ Texthöhe und Textbreite z. B. *2.00*

▷ Textrichtung (Vertikal) in den Eingabeoptionen auswählen
▷ Beschriftung absetzen

Erzeugen Sie auch auf Teilbild 220 die Beschriftung der Treppe.

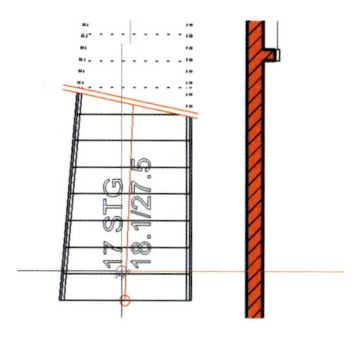

5.10 Beispiel – Ergebnis Gebäudemodell – Rohbau

Ergebnis Rohbau

Das fertige Beispiel finden Sie als PDF-Dateien im Projektordner von
- Projekt *Praxishandbuch Allplan 2013*

auf der Internetseite
- *http://www.zeichenatelier.de/Allplan2013*

oder im Allplan-Projekt
- Praxishandbuch Allplan 2013

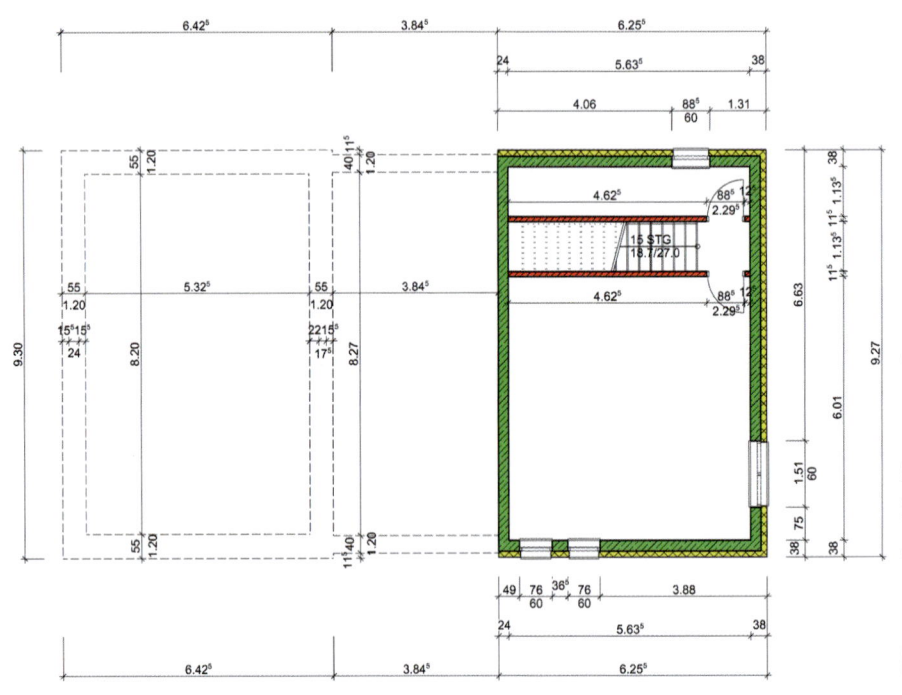

Ebene -1 - Kellergeschoss

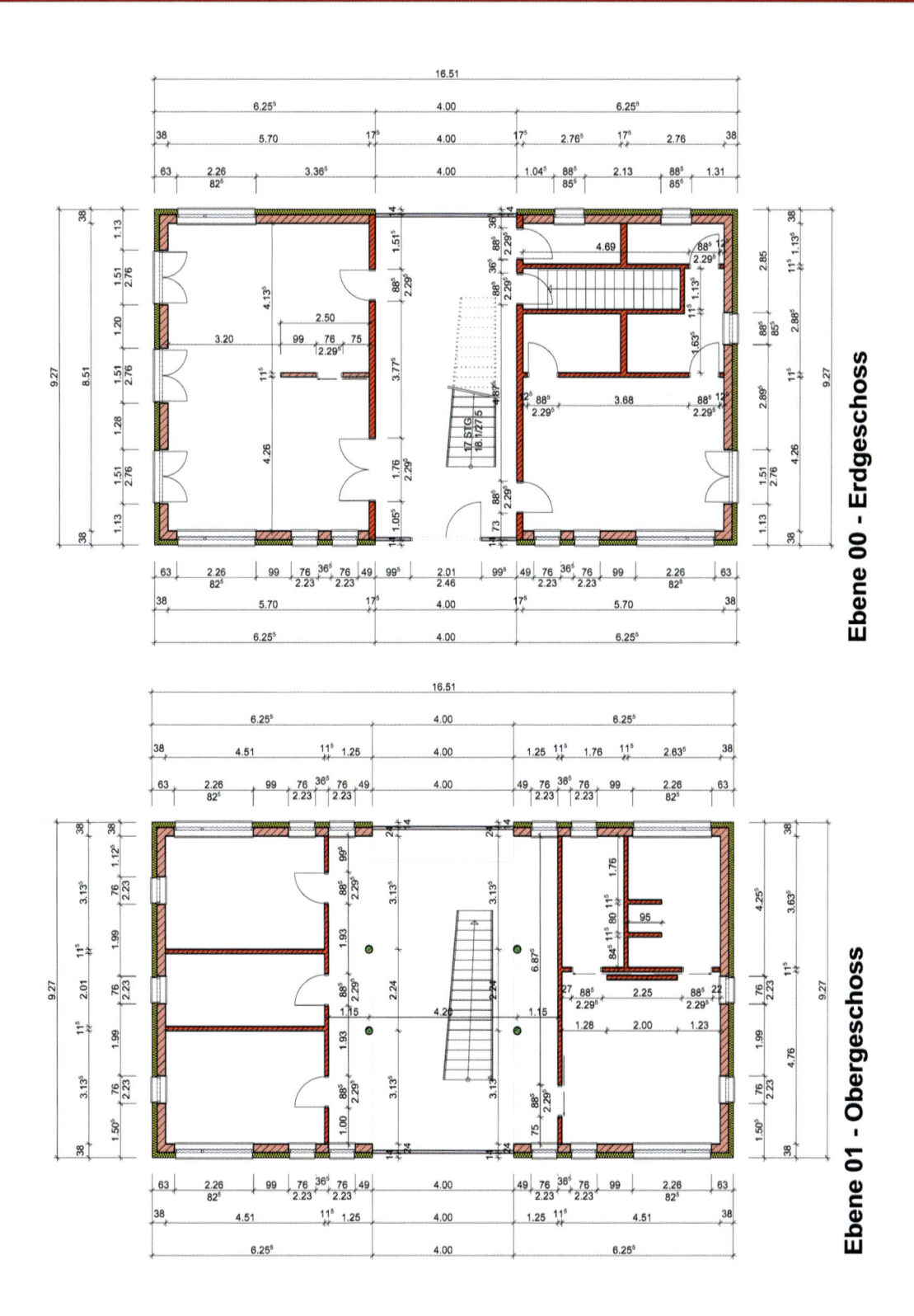

5.10 Beispiel – Ergebnis Gebäudemodell – Rohbau

Ebene 00 - Erdgeschoss

Ebene 01 - Obergeschoss

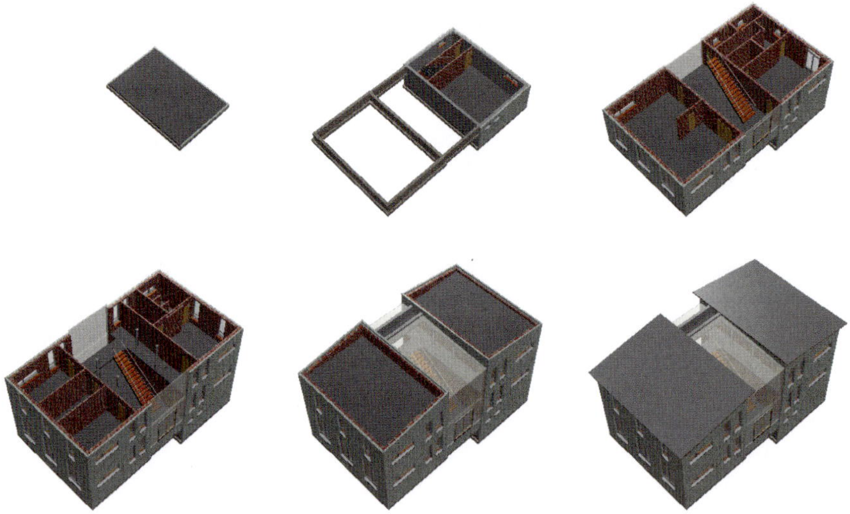

6 Gebäudemodell – Ausbau

Das in Kapitel 5, »Gebäudemodell – Rohbau«, erzeugte Modell entspricht in etwa einem Rohbau mit Fenstern und Türen (geschlossener Rohbau). Betrachtet man die Animation, fehlen noch sämtliche Ausbauten und auch die Einrichtung. Ebenso können bislang keine Auswertungen von Flächen und Rauminhalten (bezogen auf Räume und das Gesamtgebäude) erstellt werden. Dieses Kapitel beschäftigt sich exakt mit diesen Themen.

■ 6.1 Mengen – Flächen, Räume, Geschosse

Im Modul RÄUME, FLÄCHEN, MENGEN sind alle Funktionen zusammengefasst, die sich mit dem Ausbau (innen und außen) befassen. Die Bauteile RAUM und GESCHOSS dienen als Träger der Ausbauflächen (Hauptausbau) und zugleich der baurechtlichen Auswertung nach DIN 277, Wohnflächenverordnung und den Sonderauswertungen für den Bauantrag.

Mengen: Flächen, Räume, Geschosse

6.1.1 Räume, Geschosse, Ausbauflächen – Grundwissen

Die Funktionen RAUM und GESCHOSS haben ähnliche Attribute und Eigenschaften. Beide Bauteile werden wie Flächenelemente eingegeben, d.h. über die allgemeine Polygonzugeingabe.

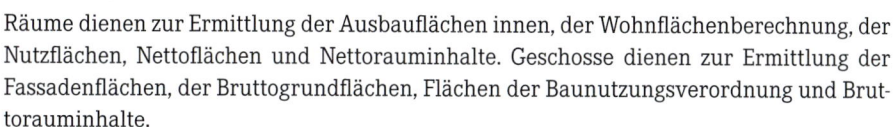

Raum

Geschoss

Räume dienen zur Ermittlung der Ausbauflächen innen, der Wohnflächenberechnung, der Nutzflächen, Nettoflächen und Nettorauminhalte. Geschosse dienen zur Ermittlung der Fassadenflächen, der Bruttogrundflächen, Flächen der Baunutzungsverordnung und Bruttorauminhalte.

Die folgenden Attribute stehen für Raum und Geschoss direkt zur Verfügung. Die Attribute dienen der Beschriftung der Räume auf dem Teilbild und der Ausgabe (teilweise auch Gliederung) mittels Reports.

Raumattribute, Geschossattribute (1)

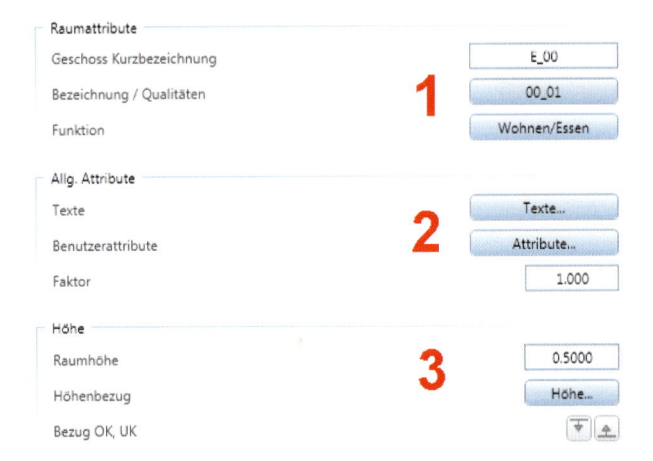

Raumattribute
- Geschoss Kurzbezeichnung: E_00
- Bezeichnung / Qualitäten: 00_01
- Funktion: Wohnen/Essen

1

Allg. Attribute
- Texte: Texte...
- Benutzerattribute: Attribute...
- Faktor: 1.000

2

Höhe
- Raumhöhe: 0.5000
- Höhenbezug: Höhe...
- Bezug OK, UK

3

- **GESCHOSS KURZBEZEICHNUNG** sollte mit einer Kurzbezeichnung des Geschosses (z. B. E_00) gefüllt werden. In den meisten Reports kann nach der Kurzbezeichnung oder der Strukturstufe Geschoss gegliedert werden.
- **BEZEICHNUNG** sollte bei Räumen mit einer Nummer gefüllt werden. Wählt man die Schaltfläche **BEZEICHNUNG** an, hat man Zugriff auf das Attribut **BEZEICHNUNG UND UMBAUKATEGORIE**. Über die Katalogzuordnung können weitere Attribute zur Verwendung freigegeben werden. Über die Katalogzuordnung kann für das Attribut **BEZEICHNUNG** eine Spezialsteuerung (++) aktiviert werden, die ein automatisches Hochzählen der Raumnummer erlaubt (siehe Abschnitt 3.1.2.4, »Optionen Katalog«).
- **FUNKTION** dient zur Eingabe der genauen Raumfunktion, wie z. B. Wohnen, Essen usw.
- **BEZEICHNUNG** und **FUNKTION** sollten bei Geschossen auf die jeweilige Bauaufgabe abgestimmt werden.

Allgemeine Attribute (2)

- **TEXTE** bieten fünf Attributfelder für eigene Eingaben.
- **BENUTZERATTRIBUTE – ATTRIBUTE** zeigt alle direkt an den Raum/das Geschoss angebundene und den Ausbauschichten zugeordnete Attribute an. Es können weitere Attribute aus unterschiedlichen Bereichen ausgewählt und/oder eigene Attribute definiert werden, um weitere Informationen direkt mit dem Raum zu verwalten.
- **FAKTOR** gibt einen Multiplikator für das Bauteil selbst an, der in Reports berücksichtigt wird. Faktoren für die Ermittlung der Wohnfläche (Balkone oder Ähnliches) von Räumen werden im Register **DIN 277, WOHNFLÄCHE** angegeben.

Höhe (3)

- **Höhenbezug:** Im Bereich **HÖHE** können die Standardfunktionen zum Anbinden der Bauteile an die Standardebenen genutzt werden. Räume werden standardmäßig ohne Abstand an die obere und untere Ebene, also gleich den raumhohen Wänden eines Geschosses, angebunden. Geschosse sollten im Keller bis zur Unterkante der Bodenplatte geführt werden und mit der Oberkante immer bis zur Unterkante der nächsten Ebene gehen, um das baurechtlich relevante Volumen nach DIN 277 so exakt wie möglich abzubilden. Allgemeines zu Höheneinstellungen finden Sie in Abschnitt 5.2.1, »Höhenanbindung von Bauteilen«.

Ausbau – allgemein

Im Register AUSBAU des Raumes stehen folgende Ausbauelemente zur Verfügung. Bei Geschossen können nur Seitenbeläge erzeugt werden, die im ersten Register verwaltet werden.

- SEITENBELÄGE definiert die Ausbauflächen entlang von Wänden (z. B. Putzflächen).
- DECKENBELÄGE definiert den oberen Raumabschluss waagerecht oder geneigt (z. B. abgehängte Decken).
- BODENBELÄGE definiert den Bodenaufbau des Raumes.
- LEISTEN definiert die Sockelleisten.

Seitenbeläge, Deckenbeläge und Bodenbeläge werden in der Animation als eine Schicht angezeigt. Dabei gilt zu beachten, dass Seitenbeläge des Raumes oder Geschosses mit einer idealisierten Dicke von 0,5 mm angezeigt werden. Decken- und Bodenbeläge können bei der Berechnung von Architekturschnitten mit berücksichtigt werden.

Ausbau – Spalten

Bei den Ausbauflächen können bis zu zehn Schichten definiert werden, die einzeln auswertbar sind. Für jede Schicht werden alle Einstellungen separat verwaltet. In der Animation wird der gesamte Aufbau in der Oberflächeneinstellung der obersten Schicht angezeigt. Boden- und Deckenbeläge werden in der korrekten Gesamtstärke, Seitenbeläge mit einer idealisierten Dicke in der Animation dargestellt. Bei der Auswertung der Flächen nach Wohnflächenverordnung und/oder DIN 277 werden die eingestellten Dicken zur Ermittlung der fertigen Raummaße verwendet.

Die Anzahl der angezeigten Spalten kann über ein Kontextmenü (beliebige Spaltenüberschrift) eingeschränkt oder erweitert werden.

- NR gibt die Schichtnummer an. Die Belagschicht mit der höchsten laufenden Nummer ist die oberste Schicht.

- **BEDINGUNG** öffnet einen Dialog zum Eingeben einer Bedingung für die einzelne Schicht. Sie können z. B. definieren, dass ein Raum nur an Wänden, deren Gewerk Mauerarbeiten sind, verputzt wird, bei Wänden mit den Gewerken Beton- und Trockenbauwände kein Putz ausgewertet wird. Eine Bedingung wird immer wie folgt aufgebaut: Klick in Feld **BEDINGUNG** der Schicht → Festlegen der Bedingungsdefinition z. B. durch **GEWERK** = → Mauerarbeiten (Auswahlliste) → Bedingung bestätigen
- **MATERIAL/QUALITÄTEN** legt die Materialbezeichnung fest. Über **KATALOG** können Sie einstellen, aus welchem Katalog das Material ausgewählt werden soll (siehe auch Abschnitt 3.1.2.4, »Optionen Katalog«).
- **DICKE** gibt die jeweilige Schichtdicke an. Sie können über den Schalter **AUS** im Auswahldialog die Schichtdicke auf null setzen bzw. ausschalten.
- **GEWERK** öffnet die Gewerkeauswahl, aus der das Gewerk für die jeweilige Schicht ausgewählt werden kann.
- **TEXTE** bietet fünf Attributfelder für eigene Eingaben.
- **ATTRIBUT** zeigt an die Ausbauschicht angebundene Attribute an. Es können weitere vorhandene oder neu erzeugte Attribute angehängt werden. Die Attribute der Ausbauschicht werden auch in der kompletten Übersicht der Raumattribute angezeigt.
- **FREIE OBERFLÄCHE** dient zum Einstellen der Oberfläche. Bei mehreren Schichten wird nur die oberste, an dieser Stelle gültige Schicht in der Animation dargestellt. Bei Boden- und Deckenflächen wird immer die gesamte Aufbaustärke dargestellt.
- **HÖHE** (nur bei **SEITENFLÄCHEN**) dient der genaueren Definition der Höhe der Seitenfläche in Bezug zum Raum. Mit der Sondereinstellung der Höhe kann z. B. leicht ein Raum erzeugt werden, der umlaufend eine 1 m hohe Holzvertäfelung und darüber eine weiß verputzte Fläche hat.
- **SCHRAFFUR, MUSTER, FÜLLFLÄCHE** (nicht bei **SEITENFLÄCHE**) werden nur im Schnitt sichtbar. Mit den hier verwendeten Einstellungen vereinfachen Sie sich die spätere Nacharbeit in den Schnitten.

Ausbau – Funktionen

- Je Ausbaufläche stehen Ihnen die Funktionalitäten der **FAVORITEN** und die **ÜBERNAHME** von Eigenschaften bestehender Bauteile zur Verfügung. Es werden immer nur die Eigenschaften eingelesen/gespeichert, die der Ausbaufläche entsprechen (**FAVORITEN** und **ÜBERNAHME** siehe Abschnitt 2.7.2.5, »Nachgeordnete Funktionen in Dialogen«).
- Bereich **AUSBAU GESAMT** stellt die Funktionalitäten der Favoriten und die Übernahme für den gesamten Ausbau zur Verfügung. Über **LÖSCHEN** können Sie den gesamten Ausbau entfernen.
- Bereich **SCHICHT** dient zum Entfernen und Einfügen einzelner Schichten. Es wird immer die markierte Schicht entfernt. In der Funktion **EINFÜGEN** kann gewählt werden, ob vor oder nach der markierten Schicht eine weitere eingefügt wird.

- Bereich **ATTRIBUT-KATALOGZUORDNUNG**: Über den linken Schalter können Sie bestimmen, aus welcher Quelle (siehe Abschnitt 3.1.2.4, »Optionen Katalog«) die Vorgaben für das Attribut **MATERIAL** für Deckenflächen, Seitenfläche und Bodenfläche gelesen werden. Über den rechten Schalter wird selbiges für die Leiste definiert.

Detaileinstellungen für Räume

Register **DIN 277, WOHNFL.**

Die Attribute können Sie entweder über das jeweilige Pull-down-Menü oder die zugehörige Schaltfläche auswählen. Die in der Grafik angezeigten Kombinationen können durch Anklicken des Textes direkt übernommen werden.

Bereich **DIN 277-ATTRIBUTE**

- **UMSCHLIESSUNGSART** kann die Werte a, b und c nach DIN 277 annehmen.
- **NUTZUNGSART** dient dem Einstellen der Nutzungsart des Raumes nach DIN 277. Über das Attribut **NUTZUNGSART** können entweder die Gruppenbezeichnungen NF, TF oder VF oder die Werte NF1 bis NF7, TF oder VF (Unterpunkte nach DIN) verwendet werden.
- **FLÄCHENART** dient der Einstellung der Berechnungsart des Raumes (N = Nettogrundfläche und NRI, M = mehrgeschossiger NRI, keine NGF, L = Leerraum, weder NGF noch NRI) nach DIN 277.
- **FAKTOR DIN 277** gibt einen Faktor an, der nur für DIN 277-Auswertungen verwendet wird.

Bereich **WOHNFLÄCHEN-ATTRIBUTE**

- **ART DER GRUNDFLÄCHE** dient dem Einstellen der Flächenart Wohnflächenberechnung. Es können folgende Flächenarten eingestellt werden: WO (Wohnraum), ZU (Zubehörraum), WI (Wirtschaftsraum) und KW (kein Wohnraum). Nach aktueller WoFlV 2004 wird WI nicht benötigt.
- **FAKTOR FÜR WOHNFLÄCHENBERECHNUNG** dient dem Eingeben eines Abschlagfaktors für Wohnflächenberechnungen. Geben Sie hier die Beiwerte für Balkon, Terrassen und ähnliche Räume nach WoFlV 2004 ein. Die Abschläge für Räume unter zwei und einem Meter Raumhöhe werden automatisch aus der Raumgeometrie (Dachebene notwendig) ermittelt.

- **PAUSCHALER PUTZABZUG VON DER GRUNDFLÄCHE** wird bei der Eingabe von Räumen, die nach WoFlV 2004 berechnet werden sollen, nicht mehr benötigt. Für eine Berechnung nach der II. Berechnungsverordnung kann hier bestimmt werden, dass z. B. der pauschale Abzug von z. B. 3 % nicht zu berücksichtigen ist.

> **HINWEIS:** Bei der Ermittlung der Wohnfläche und der DIN 277-Fläche werden die eingestellten Ausbauten (sowohl Seitenflächen als auch Decken- und Bodenbeläge!) berücksichtigt.

Detaileinstellungen für Geschosse

Register **DIN 277, BAUNVO**

Die Attribute können Sie entweder über das jeweilige Pull-down-Menü oder die zugehörige Schaltfläche auswählen. Die in der Grafik angezeigten Kombinationen können durch Anklicken des Textes direkt übernommen werden.

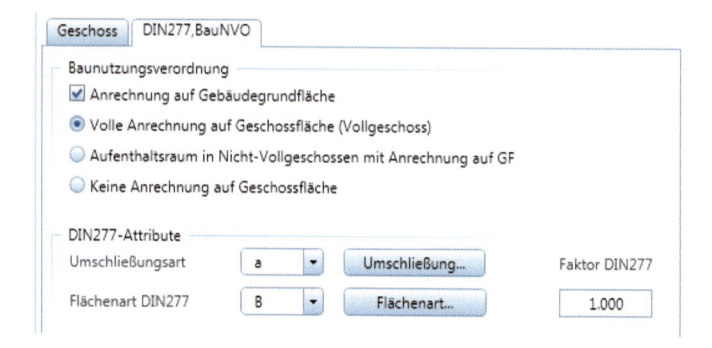

Bereich BAUNUTZUNGSVERORDNUNG

- Die Attribute der Baunutzungsverordnung regeln, wie das Geschoss baurechtlich in den Listen und dem im Vorlageprojekt enthaltenen Beschriftungsbild auftauchen soll. Eine teilweise Berücksichtigung der Geschossfläche für die GFZ/GRZ-Berechnungen ist nicht möglich.

Bereich DIN 277-ATTRIBUTE

- **UMSCHLIESSUNGSART** kann die Werte a, b und c nach der DIN 277 annehmen.
- **FLÄCHENART** dient zur Einstellung der Berechnungsart des Geschosses (B = Bruttogrundfläche und BRI, M = mehrgeschossiger BRI, keine BGF, U = Leerraum, weder BGF noch BRI, V = ungenutzt, kein Leerraum) nach DIN 277.
- **FAKTOR DIN 277** gibt einen Faktor an, der nur für DIN 277-Auswertungen verwendet wird.

6.1.2 Funktionen zu Räumen und Geschossen

- **SEITENFLÄCHE, DECKENFLÄCHE** und **BODENFLÄCHE** erstellen Sonderausbauflächen, die in den jeweiligen Bereichen die Raum- bzw. Geschossausbauten überdecken. Sonderausbauflächen können die gleichen Einstellungen erhalten wie die Ausbauflächen eines Raumes (Geschosses) und zusätzlich eine eigene Höhendefinition. Bei der Auswertung werden Sonderausbauflächen, die sich im Bereich eines Raumes befinden, mit dem Raumausbau ausgewertet. Andere Sonderausbauflächen werden gesondert aufgelistet. In der Animation werden Sonderausbauflächen immer in der eingestellten Dicke dargestellt.
- **LEISTE** erstellt das Sonderausbauobjekt Leiste.
- **RAUM/GESCHOSSGRUPPE** dient dem Gruppieren von Räumen oder Geschossen zu Nutzungsgruppen, die gemeinsam beschriftbar und in bestimmten Reports auswertbar sind. Gruppen können z. B. verwendet werden, um Nutzungseinheiten summieren zu lassen.
- **RÄUME, FLÄCHEN, GESCHOSSE MODIFIZIEREN** dient zum Ändern der ausgewählten Bauteilart. Je nach gewähltem Bauteil (**FILTER**) werden die jeweiligen Einstellmöglichkeiten bereitgestellt. Nicht ausgefüllte Attribute werden nicht geändert.
- **WOHNFLÄCHE, DIN 277, BAUANTRAG** öffnet den Standarddialog zum Anwählen von Reports im Ordner *Räume, Flächen, Geschosse*. Je nach ausgewähltem Report werden im unteren Dialog-Bereich spezielle Funktionen für die korrekte Auswertung von Räumen und Geschossen entsprechend den Vorgaben angeboten.

6.1.3 Erläuterung verwendeter Beschriftungsbilder

Für die Bauteile **RAUM** und **GESCHOSS** befinden sich im Vorlageprojekt spezielle Beschriftungsbilder, deren Funktionalitäten über die im Standard ausgelieferten hinausgehen.

Für die Bauteile **RAUMGRUPPE** und **GESCHOSSGRUPPE** sind zwei Beschriftungsbilder im Standard von Allplan vorhanden, die auf die unterschiedlichen Einstellungen der gruppierten Bauteile reagieren.

6.1.3.1 Beschriftungsbilder aus Standard/Büro

Wird bei der Beschriftung von Objekten ein Beschriftungsbild aus dem Standard (von Nemetschek ausgeliefert) verwendet, so werden alle Teile des Beschriftungsbildes (sichtbare und unsichtbare) mit den eingestellten Formateinstellungen (Stift, Strich, Farbe und Layer) erzeugt.

Wird ein Beschriftungsbild aus den Ordnern *Büro*, *Projekt* oder *Privat* verwendet, behalten alle Teile die Formateinstellungen, die bei der Definition festgelegt wurden. Aufgrund dieses Verhaltens kann bei diesen Beschriftungsbildern z. B. über Layer das Wegschalten und/oder Hinzuschalten von Informationen gesteuert werden.

6.1.3.2 Beschriftungsbild für Räume

Das Textbild *Raumbeschriftung* besitzt drei Folien (Maßstabsbereich 1–75, 76–150, 151–500). Das Textbild kann über **VERSCHIEBEN** komplett verschoben werden. Eine Kopie des Textbildes für Räume befindet sich unter Nummer 11 in der gleichen Datei. Diese ist bis auf das Fehlen der Höhenkoten gleich dem ersten Textbild.

Die Folien im Einzelnen:

Folie Maßstab 1–75 – Werkplanung

- Gruppe → Attribut **BEZEICHNUNG** der **RAUMGRUPPE**, zu welcher der Raum gehört
- 00_01 → Attribut **BEZEICHNUNG**
- Wohnen → **ATTRIBUT FUNKTION**
- VOB-Fläche des Bodenbelags (VOB), wenn ein Ausbau vergeben wurde, ansonsten Grundfläche (FL) des Raumes
- Material der obersten Schicht des Bodenbelags
- FFB-Kote → Summe der Schichtdicken von Bodenbelag + Rohkote (RFB-Kote)
- RFB-Kote → in der Regel gleich untere Ebene des Teilbildes

```
00_01    Gruppe
Wohnen
VOB  23.03 m²
Parkett
▽±0.00   ▼-0.16
```

Folie Maßstab 76–150 – Bauvorlage

- Gruppe → Attribut **BEZEICHNUNG** der **RAUMGRUPPE**, zu welcher der Raum gehört
- 00_01 → Attribut **BEZEICHNUNG**
- Wohnen → **ATTRIBUT FUNKTION**
- Fläche berechnet nach Wohnflächenverordnung (WF), wenn **ART DER GRUNDFLÄCHE** WO, ZU oder WI, ansonsten Grundfläche DIN 277 (GF)
- FFB-Kote → Summe der Schichtdicken von Bodenbelag + Rohkote

```
00_01    Gruppe
Wohnen
WF 21.87 m²
▽±0.00
```

Folie Maßstab 151–500 – Entwurf

- **FUNKTION** → Wohnen
- Fläche berechnet nach Wohnflächenverordnung (WF), wenn **ART DER GRUNDFLÄCHE** WO, ZU oder WI, ansonsten Grundfläche DIN 277 (GF)

```
Wohnen
WF 21.9 m²
```

Beschriften kleiner Räume

Bei kleinen Räumen kann es sinnvoll sein ein kleineres Beschriftungsbild zu verwenden, oder das Standard-Beschriftungsbild verkleinert abzusetzen. Über die Symbolleiste **EINGABEOPTIONEN** → **GRÖSSE** können Sie das Beschriftungsbild verkleinert (oder vergrößert) absetzen. Dazu müssen Sie **GRÖSSE** anwählen und in der Dialogleiste einen Faktor eingeben (z. B. 0.5).

6.1.3.3 Beschriftungsbild für Geschosse

Das Beschriftungsbild für das Geschoss beinhaltet nur eine Folie, die in den Maßstäben 1/76 bis 1/500 sichtbar ist.

Folie Maßstab 76 – 500 – Bauvorlage/Entwurf

- Gruppe → Attribut BEZEICHNUNG der GESCHOSSGRUPPE, zu der das Geschoss gehört
- E_00 → Attribut GESCHOSS KURZBEZEICHNUNG
- 00_01 → Attribut BEZEICHNUNG
- Wohnen → Attribut FUNKTION
- BauNVO wertet den Bereich Baunutzungsverordnung aus.
  GR = Gebäudegrundfläche, VG = Vollgeschoss,
  GF = Geschossfläche
- DIN 277 wertet den Bereich DIN 277 aus und zeigt den Bruttorauminhalt sowie die Grundfläche nach DIN 277 an. Beide Werte werden immer angezeigt.
  TYP = Umschließungsart, BRI = Bruttorauminhalt, BGF = Bruttogrundfläche

E_00	Gruppe
Erdgeschoss	
Wohnen	
BauNVO	GR: ja
	VG: ja
	GF: ja
DIN 277	Typ: a
215.30 m³	BRI: ja
75.81 m²	BGF: ja

6.1.3.4 Beschriftungsbild für Raum- und Geschossgruppe

Für die Beschriftung von Raum- und Geschossgruppen steht jeweils ein detailliertes Textbild in der Basisinstallation von Allplan zur Verfügung. Nebenstehend sehen Sie die Folien für den Maßstab 1:100. Für den Maßstab 1:200 haben beide Beschriftungsbilder keine Darstellung. Im Maßstab 1:50 wird beim Beschriftungsbild für Raumgruppen nur der Gruppenname, für Geschossgruppen die Fassadenfläche und Leibungslänge angegeben.

```
RH_1
GFl.  71.59 m²
Wfl.  58.42 m²
```

```
RH_1
Grundfläche = 77.55 m²
Geschossfläche = 77.55 m²
Umschließungsarten: a/c
BRI: 255.89 m²    BGF: 90.93 m²
```

6.1.4 Beispiel – Räume mit Ausbau erzeugen

Die Eingabe von Räumen funktioniert fast genauso wie das Zeichnen einer Füllfläche oder einer Schraffur. Neben der Definition des Grundrissbereichs müssen lediglich die Höhe sowie einige Attribute ausgefüllt werden, um sicherzustellen, dass der angelegte Raum die korrekten Abmessungen, die richtigen Ausbauflächen sowie die baurechtlich korrekte Betrachtung bei der Auswertung durch Reports und Beschriftungsbilder erhält.

Ausbau Räume

Darstellung reduzieren

Um eine bessere Übersicht zu haben, bietet es sich an, die Maßlinien und Texte komplett oder zum Teil auszublenden. Verwenden Sie hierzu die Funktion LAYERSTATUS ÄNDERN und/oder LAYER EINSTELLEN. Ziel sollte der »nackte« Grundriss sein.

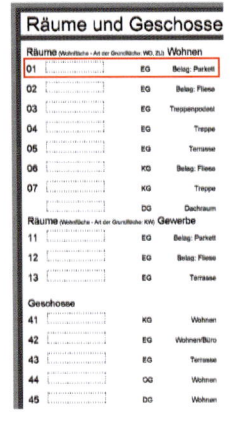

Räume EG

▷ **PROJEKTBEZOGEN ÖFFNEN: TEILBILDER AUS ZEICHNUNGS-/BAUWERKSSTRUKTUR**, 230 aktiv

▷ **RAUM: DOPPELRECHTSKLICK** (Bauteil **01**), Assistent *Räume und Geschosse*

▷ **EIGENSCHAFTEN**

▷ Register **RAUM**
  GESCHOSS KURZBEZEICHNUNG → *E-00*
  BEZEICHNUNG/QUALITÄTEN → *00_01*
  FUNKTION → *Wohnen/Essen*

▷ **HÖHENBEZUG → HÖHE…**
  OBERKANTE an **OBERE EBENE**
  UNTERKANTE an **UNTERE EBENEN**
  jeweils mit **ABSTAND** 0.00

Für die Oberflächen der Ausbauten (wie auch fast für alle anderen Bauteiloberflächen) wurden Oberflächendateien aus dem Ordner *Standard* des Design-Ordners verwendet.

▷ Register **AUSBAU**
  SEITENBELÄGE

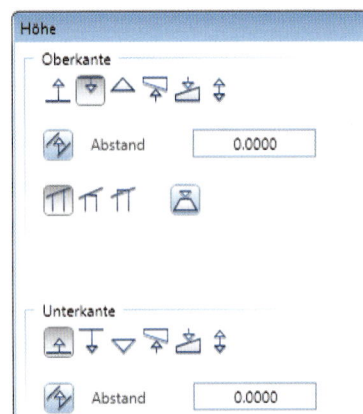

Nr.	Material/Qualitäten	Dicke	Gewerk	Oberfläche
1	Gipsputz	0,015	Putz- und Stuckarbeiten	
2	Anstrich weiß	0,000	Maler- und Lackierarbeiten	/Raufaser1_031.surf

DECKENBELÄGE

Nr.	Material/Qualitäten	Dicke	Gewerk	Oberfläche
1	Deckenputz	0,015	Putz- und Stuckarbeiten	
2	Anstrich weiß	0,000	Maler- und Lackierarbeiten	/Putz1.surf

BODENBELÄGE

Nr.	Material/Qualitäten	Dicke	Gewerk	Oberfläche
1	Abdichtung	0,000	Estricharbeiten	
2	WD+TSD	0,075	Estricharbeiten	
3	PE-Folie	0,000	Estricharbeiten	
4	Heizestrich	0,065	Estricharbeiten	
5	Spachtelung	0,005	Parkettarbeiten	
6	Parkett	0,015	Parkettarbeiten	/Afrormosia1.surf

LEISTE

Nr.	Material/Qualitäten	Gewerk
1	Holzleiste	Parkettarbeiten

In einigen Ausbauschichten können Bedingungen eingegeben werden. Diese stellen sicher, dass die jeweilige Ausbauschicht nur dort erzeugt wird, wo sie Sinn macht. So ist es z. B. unsinnig, wenn die Glasfassade einen Putz und/oder einen Anstrich erhält.

Bedingungen lassen sich wie folgt erzeugen (Beispiel aus 2. Schicht Seitenbeläge):

▷ Klicken Sie in das Feld **BEDINGUNG** der Schicht, die Sie mit einer Bedingung versehen möchten (z. B. für 2. Schicht der Seitenfläche).

▷ »nicht« → Klammer auf → Gewerk = Fensterarbeiten → »oder« → Gewerk = Metallbau-, Schlosserarbeiten → Klammer zu

Der Raum erzeugt die Ausbauschicht 2 der Seitenbeläge, nur wenn die Raumkante an Wände (oder Stützen usw.) angrenzt, die in den Attributen ein anderes Gewerk als das in der Bedingung eingegebene definiert haben.

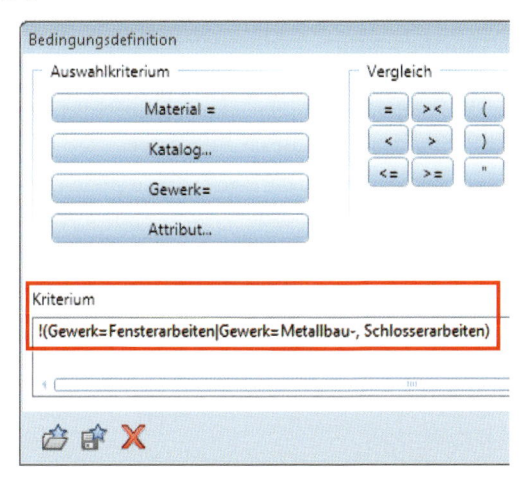

TIPP: Die Räume aus dem Assistenten und auch die Geschosse haben Bedingungen in allen Schichten, die für das Beispiel notwendig sind.

▷ Register **DIN 277, WOHNFL.**

DIN 277-Attribute		Wohnflächen-Attribute	
UMSCHLIESSUNGSART	a	ART DER GRUNDFLÄCHE	WO
NUTZUNGSART	NF	FAKTOR FÜR WOHNFLÄCHEN-BERECHNUNG	1,000
FLÄCHENART DIN 277	N		
FAKTOR DIN 277	1,000		

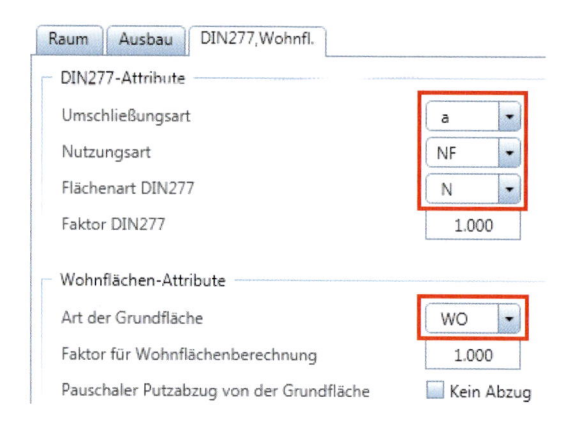

▷ Bestätigen Sie die Einstellungen.

▷ Geben Sie den Umriss des ersten Raumes an. Sie können bei der Raumeingabe alle Möglichkeiten der polygonalen Eingabe nutzen. Achten Sie darauf, dass jeder Raumpunkt auf den Eckpunkten der Wand liegt. Die Geometrie des ersten Raumes sehen Sie im nebenstehenden Bild: Der rot markierte Bereich ist der Raum Wohnen/Essen, der weiße Bereich wird die Küche.

Nach der Eingabe des Flächenbereichs für den ersten Raum wird dieser rot markiert, und die Funktion **BESCHRIFTEN** wird automatisch aufgerufen.

▷ Wählen Sie in der Dialog-Symbolleiste die Beschriftungsoption **BESCHRIFTUNGSBILD**.

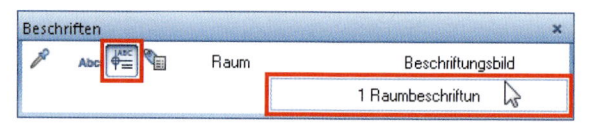

▷ Klicken Sie in das Feld **BESCHRIFTUNGSBILD** zum Öffnen des Dialogs **AUSWAHL BESCHRIFTUNGSBILD**.

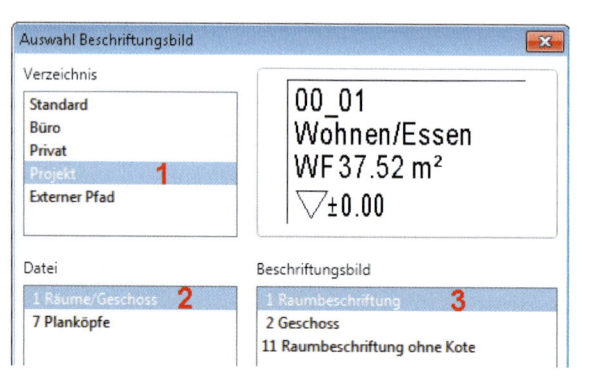

▷ **VERZEICHNIS** → *Projekt* **(1)**
DATEI → *1 Räume/Geschoss* **(2)**
BESCHRIFTUNGSBILD → *1 Raumbeschriftung* **(3)**

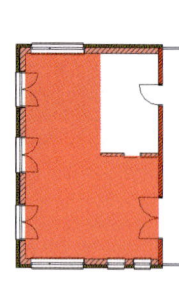

▷ Bestätigen Sie die Auswahl.
▷ Setzen Sie das Beschriftungsbild im Raum ab.

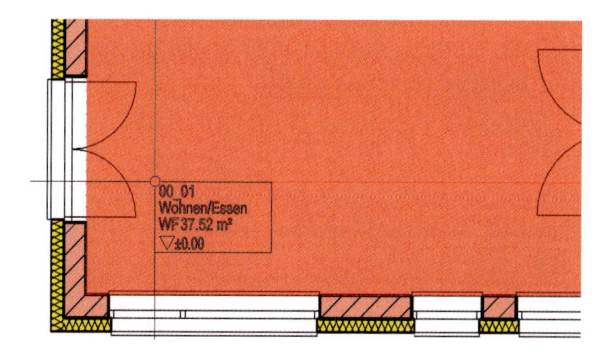

Nach dem Absetzen der Beschriftung wird die Bauteilmarkierung ausgeblendet, und Sie können direkt mit den weiteren Räumen fortfahren.

Erzeugen Sie die weiteren Räume in gleicher Weise. Die Treppe benötigt auch einen Raum (**NUTZUNGSART** → *VF,* **ART DER GRUNDFLÄCHE** → KW). Zusätzlich sollten Sie noch einen Raum für die Terrasse anlegen (**UMSCHLIESSUNGSART** → *a,* **FAKTOR FÜR WOHNFL.** → 0.250), bei dem Sie keine Seiten- und Deckenbeläge benötigen. Im Beschriftungsbild wird die effektive Wohnfläche ausgegeben und nicht die Grundfläche.

Eine Übersicht der beschrifteten Räume aller drei Geschosse finden Sie in Abschnitt 6.5, »Beispiel – Ergebnis Gebäudemodell – Ausbau«. Vergleichen Sie auch die Daten aus dem fertigen Projekt mit Ihrem Ergebnis.

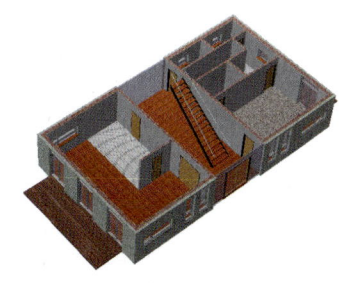

> **HINWEIS:** Achten Sie darauf, Räume nur einmal einzugeben! Falls Sie übersehen haben, die Beschriftung abzusetzen, wurde der Raum dennoch erzeugt. Beschriften Sie diesen im Nachhinein mit der Funktion **BESCHRIFTEN** (z. B. Kontextmenü des Raumes).

6.1.5 Beispiel – Geschoss erzeugen

Im Bauteil **GESCHOSS** werden neben dem Ausbau **AUSSEN** – dem Außenputz (Seitenbeläge) – auch die Eigenschaften definiert, die für eine baurechtliche Auswertung, Grundfläche und Geschossfläche notwendig sind. Die Geschosse müssen so angebunden werden, dass die baurechtlichen notwendigen Volumenberechnungen korrekt ausgegeben werden können. Das Erdgeschoss ist bis zur Unterkante des Obergeschosses zu führen, das Kellergeschoss von der Unterkante der Bodenplatte bis zur Unterkante des Erdgeschosses und das Dachgeschoss bis zur Oberkante der Dachhaut. Theoretisch sind auch andere Höhenbezüge möglich. Bei der Eingabe ist darauf zu achten, dass das gesamte relevante Volumen des Gebäudes abgedeckt wird. Eine Kontrolle ist möglich, indem alle Teilbilder des Gebäudes sichtbar geschaltet werden und die sichtbaren Layer auf den Layer der Geschosse (Bauteil) beschränkt werden.

Geschosse EG

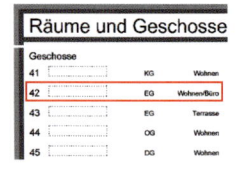

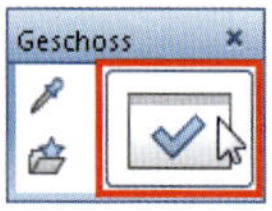

▷ Teilbild 230 aktiv
▷ GESCHOSS (Bauteil **42**), Assistent *Räume und Geschosse*
▷ EIGENSCHAFTEN
▷ Register GESCHOSS
   GESCHOSS KURZBEZEICHNUNG → *E_00*
   BEZEICHNUNG/QUALITÄTEN → *Erdgeschoss*
   FUNKTION → *Wohnen/Büro*

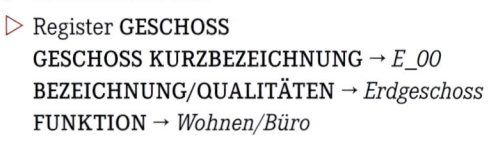

HÖHENBEZUG → HÖHE...
OBERKANTE an OBERE EBENE, ABSTAND *0,20*
UNTERKANTE an UNTERE EBENE, ABSTAND *0,00*

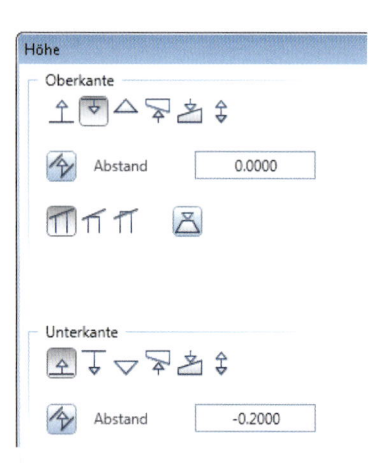

SEITENBELÄGE

Nr.	Material/Qualitäten	Dicke	Gewerk	Oberfläche
1	Putz (mit Putzgewebe)	0,010	Putz- und Stuckarbeiten	
2	Außenanstrich hellgrau	0,00	Maler- und Lackierarbeiten	/Putz1.surf

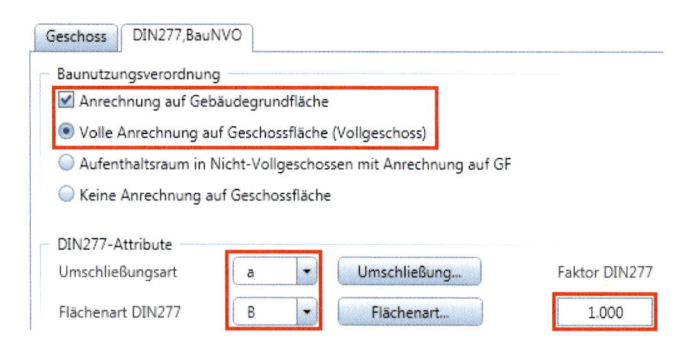

6.1 Mengen – Flächen, Räume, Geschosse

▷ Register DIN277, BAUNVO

Baunutzungsverordnung		DIN 277-Attribute	
ANRECHNUNG AUF GEB. GRUNDFL.	aktiv	UMSCHLIESSUNGSART	a
VOLLE ANRECHNUNG AUF GESCHOSS-FLÄCHE (VOLLGESCHOSS)	aktiv	FLÄCHENART DIN 277	
		FAKTOR DIN 277	1,000

▷ Bestätigen Sie die Einstellungen mit OK.

▷ Geben Sie die Abmessungen des Geschosses für das komplette Gebäude an. Achten Sie darauf, dass Sie die richtigen Punkte der Glasfassade anwählen. Die rot markierte Fläche stellt das Geschoss dar (überall Außenkante!).

▷ Klicken Sie in das Feld BESCHRIFTUNGSBILD zum Öffnen des Dialogs AUSWAHL BESCHRIFTUNGSBILD.

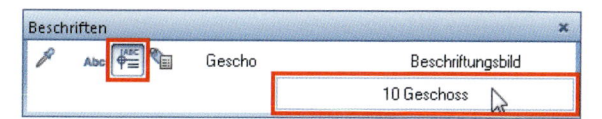

▷ Wählen Sie folgendes Beschriftungsbild aus: VERZEICHNIS → Projekt
DATEI → 1 Räume/Geschoss
BESCHRIFTUNGSBILD → 2 Geschoss

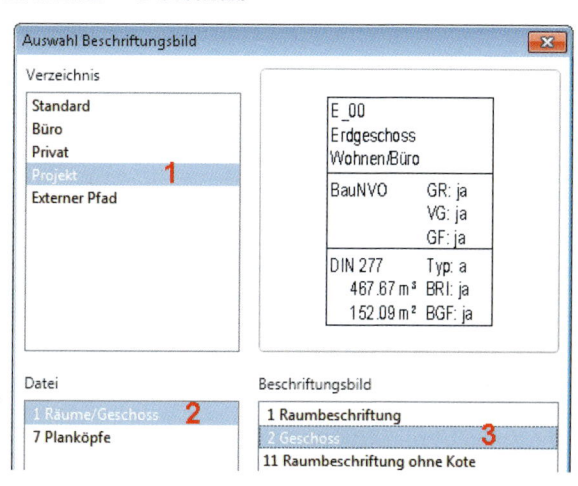

▷ Bestätigen Sie die Auswahl mit **OK**.
▷ Setzen Sie das Beschriftungsbild unterhalb des Grundrisses ab.
Erzeugen Sie für die Terrasse ein Geschoss sowie für die weiteren Geschosse. Verwenden Sie die Bauteile aus den Assistenten und überprüfen Sie die Änderungen gegenüber dem Erdgeschoss.

> **HINWEIS:** Geschosse und Räume haben (untereinander) eine Wechselwirkung an den Berührungsflächen. D. h., wenn mehrere Bauteile exakt die gleiche Kante haben, kann es passieren, dass keine oder die falsche Ausbaufläche erzeugt wird. An diesen Stellen sollte eines der Bauteile mit einem kleinen Abstand zur exakten Umgrenzung erzeugt werden.

Das Geschoss für die Terrasse soll mit dem Geschoss des Gebäudes keine Wechselwirkung haben. Darum sollten Sie einen kleinen Abstand zwischen den beiden Bauteilen (z. B. 1 cm) einhalten. Ansonsten wird an der Berührungsfläche der beiden Geschosse keine Seitenfläche erzeugt, und die Animation sowie die Auswertung der Seitenflächen erfolgen fehlerhaft. Verwenden Sie das Bauteil **43** aus dem Assistenten *Räume und Geschosse* für die Terrassen und vergleichen Sie die Einstellungen des Bauteils sowie die Beschriftungsbilder der Terrassen und des Gebäudes miteinander.

Vergleichen Sie auch die Daten aus dem fertigen Projekt mit Ihrem Ergebnis.

6.1.6 Beispiel – Räume gruppieren

Für eine differenzierte Auswertung der Flächen und Rauminhalte getrennt nach den Nutzungen des Gebäudes können Räume und Geschosse in Gruppen gegliedert werden. Die Funktion **RAUM/GESCHOSSGRUPPE** bildet nur von Räumen/Geschossen auf dem aktiven Teilbild Gruppen.

Wenn Bruttoflächen je Nutzeinheit ausgewertet werden sollen, sollten die Geschosse aufgeteilt (den Nutzeinheiten entsprechend zerschneiden/erzeugen) und mittels Gruppen so zusammengefasst werden, dass die benötigten Zahlen ermittelbar werden. Bei der Aufteilung der Geschosse in Nutzeinheiten ist darauf zu achten, dass Trennlinien von Geschossen möglichst innerhalb von Wänden verlaufen, da es sonst zu Problemen mit Ausbauflächen kommen kann.

Für eine differenzierte Auswertung der beiden Nutzeinheiten (Wohnen und Büro) ist es vorteilhaft, wenn zwei Raumgruppen angelegt werden. Die Funktion wirkt nur auf dem aktiven Teilbild, und auch die Beschriftung gibt nur die Flächen des aktiven Teilbildes wieder. Bei der Auswertung mit Reports wird bei gleicher Gruppenbezeichnung über die Bezeichnung eine Summe (je nach Report!) gebildet.

Raumgruppe EG – Wohnen
▷ **PROJEKTBEZOGEN ÖFFNEN: TEILBILDER AUS ZEICHNUNGS-/BAUWERKSSTRUKTUR**, Teilbild 230 aktiv

6.1 Mengen – Flächen, Räume, Geschosse

▷ RAUM/GESCHOSSGRUPPE → RAUMGRUPPE

▷ EINGABEOPTIONEN → BILDEN
▷ Bezeichnung → *Wohnen,* Füllfarbe → *30*

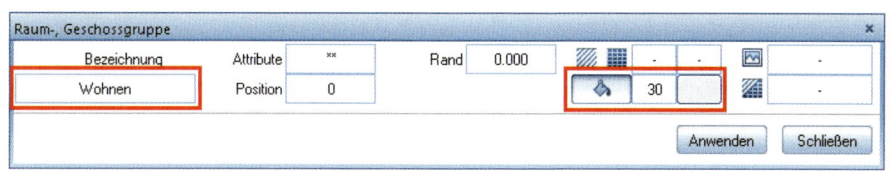

▷ Markieren Sie alle Wohnräume auf der linken Seite, den Eingang, die Kellertreppe und das linke WC (rot markierte Räume).

▷ Bestätigen Sie die Auswahl mit der rechten Maustaste oder über die Schaltfläche **ANWENDEN**.
▷ Klicken Sie in das Feld **BESCHRIFTUNGSBILD** zum Öffnen des Dialogs **AUSWAHL BESCHRIFTUNGSBILD**.

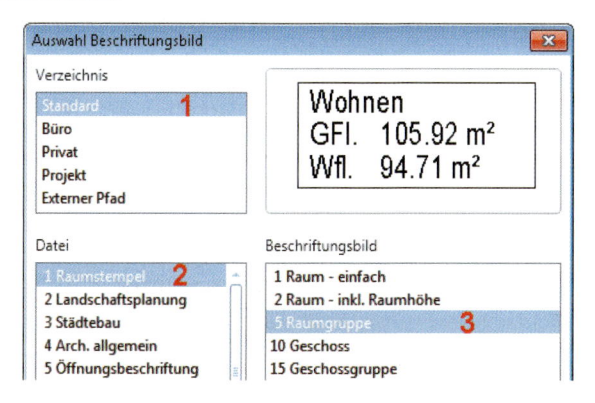

▷ Wählen Sie folgendes Beschriftungsbild: **VERZEICHNIS** → Standard **(1)**
DATEI → 1 Raumstempel **(2)**
BESCHRIFTUNGSBILD → 5 Raumgruppe **(3)**

▷ Formateinstellungen: **LAYER** (AR_BESCH)
▷ Setzen Sie die Beschriftung der ersten Raumgruppe vor dem Eingang ab.

Bilden Sie eine zweite Gruppe mit *Büro* als Bezeichnung und einem hellen Gelbton als Farbe (z. B. Farbe 9) im Erdgeschoss sowie je eine Raumgruppe im Kellergeschoss und im Obergeschoss mit den Einstellungen der Gruppe *Wohnen* (Bezeichnung: Wohnen, Farbe 30) des Erdgeschosses.

Die Beschriftung der Gruppen im Erdgeschoss zeigt Ihnen für den Bereich des Wohnens zwei unterschiedliche Flächen (nach Wohnflächenverordnung und DIN 277), für das Büro jedoch nur eine Fläche (nach DIN 277) an.

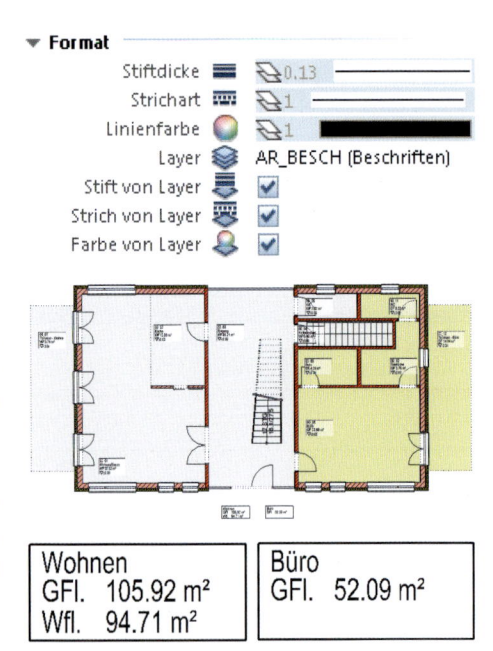

6.1.7 Beispiel – Installationsbauteil

In den beiden Nasszellen im Erdgeschoss sind eine Vormauerung und eine Schachtabmauerung notwendig, und im Obergeschoss fehlen in den Bädern noch diverse Vormauerungen. Der Vorgang wird anhand der WCs im Erdgeschoss erläutert. Die Vormauerungen für das Obergeschoss können Sie den Zeichnungen am Ende des Kapitels entnehmen.

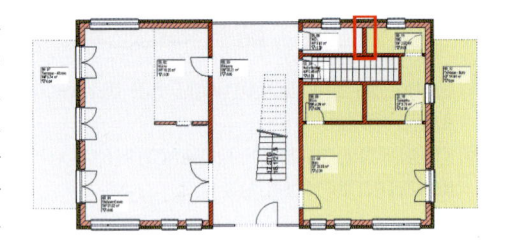

Schachtwand

Bevor Sie die Vormauerung eintragen, sollte die Schachtwand als Trockenbauwand eingezeichnet werden. Ideal ist es, wenn Sie die Teilbilder der beiden Decken (221 und 231) passiv in den Hintergrund legen und die Schachtwände mit den angezeigten Abmessungen einzeichnen. Sie finden eine leichte Schachtwand auf dem Assistenten *Wände und Stützen* (Bauteil **07**).

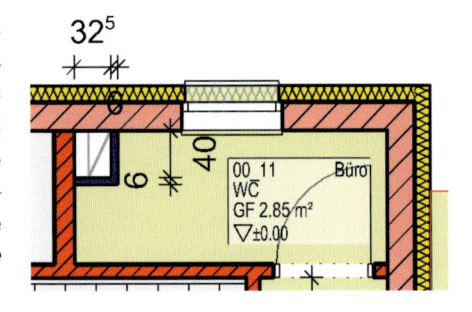

Ändern Sie **nach** dem Einzeichnen des Schachtes auch die Abmessungen des rechten WCs, indem Sie vom Flächenelement den Schacht mit der Funktion AR-FLÄCHE, BEREICH MODIFIZIEREN abziehen.

Vorwandinstallation WC Erdgeschoss

▷ PROJEKTBEZOGEN ÖFFNEN: TEILBILDER AUS ZEICHNUNGS-/BAUWERKSSTRUKTUR, Teilbild 230 aktiv

▷ Blenden Sie alle Layer aus, denen Elemente zugeordnet sind, und die stören.

▷ INSTALLATIONSBAUTEIL (Assistent *Wände und Stützen* – Bauteil 08)

▷ EIGENSCHAFTEN → Register BAUTEIL

▷ Einstellung HÖHE
 OBERKANTE → AN UNTERE EBENEN, ABSTAND → 1,250
 UNTERKANTE → AN UNTERE EBENEN, ABSTAND → 0,000

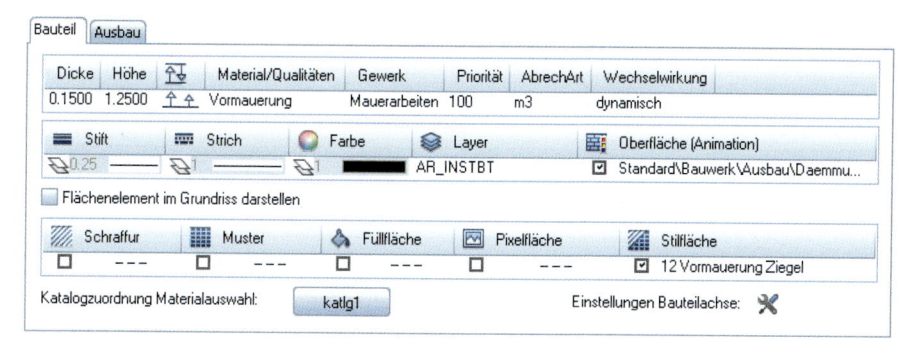

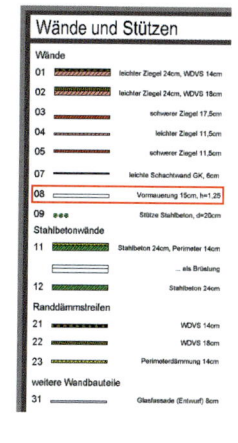

▷ Register AUSBAU

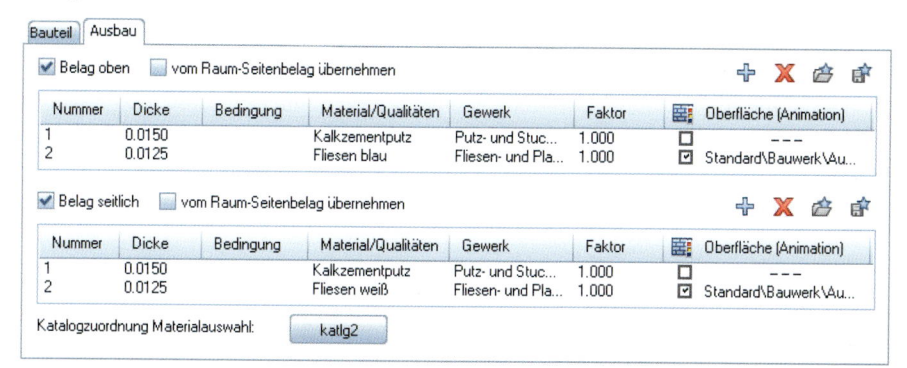

BELAG OBEN und BELAG SEITLICH jeweils mit eigenem, vom Raum unabhängigen Aufbau definiert

▷ Einstellungen bestätigen und Installationsbauteil jeweils entlang der Innenwand erzeugen

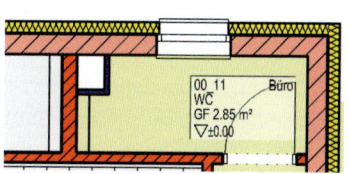

In der Animation können Sie das Bauteil überprüfen. Probieren Sie zum Testen unterschiedliche Oberflächen für den Ausbau des Raumes und des Installationsbauteils aus.

6.2 Makros für Öffnungen

Sämtliche Öffnungen, die Sie bislang erstellt haben, beinhalten bereits alle Makros. Die Makros sind in den im Assistenten *Fenster und Türen* enthaltenen Öffnungen vordefiniert.

6.2.1 Makros für Öffnungen – Grundwissen

Was sind Makros?

Makros sind intelligente Symbole, deren Darstellung vom Teilbildmaßstab oder vom eingestellten Zeichnungstyp abhängt. Je nach Einstellung werden nur die Folien des Makros sichtbar, die für die Projektion und den Maßstab/Zeichnungstyp bestimmt sind. Es lassen sich leicht Objekte erzeugen, die im Maßstab 1:100 nur aus einer Linie, im Maßstab 1:10 aus Details und in der Projektion aus 3D-Elementen bestehen. Makros tragen immer eine Bezeichnung und die Information, aus welchem Katalog sie stammen Alle Makros, die in den Assistenten und im Projekt des Buches vorhanden sind, sind abhängig vom Zeichnungstyp.

Makros für Öffnungen

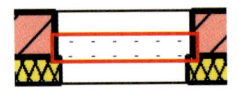

Die Öffnungen im Assistenten *Fenster und Türen (ohne Makros)* stellen sich nur als Löcher in den Wänden dar. Zum Ausprobieren der Vorgehensweise ist es optimal, wenn Sie ein leeres Teilbild verwenden. Erzeugen Sie eine Wand (oder besser vier Wände) und in einer Wand eine Öffnung (Fenster oder Fenstertür) durch Übernahme der Eigenschaften aus dem Assistenten *Fenster und Türen (ohne Makros)*. Zusätzlich erzeugen Sie auf der Innenseite einen Raum und außen ein Geschoss. In der Animation können Sie die geputzten Leibungsflächen erkennen und den Bereich der Öffnung, in der das Fenstermakro sitzen wird. Dieser Bereich wird im Grundriss mit blau gestrichelten Linien gekennzeichnet und *Leibungselement* genannt. In diesen Bereich wird das Fenster eingepasst. Erzeugt man eigene Makros ohne die speziellen Funktionen **FENSTERMAKRO**, **TÜRMAKRO** und **FENSTERBANKMAKRO**, entspricht die Min-Max-Box des Makros beim Einsetzen des Makros in eine Öffnung dem Leibungselement.

> **HINWEIS:** In mehrschichtigen Wänden ist es für die korrekte Lage des Fensters notwendig, das Leibungselement zu erzeugen.

Bei Öffnungen, bei denen kein Leibungselement erzeugt wurde, werden Öffnungsmakros mittig eingesetzt. Bei diesen Öffnungen wird bei der Auswertung der Ausbauflächen keine Leibung für die Öffnung angesetzt. In der Animation wird die Leibung nicht verputzt dargestellt. Diese Einstellung ist ideal für Innentüren, die eine Umfassungszarge erhalten sollen.

> **HINWEIS:** Wenn ein Makro in die Öffnung eingesetzt ist, werden die Linien des Leibungselements meist von den Linien des Makros verdeckt.

Makrokatalog

Es gibt mehrere Stellen, an denen Sie auf Makros zugreifen können. Der Katalog selbst ist immer der gleiche. Der Makrokatalog gliedert sich in die Bereiche *Büro*, *Standard*, *Privat* und *Projekt* sowie *Extern* und *Makrodatei wählen*.

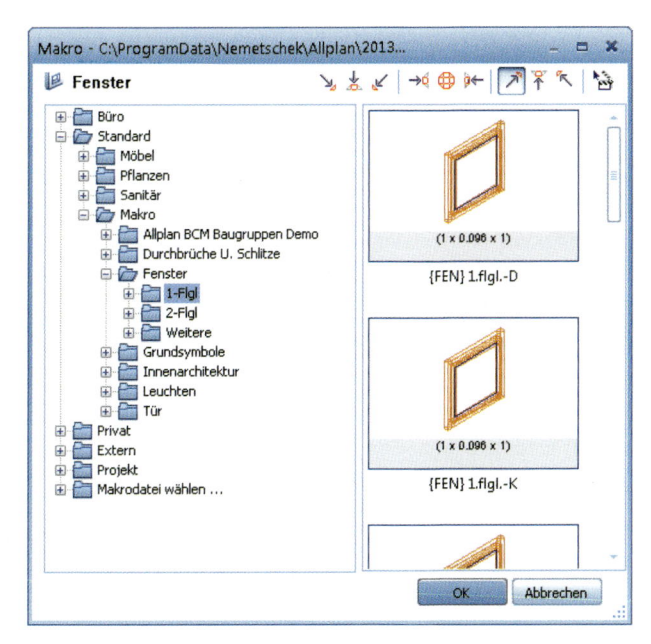

Makrokatalog

Im linken Bereich wird eine Baumstruktur zur Verwaltung der Makros angezeigt, im Fenster auf der rechten Seite wird entweder das ausgewählte Makro oder der Inhalt des markierten Makroordners angezeigt. Über dem linken Fenster erkennen Sie, sobald ein Makro markiert ist, ob dieses weitergehende Funktionalitäten besitzt. So kann z. B. ein Fenstermakro beim Absetzen in eine Wand ein Fenster mit erzeugen. Über das Kontextmenü können zudem weitere Basisfunktionen, wie z. B. *Verketten an Raum* oder *Beachten des Bodenaufbaus*, zum Makro eingeschaltet werden.

Funktionen zum Aufrufen des Makrokatalogs

- **MAKRO IN ÖFFNUNG EINSETZEN** bietet die Möglichkeit, ein Makro in eine bestehende Öffnung einzusetzen, entweder durch Auswahl eines Makros aus dem Katalog oder über die Übernahme eines auf dem Teilbild befindlichen Makros.

  Makro in Öffnung einsetzen

- **MAKRO 1 BIS N** (in Dialogen von Öffnungsbauteilen): Damit können Sie ein (Nischen, Durchbrüche usw.) oder mehrere (bei Fenster und Tür) Makros für die Öffnung auswählen. Die Makros werden bei der Erzeugung der Öffnung eingesetzt, in der Größe entsprechend verzerrt und verlangen nach der Öffnungserzeugung die Angabe eines Bezugspunktes. Wurden Makros über **MAKRO IN ÖFFNUNG EINSETZEN** nachträglich einer Öffnung hinzugefügt, werden diese in den Eigenschaften des Bauteils unter **MAKRO** angezeigt.

Makrokatalog

- **MAKROKATALOG** öffnet den Makrokatalog zur Auswahl von Makros und/oder zur Verwaltung von Makros. Über die Funktion **MAKROKATALOG** haben Sie Zugriff auf alle Makros in allen Projekten.

Daten aus Katalog lesen

- **DATEN AUS KATALOG LESEN** öffnet den Dialog **KATALOG-AUS-WAHL**, über den unterschiedliche Datenarten ausgelesen werden können. Um Makros aus dem Makrokatalog zu wählen, muss unter *Datenart* **MAKROKATALOG** angewählt und bestätigt werden.

6.2.2 Makro für Öffnungen erstellen

Zum Erstellen von Makros für Fenster und Türen gibt es zwei Assistenten, die Ihnen einen Großteil der Arbeit abnehmen. Neben den Assistenten für Öffnungsmakros können Makros selbst definiert werden. Aufgrund der großen Vielfalt der Möglichkeiten und des relativ hohen Aufwandes werden nachfolgend nur die Assistenten beschrieben.

Fenstermakro, Türmakro

Vorgehensweise zum Erzeugen eines Fenster- oder Türmakros:

Fenstermakro, Türmakro

➤ **FENSTERMAKRO, TÜRMAKRO**
➤ Öffnung identifizieren, für die das Makro erzeugt werden soll
➤ Rahmen auswählen und einstellen
Je nach Bauteil wird automatisch ein **RAHMENTYP** vorgeschlagen (Tür → Türrahmen, Fenster und Fenstertür → Fensterrahmen). Bei Fenstertüren sollten Sie die Auswahl abbrechen und den Rahmentyp **TÜRRAHMEN** wählen, um einen Rahmen mit Schwelle (Stockaufdopplung) zu erzeugen. 
➤ **STIFT, FARBE, OBERFLÄCHE** der Elemente einstellen (eingestellte Eigenschaften gelten für die daraufhin erzeugten Elemente des Makros)

Element übernehmen

➤ **ELEMENT ÜBERNEHMEN** → Rahmen wird erzeugt und in der Vorschau angezeigt
➤ Profilelemente und/oder Flügel, Türblatt erzeugen
Zu erzeugende Elemente auswählen
Profilstärke angeben
Aufteilung, Ausrichtung usw. einstellen
ELEMENT ÜBERNEHMEN

Element übernehmen

➤ Überprüfen der Darstellungseigenschaften für Maßstäbe und Zeichnungstypen
➤ 2D-Grundriss → Fensterdarstellung oder Türdarstellung
Fensterelemente oder Türelemente einstellen. Es sollten immer ähnliche Einstellungen für Makros verwendet werden, um eine einheitliche Plangestaltung

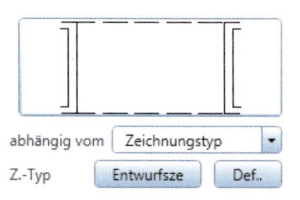

zu erreichen. Es macht wenig Sinn, wenn in einem Makro im Maßstab 1/100 Öffnungsflügel sichtbar sind, während in einem anderen Makro nur eine Linie sichtbar ist. Stellen Sie möglichst beide Darstellungsvarianten (Bezugsmaßstab und Zeichnungstyp) für jedes Makro ein und bestätigen Sie die Angaben.

➤ Über **ATTRIB** können Sie weitere Attribute an das Makro anhängen, mit **BESCHR** ein Beschriftungsbild mit dem Makro speichern 
➤ Bezugspunkt angeben und mit der rechten Maustaste bestätigen
➤ Makro entweder in einem bestehenden Katalog speichern oder einen neuen Katalog erzeugen (Kontextmenü)

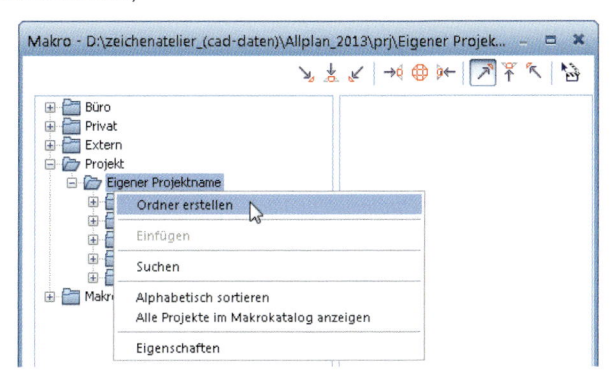

➤ Makrobezeichnung angeben

Fensterbankmakro

Vorgehensweise zum Erzeugen eines Fensterbankmakros:

➤ **FENSTERBANKMAKRO**

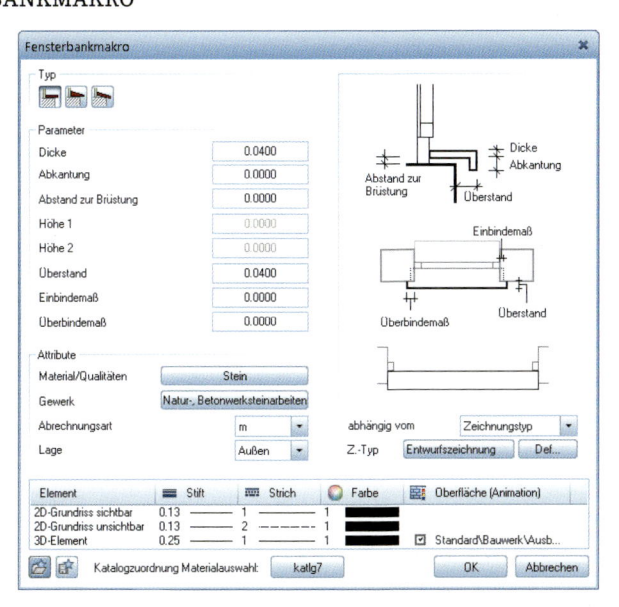

- ▶ Öffnung identifizieren, für die das Makro erzeugt werden soll
- ▶ **TYP** auswählen → Je nach Typ verändern sich die Vorschau auf der rechten Seite und die Eingabefelder unter **PARAMETER**. **PARAMETER** einstellen, bis die gewünschte Geometrie für die Darstellung der Fensterbank in 3D erreicht ist.
- ▶ **MATERIAL/QUALITÄTEN** einstellen
  GEWERK angeben
  ABRECHNUNGSART bestimmen.
- ▶ **LAGE** angeben (Fe-Bank **INNEN/AUSSEN** schlägt beim Einsetzen des Makros in eine Öffnung jeweils die angegebene Lage vor.)
- ▶ Überprüfen der Darstellungseigenschaften für Maßstäbe und Zeichnungstypen
- ▶ Stellen Sie möglichst beide Darstellungsvarianten (Bezugsmaßstab und Zeichnungstyp) für jedes Makro ein.
- ▶ Formateinstellungen für die einzelnen Elemente des Makros angeben (inkl. Oberfläche für die Animation)
- ▶ Angaben bestätigen
- ▶ Über **ATTRIB** können Sie weitere Attribute an das Makro anhängen, mit **BESCHR** ein Beschriftungsbild mit dem Makro speichern.
- ▶ Bezugspunkt angeben und mit der rechten Maustaste bestätigen
- ▶ Makro entweder in einem bestehenden Katalog speichern oder einen neuen Katalog erzeugen (Kontextmenü)
- ▶ Makrobezeichnung angeben

6.2.3 Funktionen für Makros in Öffnungen

Favoritendatei speichern/öffnen

- **FAVORITENDATEI SPEICHERN/FAVORITENDATEI ÖFFNEN** öffnet in den Dialogen zum Erzeugen von neuen Makros den Makrokatalog. Es kann auf fertige und gespeicherte Makros zugegriffen werden, die geladen und weiterbearbeitet werden können.

> **HINWEIS:** Die Detailstufe der Darstellung eines Makros auf dem Teilbild hängt entweder vom Bezugsmaßstab oder Zeichnungstyp ab. In der Regel erhalten Sie bei größeren Maßstäben höher detaillierte Darstellungen wie auch der Zeichnungstyp *Ausführungszeichnung* detaillierter ist als der Zeichnungstyp *Bauvorlagezeichnung*.

Öffnungsmakro umdrehen

- **ÖFFNUNGSMAKRO UMDREHEN** ändert die Lage von Makros, die bereits in Wandöffnungen (z. B. in Fenstern, Türen, Nischen, Aussparungen usw.) eingesetzt sind. Nach dem Aktivieren des Makros ist der Ablauf exakt gleich, wie der bei der Erzeugung der Öffnung mit Einsetzen des Makros bzw. wie bei der Funktion **MAKRO IN ÖFFNUNG EINSETZEN**.

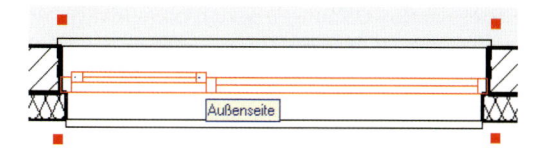

- **MAKRO DREHEN ÜBER DEN SPIEGELGRIFF** ist die einfachste und intuitivste Möglichkeit, die Ausrichtung von Öffnungsmakros zu ändern. Sie gehen dazu wie folgt vor:
  - Klicken Sie das zu drehende Makro an. → Es wird Rot markiert, und ein blauer Doppelpfeil erscheint.
  - Klicken Sie den Pfeil an.

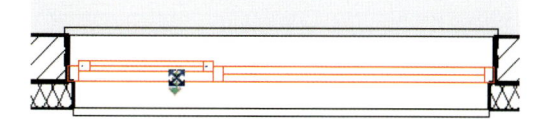

  - Das Makro ist nun beweglich in der Öffnung. Bewegen Sie das Fadenkreuz so, dass der Öffnungsflügel in die gewünschte Richtung zeigt.
  - Bestätigen Sie den neuen Bezugspunkt durch einen Klick mit der linken Maustaste. Achten Sie darauf, dass der Hilfstext *Außenseite* auf der für Sie korrekten Seite ist, wenn Sie den Bezugspunkt bestätigen.

Vorteil des Spiegelgriffs ist vor allem, dass unabhängig vom Maßstab eine komplette Ansicht des Makros (aus seinen 3D-Bestandteilen) angezeigt wird.

> **TIPP:** Auf die gleiche Weise können Sie bei Türen das Türaufschlagsymbol verändern. Sobald Sie einen Aufschlag einer Tür geändert haben, wird auch dessen Makro entsprechend gedreht.

- **MAKRO TAUSCHEN, PFLANZOBJEKT TAUSCHEN** tauscht einzelne Makros gegen andere aus. Mit der Funktion **MAKRO TAUSCHEN** können z. B. alle Fenster einer Ebene, die den gleichen Namen tragen, gegen ein anderes ausgetauscht werden. Hierbei kann entweder ein Makro auf dem Teilbild oder eines aus dem Katalog gewählt werden.

Makro tauschen

Pflanzobjekt tauschen

6.2.4 Makro in Öffnung einsetzen – Systembeschreibung

Die in dem Beispiel verwendeten Öffnungen sind komplett mit Makros definiert, was der komfortabelsten Arbeitsweise entspricht. Zum Erlernen der alternativen Arbeitsweise beim Erzeugen von Öffnungen ohne Makros und dem Ausstatten der Öffnungen im Nachhinein liegt ein Assistent bei, in dem alle Öffnungen des Beispielprojektes ohne Makros enthalten sind. Wird dieser

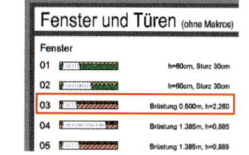

Assistent verwendet oder werden Öffnungen gezielt ohne Makros erzeugt, müssen diese nachträglich eingesetzt werden. Dies kann entweder, ohne die Möglichkeit, die Auflagerichtung bestimmen zu können, in den Eigenschaften des Bauteils geschehen oder über die Funktion **MAKRO IN ÖFFNUNG** einsetzen, mit allen Möglichkeiten, die auch bei der Öffnungserzeugung mit eingesetztem Makro vorhanden sind.

Zum Testen der Möglichkeiten gehen Sie wie folgt vor: Erzeugen Sie sich auf einem leeren Teilbild ein paar Wände und Öffnungen aus dem Assistenten *Fenster und Türen (ohne Makros)*. In den Bildern wird Bauteil **03** verwendet.

Makro in Öffnung

▷ **MAKRO IN ÖFFNUNG**

▷ **MAKROKATALOG**

▷ Wählen Sie unter **PROJEKT** Ihr eigenes Projekt aus. Im Unterordner *Fenster* finden Sie den Eintrag *1 Flügel, Brüstung verglast*. Markieren Sie diesen und bestätigen Sie die Angaben.

▷ **IN WELCHE ÖFFNUNG MAKRO EINSETZEN?** → Klicken Sie in die Fensteröffnung, in die Sie das Makro einsetzen möchten.

> **HINWEIS:** Als Hilfe für den Bezugspunkt wird angezeigt, welche Seite der Öffnung die definierte **AUSSENSEITE** ist. Der Text erscheint immer auf der Seite, die beim Erzeugen der Öffnung zuerst angeklickt wurde.

▷ **NEUER BEZUGSPUNKT FÜR MAKRO** → Klick in den Raum → rechte Maustaste bestätigen

Wenn Öffnungsmakros in Türen eingesetzt werden, muss zusätzlich der Anschlag angegeben werden.

Auf die gleiche Weise können auch weitere Makros in Öffnungen eingesetzt werden. Jede Fenster- oder Türöffnung kann mehrere Makros tragen. In den Öffnungen, die im Assistenten *Fenster und Türen* enthalten sind, gibt es jeweils bis zu drei Makros (einmal Fenster, zweimal Fensterbank).

> **HINWEIS:** Alternativ zur Suche nach einem geeigneten Makro im Katalog können Sie ein Makro auf einem der geöffneten Teilbilder oder dem Assistenten zum Einsetzen auswählen.

6.2.5 Beispiel – Fenstermakros ändern und tauschen

Die Fenster aus dem Assistenten sind mit einer einheitlichen Farbe für Stock und Öffnungsflügel definiert. Die nächste Aufgabe ist es, die Rahmen der Öffnungsflügel in der Farbe zu ändern. Im ersten Schritt wird ein Fenstermakro geändert, und im zweiten Schritt werden alle gleichen Fenstermakros mit dem überarbeiteten ausgetauscht.

Bildschirmdarstellung über Darstellungs-Favoriten ändern

Änderungen, die Bauteile betreffen, die in genaueren Maßstäben und/oder Zeichnungstypen komplett dargestellt werden, sollten immer in diesen getätigt werden.

▷ DARSTELLUNGS-FAVORIT LESEN → *M50_Werkplanung.bdfa* auswählen und bestätigen. Der Darstellungsfavorit befindet sich unter *Favoriten Projekt*.

oder

▷ ZEICHNUNGSTYP → *Ausführungszeichnung (Grundrisse – Praxishandbuch Allplan)*
▷ BEZUGSMASSSTAB → *1:50*

Fenstermakro ändern

▷ PROJEKTBEZOGEN ÖFFNEN: TEILBILDER AUS ZEICHNUNGS-/BAUWERKSSTRUKTUR, Teilbild 230 aktiv
▷ Kontextmenü über das Makro im angezeigten Fenster öffnen

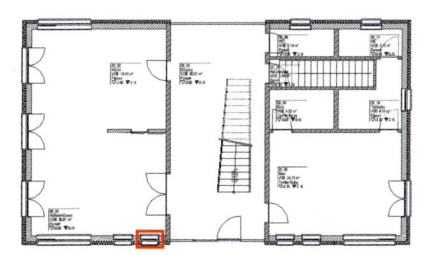

> **HINWEIS:** Fenster und Türen bestehen aus mehreren Bauteilen, die jeweils separat gefangen werden können.

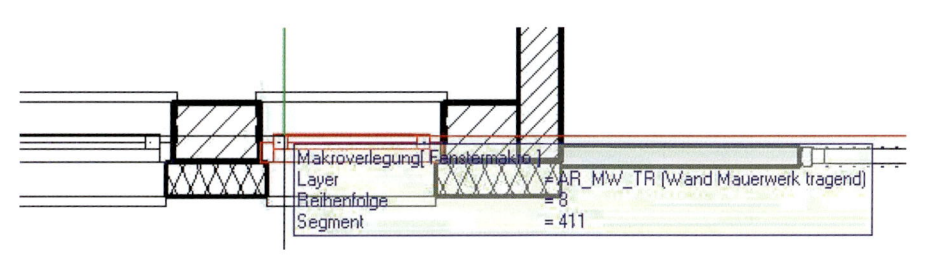

▷ EIGENSCHAFTEN (im Kontextmenü)

Die aktuellen Daten des Fenstermakros werden in den Dialog eingelesen und angezeigt. Um dem Rahmen des Fensterflügels eine andere Oberfläche geben zu können, muss dieser erst entfernt werden.

Führen Sie der Reihe nach folgende Schritte aus:

▷ **RÜCKFÜHREN (1)** entfernt das zuletzt erzeugte Element aus dem Makro.

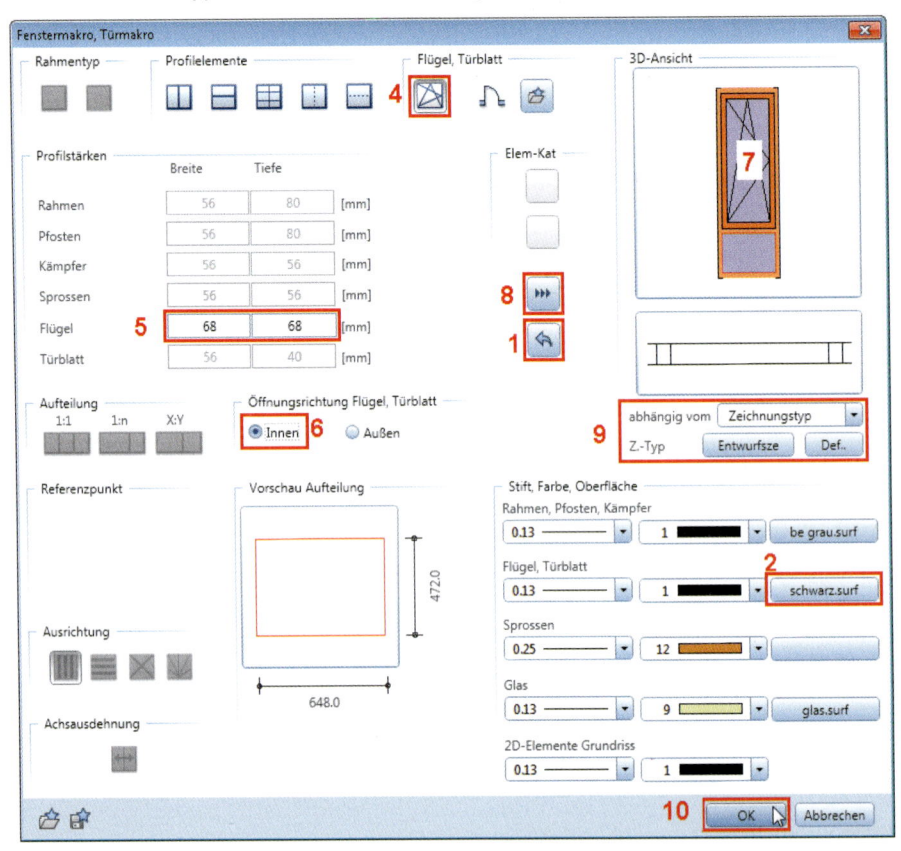

▷ **BEI FLÜGEL, TÜRBLATT DIE OBERFLÄCHE ÖFFNEN (2)** öffnet den Dialog **EIGENSCHAFTEN OBERFLÄCHE**.

▷ Öffnen Sie die Dateiauswahl **(3)**, suchen Sie dort unter dem Büropfad (rechts oben umschalten) die Oberfläche *Metall Farbe schwarz.surf* im Ordner *Standard/Bauwerk/Ausbau/Metall* und bestätigen Sie die Auswahl in beiden Dialogen mit **ÖFFNEN** bzw. **OK**.

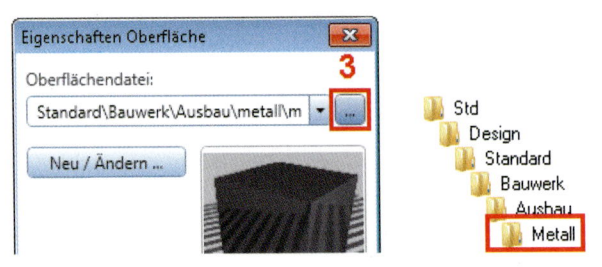

6.2 Makros für Öffnungen

▷ Wählen Sie unter **FLÜGEL, TÜRBLATT (4)** die Fensteröffnungen an und im Dialog **ÖFFNUNGSARTEN** die Darstellung für **DREH-KIPP-FLÜGEL LINKS ANGESCHLAGEN** aus.

▷ Die Felder zum Eintragen der Flügeldimension werden weiß angezeigt. Ändern Sie die Werte in 68/68 mm ab **(5)**.

▷ Überprüfen Sie die Öffnungsrichtung **FLÜGEL, TÜRBLATT (6)** → *Innen*

▷ Klicken Sie in das Feld **(7)**, in dem der Flügel erzeugt werden soll (3D-Ansicht), und erzeugen Sie den Flügel neu **(8)**. Der Flügel wird in der 3D-Ansicht angezeigt.

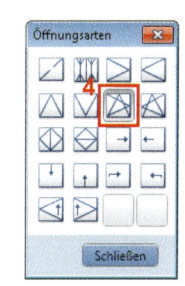

> **HINWEIS:** Die Darstellungseigenschaften sollten bei allen Makros (möglichst büroweit) ähnlich oder gleich sein.

▷ Überprüfen Sie unter **DEF …** **(9)** die Einstellungen für die Darstellung des Makros im Grundriss. Kontrollieren Sie möglichst alle Folieneinstellungen (Maßstäbe und Zeichnungstypen).

▷ Bestätigen Sie die neuen Einstellungen mit **OK (10)**.

▷ Bestätigen Sie die Abfrage, ob die Änderungen gespeichert werden, sollen mit **JA**.

▷ Kontextmenü des Ordners Fenster in Ihrem Projekt → **EINTRAG ERSTELLEN (11)**

▷ Geben Sie eine neue Bezeichnung für das Makro ein.

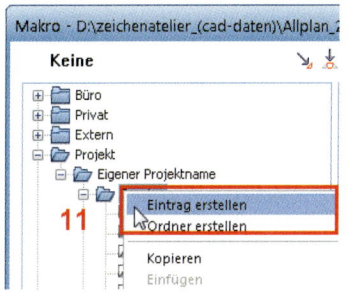

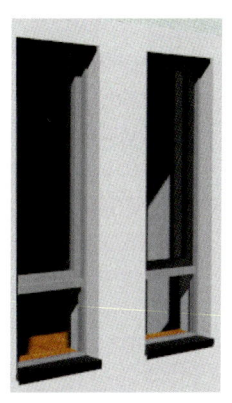

Das Makro ist jetzt im Katalog gespeichert und kann innerhalb des Projektes eingesetzt werden.

Fenstermakros tauschen

Sie können jetzt entweder die Eigenschaften von jedem Fenster öffnen und dort das Makro ändern, oder Sie erledigen diesen Schritt auf einmal für alle gleichen Makros in beiden Geschossen.

▷ **MAKRO TAUSCHEN**

▷ **WAS TAUSCHEN** → Makro (Text **VERLEGUNG** anklicken zum Umschalten)

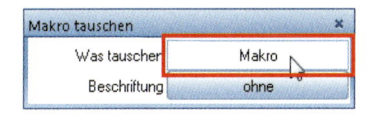

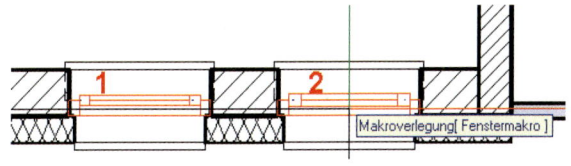

Makro tauschen

▷ Fenstermakro links neben dem bearbeiteten Fenster anklicken **(1)**
▷ Durch welche Makrodefinition ersetzen? → geändertes Fenstermakro anklicken **(2)**

> <Makro tauschen> Durch welche Makrodefinition ersetzen?

Es werden automatisch alle gleichen Makros der Reihe nach getauscht. Sollten mehrere Teilbilder aktiv sein, sucht Allplan auch in den aktiven Hintergrundteilbildern nach Makros zum Tauschen.

Ersetzen Sie auch im Obergeschoss die Makros, und ändern Sie die restlichen Makros mit Öffnungsflügeln so, dass diese auch dunkle Flügelrahmen erhalten.

■ 6.3 Geländer und Fassade

Mit den Funktionen **GELÄNDER** und **FASSADE** stellt Allplan zwei variabel einsetzbare Bauteile zur Verfügung, mit denen sehr viel mehr Anwendungsfälle für elementierte Bauteile realisiert werden können, wie auf den ersten Blick vermutet. So können z. B. eine Dachrinne, eine Blechabdeckung oder eine Stuckverzierung mit der Funktion **GELÄNDER** erzeugt werden sowie eine Rasterdecke und Ähnliches mit der Funktion **FASSADE**.

Bei beiden Bauteilen können für die Einzelteile Elemente aus dem aktuellen Teilbild eingelesen werden. Dies sind entweder geschlossene Polygonzüge oder aus 3D-Elementen erzeugte komplette Elemente (Verzierungen, Profile usw.). Bei Fassaden kann die Geometrie aus 3D-Körpern übernommen werden, was nahezu beliebige Formen ermöglicht.

6.3.1 Modellieren 3D

Modellieren 3D – Gruppe; zusätzliche Module

3D-Linie

3D-Rechteckfläche

Die Grundlage für viele Fassaden, Fassadenelemente wie auch Einzelteile für spezielle Geländerelemente bilden die mit dem Modul **MODELLIEREN 3D** erzeugbaren 3D-Formen. Nachfolgend finden Sie einige Funktionen, die bei diesen Aufgaben behilflich sein können. Bei allen Körpern, die im Modul **MODELLIEREN 3D** erzeugt werden, handelt es sich um einfache, nichtparametrische Körper. Nachfolgend werden die Grundfunktionen kurz behandelt, von denen ein Teil im Beispiel Fassade verwendet wird.

- **3D-LINIEN** erzeugt Linien im Raum (3D-Linien). 3D-Linien werden beim Rendern von Bildern mit den Verfahren Ray-Tracing sowie Global Illumination nicht berücksichtigt.
- **3D-RECHTECKFLÄCHE** dient sowohl zum Erzeugen von achsen- und grundrissparallelen Flächen als auch beliebig im Raum positionierten 3D-Rechteckflächen.

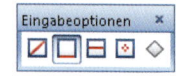

- **QUADER** können auf zwei Arten erzeugt werden. Es können sowohl achsen- und grundrissparallele Quader, die eben auf der Zeichenfläche oder einer Arbeitsebene liegen, als auch beliebig im Raum positionierte Quader sein.

  Quader

- **3D-POLYGONFLÄCHEN** erzeugt ebene 3D-Polygonflächen aus bereits vorhandenen geschlossenen 3D-Linienzügen oder durch die Eingabe neuer Begrenzungslinien. Es ist darauf zu achten, dass die Linien (neu oder vorhandene) in einer Ebene im Raum liegen.

  3D-Polygonflächen

- **ZYLINDER** können auf zwei Arten erzeugt werden. Es können sowohl achsen- und grundrissparallele Zylinder, die eben auf der Zeichenfläche oder einer Arbeitsebene liegen, als auch beliebig im Raum positionierte Zylinder sein. Die Zylinder-Grundfläche wird dabei durch ein regelmäßiges N-Eck angenähert.

  Zylinder

- **KUGEL** lässt die Erzeugung von kugelförmigen Körpern zu, die entweder eine Globusaufteilung (Vierecke und am Pol Dreiecke) oder eine Aufteilung in Dreiecke haben.

  Kugel

- **PYRAMIDE** erzeugt einen pyramidenförmigen Körper auf einer ebenen Fläche aus bestehenden Kanten. Wird als Grundfläche ein regelmäßiges N-Eck mit hoher Auflösung verwenden, einsteht ein kegelförmiger Körper.

  Pyramide

- **TRANSLATIONSKÖRPER** erzeugt einen Körper aus einer Kontur und einem Fahrweg. Der Fahrweg muss ein zusammenhängender, nicht verzweigter Linienzug sein, der möglichst keine extremen Knicke aufweist. Sie können auch eine 3D-Fläche als Fahrweg verwenden.

  Translationskörper

- **KÖRPER MIT EBENE TRENNEN** trennt 3D-Körper (3D-Flächen) an einer beliebigen Ebene, die durch drei Punkte zu definieren ist. Die Funktion kann auch auf Bauteile des Moduls **SKELETTBAU** angewendet werden.

  Körper mit Ebene trennen

- **PARALLELE ZU ELEMENT** erzeugt von 3D-Elementen (Kanten von Körpern und Flächen sowie 3D-Linien) parallele 3D-Linien.

  Parallele zu Element

- **PARALLELE FLÄCHEN** erzeugt eben diese anhand bestehender Flächen. Es können sowohl 3D-Flächen als auch Flächen von 3D-Körpern ausgewählt werden.

  Parallele Flächen

Bei den nachfolgenden Funktionen müssen Körper oder 3D-Flächen vorhanden sein. Die Formateigenschaften des ersten aktivierten Elements werden als Basis für die Eigenschaften des Endobjekts verwendet.

- **KÖRPER VEREINIGEN** stellt mehrere 3D-Körper oder mehrere 3D-Flächen zu einem einzigen 3D-Element zusammen. Werden 3D-Flächen vereinigt, die gemeinsam ein geschlossenes Volumen bilden, entsteht ein 3D-Körper.

  Körper vereinigen

- **SCHNITTKÖRPER ERZEUGEN, K1 MINUS K2, K2 LÖSCHEN, K1 MINUS K2, K2 ERHALTEN, K1 GESCHNITTEN K2, SCHNITTKÖRPER LÖSCHEN** und **DURCHDRINGENDE KÖRPER SCHNEIDEN** sind boolesche Operationen, mittels denen Körper verschnitten werden können. Je nach Funktion können mehrere Körper angewählt werden. Werden Körper getrennt und »zerfallen« in einzelne, unabhängige Volumina, erscheint eine zusätzliche Abfrage, ob diese zusammenhängen sollen oder komplett zerfallen müssen.

  Schnittkörper erzeugen

  K1 minus K2, K2 löschen

  K1 minus K2, K2 erhalten

  K1 geschnitten K2, Schnittkörper löschen

  Durchdringende Körper schneiden

Konstruktionselemente in 3D

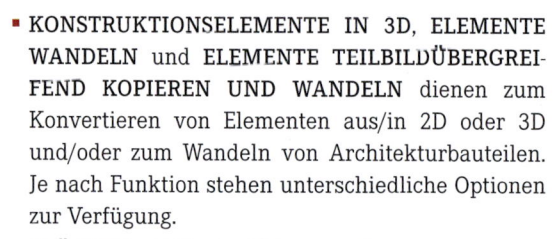

Elemente wandeln

Elemente teilbildübergreifend kopieren und wandeln

Flächen aus 3D-Körper löschen

Kollisionskontrolle
Neu in Version 2013

Kritische Modelldaten markieren
Neu in Version 2013

- **KONSTRUKTIONSELEMENTE IN 3D, ELEMENTE WANDELN** und **ELEMENTE TEILBILDÜBERGREIFEND KOPIEREN UND WANDELN** dienen zum Konvertieren von Elementen aus/in 2D oder 3D und/oder zum Wandeln von Architekturbauteilen. Je nach Funktion stehen unterschiedliche Optionen zur Verfügung. 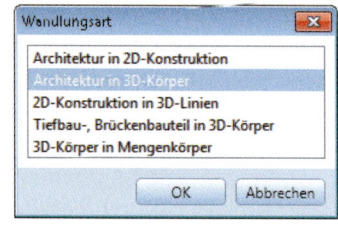
- **FLÄCHEN AUS 3D-KÖRPER LÖSCHEN** entfernt beliebige Flächen aus 3D-Körpern. Das entstehende Gebilde besteht danach aus zusammenhängenden Flächen und ist z. B. ideal geeignet als Gelände und/oder Grundlage für Fassaden. Ergänzt man die fehlende Fläche mit einer neuen 3D-Fläche und vereinigt diese Flächen, entsteht wieder ein geschlossener Volumenkörper.
- **KOLLISIONSKONTROLLE** überprüft, ob sich beliebige 3D-Körper (z. B. 3D-Körper, Architekturkörper, SmartParts, Einbauteile usw.) berühren, also miteinander kollidieren. Als Ergebnis wird Ihnen die Anzahl der Kollisionen und diese in der Animation und Isometrie als temporäre Quader angezeigt.
- **KRITISCHE MODELLDATEN MARKIEREN** findet kritische Modelldaten auf den aktiven und allen aktiv im Hintergrund geladenen Teilbildern. Als »kritisch« werden Bauteile bezeichnet, die zwar vollkommen korrekt aussehen, aber durch minimale Abweichungen Probleme (z. B. in Animation, Verdeckt-Berechnung und assoziativen Ansichten und Schnitten) bereiten können. Diese Daten können z. B. aus älteren Versionen stammen oder durch den Import von Fremddaten entstanden sein. Nach Funktionsaufruf können Sie entweder defekte Objekte, Objekte mit Winkelabweichungen und/oder Objekte mit großen Koordinaten suchen lassen. Die Objekte werden blinkend in Markierungsfarbe dargestellt. Sollten keine kritischen Objekte gefunden werden, erhalten Sie eine entsprechende Meldung.

6.3.2 Geländer

Geländer

Die Funktion **GELÄNDER** dient zur Erzeugung und Bearbeitung von linearen, gleichmäßig unterteilten Bauelementen. Mit derartigen Elementen können neben Geländern für Balkon, Treppen und Ähnliches auch andere Bauteile wie Zäune, Leitplanken, Schienen, Gesimse und viele weitere erstellt werden.

Geländer – Grundwissen

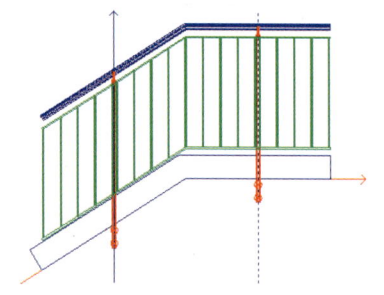

Bei jedem zu erzeugenden Geländer muss ein Pfad eingegeben werden. Dieser ist in der Übersichtsgrafik in den Eigenschaften des Geländers durch eine rote Linie mit Pfeil symbolisiert. Der Pfad wird in Felder unterteilt. Sowohl an den Teilungspunkten als auch innerhalb eines Abschnittes ist die Anordnung der Elemente immer gleich.

Grundbegriffe und Bauteile:

- Geländer → Gesamtes Geländer entlang eines Pfades
- Abschnitt → Bereich eines Geländers, mit Pfosten umschlossen (Teilung 1)
- Handlauf **(blau)** → Elemente erstrecken sich über die gesamte Länge
- Pfosten **(rot)** → Elemente, die sich an den Teilungspunkten wiederholen
- Feld **(grün)** → Felder wiederholen sich zwischen den Pfosten
- Pfad → Grundlinie des Geländers, über dessen Geometrie die Grundrissform des Geländers definiert wird. Der Pfad kann geknickt sein und geneigt verlaufen.

Begriffsbestimmung:

- Die Summe der Elemente in einem Abschnitt wird als *Feld* bezeichnet.
- Die Summe der Elemente an einem Unterteilungspunkt wird als *Pfosten* bezeichnet.
- Die Summe der Elemente, die sich über den gesamten Pfad erstrecken, wird als *Handlauf* bezeichnet.
- Die Gesamtheit aus Feld-, Pfosten- und Handlauf-Elementen wird als *Geländerstil* bezeichnet.
- Die Art der Unterteilung wird als *Teilungsstil* bezeichnet.
- Innerhalb eines Geländers können Teilstrecken mit unterschiedlichen Teilungsstilen vorkommen. Diese Abschnitte bezeichnet man als *Bereiche*.

Geländer – Funktionen

In der Symbolleiste Geländer sind alle Funktionen enthalten, die Sie zum Erstellen und Ändern benötigen. Die wichtigsten Funktionen zum Bearbeiten von Geländern finden Sie zudem im Kontextmenü zum Geländer.

Alle Funktionen zur Geländerbearbeitung verlangen die Identifikation des zu bearbeitenden Geländers entweder durch Anklicken des Pfades oder durch Anklicken eines Geländerelements. Die meisten in der Symbolleiste enthaltenen Funktionen können alternativ über das Kontextmenü aufgerufen werden.

- **EIGENSCHAFTEN** öffnet den Dialog Eigenschaften des Geländers, in dem die einzelnen Bestandteile angezeigt, erzeugt und bearbeitet werden können. Die hier eingestellten Elemente werden entsprechend der definierten Regeln entlang des eingegebenen Pfades erzeugt.
- **FAVORITENDATEI ÖFFNEN** liest einen gespeicherten Geländerstil ein. Im Dialog EIGENSCHAFTEN können Favoriten gespeichert und mit Info-Texten versehen werden.
- **GELÄNDER LÖSCHEN** entfernt alle Elemente eines Geländers komplett vom Teilbild. Verwenden Sie diese Funktion zum Löschen eines Geländers statt der normalen Funktion **LÖSCHEN**, um ein Geländer komplett zu löschen.

Favoritendatei öffnen

Geländer löschen

Geländer modifizieren
- **GELÄNDER MODIFIZIEREN** dient zum Ändern bestehender Geländer. Zum Ändern müssen Sie entweder den Pfad des Geländers anklicken oder ein Element des Geländers. Es können sämtliche Eigenschaften des Geländers verändert werden. Über die Schaltfläche **BEREICH** kann zwischen den Bereichen gewechselt werden und z. B. die Werte für **OFFSET START** und/oder **OFFSET ENDE** beeinflusst werden.

Geländer knicken
- **GELÄNDER KNICKEN** fügt weitere Punkte in den Pfad des Geländers ein.

Pfadpunkt modifizieren
- **PFADPUNKT MODIFIZIEREN** dient zum Versetzen vorhandener Pfadpunkte bei Änderungen in der Grundrissgeometrie.

Geländer verbinden
- **GELÄNDER VERBINDEN** verbindet zwei Geländer, die aneinanderstoßen, zu einem Geländer. Es entsteht dabei ein Geländer mit mindestens zwei Bereichen. Mit der Funktion **GELÄNDER VERBINDEN** können nur Geländer verbunden werden, die den gleichen Stil haben. Ein Lattenzaun lässt sich nicht mit einer Balustrade verbinden.

Geländer trennen
- **GELÄNDER TRENNEN** trennt ein Geländer an der gewünschten Stelle in zwei unabhängige Geländer, die nun einzeln bearbeitbar sind.

Bereiche löschen
- **BEREICHE LÖSCHEN** löscht die Trennung von Bereichen und verbindet diese.

Bereiche erstellen
- **BEREICHE ERSTELLEN** trennt einen Bereich des Geländers an der gewünschten Stelle in zwei Bereiche und fügt an der Trennstelle einen Pfosten ein.

Pfosten verschieben
- **PFOSTEN VERSCHIEBEN** verschiebt die Lage eines Pfostens. Wird ein Pfosten am Ende eines Bereichs verschoben, verändern sich die Werte **OFFSET START** oder **OFFSET ENDE**. Verschiebt man einen Pfosten innerhalb eines Bereichs, werden die weiteren Teilungen neu gesetzt und einer der Endpfosten mit verschoben.

Einstellungen
- **EINSTELLUNGEN** öffnet einen weiteren Dialog, über den Grundeinstellungen für die Darstellung, Eingabe und Geländererzeugung getätigt werden können.

Umdrehen
- **UMDREHEN** ändert die Lage des Geländers in Bezug zum Pfad. Die Anwendung ist analog zur Funktion **UMDREHEN** bei Linienbauteilen wie Wand oder Streifenfundament.

Vorgang zum Erzeugen eines Geländers

Geländer

➤ GELÄNDER
➤ **EIGENSCHAFTEN (1)**: Geländerstil erzeugen oder fertigen Geländerstil auswählen
➤ Pfad des Geländers über Punkte definieren (in Grundriss oder Perspektive)

➤ Bei Bedarf → Teilung **(2)** usw. für den jeweiligen Bereich definieren und Bereich mit **BEREICH (3)** fixieren
➤ Eingabe des Geländers mit **ESC** oder **ANWENDEN (4)** beenden

6.3.3 Fassade

Fassaden können entweder in jedem Geschoss einzeln erzeugt werden oder, günstig bei Lufträumen über mehrere Stockwerke, über eine komplette Gebäudehöhe. Die Darstellung für einen Grundriss kann über eine Schnitthöhe eingestellt werden. Wird eine Fassade über mehrere Geschosse erzeugt, bietet es sich an, die entsprechende Darstellung in den oberen Geschossen in 2D zu ergänzen, um keine doppelten Bauteile zu erzeugen (siehe auch Abschnitt 5.8.4, »Geschossübergreifende Darstellung der Treppe«).

- **FASSADE** dient zum Erzeugen von Fassaden jeglicher Form. Sie können freie Formen über den Grundriss, die Ansicht oder in der Perspektive eingeben oder 3D-Flächen oder Körper als Grundform übernehmen. Alle Teilungen sind variabel. Die erzeugten Bauteile lassen sich **nur** mit den in der Toolbar der Fassade und im Kontextmenü der Fassade zur Verfügung stehenden Funktionen ändern und/oder ergänzen/löschen. Nach dem Funktionsaufruf ist standardmäßig die Eingabe einer neuen linearen Fassade aktiv. Es kann daher sofort ohne weitere Definition eine Fassade mit der gleichen Einstellung wie der letzten Fassade erzeugt werden.

Fassade

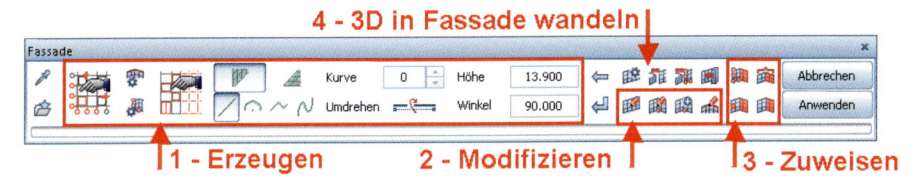

4 - 3D in Fassade wandeln
1 - Erzeugen   **2 - Modifizieren**   **3 - Zuweisen**

Allgemeine Funktionen

- **ALLES ÜBERNEHMEN** übernimmt von einer bestehenden Fassade alle Eigenschaften bis auf die Geometrie.
- **FASSADEN FAVORIT LADEN** öffnet die Dateiauswahl zum Laden eines gespeicherten Fassadenfavoriten.

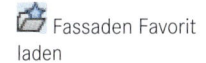

Alles übernehmen

Fassaden Favorit laden

1 – Erzeugen

- **SCHEMA-EINSTELLUNGEN** dient zum Definieren sich wiederholender (periodisch) oder genauer (skaliert) Aufteilungen von Fassaden.
- **OBJEKT-LAYOUT-EINSTELLUNGEN** dient zur Einstellung von sich wiederholenden Bauteilen der Fassade. Es können z. B. Öffnungselemente, Vordächer oder auch spezielle Ränder definiert werden.
- **UNTERTEILUNGS-EINSTELLUNGEN** gibt die Möglichkeit, die Fassadenfläche in nahezu beliebige Felder zu unterteilen.
- **OBJEKT-DEFINITIONEN** zeigt drei Register an, über die Bauteile der Fassade selbst definiert und/oder geändert werden können.
- **FASSADEN-WAND** (links oben) lässt den eingegebenen Pfad zu einer linearen Fassade extrudieren.
- **FASSADEN-FLÄCHE** (rechts oben) lässt die Eingabe einer flächigen Fassade zu.

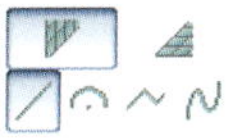

Fassaden-Pfad

- **GERADES BAUTEIL**, **KREISFÖRMIGES BAUTEIL**, **POLYLINIENFÖRMIGES BAUTEIL** und **SPLINEFÖRMIGES BAUTEIL** dienen zum Einstellen der Form des einzugebenden Fassadenbereiches. Bereiche mit unterschiedlichen Einstellungen können sich nach Belieben abwechseln.
- **KURVE NUMMER**: Beim Eingeben eines Pfades wird hier die aktuelle Kurvennummer angezeigt. Die Fassade erhält mehrere Bereiche, die an dieser Stelle ausgewählt werden können.
- **UMDREHEN** dient zum Drehen der Ausdehnungsrichtung der Fassade über den Pfad/die Fläche ähnlich den Linienbauteilen.
- **HÖHE** dient zur Eingabe der (Extrusions-)Höhe des Pfades.
- **WINKEL** dient zur Eingabe des (Extrusions-)Winkels des Pfades. Bei einer linearen Fassade sind dies 90° senkrecht.
- **KURVE ABSCHLIESSEN** schließt eine Kurve während der Punkteingabe ab und beginnt eine neue Kurve. Die einzelnen Kurven eines Pfades können unterschiedliche Höhen und Winkel haben. Solange der Bereich nicht angeschlossen ist, kann jederzeit (auch während der Punkteingabe) der Kurventyp geändert werden.

2 – Modifizieren

- **MODIFIZIEREN** dient zum Ändern bereits erzeugter Fassaden. Nach Aktivieren der Fassade wird diese im Vorschau-Modus angezeigt, und Sie können Änderungen vornehmen.
- **MODIFIZIEREN DER KURVEN-/PFAD-PUNKTE** dient zum Verschieben von Pfad-Punkten der Fassade. Die Funktion arbeitet analog zu **PUNKTE MODIFIZIEREN**. Beendet wird die Funktion durch Klicken auf **ANWENDEN** oder **ABBRECHEN**.
- **KURVEN-PUNKTE HINZUFÜGEN** fügt dem Pfad Punkte hinzu. Die Funktion arbeitet analog **LINIE KNICKEN**. Beendet wird die Funktion durch Klicken auf **ANWENDEN** oder **ABBRECHEN**.
- **MODIFIZIEREN DER UNTEREN/OBEREN HÖHENLAGE** lässt Änderungen der Höhenlage einzelner Pfadpunkte zu. Bei Änderungen an den unteren Punkten wird der obere im Abstand belassen, bei Änderungen an den oberen Punkten bleibt der untere in der Lage gleich, und der Abstand der Punkte verändert sich. An Knickstellen können beide Fassadenbereiche unabhängig voneinander geändert werden. Beendet wird die Funktion durch Klicken auf **ANWENDEN** oder **ABBRECHEN**.

3 – Zuweisen (Layout-Funktionen)

- **OBJEKT ZUWEISEN** fügt ein Objekt in eine bestehende Fassade ein.
- **RAND-LAYOUT ZUWEISEN** ändert die Ränder in einem bestehenden Fassaden-Feld.
- **FELD-VEREINIGUNG ZUWEISEN** vereinigt ein bestehendes Fassaden-Feld mit einem anderen (zwei Felder zu einem vereinigen).
- **UNTERTEILUNG ZUWEISEN** unterteilt ein bestehendes Fassaden-Feld erneut.

4 – 3D in Fassade umwandeln

- **OPTIONEN** öffnet den gleichnamigen Dialog, über den weitere Einstellungen für die Erzeugung der Fassade getroffen werden können.
- **3D IN FASSADE UMWANDELN** übernimmt einen bestehenden 3D-Körper als Fassaden-Fläche. Der 3D-Körper muss dabei nicht geschlossen sein (zusammenhängende 3D-Flächen).
- **3D IN FASSADE UMWANDELN UND UNTERTEILEN** übernimmt eine bestehende 3D-Fläche als Fassaden-Fläche und lässt direkt eine grafische Unterteilung zu.
- **FASSADE IN 3D UMWANDELN** wandelt Fassaden in 3D-Körper bzw. 3D-Flächen. Die Geometrie der 3D-Körper kann dann mit geeigneten Funktionen geändert werden.

6.3.4 Beispiel – Geländer, Treppe und Galerie

Als Vorbereitung für das Geländer, das von der Galerie jeweils bis zum Antritt der Treppe in einem Stück durchlaufen soll, müssen Sie die Treppe so modifizieren, dass keine Wange und kein Handlauf mehr vorhanden sind. Die Trittstufen sollen in der Lage unverändert sein. Die Treppenwangen werden, inkl. dem Handlauf, als Geländer erstellt. Öffnen Sie die Eigenschaften der Treppe über das Kontextmenü und schalten Sie die entsprechenden vier Bauteile aus. Achten Sie bei der Übernahme der Änderungen darauf, dass Sie den Treppenschnitt wiederherstellen lassen und dass die Beschriftung neu abgesetzt werden muss.

Geländer für Galerie und Treppe erzeugen

▷ **PROJEKTBEZOGEN ÖFFNEN: TEILBILDER AUS ZEICHNUNGS-/BAUWERKSSTRUKTUR**, Teilbild 240 aktiv, Teilbild 230 und 231 passiv im Hintergrund
▷ **DARSTELLUNGS-FAVORIT LESEN** → Im Ordner **FAVORITEN PROJEKT** *Geländer_einsetzen.bdfa* auswählen und bestätigen

> **TIPP:** Im Darstellungs-Favoriten *Geländer_einsetzen.bdfa* wird auf ein Plotset zugegriffen, in dem viele Layer ausgeblendet werden. Sie können alternativ auch die sichtbaren Layer so weit einschränken, dass nur die Decke und Treppe sichtbar bleiben.

▷ **3 FENSTER – ISOMETRIE VON VORNE/LINKS**
▷ **GELÄNDER** oder Bauteil aus Assistenten *Geländer und Fassaden* übernehmen
▷ **GELÄNDERSTIL LADEN**
FAVORITEN PROJEKT
Geländer Galerie-Treppe.rds wählen und **ÖFFNEN** (entfällt bei Übernahme der Eigenschaften aus dem Assistenten *Geländer und Fassaden*, Bauteil **01**)

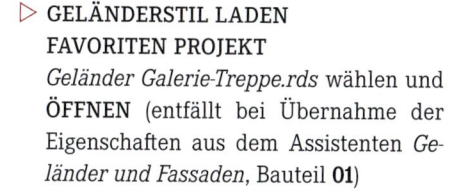

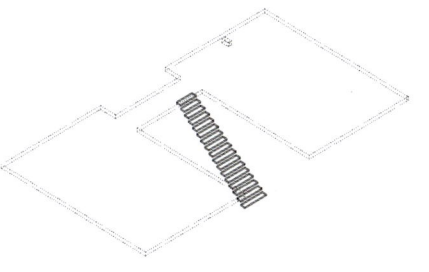

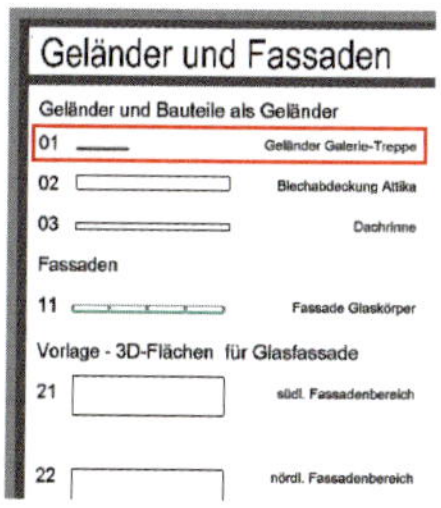

▷ **FORMATEIGENSCHAFTEN**
▷ **LAYER** → AR_GELHAL

Der Basispfad des Geländers liegt auf Fertigfußbodenhöhe. Aus diesem Grund ist bei den ersten beiden Punkten des Geländers ein Z-Wert von 16 cm einzugeben. Zudem sind die Wände aufgrund der besseren Übersicht ausgeblendet. Der Beginn des Geländers soll aber mit der Innenkante der Ziegelwand zusammenfallen.

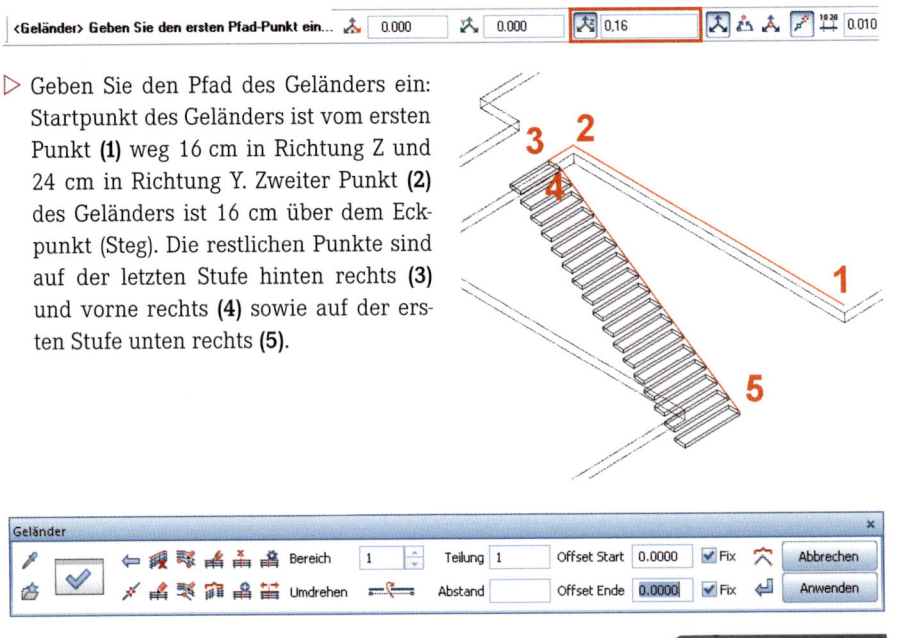

▷ Geben Sie den Pfad des Geländers ein: Startpunkt des Geländers ist vom ersten Punkt **(1)** weg 16 cm in Richtung Z und 24 cm in Richtung Y. Zweiter Punkt **(2)** des Geländers ist 16 cm über dem Eckpunkt (Steg). Die restlichen Punkte sind auf der letzten Stufe hinten rechts **(3)** und vorne rechts **(4)** sowie auf der ersten Stufe unten rechts **(5)**.

▷ Beenden Sie nach Punkt **(5)** die Eingabe des Geländers mit **ESC** oder **ANWENDEN**.

Erzeugen Sie auf die gleiche Weise auch die restlichen Geländer; eines auf der anderen Treppenseite und das dritte Geländer als Absturzsicherung auf der Rückseite des Steges.

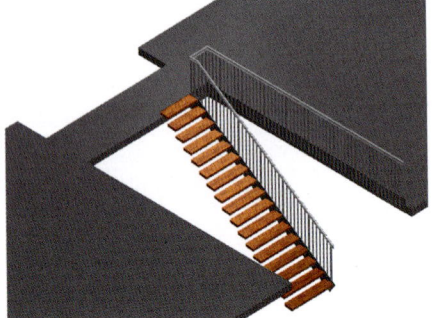

Mit der Funktion *Geländer* inkl. den in den Assistenten enthaltenen Vorlagen können noch weitere Bauteile des Gebäudemodells ergänzt werden. So wird auf *Teilbild 250 – Ebene 02 – Modell – Dachgeschoss* eine Blechabdeckung für die Attika benötigt, und auf *Teilbild 251 – Decke/Dach über Ebene 02* werden die beiden Dachrinnen benötigt. Die Vorlagen zur Attikaabdeckung sowie Dachrinne finden Sie im Assistenten *Geländer und Fassaden* und sie werden als Favorit im Projekt gespeichert. Beachten Sie den Info-Text der Favoriten bzw. die textlichen Erläuterungen zur Anwendung im Assistenten. Verwenden Sie die Dachrinne oder das Attikablech als Vorlage, um eigene Blechabschlüsse, z. B. für den First oder Ortgang, zu kreieren.

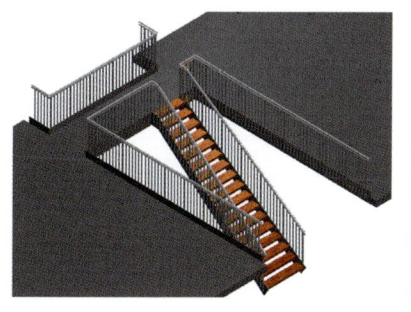

6.3.5 Beispiel – Fassade des Glaskörpers

Der Eingangsbereich hat derzeit eine vereinfacht dargestellte Glasfassade aus Wänden und einer Dachhaut. Diese Darstellung ist ideal, um einen ersten Entwurf (inkl. berechneten Ansichten) fertig zu stellen. Für eine detailliertere Planung als Vorlage für die Fassade sollen jeweils zwei vereinigte 3D-Flächen dienen, die mit den Funktionen des Moduls **3D-MODELLIEREN** erzeugt werden. Da dieses Modul nicht in allen erhältlichen Paketen enthalten ist, finden Sie die beiden Grundformen im Assistenten *Geländer und Fassade* abgelegt. Sie können die beiden 3D-Flächen im Assistenten markieren und über die Zwischenablage in Ihr Teilbild einfügen. Die Flächen können nach dem Einsetzen an die korrekte Stelle verschoben werden.

Teilbild für Fassade vorbereiten

Die Fassade soll auf einem eigenen Teilbild vorbereitet werden, um bei der Konstruktion möglichst wenige störende Elemente zu haben. Benennen Sie das Teilbild 242 in *Glasfassade Glaskörper* um, und weisen Sie dem Teilbild die Dachlandschaft *Glaskörper* zu. Die Standardebenen können vom Erdgeschoss verwendet werden. Die zu erzeugenden Flächen können von der Ebene *Geometrie* übernommen werden.

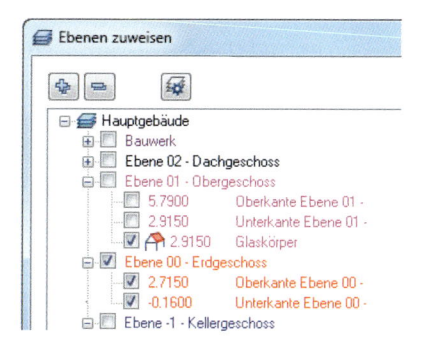

3D-Flächen als Vorkonstruktion für Fassade

Die sichtbare Dachlandschaft dient als Orientierung für die Punkte der Fassade. Da die Randprofile auf Achse konstruiert werden, müssen die Randpunkte um 3 cm eingerückt werden. Zudem soll die Front der Fassade bis in das Erdgeschoss auf den Fertigfußboden (Z-Koordinate 0.00) reichen.

▷ 3D-RECHTECKFLÄCHE
▷ Eingabeoptionen → AUSGEHEND VON DER GRUNDLINIE EINGEBEN anwählen

3D-Rechteckfläche

Die Punkte **1 bis 2** sind die Punkte der Basislinie für das obere Rechteck und die Punkte **4 bis 5** für das senkrechte Rechteck.

▷ **Erste Fläche erzeugen**:
- Linken oberen Eckpunkt der Ebene anvisieren und 3 cm Abstand in X-Richtung eingeben **(1)**
- Rechten oberen Eckpunkt anvisieren und in negativer X-Richtung den Abstand 3 cm eingeben **(2)**. Traufkante **(3)** der Ebene anklicken.

▷ **Zweite Fläche erzeugen**:
- Linken Eckpunkt der ersten Fläche anklicken **(4)**, rechten Eckpunkt der ersten Fläche anklicken **(5)**
- Rechten Eckpunkt der ersten Fläche anvisieren **(6)**, Kontextmenü öffnen, Koordinate fixieren → **XY-FEST**

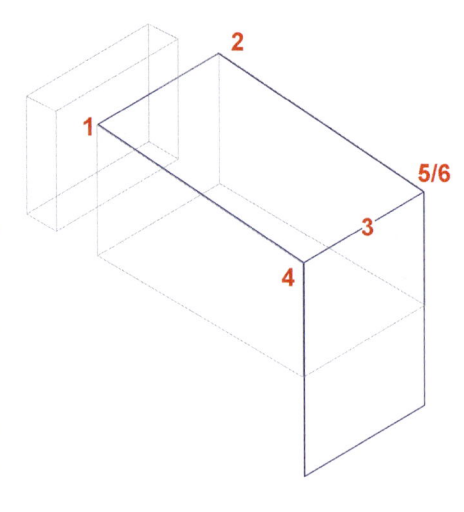

XY-Fest

Globalpunkt

- **GLOBALPUNKT** in der Dialogzeile einschalten und bei der Z-Koordinate 0.00 eingeben und bestätigen

Die 3D-Fläche wird erzeugt. Geben Sie die rückseitigen Flächen im gleichen System ein. Schalten Sie nach dem Erzeugen der senkrechten Fläche in der Dialogzeile wieder auf **DELTAPUNKTEINGABE**, indem Sie eine beliebige Funktion öffnen, die Option umschalten und wieder abbrechen.

▷ **KÖRPER VEREINIGEN**

Körper vereinigen

- Klicken Sie eine Fläche (z. B. die senkrechte) als erstes Objekt an.
- Wählen Sie als weiteren Körper (Fläche) die Dachfläche an und bestätigen Sie die Auswahl. Die beiden Flächen werden zu einem Objekt vereinigt. Vereinigen Sie auch die hinteren beiden 3D-Flächen.

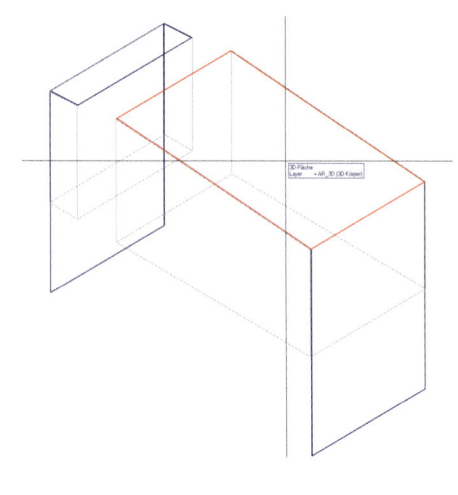

Alternativ zum Neuerzeugen der beiden Flächen können Sie die Elemente auch aus dem Assistenten über die Zwischenablage einfügen. Richten Sie die 3D-Flächen so aus, dass die Mitte der Firstlinien jeweils mittig auf der entsprechenden Linie der Ebenen zu liegen kommt.

Erzeugen der Fassade

▷ 3 FENSTER – ISOMETRIE VON VORNE/ LINKS
▷ Fassade aus Assistenten *Geländer und Fassaden* übernehmen **(1)**
▷ 3D-KÖRPER IN FASSADE UMWANDELN **(2)**
▷ Vordere 3D-Fläche anklicken
  Dach **und** Wandbereich müssen rot markiert sein, ansonsten wurden die Flächen noch nicht korrekt vereinigt.
▷ Kontrollieren Sie die Richtung der Fassade. Der Pfeil sollte nach außen zeigen. **ANWENDEN (3)** zum Abschließen der Eingabe der ersten Fassadenfläche klicken.
▷ Wenn der Pfeil nach innen gezeigt hatte, öffnen Sie die Eigenschaften der Fassade über das Kontextmenü, klicken einmal die Funktion **UMDREHEN** an und führen die Aktion mit **ANWENDEN** durch.

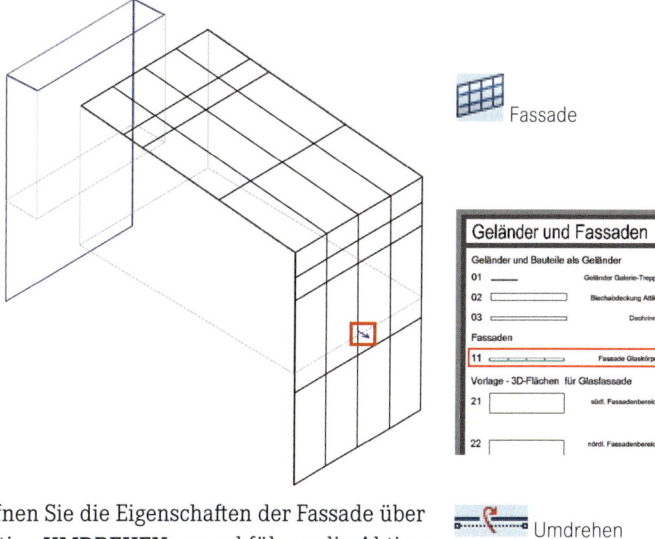

Fassade

Umdrehen

Erzeugen Sie gleichermaßen auch die hintere Fassade.

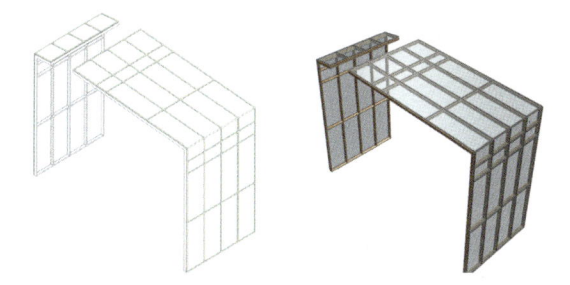

Die beiden Fassadenteile sind bereits fertig unterteilt. Über die verschiedenen Funktionen der Fassade können Sie auch alternative Unterteilungen vornehmen.

Einsetzen der Haustür in die Fassade – Flächen-Objekte

Die Haustür als zweiflügeliges Element soll in der Mitte der vorderen Fassade eingebaut werden. Dazu müssen erst die mittleren beiden Felder verschmelzen und eine Tür eingesetzt werden. Eine Haustür ist, wie Öffnungsflügel, Glasfelder und Paneele, ein Flächen-Objekt.

- Objekte zuweisen
- Randlayout zuweisen
- **Feld- Vereinigung zuweisen**
- Unterteilung zuweisen
- Export 3D Geometrie

▷ Kontextmenü der Fassade öffnen: **FELD-VEREINIGUNG ZUWEISEN**
▷ Einen der beiden Anfasspunkte am mittleren Pfosten anklicken
▷ **ANWENDEN** zum Abschließen der Eingabe

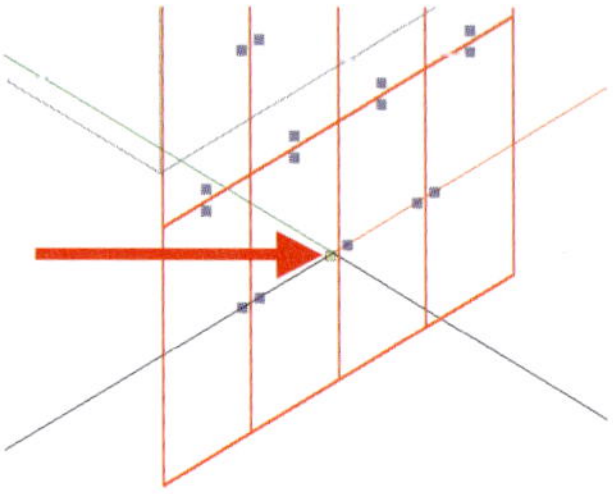

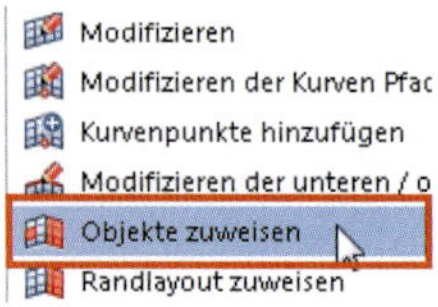

Beide Felder werden vereinigt.

- Modifizieren
- Modifizieren der Kurven Pfad
- Kurvenpunkte hinzufügen
- Modifizieren der unteren / o
- **Objekte zuweisen**
- Randlayout zuweisen

▷ Kontextmenü der Fassade erneut öffnen: **OBJEKT ZUWEISEN**
▷ **OBJEKT-LAYOUT** → *Flächen-Objekte*

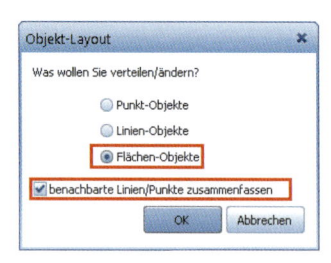

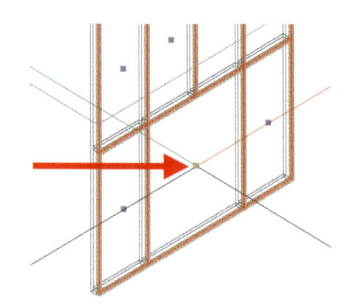

▷ Feldmitte anklicken
▷ **011 2-FLÜGL.GLAS-TÜR** anwählen und Auswahl bestätigen
▷ **ANWENDEN** zum Abschließen der Eingabe klicken

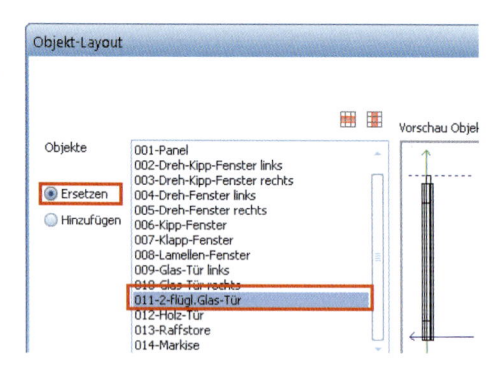

Die Tür wird erzeugt und eingesetzt.

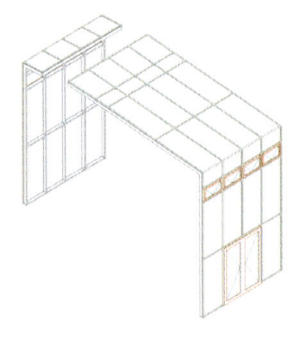

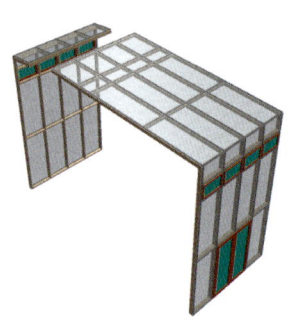

Setzen Sie in die kleinen Felder der vorderen und hinteren Fassade Klappflügel ein. Probieren Sie die Schalter rechts neben *Adresse* aus. Mittels dieser Schalter können in Streifen der Fassaden Elemente automatisiert eingesetzt werden. Über die Eingabezeile *Adresse* können Felder direkt angesprochen werden. Es ist z. B. möglich, in jedem zweiten Feld einen Klappflügel einzusetzen und vieles mehr. Lesen Sie dazu die entsprechenden Bereiche der Hilfe bzw. schauen Sie sich das nächste Teilbeispiel an.

Ergänzen der Fassade mit einem Vordach – Linien-Objekte

Das über der Haustür einzusetzende Vordach ist ein Linien-Objekt. Der Vorgang zum Einsetzen ist fast gleich wie zuvor.

▷ Kontextmenü der Fassade erneut öffnen: **OBJEKT ZUWEISEN**
▷ **OBJEKT-LAYOUT** → *Linien-Objekte*
▷ Mittelpunkt des Kämpfers über dem Feld links der Haustüren anklicken
▷ **LAYOUT DER ZEILE ZUWEISEN (1)** aktivieren
▷ **000-PFOSTEN/RIEGEL und** 002-VORDACH (3) auswählen, Option **HINZUFÜGEN (2)** wählen und Adressierung für den gesamten Streifen
▷ Angaben bestätigen
▷ **ANWENDEN** zum Abschließen der Eingabe

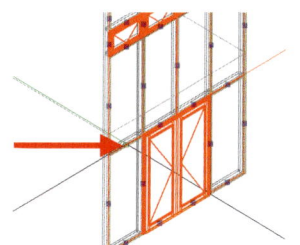

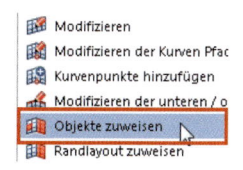

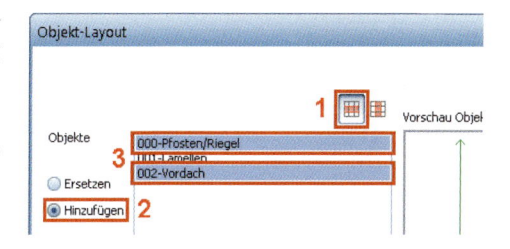

Das Vordach wird erzeugt.

> **HINWEIS:** Wenn nicht beide Bauteile an dieser Stelle angewählt werden, so wird ein Bauteil durch das andere ersetzt, wodurch sich auch gute Effekte erzielen lassen.

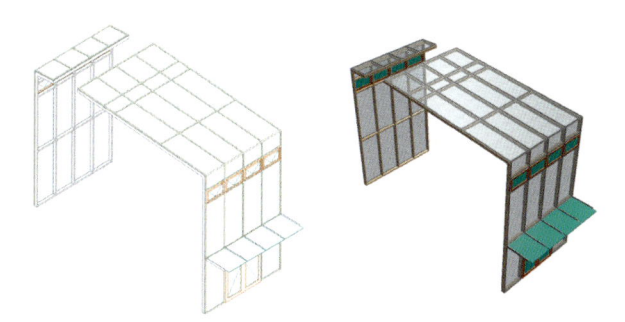

Entfernen Sie aus den Teilbildern des Erdgeschosses und des Obergeschosses (inkl. den jeweiligen Teilbildern mit der Decke) die Fassadenwände und das Glasdach.

Darstellung für Animation

Betrachtet man nun die Fassade in der Animation, stellt man fest, dass die festverglasten Scheiben durchsichtig sind, die Glasflächen der Klappläden, Tür und des Vordachs jedoch in Türkis dargestellt werden. Die Einstellung der eingesetzten Objekte ist so definiert, dass alle Glasflächen in Stiftfarbe 3, Türkis, eingestellt werden. Um diese Elemente in der Animation als Glas darzustellen, ist es entweder notwendig, die Objekte selbst zu modifizieren oder der Farbe 3 für die Animation ein Glasmaterial zuzuweisen. Nachfolgend ist die Änderung der Stiftfarbe 3 für die Animation dargestellt. Mehr zum Thema Animation finden Sie in Kapitel 9, »Visualisierung«.

▷ **F4** – Animationsfenster öffnen
▷ Kontextmenü im Animationsfenster öffnen
▷ OBERFLÄCHENEINSTELLUNGEN
▷ Farbe 3 **(1)** markieren und Oberflächeneinstellungen der Farbe 3 über **ÄNDERN ... (2)** öffnen.
▷ Ändern Sie die Einstellungen wie angezeigt oder öffnen Sie über **FAVORIT LADEN** den Design-Ordner und wählen dort das Material *Glas.surf* aus (oder wie dargestellt, *Glas.surf* aus dem Ordner *Design/Standard-Gi*).

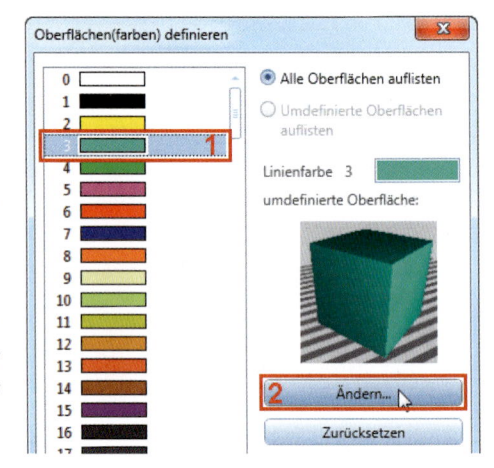

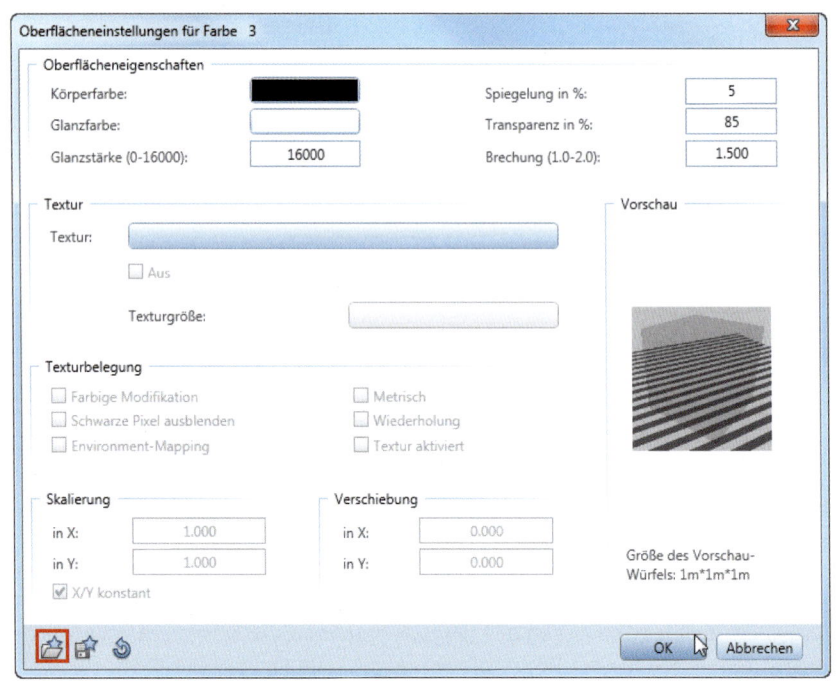

Oberflächeneinstellungen

▷ Bestätigen Sie die Einstellungen für die neuen Einstellungen in beiden Dialogen.

Die Darstellung in der Animation wird sofort geändert. Eine Übersicht über Materialeinstellungen finden Sie in Abschnitt 9.1.6, »Texturen in Allplan«.

Dateiübergreifend kopieren/verschieben

▷ PROJEKTBEZOGEN ÖFFNEN: TEILBILDER AUS ZEICHNUNGS-/BAUWERKSSTRUKTUR, Teilbild 242 aktiv, restliche Teilbilder nicht aktiv oder passiv!
▷ DATEI → DOKUMENTÜBERGREIFEND KOPIEREN/VERSCHIEBEN
▷ DOKUMENTÜBERGREIFEND → AUSWAHL MIT BAUWERKSSTRUKTUR
▷ Als Zielteilbild das Teilbild des Erdgeschosses, Nummer 240, auswählen und Auswahl bestätigen.
▷ Sicherheitsabfrage mit JA bestätigen (Teilbild 240 ist belegt und es sollen Elemente darauf kopiert werden)
▷ Beide Fassadenteile anwählen

Projektbezogen öffnen

Die Daten wurden kopiert.

Ergänzen Sie im Erdgeschoss die Darstellung der Glasfassade mit Linien. Die Eigenschaften der Linien übernehmen Sie am besten aus dem Assistenten *Layer*. Im Assistenten *Layer* befinden sich einige einfache Elemente, von denen der Layer übernommen werden kann.

■ 6.4 Möblierung und Ausstattungselemente

Allplan bietet eine Vielzahl von Möglichkeiten an, Symbole in 3D und 2D zu erstellen, einzulesen und zu verwenden. Bei der Installation von Allplan können verschiedene Symbolkataloge ausgewählt werden, auf die Sie zugreifen können.

Neben den in der Basisinstallation vorhandenen Symbolen, Makros und SmartParts können weitere Daten über Allplan Connect bezogen werden. Nach einer Anmeldung unter *http://www.allplan-connect.com* haben Sie entweder Zugriff auf den kompletten Datenstamm (bei bestehendem ServicePlus-Vertrag) oder auf eine Auswahl, je nachdem, ob Sie Kunde (mit Kundennummer) oder Interessent sind.

Allplan-Connect kann alternativ in der gleichnamigen Palette geöffnet werden. Viele der angezeigten Daten können direkt in die Oberfläche gezogen und weiterverwendet werden. Der Vorgang ist nachfolgend für zwei der angebotenen Datentypen beschrieben. Im Beispiel werden allerdings nur die Symbole und SmartParts verwendet, die ohne Internetverbindung bei jeder Standardinstallation verfügbar sind.

6.4.1 Vergleich Symbole – Makros – SmartParts

Neben den einfachen Symbolen und Makros können in Allplan ab Version 2012 SmartParts verwendet werden. Zur Abgrenzung der Einsatzbereiche und Begrifflichkeiten finden Sie nachfolgend eine Kurzbeschreibung von Symbolen, Makros und SmartParts.

- **Symbole** werden im Symbolkatalog abgelegt und beinhalten einfache bis komplexe Geometrien, die beim Absetzen an einem Punkt eingefügt werden können. Nach dem Absetzen sind alle Elemente einzeln auf dem Teilbild enthalten, wie sie erstellt wurden. Haupteinsatzgebiet: Möblierung in 2D und 3D, Vorlagen für Details, Legenden und Ähnliches
- **Makros** werden im Makrokatalog gespeichert und besitzen Zusatzeigenschaften, wie z. B. die Berücksichtigung von Ausbauflächen, gleich bleibende Bereiche bei Verzerrung (siehe Fenster), unterschiedliche Darstellungen für Maßstäbe und/oder Zeichnungstypen, und können ausgewertet werden. Die Geometrien in Makros sind zusammenhängend, d. h. ein Makro ist ein Objekt.
Haupteinsatzgebiet: Fenster und Türen, komplexere Ausstattungsgegenstände, Einrichtungsgegenstände zum Auswerten, wie Elektroinstallationen und Ähnliches
- **SmartParts** werden einzeln oder in Makrokatalogen gespeichert. SmartParts können nahezu all das, was auch Makros auszeichnet. Zusätzlich beinhalten SmartParts weitere Intelligenzen. So ist es z. B. möglich, bei einer Dachleiter die Neigung der Leiter bei immer waagrechten Stufen zu verändern, oder bei einem Tisch mit Stühlen diese gemeinsam vom Tisch wegzuschieben, die Anzahl über die Tischgröße zu steuern und vieles mehr. Die Möglichkeiten von SmartParts werden einzig und allein durch ihre Größe und die Fähigkeiten der Ersteller (Programmierer) eingeschränkt.

6.4.2 SmartPart – Auswahlpalette

Neu in Version 2013: SmartPart-Palette

Neu in Version 2013 ist die Möglichkeit, die installierten SmartParts komfortabel über einen speziellen Katalog aufzurufen und für die eigenen Planungen zu verwenden. Der Aufruf dieses Katalogs ist nur über das Modul **SMARTPARTS** unter **ZUSÄTZLICHE MODULE** möglich.

Der Katalog ist in unterschiedliche Bereiche gegliedert. Über das Icon **START** existiert die Möglichkeit, auf den Standard-Öffnungszustand zurückzuspringen bzw. durch zweimaliges Anwählen auf die Auswahl *Standard – Büro* zu gelangen. Die Auswahl eines SmartParts erfolgt durch einfaches Anklicken des Symbols. Nach der Auswahl hängt das Objekt am Fadenkreuz und kann in der Palette **SMARTPART** (oder einem erscheinenden Dialog) eingestellt werden. In den Eingabeoptionen existieren weitere Funktionen, die bei der Platzierung helfen. Der Vorgang ist nachfolgend exemplarisch beschrieben.

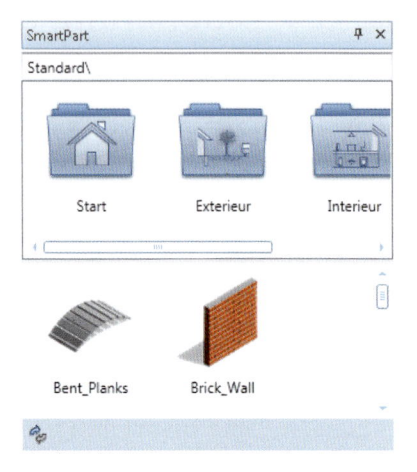

Funktionen beim Absetzen

Direkt beim Absetzen eines ausgewählten SmartParts werden in den Eingabeoptionen mehrere Funktionen angezeigt.

- Anstatt dem Standardabsetzpunkt kann über **TRANSPORT-PUNKT** einer von den neuen vordefinierten Punkten gewählt werden.
- **S-PUNKT** setzt die Auswahl des Transportpunktes wieder auf den im SmartPart definierten Absetzpunkt zurück.
- **SPIEGELN X-RICHTUNG** spiegelt das gewählte SmartPart um die Y-Achse. Der gewählte Transportpunkt/Absetzpunkt fungiert als Ursprung.
- **SPIEGELN Y-RICHTUNG** spiegelt das gewählte SmartPart um die X-Achse. Der gewählte Transportpunkt/Absetzpunkt fungiert als Ursprung.
- Wenn **SMARTPART MIT GRIFFEN MODIFIZIEREN** aktiviert ist, bedeutet das, dass das SmartPart direkt nach dem Absetzen über Handles weiter angepasst werden kann. Abgeschlossen wird der Vorgang über **ESC**. Wenn die Option nicht aktiviert ist, kann das Objekt direkt nach dem Absetzen nochmals eingesetzt werden.

Transportpunkt

S-Punkt

Spiegeln X-Richtung

Spiegeln Y-Richtung

SmartPart mit Griffen modifizieren

SmartPart aus Katalog einfügen

- ➤ **SMARTPART** (Modul **SMARTPARTS, ZUSÄTZLICHE MODULE**)
- ➤ Interieur (bzw. Inneneinrichtung) im oberen Bereich anwählen
- ➤ SmartPart auswählen (z. B. modernes Sofa)
- ➤ Einstellungen in der Palette **SMARTPART** vornehmen
  Je nach SmartPart werden hier ein oder mehrere Register angezeigt, in denen unterschiedlichste Einstellungen getroffen werden können.

SmartPart

Modernes Sofa

- ➤ Absetzpunkt und weitere Einstellungen in den Eingabeoptionen nach Bedarf einstellen
- ➤ SmartPart auf dem Teilbild absetzen. Für die exakte Platzierung des Objekts stehen die Hilfen des Punktfangs, Spurlinien und Dialogzeile zur Verfügung.
- ➤ SmartPart über Griffe verändern (bei aktivierter Option **SMARTPART MIT GRIFFEN MODIFIZIEREN**)
- ➤ Absetzen des Objekts mit **ESC** abschließen
- ➤ Objekt nochmals absetzen oder durch **ESC** zurück zur Auswahl

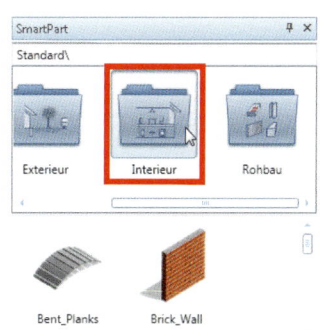

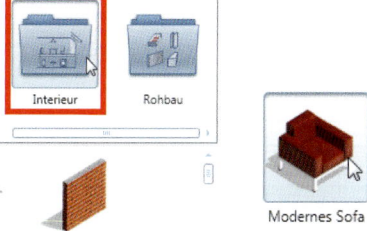

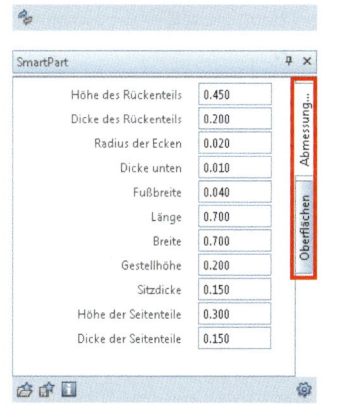

> **HINWEIS:** Wird während des Absetzens ein SmartPart über die Palette oder den Dialog geändert **und** das Absetzen abgebrochen, kann es vorkommen, dass die vorgenommenen Einstellungen permanent gespeichert werden. Dies kann verhindert werden, indem das Objekt auf jeden Fall abgesetzt wird.

6.4.3 Symbole, Symbolkatalog

In einem Symbol werden mehrere Elemente (einfache und komplexe) zu einem Element zusammengefasst und in einer Datei gespeichert. Beim Absetzen eines Symbols auf dem Teilbild werden wieder einzelne Elemente erzeugt, welche die gleiche Segmentnummer erhalten.

Neben einfachen 2D- oder 3D-Geometrien können im Symbolkatalog auch Makros, SmartParts und andere Bauteile gespeichert werden.

Snoop-Funktionalität eines Symbols

Ein »intelligentes Symbol« bzw. ein »intelligentes Makro« ist ein Element, das sich automatisch parallel und in einem bei der Definition festgelegten Abstand zu Begrenzungen von Architekturelementen (z. B. Wand, Decke, Raum, Dachebene) absetzen lässt.

Funktionen zu Symbolen

Daten aus Katalog lesen

- **DATEN AUS KATALOG LESEN** öffnet den Dialog **KATALOG-AUSWAHL**, in dem die Datenart und der Pfad zum gewünschten Symbolkatalog gewählt werden müssen, bevor Sie ein Symbol auswählen können.

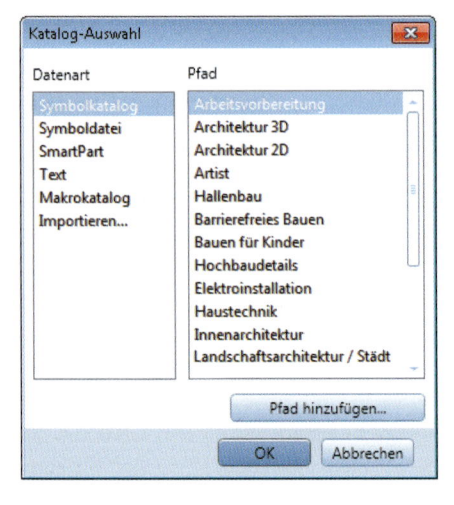

Vorgehensweise Symbol aus Katalog lesen

Daten aus Katalog lesen

- ➤ **DATEN AUS KATALOG LESEN**
- ➤ **DATENART** auswählen
- ➤ **KATALOG** unter **PFAD** auswählen

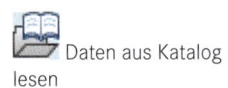

- ➤ Im Bereich **DATEI** einen Oberbegriff auswählen
- ➤ Im Bereich **EINTRAG** das gewünschte Symbol auswählen → wird rechts in der Mitte angezeigt
- ➤ Auswahl bestätigen

Symbol entweder absetzen oder über **EINGABEOPTIONEN** voreinstellen und danach absetzen

- **DATEN IN KATALOG EINFÜGEN** speichert Elemente Ihrer Wahl als Symbol in einem Katalog ab.

Daten in Katalog einfügen

Vorgehensweise beim Speichern eines Symbols im Katalog:

- ➤ **DATEN IN KATALOG EINFÜGEN**
- ➤ Speicherort des Symbols wählen
- ➤ Elemente markieren, die als Symbol gespeichert werden sollen
- ➤ **SYMBOL-AUSGANGSPUNKT** angeben
- ➤ **SNOOP-FUNKTIONALITÄT** aktivieren oder deaktivieren
- ➤ Bei aktivierter **SNOOP-FUNKTIONALITÄT** muss eine Linie des Symbols (mit oder ohne Abstand) als Ausgangslinie angegeben werden.
- ➤ Datei und Eintrag zum Speichern angeben

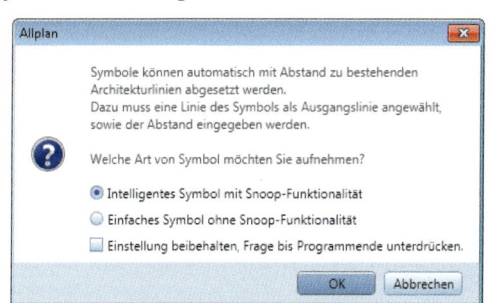

Standardsymbole und Layer

Die meisten Symbole in den installierten Katalogen sind auf dem Standardlayer abgelegt. In den Optionen kann eingestellt werden, dass alle Elemente der Symbole, die aus dem Katalog gelesen werden, dem aktuellen Layer zugewiesen werden. Da durch diese Option auch optimal gespeicherte Symbole betroffen wären, ist es ratsam, die Option nicht zu verwenden und die Einrichtungsgegenstände nach dem Absetzen zu modifizieren.

6.4.4 Beispiel – Möblierung mit SmartParts

Verschiedene Möbelstücke sind in den Standarddaten von Allplan als SmartParts enthalten und können angepasst werden. Im Beispiel sollen der Esstisch sowie weitere vorhandene Objekte eingesetzt werden.

Ausbau SmartPart

Esstisch mit variabler Größe und Stuhlanzahl

Direkt vor dem nördlichen Fenster, im Anschluss an die Küche, soll ein Essplatz mit 6 Sitzplätzen (nur Längsseiten bestuhlt) angeordnet werden. Der in Allplan enthaltene Tisch mit Stühlen soll verwendet und direkt beim Absetzen auf den Bedarf angepasst werden.

▷ **PROJEKTBEZOGEN ÖFFNEN: TEILBILDER AUS ZEICHNUNGS-/BAUWERKSSTRUKTUR**, Teilbild 230 aktiv

▷ Blenden Sie alle Layer aus, denen Elemente zugeordnet sind, die stören.

▷ **SMARTPART** (Modul **SMARTPARTS, ZUSÄTZLICHE MODULE**)

▷ Interieur (bzw. Inneneinrichtung) in der oberen Leiste der Palette **SMARTPART** anwählen

▷ Tisch mit Stühlen auswählen

Der Tisch wird am Fadenkreuz mit den aktuellen Einstellungen angezeigt. Die Abmessungen werden vor dem Absetzen angepasst.

▷ Einstellungen wie folgt ändern:
 Seiten mit Stühlen: **AUS**
 Länge: 1.200, Breite 2.200

Jede Änderung, die Sie in den Einstellungen in der Palette vornehmen, wird direkt am Objekt in der Vorschau umgesetzt.

▷ Transportpunkt auf *Mitte-Oben* setzen, Option **SMARTPART MIT GRIFFEN MODIFIZIEREN** aktivieren

▷ Tisch wie angezeigt absetzen und Funktion mit zweimal **ESC** beenden

Der Tisch wird mit sechs Stühlen auf dem Teilbild erzeugt. Die Unterkante des Tisches ist meist die der unteren Ebene. Verschieben Sie das Objekt in Z-Richtung um 16 cm.

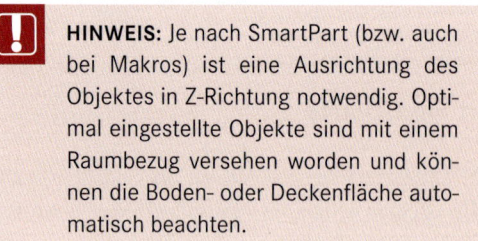

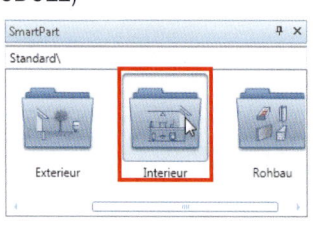

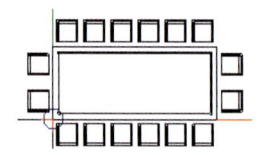

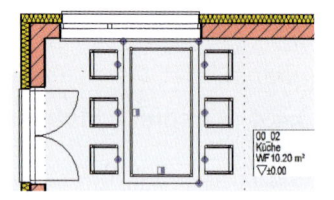

> **HINWEIS:** Je nach SmartPart (bzw. auch bei Makros) ist eine Ausrichtung des Objektes in Z-Richtung notwendig. Optimal eingestellte Objekte sind mit einem Raumbezug versehen worden und können die Boden- oder Deckenfläche automatisch beachten.

Tischabmessungen ändern

Die beschriebene Anpassung über Ziehpunkte (Handles) kann alternativ auch direkt nach dem Bestimmen des Absetzpunktes ausgeführt werden.

▷ Öffnen Sie die **EIGENSCHAFTEN** des Tisches mit einem Doppelklick links auf den Tisch oder über das Kontextmenü **SMARTPART MIT GRIFFEN MODIFIZIEREN**.

SmartPart mit Griffen modifizieren

Nach Funktionsaufruf bzw. dem Öffnen der Eigenschaften werden runde Punkte in Blau sowie zwei halbgefüllte Kästchen, die Handles, angezeigt. Sobald sich das Fadenkreuz über einem Handle befindet, wird angezeigt, welche Aktion durch Ziehen oder Anklicken ausgeführt werden kann.

▷ Klicken Sie den unteren rechten Punkt an. Eventuell liegen die Punkte bei Ihnen anders als abgebildet. Suchen Sie sich in diesem Fall einen Punkt aus, bei dem der Text »Länge« angezeigt wird.

▷ Ziehen Sie den Punkt durch Bewegen des Fadenkreuzes nach links, bis der Tool-Tipp den Text »Länge = 1.000« anzeigt. Klicken Sie den Punkt an.

Ändern Sie die Tischbreite (1.700) und den Abstand der Stühle zum Tisch. Probieren Sie dabei beide Möglichkeiten (Handels und Palette **EIGENSCHAFTEN**) aus. Verschieben Sie den kleineren Tisch am Ende mit der Funktion **VERSCHIEBEN** an die korrekte Stelle.

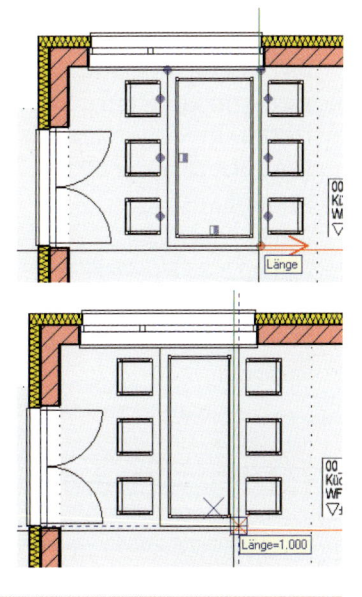

> **TIPP:** Über den Dialog können bei diesem Tisch weitere Randbedingungen verändert werden. Der Abstand der Stühle vom Tisch ist zudem über Griffe einstellbar. Probieren Sie verschiedene Einstellungen aus.

Weitere Objekte einfügen

Fügen Sie dem Grundriss weitere Objekte hinzu. Sie werden feststellen, dass die Dialoge nicht gleich sind und ganz unterschiedliche Möglichkeiten eröffnen. Achten Sie immer darauf, das Objekt selbst, und nicht die nebenstehende Darstellung, anzuwählen. Einen fertig möblierten Grundriss finden Sie am Ende dieses Kapitels.

6.4.5 Beispiel – Möblierung mit Symbolen

Ausbau Einrichtung

Der Grundriss soll nun noch mit einer Möblierung aus 2D-Symbolen vervollständigt werden. Bei der Verwendung von 3D-Symbolen können größere Datenmengen entstehen. Verwenden Sie für umfangreiche Möblierungen in 3D bei größeren Gebäuden bei Bedarf ein eigenes Teilbild für die Möblierung. Symbole können entweder so abgesetzt werden, dass die Elemente den Layer behalten, den sie beim Speichern hatten, oder dass alle Elemente des Symbols auf den aktiven Layer gelegt werden.

WC im Erdgeschoss möblieren

▷ **PROJEKTBEZOGEN ÖFFNEN: TEILBILDER AUS ZEICHNUNGS-/BAUWERKSSTRUKTUR**, Teilbild 230 aktiv
▷ **DATEN AUS KATALOG LESEN**

Daten aus Katalog lesen

▷ **KATALOG-AUSWAHL**
   DATENART → *Symbolkatalog* **(1)**
   PFAD → *Architektur 2D* **(2)**
▷ **SYMBOLAUSGABE**
   DATEI → *Bad 1:50*
   Eintrag → *33 WC 35x57*
▷ Auswahl bestätigen
▷ **EINGABEOPTIONEN** → **ABSETZPUNKT**: Absetzpunkt auf unten Mitte versetzen

▷ Winkelsprung auf 45° einstellen

▷ Fokus auf Winkelsprung in Dialogleiste und Symbol über +/− so drehen, dass die Kante des WCs parallel zur Vormauerung liegt
▷ WC auf dem Mittelpunkt der Vormauerung absetzen

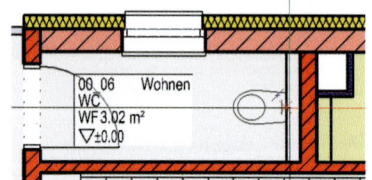

Möblieren Sie alle Räume des Erdgeschosses und des Obergeschosses. Achten Sie auf die Vorwandinstallationen in den Bädern des Obergeschosses. Ein mögliches Ergebnis finden Sie am Ende dieses Kapitels.

Layer modifizieren – über Funktion

Alle Symbole aus dem Katalog *Architektur 2D* liegen auf dem Standardlayer. Optimal sortiert sind die Daten, wenn die Sanitärgegenstände dem Layer *KO_SANI* (Sanitär) und die restlichen Einrichtungsgegenstände dem Layer *KO_MOEB* (Möblierung) zugewiesen werden.

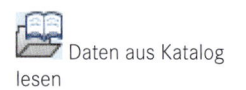

6.4 Möblierung und Ausstattungselemente

- Blenden Sie störende Layer aus und stellen Sie die restlichen auf SICHTBAR GESPERRT.
- FORMAT-EIGENSCHAFTEN MODIFIZIEREN
- Layer *KO_SANI* einstellen → OK
- Ziehen Sie einen Aktivierungsrahmen über WC und Waschbecken auf.

Format-Eigenschaften modifizieren

Die Elemente werden modifiziert und sollten sich direkt nach der Änderung in einem dünneren Stift zeigen.

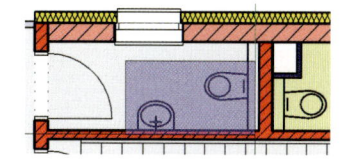

HINWEIS: Die Änderung der Linienstärke ist nur erkennbar, wenn in der Bildschirmdarstellung die Option **DICKE LINIE** aktiv ist.

Layer modifizieren – über Paletten

Alternativ zu Funktionen können bei vielen Elementen Eigenschaften über die Paletten geändert werden. Die Auswahl des richtigen Layers ist in etwa gleich wie zuvor beschrieben. Eine weitere Vereinfachung ist es, wenn der Layer entweder von auf dem Teilbild enthaltenen Elementen oder aus dem Assistenten übernommen wird. Für diesen Zweck ist der Assistent *Layer* mit enthalten. Sie haben die Wahl, ob Sie den Layer von den auf dem Teilbild enthaltenen Daten (wie hier gezeigt) oder aus dem Assistenten übernehmen wollen. Dabei ist es nur wichtig, dass **keine Funktion** bei der Aktivierung der Elemente aktiv ist.

- Markieren Sie die Ausstattungsgegenstände des zweiten WCs.
- Kontextmenü über dem Layer in der Palette öffnen
- Kontextmenü → EIGENSCHAFTEN ÜBERNEHMEN: LAYER

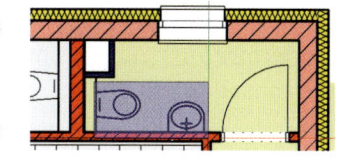

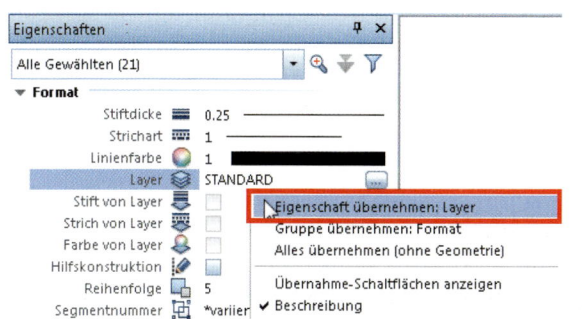

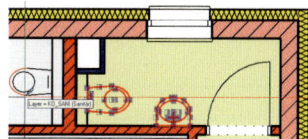

▷ Entweder ein Element der bereits geänderten Einrichtungsgegenstände anklicken oder den Layer aus dem Assistenten *Layer* übernehmen

Achten Sie darauf, dass nach der Übernahme des Layers die Optionen **STIFT**, **STRICH** und **FARBE VON LAYER** aktiv sind.

> **TIPP:** Über das Kontextmenü in der Palette können Übernahme-Schaltflächen bei allen Eigenschaften in der Palette angezeigt werden. Über diese können auf schnelle Weise Eigenschaften von anderen Elementen übernommen werden.

Korrigieren Sie auch bei allen anderen Einrichtungsgegenständen entsprechend den Layern entweder auf *KO_SANI* (für Sanitärgegenstände) oder auf *KO_MOEB* (für alle anderen Möbel).

6.4.6 Beispiel – Außenanlagen ergänzen

Zum Abschluss der Hauptarbeit am Modell sollen die Außenanlagen ergänzt werden. Es bietet sich an, diese auf einem eigenen Teilbild unter der Strukturstufe *Gebäude – Entwurf* abzulegen. Das Gelände, ebenes Gelände, kann als einfache Decke erzeugt werden, die an die Standardebenen angebunden wird. Ein Gelände mit gleichmäßigem Gefälle kann mit einer freien Ebene und einer Decke dargestellt werden. Für ein Gelände mit unterschiedlichen Gefällen, Böschungen, Hebungen und Senken benötigen Sie das Modul **DIGITALES GELÄNDEMODELL** oder **MODELLIEREN 3D** oder mehrere freie Ebenen, die das Gelände nachformen.

Neben dem Gelände sollten noch weitere Elemente, wie Wände für die Lichtschächte und/oder Wege in den Außenanlagen, erzeugt werden. Einige Elemente sind als Vorlagen auf dem Assistenten *Außenanlagen* enthalten. Zudem sind die Grundlagen für den Lageplan aus Abschnitt 4.3, »Lageplan aufbereiten«, auf dem Assistenten zur Übernahme der Eigenschaften enthalten.

Einstellung für Kellerlichtschächte

Die Kellerlichtschächte sollen mit Wänden dargestellt werden. Alternativ kann auch das vorhandene SmartPart **KELLERLICHTSCHACHT** verwendet werden, das eine bessere Optik für die Animation bietet.

Die Wände für Lichtschächte sind so definiert, dass die Oberkante des auf dem Teilbild des Kellergeschosses erzeugten Lichtschachts zu den auf dem Teilbild 230 erzeugten

Außenanlagen passt. Bei Ihren eigenen Projekten müssen Sie darauf achten, ein stimmiges System für die Höhen der Außenbauteile in Bezug zum Gebäude zu erstellen.

▷ Kellerlichtschächte auf Teilbild 220 Ebene −1 − Modell
▷ **WAND** (Assistent *Außenanlagen*, Bauteil **21**)
▷ **EIGENSCHAFTEN**
   HÖHENANBINDUNG
   OBERKANTE → **AN OBERER EBENE** → *0,22*
   UNTERKANTE → Bauteilhöhe → *1,30*
   Formateinstellungen: **LAYER** (AR_B_NT)
   MATERIAL → *STB-Fertigteil*
   PRIORITÄT → *100*
   DICKE → *0,100*

Wand

Teilbild für Außenanlagen vorbereiten

▷ **PROJEKTBEZOGEN ÖFFNEN: TEILBILDER AUS ZEICHNUNGS-/BAUWERKSSTRUKTUR**
▷ Teilbild 200 markieren → Kontextmenü → **EBENEN ZUWEISEN**
   OBERKANTE → Unterkante EG
   UNTERKANTE → Oberkante 1.UG

Projektbezogen öffnen

Die Oberkante des Geländes soll in Abhängigkeit der Unterkante der Kellerdecke eingestellt werden. Die Bauteile auf dem Assistenten sind entsprechend in den Höheneinstellungen vorbereitet.

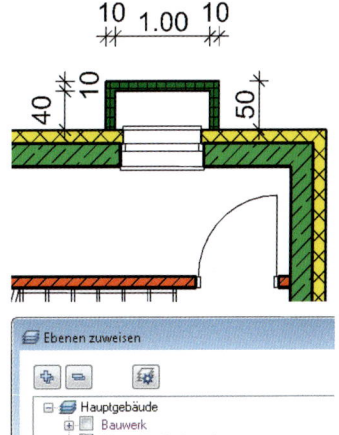

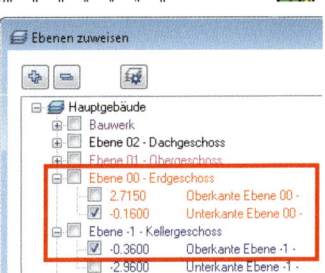

Decke

Decken als Gelände

Blenden Sie sich zum Teilbild der Außenanlagen (200) auch den Lageplan (101) und das Kellergeschoss (220) sowie das Teilbild des Erdgeschosses (230) jeweils passiv ein. Sie haben so alle Informationen parat, die Sie brauchen, um mittels Decken das Gelände der Außenanlagen zu erzeugen.

▷ Bauteile aus Assistenten *Außenanlagen* übernehmen und Randeinfassungen erzeugen. Danach die entsprechenden Flächen mit den Decken aus selbigem Assistenten füllen.

Kontrollieren Sie die Eigenschaften der Bauteile und stellen Sie die Eigenschaften der Decke so ein, dass Sie unterschiedliche Materialien unterschiedlich auswerten können, auch wenn Sie das jetzt noch nicht brauchen. Verwenden Sie unterschiedliche Flächendarstellungen und lassen Sie diese im Grundriss darstellen. So können Sie schnell einen gut lesbaren Plan der Außenanlagen erstellen, ohne weitere Elemente erzeugen zu müssen.

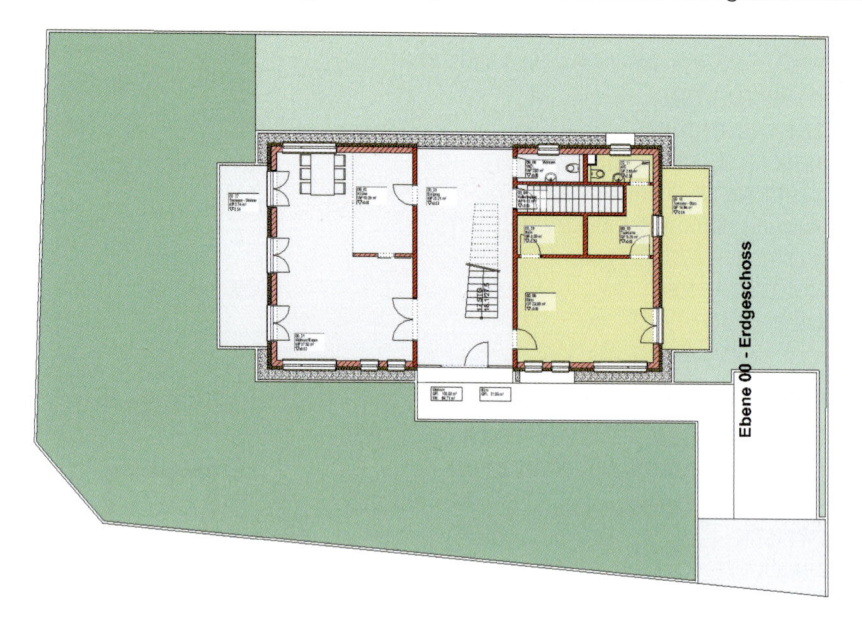

Steinwand als Wegbegleitung

Der Zugangsweg soll eine niedrige Steinwand aus Gabionen erhalten. Diese werden aus der Palette **ALLPLAN CONNECT** aus dem zur Verfügung stehenden Content geladen. Der Vorgang zeigt exemplarisch den Weg, wie in Allplan 2013 Daten aus Allplan Connect direkt in die Anwendung gezogen werden können. Die Gabionen selbst sind nur für Kunden mit Service-Vertrag verfügbar.

Der Steinwall soll auf Teilbild 230 im Erdgeschoss abgelegt werden.

▷ **PROJEKTBEZOGEN ÖFFNEN: TEILBILDER AUS ZEICHNUNGS-/BAUWERKSSTRUKTURM,** Teilbild 230 aktiv, 200 passiv

▷ Palette **CONNECT** öffnen

▷ Benutzername/E-Mail und Passwort eingeben oder ein Nutzerkonto erstellen

TIPP: Wenn Sie unter **ANSICHT → ANPASSEN** im Register *Paletten* unter der Paletten-Kategorie *Connect* Ihre Daten eingeben, sparen Sie sich das Einloggen in der Palette **CONNECT** selbst.

▷ Suchen Sie sich die Steinwälle z. B., indem Sie in der Suchzeile den Begriff *Stein* eingeben und klicken Sie das Symbol an.
▷ Wählen Sie das obere der beiden Symbole an und ziehen Sie es in die Oberfläche von Allplan, sobald die blaue Hand erscheint.

Die Datei wird als freies NDW geöffnet. Dies ist vor allem am hellgrauen Hintergrund erkennbar.

▷ Markieren Sie das Objekt auf dem freien NDW.
▷ **KOPIEREN** (Menü *Bearbeiten*) oder **STRG + C**
▷ Menü *Fenster* → *Grundriss* (je nachdem, mit welcher Fenstereinstellung Sie aktuell gearbeitet haben, ist die Anzeige unterschiedlich)
▷ **EINFÜGEN** (Menü *Bearbeiten*) oder **STRG + V**
▷ Setzen Sie das Objekt auf dem Teilbild ab.
▷ Schließen Sie das Fenster des freien NDWs. Je nach Fenstereinstellung müssen Sie das Fenster über das Menü *Fenster* dazu aktivieren.

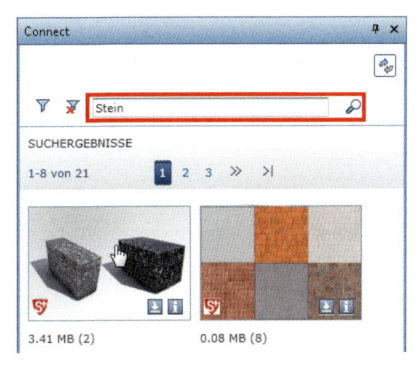

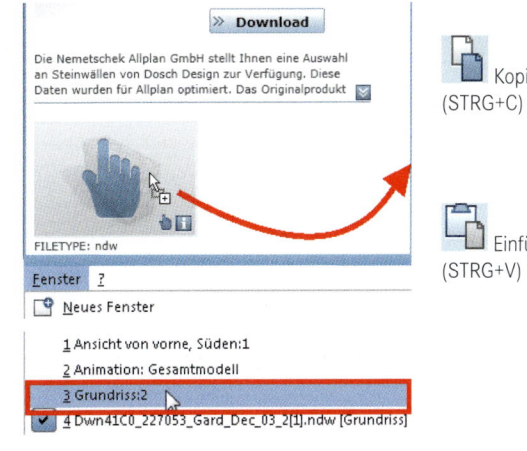

Passen Sie den Layer des Objektes an, verschieben es in die korrekte Lage (auch Z-Koordinate!) und kopieren das Element entlang der Wegeinfassung.

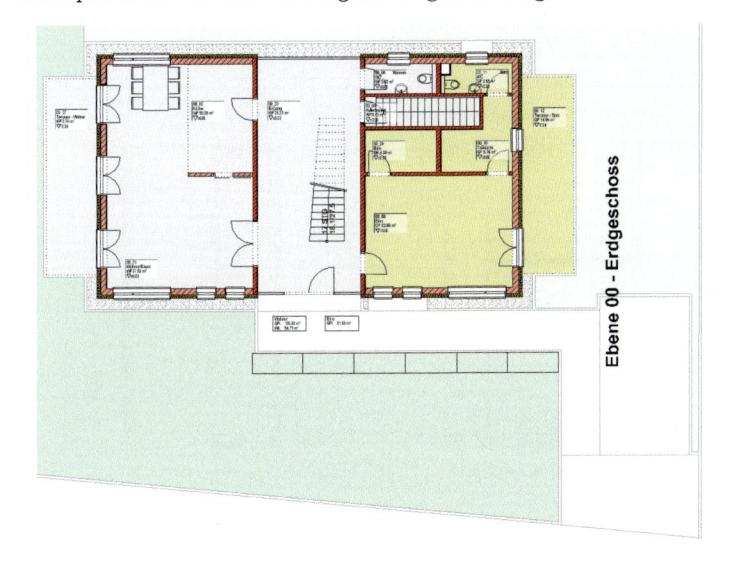

6.5 Beispiel – Ergebnis Gebäudemodell – Ausbau

Weitere Beispiele finden Sie als PDF-Dateien im Projektordner von
- Projekt *Praxishandbuch Allplan 2013*

oder auf der Internetseite
- http://www.zeichenatelier.de/Allplan2013

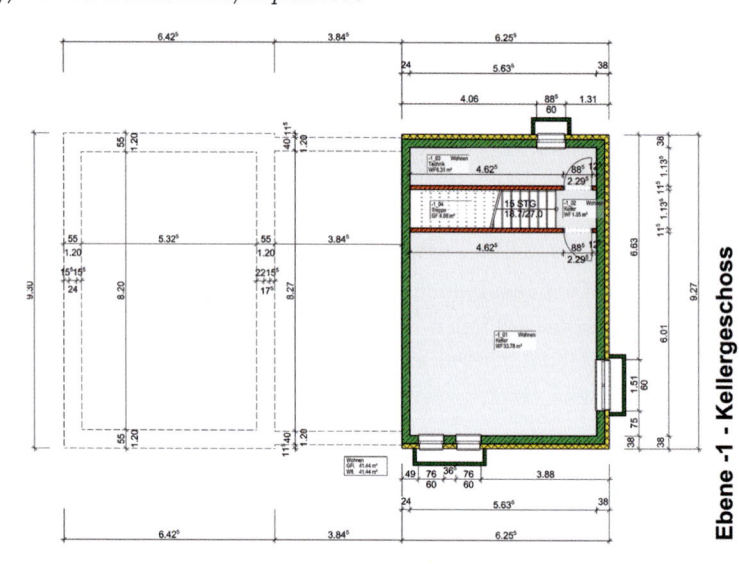

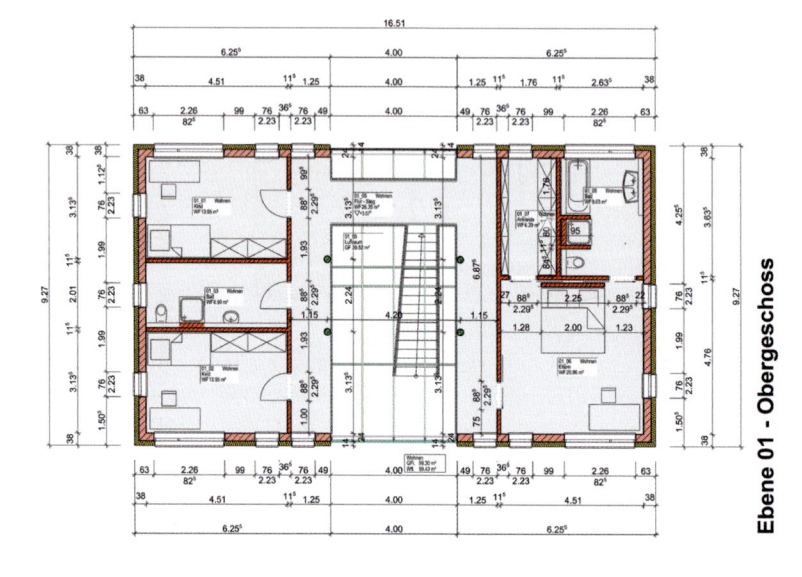

7 Ansichten, Schnitte und Reports

Ansichten, Schnitte und Reports (Auswertungen) können direkt aus dem Modell berechnet werden. Die im weiteren Verlauf beschriebenen Verfahren für Ansichten und Schnitte erzeugen die so genannten Architekturansichten und -schnitte, die aus dem Modell abgeleitet und als 2D-Zeichnungen weiterbearbeitet werden. Eine zusätzliche Möglichkeit für Ansichten und Schnitte sind assoziative Ansichten und Schnitte, die aber für Architekturdarstellungen zu wenig Darstellungsspielraum geben. Im Ingenieurbaubereich (vor allem Bewehrungsplanung) wird fast ausschließlich mit assoziativen Ansichten und Schnitten gearbeitet.

■ 7.1 Begriffe und Grundfunktionen

- *Verdeckt-Berechnung von 3D-Elementen*
  Bei einer Verdeckt-Berechnung wird ein 2D-Abbild der 3D-Elemente erzeugt. Das Ergebnis ist somit vom Original abgekoppelt. Das bedeutet, dass jederzeit Ergänzungen und Änderungen in der Ansicht gemacht werden können, ohne dass Sie sich Gedanken über das Modell zu machen brauchen. So kann z. B. ein Mitarbeiter die Ansichten und Schnitte vervollständigen, während Sie selbst noch im Modell arbeiten (z. B. Elemente wie Geschoss usw. erzeugen). Aber: Bei Änderungen am Modell werden diese nicht automatisch in Ansichten und Schnitte eingetragen. Die bei einer Verdeckt-Berechnung erzeugten Elemente behalten ihre Layerzuordnung (wenn gewünscht). Sie können also leicht überprüfen, von welchen Bauteilen welche Linien stammen.
- *Assoziative Ansichten*
  Assoziative Ansichten erzeugen entweder auf dem Teilbild der 3D-Elemente oder auf einem separaten Teilbild ein Abbild, das direkt mit den 3D-Elementen verknüpft bleibt. Wenn in einer assoziativen Ansicht ein Bauteil gelöscht oder verschoben wird, hat dies direkte Auswirkungen auf das Gebäude. Es werden die Bauteile verändert und nicht eine abgekoppelte 2D-Darstellung.
- *Ableitungen* beschreibt allgemein alles, was aus dem Modell im Wesentlichen automatisch ermittelt wird bzw. werden kann. Die Ableitungen werden im Dialog **PROJEKTBE-**

ZOGEN ÖFFNEN: TEILBILDER AUS ZEICHNUNGS-/BAUWERKSSTRUKTUR im Register **BAUWERKSSTRUKTUR** auf der rechten Seite erzeugt, verwaltet und zur Bearbeitung aktiviert.

- *Quellteilbilder* sind alle Teilbilder, die als Grundlage für die Verdeckt-Berechnung einer Ansicht, eines Schnittes oder als Grundlage für die Auswertung des Modells mit Reports und Listen dienen sollen. Als Quellteilbilder sollten alle Teilbilder mit 3D-Geometrien ausgewählt werden, die ausgewertet werden sollen. Es sollten innerhalb eines Projekts möglichst wenig unterschiedliche Zusammenstellungen von Quellteilbildern verwendet werden, um Fehler zu vermeiden.
- QUELLTEILBILDER IN BAUWERKSSTRUKTUR AKTIV SETZEN befindet sich in den Kontextmenüs der Teilbilder oder von Listen, denen Quellteilbilder zugeordnet wurden. Über diese Funktion können Sie sehr schnell alle Teilbilder aktiv setzen, die als Berechnungsgrundlage dienen sollen, um zu überprüfen, ob alle notwendigen Teilbilder als Quelle definiert wurden.

■ 7.2 Ableitungen – Ansichten und Schnitte

Allplan bietet zwei unterschiedliche Arten von Schnitten und Ansichten an. In den weiteren Erläuterungen wird fast ausschließlich auf die Ableitungen aus der Sichtweise von Architekten eingegangen.

7.2.1 Ansichten und Schnitte – Grundlagen

Ansichten und Schnitte lassen sich sehr komfortabel im Bereich der Ableitungen der Bauwerksstruktur erzeugen. Es müssen nur Quellteilbilder zu einem Teilbild im Bereich der Ableitungen der Bauwerksstruktur zugeordnet werden, Einstellungen für die Verdeckt-Berechnung getätigt und die Ansicht oder der Schnitt ausgewählt werden. Der Berechnungsvorgang und jegliche Aktualisierung verlaufen dann halbautomatisch. Der Anwender kann daher jederzeit bestimmen, ob und wann die Daten neu generiert werden sollen.

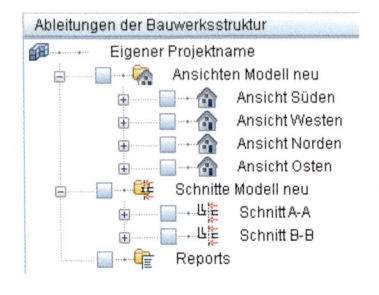

> **TIPP:** Deaktivieren Sie in der **BILDSCHIRMDARSTELLUNG MAKROFOLIE A**, wenn die in den Fenstern enthaltenen Liniendarstellungen für die Öffnungsflügel stören.

7.2.1.1 Verdeckt-Berechnung

Im Dialog EINSTELLUNGEN VERDECKT-BERECHNUNG und den SPEZIELLEN EINSTELLUNGEN existiert eine Reihe von Einstellmöglichkeiten, die je nach Anwendungsfall sinnvoll kombiniert werden sollten. Im Beispiel wird auf drei unterschiedliche Einstellungen über Favoriten zugegriffen, die sehr unterschiedliche Ergebnisse erreichen.

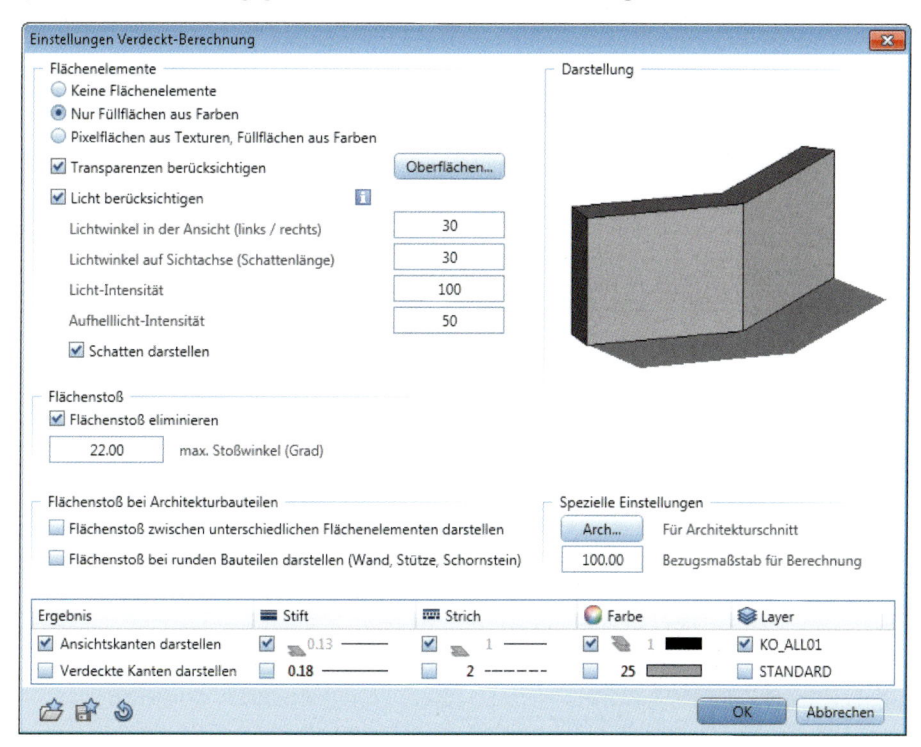

Alle Einstellungen (bis auf SPEZIELLE EINSTELLUNGEN) sind auch bei assoziativen Ansichten und Schnitten aus dem Modul ANSICHTEN, DETAILS vorhanden.

Bereich Flächenelemente

- Option KEINE FLÄCHENELEMENTE legt fest, dass das Ergebnis ohne Flächenelemente als reine Linienzeichnung erstellt wird.
- Option NUR FÜLLFLÄCHEN AUS FARBEN bedeutet, dass alle Ansichtsflächen mit einer Füllfläche dargestellt werden. Die Farbe der Füllfläche ergibt sich entweder aufgrund der Elementfarbe oder, wenn eine Oberfläche zugewiesen ist, aus der Oberflächenfarbe des 3D-Elements oder der Körperfarbe der eingestellten Textur.
- Die Optionen PIXELFLÄCHE AUS TEXTUREN und FÜLLFLÄCHEN AUS FARBEN bedeuten, dass alle Ansichtsflächen entweder mit Füllflächen oder, bei Vorhandensein einer Texturdefinition des 3D-Elements, als Pixelfläche dargestellt werden. Bei Bauteilen, denen keine Textur zugewiesen wurde, ergibt sich die Farbe aus der Elementfarbe bzw. der Oberflächenfarbe. Pixelflächen werden nur in Parallelprojektionen (Ansicht, Isometrie) korrekt isometrisch verzerrt (geschert).

- Option **MIT TRANSPARENZEN BERÜCKSICHTIGEN** definiert, dass Flächen, denen eine transparente Oberfläche zugewiesen wurde, durchscheinend erzeugt werden (Füllfläche mit Transparenz). Verdeckt liegende Kanten werden dargestellt.
- **OBERFLÄCHEN ...** ruft den Dialog zum Einstellen von Oberflächen(-farben) auf, in dem einer Elementfarbe eine andere Farbe zugewiesen werden kann, die in der Verdeckt-Berechnung anstelle der Elementfarbe verwendet wird.
- **LICHT BERÜCKSICHTIGEN** aktiviert für die beiden Flächendarstellungen die Berücksichtigung von Licht entsprechend den Einstellungen.

Neu in Version 2013: Schatten in Ableitungen

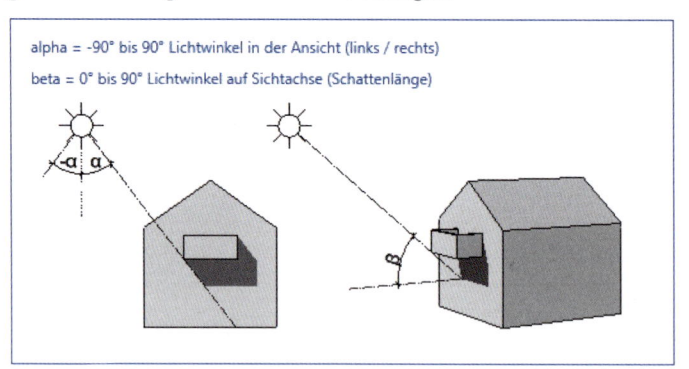

alpha = -90° bis 90° Lichtwinkel in der Ansicht (links / rechts)
beta = 0° bis 90° Lichtwinkel auf Sichtachse (Schattenlänge)

- Die Werte für **LICHTWINKEL IN DER ANSICHT (LINKS/RECHTS)** sowie **LICHTWINKEL AUF SICHTACHSE (SCHATTENLÄGE)** steuern die Erzeugung der Schatten in der Ableitung. Der Schatten wird für jede Ansicht (Perspektive) separat als grafischer Schatten berechnet. Ausgangsebene ist die Bildebene.
- Der Wert **LICHT-INTENSITÄT** (Werte 1–100) wirkt sich nur bei den Flächendarstellungen auf die Helligkeit der erzeugten Flächenelemente aus.
- **AUFHELLLICHT-INTENSITÄT** (Werte 0–100) dient zum Aufhellen der zu erzeugenden Schatten. Bei der Einstellung 0 werden die Schatten als Füllflächen mit 43 % Transparenz erzeugt, bei 100 beträgt die Transparenz 73 %.
- **SCHATTEN DARSTELLEN** aktiviert die Erzeugung der Architekturschatten.

Bereich Flächenstoss

- Option **FLÄCHENSTOSS** legt fest, bis zu welchem Winkel Flächen verschmolzen werden, um Rundungen weicher darzustellen. Je größer der Winkel eingestellt wird, desto weniger Details werden bei »runden« bzw. facettierten Körpern angezeigt.

Bereich Flächenstoss bei Architekturbauteilen

Die Optionen sind nur deaktivierbar, wenn **FLÄCHENSTOSS ELIMINIEREN** aktiviert ist. Anderenfalls sind die beiden Optionen automatisch aktiviert.

- Option **FLÄCHENSTOSS ZWISCHEN UNTERSCHIEDLICHEN FLÄCHENELEMENTEN DARSTELLEN** bedeutet, dass bei einem Wechsel der Flächenelemente (z. B. Schraffur, Muster, Füllfläche) der Flächenstoß dargestellt wird, z. B. beim Übergang zwischen Wand und Decke im Schnitt.

- Option **FLÄCHENSTOSS BEI RUNDEN BAUTEILEN DARSTELLEN (WAND, STÜTZE, SCHORNSTEIN)** bedeutet, dass die Flächenstöße bei runden Bauteilen angezeigt werden. Normalerweise ist diese Option deaktiviert, damit runde Bauteile in Ansichten ohne störende Flächenstoßlinien dargestellt werden.

Bereich Formateinstellungen

- **ANSICHTSKANTEN EINHEITLICH, VERDECKTE KANTEN DARSTELLEN** regelt, ob und, wenn ja, mit welchen Formateinstellungen Ansichtskanten und/oder verdeckte Kanten dargestellt werden. Ist nichts aktiviert, werden alle sichtbaren Kanten mit den Einstellungen der Originalbauteile berechnet. Ist die Option **LAYER** aktiv, werden alle Kanten der jeweiligen Art auf dem eingestellten Layer erzeugt. Die Darstellung der Ansichtskanten kann komplett deaktiviert werden. Mit dieser Einstellung können Sie Ansichten ohne Kanten oder Schnitte ohne Tiefe erzeugen.

Neu in Version 2013: Schnitttiefe 0

Bereich Spezielle Einstellungen

- **BEZUGSMASSSTAB FÜR BERECHNUNG** definiert, in welchem Maßstab die Berechnung zu erfolgen hat. Dies ist nur von Bedeutung, wenn Makros mit unterschiedlichen 3D-Folien für verschiedene Maßstabsbereiche verwendet wurden. Wird eine Verdeckt-Berechnung auf Teilbildebene gestartet, so wird der aktuelle Maßstab verwendet.
- **FÜR ARCHITEKTURSCHNITT** bietet weitere Einstellungen speziell für Architekturschnitte.
    - Bereich **DARSTELLUNG IM SCHNITT**
        - Option **BEGRENZUNGSLINIEN** erzeugt bei allen Bauteilen, die über den Schnittbereich hinausgehen, Schnittlinien.
        - Für Boden- und Deckenflächen können Sie bei den Funktionen **BODENFLÄCHEN**, **DECKENFLÄCHEN** sowie **RAUM** (Registerkarte **AUSBAU**) den einzelnen Schichten Flächenelemente, wie Schraffur, Muster oder Füllfarbe, zuweisen. Im Schnitt kann der mehrschichtige Aufbau dieser Flächen dargestellt werden. Die Option **DECKENFLÄCHEN DARSTELLEN/BODENFLÄCHEN DARSTELLEN** legt fest, ob Deckenflächen und/oder Bodenflächen dargestellt werden. Über **MINIMALE GESAMTDICKE** kann eingestellt werden, ob z. B. der Deckenbelag mit einer geringen Schichtdicke dargestellt werden soll oder nicht.
        - Option **JEDE SCHICHT DARSTELLEN/NUR GESAMTAUFBAU DARSTELLEN** legt fest, ob jede einzelne Schicht oder nur der Gesamtaufbau der Ausbauflächen dargestellt wird. Über **MINIMALE DICKE DER SCHICHT** können Sie sehr dünne Ausbauschichten von der Darstellung ausnehmen. Die anliegenden dickeren Schichten werden in der Darstellung um den Bereich der nicht zu berücksichtigenden Schichten erweitert.
        - Option **AUSBAUFLÄCHEN MIT FLÄCHENELEMENTEN VERSEHEN** bedeutet, dass neben den Trennlinien der Schichten des Ausbaus die Ausbauflächen im Schnitt mit Schraffur, Muster bzw. Füllfläche dargestellt werden. Es wird dabei jeweils die im Raumausbau definierbare Einstellung verwendet.
        - Option **GESCHNITTENE BAUTEILE MIT DICKER LINIE UMRANDEN** bedeutet, dass Bauteile mit dicker Linie umrandet werden, die in Ihrer Definition mit einem

Erweitert in Version 2013: Einstellungen Schnitt

Flächenelement versehen wurden. Wird die Option nicht aktiviert, werden die Körperkanten mit den Formateigenschaften erzeugt, welche die Originalbauteile haben. Sie haben die Wahl, ob die Bauteile separat betrachtet werden sollen (alle Kanten dick) oder gemeinsam mit einer dicken Linie umfahren werden sollen (äußere Kanten dick).

- Option **VERDECKT GESCHNITTENE KANTEN DARSTELLEN** erzeugt zusätzliche Linien für Schnittkanten von Bauteilen, die weiter in die Tiefe reichen als die definierte Tiefe ist.

■ Bereich **FORMATEINSTELLUNGEN**
- **BEGRENZUNGSLINIE, DICKE UMRANDUNG, AUSBAULINIEN** und **VERDECKT GESCHNITTENE KANTE** regeln, mit welchen Formateinstellungen die jeweiligen Linienarten erzeugt werden sollen, wenn diese oberhalb aktiviert wurden.
- **SCHNITTFLÄCHENELEMENTE FÜR 3D-KÖRPER** definiert **eine** Einstellung für alle 3D-Körper (z. B. aus 3D Modellieren, Fenstermakros, Geländer, Fassaden, SmartsParts), die keine eigene Einstellung für Flächenelemente besitzen.

Favoriten in den Dialogen Verdeckt-Berechnung

Im Dialog **EINSTELLUNGEN VERDECKT-BERECHNUNG** sowie **VERDECKT-BERECHNUNG ARCHITEKTUR** können jeweils Favoriten gespeichert werden, die jederzeit, auch in anderen Projekten, verwendbar sind. Im Beispielprojekt sind unterschiedliche Einstellungen enthalten, die für eigene Projekte weiterentwickelt werden können.

7.2.1.2 Architekturschnitt

Für die Erzeugung eines Schnitts benötigt Allplan die Definition einer Schnittlinie auf einem der Quellteilbilder. Mit einer Schnittlinie wird der Ausschnitt angegeben, der bei der Verdeckt-Berechnung verwendet werden soll.

In den **EIGENSCHAFTEN** des Schnittes sind folgende Einstellungen möglich.

- **SCHNITTART** legt die Schnittart fest. Vertikalschnitt ist die normale Schnittführung, die innerhalb eines Grundrisses verspringen, aber nicht geknickt werden kann.
- **HORIZONTALSCHNITT VON OBEN** und **HORIZONTALSCHNITT VON UNTEN** dienen vor allem der Darstellung der Decken.
- **DARSTELLUNG DER SCHNITTFÜHRUNG** definiert, ob und wie die Schnittlinie im Grundriss erscheint und ob Richtungssymbole abgesetzt werden sollen oder nicht. Eine Schnittlinie in Hilfskonstruktion wird immer abgesetzt. Über die Option **SCHNITTKÖRPER DARSTELLEN** (wie Hilfskonstruktion) kann der gesamte darzustellende Bereich mit einem Quader in Hilfskonstruktion umgeben werden.

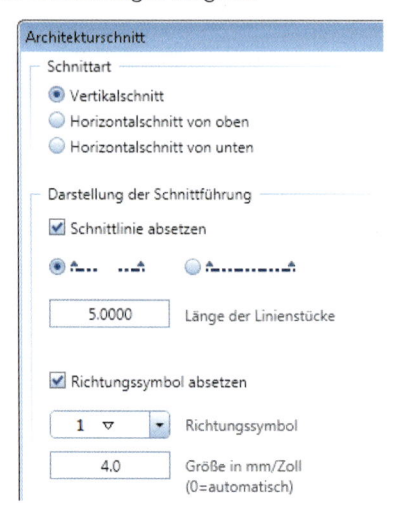

- **FORMATEIGENSCHAFTEN** legt fest, mit welchen Einstellungen die Schnittlinie im Grundriss erzeugt werden soll. Wird die Darstellung an den Layer gekoppelt (**VON LAYER** aktiv), sind die einzelnen Eigenschaften für Stift, Strich und Farbe nicht anwählbar.
- **BESCHRIFTUNG** gibt die Bezeichnung der Schnittführung an, die auf beiden Seiten der Schnittlinie über dem Richtungssymbol angezeigt werden soll. Über Textparameter kann der Schriftfont usw. eingestellt werden. Wird keine Bezeichnung bei der Erzeugung einer Schnittlinie eingetragen, wird nach Abschluss der Eingabe der Schnittlinie eine Bezeichnung abgefragt. Unter **OPTIONEN → BAUTEILE → SPEZIAL** kann eine Grundeinstellung getroffen werden, mit der die Beschriftung für Schnitte nach russischer Norm möglich ist.
- **HÖHEN SCHNITTKÖRPER** dient zur Angabe des Höhenbereichs, der im Schnitt dargestellt werden soll. Die Werte für Oberkante und Unterkante beziehen sich auf ±0.00.

Die Eingabe eines Schnitts erfolgt in folgenden Schritten:

➤ **SCHNITT**
➤ **EIGENSCHAFTEN**
  - Auswahl der Schnittart
  - Festlegen der Darstellungseigenschaften der Schnittlinie
  - Einstellen der Oberkante und Unterkante des Schnittes
  - Einstellungen bestätigen
➤ Ersten Punkt der Schnittführung im Grundriss angeben
➤ Weiteren Punkt im Grundriss angeben (Richtung des Schnitts wird mit dem zweiten Punkt fixiert)
➤ Eingabe der Schnittlinie mit **ESC** beenden oder weitere Punkte angeben
➤ Tiefe des Schnitts angeben

Schnitt

Mit der Tiefe geben Sie an, wie entfernte Elemente noch angezeigt werden sollen.

> **HINWEIS:** Für jeden Sprung in der Schnittlinie muss der Endpunkt des Versatzes angegeben werden. Die Richtung ist durch die Schnittlinie selbst fixiert und kann nicht geändert werden.

7.2.2 Einzelschritte zu Ansichten und Schnitten

Bei einer neuen Ansicht oder einem neuen Schnitt müssen vier Schritte zum Erzeugen der Grundlagedaten sowie ein fünfter Schritt zum Fertigstellen durchlaufen werden. Sobald die Definitionen eingestellt sind und eine aktualisierte Berechnung benötigt wird, reicht es, wenn das Teilbild (oder Strukturstufen mit untergeordneten Teilbildern) aktualisiert wird.

Schritt 1 – Quellteilbilder definieren

> Kontextmenü eines Teilbilds unterhalb einer Strukturstufe Ansicht/Schnitt
> QUELLTEILBILDER FÜR ANSICHT, QUELLTEILBILDER FÜR SCHNITT
> LEERE TEILBILDER bei Bedarf ausblenden, um die Übersicht zu erhöhen
> Alle Teilbilder mit 3D-Geometrien aktivieren; bei Schnitten zusätzlich das Teilbild der Schnittlinien (bzw. benötigte Teilbilder)
> Auswahl bestätigen

Das markierte Teilbild erhält die Zielscheibe als Kennzeichnung dafür, dass für dieses Teilbild Quellteilbilder definiert wurden.

Schritt 2 – Layereinstellung, Plotset

> Kontextmenü einer Ansicht/eines Schnitts
> LAYEREINSTELLUNG, PLOTSET
> PLOTSET VERWENDEN → z. B. 3D-Geometrien (ohne Abbruch)

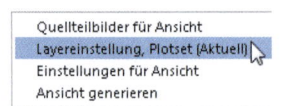

Plotsets lassen sich in der Layerverwaltung erzeugen und auch aus anderen Projekten importieren.

> **TIPP:** Plotsets können bei der Teilbildbearbeitung über den Dialog **LAYER EINSTELLEN** (direkt) oder über Darstellungsfavoriten (indirekt) aufgerufen werden.

Schritt 3 – Einstellungen der Verdeckt-Berechnung

Es können eine Reihe von Voreinstellungen getroffen werden, mit denen die Ableitung der 3D-Bauteile in 2D-Geometrien geregelt wird. So kann z. B. beeinflusst werden, ab welchem Winkel Flächenstöße eliminiert werden sollen und vieles mehr. Eine Übersicht über die unterschiedlichen Optionen finden Sie in Abschnitt 7.2.1.1, »Verdeckt-Berechnung«.

> Kontextmenü einer Ansicht/eines Schnitts
> EINSTELLUNGEN FÜR ANSICHT, EINSTELLUNGEN FÜR SCHNITT
> Über den Dialog EINSTELLUNGEN VERDECKT-BERECHNUNG kann eingestellt werden, wie Bauteile und deren Eigenschaften in eine 2D-Darstellung übersetzt werden sollen. Bei Schnitten sind zusätzlich SPEZIELLE EINSTELLUNGEN für den Architekturschnitt zu treffen.

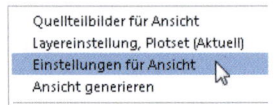

Schritt 4 – Ansicht/Schnitt generieren

Die Berechnung wird direkt nach der Auswahl einer Ansicht oder einer Schnittlinie gestartet. Für Aktualisierungen der Berechnung existiert eine separate Funktion. Bei Ansichten können entweder die Standardansichten oder eine freie Projektion gewählt werden. Bei Schnitten werden alle definierten Schnittlinien aller Quellteilbilder angezeigt.

> Kontextmenü einer Ansicht/eines Schnitts
> **ANSICHT GENERIEREN/SCHNITT GENERIEREN**
> Ansicht/Schnitt für die Berechnung auswählen
> Nach der Auswahl wird sofort die Berechnung gestartet und das Teilbild als belegt angezeigt.

```
Ansicht von hinten, Norden
Ansicht von vorne, Süden
Ansicht von links, Westen
Ansicht von rechts, Osten
Isometrie von vorne/links, Südwesten
Isometrie von hinten/links, Nordwesten
Isometrie von hinten/rechts, Nordosten
Isometrie von vorne/rechts, Südosten
Freie Projektion...
```

> **HINWEIS:** Wenn das Teilbild noch keinen Namen trägt, wird eine Bezeichnung vorgeschlagen und eingetragen, aus der sich erkennen lässt, welche Ansicht bzw. welcher Schnitt berechnet wurde. Vorhandene Daten auf dem Teilbild werden überschrieben.

Schritt 5 – Ansichten und Schnitt ergänzen

Auf einem generierten Teilbild (Teilbild mit Quellteilbildern) sollten keine weiteren Daten erzeugt werden, da eine Neuberechnung diese überschreibt. Möchte man dennoch auf dem Teilbild weiterarbeiten, kann die Aktualisierung über das Kontextmenü gesperrt werden.

Ergänzungen (Texte, Maßlinien, Staffagen, Bäume usw.) sollten immer auf einem leeren Teilbild erzeugt werden und dabei das Teilbild mit der jeweiligen Ansicht (Schnitt) im Hintergrund (passiv) sein. Alternativ können die Ansicht bzw. der Schnitt kopiert werden und die Quellteilbilder vom Teilbild entfernt oder in der Kopie im Kontextmenü **AKTUALISIEREN SPERREN** aktiviert werden. Bei Änderungen am Modell kann so jederzeit eine Neuberechnung über alle Ansichten und Schnitte durchgeführt werden. Die fertigen Ansichten und Schnitte müssen danach nur noch um die Änderungen aus dem Modell ergänzt werden.

Zusätzlicher Schritt zur Sicherung des Ergebnisses

Optimal ist, wenn das Modell für Ansichten so gut ausgearbeitet wurde, dass auf dem Teilbild der Berechnung nichts geändert werden muss. Bei Schnitten ist dieser Status nur selten erreichbar. Aus diesem Grund sollten die berechneten Daten entweder kopiert oder die Neuberechnung gesperrt werden.

> Kontextmenü einer Ansicht/eines Schnitts
> **AKTUALISIEREN SPERREN**

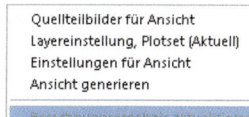

```
Quellteilbilder für Ansicht
Layereinstellung, Plotset (Aktuell)
Einstellungen für Ansicht
Ansicht generieren
Berechnungsergebnis aktualisieren
✓ Aktualisieren sperren
```

Das Teilbild wird bei folgenden Aktualisierungen ganzer Strukturstufen oder des ganzen Projekts nicht berücksichtigt. Im Kontextmenü des Teilbilds wird zudem bei **AKTUALISIEREN SPERREN** ein Haken angezeigt und die Funktion **BERECHNUNGSERGEBNIS AKTUALISIEREN** ausgegraut.

Quellteilbilder – Anwahl speichern

Aktuelle Anwahl als Favorit speichern

Favorit laden

Über die Funktionen **AKTUELLE ANWAHL ALS FAVORIT SPEICHERN** und **FAVORIT LADEN** können Sie die Teilbildauswahl für die Berechnung von Ansichten, Schnitten und Listen speichern. Je nach Einstellung werden die Daten in einem persönlichen oder einem allgemeinen Unterordner des BIM-Verzeichnisses des Projekts gespeichert und stehen so entweder direkt oder indirekt allen anderen Nutzern des Projekts zur Verfügung.

Quellteilbilder für mehrere Ansichten und/oder Schnitte

Um die Einstellung mehrerer Teilbilder zu vereinfachen, können diese gemeinsam aktiviert werden, und es können bei allen gleichzeitig die Definition der Quellteilbilder und weitere Optionen eingestellt werden. So kann erreicht werden, dass alle Ansichten und Schnitte aus den gleichen Modelldaten erzeugt werden.

7.2.3 Nachbearbeitung von Ansichten und Schnitten

Die aus den 3D-Daten generierten Ansichten und Schnitte benötigen noch etwas Nacharbeit. Wie und welcher Art die Nacharbeit ist, hängt vor allem davon ab, wie gut das Modell ist, ob Fehler, Unzulänglichkeiten usw. vorhanden sind.

Bei Schnitten sollte zudem noch unterschieden werden, wie detailliert dargestellt werden soll/muss. Viele Detailpunkte sind bei konsequenter Arbeitsweise, für den Maßstab 1/200, teils auch für den Maßstab 1/100 ausreichend. Die restlichen Punkte und die weitere Detaillierung für Werkplanung müssen jedoch mit 2D-Elementen vervollständigt werden. Die aus dem 3D-Modell abgeleiteten Darstellungen dienen in diesem Fall als exaktes Gerüst und erleichtern das Erzeugen von stimmigen Daten.

Da auf Teilbildern, denen Quellteilbilder zugeordnet wurden (bei denen also Daten generiert wurden) nicht ohne zusätzliche Einstellung weitergearbeitet werden soll, ergeben sich zwei unterschiedliche Möglichkeiten der weiteren Bearbeitung (bzw. eine Kombination dieser Möglichkeiten).

Möglichkeit 1

Texte, Maßlinien, Staffagen usw. werden auf einem freien Teilbild erzeugt. Eine Ansicht besteht dann immer aus zwei bis fünf Teilbildern (siehe Beispiel). Alle Berechnungen können jederzeit aktualisiert werden. Anpassungen, z. B. eine zusätzliche farbige Hinterlegung oder ein hinterlegter Himmel, sowie zusätzliche Elemente, wie Staffagen, müssen auf den Vorder- und/oder Hintergrundteilbildern durch Verschieben und Modifizieren nachvollzogen werden.

Der Ablauf ist wie folgt (am Beispiel Ansicht Süden):
- Teilbild 261 mit Ansicht Süden passiv (= generiertes Teilbild)
- Teilbild 263 – Ansicht Süden – Vordergrundelemente aktiv
- Texte, Maßlinien usw. auf Teilbild 265 erzeugen
- Hintergrundbilder, wie Himmel, Fassadenfarbe und Ähnliches, auf Teilbild 260 erzeugen, wenn diese nicht bereits Teil der gerechneten Ansichten sind

Möglichkeit 2

Es wird grundsätzlich von jedem Teilbild, das aus dem Modell abgeleitet wurde, eine Kopie angelegt, auf der direkt weitergezeichnet wird. Alle neuen Elemente werden auf der Kopie erzeugt. Es muss beachtet werden, dass die Kopie eines Teilbildes mit definierten Quellteilbildern und Ansichts- oder Schnitteinstellungen diese behält. Um die Kopie vor weiteren Aktualisierungen schützen zu können, sollten diese gesperrt werden. Wenn sich Änderungen am Modell ergeben, können alle Originalteilbilder aktualisiert werden. Die Veränderungen lassen sich leicht erkennen, indem das Teilbild mit der berechneten Ansicht passiv in den Hintergrund des Teilbildes mit der »fertigen« Ansicht gelegt wird. Mit Funktionen, wie **PUNKTE MODIFIZIEREN**, **VERSCHIEBEN** usw. können die Änderungen nachvollzogen werden oder, bei großen Änderungen, wird ein Neukopieren des generierten Teilbildes notwendig.

Der Ablauf ist wie folgt (am Beispiel Schnitt A):
- **PROJEKTBEZOGEN ÖFFNEN** → Teilbild 281 markieren
- Kontextmenü → **KOPIEREN**
- Strukturstufe Schnitt A-A markieren → Kontextmenü
- **EINFÜGEN UNTER**
- Einfügen ab Teilbildnummer → 282 → bestätigen
- Teilbild 281 markieren → **KONTEXTMENÜ**
- **AKTUALISIEREN SPERREN**
- Teilbild umbenennen
- Texte, Maßlinien usw. auf Teilbild 282 erzeugen

Das Einarbeiten von Änderungen läuft ähnlich wie schon bei Möglichkeit 1 beschrieben ab.
- Schnitte und Ansichten aktualisieren lassen
- Neu berechnetes Teilbild passiv, fertiger Schnitt aktiv

Die Änderungen mit Punkten können Sie nun modifizieren und ähnliche Funktionen nachführen.

7.2.4 Beispiel – Ansichten erzeugen

Als Nächstes im Ablauf der kleinen Übung sollen die Ansichten über die Bauwerksstruktur erzeugt werden. Um Ansichten über die Bauwerksstruktur erzeugen zu können, wird kein aktives Teilbild benötigt. Wenn ein Modell erzeugt wurde, erfolgen die weiteren

Schritte zur Erzeugung von Ansichten im Dialog **PROJEKTBEZOGEN ÖFFNEN**, Register **BAUWERKSSTRUKTUR**, Bereich **ABLEITUNGEN DER BAUWERKSSTRUKTUR**.

Neben einer Ansicht, die nur Linien und Schatten enthält, sollen noch zwei weitere Varianten erzeugt werden, die die unterschiedlichen Möglichkeiten der Darstellung mit Flächenelementen kurz aufzeigen. Bei der Planaufbereitung in Kapitel 8, »Planlayout, Drucken und Datenausgabe«, werden die Daten zur unterschiedlichen Darstellung zusammengestellt.

Ansichten erzeugen

Die gewählten Einstellungen sind als Favoriten gespeichert. Der erste Schritt ist die Ansicht von Süden mit Schatten. Die Einstellungen für die beiden anderen Berechnungen sind am Ende tabellarisch aufgelistet, wie auch die Einstellungen für die anderen drei Himmelsrichtungen.

Projektbezogen öffnen

▷ **PROJEKTBEZOGEN ÖFFNEN: TEILBILDER AUS ZEICHNUNGS/BAUWERKSSTRUKTUR**
▷ **BAUWERKSSTRUKTUR** → **ABLEITUNGEN DER BAUWERKSSTRUKTUR**
▷ Teilbild 263 markieren → Kontextmenü → **QUELLTEILBILDER FÜR ANSICHT**

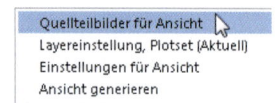

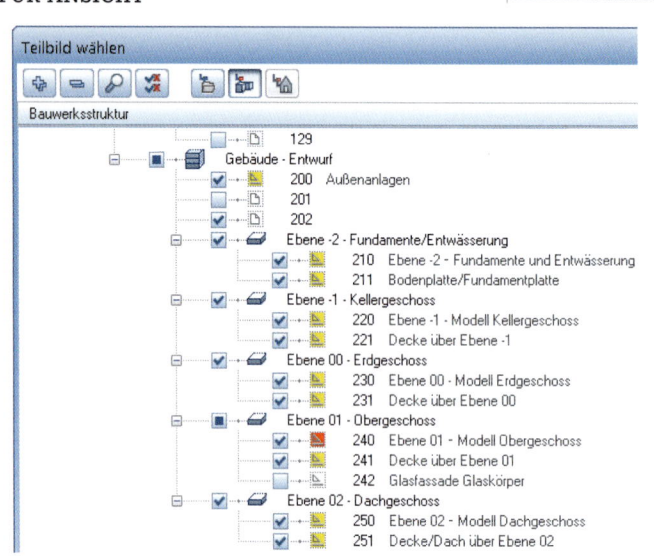

▷ Markieren Sie die Teilbilder: 200, 201, 202, 210 und 211, 220 und 221, 230 und 231, 240 und 241 sowie 250 und 251 (d. h. alle Teilbilder, die Geometrien des Gebäudes und der Außenanlagen enthalten, sowie das Teilbild, auf dem die Schnittlinie erzeugt wird)

Aktuelle Anwahl als Favorit speichern

▷ **AKTUELLE ANWAHL ALS FAVORIT SPEICHERN**
▷ **DATEINAMEN** → *Ansichten*
▷ **SPEICHERN** (Dialog speichern wird geschlossen)
▷ Anwahl bestätigen

> **HINWEIS:** Das Speichern von Favoriten erleichtert das Einstellen weiterer Ansichten, Schnitte und Listen. Wie Sie den Speicherort für Favoriten der Bauwerksstruktur einstellen, erfahren Sie in Abschnitt 3.2.1, »Bauwerksstruktur/Zeichnungsstruktur, Planstruktur«.

▷ Kontextmenü Teilbild 263
▷ LAYEREINSTELLUNG, PLOTSET

▷ PLOTSET VERWENDEN: *3D-Geometrien (ohne Abbruch)*

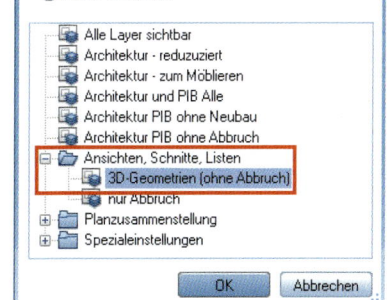

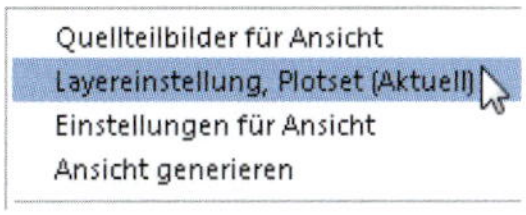

▷ Kontextmenü Teilbild 263
▷ EINSTELLUNGEN FÜR ANSICHT
▷ EINSTELLUNGEN VERDECKT-BERECHNUNG

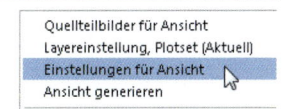

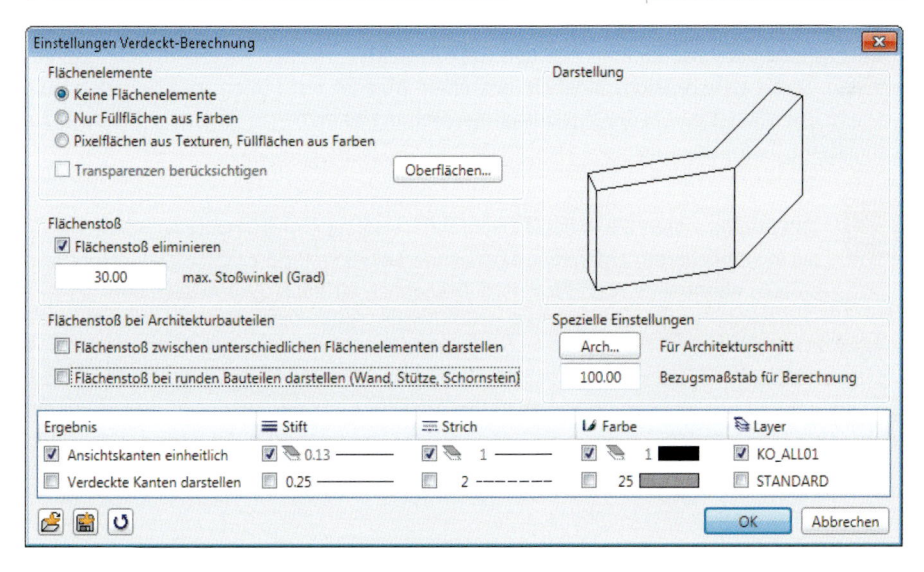

ns, Schnitte und Reports

Favorit speichern

▷ **FAVORIT SPEICHERN**
▷ **FAVORITEN PROJEKT** wählen → **DATEINAMEN** → *Ansichten*
▷ **SPEICHERN** (Dialog **SPEICHERN** wird geschlossen)
▷ Einstellungen des Dialogs **EINSTELLUNGEN VERDECKT-BERECHNUNG** bestätigen
▷ Kontextmenü Teilbild 262 → **ANSICHT GENERIEREN** → **ANSICHT VON VORNE, SÜDEN**

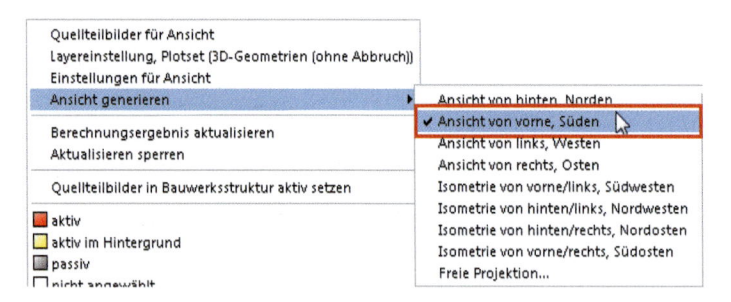

Die Ansicht wird berechnet und das Teilbild erhält automatisch den Namen *Ansicht Süden (Ergebnis Verdeckt-Berechnung)*. Ergänzen Sie diesen um *Füllflächen und Schatten*.

Favorit laden

Erzeugen Sie auf Teilbild 261 eine Verdeckt-Berechnung mit dem Favoriten *Ansicht Süden mit Füllflächen ohne Schatten mit Transparenz.vdfanfx* und auf Teilbild 263 eine Verdeckt-Berechnung mit dem Favoriten *Ansicht Süden Linien und Schatten.vdfanfx*.

Sie erhalten nun dreimal die Ansicht Süden in unterschiedlichen Ausdrücken. In der Planzusammenstellung können aus den drei Ansichten weitere Kombinationen erstellt werden. So ist es z. B. leicht möglich, aus einer Ansicht mit Linien **und** Schatten eine Ansicht ohne Schatten bei der Planzusammenstellung zu erzeugen. Ergänzen Sie auch die generierten Teilbildnamen.

> **TIPP:** Deaktivieren Sie in der Bildschirmdarstellung **MAKROFOLIE A**, wenn die in den Fenstern enthaltenen Liniendarstellungen für die Öffnungsflügel stören. Wurde eine Ansicht bereits berechnet, ist nach dem Ausschalten eine Neuberechnung notwendig.

Erzeugen Sie in der gleichen Weise auch die Ansichten für die restlichen drei Himmelsrichtungen. Verwenden Sie dazu die entsprechend gespeicherten Favoriten. Der Unterschied besteht jeweils in der Richtung, die das Licht aufweist.

> **HINWEIS:** Der Lichtwinkel bezieht sich immer auf die Sichtachse. Daraus folgt, dass der Winkel alpha (links/rechts) = 0 in der Ansicht Süden mit 12:00 gleichzusetzen ist und in der Ansicht Westen mit 18:00 zu interpretieren ist. Der Lichtwinkel beta (Schattenlänge) bestimmt im Prinzip die Jahreszeit. Ein großer Winkel steht für hoch stehende Sommersonne und ein kleiner Winkel für flach stehende Mittagssonne im Winter oder flach stehende Sonne im Osten/Westen.

7.2.5 Beispiel – Schnitt erzeugen

Die Erzeugung der Schnitte folgt dem gleichen Schema wie die Erzeugung der Ansichten. Zusätzlich sind bei Schnitten noch Einstellungen im Dialog **VERDECKT-BERECHNUNG ARCHITEKTUR** zu tätigen. Bei der Auswahl der Quellteilbilder wird die gespeicherte Einstellung der Ansichten verwendet. Der Unterschied zwischen der Berechnung von Ansichten und Schnitten besteht darin, dass bei Schnitten durch Schnittlinien exakt bestimmt werden kann, wie der Verlauf und die Richtung sein soll.

Schnittlinien erzeugen

Als Vorbereitung für die Erzeugung der Schnitte über die Ableitungen der Bauwerksstruktur müssen Schnittlinien erzeugt werden. Die Schnittlinien sind auf einem extra Teilbild zu erzeugen, um bei der Planzusammenstellung in jedem Grundriss mit abgelegt werden zu können. Zum korrekten Justieren der Schnittlinie sollten einige Teilbilder des Gebäudes aktiviert werden. Je nach Komplexität und abhängig davon, wie viele deckungsgleiche Bauteile sich in den Geschossen befinden, benötigen Sie mehr oder weniger Teilbilder.

Für die Einrichtung der Schnittlinien sollten die meisten Layer mit 2D-Informationen, wie Möblierung und Maßlinien, ausgeblendet sein, um eine bessere Übersicht über den Grundriss an sich zu haben und die Gefahr zu minimieren, Punkte zu fangen, die zu einem schrägen Verlauf der Schnittlinie führen.

▷ Schalten Sie die Außenanlagen sowie die Teilbilder mit 3D-Geometrien des Gebäudes passiv und das Teilbild 201 aktiv.
▷ **SCHNITTFÜHRUNG** (oder Funktionsaufruf über Darstellung der Schnittlinie im Assistenten *2D-Elemente, Schnitt*)
▷ **EIGENSCHAFTEN** wie angezeigt eingeben
▷ Formateinstellungen: **LAYER** (AR_SCHNI)
▷ **SCHNITTBEZEICHNUNG** → *A*
▷ **OBERKANTE** → *8,800*, **UNTERKANTE** → *–4,000*
▷ Einstellungen bestätigen

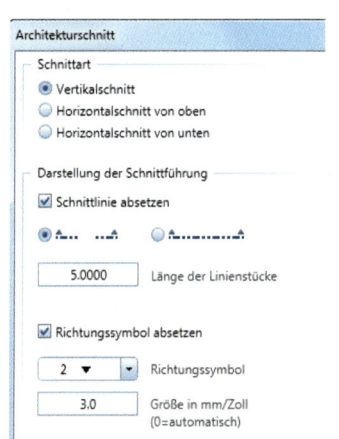

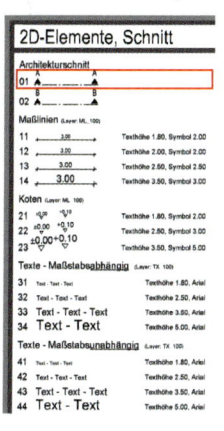

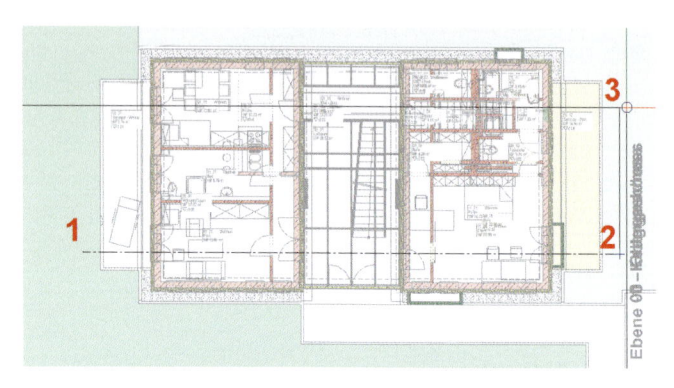

▷ Setzen Sie den ersten Punkt **(1)** links neben die untere Terrassentür.
▷ Setzen Sie den zweiten Punkt **(2)** rechts neben der Terrassentür des Büros (waagerecht zum ersten Punkt).
▷ Beenden Sie die Eingabe der Schnittlinie mit **ESC**.
▷ Geben Sie die **TIEFE/BLICKRICHTUNG (3)** im Grundriss an.

Erzeugen Sie noch eine weitere Schnittlinie, die durch die Treppe im Glaskörper geht, mit Blickrichtung nach links. Achten Sie darauf, dass die Punkte außerhalb des Bereiches liegen, den Sie im Schnitt abbilden möchten.

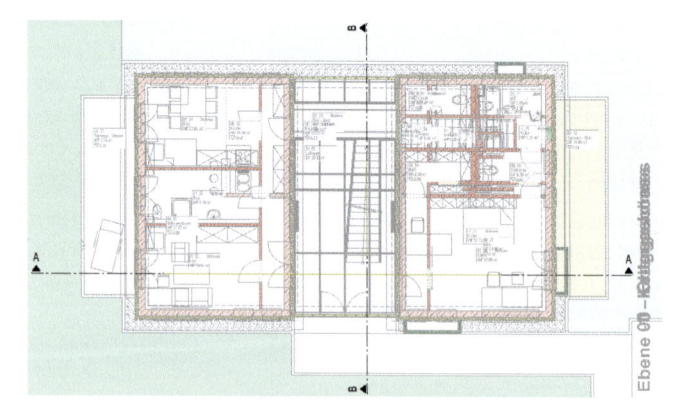

Schnitte erzeugen

▷ **PROJEKTBEZOGEN ÖFFNEN: TEILBILDER AUS ZEICHNUNGS/BAUWERKSSTRUKTUR**
▷ **BAUWERKSSTRUKTUR → ABLEITUNGEN DER BAUWERKSSTRUKTUR**
▷ Teilbild 280 markieren
▷ Kontextmenü → **QUELLTEILBILDER FÜR SCHNITT**
▷ **FAVORIT LADEN**
▷ Markieren und öffnen Sie die Datei *Ansichten.xml*. Bestätigen Sie die Anwahl.
▷ **LAYEREINSTELLUNG, PLOTSET → PLOTSET VERWENDEN →** *3D-Geometrien (ohne Abbruch)*

Projektbezogen öffnen

Favorit laden

7.2 Ableitungen – Ansichten und Schnitte

▷ Kontextmenü → EINSTELLUNGEN FÜR SCHNITT
▷ FAVORIT LADEN
▷ FAVORITEN PROJEKT wählen → DATEINAMEN → *Schnitt* → öffnen

Favorit laden

Gegenüber den Einstellungen für die Ansichten sind beim Favoriten für den Schnitt der Schatten und das Licht deaktiviert und im Bereich FLÄCHENSTOSS FÜR ARCHITEKTURBAUTEILE ist der obere Punkt aktiviert.

Überarbeitet in Version 2013: Einstellungen Schnitt

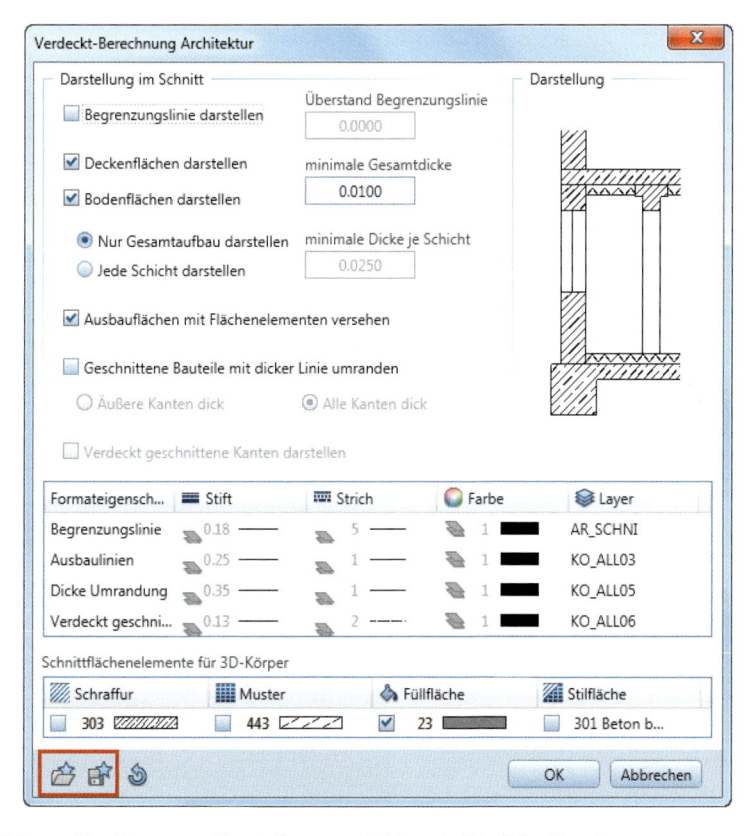

▷ Speichern Sie die neuen Einstellungen als Favorit für Schnitte ab.
▷ SPEZIELLE EINSTELLUNGEN → ARCH…
▷ Ändern Sie die Einstellungen wie angezeigt oder laden Sie den Favoriten SCHNITT.

Speichern Sie auch die Einstellungen dieses Dialogs als Favorit ab.

▷ Bestätigen Sie beide Dialoge.
▷ Kontextmenü Teilbild 280
▷ SCHNITT GENERIEREN:
   Wählen Sie im Dialog WELCHE SCHNITT-FÜHRUNG/SCHNITTBEZEICHNUNG → *A*

Im Dialog **WELCHE SCHNITTFÜHRUNG/SCHNITTBEZEICHNUNG** werden alle Schnittbezeichnungen mit der Nummer des Teilbildes (TbNr) angezeigt, auf der die Schnittlinie erzeugt wurde.

Erzeugen Sie nun auch Schnitt B.

> **HINWEIS:** Wird ein Schnitt ohne Ansichtskanten der in Blickrichtung liegenden Elemente benötigt, können die Ansichtskanten komplett ausgeschaltet werden. So entsteht ein Schnitt mit Tiefe 0,00.

Schnittdarstellung im Konstruktionsfenster aktivieren

Neu in Version 2013: Schnitttiefe = 0

Zur Kontrolle kann in den Animationsfenstern und/oder in den Konstruktionsfenstern jederzeit eine Schnittdarstellung aktiviert werden. Diese Darstellung ist nur temporär und immer auf ein Fenster bezogen. Die folgenden Schritte sind nur exemplarisch und gleich denen, die bei einem Konstruktionsfenster vollzogen werden müssen, um dort eine Schnittdarstellung zur Kontrolle zu erhalten.

▷ Aktivieren Sie alle Teilbilder des Gebäudes inkl. Außenanlagen und Schnittlinie, bzw. lassen Sie alle Quellteilbilder des Schnittes in der Bauwerksstruktur aktiv setzen (Kontextmenü Teilbild 280).

2 +1 Animationsfenster

▷ **2 + 1 ANIMATIONSFENSTER**

Schnittdarstellung

▷ **SCHNITTDARSTELLUNG** des Animationsfensters aktivieren

▷ Geben Sie die Schnittbezeichnung *A* in der Dialogzeile ein oder klicken Sie die **SCHNITTLINIE IM GRUNDRISS** an.

▷ Aktivieren Sie nun auch im Konstruktionsfenster unten links den **SCHNITT A**.

Verdeckt-Berechnung ein/aus

▷ **VERDECKT-BERECHNUNG EIN** → Verdeckt-Berechnung für Konstruktionsfenster aktivieren

Ganzes Bild darstellen

▷ Ganzes Bild darstellen → Bild neu aufbauen

▷ Der Schnitt wird inkl. Schraffuren, Füllflächen, Stilflächen, Mustern und Ausbauflächen dargestellt.

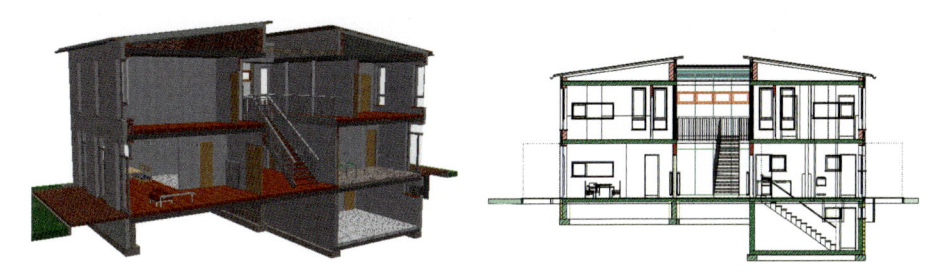

Sie können die Punkte des Schnitts im Konstruktionsfenster fangen. Sobald Sie nun etwas in Ihrem Grundriss ändern, werden die Änderungen in den beiden anderen Fenstern angezeigt.

7.2.6 Beispiel – Ansichten nachbearbeiten

Die Nachbearbeitung der Ansichten wird hier nur im System beschrieben. Die Staffagen, Bäume und Bilder für den Hintergrund stammen aus dem Katalog und dem Design-Ordner des Vorlaufprojekts. Ein weiterer Datenpool ist der Content unter *www.allplan-connect. com* bzw. die Palette **CONNECT**.

Inhalt der angelegten Teilbilder

Nachfolgend sehen Sie drei Teilbilder mit den jeweiligen (teils selbst erzeugten, teils generierten) Inhalten sowie im untersten Bild das zusammengestellte Ergebnis, wie es in etwa auf dem Plan entstehen wird.

Auf dem Hintergrundteilbild wird z. B. der Himmel erzeugt, auf dem Vordergrundteilbild werden alle Elemente erzeugt, die vor der Fassade sein sollen, oder die Teile des Berechnungsergebnisses (wie hier den Keller und die Fundamente) abdecken sollen. Wenn statt der Linienansicht eine der gefüllten Varianten verwendet wird, können auf dem Hintergrundteilbild auch Elemente erzeugt werden, die teilweise hinter dem Gebäude liegen und von diesem verdeckt werden.

> **HINWEIS:** Wenn mehrere Teilbilder aktiv und aktiv im Hintergrund geschaltet werden, werden die Elemente in der eingestellten Reihenfolge angezeigt. Die Reihenfolge dominiert. Dies unterscheidet sich von der Darstellung im Plan, wenn selbige Teilbilder in einem Stapel abgelegt werden. Im Plan werden die Teilbilder übereinander gestapelt und die Reihenfolge gilt nur innerhalb eines Teilbildes.

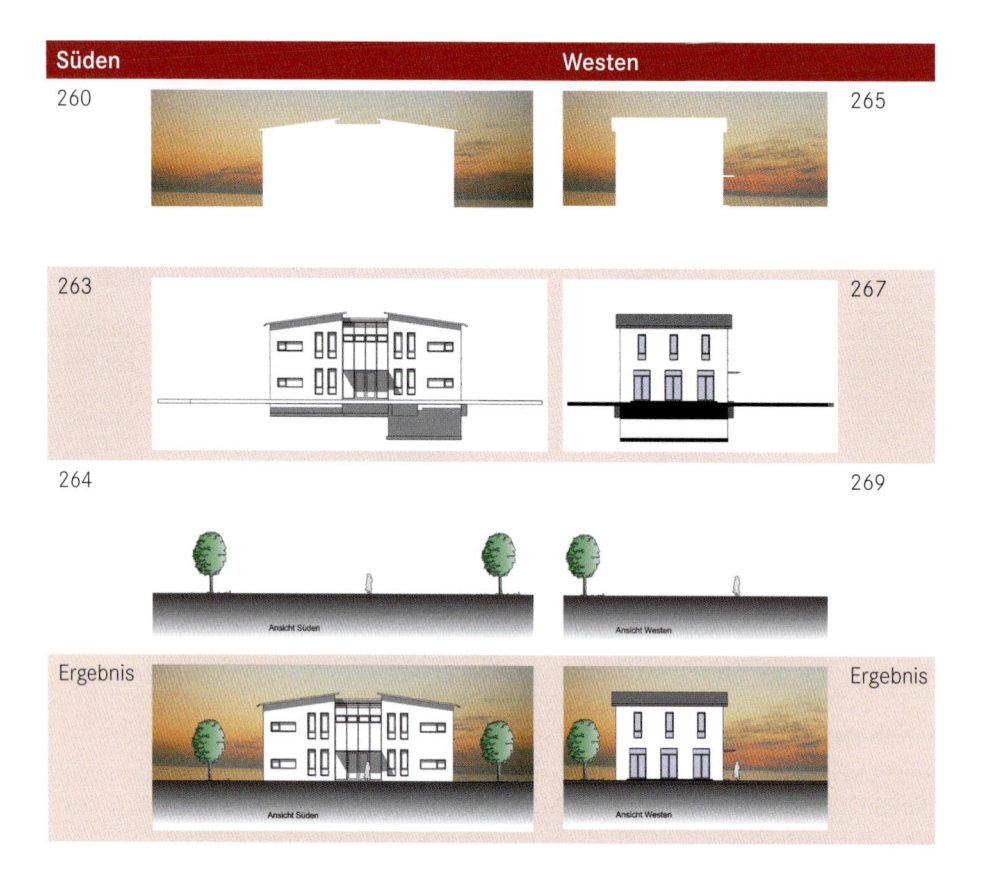

7.2.7 Beispiel – Schnitte nachbearbeiten

Schnitt ergänzen

Alle durch die Berechnung erzeugten Linien und Flächenelemente, bis auf Ansichtskanten und verdeckte Kanten, haben ihre Layerzuordnung behalten und werden im Moment (grundrissorientierter Zeichnungstyp ist noch aktiv) gleich dargestellt wie bei der Geschossbearbeitung. Zum Beispiel werden Decken und Brüstungen nicht optimal bzw. korrekt dargestellt. Aus diesem Grund gibt es für aus dem Modell abgeleitete Schnitte, wie auch auf diese Weise entstandene Details, zusätzliche Zeichnungstypen, die für Brüstungsbauteile und Decken die korrekten Liniendarstellungen schalten. Wenn Sie mit eigenen Ressourcen oder komplett ohne Linienstile arbeiten, müssen Sie hier nacharbeiten. Eine Alternative zu zusätzlichen Zeichnungstypen (mit allen Vor- und Nachteilen) ist die Erzeugung von dicken Schnittkanten (eine Dicke für alle geschnittenen Bauteile) direkt bei der Schnittberechnung.

Ansichten und Schnitte vorbereiten

▷ Teilbild 280 markieren → Kontextmenü → **KOPIEREN**
▷ **STRUKTURSTUFE** Schnitt A-A markieren

▷ Kontextmenü → **EINFÜGEN HINTER...**
▷ Einfügen ab Teilbildnummer *281*

▷ Teilbild 281 markieren → Kontextmenü → **AKTUALISIEREN SPERREN**

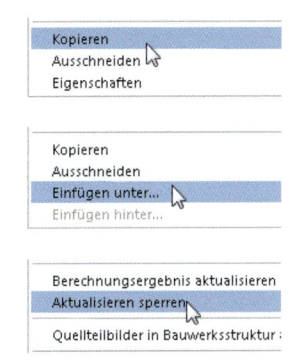

▷ Teilbild umbenennen in *Schnitt: A Detaillierung*

```
Schnitte Hauptgebäude
    Schnitt A-A
        280  Schnitt: A (Ergebnis Verdeckt-Berechnung)
        281  Schnitt: A Detaillierung
        282
```

▷ Teilbild 281 aktiv

Kotenmaßlinien

Die wichtigsten Inhalte, die bei Schnitten notwendig sind, sind Koten für Fußboden, Decke usw.

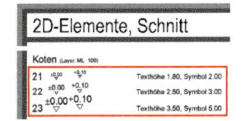

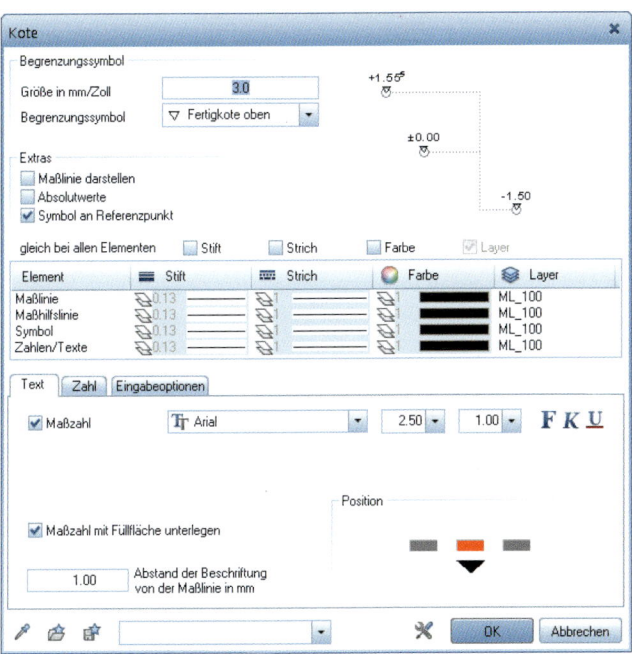

Kote

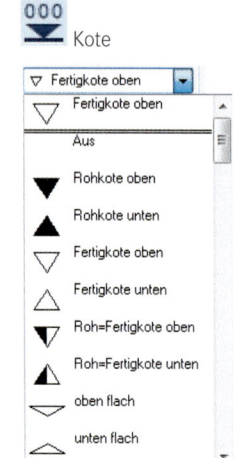

▷ **KOTE** (Bauteil **21 – 23**, Assistent *2D-Elemente, Schnitt*)
▷ **SYMBOL AN REFERENZPUNKT VERTIKAL NACH OBEN**
▷ **EIGENSCHAFTEN REGISTER ZAHL:** Weitere Eigenschaften nach Belieben einstellen und bestätigen
▷ Punkt in der Schnittdarstellung (Grundrissprojektion!)angeben, durch den die Maßlinie verlaufen soll

> **HINWEIS:** Bei Kotenmaßlinien wird an dieser Stelle keine sichtbare Linie erzeugt, sondern nur eine Referenz für die frei setzbaren Koten.

▷ Oberkante Fertigfußboden des Erdgeschosses als **BEZUGSPUNKT** angeben, Basiswert = 0,000

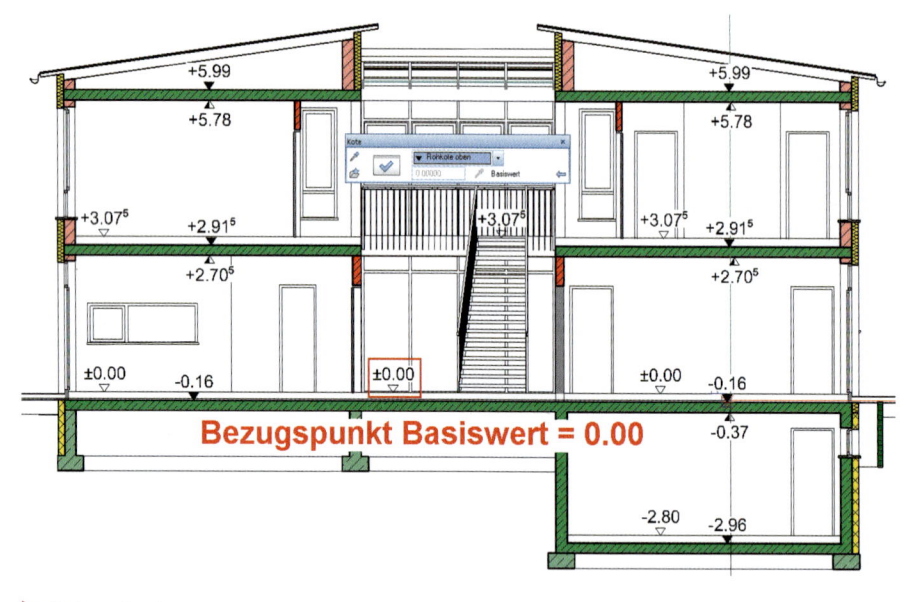

Vorgabe für Maßlinien und Koten:

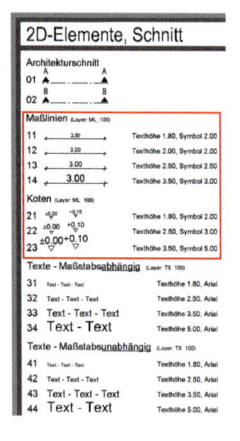

▷ Koten absetzen

Bei jeder Kote, die Sie absetzen, können Sie einstellen, welches Symbol die Kote erhalten soll.

Erstellen Sie für jeden Schnitt oder jede Ansicht möglichst nur eine Kotenmaßlinie mit der Option **SYMBOL AN REFERENZPUNKT**. Dadurch erreichen Sie, dass alle Koten zusammenhängen und ein Teil der Höhenkoten nicht versehentlich verschoben werden kann.

Besondere Texte

Bei der Bezeichnung von Ansichten und Schnitten sowie wichtigen Texten kann es sinnvoll sein, wenn der Text immer die gleiche Fläche der Zeichnung einnimmt und mit dieser größer oder kleiner wird.

▷ **TEXT HORIZONTAL, FORMATEINSTELLUNGEN**
▷ **ABSETZPUNKT** angeben (z. B. im Schnitt im Obergeschoss des linken Baukörpers)

Text horizontal

Eigenschaften

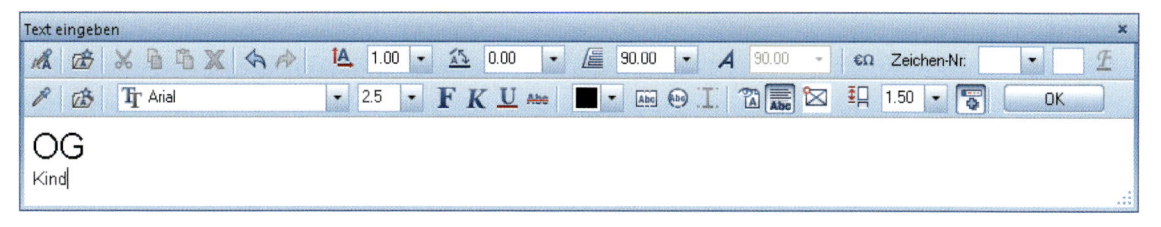

▷ Text eingeben
  obere Zeile Texthöhe: *5*
  untere Zeile Texthöhe *2,5*
▷ Texteingabe abschließen und Funktion beenden
▷ Neu erzeugten Text markieren
▷ Palette **EIGENSCHAFTEN**
▷ **GRÖSSE GLEICH BLEIBEND** → ausschalten

Der geänderte Text belegt bei einer Maßstabsänderung immer die gleiche Fläche. Sie können so jederzeit den Maßstab ändern, ohne dass diese Texte Zeichnungsinhalte überdecken.

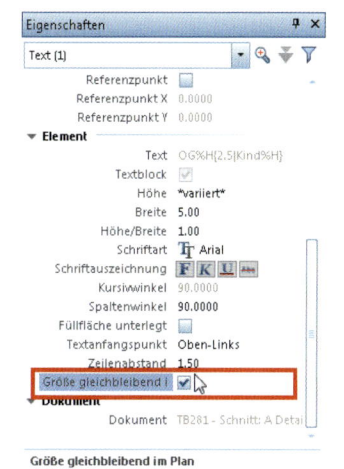

Größe gleichbleibend im Plan

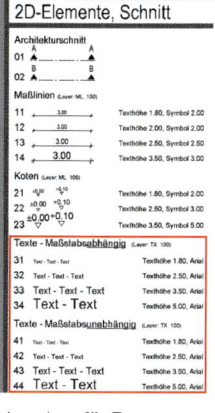

Vorgaben für Texte

Koordinatenzusammenhang Modell und Ableitung

Wenn Sie im Modell z. B. die Koordinaten eines Firstpunktes messen, wird Ihnen eine Z-Koordinate von Z = 7,312 angezeigt.

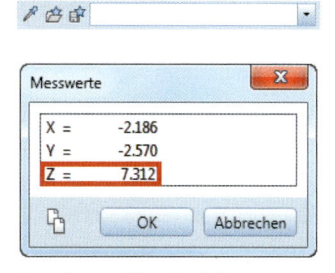

Koordinaten First-Modell

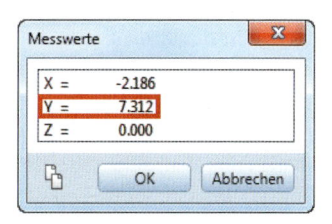

Misst man den entsprechenden Punkt im Schnitt oder in der Ansicht, so erhält man bei Z den Wert 0.00 und bei der Y-Koordinate Y = 7,312, der gleich der zuvor gemessenen Z-Koordinate ist.

Sie können also jederzeit in Ihren Ansichten und Schnitten eine Koordinate messen und erhalten so den Wert, den dieser Punkt im Modell haben soll. Wichtig ist dies z. B., wenn Sie den Kamin auf eine bestimmte Höhe verlängern müssen.

Koordinaten First-Schnitt

7.3 Ableitungen – Reports

7.3.1 Reports – Grundwissen

Über Reports lassen sich alle Objekte und Bauteile in Allplan auswerten und über einen Drucker ausgeben oder als Datei für die Weiterverwendung in anderen Programmen (Allplan BCM, Excel) speichern. Es stehen viele unterschiedliche Reports zur Auswahl, die unterschiedlichen Zwecken dienen.

Je nach Report werden nur bestimmte Bauteilarten und/oder Bauteile mit bestimmten Attributen oder Eigenschaften ausgewertet. Zudem stehen z. B. für die Wohnflächenberechnung zusätzliche Parameter zur Auswahl, über die Sie die Auswertung steuern können.

Der Begriff *Report* beschreibt die fertige Auswertung von Objekten, während mit dem Begriff *Report-Template* die Vorlagedatei gemeint ist, in der definiert ist, was wie ausgewertet werden soll (*.rdlc-Datei).

Listen

Bis einschließlich Allplan 2012 wurden Listen angeboten, die die Aufgaben der Reports innehatten. Die bisher existierenden Standardlisten wurden in Reports umgebaut und in den Fähigkeiten weiterentwickelt. Eigene Listen können über die Funktion *Bürolisten konvertieren* (**ZUSÄTZLICHE MODULE → VORLAGEN: REPORTS, LEGENDEN, BESCHRIFTUNG**) und in Reports gewandelt werden. Die Formeln und Bezüge werden zumeist übernommen, das Layout muss komplett neu aufgebaut werden. Über die Funktion **REPORT DEFINIEREN** können zudem komplett neue Reports erstellt oder bestehende Reports erweitert/geändert werden. Unter *http://www.allplan-connect.com* existiert eine Kurzanleitung, die aufzeigt, wie eigene Reports über die frei verfügbare Entwicklungsumgebung *Visual Web Developer 2008 – Express Edition (Microsoft)* erzeugt werden können.

7.3.2 Reports – Bauwerksstruktur

Unter den Ableitungen der Bauwerksstruktur im Register **BAUWERKSSTRUKTUR** befinden sich Strukturstufen für Reports. Eine allgemeine Beschreibung der Strukturstufen in diesem Bereich finden Sie in Abschnitt 2.3.3.4, »Register Bauwerksstruktur«. Für jede Auswertung, die im Verlauf des Planungsprozesses benötigt wird, können Reports *(Strukturstufe Report)* für unterschiedlichste Auswertungen angelegt, gegliedert und nach Änderungen am Modell erneut ausgegeben werden. Die Auswertungen werden nicht zwischengespeichert, sondern immer neu erzeugt und zeigen somit stets den aktuellen Zustand der zugeordneten Quellteilbilder an. Im Bereich der Reports können keine Teilbilder zugeordnet werden, da in jedem Report definiert wird, aus welchen Quellteilbildern die eingestellte Auswertung ermittelt werden soll.

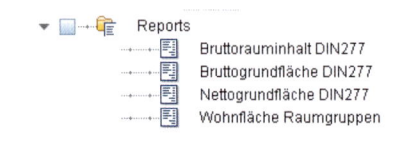

Einzelschritte zur Auswertung mit Reports

Der Weg zum Anlegen und Ausgeben von Reports über die entsprechenden Strukturstufen der Bauwerksstruktur ist gleich gegliedert wie zum Erzeugen von Ansichten und Schnitten. Auch hier handelt es sich um vier Schritte, die nacheinander auszuführen sind.

Schritt 1 – Auswertung anlegen

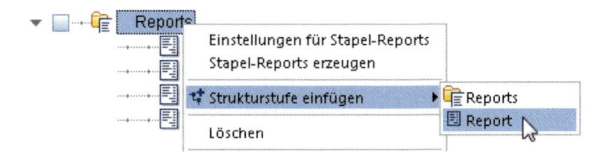

➤ Kontextmenü einer Strukturstufe **REPORTS**
➤ **STRUKTURSTUFE EINFÜGEN → REPORT**
➤ Report umbenennen

Schritt 2 – Quellteilbilder definieren

➤ Kontextmenü eines Reports
➤ **QUELLTEILBILDER FÜR REPORT**
➤ Alle Teilbilder aktivieren, die der Auswertung als Grundlage dienen sollen
➤ Auswahl bestätigen

Schritt 3 – Layereinstellung, Plotset

➤ Kontextmenü eines Reports
➤ **LAYEREINSTELLUNG, PLOTSET**
➤ **PLOTSET VERWENDEN** → z. B. alle 3D-Geometrien

Schritt 4 – Einstellungen des Reports

➤ Kontextmenü eines Reports
➤ **LISTENAUSWAHL UND EINSTELLUNGEN**
➤ Report auswählen und Dateityp für Ausgabe wählen

Schritt 5a – Report erzeugen – einzelnen Report ausgeben

➤ Kontextmenü eines Reports
➤ **REPORT AUSGEBEN**
➤ Der Report wird je nach Einstellungen geöffnet oder als Datei unter dem angegebenen Namen gespeichert.

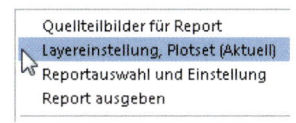

Schritt 5b – Reports erzeugen – mehrere Reports ausgeben (Stapel-Reports)

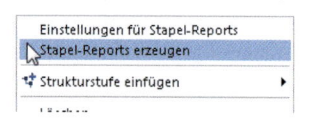

> Kontextmenü einer Strukturstufe, in der Reports enthalten sind
> STAPEL-REPORTS ERZEUGEN
> Alle Reports werden entsprechend den Einstellungen und/oder den Einstellungen des Reports zur Ausgabe am Bildschirm angezeigt oder direkt als Datei gespeichert.

7.3.3 Auswahl Report und Einstellungen (BWS)

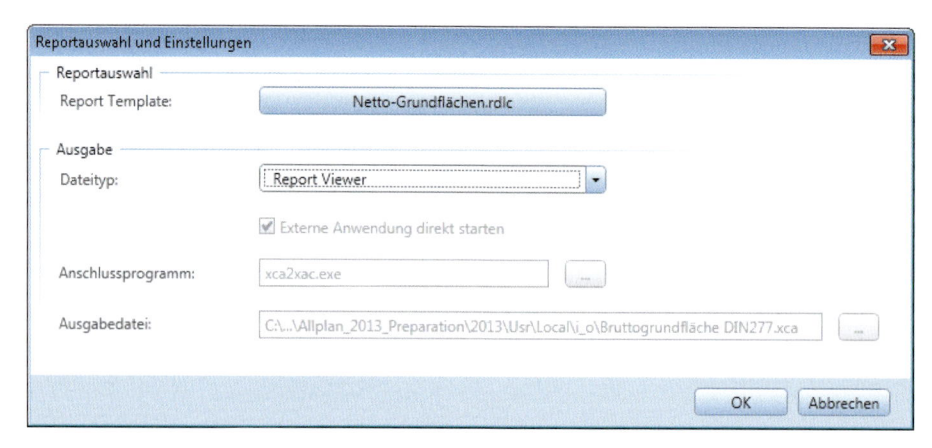

Über REPORTAUSWAHL UND EINSTELLUNGEN wird definiert, welcher Report-Template zur Auswertung verwendet werden soll. In der Dateiauswahl selbst existieren weitere Einstellungsmöglichkeiten.

Bereich Ausgabe

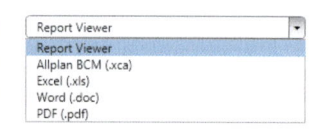

- Unter DATEITYP wird definiert, ob der Report angezeigt (*Report Viewer*) oder direkt als Datei gespeichert werden soll. Je nach Auswahl des Dateityps werden die weiteren Optionen auswählbar geschaltet.
- AUSGABEDATEI definiert den Pfad sowie den Dateinamen, der für den Report verwendet werden soll. Ist bereits eine Datei mit dem angegebenen Namen vorhanden, wird diese ohne Nachfrage überschrieben.

7.3.4 Auswahldialoge und Einstellungen für Reports

Auswahl – Reports

Über den Dialog REPORTS wird das gewünschte Report-Template (Report) ausgewählt, das bei Auswahl in der Bauwerksstruktur im Knoten gespeichert wird und bei Auswahl über die Funktion REPORT *(Teilbildebene)* über ÖFFNEN generiert wird.

- **Bereich 1:** Hier wählen Sie, aus welchem Pfad der Report ausgewählt werden soll. Unter STANDARD sind alle Reports in einer Ordnerstruktur gespeichert, die bei der Standardinstallation vorhanden sind. Unter BÜRO können eigene, büroweit verfügbare Reports gespeichert werden.
- **Bereich 2:** Die Schalter im Bereich 2 werden nur bei Reports aktiviert, die auf diese weiteren Einstellungen zugreifen.
- **Bereich 3:** ÖFFNEN klappt entweder den markierten Ordner auf oder löst, wenn ein Report markiert ist, die Berechnung aus und zeigt den Report am Bildschirm an bzw. speichert die Auswahl in der Strukturstufe *Report*. ABBRECHEN schließt den Dialog.
- Im Auswahlfeld werden alle Ordner und Report-Templates des gewählten Pfades angezeigt. Die Navigation ist gleich der im Windows-Explorer.

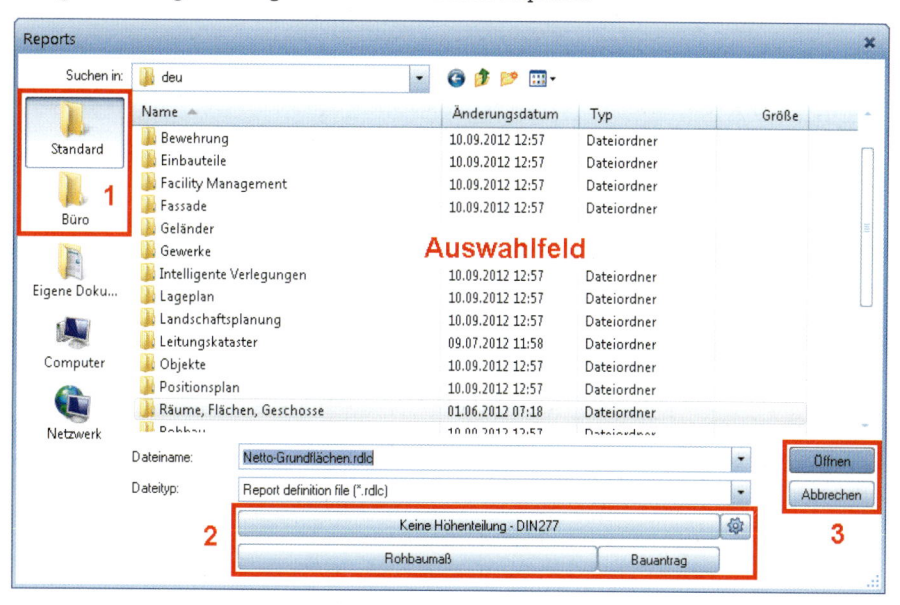

Einstellungen für Auswertungen

Für die Auswertung von Flächen nach Wohnflächenverordnung und Auswertungen von Flächen und Rauminhalten nach DIN 277 sowie spezielle Auswertungen für Bauanträge können weitere Einstellungen vorgenommen werden, um möglichst alle Anwendungsfälle abdecken zu können. Zudem können für die meisten Reports Einstellungen für die Genauigkeit der Ergebnisse getroffen werden.

- **Schalter 1:** HÖHENTEILUNG NACH WOFLV, KEINE HÖHENTEILUNG (GESAMTFLÄCHE), EINFACHE HÖHENTEILUNG öffnet den Dialog zur Detaileinstellung des Berechnungsverfahrens. Je nach Berechnungsverfahren werden die notwendigen Feineinstellungen angezeigt.

WOHNFLÄCHENVERORDNUNG	Höhenteilung, Berücksichtigung von Nischen und Vorsprüngen und Installationsbauteilen
GESAMTFLÄCHE, RAUM	Berechnung gemäß DIN 277 2005-02
EINFACHE HÖHENTEILUNG	entsprechend DIN 277 1987-06 (alt)

- **Schalter 2:** Öffnet einen Dialog zum Einstellen der Berechnung der Grundfläche. Es stehen drei unterschiedliche Optionen zur Verfügung. 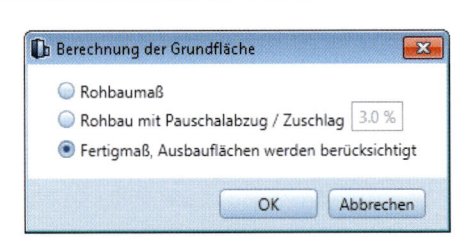
  - Option **ROHBAUMASS** berechnet Räume und Geschosse mit ihren Rohbauabmessungen. Definierte Ausbauflächen werden weder in den Grundrissabmessungen noch in der Höhenteilung berücksichtigt.
  - Option **ROHBAU MIT X % PAUSCHALABZUG/ZUSCHLAG** berechnet Räume analog der Option **ROHBAUMASS**, ermittelt aber zusätzlich einen pauschalen (einstellbaren) Abschlag/Zuschlag zur Fläche. Die Option ist für DIN 277 und Bauantragslisten nicht zugelassen.
  - Option **FERTIGMASS** ermittelt die tatsächlichen Brutto- und Nettoflächen gemäß Wohnflächenverordnung und DIN 277. Sämtliche Ausbauflächen werden für die Grundrissabmessungen und die Höhenteilung ausgewertet.
- **Schalter 3:** Öffnet den Dialog für die Angaben für Bauantragslisten. Die eingegebenen Werte für Grundstücksfläche, Baukosten/m² und Anteil der Rohbaukosten werden in den Bauantragslisten verwendet und projektbezogen gespeichert.
- **Schalter 4:** Der Dialog **NACHVOLLZIEHBARE MENGENANSÄTZE** ist sowohl im Auswahldialog der Reports als auch bei den Listen verfügbar und bietet weitere Einstellmöglichkeiten der Listenausgabe, wie z. B. die Anzahl der Nachkommastellen von Abmessungen und Teilergebnissen, die Maßzahleinheit und vor allem, ob die Ergebnisse aus gerundeten angezeigten Werten oder aus exakten Werten zu ermitteln sind.

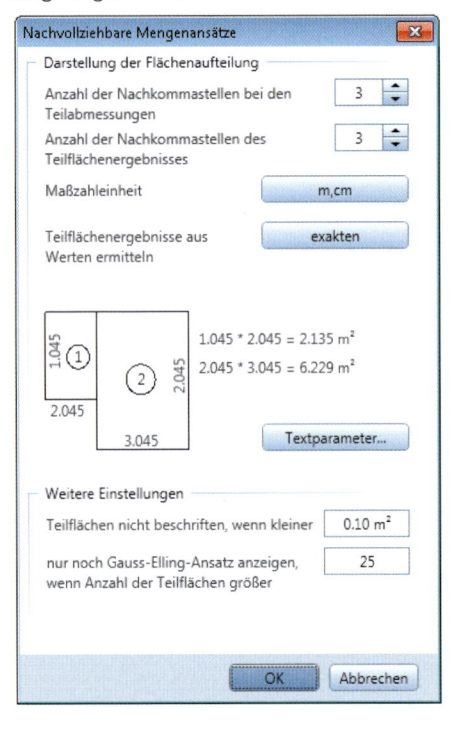

Nachvollziehbare Mengenansätze

7.3.5 Layout Viewer und Layout Designer

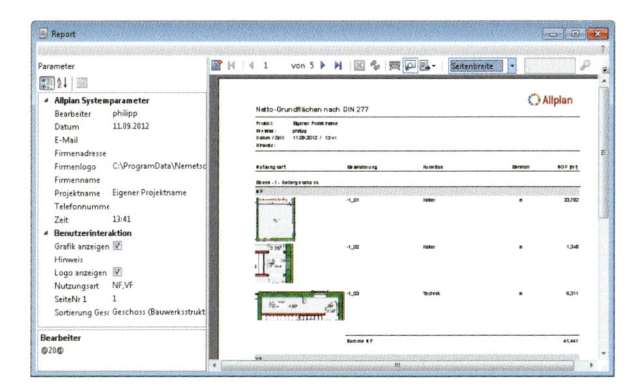

Der *Layout Viewer* zeigt den Report an, der entweder aus der Teilbildbearbeitung heraus oder über die Ableitungen der Bauwerksstruktur erzeugt worden ist. Einige Grunddaten, z. B. Bearbeiter, Firmenname, Firmenlogo usw. können direkt im Layout Viewer für den Ausdruck geändert werden. Über die Optionen auf der linken Seite unter *Benutzerinteraktion* kann in vielen Reports sowohl eine Grafik ausgeblendet wie auch auf die Sortierung der Daten und die Daten selbst Einfluss genommen werden.

HINWEIS: Alle Einstellungen, die Sie im *Report Viewer* tätigen, bleiben nicht bestehen, sondern sind nur für den aktuellen Report gültig.

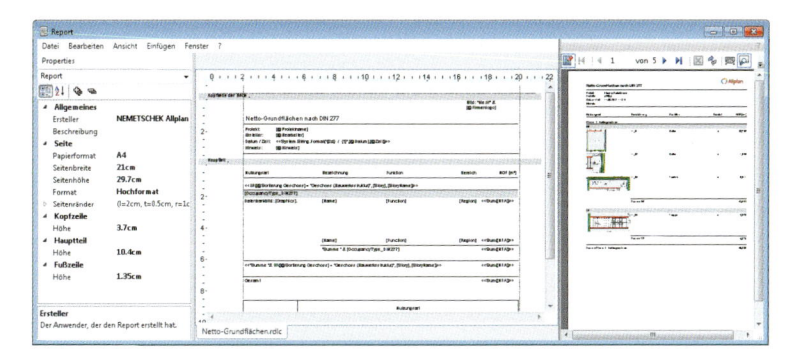

Der *Layout Designer* ist eine Funktion im *Layout Viewer*, über die das Aussehen des Reports verändert und für den Bürobedarf angepasst werden kann. Änderungen, die über den *Layout-Designer* an *Reports* getätigt werden, können gespeichert und bei dem nächsten Aufruf der Funktion **REPORTS** verwendet werden.

HINWEIS: Ein über den Layout Designer veränderter Report kann unter *Büro* gespeichert werden.

Funktionen im Report Viewer

- Die Palette **PARAMETER** dient zum Anpassen des aktuell eingeblendeten Reports an Ihre Anforderungen mit der im Report-Template vorhandenen Intelligenz.
  - Unter **ALLPLAN SYSTEM ATTRIBUT** können Sie die Angaben im Kopf- und Fußbereich des Reports ändern, die standardgemäß aus den Allplan-Attributen übernommen werden, wie z. B. Bearbeiter, Datum, Projektname, Zeit oder die Angaben zum Büro.
  - Unter **BENUTZERINTERAKTION** können Sie das Logo ausblenden, die Seitennummerierung anpassen oder einen Text bei Hinweis im Kopfbereich des Reports einfügen.
- **LAYOUT DESIGNER** öffnet oder schließt den Layout Designer
- **DRUCKEN** öffnet den Windows-Druckdialog, über den nach der Wahl eines Druckers der Report ausgedruckt werden kann.
- **DRUCKVORSCHAU** ändert den Anzeigemodus. Seitenumbrüche werden im Seitenlayout – erkennbar durch einen grauen Rand um den Report – korrekt angezeigt, während die Funktionalität **ZOOMEN** und **MARKIEREN** nur im Editormodus – ganzer Bereich mit weißem Hintergrund – funktioniert. Egal wie die Anzeige im Seitenlayout geschaltet ist, wird bei der Ausgabe auf dem Drucker, als PDF und dem Schreiben in einem Teilbild, die Anzeige des Seitenlayouts gewählt.
- **EXPORT** gibt den geöffneten Report in folgenden Formaten aus oder übergibt den Report direkt einem der gelisteten Programme. Je nach Report existieren unterschiedliche Ausgabemöglichkeiten.
  - Excel
  - Word
  - BCM
  - Allplan (wird bei Aufruf des Reports über die Bauwerksstruktur nicht angezeigt)
  - (Acrobat) PDF File

In vielen Reports sind spezielle Funktionen eingebaut, die Inhalte filtern, Grafiken ein- oder ausblenden und Verschiedenes mehr.

Es gelten folgende Grundregeln in den meisten neuen und vielen alten Reports:

- Wenn eine Grafik oder die Bauteilnummer angezeigt werden kann, ist das Zoomen und Markieren von Objekten möglich.
- Eine Matrix ist dort eingebaut worden, wo unterschiedliche Sichtweisen auf die gleichen Daten möglich sind oder eine übersichtliche kurze Auswertung neben der detaillierten Tabelle sinnvoll erschien.

- Bei Grafiken sind entweder Mengengrafiken, Perspektiven oder Bilder enthalten. Bei Bildern wird unterschieden, ob der Report aus der Bauwerksstruktur heraus oder vom Teilbild aus geöffnet wurde. In einigen Reports, vor allem aus dem Ingenieurbau, kann durch Anklicken einer Mengengrafik eine Überarbeitungsfunktion geöffnet werden und Ergänzungen/Änderungen an der Grafik können selbst vorgenommen werden.

7.3.6 Benutzerinteraktion ausgewählter Reports

Die nachfolgenden Funktionen sollen nur exemplarisch die Möglichkeiten aufzeigen. Zum Teil sind in den verwendeten Reports mehrere Funktionen enthalten. In vielen weiteren Reports gibt es gleiche oder ähnliche Möglichkeiten, die jeder selbst entdecken kann und sicherlich schätzen lernen wird. Bei allen der folgenden Beispiele sollten das Erdgeschoss sowie die Decke über dem Erdgeschoss aktiv bzw. aktiv im Hintergrund sein.

Beispiel für Zoomen und Markieren

Um die Auswirkung optimal sehen zu können, sind zwei Bildschirme ideal. Sollte nur ein Bildschirm verfügbar sein, muss das Ergebnisfenster des Reports soweit verkleinert/verschoben werden, dass die Konstruktionsfenster sichtbar werden.

▷ Aktives Teilbild ist Teilbild 230 – Ebene 00 – Modell Erdgeschoss.
▷ Wählen Sie **ANSICHT 4 FENSTER, AUFTEILUNG 2** aus. Der Grundriss nimmt nun ein Viertel der Bildschirmfläche ein. 4 Fenster, Aufteilung 2
▷ Klicken Sie den **RAND DER GRUNDRISSDARSTELLUNG** an, um sicherzustellen, dass dieses Fenster aktiv ist.
▷ **REPORT**
▷ Wählen Sie unter *Standard* den Unterordner *Gewerke* und dort die Datei *Übersicht Gewerke.rdlc* aus und öffnen diese. Report
▷ Markieren Sie entweder den kompletten Teilbildinhalt oder wählen in den Eingabeoptionen **ALLES**.

Der Report wird generiert und in einem separaten Fenster angezeigt.

▷ Verschieben Sie das Fenster **REPORT** und verkleinern Sie es bei Bedarf so, dass der Grundriss rechts unten sichtbar ist.
▷ Kontrollieren Sie, ob die Druckvorschau aktiv ist. Schalten Sie diese aus, da die gezeigte Funktionalität nur bei deaktivierter Druckvorschau (kein dunkelgrauer Rahmen sichtbar) aktiv ist. Druckvorschau

Übersicht Gewerke

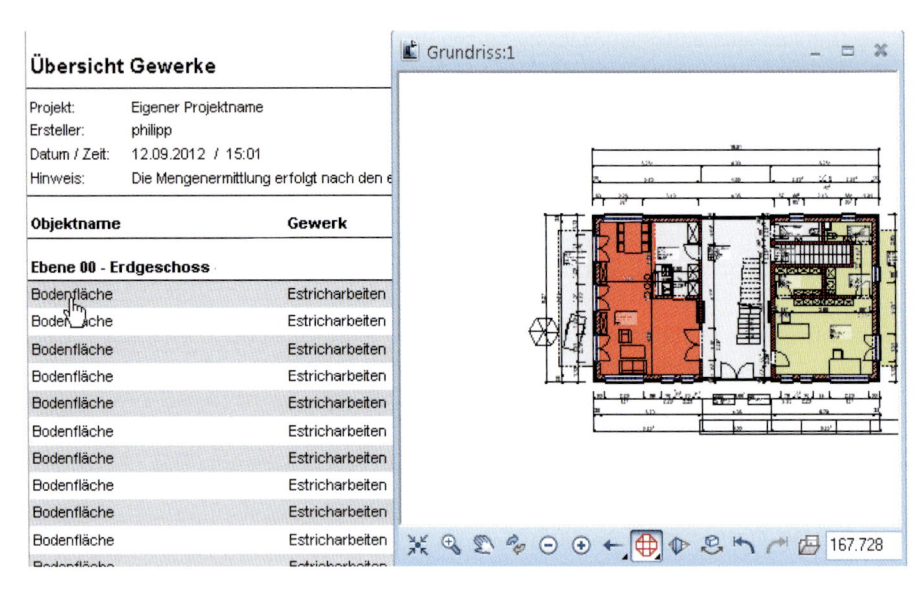

Projekt:	Eigener Projektname
Ersteller:	philipp
Datum / Zeit:	12.09.2012 / 15:01
Hinweis:	Die Mengenermittlung erfolgt nach den ...

Objektname	Gewerk
Ebene 00 - Erdgeschoss	
Bodenfläche	Estricharbeiten
Bodenfläche	Estricharbeiten
Bodenfläche	Estricharbeiten
Bodenfläche	Estricharbeiten
Bodenfläche	Estricharbeiten
Bodenfläche	Estricharbeiten
Bodenfläche	Estricharbeiten
Bodenfläche	Estricharbeiten
Bodenfläche	Estricharbeiten
Bodenfläche	Estricharbeiten

▷ Bewegen Sie den Mauszeiger in das erste Feld. Sobald eine Hand erscheint, können Sie das Objekt durch **ANKLICKEN DES TEXTES IM TEILBILD** markieren lassen.

Der Fensterinhalt des aktiven Fensters wird so gezoomt und verschoben, dass das angewählte Bauteil etwa ein Drittel der Fenstergröße (Diagonale) ausmacht. Das im Report angeklickte Bauteil wird rot markiert. Das letzte Bauteil, welches im Report vor dem Schließen des Ergebnisfensters angewählt wurde, bleibt nach dem Schließen aktiviert.

Beispiel für Filter

▷ **REPORT**
Wählen Sie unter *Standard* den Unterordner *Gewerke*, dann den Unterordner *Putz- und Stuckarbeiten* und dort die Datei *Putz- und Stuckarbeiten.rdlc* aus und öffnen diese.

▷ Markieren Sie entweder den kompletten Teilbildinhalt oder wählen in den Eingabeoptionen **ALLES**.

Der Report wird generiert und in einem separaten Fenster angezeigt.

▷ Ändern Sie die Aktivierung der unter Benutzerinteraktion (im *Pull-down-Menü*) angezeigten Eintragungen. Der Report wird nach Verlassen des Pull-down-Menüs neu aufgebaut, und es werden nur noch die Mengen angezeigt, deren Material aktiviert ist.

Durch den Filter in *Reports* haben Sie jederzeit die Möglichkeit, die Auswahl der auszuwertenden Bauteile so zu beschränken, dass eine kompakte und für den Zweck optimierte Ausgabe erfolgen kann.

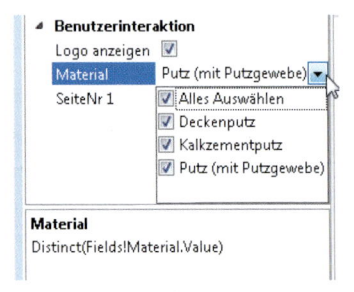

> **HINWEIS:** Filter werden in vielen Reports eingebaut. Zum Teil kann auch nach mehreren Kriterien gefiltert werden. Es gibt z.B. folgende Filter: *Material*, *Objekt*, *Höhenbereich*, *Wohnung*, *Nutzungsart* und verschiedene mehr.

Beispiel für Details

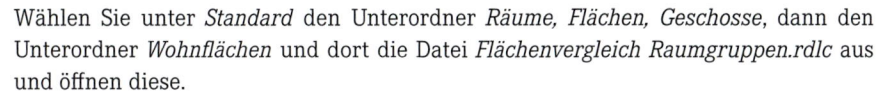

▷ REPORT
  Wählen Sie unter *Standard* den Unterordner *Räume, Flächen, Geschosse*, dann den Unterordner *Wohnflächen* und dort die Datei *Flächenvergleich Raumgruppen.rdlc* aus und öffnen diese.

▷ Markieren Sie entweder den kompletten Teilbildinhalt oder wählen in den Eingabeoptionen **ALLES**.

Der Report wird generiert und in einem separaten Fenster angezeigt.

▷ Aktivieren/deaktivieren Sie die Option **RÄUME ANZEIGEN**. Die Anzeige wird um die einzelnen Räume erweitert bzw. auf die Raumgruppen eingeschränkt.

Für die Anzeige weiterer Details werden unterschiedliche Mechanismen und Begriffe verwendet – je nachdem, was und wie eingeblendet werden kann und soll. Grundsätzlich werden bei Mengengrafiken meist alle Bauteile einzeln angezeigt, bei der Anzeige der Bauteilnummer (wenn verfügbar) immer alle einzeln. Im Beispiel können die Räume jeder Raumgruppe eingeblendet werden, weshalb dort der Begriff *Räume anzeigen* verwendet wurde.

Beispiel für Grafik – Mengengrafik/Perspektive

Die Benutzerinteraktion *Grafik* wird in zwei unterschiedlichen Formen angeboten. Bei nahezu allen Reports mit Grafik kann diese über eine Checkbox ausgeblendet werden. Bei zwei Reports besteht derzeit eine Auswahl der Grafikanzeige.

▷ REPORT
  Wählen Sie unter *Standard* den Unterordner *Räume, Flächen, Geschosse*, dann den Unterordner *DIN 277* und dort die Datei *Netto-Grundflächen Abmessungen.rdlc* aus und öffnen diese.

▷ Markieren Sie entweder den kompletten Teilbildinhalt oder wählen in den Eingabeoptionen **ALLES**.

Der Report wird generiert und in einem separaten Fenster angezeigt.

▷ Wählen Sie unter Benutzerinteraktion den Eintrag *Mengengrafik* bzw. *Perspektive* aus. Die Grafiken werden ausgetauscht. Bei Auswahl von *Grafik ausblenden* wird die Grafik entfernt und der Report wird insgesamt kürzer.

In den meisten Reports kann eine enthaltene Grafik ausgeschaltet werden. Das Umschalten zwischen unterschiedlichen Grafiken ist aufgrund von technischen Einschränkungen nur in wenigen Reports enthalten.

Beispiel für Grafik – Bild

Bilder werden anhand der aktuell eingestellten Layer, dem Maßstab und dem aktiven Zeichnungstyp erzeugt. Beim Aufruf eines Reports aus der Teilbildbearbeitung werden die aktiven Daten verwendet, bei Aufruf des Reports aus der Bauwerksstruktur alle in den Quellteilbildern aktivierten Teilbilder, die zu einer Strukturstufe gehören.

Report

▷ **REPORT**
Wählen Sie unter *Standard* den Unterordner *Räume, Flächen, Geschosse*, dann den Unterordner *Räume* und dort die Datei *Exposé Raumgruppen.rdlc* aus und öffnen diese.

▷ Markieren Sie entweder den kompletten Teilbildinhalt oder wählen in den Eingabeoptionen **ALLES**.

Der Report wird generiert und in einem separaten Fenster angezeigt.

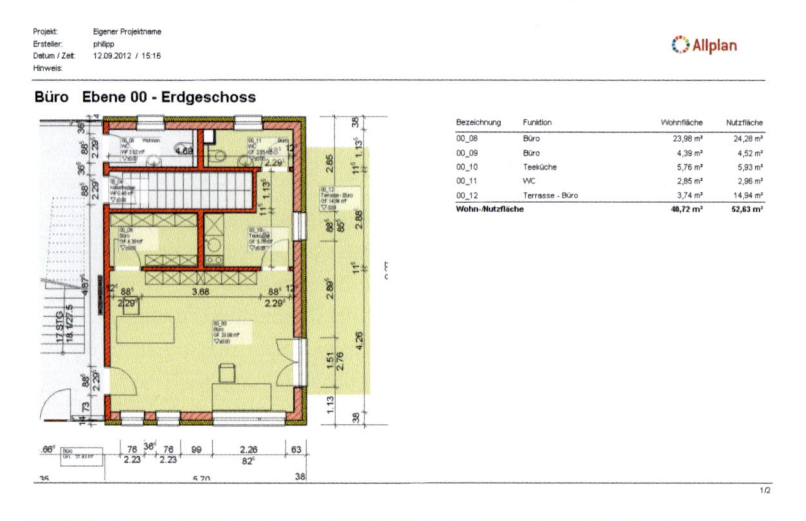

TIPP: Verwenden Sie die Reports *Raumbuch.rdlc* und *Exposé Raumgruppen.rdlc* aus dem Ordner *Räume* (unter *Räume, Flächen, Geschosse*) in der Bauwerksstruktur, um über komplette Gebäudeauswertungen zu fahren, ohne jedes Geschoss einzeln aktivieren zu müssen. Dieses Vorgehen ist auch ratsam, wenn Sie ausschließlich über die Zeichnungsstruktur arbeiten.

Beispiel für Matrix

In einigen Reports gibt es entweder am Anfang oder am Ende zusätzliche dynamische Bereiche, die die Informationen des Reports kompakt anzeigen.

Report

▷ **REPORT**
Wählen Sie unter *Standard* den Unterordner *Ausbau*, dann den Unterordner *Ausbauflächen* und dort die Datei *Ausbauflächen Material.rdlc* aus und öffnen diese.

▷ Markieren Sie entweder den kompletten Teilbildinhalt oder wählen in den Eingabeoptionen ALLES.

Der Report wird generiert und in einem separaten Fenster angezeigt.

In der Benutzerinteraktion finden Sie den Eintrag **MATRIX ANZEIGEN**, der bei Aufruf des Reports aktiviert ist. Sobald Sie den Haken entfernen, wird die Materialübersicht vor der Hauptliste ausgeblendet.

Beispiel für Änderungen in der Grafik

In den Ingenieurbau-Reports sowie in einigen Architektur-Reports können Mengengrafiken nachbearbeitet werden. Dazu wird die Grafik angeklickt und zum Bearbeiten geöffnet. Mit den bekannten Funktionen aus **KONSTRUKTION**, **TEXT** und aus der Symbolleiste **BEARBEITEN** können z. B. Texte verschoben, Flächen gefüllt und zusätzliche Hinweise ergänzt werden. Die Änderungen sind bei einem erneuten Aufruf des Reports vorhanden, solange das Bauteil nicht geändert wurde.

▷ **REPORT**   Report
Wählen Sie unter *Standard* den Unterordner *Räume, Flächen, Geschosse*, dann den Unterordner *Wohnflächen* und dort die Datei *Wohnflächen.rdlc* aus und öffnen diese.

▷ Markieren Sie entweder den kompletten Teilbildinhalt oder wählen in den Eingabeoptionen ALLES.

Der Report wird generiert und in einem separaten Fenster angezeigt.

▷ Klicken Sie die Grafik des ersten Raumes an. Der Report wird ausgeblendet, und Allplan zeigt sich mit der angeklickten Grafik in der Zeichenfläche. Ändern Sie z. B. die Textgröße oder füllen Sie eine der Flächen.

▷ Drücken Sie **ESC** zum Verlassen der bearbeiteten Funktion. Der Report wird wieder geöffnet, und die geänderte Grafik wird mit angezeigt.

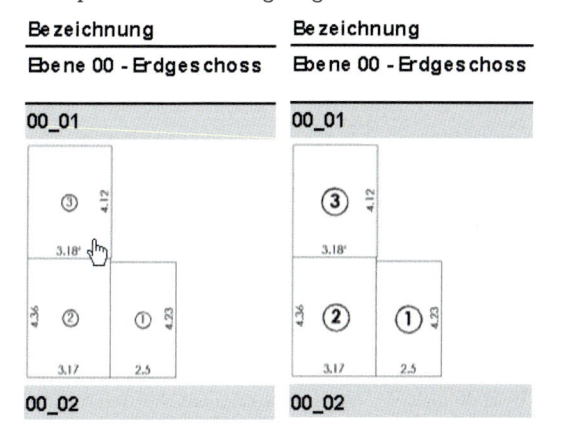

Allgemeine Hinweise

Das Beispiel **ZOOMEN UND MARKIEREN** ist nur beim Aufruf des Reports aus der Teilbildbearbeitung anwendbar.

Die meisten Reports weisen zwei oder mehr der vorgeführten Benutzerinteraktionen auf. Falls Sie für eine Auswertung weitere Filterungen und/oder anderer Benutzerinteraktionen in vorhandenen Reports benötigen, sollten Sie dies als Wunsch an den Support von Nemetschek weitergeben.

7.3.6.1 Layout Designer

Im Layout Designer können über den Menüpunkt **EINFÜGEN** Bilder, Textfelder, Linien und Rechtecke eingefügt werden. Die Möglichkeiten sind hier noch eingeschränkt. Sie können aber alle Elemente, die in der Liste enthalten sind, in der Darstellung verändern.

Report

Layout Designer

Vorgehensweise zum Individualisieren des Layouts

> **REPORT** → Report auswählen und berechnen lassen
> **LAYOUT DESIGNER**
> Feld, Linie oder Ähnliches markieren, das geändert werden soll

> In der Palette auf der linken Seite die entsprechenden Änderungen tätigen (z. B. Farbe der Hinterlegung ändern)
> Layout Designer zum Abschließen der Überarbeitung
> Abfrage zum Speichern der Änderungen mit JA bestätigen
> Speicherort auswählen (Büro auswählen) und Report speichern

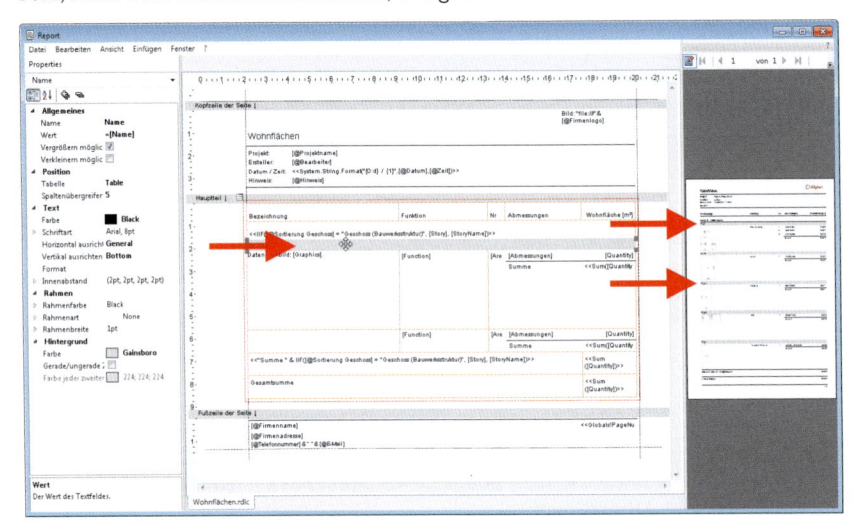

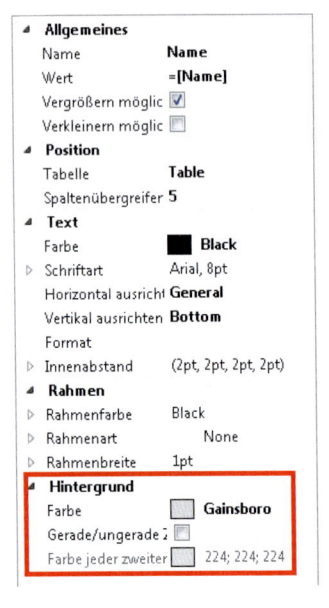

7.3.7 Stapel-Reports erzeugen

STAPEL-REPORTS ERZEUGEN ist eine Funktion im Kontextmenü der Strukturstufe Reports, die Sie bei der Ausgabe von mehreren Reports unterstützt. Unter EINSTELLUNGEN FÜR STAPEL-REPORTS kann definiert werden, ob die Einstellungen aus dem jeweiligen Report selbst oder über definierte Einstellungen verwendet werden sollen. Unter *Dateityp* können Sie zwischen *BCM*, *Excel*, *Word* und *PDF* wählen. Der Zielordner legt den Ausgabepfad fest. Die erzeugen Dateien sollten nach jedem Export in ein eigenes Verzeichnis verschoben werden, da vorhandene Dateien bei Namensgleichheit ohne Nachfrage überschrieben werden.

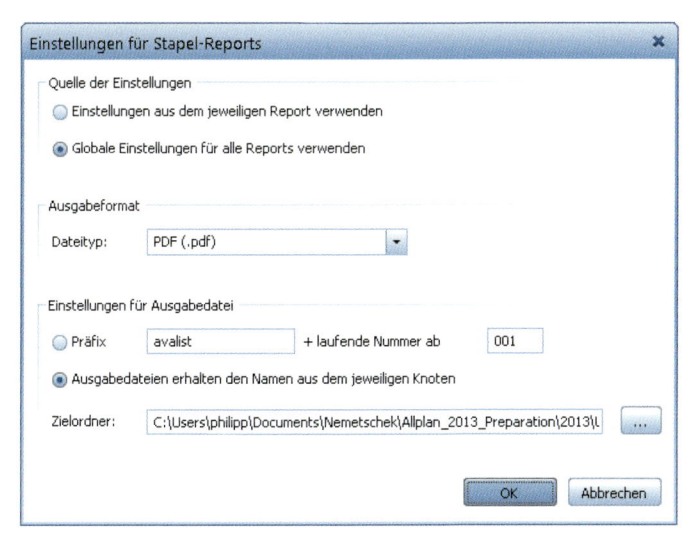

- EINSTELLUNGEN FÜR STAPEL-REPORTS

Um Stapel-Reports effektiv nutzen zu können, muss in den Einstellungen für Stapel-Reports die Art der Ausgabe definiert sein. Je nach gewählter Option werden automatisch Dateien oder Reports gemäß den Einstellungen im jeweiligen Reportknoten als Datei abgelegt oder erst auf dem Bildschirm angezeigt.

- STAPEL-REPORT ERZEUGEN startet die Berechnung der Reports wie REPORT AUSGEBEN im Knoten selbst. Je nach Größe und Anzahl der Quellteilbilder kann die Erzeugung des Reports mehr oder weniger Zeit in Anspruch nehmen.

7.3.8 Beispiel – Modell auswerten

Sie haben im Verlauf der Übungen eine große Anzahl Bauteile mit Eigenschaften erzeugt. Diese sollen nun ausgewertet werden. Der erste zu erzeugende Report soll die Wohnflächen auswerten. Der Zweite soll alle Wände des Gebäudes mit perspektivischer Ansicht anzeigen.

Bauwerksstruktur mit Listen erweitern

▷ PROJEKTBEZOGEN ÖFFNEN: TEILBILDER AUS ZEICHNUNGS-/BAUWERKSSTRUKTUR

▷ BAUWERKSSTRUKTUR → ABLEITUNGEN DER BAUWERKSSTRUKTUR

▷ Strukturstufe REPORTS markieren

▷ Kontextmenü öffnen → Strukturstufe einfügen → REPORT

▷ Neu erzeugten Report in *Wohnfläche – Raumgruppen* umbenennen

Fügen Sie weitere Reports für die Auswertung unter der Strukturstufe *Reports* ein. Zusätzlich zu den im Bild gezeigten sollten Sie für Mengenauswertungen eine weitere Strukturstufe einfügen und verschiedene Reports hinzufügen.

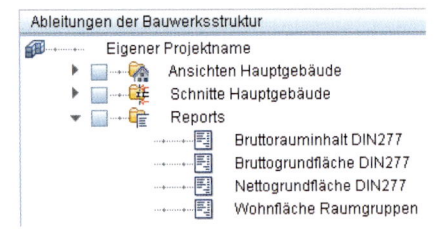

HINWEIS: Für eine gute Übersicht ist es sinnvoll, sich eine Struktur für den Bereich der Reports durch Einfügen von Strukturstufen anzulegen, z. B. Entwurf, Vorentwurf, Bauvorlage …, mit jeweils den gleichen Reports.

Auswerten der Wohnfläche

▷ Strukturstufe WOHNFLÄCHE – RAUMGRUPPEN markieren (Report)

▷ KONTEXTMENÜ → QUELLTEILBILDER FÜR LISTE: Markieren Sie die Teilbilder: 200, 202, 210 und 211, 220 und 221, 230 und 231, 240 und 241 sowie 250 und 251 (alle Teilbilder, die Geometrien des Gebäudes und der Außenanlagen enthalten, siehe auch Ansichten und Schnitte in Abschnitt 7.2.4, »Beispiel – Ansichten erzeugen«).

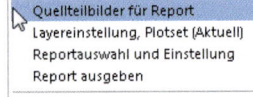

▷ Kontextmenü → LAYEREINSTELLUNG, PLOTSET

▷ PLOTSET *Alle Layer sichtbar*

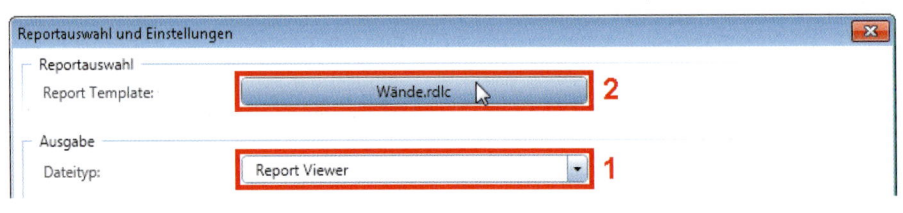

▷ Kontextmenü → REPORTAUSWAHL UND EINSTELLUNGEN

▷ Dateityp: *Report Viewer* **(1)**

▷ *Report Template* → AUSWAHL ÖFFNEN **(2)**

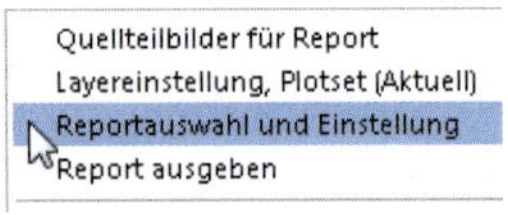

▷ Ordner → *Räume, Flächen, Geschosse*
  Ordner → *Wohnfläche*
  Datei → *Raumgruppen.rdlc*

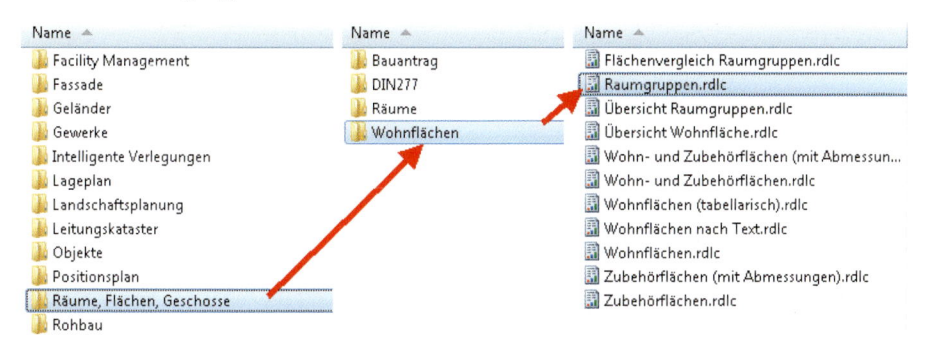

▷ Am unteren Rand des Dialogs die Optionen auf **HÖHENTEILUNG, FAKTOREN – WOFLV** und **FERTIGMASS** stellen, die Liste öffnen und den nachfolgenden Dialog bestätigen.

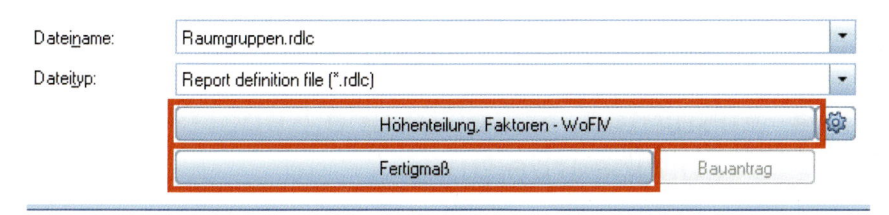

Alle notwendigen Voreinstellungen für den Report wurden getroffen. Im nächsten Schritt wird der Report anhand der Daten auf den Quellteilbildern und dem gewählten Report Template erzeugt.

▷ Strukturstufe **WOHNFLÄCHEN RAUMGRUPPEN** markieren
▷ Kontextmenü → **REPORT AUSGEBEN**

In der Palette auf der linken Seite können Sie verschiedene Attribute, wie Projektname, Bearbeiter und andere für den Ausdruck ändern.

▷ Über die Funktion **EXPORT** können Sie die Daten des Reports als PDF- oder Excel-Datei speichern.
▷ Über die Funktion **DRUCKEN** können Sie den Report auf einem angeschlossenen Drucker ausgeben.

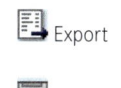

Export

Drucken

Weitere Auswertungen

Erzeugen Sie noch weitere Strukturstufen für Reports, die den Rohbau auswerten, Fensterlisten erstellen usw. Testen Sie vor allem die in Abschnitt 7.3.5, »Layout Viewer und Layout Designer«, beschriebenen Funktionen und Reports mit dem Aufruf der Reports von den Teilbildern aus. So erhalten Sie relativ schnell einen Überblick über die Auswertungsmöglichkeiten und können gezielt in den Ableitungen der Bauwerksstruktur Listen für die Ausgabe anlegen. Zudem eignen sich viele in Allplan 2013 enthaltenen Reports ideal zum Kontrollieren von Bauteilen und dem Auffinden von Fehlern.

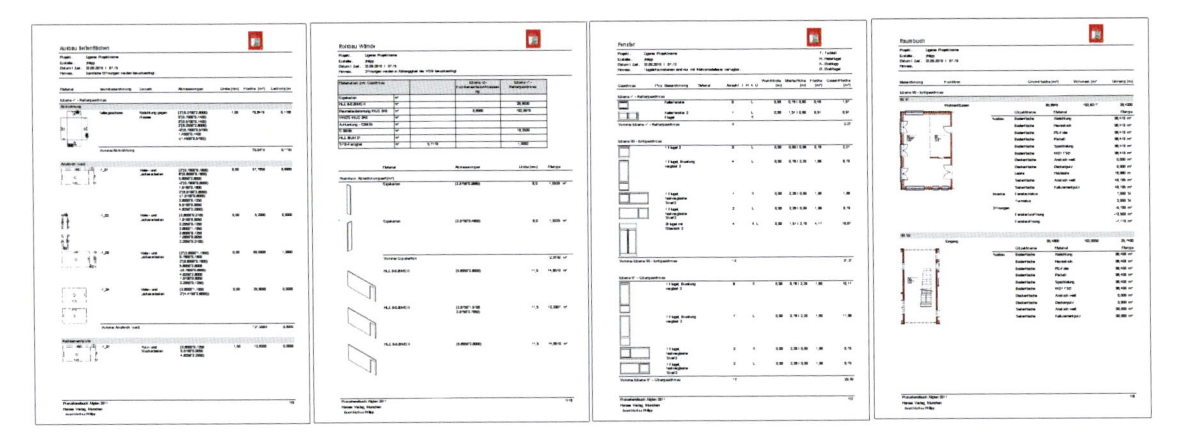

7.4 Ansichten, Schnitte und Reports – Teilbildbearbeitung

Alternativ zu den halbautomatisierten Funktionalitäten der Bauwerksstruktur können Sie jederzeit auch Verdeckt-Berechnungen und Reports in der Teilbildbearbeitung erzeugen. Sie haben in der Teilbildbearbeitung die gleichen Optionen zur Auswahl wie über die Bauwerksstruktur. Nur der Funktionsaufruf sowie der -ablauf unterscheiden sich voneinander.

7.4.1 Ansichten, Schnitte

Verdeckt-, Draht-Berechnung

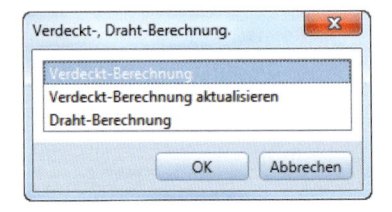

- **VERDECKT-, DRAHT-BERECHNUNG** dient zum Erzeugen von Ansichten und Schnitten aus der Teilbildbearbeitung. Die Berechnung erfolgt mit der im aktiven Konstruktionsfenster eingestellten Ansicht, Perspektive oder dem dort eingestellten Schnitt. Das Ergebnis kann auf einem Teilbild gespeichert oder durch Schließen des Ergebnisfensters ohne Speichern verworfen werden. Fügt man ein Ergebnisteilbild unter einer Strukturstufe der Ansichten oder Schnitte ein bzw. wählt ein Teilbild aus diesem Bereich aus, verhält sich das gespeicherte Ergebnis so, als wenn sämtliche Einstellungen über die Bauwerksstruktur eingestellt worden wären. Die Quellteilbilder werden demnach im Zielteilbild gemerkt und das Teilbild in Zeichnungsstruktur und Bauwerksstruktur mit der Zielscheibe markiert.

Funktionsablauf

➤ Perspektiveinstellung, Schnitt usw. im aktiven Konstruktionsfenster einstellen
➤ **VERDECKT-, DRAHT-BERECHNUNG**
➤ Berechnungsmodus auswählen (**VERDECKT-BERECHNUNG FÜR ANSICHTEN/ SCHNITTE**)
➤ Einstellungen wie in Abschnitt 7.2.1, »Ansichten und Schnitte – Grundlagen«, beschrieben
➤ Hinweis beachten und bestätigen

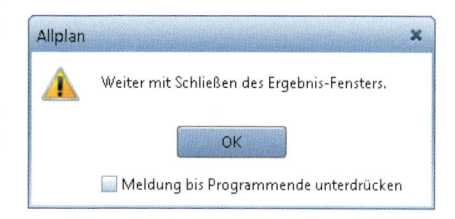

Es wird ein Ergebnisfenster geöffnet, das zum Speichern geschlossen werden muss. In der Titelleiste lässt sich leicht erkennen, dass man sich auf keinem normalen Teilbild, sondern einem speziellen Ergebnisteilbild befindet, da hier ein anderer Text wie gewohnt angezeigt wird.

➤ Schließen des Ergebnisfensters
➤ Abfrage zum Speichern des Berechnungsergebnisses mit **JA** bestätigen
➤ **ZIELTEILBILD** auswählen

Im Dialog **ZIELTEILBILD WÄHLEN** werden nur leere Teilbilder angezeigt. Sie können so keine Daten versehentlich überschreiben.

7.4.2 Reports – spezielle Funktionen in den Modulen

- **REPORT** bietet Ihnen die direkte Möglichkeit, Reports während der Bearbeitung der Daten zu erzeugen. Sie können so jederzeit überprüfen, ob z. B. die Räume eines Teilbildes die gewünschten Attribute haben.

Des Weiteren gibt es in vielen Modulen spezielle Funktionen zum Aufruf der Auswertung mit Reports. Es können alle Reports angewählt werden, aber der vorausgewählte Ordner zeigt immer die für das jeweilige Modul vorhandenen Reports an.

Funktionsablauf für Auswertungen mit Reports

➤ Reports (oder modulspezifische Funktion für Reports)
➤ Report auswählen und zusätzliche Einstellungen tätigen
➤ auszuwertende Elemente über einen Aktivierungsrahmen oder **ALLES** auswählen
➤ Report wird erzeugt und am Bildschirm angezeigt

Reports

Reports Landschaftsplanung

Reports Städtebau

Wohnfläche, DIN 277, Bauantrag

Reports Treppe

7.5 Änderungen am Modell – Aktualisieren der Ableitungen

In jeder Planungsphase gibt es Änderungen am Gebäude. Allplan kennt einige Mechanismen, die Sie bei der Aktualisierung der Daten unterstützen. Je nach Arbeitsweise und Art der Änderung ergeben sich immer unterschiedliche Ansätze. So ist es z. B. bei umfangreichen Änderungen und einem wankelmütigen Bauherren oft besser, wenn das gesamte Gebäude in der Bauwerksstruktur kopiert und daraus ein Entwurf 2 oder 3 gemacht wird. Dabei gilt es zu beachten, dass auch die Kopie auf das gleiche Ebenenmodell verweist (daraus folgt → neues Ebenenmodell erzeugen, neue Ebenen an Teilbilder und Strukturstufen der Kopie zuweisen) und dass die Ableitungen (falls kopiert wurde) in den Quellteilbildern noch auf das Original verweisen (Ändern der Quellteilbilder).

Zwei einfachere Änderungen werden in der Folge kurz beschrieben. Die Neigung des Daches soll geändert und die sich daraus ergebenden Änderungen in den Ableitungen nachgeführt werden.

7.5.1 Beispiel – Ändern der Dachneigung – Dachlandschaft tauschen

Der Vorgang zum Ändern der Dachneigung wird in den Hauptschritten beschrieben, die notwendig sind. Bei den jeweils notwendigen Einstellungen können Sie eigene Einstellungen probieren.

Dachlandschaft tauschen

Auf Teilbild 105 – Vorkonstruktion für Dachlandschaft – Hauptdach wurden die Dachebenen erzeugt. Zum Austauschen und als Testteilbild sollte das Teilbild 105 in der Bauwerksstruktur auf Teilbild 104 kopiert werden, um die Originaldachebene zum Zurücktauschen zu erhalten.

▷ **PROJEKTBEZOGEN ÖFFNEN: TEILBILDER AUS ZEICHNUNGS-/BAUWERKSSTRUKTUR**

▷ Teilbild 105 markieren → Kontextmenü → **KOPIEREN**

▷ Strukturstufe Fl. Nr. 43/56 markieren → Kontextmenü → **EINFÜGEN UNTER** → Teilbild 104

▷ Teilbildnamen von Teilbild 104 ändern

▷ Teilbild 104 öffnen und die Dachebenen ändern, z. B. Dachneigung auf 15°, Traufhöhe auf 6,20. Die Eigenschaften der Dachebene können Sie mit der Funktion **DACHEBENE MODIFIZIEREN** öffnen. Wie bei der Erzeugung können Sie Einstellungen treffen und auch die Kanten übertragen.

▷ **EBENENMANAGER**

▷ auszutauschende Dachlandschaft markieren und Kontextmenu öffnen

▷ **DACHLANDSCHAFT ERSETZEN**
▷ **AUS TEILBILD** → Teilbild 104
▷ Namen der Dachlandschaft ändern → *Hauptdach – Steil*
▷ Angaben bestätigen
▷ Option **DIE UNTERKANTE DER DACHLANDSCHAFT WIRD GLEICH DER UNTERKANTE DES GESCHOSSES GESETZT, OBERKANTEN BLEIBEN ERHALTEN** anwählen
▷ Angaben bestätigen
▷ Bestätigen Sie die Änderungen im Ebenenmanager.

Dachlandschaft ersetzen

Auf Teilbildern, denen die Dachlandschaft zugewiesen war, befinden sich nun die neue Dachgeometrie.

7.5.2 Beispiel – Schnitt/Ansicht und Reports aktualisieren

Reports werden bei jedem Aufruf neu erzeugt und sind dementsprechend immer aktuell. Bei Ansichten und Schnitten müssen Sie selbst tätig werden. Entweder aktualisieren Sie nur ein Teilbild, einen ganzen Bereich oder alle Teilbilder der Ableitungen der Bauwerksstruktur. Beim Aktualisieren der Berechnungen werden die Teilbilder neu geschrieben (Zielteilbilder). Sollten Sie Änderungen und/oder Ergänzungen auf diesen Teilbildern gemacht haben, sperren Sie die Aktualisierung des Teilbildes (Kontextmenü Teilbild).

ändern Schnitt/Ansicht

Ansichten aktualisieren – komplett
▷ Strukturstufe *Ansichten Reihenhaus* markieren
▷ Kontextmenü → **ANSICHTEN AKTUALISIEREN**

Alle Ansichten in den Strukturstufen, die sich unterhalb der Strukturstufe *Ansichten Gebäude* befinden, werden neu berechnet. Die Schnitte, und falls vorhanden, weitere Strukturstufen mit Ansichten werden nicht mit berechnet.

Schnitte aktualisieren – einzeln

▷ Teilbild 280 markieren
▷ Kontextmenü → BERECHNUNGSERGEBNIS AKTUALISIEREN

Das markierte Teilbild wird neu berechnet. Um die Änderungen in den fertigen Schnitt zu übernehmen, bietet es sich an, den fertigen Schnitt zu aktivieren und die neue Berechnung passiv in den Hintergrund zu legen. Anhand der sich überlagernden Daten erkennen Sie schnell die Änderungen und können entscheiden, ob Sie die Änderungen direkt im fertigen Schnitt in 2D erledigen oder die neue Berechnung als neue Grundlage verwenden.

Weitere Schritte zum Aktualisieren

Nachdem Sie alle Berechnungsergebnisse aktualisiert haben, müssen Sie die Teilbilder mit den Ergänzungen zu den Ansichten und Schnitten überprüfen und dort die notwendigen Anpassungen vornehmen. Eventuell schon erzeugte Hintergründe, Füllflächen für Dächer und Fassaden usw. sollten in den Abmessungen angepasst werden. Im Ergebnis sind die Ansichten und Schnitte mit der steilen Dachlösung abgebildet.

■ 7.6 Beispiel – Ergebnis Schnitte und Ansichten

Ansicht Süden

7.6 Beispiel – Ergebnis Schnitte und Ansichten

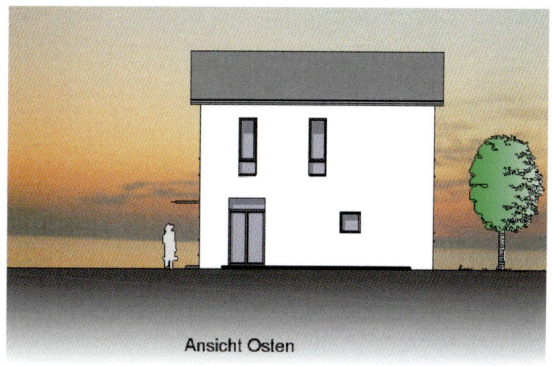

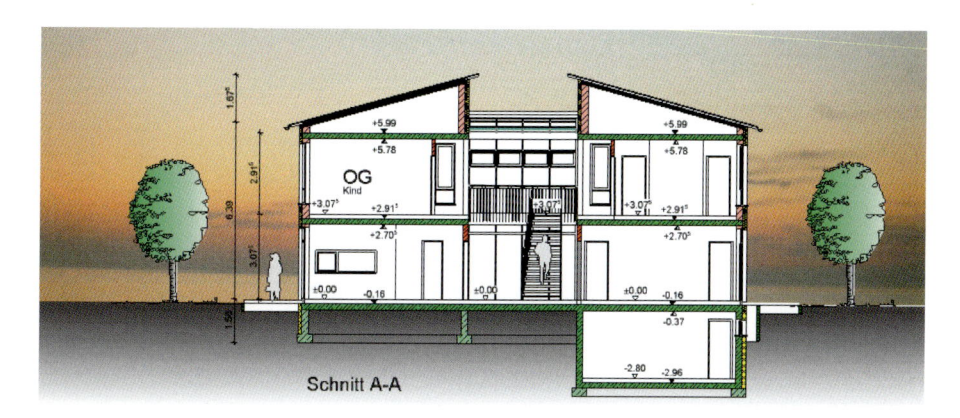

Ansicht Westen

Ansicht Osten

Ansicht Norden

Schnitt A-A

Weitere Beispiele finden Sie als PDF-Dateien im Projektordner von
- Projekt *Praxishandbuch Allplan 2013*

oder auf der Internetseite
- *http://www.zeichenatelier.de/Allplan2013*

8 Planlayout, Drucken und Datenausgabe

Die vorangegangenen Kapitel haben sich im Wesentlichen mit dem Erzeugen von Daten sowie den Grundlagen für die Arbeit mit Allplan beschäftigt. In diesem Kapitel widmen wir uns dem Hauptziel: der Planausgabe auf Papier, welche zur Präsentation, als Bauvorlage, auf der Baustelle usw. verwendet werden kann. Darüber wird auch die Verwaltung von Plänen sowie die Ausgabe von unterschiedlichen Datenformaten zur Sprache kommen, bis hin zur Möglichkeit, Pläne in unterschiedlichen Dateiformaten auf die Internetplattform *http://www.allplan-exchange.com* (nur für Service-Plus-Kunden) zu stellen und den Versand von E-Mails an Planempfänger zu organisieren.

■ 8.1 Planbearbeitung – Planausgabe

8.1.1 Planzusammenstellung – Grundwissen

Planmodus – Teilbildmodus

Allplan kennt zwei unterschiedliche Dateitypen für Daten: Teilbilder mit der Bauwerks- oder Zeichnungsstruktur für alle denkbaren (Daten-)zeichnungen und Pläne zur Ausgabe auf Papier oder als Datei, bei denen die Zusammenstellung von Daten aus verschiedenen Teilbildern mit unterschiedlichen Maßstäben und Darstellungen erfolgt. Über den Schalter **PLANBEARBEITUNG** wird der Modus gewechselt. Achten Sie darauf, dass in der Planbearbeitung keine Teilbilder aktiv geschaltet werden können und bei der Teilbildbearbeitung keine Pläne sichtbar sind. Der Dialog **PROJEKTBEZOGEN ÖFFNEN** zeigt jeweils nur die zugelassenen Daten an.

- **PLANBEARBEITUNG** ändert den Bearbeitungsmodus von Teilbildern auf Pläne. Beim ersten Start der Planbearbeitung wird der Dialog **PROJEKTBEZOGEN ÖFFNEN: PLÄNE** angezeigt, und Sie müssen einen Plan zum Öffnen bestimmen. Wurde einmal in der Planbearbeitung gearbeitet, wird der zuletzt bearbeitete Plan geladen.

Konstruktionsfenster

Das Konstruktionsfenster in der Planzusammenstellung, das zum Anlegen und Bearbeiten von Plänen dient, unterscheidet sich in einigen wesentlichen Punkten von dem aus der Teilbildbearbeitung bekannten Konstruktionsfenster.

In der Planzusammenstellung wird neben dem weißen Blatt ein hellgrauer Bereich angezeigt, der außerhalb des Blattes (einzustellen über **SEITE EINRICHTEN**) liegt. Zudem wird um den weißen Bereich, der den Plan selbst darstellt, ein dunkelgrauer Rahmen angezeigt, der den nicht bedruckbaren Bereich des Blattes darstellt. Die Planinhalte (Zeichnungen) sind im weißen Bereich zu platzieren. Der sichtbare lila Doppelrahmen (Druckbereich-Rahmen) stellt das am aktuellen Drucker eingestellte Papierformat dar. Über die Bildschirmdarstellung kann der Druckbereich-Rahmen ausgeblendet werden.

Der Bezugsmaßstab wird auf 1:1 fixiert, die Zeicheneinheit auf mm umgestellt.

Farbplot-Vorschau
Entwurfs-Ansicht
Graustufenplot-Vorschau

Die Darstellungsoptionen **FARBPLOT-VORSCHAU**, **ENTWURFS-ANSICHT** und **GRAUSTUFENPLOT** wurden in Abschnitt 2.16, »Darstellung im Planfenster«, bereits detailliert beschrieben. Über diese drei Funktionen kann die Darstellung im Planfenster nach Bedarf gesteuert werden, um den Plan vor Start des Druckvorgangs möglichst so zu sehen, wie er später auf dem Papier erscheinen wird.

Planstruktur – Projektbezogen öffnen: Pläne

Das Ziel des Planers ist der Plan des Projekts auf Papier. Allplan bietet Ihnen für diesen Teil der Arbeit bis zu 9999 Pläne an und eine beliebige Zahl von Strukturstufen und Verknüpfungen zu Plänen, mit deren Hilfe die Planauswahl übersichtlich strukturiert werden kann. Bearbeitet werden Pläne im Modul **PLANZUSAMMENSTELLUNG**. Die Vorgehensweise zum Anlegen einer Struktur gleicht der beim Neuanlegen einer Bauwerksstruktur ohne Assistenten oder dem Erweitern der Bauwerksstruktur.

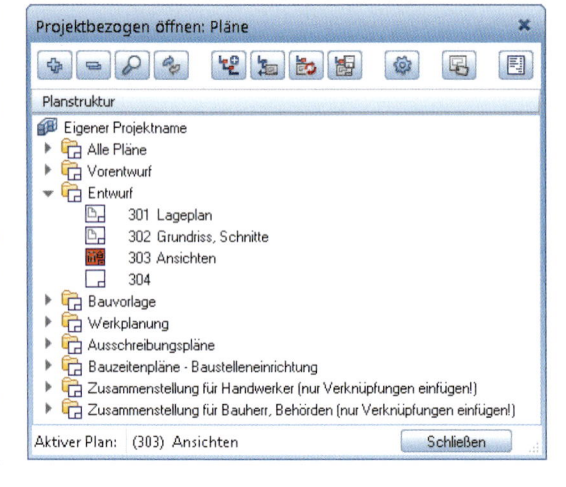

Zusätzlich zu den Plänen selbst können Verknüpfungen zu Plänen erzeugt werden. Hierdurch wird es möglich, z. B. in einer Strukturstufe alle Werkpläne zu »sammeln« und in weiteren Strukturstufen Zusammenstellungen von Plänen zu erzeugen, die ein Handwerker erhalten hat oder erhalten soll.

Planattribute

Planattribute bezeichnet eine Gruppe von Attributen, die an einen Plan gehängt werden können. Hierzu zählt z.B. der Planname, Plantyp, Planformat und die komplette Indexverwaltung mit Planersteller, Planprüfer, Indextabelle und ähnlichem. Zum Teil werden die Werte automatisch (Breite, Höhe) ermittelt, bzw. sind bis zu 20 selbst benannte Attribute möglich. Mehr zum Thema Planattribute finden Sie im Beispiel und in Abschnitt 8.2, »Planmanagement – Allplan Exchange«.

Projektattribute

Planattribute bezeichnet eine Gruppe von Attributen, die an einen Plan gehängt werden können. Hierzu zählt z.B. der Planname, Plantyp, Planformat und die komplette Indexverwaltung mit Planersteller, Planprüfer, Indextabelle und Ähnlichem. Zum Teil werden die Werte automatisch (Breite, Höhe) ermittelt bzw. es sind bis zu 20 selbst benannte Attribute möglich. Mehr zum Thema Planattribute finden Sie im Beispiel und in Abschnitt 8.2, »Planmanagement – Allplan Exchange«.

8.1.2 Funktionen zur Planzusammenstellung

In der Planbearbeitung stehen die Module **KONSTRUKTION**, **TEXT**, **MASSLINIE** und die beiden Module **PLANZUSAMMENSTELLUNG** und **PLANSCHNITT** zur Verfügung. Nicht verwendbare Funktionen sind ausgegraut.

Planzusammenstellung – Layout

Nachfolgend finden Sie alle Funktionen aus dem Modul **PLANZUSAMMENSTELLUNG**, die für die Erstellung eines Planes notwendig sind. Die Ausgabefunktionen sind unter den Punkten *Planausgabe Papier* und *Daten* gelistet.

- Über **SEITE EINRICHTEN** wird die Plangröße, d.h. der weiße Bereich, inkl. der Ausrichtung (Hochformat/Querformat) und Seitenränder definiert. Das eingestellte Papierformat wird nach Bestätigen der Einstellungen im Konstruktionsfenster angezeigt. Die eingestellten Ränder (Übernahme vom eingestellten Drucker möglich) werden als Rand (Einzelblatt) angezeigt. Die Einstellungen werden permanent im Plan gespeichert. — Seite einrichten
- **PLANELEMENT** öffnet die *Dialog-Symbolleiste*, über die auf dem Plan notwendige Teilbilder ausgewählt werden können, um sie auf dem Plan abzusetzen. Vor dem Absetzen können zudem Maßstab, Layersichtbarkeiten usw. eingestellt werden. — Planelement

- Über **FAVORIT LADEN** können Sie Einstellungen (Planelementmaßstab, Zeichnungstyp, Schriftfaktor und Layersichtbarkeit), die Sie über **ALS FAVORIT SPEICHERN** gesichert haben, einlesen und weiterverwenden. Sie können so sehr schnell gleiche oder ähnliche Zusammenstellungen wiederholen. Die Dateiendung ist *.prop* wie bei allen Favoriten, — Als Favorit speichern/laden die Sie über die *Eigenschaftenpalette* speichern können. Daher sollten Sie für *Favoriten* von *Planelement*en eine eindeutige Nomenklatur zum Wiederfinden von Einstellungen einhalten. Die Layereinstellung wird nur gespeichert, wenn diese über ein Plotset gesetzt wurde.

NDW-Planelement

- **NDW-PLANELEMENT** dient zum Absetzen freier NDW-Dateien auf einen Plan. Es stehen ähnliche Möglichkeiten zur Einstellung zur Verfügung wie bei der Funktion **PLANELEMENT** für Teilbilder. Plotsets stehen für NDW-Dateien nicht zur Verfügung, da diese projektabhängig sind.

Planfenster

- **PLANFENSTER** dient zum Fixieren von Teilbildern und NDW-Dateien untereinander und blendet Bereiche der Zeichnung aus, die über das Planfenster hinausstehen.

Planrahmen

- **PLANRAHMEN** erzeugt einen Rahmen mit Faltmarken usw. nach unterschiedlichen Normen. Der Planrahmen ist in der Regel so zu setzen, dass der linke untere Eckpunkt des Planrahmens an der linken Innenecke des Planblattes sitzt. Die Versionsbezeichnung und Plangröße, die im Planrahmen mit abgesetzt werden, werden nicht automatisch aktualisiert. Die Texte können, wenn sie nicht gebraucht und/oder gewollt sind, nach dem Absetzen des Planrahmens gelöscht werden.

Beschriften

- **BESCHRIFTEN** dient zum Beschriften des Planrahmens mit einem Plankopf. Planköpfe werden über die Funktion **BESCHRIFTUNGSBILD** erzeugt und müssen in *Datei 7* oder *8* gespeichert werden. Verwenden Sie die Funktion **BESCHRIFTEN**, wenn bereits Planköpfe aus älteren Versionen vorhanden sind.

Planlegende, Plankopf
Neu in Version 2013

- **PLANLEGENDE, PLANKOPF** erzeugt assoziative Legenden – Planköpfe – auf dem aktuellen Plan. Die in der Planlegende enthaltenen Vorlagen reagieren auf Änderung der Daten. So können z.B. sich selbst erweiternde Indexbereiche vorhanden sein, die nur angezeigt werden, wenn ein Index vergeben wurde. Mehr zum Thema Planlegende finden Sie im Beispiel sowie in Abschnitt 8.2, »Planmanagement – Allplan Exchange«.

Planelemente listen

- **PLANELEMENTE LISTEN** zeigt eine Liste aller Planelemente an (oder nur solche in einem Bereich des Planes), die auf dem Plan abgelegt wurden. Über die Liste können alle Eigenschaften der einzelnen Planelemente eingesehen und geändert werden. Zudem kann die Lage (Reihenfolge) der Planelemente untereinander eingestellt werden.

Planblatt verschieben

- **PLANBLATT VERSCHIEBEN** dient zum Verschieben des Planblattes (weißer Bereich mit Rändern). Das Planblatt hängt nach dem Funktionsaufruf mit dem linken unteren Inneneck am Fadenkreuz und ist so leicht zu platzieren.

> **HINWEIS:** Der Absetzpunkt des unter **SEITE EINRICHTEN** eingestellten Blattes und des Planblattes (Druckbereich-Rahmen) sind im linken unteren Eckpunkt gekoppelt.

Plan- und Projektattribute
Neu in Version 2013

- **PLAN- UND PROJEKTATTRIBUTE** dienen zum Verwalten aller für Pläne relevanten Attribute. Die Funktion ist der Direkteinstieg in die Attributverwaltung von *Allplan Exchange*. Mehr zur Funktion finden Sie in Abschnitt 8.2, »Planmanagement – Allplan Exchange«.

Ausdehnung der Planelemente anpassen

- **AUSDEHNUNG DER PLANELEMENTE ANPASSEN** ist notwendig, um die maximale Ausdehnung von auf dem Plan abgesetzten Teilbildern neu zu berechnen, um eine korrekte Anzeige zu erhalten. Die Ausgabe erfolgt auch ohne das Anpassen der Ausdehnung korrekt.

- **LAYER-SICHTBARKEIT ÜBERTRAGEN** überträgt die Einstellung der sichtbaren Layer von einem Planelement auf weitere. Nach der Übernahme der Einstellung von einem Planelement erscheint der Dialog zum Einstellen der Layer-Sichtbarkeiten in Planelementen.

  Layer-Sichtbarkeit übertragen

- **PLANFENSTER MODIFIZIEREN** stellt die Funktionen ELEMENT HINZUFÜGEN, PLANFENSTER-ELEMENTE VERSCHIEBEN, PLANFENSTER-POLYGON NEU EINGEBEN, PLANFENSTER-ELEMENTE LISTEN, BEARBEITEN sowie PLANFENSTER AUFLÖSEN zur Verfügung. Nach dem Funktionsaufruf, auch über das Kontextmenü eines Planfensters, muss das zu bearbeitende Planfenster ausgewählt werden.

  Planfenster modifizieren

- **TEILBILDER BEARBEITEN** erzeugt von den ausgewählten Teilbildern eine Zeichnung und wechselt den Bearbeitungsmodus von Plan zu Teilbildern. Es wird die neu erzeugte Zeichnung geöffnet.

  Teilbilder bearbeiten

> **HINWEIS:** Bei der Funktion TEILBILDER BEARBEITEN wird immer eine Zeichnung erstellt und aktiviert, auch wenn Sie primär mit der Bauwerksstruktur arbeiten. Sie können so schnell kleine Änderungen und Fehlerkorrekturen vornehmen, ohne genau wissen zu müssen, in welcher Zeichnung oder unter welcher Strukturstufe das Teilbild zu finden ist.

Auswertung Plandaten – Reports

REPORTS PLANINHALT erzeugt von allen auf dem aktuellen Plan abgelegten Teilbildern den ausgewählten Report. Es werden hierbei alle Teilbilder jeweils einmal ausgewertet (auch, wenn mehrfach abgelegt), durch Planfenster ausgeblendete Bereiche werden ignoriert.

Reports Planinhalt

- **PLÄNE PLOTTEN** ruft den Dialog zur *Allplan-Planausgabe* auf. Sie können entweder einen Plan drucken oder mehrere Pläne plotten. Zudem können in den Einstellungen weitere Konfigurationen vorgenommen werden, wie z. B. Elemente vom Plotten ausschließen, Ändern von allen Stiftfarben für die Ausgabe, Eingabe eines Druckfaktors usw.

  Pläne plotten

  - **Windows-Treiber:** Je nach installiertem Treiber existieren eine große Anzahl von Funktionen, die das angesteuerte Gerät zumeist maximal ausnutzen und die Qualität bestimmen. So ist es bei vielen Treibern möglich, Farbanpassungen, abgestimmt auf das eingelegte Papier, vorzunehmen. Da jeder Drucker einen individuellen Treiber hat, basieren die weiteren Beschreibungen auf einem, dem Autor zur Verfügung stehenden Plotter (Canon iPF 755).
  - **Allplan-Rastertreiber:** Es stehen direkt in Allplan eigene Rastertreiber zur Verfügung, welche die (HP-)Druckersprache *RTL (Raster Transfer Language)* unterstützen. Diese Druckertreiber sind insbesondere für großformatige Ausdrucke geeignet und verbessern die Druckgeschwindigkeit, die Qualität der Druckausgabe und die Zuverlässigkeit des Druckprozesses. Um einen Rastertreiber nutzen zu können, muss immer ein Windows-Druckertreiber des entsprechenden Druckertyps mitinstalliert

sein. Wenn ein Rastertreiber aktiviert wurde, wird der Windows-Druckertreiber nicht mehr verwendet, um Ausgabedaten für den Drucker zu erzeugen. Er wird jedoch noch benutzt, um die Eigenschaften des Druckers abzufragen. Dies sind verfügbare Papiergrößen, Druckauflösungen, Druckqualitäten und Hardware-Schnittstellen.

- **Allplan-Vektortreiber:** Der *Allplan*-V*ektortreiber* wird nur angezeigt, wenn im *Allmenu* Ausgabekanäle definiert wurden. Der Vektortreiber kann nicht alle Elemente ausgeben (siehe *Hilfe Allplan 2013*), wird nicht weiterentwickelt und fällt in einer der nächsten Allplan-Versionen weg.

> **HINWEIS:** Wenn in einem Plan ein Windows-Treiber eingestellt ist, werden bei dessen Aufruf die Verfügbarkeit des Gerätes sowie des im Plan gespeicherten Planformats geprüft. Verwenden Sie möglichst Windows-Treiber oder Allplan-Rastertreiber für die Ausgabe von Plänen.

Konfiguration

- Über die Funktion **KONFIGURATION** können *Planrahmen-Darstellung*, *Planrahmen-Format*, *Papierformat für Ausgabekanäle* sowie *Plotprofile* verwaltet werden. Bei Workgroup-Installationen hat nur der *SYSADM* Zugriff auf diese Funktion.

> **TIPP:** Papierformate, die über **PAPIERFORMAT** (vor Version 2013 **PAPIERFORMAT FÜR AUSGABEKANÄLE**) in der Funktion **KONFIGURATION** erstellt werden, werden unter **SEITE EINRICHTEN** angezeigt. Sie haben an dieser Stelle die Möglichkeit, beliebige benutzerdefinierte Vorgaben für Ihr Büro anzulegen, die Sie benötigen.

Planausgabe – Daten (Allplan Exchange Planversand)

Allplan Exchange Planversand
Neu in Version 2013

Mit Version 2013 von Allplan führt Nemetschek eine komplett neue Funktion zum automatischen Erstellen von Exportdateien von Plänen ein. In den neuen Dialogen können alle Planattribute verwaltet, verschiedene Einstellungen getroffen und Projektattribute verändert werden. Zudem ist es bei einer stehenden Internetverbindung und einem vorhandenen Service-Plus-Vertrag (oder dem Buchen des Services) möglich, Kontakte anzulegen, zu verwalten und Daten senden zu lassen. Eine Beschreibung der Funktionsweise und Einzelfunktionen finden Sie in Abschnitt 8.2, »Planmanagement – Allplan Exchange«.

Planausgabe – Daten (Einzelfunktionen)

Für die Ausgabe von Plänen als Dateien stehen unterschiedliche Funktionen zur Verfügung, die sehr viele Dateitypen abdecken. Sie können von Plotdateien über Bilddateien, Daten für andere CAD-Programme bis zu archivsicheren PDF-Dateien praktisch alles abdecken. Weitere Informationen zum Datenexport und Datenimport sowie zu diversen Datenformaten finden Sie in Abschnitt 4.4, »Datenaustausch – Importieren/Exportieren«.

In den Einzelfunktionen können zum Teil Favoriten und Grundeinstellungen getroffen werden, die bei der Datenausgabe über die neuen Funktionalitäten in Allplan Exchange verwendet werden können.

- **HPGL-, PIXELDATEI EXPORTIEREN** exportiert den Planinhalt in das eingestellte Format. Bei HPGL-Formaten wird der Dialog **PLÄNE PLOTTEN** mit speziellen Optionen angezeigt, bei **PIXELDATEI** erscheint ein Dialog, über den Sie Auflösung, Größe usw. einstellen können
- **PDF-DATEI EXPORTIEREN** speichert den aktuellen Plan oder die ausgewählten Pläne als PDF-Dateien im angegebenen Pfad. Weitere Informationen zu PDF-Dateien finden Sie in Abschnitt 4.4.1.2, »PDF-Dateien«.
- **PLÄNE IMPORTIEREN/PLÄNE EXPORTIEREN** dient zum Datenaustausch. Sie können über **PLÄNE IMPORTIEREN** komplexe Pläne aus anderen Systemen einlesen und die enthaltenen Dateien auf Teilbilder verteilen lassen. Beim Export kann der Plan aufgelöst oder komplex übertragen werden. Für beide Funktionen stehen sehr viele Optionen zur Verfügung, mit deren Hilfe nahezu alle Anwendungsfälle abgedeckt werden können. Weitere Informationen zu DXF-, DGN- und DWG-Dateien finden Sie in Abschnitt 4.4.1.1, »DWG, DXF, DGN und weitere Datenarten«.
- **NID-PLANDATEI IMPORTIEREN/NID-PLANDATEI EXPORTIEREN** dient zum Ausgeben und Einlesen von NID-Dateien (Nemetschek Internet Document). Der Plan wird hierbei mit allen enthaltenen Teilbildern (Ressourcen können gewählt werden) in eine Datei geschrieben, die der Planungspartner einlesen kann. Dort wird aus dem Plan ein neues Projekt erzeugt. Weitere Funktionen und Abläufe zum Datenaustausch mit anderen Allplan-Usern finden Sie in Abschnitt 4.4, »Datenaustausch – Importieren/Exportieren«.
- **ARCHIVIERUNG** dient zur Archivierung von Plänen. Es erscheint ein Dialog, über den Sie **FORMAT** und etwaige Programmaufrufe zur weiteren Verarbeitung der Archivdateien starten können. Zum expliziten Aufruf der Funktion können Sie Pläne alternativ auch direkt nach dem Plotvorgang archivieren lassen (**PLÄNE PLOTTEN**, Register **ARCHIVIERUNG**).

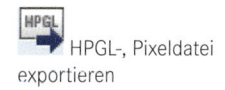

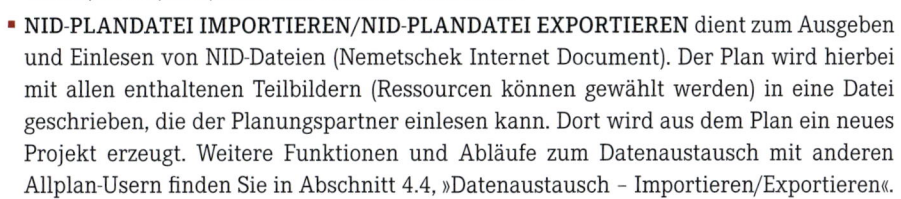

8.1.3 Beispiel – Planstruktur

Allplan bietet für Pläne eine frei definierbare Struktur (ähnlich der Bauwerksstruktur) an, die Sie nach Belieben erweitern können. Im Vorlageprojekt ist bereits eine Struktur enthalten. Diese soll in einem kleinen Beispiel erweitert, gespeichert, gelöscht und wieder geladen werden.

Die im Beispielprojekt *Praxishandbuch Allplan 2013* vorgeschlagene Struktur ist so angelegt, dass im oberen Bereich die Leistungsphasen (entsprechend HOAI) abgebildet sind, denen jeweils zehn Pläne zugeordnet sind. Sollten mehr Pläne benötigt werden, können diese über **PLÄNE ZUORDNEN** eingefügt werden. Hierbei bietet es sich an, die Ordner weiter zu untergliedern. Am unteren Ende der Struktur finden Sie Zusammenstellungen für Handwerker und andere vorbereitet. Darunter können entweder Pläne direkt oder Verknüpfungen zu Plänen eingeordnet werden.

8 Planlayout, Drucken und Datenausgabe

Im Beispiel sollen die angelegten Entwurfspläne als Verknüpfungen in einem Ordner angeordnet werden. Werden nun Änderungen in die Pläne eingearbeitet oder neue Indexe vergeben, kann über das Kontextmenü des Plans die Struktur so aufgeklappt werden, dass alle Verknüpfungen angezeigt werden, um Ihnen eine Übersicht zu geben, wem der Plan eventuell im aktuellen Stand gesendet werden sollte.

Planbearbeitung – Umschalten von Teilbildmodus auf Planmodus

▷ **PLANBEARBEITUNG**

Planbearbeitung

▷ **PROJEKTBEZOGEN ÖFFNEN: PLÄNE**

Projektbezogen öffnen

Wurde der Dialog nach dem Umschalten direkt geöffnet, bedeutet dies nur, dass die Planzusammenstellung zum ersten Mal geöffnet wurde.

> **HINWEIS:** Sie erkennen den Modus, in dem Allplan sich gerade befindet (Plan/Teilbild), z. B. an der Titelleiste (PL = Plan, TB = Teilbild) und der Anzeige (grauer Rand bei Plänen).

Basisstrukturstufe Alle Pläne ausblenden

Die angezeigte Strukturstufe *Alle Pläne* ist immer vorhanden und kann unterschiedliche Inhalte anzeigen. Es können z. B. alle 9999 Pläne aufgelistet werden, eine bestimmte Anzahl Pläne oder nur belegte Pläne. Sobald eine Struktur angelegt ist, wird diese Strukturstufe im Projekt nicht weiter benötigt und sollte ausgeblendet oder so eingestellt werden, dass z. B. nur belegte Pläne angezeigt werden.

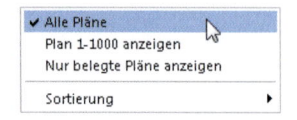

Projektbezogen öffnen

▷ **PROJEKTBEZOGEN ÖFFNEN: PLÄNE**

▷ **KONTEXTMENÜ** der Projektzeile (eigener Projektname) öffnen

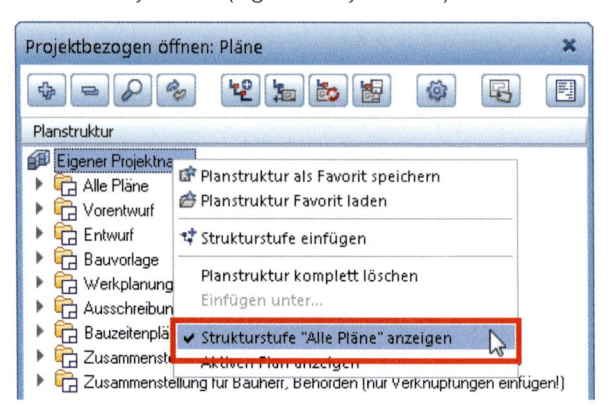

▷ **STRUKTURSTUFE »ALLE PLÄNE« ANZEIGEN** durch Anklicken deaktivieren

Die Strukturstufe wird ausgeblendet. Die Einstellung ist benutzer- und projektbezogen.

Planstruktur erweitern

▷ **PROJEKTBEZOGEN ÖFFNEN: PLÄNE:** Die vorhandene Planstruktur wird angezeigt.

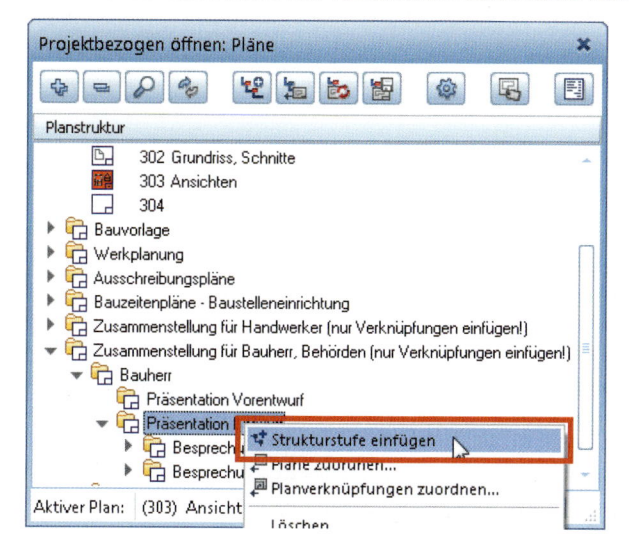

Projektbezogen öffnen

▷ Öffnen Sie die Struktur wie angezeigt und markieren Sie den Ordner *../Bauherr/Präsentation Entwurf*.
▷ Kontextmenü → **STRUKTURSTUFE EINFÜGEN**

Strukturstufe einfügen

Eine neue Strukturstufe mit dem Vorschlagnamen *Neuer Ordner* wird eingefügt.

▷ Benennen Sie die Strukturstufe um, z. B. in *Besprechungstermin 2012_11_03*.

▷ **MARKIEREN** Sie die neu angelegte Strukturstufe → **KONTEXTMENÜ** → **STRUKTURSTUFE EINFÜGEN**

Planverknüpfung zuordnen

▷ **PLANVERKNÜPFUNG ZUORDNEN:** Geben Sie den Plannummernbereich *300 – 306* an.
▷ Die Pläne werden als Verknüpfungen eingefügt und erhalten dabei den Namen der Originalpläne mit dem Namenszusatz *Verknüpfung mit* vor dem Plannamen.

Speichern

Die Zusammenstellung ist auch bei der Ausgabe anwählbar. Verlassen Sie nach Änderungen die Plananwahl oder sichern Sie die Änderungen über **SPEICHERN**.

> **HINWEIS:** Wird versucht, einen Plan in die Struktur einzufügen, der bereits an anderer Stelle eingefügt wurde, kann stattdessen eine Verknüpfung eingefügt werden. Hierzu erscheint ein Hinweis des Programms.

Planstruktur als Favorit speichern

Projektbezogen öffnen

▷ **PROJEKTBEZOGEN ÖFFNEN: PLÄNE**
▷ Projektzeile markieren → Kontextmenü öffnen

Planstruktur als Favorit speichern

▷ **PLANSTRUKTUR ALS FAVORIT SPEICHERN**
▷ Geben Sie einen Namen und bei Bedarf einen anderen Speicherort für Ihre Planstruktur an.

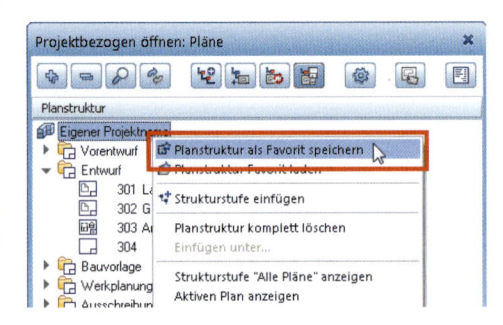

> **TIPP:** Die gespeicherte Planstruktur kann in jedem beliebigen Projekt (als Grundlage) geladen werden. Sollten noch Projekte aus alten Allplan-Versionen vorhanden sein (vor Allplan 2009), können Sie diese oder eine eigene Struktur als Grundlage verwenden.

Planstruktur komplett löschen

Projektbezogen öffnen

▷ **PROJEKTBEZOGEN ÖFFNEN: PLÄNE**
▷ Projektzeile markieren → Kontextmenü öffnen
▷ **PLANSTRUKTUR KOMPLETT LÖSCHEN**
▷ Sicherheitsabfrage bestätigen

Speichern

▷ **SPEICHERN**

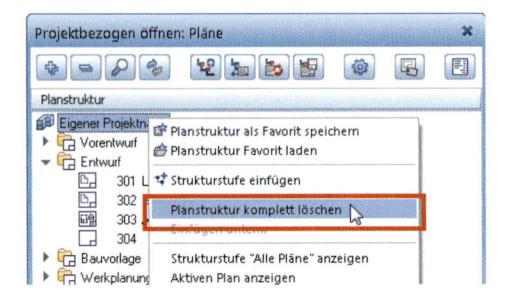

Die Planstruktur wurde komplett entfernt. Die Sonderstrukturstufe **ALLE PLÄNE** erscheint automatisch beim nächsten Öffnen des Dialogs **PROJEKTBEZOGEN ÖFFNEN: PLÄNE**, da keine definierte Strukturstufe mehr vorhanden ist.

Der Löschvorgang entfernt **nur** die Struktur. Alle Pläne und ihre Einstellungen sind weiterhin vorhanden!

Planstruktur laden

▷ **PROJEKTBEZOGEN ÖFFNEN: PLÄNE** *Projektbezogen öffnen*
▷ Projektzeile markieren → Kontextmenü öffnen
▷ **PLANSTRUKTUR FAVORIT LADEN** *Planstruktur Favorit laden*
▷ **Sicherheitsabfrage bestätigen:** Die bestehende Struktur wird immer komplett entfernt und die neue eingefügt. Wählen Sie die Datei *Planstruktur – Praxishandbuch Allplan 2013.xml* oder die von Ihnen soeben gespeicherte Datei aus.
▷ Öffnen Sie die Datei.
▷ Die Planstruktur wird anhand der Datei wiederhergestellt.

Bevor Sie weitere Änderungen und/oder Ergänzungen tätigen, sollten Sie die Planstruktur speichern und die Strukturstufe *Alle Pläne* wieder ausblenden. *Speichern*

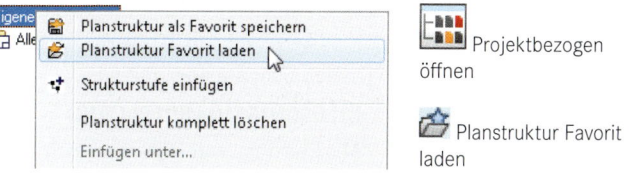

8.1.4 Beispiel – Planzusammenstellung

Es soll nun ein DIN-A2-Plan mit dem Erdgeschoss inkl. Raster, Außenanlagen und Schnittlinien erstellt und beschriftet werden. Das Beispiel beschreibt die ideale Vorgehensweise zur Ausgabe von Plänen auf Großformatdruckern mit Rollen.

Das Beispiel ist in acht Hauptschritte unterteilt, die von zwei vorbereitenden Schritten eingeleitet werden. Unter den acht Schritten zum fertigen Plan existieren für *Schritt 4 – Planbeschriftung 2* unterschiedliche Varianten, die Schritte *5 – 8* sind optional zu betrachten und mit *Schritt 8*, dem Definieren der Planattribute, ist der Plan (bis auf Projektattribute im Plankopf) fertig aufbereitet und kann ausgegeben werden.

Plan zur Bearbeitung öffnen

▷ **PROJEKTBEZOGEN ÖFFNEN: PLÄNE** *Projektbezogen öffnen*
Plan 302 unter der Strukturstufe *Entwurf* **ANWÄHLEN** und **DURCH SCHLIESSEN DES** Dialogs öffnen.

> **HINWEIS:** Wenn der Plan (oder die Planverknüpfung) am Symbol angeklickt wird, wird dieser als aktiv markiert und beim Schließen des Dialogs geladen.

Druckbereich-Rahmen ausblenden

Für die Planzusammenstellung ist es unwichtig, welches Papier am angeschlossenen Drucker ausgegeben werden kann. Aus diesem Grund wird der Druckbereich-Rahmen für die nächsten Schritte ausgeblendet.

Bildschirmdarstellung

▷ BILDSCHIRMDARSTELLUNG

▷ Markierung von *Druckbereich-Rahmen* entfernen und mit OK bestätigen

Der doppelte Rahmen (lila) wird ausgeblendet.

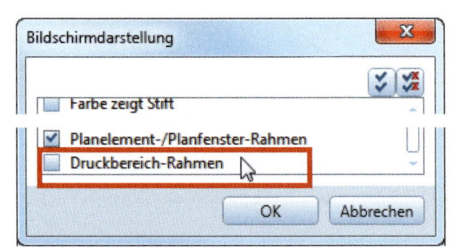

HINWEIS: Der Absetzpunkt des unter SEITE EINRICHTEN eingestellten Blattes und des Planblattes (*Druckbereich-Rahmen*) sind gekoppelt und immer links unten.

Schritt 1 – Seite einrichten

Bevor Daten auf den Plan abgelegt werden, ist es sinnvoll, wenn über SEITE EINRICHTEN ein Blatt gewählt wird, welches wahrscheinlich für die Planinhalte ausreicht. Das Planformat kann zwar auch später eingerichtet werden, aber ein weißer Hintergrund erleichtert die Zusammenstellung.

Seite einrichten

▷ SEITE EINRICHTEN

▷ Stellen Sie das FORMAT **(1)** auf DIN A2 ein und stellen Querformat **(2)** ein.

▷ RÄNDER → ohne Seitenrand (Rolle, PDF) **(3)**

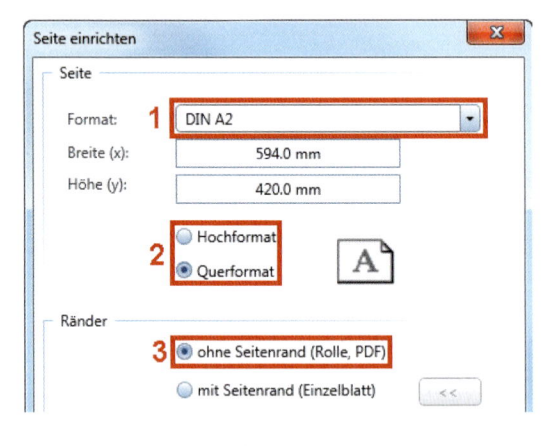

Das eingestellte Blattformat wird nach Bestätigung der Angaben auf dem Bildschirm dargestellt. Der weiße Bereich stellt das Planblatt dar und wird, wenn ein entsprechendes Blattformat für den Drucker gewählt wurde, ausgedruckt.

HINWEIS: Wird ein Einzelblatt ausgewählt, wird zusätzlich ein grauer Rand angezeigt, mit dem der eingestellte Rand symbolisiert wird.

Schritt 2 – Planelemente absetzen
▷ PLANELEMENT

◱ Planelement
◲ Favorit laden

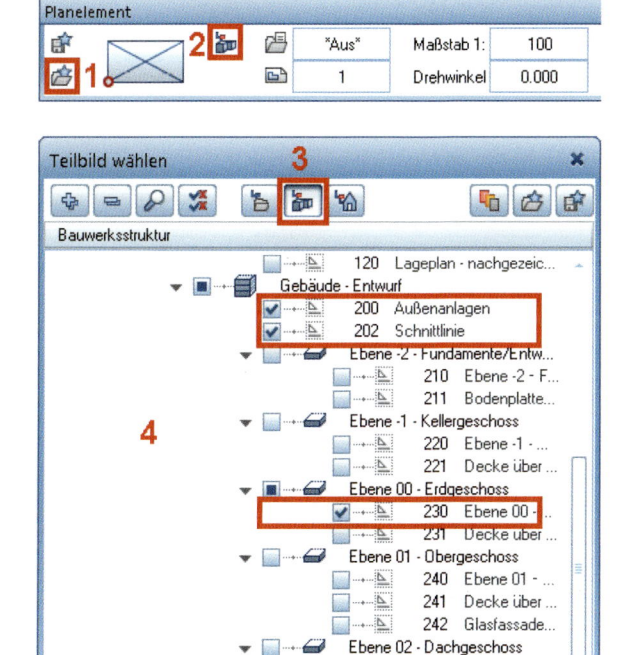

▷ Planelement **FAVORIT LADEN (1)** im Ordner *Favoriten Projekt Bauvorlage.prop*

Maßstab, Schriftfaktor, Zeichnungstyp und Plotset werden entsprechend dem gespeicherten Favoriten gesetzt.
▷ Teilbilder über **BAUWERKSSTRUKTUR (2)**
▷ Anzeige Bauwerksstruktur **(3)**
▷ **TEILBILDER 200, 202 UND 230 MARKIEREN (4)**
▷ Auswahl bestätigen und Teilbildstapel absetzen

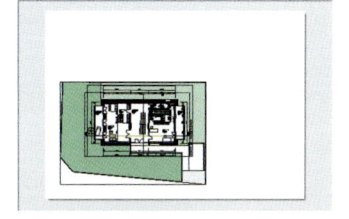

> **HINWEIS:** Für die Ansichten und Schnitte müssen Sie beim zweiten Plan auf **ABLEITUNGEN VON DER BAUWERKSSTRUKTUR** stellen, um diese auswählen zu können.

Schritt 3 – Planrahmen

Die Erzeugung eines Planrahmens ist mit Allplan 2013 nicht mehr unbedingt zum Beschriften mit intelligenten Planköpfen notwendig, wenn Legenden verwendet werden.

▷ **PLANRAHMEN**
▷ **RAHMENGRÖSSE** → *DIN A2*
  AUSRICHTUNG → *Horizontal*
  RAHMENBEZUGSPUNKT → *unten links*
  RAHMENART → *Heftrand-Rahmen nach DIN 824 A*
  und **RAHMENSTIFT UND -STRICH** jeweils **STRICH (1)**, **FARBE (2)**
▷ Planrahmen am Eckpunkt links unten absetzen

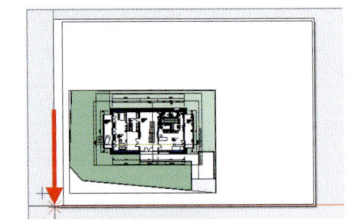

Der gewählte Planrahmen ist kleiner als das unter **SEITE EINRICHTEN** gewählte Blatt.

Schritt 4a – Planbeschriftung mit Legenden

Neu in Version 2013: Plankopf

Mit Version 2013 hat *Nemetschek* eine neue Methode zur Beschriftung von Plänen mit automatischen Inhalten eingeführt. Mit der Funktion **LEGENDE, PLANKOPF** können alle Möglichkeiten, die durch die Überarbeitung mit deutlicher Erweiterung entstanden sind, genutzt werden. Legenden, die als Plankopf verwendet werden sollen **müssen** in *Datei 7* gespeichert werden. Die im mitgelieferten Standard enthaltenen Planköpfe können als Vorlage für eigene Planköpfe verwendet werden. Alle dort vorhandene Legenden werten **nur** Indexe aus, Subindexe werden automatisch ausgeblendet. Im Vorlageprojekt sind zwei Planköpfe enthalten, die sich bis auf den Index (einmal mit Subindex und einmal ohne) gleichen.

Die Inhalte des Plankopfes, planbezogene und projektbezogene, werden erst angezeigt, wenn diese ausgefüllt wurden. Dies wird am Ende des Beispiels für Planattribute und in Abschnitt 8.2, »Planmanagement – Allplan Exchange«, gezeigt.

▷ **LEGENDE, PLANKOPF**

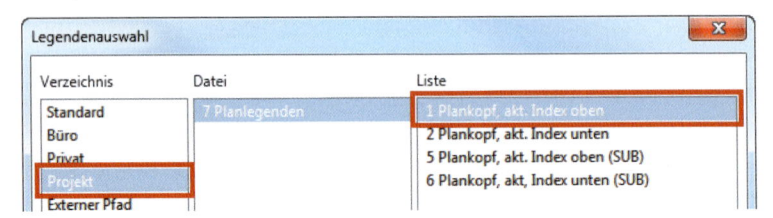

▷ Legendenauswahl → **VERZEICHNIS** → *Projekt* → **DATEI** → *7 Planlegenden* → **LISTE** → *1 Plankopf, akt. Index oben*

▷ **Plankopf absetzen:** Das rechte untere Außeneck des Planrahmens ist der korrekte Bezugspunkt für den gewählten Plankopf.

Der Plan ist fertig und könnte, sobald die fehlenden Inhalte im Plankopf gefüllt sind, gedruckt werden. Eine Kurzanleitung zum Ausfüllen der Plan- und Projektattribute finden Sie in Abschnitt 8.2.3, »Beispiel – Allplan Exchange«.

> **HINWEIS:** Eine Kurzanleitung zum Erzeugen eigener Planköpfe finden Sie unter *www.allplan-connect.com*.

Schritt 4b – Planbeschriftung mit Beschriftungsbildern

Mit der Funktion BESCHRIFTEN können einfache Planköpfe mit statischem Index verwendet werden.

▷ BESCHRIFTEN
▷ Planrahmen anklicken (Tool-Tipp *Planrahmen*)
▷ VARIABLES TEXTBILD auswählen
  Auswahl Beschriftungsbild → VERZEICHNIS → *Projekt* → DATEI → *7 Planköpfe* → BESCHRIFTUNGSBILD → *1 Plankopf mit Index (0–15)*
▷ Auswahl bestätigen
▷ **Plankopf absetzen:** Das rechte untere Außeneck des Planrahmens ist der korrekte Bezugspunkt für den gewählten Plankopf.

Der Plan ist fertig und könnte, sobald die Fehlenden Inhalte im Plankopf gefüllt sind, gedruckt werden. Eine Kurzanleitung zum Ausfüllen der Plan- und Projektattribute finden Sie in Abschnitt 8.2.3, »Beispiel – Allplan Exchange«.

Beschriften

▷ BESCHRIFTEN
▷ PLANRAHMEN ANKLICKEN (Tool-Tipp *Planrahmen*)
▷ VARIABLES TEXTBILD auswählen
  Auswahl Beschriftungsbild → VERZEICHNIS → *Projekt* → DATEI → *7 Planköpfe* → BESCHRIFTUNGSBILD → *1 Plankopf mit Index (0–15)*
▷ AUSWAHL BESTÄTIGEN
▷ **Plankopf absetzen:** Das rechte untere Außeneck des Planrahmens ist der korrekte Bezugspunkt für den gewählten Plankopf.

Der Plan ist fertig und könnte, sobald die fehlenden Inhalte im Plankopf gefüllt sind, gedruckt werden. Eine Kurzanleitung zum Ausfüllen der Plan- und Projektattribute finden Sie in Abschnitt 8.2.3, »Beispiel – Allplan Exchange«.

Schritt 5 – Reihenfolge der Planelemente beeinflussen (optional)

▷ PLANELEMENTE LISTEN
▷ Eingabeoptionen → ALLES
▷ Sortieren Sie die einzelnen gelisteten Planelemente wie angegeben.

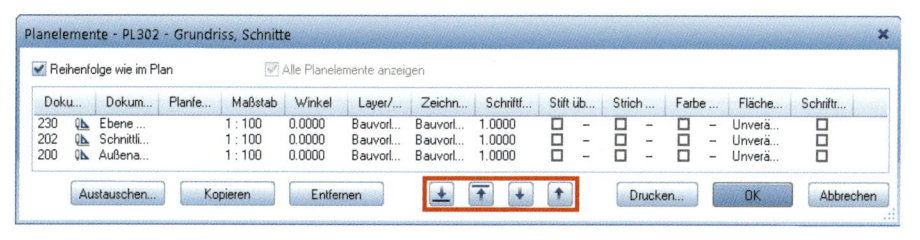

Planelemente listen

Doku...	Dokum...	Planfe...	Maßstab	Winkel	Layer/...	Zeichn...	Schriftf...	Stift üb...	Strich ...	Farbe ...	Fläche ...	Schriftr...
230	Ebene...		1 : 100	0.0000	Bauvorl...	Bauvorl...	1.0000	□ –	□ –	□ –	Unverä...	□
202	Schnittli...		1 : 100	0.0000	Bauvorl...	Bauvorl...	1.0000	□ –	□ –	□ –	Unverä...	□
200	Außena...		1 : 100	0.0000	Bauvorl...	Bauvorl...	1.0000	□ –	□ –	□ –	Unverä...	□

Im Dialog **PLANELEMENTE** kann die Reihenfolge der Planelemente und zudem (wie auch über Eigenschaften des einzelnen Planelements) die Darstellung über die Checkboxen **STIFT**, **STRICH** und **FARBE ÜBERDEFINIEREN** sowie **FLÄCHENELEMENTE** beeinflusst werden. Im fertigen Projekt *(Praxishandbuch Allplan 2013)* sind weitere Pläne mit unterschiedlichen Darstellungsvarianten enthalten. Untersuchen Sie diese Pläne und versuchen Sie diese nachzubauen.

Schritt 6 – Planfenster erzeugen (optional)

▷ **PLANFENSTER**

▷ **... VON BEREITS ABGESETZTEN PLANELEMENTEN**

▷ alle Teilbilder markieren (bzw. Teilbilder des zu bearbeitenden Teilbildstapels aktivieren)

▷ Bereich des Planfensters als Polygon definieren
  Das Planfenster soll die linke Planhälfte innerhalb des Planrahmens komplett ausfüllen.

Schritt 7 – Sichtbarkeit von Layern in Planelementen ändern (optional)

Beim Absetzen der Teilbilder des Erdgeschosses wurde ein **PLANELEMENT**-FAVORIT verwendet, der über **FAVORIT LADEN** eingelesen wurde und eine Layerdefinition (Plotset) für die Planelemente aktiviert hat. Sie können neben fertig vorbereiteten Einstellungen die Darstellung der Teilbilder als Planelemente beim Absetzen oder im Nachhinein über **PLANELEMENTE LISTEN** oder über deren Eigenschaften (Planelement markieren → Palette **EIGENSCHAFTEN**) bearbeiten. Sie haben die Wahl zwischen vier unterschiedlichen Einstellungen für die Layer. Je nach Bedarf bietet sich entweder **ALLES SICHTBAR...**, **PLOTSET...**, **AKTUELL** oder **FIXIERT...** an.

▷ Eigenschaften von Teilbild *Ebene 00 – Modell* über **PLANELEMENTE LISTEN** aufrufen (Anklicken des Teilbildes in der Spalte *Layer/Plotset*)

▷ **LAYER/PLOTSET:** Die Sichtbarkeit der Layer ist im Moment vom Plotset *Bauvorlage – 1:100* abhängig.

▷ **FIXIERT, LAYEREINSTELLUNG FEST IM PLANELEMENT SPEICHERN** aktivieren und **LAYER ÄHNLICH WIE ANGEZEIGT** ausblenden

> **TIPP:** Über das Kontextmenü im linken Bereich kann man z. B. ein Plotset als Grundlage einlesen und für den speziellen Zweck die Einstellungen »verfeinern«. Das Kontextmenü ist nur bei der Einstellung **FIXIERT, LAYEREINSTELLUNG FEST IM PLANELEMENT SPEICHERN** aktivierbar.

▷ Angaben in beiden Dialogen bestätigen

Die geänderte Sichtbarkeit wird angezeigt. Sie können so für jedes Planelement die Sichtbarkeit für den Plan regeln. Wenn Sie sich Plotsets anlegen, können Sie diese hier auch verwenden und Ihre Arbeitsgeschwindigkeit deutlich steigern.

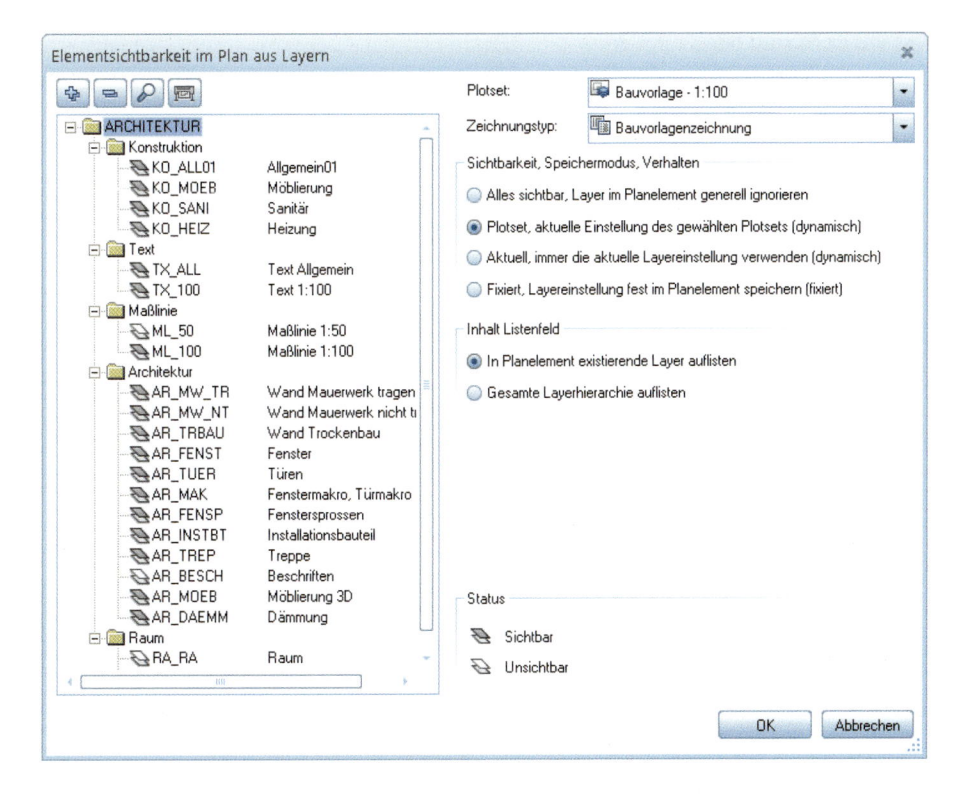

Schritt 8 – Planattribute ausfüllen

Die Planattribute können an zwei Stellen geändert werden. Zum Einstellen von einzelnen Plänen eignen sich die Einstellungen des Plans am besten. Sollen für mehrere Pläne Daten (z. B. der Index) geändert werden, so bietet es sich an, dies über die Funktion EXCHANGE zu erledigen. Eine Erläuterung hierzu finden Sie in Abschnitt 8.2, »Planmanagement – Allplan Exchange«.

▷ **PROJEKTBEZOGEN ÖFFNEN: PLÄNE**
▷ Plan 302 umbenennen in *Grundriss Erdgeschoss*
▷ Plan 302 markieren → Kontextmenü Register **EINSTELLUNGEN**

Projektbezogen öffnen

▷ **Schritt (1) und (2):**
GLIEDERUNGSCODE → *E*
PLANTYP → *Entwurfsplan*
PLAN-ERSTELLER → *Name*
MASSSTAB → *1:100*
PLANFORMAT → *A2*

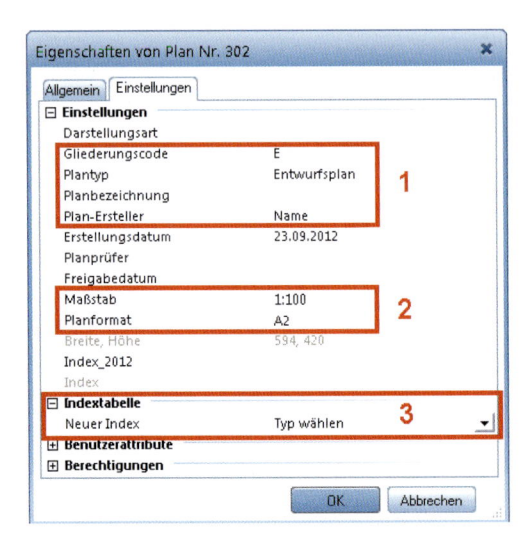

▷ **Schritt (3):** NEUER INDEX → *Index* (TYP WÄHLEN anklicken und Index auswählen)

Der Bereich *Index* wird automatisch erweitert und der Index auf A gesetzt. Ändern Sie die Attribute *Index-Ersteller* und *Index-Datum* nach Bedarf.

▷ Angaben bestätigen und Plan 302 wieder öffnen

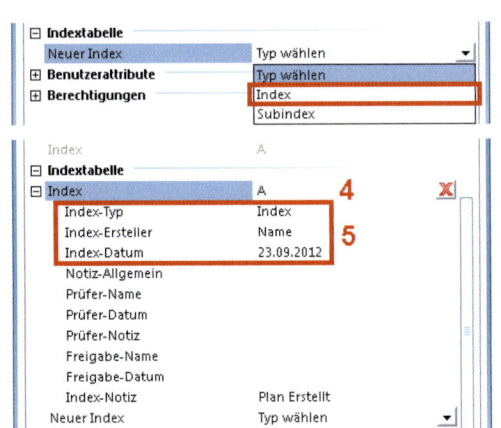

> **HINWEIS:** Bei der Verwendung des Index sind folgende Punkte zu beachten:
> - Der erste Index erhält einen Wert. Soll die Plannummer bei der Erstellung z. B. ein A angehängt bekommen, so sollte der erste Index ausgefüllt werden.
> - Der Subindex wird in den Planlegenden, die mit Allplan ausgeliefert werden, nicht aufgelistet. Im Vorlageprojekt ist der Plankopf doppelt enthalten (einmal mit Subindex und einmal ohne).
> - Die Sortierung des Index folgt **immer** der angelegten Reihenfolge und nicht dem Index oder dem Index-Datum. Die letzte Änderung ist das Änderungsdatum des letzten angelegten Indexes.

Die Planattribute werden im Plankopf komplett angezeigt. Im Bereich *Index* wurde die erste Zeile ausgefüllt. Die Felder für Prüfer und Freigabe sind derzeit noch nicht gefüllt, da hier keine Einträge vorgenommen wurden.

Legen Sie einen zweiten Plan an und platzieren Sie dort die Grundrisse (Kamin, Schnittlinien und Außenanlagen nicht vergessen) sowie Ansichten und Schnitte. Achten Sie darauf, dass Sie zum Teil mehrere Teilbilder als Stapel oder zentriert absetzen müssen. Als Vorlage können Sie entweder die Übersichten am Ende des Kapitels verwenden oder sich an den fertigen Plänen im Projekt *Praxishandbuch Allplan 2013* orientieren.

8.1.5 Beispiel – Plan ausgeben auf Papier

Die Planausgabe auf Papier setzt voraus, dass ein Drucker (Plotter, Ausgabegerät) vorhanden ist, auf dem das gewünschte Format ausgegeben werden kann. Ist dieses Kriterium erfüllt, stellt sich als Nächstes die Frage, ob das Ausgabegerät über Einzelblätter verfügt oder über eine Endlosrolle in einer bestimmten Breite.

Ideal zur Ausgabe von Plänen ist bei den von mir bislang eingesetzten Plottertypen immer ein Übergrößenformat gewesen. Diese Formate zeichnen sich dadurch aus, dass der für den Druckvorgang notwendige Rand (nicht bedruckbarer Papierbereich) vom Treiber automatisch hinzugerechnet wird und somit ohne Klimmzüge DIN-Formate ausgebbar sind. Alternativ bietet sich das Verwenden von Papierformaten (nur Ausgabe) an, die größer als der zu druckende Plan sind. Je nach Plottertreiber können auch »beliebige« Formate definiert werden. Diese sind entweder an jedem Arbeitsplatz direkt unter Windows oder am Druckerserver einzurichten.

Beim aufbereiteten Grundrissplan für das Erdgeschoss wurden sämtliche Papiereinstellungen bislang ignoriert und müssen jetzt nachgeholt werden.

Ausgabe auf Papier – Schritt 1 – Register Auswahl
▷ **PROJEKTBEZOGEN ÖFFNEN: PLÄNE** → Plan 302 öffnen
▷ **PLÄNE PLOTTEN**

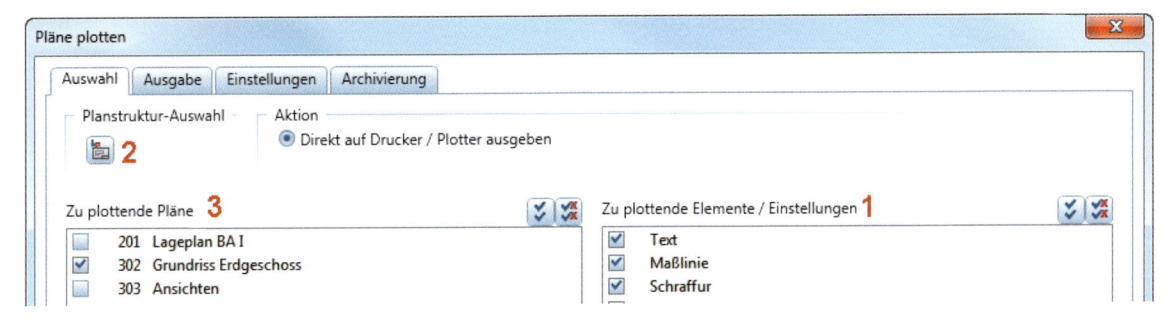

Auf der rechten Seite **ZU PLOTTENDE ELEMENTE** auswählen **(1)**, unter **PLANSTRUKTUR-AUSWAHL (2)** oder **ZU PLOTTENDE PLÄNE (3)** den oder die auszugebenden Pläne anwählen. Im Moment sollte nur der Plan 302 markiert sein.

Ausgabe auf Papier – Schritt 2 – Register Ausgabe

Das Register *Ausgabe* dient der genauen Definition der Ausgabegröße im Zusammenhang mit dem eingestellten Drucker und den verfügbaren Papieren. Beim ersten Öffnen des Dialogs **PLÄNE PLOTTEN** versucht Allplan, ein auf das unter *Seite einrichten* eingestellte Papierformat abgestimmtes Blatt im Treiber des aktuellen Druckers einzustellen. Bei neuen Plänen wird immer der Drucker vorgeschlagen, der zuletzt eingestellt wurde.

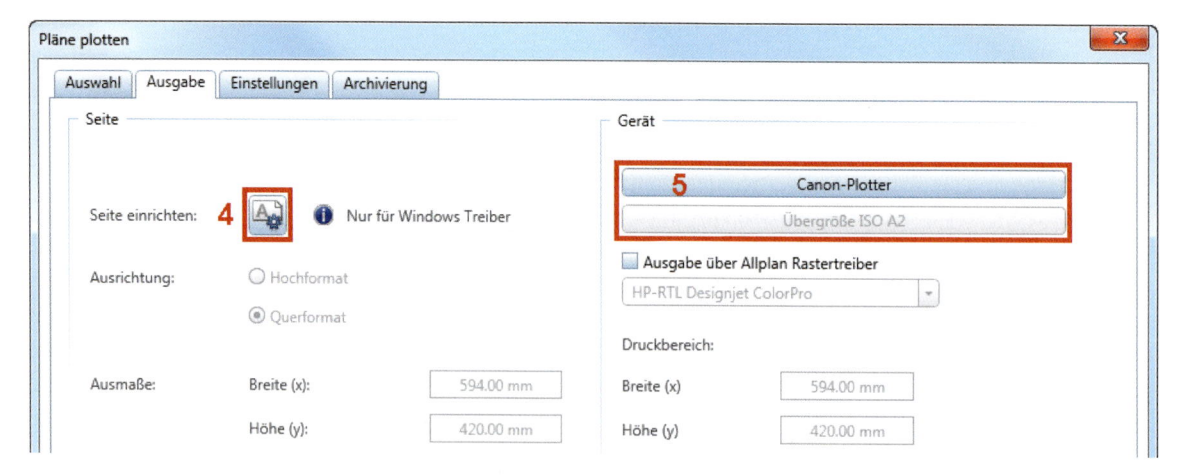

Unter **SEITE EINRICHTEN (4)** ist erst das Papierformat zu überprüfen, danach wird das Ausgabegerät **(5)** eingestellt.

Wählen Sie, wenn verfügbar, einen Plotter aus und stellen als Papiergröße das Format Übergröße ISO A2 oder ISO A2+ ein.

> **HINWEIS:** Übergrößenformate müssen bei den meisten Plottertreibern freigeschaltet werden (am besten über Systemeinstellungen) und stellen eine optimale Einstellung dar. Der notwendige Rand wird bei diesen Formaten vom Gerät (bzw. Treiber) automatisch berücksichtigt.

Bestätigen Sie die Angaben mit **SCHLIESSEN**. Der Dialog **PLÄNE PLOTTEN** wird geschlossen, und das weiße Planblatt verrutscht um den grauen Rand nach oben und rechts.

Der Rahmen sollte entweder exakt das Planblatt einschließen (bei Übergrößenformaten) oder etwas größer als das Planblatt sein.

Ausgabe auf Papier – Schritt 3 – Planblatt verschieben

Wenn Sie exakt alle Einstellungen wie im Beispiel angezeigt getätigt haben, müsste das Planblatt korrekt liegen. Für eine optimale Übersicht sollte die Darstellung des Planblattes in der **BILDSCHIRMDARSTELLUNG** eingeschaltet sein.

Bildschirmdarstellung

▷ **BILDSCHIRMDARSTELLUNG**
▷ **DRUCKBEREICH-RAHMEN** wieder einblenden

▷ **PLANBLATT VERSCHIEBEN**
▷ Planblatt neu am äußeren, unteren, linken Eckpunkt des Planrahmens absetzen

Planblatt verschieben

Der innere Eckpunkt links unten ist der Fixpunkt des Planes. Bei geänderten Seitengrößen und/oder anderen Ausgabeformaten bleibt der Punkt gleich.

Das im Druckertreiber eingestellte Blattformat wird als lila Rand (Doppelrand bei Blättern mit Seitenrand) am Bildschirm dargestellt.

> **HINWEIS:** Der Absetzpunkt des unter *Seite einrichten* eingestellten Blattes und des Planblattes (Druckbereich-Rahmen) sind gekoppelt und immer links unten.

Ausgabe auf Papier – Schritt 4 – Prüfen der Darstellung

Die unter PLÄNE PLOTTEN eingestellten Optionen wirken sich direkt auf die Ausgabe aus. Um eine optimale Kontrolle über den Ausdruck zu haben, wurde in Allplan 2011 die Möglichkeit geschaffen, mit den Funktionen FARBPLOT-VORSCHAU und GRAUSTUFEN-PLOT-VORSCHAU die Darstellung zu überprüfen.

Entwurfs-Ansicht
Farbplot-Vorschau
Graustufenplot-Vorschau

Testen Sie die drei Funktionen (rechts unten oder rechts oben am Fensterrand).

- **Anwendungsbereich Entwurfs-Ansicht:** Die Entwurfs-Ansicht ist ideal zum Vorbereiten von Plänen. Planelementrahmen, Hilfskonstruktionen auf Teilbilder und alle nicht druckbaren Elemente werden angezeigt.
- **Anwendungsbereich Farbplot-Vorschau und Graustufenplot-Vorschau:** Beide Vorschauen zeigen die Daten des Plans mit den unter PLÄNE PLOTTEN eingestellten Optionen. Dadurch sind beide Ansichten ideal, um letzte Fehler zu korrigieren und die Optik zu prüfen. Wurde ein Plotprofil eingestellt und/oder wurden Stifte im Register EINSTELLUNGEN (PLÄNE PLOTTEN) unter STIFT- UND FARBZUWEISUNGEN geändert, so werden diese Einstellungen angezeigt. Die Darstellungsoptionen in der Bildschirmdarstellung sind reduziert. So ist z. B. DICKE LINIE nicht ausschaltbar.

Ausgabe auf Papier – Schritt 5 – Druckvorgang starten
▷ PLÄNE PLOTTEN
▷ Register *Ausgabe* → Kontrolle des eingestellten Druckers und Papierformat
▷ PLOTTEN

Pläne plotten

Die Ausgabe wird gestartet. Sollte der Plan nicht auf das gewählte Ausgabeblatt passen, erscheint eine Meldung.

Ausgabe auf Papier – verkleinerte Pläne

Für die Ausgabe von verkleinerten Plänen genügt es, wenn Sie im Register *Einstellungen* des Dialogs PLÄNE PLOTTEN einen VERZERRUNGSFAKTOR (z. B. 0,5) eingeben und die Option VERZERREN DER STIFTDICKEN aktivieren, bevor Sie den Druck starten.

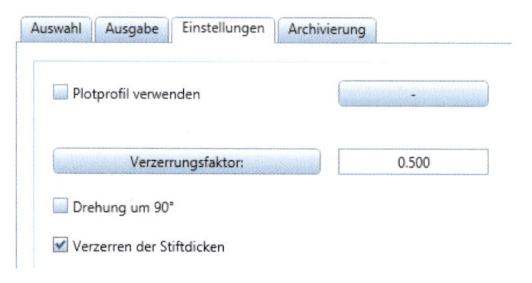

Ausgabe auf Papier – mehrere Pläne angewählt (Stapelplot)

Wurde mehr als ein Plan ausgewählt, erscheint, bevor die Daten zum Drucker geschickt werden, ein weiterer Dialog mit Einstellmöglichkeiten. Hier kann definiert werden, ob sie auf dem jeweils eingestellten Papierformat oder einem einheitlichen (aus dem aktuellen Plan) ausgegeben werden sollen. Genauso kann eingestellt werden, ob die Pläne auf den jeweils eingestellten Druckern oder dem aktuellen ausgegeben werden sollen.

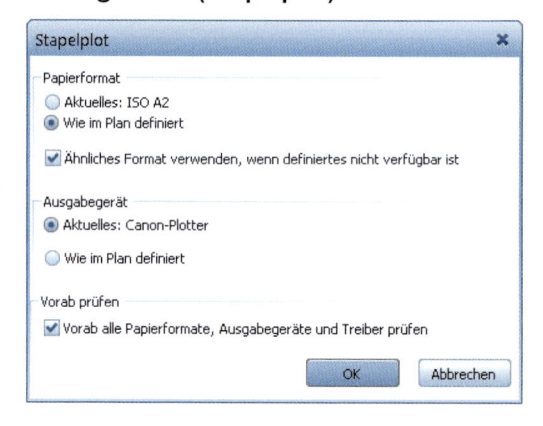

8.2 Planmanagement – Allplan Exchange

Neu in Version 2013:
Allplan Exchange

Mit *Allplan Exchange* führt *Nemetschek* in Allplan 2013 ein neues, auf zwei Stufen basierendes Planmanagement durch. Die erste Stufe ist der lokale Teil, der von allen Allplan-2013-Anwendern genutzt werden kann. Die zweite Stufe ist derzeit Servicevertragskunden vorbehalten, die den Web-Teil nutzen können. Beide Bereiche ergänzen sich zu einer Einheit über die automatisiert Pläne in unterschiedlichen Formaten allen Projektbeteiligten sicher zur Verfügung gestellt werden können.

Neben den neuen Möglichkeiten zum Planversand und Speichern von Plänen in unterschiedlichen Formaten wurden die Projektattribute sowie die Planattribute (mit Indexverwaltung) überarbeitet und mit neuen Oberflächen anwenderfreundlicher gestaltet.

8.2.1 Allplan Exchange – lokaler Teil

Der lokale Teil von Allplan Exchange beinhaltet alle Funktionen, die notwendig sind, Pläne noch effektiver zu verwalten und Daten lokal in unterschiedliche Formate speichern zu können. Hinzu kommen einige Funktionen, die nur verfügbar sind, wenn Sie unter *www.allplan-exchange.com* registriert sind und sich in einem Allplan-Projekt befinden, welches mit einem Allplan Exchange-Projekt verknüpft ist. Eine stehende Internetverbindung ist hierfür notwendig. Funktionen, die nur in der zuletzt genannten Konstellation verfügbar sind, sind gesondert gekennzeichnet.

Allplan Exchange-Planversand

Allplan Exchange wird in der Planzusammenstellung über die gleichnamige Funktion aufgerufen. Der Dialog **ALLPLAN EXCHANGE** wird eingeblendet.

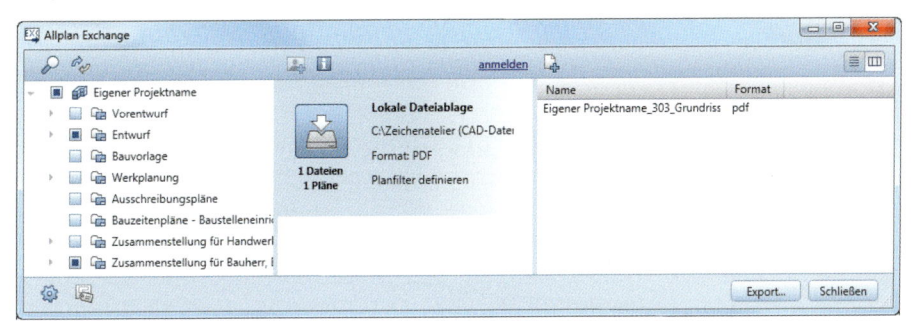

Allplan Exchange-Planversand

Im linken Bereich wird die Planstruktur angezeigt, der mittlere Teil zeigt die Kontakte des Projekts an, die Pläne erhalten sollen (nur Online), sowie die lokale Dateiablage, und im rechten Bereich werden die zu erzeugenden Dateien für alle Kontakte (nur Online) und für die lokale Dateiablage angezeigt.

- **PLANNAMEN SUCHEN** blendet eine Suchzeile ein, in die der Suchbegriff eingegeben wird. Unterhalb werden nur die Pläne und Strukturstufen eingeblendet, die dem Suchbegriff entsprechen. Die Anzeige ist interaktiv.

  Plannamen suchen

- **PLANSTRUKTUR AKTUALISIEREN** reorganisiert die angezeigte Planstruktur. Dies kann notwendig werden, wenn Sie in einer Workgroup-Installation mit mehreren Personen gleichzeitig im Projekt arbeiten.

  Planstruktur aktualisieren

- **EMPFÄNGER HINZUFÜGEN** startet das Dialogfeld zum Auswählen der Empfänger des aktuellen Versandvorgangs. Die Funktion ist nur im Online-Modus verfügbar, da die Kontaktverwaltung im Webportal stattfindet. Ohne Verbindung mit dem Webportal *Allplan Exchange* können Daten nur lokal abgelegt und nicht nach Kontakten gegliedert werden. Kontakte können nur über das Webportal angelegt werden und erhalten, bevor sie Daten empfangen können, eine Mail zur Bestätigung. Erst nachdem ein neuer Kontakt sein Einverständnis zur Teilnahme erklärt hat, können Sie Daten an den Kontakt versenden. Für jeden Kontakt (bzw. für die lokale Dateiablage) können Sie das Format definieren, Planfilter festlegen und bei Kontakten Hinweistexte in der E-Mail einblenden lassen.

  Empfänger hinzufügen

> **HINWEIS:** Wenn Empfänger ausgewählt wurden, wird der Punkt *Lokale Dateiablage* deaktiviert (ausgegraut) dargestellt, da alle Datenformate, die versendet werden, lokal entsprechend den Einstellungen gespeichert werden.

Info
Anmelden/Abmelden

- **INFO** wird nur angezeigt, wenn die Funktion **EMPFÄNGER HINZUFÜGEN** deaktiviert ist, also, wenn Sie nicht bei der Webplattform *Allplan Exchange* angemeldet sind.
- **ANMELDEN/ABMELDEN** bietet Ihnen die Möglichkeit, sich bei der Webplattform anzumelden bzw. abzumelden. Eine Anmeldung ist nur mit einem Account bei Allplan Exchange möglich. Die Nutzung ist derzeit Service-Plus-Kunden vorbehalten. Sobald Sie angemeldet sind, können Empfänger hinzugefügt werden, und in den Einstellungen werden weitere Funktionen verfügbar.

Datei zum aktuellen Empfänger hinzufügen

- **DATEI ZUM AKTUELLEN EMPFÄNGER HINZUFÜGEN** fügt zusätzliche Dateien (frei wählbare) dem ausgewählten Empfänger hinzu. Wenn keine Verbindung zur Webplattform besteht, werden die ausgewählten Dateien nur in der lokalen Dateiablage mit den Plänen abgelegt.

Datei zu allen Empfängern hinzufügen

- **DATEI ZU ALLEN EMPFÄNGERN HINZUFÜGEN** fügt die gewählten Dateien allen Empfängern hinzu. So können vielen Empfängern auf schnelle Weise allgemeine Anschreiben und weitere Informationen zugeordnet werden. Die Dateien werden mit Plänen allen Empfängern als Download zur Verfügung gestellt.

Ansicht zeilenweise/spaltenweise

- **ANSICHT ZEILENWEISE/SPALTENWEISE** schaltet die Ansicht um. In der Spaltenansicht werden im rechten Bereich alle Pläne und Dateien angezeigt, die der im mittleren Bereich angewählte Empfänger erhält. Bei der Zeilenansicht wird jeder Empfänger mit Plänen und Dateien, die er erhalten soll, in jeweils einer Zeile angezeigt. Die Zeilenansicht kann bei umfangreichen Versandvorgängen zu einer unübersichtlich langen Liste werden.

Export

- Durch die Anwahl der Schaltfläche **EXPORT** wird der im Dialog eingestellte Versandvorgang gestartet. Vor dem Versenden wird ein weiterer Dialog angezeigt, in dem alle zu erzeugenden Dateien angezeigt werden. Hier kann eingestellt werden, ob der Export nach dem Erzeugen der Dateien sofort fertig gestellt werden soll oder auf eine Nutzerbestätigung gewartet wird.

Einstellungen

8.2.1.1 Einstellungen

Die Einstellungen gliedern sich in vier Bereiche, von denen zwei nur bei einer bestehenden Online-Verbindung zur Webplattform Allplan Exchange verfügbar sind.

- **DATEINAMEN:**
Unter **DATEINAMEN** legen Sie fest, aus welchen Attributen der Dateiname der zu exportierenden Pläne zusammengesetzt werden sollen. Sie können dabei aus dem Bereich *Plan*, *Planindex*, *Allgemeines* und *Export* Namen zusammensetzen. Zudem sind freie Zeichen (keine Sonderzeichen) möglich. Die Vorlage wird auf der rechten Seite angezeigt, wobei die Attribute in eckigen Klammern angezeigt werden.

- **VORLAGE FÜR E-MAIL:**
  Dieser Punkt ist nur verfügbar, wenn eine Verbindung zur Webplattform Allplan Exchange besteht und dient der Definition der E-Mail-Vorlage, die alle Datenempfänger erhalten. Im mittleren Bereich können über Checkboxen Informationen hinzu- oder weggeschaltet werden sowie eigene Felder definiert werden. Bei einer bestehenden Verbindung zur Webplattform Allplan Exchange kann alternativ eine Speicherung pro Kontakt gewählt werden. Die Verknüpfung zum Projekt auf der Webplattform kann ebenso über diesen Punkt geändert werden.
- **DATEIABLAGE UND EXPORT:**
  Im Bereich **DATEIABLAGE UND EXPORT** kann der Exportordner für die lokale Speicherung der Daten bestimmt werden. Sie können z. B. als Speicherort den Festplattenbereich wählen, in dem weitere allgemeine Projektdaten gespeichert werden. Je nach Einstellung können weitere Unterordner entsprechend der Planstruktur und/oder nach Datum und Zeit automatisch angelegt werden. Zusätzlich kann die Verknüpfung des Allplan-Projekts zum Projekt auf der Webplattform *Allplan Exchange* bearbeitet werden.
- **FORMATEINSTELLUNGEN:**
  Unter **FORMATEINSTELLUNGEN** wählen Sie die Vorgabewerte für den Datenexport zum Versenden an die Projektbeteiligten. Die hier gewählten Einstellungen werden Ihnen beim Auswählen des Formats für die einzelnen Planempfänger vorgeschlagen. Es stehen *PDF*, *Plan* (Allplan-Plan mit Teilbildern und Ressourcen), *NID* (Nemetschek-Plan-Dateien), *DGN*, *DWG*, *DXF* und *BITMAP* zur Verfügung.
- **FAVORIT LADEN/SPEICHERN** lädt gespeicherte Einstellungen bzw. speichert alle unter Einstellungen definierten Punkte. Es werden immer **alle** Einstellungen gespeichert. Beim Einlesen von gespeicherten Einstellungen können Sie auswählen, welche der vier Bereiche eingelesen werden sollen.
- **EINSTELLUNGEN ZURÜCKSETZEN** dient zum Zurücksetzen aller Einstellungen (optional auch Planauswahl und Kontakte) auf den Auslieferungszustand.

8.2.1.2 Plan- und Projektattribute

Plan- und Projektattribute können an unterschiedlichen Stellen in Allplan geändert werden. Es wird dabei jeweils auf die gleichen Dialoge verwiesen, abgesehen von den Eigenschaften, die den Plan direkt betreffen.

Planattribute

Planattribute können entweder direkt im Plan (einzeln über Eigenschaften), über die Funktion **PLAN- UND PROJEKTATTRIBUTE** im Dialog **PROJEKTBEZOGEN ÖFFNEN: PLÄNE**, über die Funktion **PLAN- UND PROJEKTATTRIBUTE** in der Symbolleiste **ERZEUGEN DES MODULS PLANZUSAMMENSTELLUNG** oder über **ALLPLAN EXCHANGE PLANVERSAND → PLAN- UND PROJEKTATTRIBUTE** aufgerufen und geändert werden.

Im Dialog **PLANATTRIBUTE** wird auf der linken Seite die **PLANSTRUKTUR** angezeigt, im oberen rechten Bereich werden die ausgewählten **PLÄNE** gezeigt und unten rechts werden die **INDEXE** des oben rechts gewählten Planes angezeigt. In der Auflistung rechts werden alle Informationen (bzw. eine Auswahl, die über das Kontextmenü der Spaltenüberschriften einstellbar ist) angezeigt und können durch **ANKLICKEN DES STIFTES** am

Zeilenanfang (ändert seine Farbe auf Rot) zum Verändern freigegeben werden. Änderungen erfolgen durch **ANKLICKEN DES JEWEILIGEN FELDES**. In der Indextabelle muss erst der **INDEXTYP** gewählt werden, bevor die weiteren Felder ausgefüllt werden können.

Sie erhalten im Dialog **PLANATTRIBUTE** eine gute Übersicht über die Einstellungen aller Pläne und können diese sehr viel schneller bearbeiten, als dies über die Eigenschaften der einzelnen Pläne möglich ist.

Projektattribute

Projektattribute können über die Eigenschaften eines Projektes im Dialog **PROJEKT NEU, ÖFFNEN** oder jeweils als untergeordnete Funktion in den Dialogen **PLAN- UND PROJEKTATTRIBUTE** aufgerufen werden. Die Projektattribute sind in 12 Gruppen gegliedert angeordnet. Über die Schaltfläche **NICHT BELEGTE WERTE AUSBLENDEN** können alle unbelegten Attribute ausgeblendet werden, grau dargestellte Attribute (z. B. Eigentümer) können nicht geändert werden.

8.2.2 Allplan Exchange – Webplattform

Im Folgenden möchte ich den zur Markteinführung von Allplan 2013 freigeschalteten Teil der Webplattform kurz beschreiben. Der Entwicklungszyklus von Allplan Exchange ist nicht von Allplan abhängig, wodurch ein kurzer Entwicklungszyklus und der Einbau von neuen Funktionen jederzeit möglich sind.

Registration auf der Webplattform

Für die Verwendung der neuen Webplattform *Allplan Exchange* (*http://www.allplan-exchange.com*) ist derzeit ein gültiges Benutzerkonto für *Allplan Connect* (*http://www.allplan-connect.com*) und ein bestehender Service-Plus-Vertrag Voraussetzung. Zur Anmeldung auf *Allplan Exchange* ist es also notwendig, sich zuvor auf *Allplan Connect* einzuloggen und erst danach die Registration durchzuführen. Nach der erfolgreichen Anmeldung erhalten Sie zwei E-Mails. In der zweiten Mail erhalten Sie einen Verifizierungscode, den Sie für den ersten Login benötigen.

Projekte anlegen

Derzeit können Web-Projekte nur über ein bestehendes Allplan-Projekt angelegt werden. Der Vorgang läuft wie folgt ab:

▷ **ALLPLAN-PROJEKT ÖFFNEN**, welches mit einem Web-Projekt verknüpft werden soll, bzw. als Grundlage dienen soll und **PLANBEARBEITUNG ÖFFNEN**

▷ **ALLPLAN EXCHANGE PLANVERSAND**

▷ **ANMELDEN** anwählen und E-Mail-Adresse sowie Passwort angeben

> **HINWEIS:** Sie benötigen ein bestehendes Nutzerprofil zum Anlegen eines Projektes. Über den Link »*Noch nicht registriert?*« können Sie Allplan Connect direkt öffnen und darüber ein Profil für Allplan Exchange anlegen.

▷ **ORGANISATION AUSWÄHLEN** und bestimmen, ob das Projekt zu einem bestehenden Web-Projekt hinzugefügt oder ein neues Projekt (Name kann frei gewählt werden) angelegt werden soll

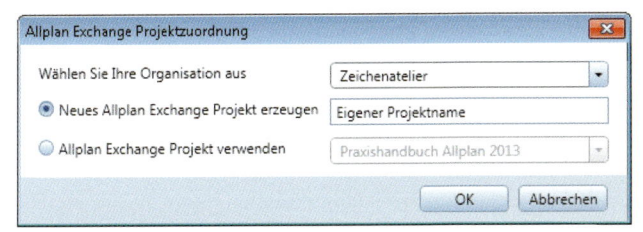

> **TIPP:** Wenn Sie unterschiedliche Leistungsphasen (z. B. Entwurf, Bauvorlage, Werkplanung …) oder Leistungsbereiche (z. B. Architektur, Landschaftsbau, Ingenieurbau, EnEV-Berechnungen …) in unterschiedlichen Allplan-Projekten führen, können Sie diese in einem Web-Projekt vereinen und haben so in allen (Teil)-Projekten Zugriff auf alle verwendeten Kontakte.

Die Verknüpfung des Allplan-Projektes zum Web-Projekt kann über **EINSTELLUNGEN** → **DATEIABLAGE UND EXPORT** geändert werden. Eine komplette Auflösung der Verbindung ist derzeit nicht möglich.

Kontakte/Benutzer

Die im Projekt benötigten Kontakte müssen erst auf der Webplattform angelegt und ausgewählt werden. Neu angelegte Kontakte erhalten die Rechte eines Gastes und bekommen eine Einladung per Mail gesendet, in der Benutzername und Passwort angegeben sind. In einer zweiten Mail erhält der neue Kontakt einen **VERIFICATION-CODE**, der beim ersten Login eingeben werden muss. Erst nachdem der neue Kontakt sich durch die Eingabe des Codes für die Teilnahme entschieden hat, kann der Kontakt in Projekten verwendet werden und/oder über die Verwaltungsfunktion der Webplattform Allplan Exchange weitere Rechte erhalten.

Die Kontakte können im lokalen Teil mit Informationen zum Datenaustausch versehen werden. So kann z. B. definiert werden, dass ein Kontakt immer nur bestimmte Pläne (Planfilter definieren) erhalten soll.

Rechtesystem

Um Ihren Mitarbeitern die notwendigen Rechte zur Erstellung und Verwaltung von Projekten und Kontakten geben und gleichzeitig festlegen zu können, dass Projektbeteiligte nur Pläne herunterladen können, gibt es unterschiedliche Rollen im Büro und Projekt.

Jeder kann dabei in unterschiedlichen Organisationen (z. B. einmal als Architekt für das eigene Projekt und einmal als Energieberater für ein anderes Büro) Mitglied sein und jeweils die ihm dort zugewiesenen Rechte (Rollen) haben.

Die Mitglieder der eigenen Organisation haben unterschiedliche Rechte im Büro und erhalten eine definierte Projektrolle. Es kann z. B. jedes MEMBER ein Manager für ein Projekt sein.

- Büro-Rollen (Organisation)
  - Administrator (ADMIN): Projekt erstellen, Definieren der Organisationsrollen
  - Mitarbeiter (MEMBER): Projekt erstellen, Anzeigen der Organisationsrollen
  - Gast (DEFAULT): sieht Organisation in CAD und WEB
- Projekt-Rollen
  - MANAGER: Verwaltet alle Projektbeteiligten, versendet Pläne und kann alle Dokumente herunterladen
  - DOWNLOAD: Erhält E-Mail mit speziellen Downloadlinks
  - FREELANCER: Die Rolle freier Mitarbeiter ist noch nicht freigegeben, soll aber in den Projektrechten ähnlich wie der Manager ausgestattet werden, jedoch ohne die Möglichkeit, Projektrollen zu definieren.

Die Rechte werden auf der Webplattform über den Punkt *Kontakte* verwaltet. Die Projektrollen werden automatisch zugewiesen und können ebenfalls geändert werden. Der Ersteller eines Projektes ist automatisch der Manager, hinzugefügte Kontakte sind DOWNLOADER. Freie Mitarbeiter sind vorgesehen, können aber zum Zeitpunkt des Erscheinens von Allplan 2013 noch nicht verwendet werden.

Dokumentversand und Download

Der Dokumentversand findet in folgenden Schritten statt:

- Aus der Liste der Projektbeteiligten die **EMPFÄNGER AUSWÄHLEN** oder eine gespeicherte **EMPFÄNGERLISTE LADEN** (Kontextmenü)
- **DATEIFORMATE FÜR DIE KONTAKTE AUSWÄHLEN, REAKTIONSANFORDERUNG AUSWÄHLEN**
- Bei Bedarf weitere, freie Dateien hinzufügen
- Versandliste pro Kontakt kontrollieren. Hierzu bietet es sich an, die Ansicht auf Zeilenansicht umzuschalten, um alle Kontakte mit den zugeordneten Plänen untereinander zu sehen.
- Export über die Schaltfläche **EXPORT ...** starten
- Im Übersichtfenster *Export* werden alle zu erzeugenden Dateien angezeigt und die Option zum sofortigen Senden nach dem Export angeboten. Über die Schalfläche **START** wird der Vorgang gestartet.
- Wurde die Option **NACH DEM EXPORT SOFORT VERSENDEN** nicht aktiviert, muss nach dem Erstellen der Dateien der Versandvorgang auf die Webplattform und der Versand der E-Mails an alle Kontakte über die Schaltfläche **SENDEN** abgeschlossen werden.

> **HINWEIS:** Je nach Internetverbindung, gewählten Dateitypen und der Anzahl der zu versendenden Pläne kann das Hochladen auf die Webplattform unterschiedlich viel Zeit beanspruchen.

8.2.3 Beispiel – Allplan Exchange

Im folgenden Beispiel werden die Hauptanwendungsfälle kurz aufgezeigt, um Ihnen einen Einblick in die Möglichkeiten der Plan- und Projektattribute sowie der Ausgabe über Allplan Exchange zu geben. Der Versand der Daten auf die Webplattform wird nicht näher beschrieben.

Planattribute über Plan- und Projektattribute definieren

Die neue, zentrale Plattform zum Bearbeiten von Plan- und Projektattributen ist die Funktion **PLAN- UND PROJEKTATTRIBUTE** in der **PLANBEARBEITUNG** – Modul **PLANZUSAMMENSTELLUNG, PLOTTEN**, oder die neue Funktion **ALLPLAN EXCHANGE PLANVERSAND**.

▷ **PLANBEARBEITUNG, PROJEKTBEZOGEN ÖFFNEN: PLÄNE**

▷ **PLAN- UND PROJEKTATTRIBUTE** (oder **PLAN ÖFFNEN** und Funktion in der Symbolleiste **ERZEUGEN ÖFFNEN**)

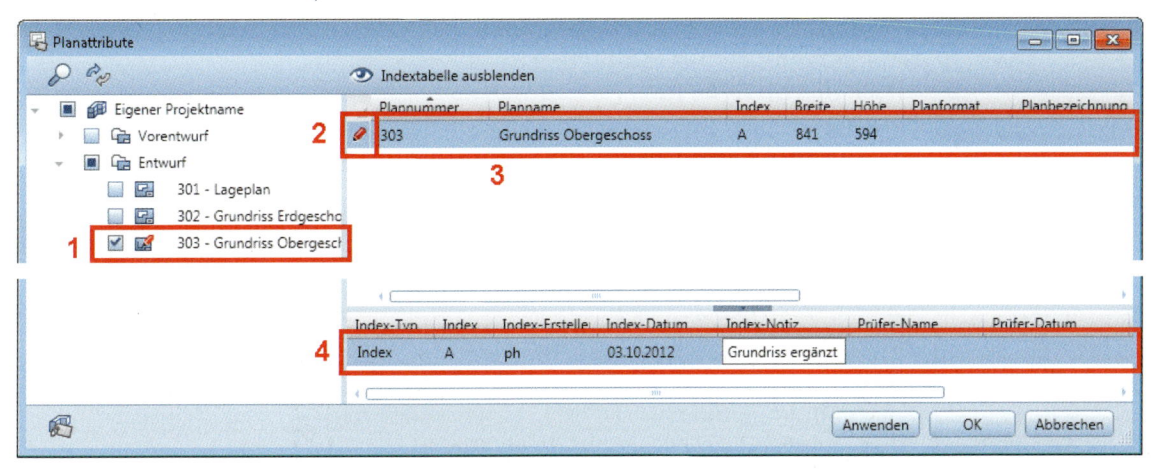

▷ Wählen Sie den oder die zu bearbeitenden Pläne aus **(1)**.
▷ Plan durch Klick auf den Stift **(2)** zur Bearbeitung markieren (entsperren)
▷ Ergänzen Sie die Informationen des Plans **(3)** z. B. mit dem Maßstab, einen benutzerdefinierten Planformat, Gliederungscode, Maßstab usw.

> **HINWEIS:** Der Bearbeitungsstatus:
> 🖉 Plan ist für Bearbeitung gesperrt und kann durch Anklicken entsperrt werden
> 🖉 Plan kann bearbeitet werden
> 🔒 Plan ist durch andere Benutzer (nur in Workgroup-Installation) zur Bearbeitung gesperrt

▷ Fügen Sie dem Plan einen Index hinzu, im Feld *Typ wählen* **INDEX AUSWÄHLEN**, einen ersten Index vergeben, Index-Ersteller, Index-Datum und Index-Notiz eingeben.
▷ Bestätigen Sie die neuen Einstellungen durch **SCHLIESSEN DES DIALOG**s.

Öffnen Sie den Plan, um die zusätzlichen Informationen im Plankopf zu kontrollieren.

> **HINWEIS:** Die Planattribute *Plannummer*, *Planname*, *Index*, *Breite* und *Höhe* können in dieser Ansicht nicht geändert werden. Der Index wird im unteren Bereich **(4)** bestimmt und der Planname wird in der Planstruktur definiert. Über das Kontextmenü der Spaltenüberschriften kann bestimmt werden, welche Spalten angezeigt werden sollen, und unter dem Punkt **MEHR** kann Einfluss auf Vorschlagwerte für Planattribute genommen werden.

Projektattribute über Plan- und Projektattribute definieren

Projektattribute können an mehreren Stellen bearbeitet werden, dies aber immer über gleichen Dialog. Sie können den Dialog über die Eigenschaften eine Projekts (Dialog **PROJEKT NEU, ÖFFNEN**) über die Schaltfläche **ATTRIBUTE BELEGEN** oder über die zuvor beschriebene Funktion **PLAN- UND PROJEKTATTRIBUTE** öffnen.

▷ **PLAN- UND PROJEKTATTRIBUTE**
▷ **PROJEKTATTRIBUTE**
▷ Tragen Sie die angegebenen Attributwerte in den unterschiedlichen Attributen der markierten Gruppen ein.

Gruppe, Attributname	Attributwert	Gruppe, Attributname	Attributwert
Allgemeines		Bauvorhaben	
Projektnummer	2013	Bauvorhaben	Neubau eines Einfamilienhauses
Architekt		Bauvorhaben Allgemeines	mit Stellplätzen
Architekt	Bürobezeichnung	Gebäudeinformation	
Architekt Straße	Architektenstraße 0	Gebäudeart	Wohnhaus mit Büro
Architekt Plz/Ort	00000 Architektenstadt	Standort/Grundstück	Fl. Nr. 43/239, Gemarkung Baustellenstadt

Gruppe, Attributname	Attributwert	Gruppe, Attributname	Attributwert
Bauherr		Bauabschnitt	Bauabschnitt II
Bauherr	Name des Bauherrn	Baujahr (Fertigstellung)	2013/2014
Bauherr Anschrift	Zusatzzeile für Bauherrennamen	Höhe über Normal Null	378.50
Bauherr Straße	Bauherrenstraße 1a		
Bauherr Plz/Ort	00000 Bauherrenort		

▷ Bestätigen Sie neuen Einstellungen durch Verlassen des Dialogs mit **OK**.

Je nachdem, über welchen Weg die Projektattribute aufgerufen wurden, müssen Sie das Projekt öffnen oder weitere Dialoge schließen. Öffnen Sie einen beschrifteten Plan. Der Plankopf sollte in den wesentlichen Punkten ausgefüllt sein.

Planattribute über Eigenschaften des Plans definieren

Eine alternative Möglichkeit, die Planattribute zu ändern, besteht über die Eigenschaften des Plans selbst, die in der Projektstruktur aufgerufen werden können. Dies ist für einzelne Änderungen schneller als die neue Funktion **PLAN- UND PROJEKTATTRIBUTE** zu starten.

▷ **PLANBEARBEITUNG, PROJEKTBEZOGEN ÖFFNEN: PLÄNE**
▷ Kontextmenü eines beliebigen Plans (kein leerer Plan) öffnen
▷ Register *Einstellungen* → **PLANATTRIBUTE NACH BEDARF ÄNDERN**

Neben allen Attributen, die über die Funktion **PLAN- UND PROJEKTATTRIBUTE** geändert werden können, haben Sie hier Zugriff auf die Berechtigungen zum Plan und das Planattribut **INDEX_2012**, welches bis zur letzten Version als Index verwendet wurde. Wenn Sie noch alte Planköpfe einsetzen, müssen Sie hier eventuell per Hand den gewünschten Index eintragen.

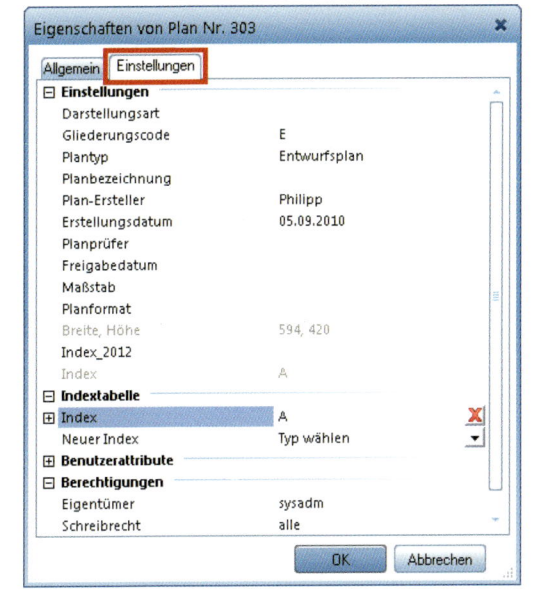

Projektbezogen öffnen

Planausgabe mit Allplan Exchange (lokal)

Über **ALLPLAN EXCHANGE PLANVERSAND** ist es möglich, Daten in unterschiedlichen Formaten lokal zu speichern. Mit einem Zugang zur Webplattform *Allplan Exchange* können zusätzlich Daten auf die Plattform hochgeladen und Benachrichtigungen an die gewünschten Kontakte gesendet werden. Im nachfolgenden Beispiel wird der lokale Teil kurz erläutert.

▷ **PLANBEARBEITUNG, PROJEKTBEZOGEN ÖFFNEN: PLÄNE**, beliebigen Plan öffnen

▷ **ALLPLAN EXCHANGE PLANVERSAND**

Projektbezogen öffnen

Allplan Exchange Planversand

Einstellungen

Vor der Ausgabe der Pläne sollten zwei Grundeinstellungen im Projekt getätigt bzw. überprüft werden. Der lokale Speicherort sowie die Regel zum Generieren des Dateinamens, unter dem die Daten gespeichert werden sollen, sind zu prüfen.

▷ **EINSTELLUNGEN** (unten links)

▷ **DATEINAMEN (1)**

Entfernen Sie den Inhalt des Plannamens auf der rechten Seite **(3)**, wenn die abgebildeten Attribute nicht Ihrem Wunschnamen entsprechen. In der Mitte **(2)** können Sie aus den unterschiedlichen Attributbereichen (Plan, Planindex, Allgemeines und Export) die gewünschten Attribute auswählen. Durch einen **DOPPELKLICK** wird das Attribut rechts **(3)** eingefügt. Sie können ergänzenden, statischen Text einfügen.

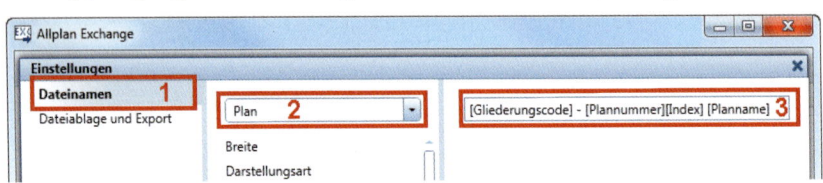

▷ **DATEIABLAGE UND EXPORT (4)**

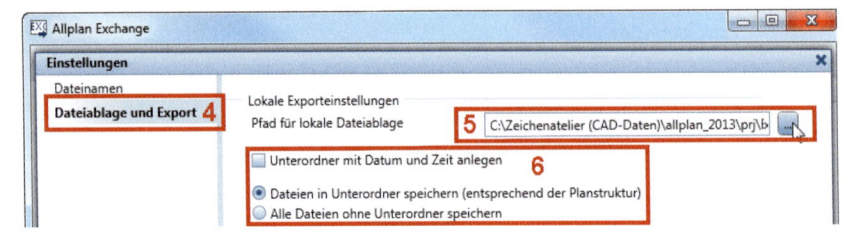

▷ Wählen Sie einen Pfad für die lokale Dateiablage **(5)** durch einen Rechtsklick auf die Schaltfläche. Mit den Optionen zum Ablegen der Pläne **(6)** können Sie die Struktur bestimmen, die im Ordner der lokalen Dateiablage angelegt werden soll.

> **TIPP:** Bei einer Verbindung zur Webplattform Allplan Exchange kann alternativ eine Struktur anhand der Empfänger angelegt werden. So erhalten Sie auch lokal eine Kopie der versendeten Dokumente.

▷ Bestätigen Sie die neuen Einstellungen mit **OK**.

Wenn bereits ein Plan ausgewählt ist, wird der Dateiname rechts nach der soeben eingestellten Regel gebildet und angezeigt.

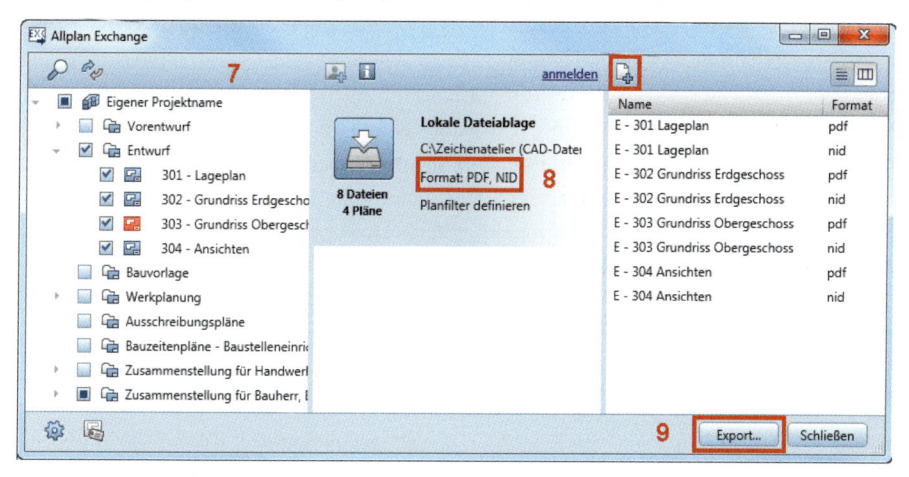

▷ Wählen Sie auf der linken Seite **(7)** die gewünschten Pläne zum Export aus.
▷ Stellen Sie die gewünschten Formate für die lokale Dateiablage in der Mitte ein **(8)**.
▷ Kontrollieren Sie rechts die zu erzeugenden Dokumente und starten Sie den **EXPORT** **(9)**. Bei Bedarf können Sie beliebige Dokumente über **DATEI HINZUFÜGEN** dem Export anfügen.
▷ Im nächsten Dialog (**EXPORT**) werden Ihnen die Pläne angezeigt und darunter die jeweils ausgewählten Dateitypen. Über die Schaltfläche **START** wird der Vorgang gestartet, und wenn Sie die Option **NACH DEM EXPORT SOFORT FERTIGSTELLEN** aktiviert haben, werden die Daten direkt nach Abschluss aller Wandlungen im festgelegten Ordner (lokale Dateiablage) gespeichert.

8.3 Datenausgabe als einzelne Datei

Der Datenexport ist ein sehr breit angelegtes Feld. Je nachdem, mit welchen Programmen und Arbeitsweisen die Planungspartner arbeiten, können die unterschiedlichsten Formate und Einstellungen notwendig werden. Die einzelnen Funktionen wurden bereits in Abschnitt 4.4.1, »Importieren und Exportieren«, beschrieben und werden hier nicht nochmals aufgeführt.

Mit Allplan 2013 wurde ein neuer Multi-Export mit den Funktionen unter **EXCHANGE** eingeführt, über den nicht nur in unterschiedlichen Formaten Pläne ausgegeben werden können, sondern diese über eine Stapelverarbeitung gesammelt gespeichert und umbenannt werden können.

8.3.1 Pläne/Daten archivieren

Je nach Anforderung an die Archivierung bestehen folgende Möglichkeiten, Daten für eine spätere Verwendung zu speichern.

Archivieren als Allplan-Dateien – komplettes Projekt

Über das *Allmenu* können komplette Projekte gesichert werden. Darin sind alle Einstellungen, Oberflächen, Attribute, Verwaltungsdateien sowie die Pläne und Teilbilder enthalten. Eine Projektsicherung wird immer im aktuellen Format erstellt und kann in spätere Allplan-Versionen eingelesen werden. Die Datenkonvertierung ist (erfahrungsgemäß) mindestens in drei Versionen ohne weitere Meldungen möglich. Der Vorgang zum Sichern und Wiedereinspielen von Daten findet im Allmenu statt und ist in Abschnitt 10.2, »Allmenu – Datensicherung«, beschrieben. Der ideale Zeitpunkt zum Archivieren des kompletten Projektes ist z. B. der Abschluss einer Leistungsphase oder die Fertigstellung des Bauwerks.

> **HINWEIS:** Bei eigenen Versuchen, mit deutlich älteren Daten (bis zu Version 11) tauchten bei Projektsicherungen und der darauffolgenden Konvertierung bis auf kleine Darstellungsveränderungen keine Probleme auf. Betrachtet wurden nur Daten ohne Ingenieurbau.

Archivieren als Allplan-Dateien – komplette Pläne und/oder Teilbilder

Für eine lückenlose Dokumentation werden oft Zwischenstände von Teilbereichen des Projekts benötigt. Diese können komfortabel über die Funktionen **GELADENEN PLAN MIT RESSOURCEN EXPORTIEREN** und **GELADENE TEILBILDER MIT RESSOURCEN EXPORTIEREN** (siehe Abschnitt 4.4.1, »Importieren und Exportieren«) erzeugt werden.

Archivieren in Fremdformaten

Zum Archivieren von Plänen stehen Ihnen in Allplan 2013 entweder die Funktion **ARCHIVIERUNG** (normale *PDF-* oder *TIF-Dateien*), die Funktion **HPGL-, PIXELDATEI EXPORTIEREN** (Plotfiles und verschiedene Pixelformate) oder **PDF-DATEI EXPORTIEREN** (normale *PDF-Datei* oder *PDF/A-1a* – Isocodiertes PDF) zur Verfügung. Je nach Bedarf können Sie das entsprechend benötigte Format auswählen. Plankopien, die 30 Jahre Bestand haben sollen, sollten entweder als *TIF* oder als *PDF/A-1a* ausgegeben werden.

8.3.2 Beispiel – Plan ausgeben als PDF-Datei (2D)

Plan als PDF ausgeben

Für die Ausgabe von Plänen als PDF stehen zwei Funktionen zur Verfügung: Die Funktion **ARCHIVIERUNG**, über die Sie mehrere Pläne nacheinander ausgeben können, und die Funktion **PDF-DATEI EXPORTIEREN**, bei der Sie mehr Optionen zu Ausgabe einstellen können.

▷ **PDF-DATEI EXPORTIEREN**
▷ **PLÄNE WÄHLEN → ALLE PLÄNE AUSWÄHLEN, DIE ALS PDF GESPEICHERT WERDEN SOLLEN**
▷ **PDF-DATEI → SPEICHERORT AUSWÄHLEN** und/oder Datei angeben, an die der Plan anzuhängen ist
▷ **OPTIONEN** einstellen, die dem Bedarf entsprechen. Wenn Sie eine bestehende Datei ausgewählt haben, wird die Option **AN DATEI ANHÄNGEN** anwählbar.
▷ **DATEI MIT VERKNÜPFTER APPLIKATION ÖFFNEN → AKTIVIEREN**
▷ Angaben mit **OK** bestätigen

PDF-Datei exportieren

Die *PDF-Datei* wird erzeugt und mit *Adobe Reader* direkt angezeigt. Sollten Sie mehr als einen Plan gewählt haben, werden alle Pläne im gewählten Pfad abgelegt und automatisch geöffnet.

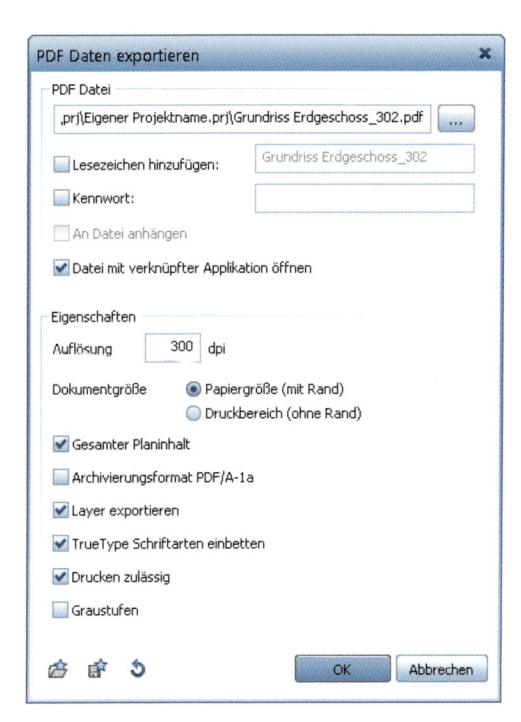

> **HINWEIS:** Wird anstatt einer neuen Datei eine bestehende Datei ausgewählt, kann der gewählte Plan an diese angehängt und mit einem Lesezeichen versehen werden. Sollten viele und große Pläne exportiert werden, sollten die Dateien nicht automatisch geöffnet werden.

8.3.3 Beispiel – Modell exportieren PDF (3D)

Aktivieren Sie alle Teilbilder, auf denen sich Daten befinden, die im PDF (3D) sichtbar sein sollen.

Ausgabe 3D-PDF-Datei

3D-PDF ausgeben

▷ Animationsfenster starten (F4)
▷ Startperspektive einstellen
▷ Kontextmenü (im Animationsfenster) → **PDF-3D EXPORTIEREN**, Optionen für den Export einstellen
▷ **DATEI MIT VERKNÜPFTER APPLIKATION ÖFFNEN → AKTIVIEREN**
▷ Angaben mit **OK** bestätigen

PDF-Datei exportieren

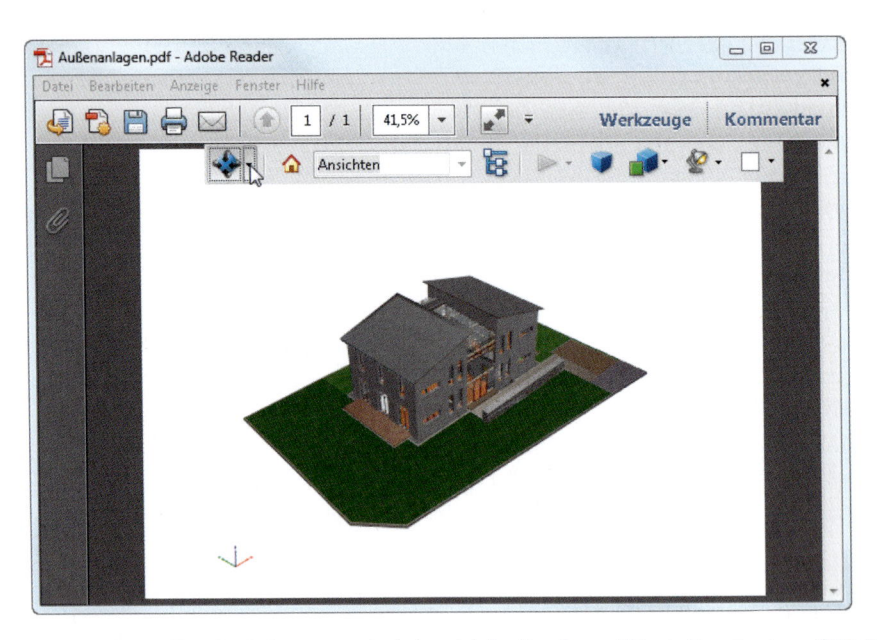

Die gespeicherte Datei wird automatisch im *Adobe Reader* geöffnet. Durch einen **KLICK** auf das angezeigte Bild wird der Bewegungsmodus gestartet.

Im Bewegungsmodus kann z. B. das Licht oder die Flächendarstellung des Modells beeinflusst werden.

8.3.4 Beispiel – Modell exportieren C4D

Ausgabe C4D-Datei

Aktivieren Sie alle Teilbilder, auf denen sich Daten befinden, die für die weitere Bearbeitung an *Cinema 4D* übergeben werden sollen. Die Datei kann nur dann direkt geöffnet werden, wenn Sie über eine Version von *Cinema 4D* verfügen. Hierzu reicht eine Demo-Version, die Sie von der Internetseite von Maxon *(http://www.maxon.de)* herunterladen können. Die Demoversion kann für 42 Tage (lt. Auskunft von Maxon) freigeschaltet werden. Nach der Freischaltung bleibt die Demoversion von Cinema 4D weiter nutzbar. Die Ausgabe ist aber auf 640 × 400 Pixel beschränkt.

C4D-Datei ausgeben

CINEMA 4D/VRML/3DS/U3D exportieren

▷ Animationsfenster starten (F4)
▷ Startperspektive einstellen
▷ Kontextmenü → **CINEMA 4D/VRML/3DS/U3D EXPORTIEREN**
▷ Speicherort, -namen und -format der Datei angeben. Wählen Sie das Format *C4D – Cinema 4D-Datei (R12 Format)* aus, wenn Sie über Cinema 4D R12 oder höher verfügen.

▷ Ändern Sie die Export-Optionen nach Bedarf. Die Struktur des Objektmanagers bietet sich nach der Teilbildstruktur an. Die Layer werden auf jeden Fall in C4D-Ebenen übersetzt und je nach Layereinstellung farblich gekennzeichnet.
▷ Abfrage mit JA bestätigen. Die Datei wird in Cinema 4D geöffnet.

In Cinema4D müssen Sie die Pfade für die Texturen so einstellen, dass der Design-Ordner im *STD-Verzeichnis* durchsucht wird.

■ 8.4 Ratgeber Planausgabe

Die Planausgabe auf Papier ist durch viele unterschiedliche Ausgabegeräte der sehr unterschiedlichen Einstellmöglichkeiten im jeweiligen Treiber extrem vielfältig und kann kaum vollständig beschrieben werden. Nachfolgend finden Sie einige Fallbeispiele und die Lösungen in Stichpunkten. Für die Fallbeispiele ist als Drucker Canon imagePROGAF iPF 755 mit einer 36-Zoll-Rolle verwendet worden.

8.4.1 Fall 1 – Plangröße bis 841 mm Breite

Der Plan passt in der Breite auf die Rolle und sollte möglichst platzsparend gedruckt werden.

▶ **SEITE EINRICHTEN** → Format bis zu DIN A1 (841,0/594,0) auswählen oder beliebiges Format mit einer Breite von max. 841,0 mm einstellen (Höhe max. 841,0 mm)   Seite einrichten

Pläne plotten

Bilder aus der Oberfläche des Druckertreibers

> ▸ QUERFORMAT und OHNE SEITENRAND (ROLLE, PDF) anwählen
> ▸ PLÄNE PLOTTEN
> ▸ Entsprechendes Papier im Druckertreiber auswählen
> ▸ Register SEITENEINRICHTUNG → SEITE UM 90 GRAD DREHEN (PAPIER SPAREN) aktivieren
> ▸ Register *Layout* → KEINE LEERSTELLEN OBEN UND UNTEN (PAPIER SPAREN) aktivieren

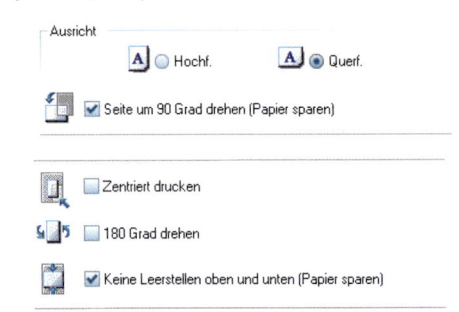

HINWEIS: Die meisten Druckertreiber können bei einem Format, das quer auf die eingelegte Rolle passt, durch automatisches Rotieren Platz sparen. Wird ein Blatt größer (Druckertreiber) als diese Grenze eingestellt, kann meist nicht rotiert werden, und der Plan wird nicht papiersparend ausgegeben.

8.4.2 Fall 2 – Plangröße größer als 841 mm Breite

Voraussetzung: Planformat ist im Druckertreiber vorhanden, z. B. DIN-Format

Bei größeren Formaten entfällt die Möglichkeit des Rotierens.

Seite einrichten

Pläne plotten

> ▸ SEITE EINRICHTEN → Format DIN A0 (841,0/594,0) auswählen
> ▸ QUERFORMAT und OHNE SEITENRAND (ROLLE, PDF) anwählen
> ▸ PLÄNE PLOTTEN
> ▸ Entsprechendes Papier im Druckertreiber auswählen
> ▸ Register *Layout* → KEINE LEERSTELLEN OBEN UND UNTEN (PAPIER SPAREN) aktivieren

HINWEIS: Bei vorhandenen Formaten, die länger sind, als die Plotterrolle breit ist, ist die Größe des Blattes (wenn größer als Plan gewählt) unerheblich, wenn im Druckertreiber eingestellt wird, dass leere Bereiche entfallen sollen.

8.4.3 Fall 3 – Plangröße länger als DIN A0

Bei allen Plänen, die länger als DIN A0 (118,9 cm) sind, muss erst ein entsprechendes Papierformat im Druckertreiber eingerichtet werden. Es ist ratsam, sich drei oder vier verschieden lange Formate einzurichten und diese jeweils zu verwenden.

- ▶ **SEITE EINRICHTEN** → beliebiges Format eingeben (z. B. Breite 1350 mm, Höhe 594 mm)
- ▶ **PLANRAHMEN** mittels der Eingabeoption **ÜBER DIAGONALE EINGEBEN** in der gewünschten Größe erzeugen (optional)
- ▶ **PLÄNE PLOTTEN**
- ▶ Eigenschaften des Druckers öffnen und (bei Canon iPF755) im Register *Seiteneinrichtung* unter *Grösse-Optionen* ein neues Papierformat mit Höhe 1400 mm und Breite 917 mm unter einem eigenen Namen anlegen oder ein bereits bestehendes Langformat auswählen
- ▶ Neu angelegtes Papierformat auswählen
- ▶ Register *Seiteneinrichtung* → **SEITE UM 90 GRAD DREHEN (PAPIER SPAREN)** deaktivieren
- ▶ Register *Layout* → **KEINE LEERSTELLEN OBEN UND UNTEN (PAPIER SPAREN)** aktivieren

Seite einrichten

Planrahmen

Pläne plotten

> **HINWEIS:** Das eingestellte Papierformat sollte auf allen Rechnern im Netzwerk unter dem gleichen Namen angelegt werden. Je nach Treiber und Hersteller können beliebig viele Formate unter eigenen Namen oder ein bis fünf benutzerdefinierte Formate angelegt werden. Zudem muss zum Teil ein neues Format am Druckerserver angelegt werden, um allen zur Verfügung zu stehen.

8.4.4 Fall 4 – Ausgabe von mehreren Plänen mit eigenen Plotprofilen

Bei der Ausgabe von Plänen können spezielle Plotprofile für jeden Plan eingestellt werden, über die Stiftdicken und Farben der Zeichnung geändert werden können. Jeder Plan behält die Information, welches Plotprofil verwendet werden soll. Bei der Ausgabe von mehreren Plänen muss, um jeden Plan mit dem eigenen Plotprofil ausgeben zu können, folgender Weg eingehalten werden:

- ▶ Alle Pläne mit Papiergrößen, Plotprofilen sowie Zeichnungsinhalten vorbereiten
- ▶ **PLÄNE PLOTTEN** → zu druckende Pläne auswählen → **PLOTTEN**

Pläne plotten

> **HINWEIS:** Bei einem Stapelplot werden das hier eingestellte Plotprofil sowie temporäre Änderungen lediglich für den aktuellen Plan verwendet. Gespeichert wird das Plotprofil ohne Änderungen. Pläne mit Plotprofil werden mit ihrem jeweils vorhandenen Plotprofil geplottet. Pläne ohne Plotprofil werden mit den globalen Einstellungen geplottet.

8.4.5 Fall 5 – Ausgabe von verkleinerten Plänen

Zur Ausgabe von verkleinerten Plänen (ideal als Arbeitskopie) muss der Verzerrungsfaktor eingestellt werden.

Pläne plotten

➤ PLÄNE PLOTTEN
➤ Einen oder mehrere Pläne anwählen (bei Plotprofilen Text vorher beachten!)
➤ Register *Einstellungen* → VERZERRUNGSFAKTOR einstellen **und** VERZERREN DER STIFTDICKEN aktivieren

> **HINWEIS:** Alle gewählten Pläne werden mit dem gleichen Faktor gedruckt. Durch das Verzerren der Stiftdicken kann verhindert werden, dass die Verkleinerungen unansehnlich dicke Linien haben.

8.4.6 Testplot

Jedes Ausgabegerät, egal ob Bildschirm oder Drucker, hat ein eigenes Farbspektrum und zeigt somit ein Bild auf seine Art. Die Ausgabe auf Papier ist abhängig vom verwendeten Ausgabegerät, Treiber, Tinte, Art des Treibers und den Einstellungen des Treibers selbst. Um ein bewertbares Referenzbild zu erhalten, können Sie das Teilbild *Testplot* im *new-Verzeichnis* verwenden.

ProjectPilot – Verwaltung

➤ PROJECTPILOT – VERWALTUNG öffnen
➤ Externen Pfad einstellen auf Programmverzeichnis von Allplan: *\Allplan\new\testplot*
➤ Unterordner *Pläne* öffnen
➤ TESTPLOT WINDOWSTREIBER/TESTPLOT FOR WINDOWSDRIVERS markieren → Kontextmenü → KOPIEREN NACH
➤ Zielprojekt auswählen, Zielplan angeben und Teilbilder mitkopieren lassen

Direkt nach dem Kopiervorgang kann der Testplan gedruckt und begutachtet werden.

8.5 Beispiel – Ergebnis Planzusammenstellung

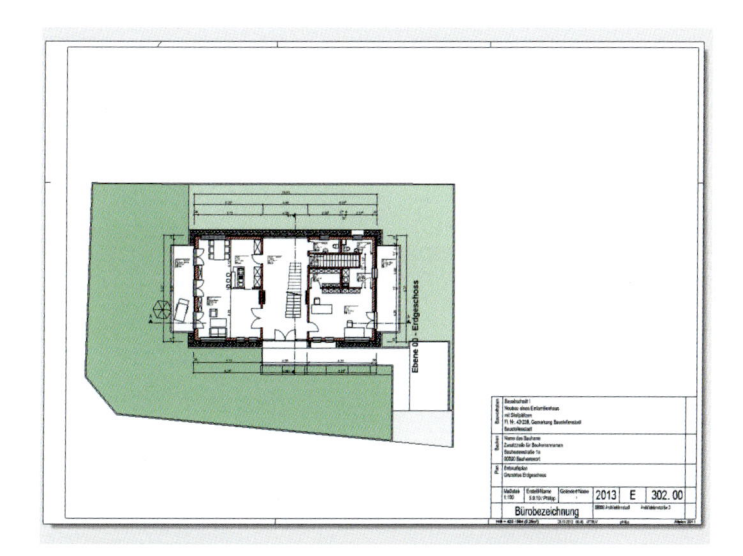

Weitere Beispiele finden Sie als PDF-Dateien im Projektordner
- Projekt *Praxishandbuch Allplan 2013*

oder auf der Internetseite
- *http://www.zeichenatelier.de/Allplan2013*

9 Visualisierung

Im Modul **ANIMATION** im Bereich **VISUALISIERUNG**, bzw. den Animationsfenstern, werden 3D-Modelle mit bis zu 16 Millionen Farben schattiert angezeigt. Die eingestellten Materialeigenschaften (über Stiftfarbe oder Oberflächeneigenschaft definiert) werden ausgewertet und entsprechend den Einstellungen in den Optionen dargestellt. Zudem können der Sonnenstand und weitere Lichter eingestellt werden. Über die Funktionen des Moduls können sowohl Einzelbilder als auch Filmsequenzen und/oder Sonnenstudien in unterschiedlichen Renderqualitäten erzeugt werden.

9.1 Grundlagen zur Visualisierung

9.1.1 Renderverfahren

In Allplan können Sie zwischen sechs unterschiedlichen Renderverfahren wählen. Je nach Renderverfahren ergeben sich unterschiedliche Vor- und Nachteile. Global Illumination, das Verfahren, mit dem die höchste Qualität erreicht wird und das die meisten Einstellungsmöglichkeiten besitzt, in Abschnitt 9.2, »Global Illumination«, anhand eines Beispiels näher erläutert.

Flat-Shading

Die Oberflächen werden mit einheitlichen Flächen versehen. Farbabstufungen, Helligkeitsunterschiede, Schatten oder Ähnliches werden nicht berücksichtigt. Transparenzen werden ausgewertet.

Gourand-Shading

Für jeden Bildpunkt wird die Helligkeit ermittelt, aber für die Fläche jeweils insgesamt ausgemittelt. Helligkeitsunterschiede sind somit möglich. Schatten werden nicht berücksichtigt, während Transparenzen ausgewertet werden.

Phong-Shading

Die Beleuchtung wird für jeden Punkt berechnet. Lichtkegel werden somit sichtbar und Helligkeitsunterschiede können relativ gut wiedergegeben werden. Schatten werden nicht berücksichtigt, während Transparenzen ausgewertet werden.

Quick-Ray

Das Verfahren der Strahlenverfolgung ermöglicht die Berechnung von Schatten, Spiegelung, Transparenz und Brechung (jeweils mehrfach) und macht es möglich, auf relativ einfache Weise realitätsnahe Bilder zu erstellen. Über weitere Einstellungen kann eine höhere Qualität erreicht werden, was sich jedoch nachteilig auf die Berechnungszeit auswirkt. Bei Quick-Ray können 3D-Linien dargestellt werden.

Ray-Tracing

Die Berechnungsmethodik ist die gleiche wie bei Quick-Ray, sie kann nur keine 3D-Linien darstellen und arbeitet genauer und in höherer Qualität. Bei großen Modellen ist Ray-Tracing schneller als Quick-Ray.

Global Illumination

Das Renderverfahren Global Illumination wurde neu in Allplan 2013 eingeführt. Es ermöglicht neben der Berücksichtigung der direkten Lichtquellen auch indirekte Beleuchtung. Damit wird ohne Umwege über eine relativ hohe Anzahl von Lichtquellen eine sehr detaillierte und wirklichkeitsnahe Darstellung ermöglicht. Weitere Erläuterungen finden Sie in Abschnitt 9.2, »Global Illumination«.

9.1.2 Funktionen Visualisierung – Animation

Animationsfenster Gesamtmodell/Elementauswahl

- Das Animationsfenster kann durch Aktivierung der Bildschirmaufteilung 2 + 1 ANIMATIONSFENSTER, die Kurztaste F4, das allgemeine Kontextmenü (Gesamtmodell oder Elementauswahl), ein Kontextmenü eines vorhandenen Bauteils (nur Elementauswahl) oder über die Funktionen ANIMATIONSFENSTER ELEMENTAUSWAHL und ANIMA-

TIONSFENSTER GESAMTMODELL unter dem Menüpunkt ANSICHT aufgerufen werden. Innerhalb des Animationsfensters kann auf die wichtigsten Funktionen des Moduls ANIMATION über das Kontextmenü zugegriffen werden.

- EINZELBILD RENDERN öffnet den Dialog zum Einstellen und Berechnen von einfachen bis hin zu fotorealistischen Bildern. Es kann zwischen sechs unterschiedlichen Rendermethoden ausgewählt werden. Je nach Auswahl unterscheidet sich die Qualität, die Beleuchtung und die Geschwindigkeit erheblich. — Einzelbild rendern
- Über die Funktion MODELL IN FOTO EINPASSEN kann das 3D-Modell in ein Pixelbild (Foto) montiert werden. Das Einrichten der Perspektive sollte mittels einem vereinfachten Modell (Körpermodell) erfolgen. — Modell in Foto einpassen
- KAMERAWEG SETZEN erzeugt einzeln einstellbare Fixpunkte mit beliebig vielen Zwischenschritten. Über definierte Punkte können Sie somit einen kompletten Filmlauf durch und/oder um Ihr Gebäude herum definieren. — Kameraweg setzen
- FILMLAUF ENTLANG KAMERAWEG startet eine Vorschau des unter KAMERAWEG SETZEN definierten Weges im Animationsfenster. So können Sie vor dem Start der Filmaufzeichnung kontrollieren, ob Kollisionen vorliegen, unschöne Perspektiven vorhanden sind oder das Modell nicht fertig modelliert wurde. — Filmlauf entlang Kameraweg
- FILM AUFZEICHNEN startet die Aufnahme des über die Funktion KAMERAWEG SETZEN definierten Kameraweges. Als Renderverfahren stehen sechs unterschiedliche Möglichkeiten (analog EINZELBILD RENDERN) und Animationen zur Verfügung. Die Ausgabe erfolgt über EINZELBILDER (Pixelshow) und/oder AVI-FILM. Je nach Auswahl und gewählter Filmlänge können große Datenmengen anfallen. — Film aufzeichnen
- SONNENSTUDIE AUFZEICHNEN startet die Aufnahme von Einzelbildern mit der eingestellten Perspektive im angegebenen Zeitraum. Über Sonnenstand kann der genaue geographische Ort der Planung definiert werden. Als Renderverfahren stehen sechs unterschiedliche Möglichkeiten (analog EINZELBILD RENDERN) und Animationen zur Verfügung. Die Ausgabe erfolgt über EINZELBILDER (Pixelshow) und/oder AVI-FILM. Je nach Auswahl und gewählter Start- und Endzeit, gewähltem Intervall und gewählter Bildzahl können große Datenmengen anfallen und die Berechnung kann viel Zeit beanspruchen. — Sonnenstudie aufzeichnen
- PIXELSHOW ÖFFNEN, KONVERTIEREN zeigt mit SONNENSTUDIE AUFZEICHNEN oder FILM AUFZEICHNEN erstellte Pixelshows an oder konvertiert eine oder mehrere Pixelshows zu einem Film. — Pixelshow öffnen, konvertieren
- Mit OPTIONEN ANIMATION wird direkt der Bereich der Optionen geöffnet, in dem Sie diverse Voreinstellungen für die Animation treffen können. — Optionen Animation
- LICHTER SETZEN dient zum Definieren der Beleuchtungssituation. Im Register LICHTQUELLEN 1 können die Sonne (inkl. geographischer Ort) sowie mehrere Standardlichter eingestellt werden. Im Register LICHTQUELLEN 2 können einzelne Lichter gesetzt und verwaltet werden. Es können je nach Graphikkarte maximal acht oder sechzehn Lichter berechnet werden. Die Berechnungszeit steigt bei der Verwendung von mehreren Lichtquellen deutlich an. — Lichter setzen
- Über die Funktion LEUCHTE können Beleuchtungskörper (z. B. Deckenleuchten mit ein oder mehreren Lichtquellen) als Leuchtenmakro erstellt werden. Jede Lichtquelle kann unterschiedliche Einstellungen aufweisen und ein- oder ausgeschaltet sein. — Leuchte

Leuchte modifizieren

- **LEUCHTE MODIFIZIEREN** dient zum Ändern der über die Funktion **LEUCHTE** abgesetzten Leuchtenmakros. Es können z. B. Lichtfarben geändert werden oder Lichter an-/ausgeschaltet werden.

Oberflächeneinstellungen

- Über **OBERFLÄCHENEINSTELLUNGEN** können für die 256 Stiftfarben unterschiedliche Einstellungen wie Texturen, Transparenz usw. für die Animation eingestellt werden. Die Einstellungen können auch bei der Ansichts- und Schnittberechnung sowie für assoziative Ansichten und Schnitte verwendet werden.

Freie Oberflächen an 3D-, Ar-Elemente zuweisen

- **FREIE OBERFLÄCHEN AN 3D-, AR-ELEMENTE ZUWEISEN** ermöglicht es, einzelnen oder mehreren Körpern direkt Einstellungen für die Animation (Texturen, Transparenz usw.) zuzuweisen. Wenn einem Körper eine freie Oberfläche zugewiesen wurde, werden die entsprechend der Stiftfarbe definierten (d. h. über Oberflächeneinstellungen definierten) Einstellungen ignoriert.
  Die Einstellungen können auch bei der Ansichts- und Schnittberechnung sowie für assoziative Ansichten und Schnitte verwendet werden.

9.1.3 Animationsfenster

Das Animationsfenster ist das Hauptarbeits- und -darstellungsmittel des Moduls **ANIMATION**. Sie können das Animationsfenster jederzeit öffnen (z. B. mit F4), ohne das Modul **ANIMATION** einschalten zu müssen. Im Kontextmenü des Animationsfensters sind die meisten Funktionen des Moduls mit weiteren Hilfsmitteln leicht zu erreichen.

Kontextmenü im Animationsfenster

Das Kontextmenü im Animationsfenster erscheint nur, wenn der Bewegungsmodus auf Kugel- bzw. Kameramodus eingestellt ist. Andernfalls werden die Kontextmenüs wie in den Konstruktionsfenstern angezeigt.

- **GRÖSSE ANIMATIONSFENSTER** ändert die Fenstergröße auf einzugebende Abmessungen.
- **EIGENSCHAFTEN ANIMATIONSFENSTER** öffnet einen Optionsdialog zum Einstellen des Animationsfensters. Sie können z. B. die Mausbewegung in Empfindlichkeit und Richtung verstellen und die Darstellung der 3D-Geometrien ändern.
- **BLICK EINSTELLEN** öffnet ein Untermenü, über das die Kameraausrichtung korrigiert und/oder gesteuert werden kann. Über das Untermenü **BLICK EINSTELLEN** können Sie zudem Kamerapositionen weiter- oder zurückblättern.

Gesamtmodell
Elementauswahl
Filmmodell

Größe Animationsfenster...
Eigenschaften Animationsfenster

Filmmodell speichern...
Blick einstellen ▶
Kamera Rotation
Filmablauf entlang Kameraweg
Kameraweg setzen
CINEMA 4D, VRML, X3D, 3DS, U3D exportieren...
3D-PDF exportieren...
STL Daten exportieren...
Rhino Daten exportieren...
Weitere Funktionen ▶
Oberflächeneinstellungen
Eigenschaften freie Oberfläche

Ganzes Modell sichtbar
Startposition
Horizontal ausrichten
Vorige Kameraposition
Nächste Kameraposition
Blickwinkel größer
Blickwinkel kleiner

- **KAMERA ROTATION** lässt das Modell in der gewünschten Drehrichtung und Geschwindigkeit rotieren. Die Rotation kann mit der ESC-Taste abgebrochen werden.
- **WEITERE FUNKTIONEN** bietet den schnellen und direkten Zugriff auf die Optionen **ANIMATION, EINZELBILD RENDERN** und weitere Funktionen.

9.1.4 Oberflächeneinstellung – Texturierung

In der Animation werden alle 3D-Elemente mit den jeweils getroffenen Einstellungen angezeigt. Um möglichst realistische oder vereinfachte Bildern zu erzielen, sind drei unterschiedliche Arbeitsweisen zum Definieren möglich.

Oberflächendefinition nur über Stiftfarben

Mit der Funktion OBERFLÄCHENEINSTELLUNGEN können Sie für jede der 256 möglichen Stiftfarben eigene Einstellungen anlegen und die Bauteile entsprechend in der Animation anzeigen lassen.

Vorteil:
- Es genügt, eine Einstellung zu ändern. Daraufhin werden alle Elemente, die mit dieser Farbe dargestellt werden, geändert.

Nachteil:
- Die für den Planausdruck gewünschte Farbe konkurriert mit der Farbe für die Animation.

Oberflächendefinition nur über freie Oberflächen

Bei allen 3D-Bauteilen kann über die Funktion FREIE OBERFLÄCHEN AN 3D-, AR-ELEMENTE ZUWEISEN eine eigene Einstellung für die Animation definiert werden.

Vorteil:
- Jedes Bauteil erhält eigene, von der Stiftfarbe unabhängige Definitionen und erscheint somit im Ausdruck in der gewünschten Farbe.
- Es sind beliebig viele Oberflächeneinstellungen möglich.

Nachteil:
- Bei Änderungen müssen entweder die *.surf-Dateien (Oberflächendateien) geändert werden oder den Bauteilen müssen andere Oberflächen zugewiesen werden.

Oberflächendefinition als Kombination von freien Oberflächen und Stiftfarben

Durch die Kombination beider Arbeitsweisen können die Vorteile vereint und die Nachteile nahezu ausgeschaltet werden. Für globale Einstellungen wie z. B. Glasflächen können Sie Stiftfarben verwenden. Gleichzeitig können Sie in den Räumen den Raumausbau einzeln definieren, ohne eine Liste von Stiftfarben führen zu müssen.

9.1.5 Lichtquellen

Lichter setzen

Leuchte

Über die Funktion **LICHTER SETZEN** können Standardlichtquellen und einzeln im Modell platzierbare Quellen gesetzt werden, mit der Funktion **LEUCHTE** können spezielle Makros definiert werden, die Leuchtmittel beinhalten, welche gespeichert werden können und wie Symbole zu verwenden sind. Im Beispiel und den Erläuterungen des Buches werden nur Lichtquellen behandelt, die über **LICHTER SETZEN** definiert werden.

Register Lichtquellen 1

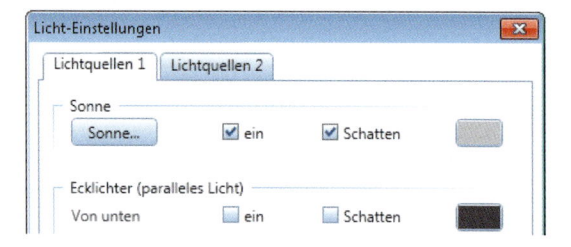

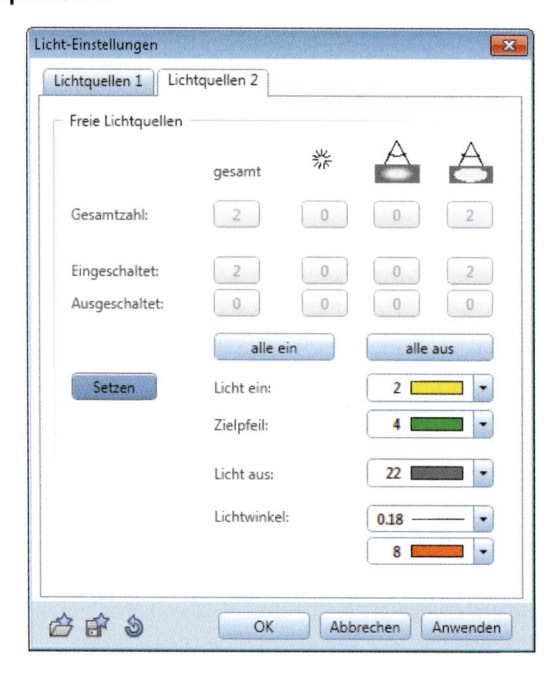

Bei allen Lichtern des Registers **LICHTQUELLEN 1** kann eine Lichtfarbe definiert werden. Zudem können Sie bestimmen, ob eine Lichtquelle Schatten werfen soll und zur Belichtung der Szene beitragen soll. Unter **SONNE** kann die geographisch korrekte Lage des Bauvorhabens sowie Datum, Uhrzeit und eine abweichende Nordrichtung definiert werden. Für das Kameralicht kann zusätzlich die Lichtform bestimmt werden.

Register Lichtquellen 2

Im Register **LICHTQUELLEN 2** werden die freien Lichtquellen in drei Unterarten angezeigt. Im Hauptdialog kann die Darstellung der Lichtquellen (nur im Modus **SETZEN** sichtbar) definiert werden und alle Quellen können gemeinsam geschaltet werden. Über die Funktion **SETZEN** können die einzelnen Lichtquellen im Modell platziert werden und es kann je nach Lichtart ein Lichtziel definiert werden. Über die Lichtfarbe wird die Helligkeit mit gesteuert. D. h., eine weiße Lichtfarbe ist neutral und hat die maximale Helligkeit, während ein dunkles Grau neutral ist, aber kaum Licht zur Beleuchtung der Szene beisteuert.

- **PUNKTLICHTER** breiten sich von der Lichtquelle gleichmäßig in alle Richtungen aus.
- Bei einem **SPOTLICHT** handelt es sich um eine gerichtete Lichtquelle. Das Licht strahlt in einer Richtung von der Lichtquelle zum Lichtziel. Um das Lichtziel bildet sich – je nach Einfallswinkel – ein Lichtkreis oder eine Ellipse. Die Intensität des Lichts nimmt vom Zentrum (100 %) zum Rand (0 %) hin ab.
- Kegelförmiges Licht (**LICHTKEGEL**) fällt in einem scharf begrenzten Bereich von der Lichtquelle zum Lichtziel. Um das Lichtziel bildet sich – je nach Einfallswinkel – ein Lichtkreis oder eine Ellipse. Innerhalb des Lichtkreises ist die Lichtintensität gleichbleibend.

> **HINWEIS:** Die Anzahl der Lichtquellen ist je nach eingesetzter Grafikkarte begrenzt. Zudem benötigt jede Lichtquelle Rechenleistung.

9.1.6 Texturen in Allplan

Texturen beinhalten neben Informationen zu Farbe, Glanz und Ähnlichem eine Bilddatei, die den Detaillierungsgrad des Modells erhöht (realistische Darstellung), ohne, dass das Modell hochdetailliert ausgebildet werden muss. So wird z. B. eine Putzoberfläche mit einer Textur auf einer einfachen Fläche erzeugt, während ein realistisches Modell jede Vertiefung der realen Putzoberfläche abbilden müsste. Für Texturen werden zumeist kachelbare Bilddateien verwendet und aneinandergesetzt. Je kleiner die Bildgröße, desto eher kann erkannt werden, dass immer das gleiche Bild verwendet wird. Bei der Verwendung von sehr großen Texturen wird deutlich mehr Rechenleistung benötigt. Grundsätzlich empfiehlt es sich, bei umfangreichen Modellen im Vordergrund mit hochwertigen Texturen, in der Bildmitte (Tiefe) mit einer mittleren Qualität und im Hintergrund unter Umständen ohne Texturen zu arbeiten.

In Allplan können Texturen entweder über die Stiftfarbe (Funktion **OBERFLÄCHENEINSTELLUNGEN**), global oder für einzelne Bauteile (Funktion **FREIE OBERFLÄCHEN AN 3D-, AR-ELEMENTE ZUWEISEN**) erzeugt werden. Die möglichen Einstellungen sind gleich. Freie Oberflächen werden als *.surf-Dateien im Designordner des Projekts gespeichert.

Eigenschaften von Texturen (Oberflächeneinstellungen)

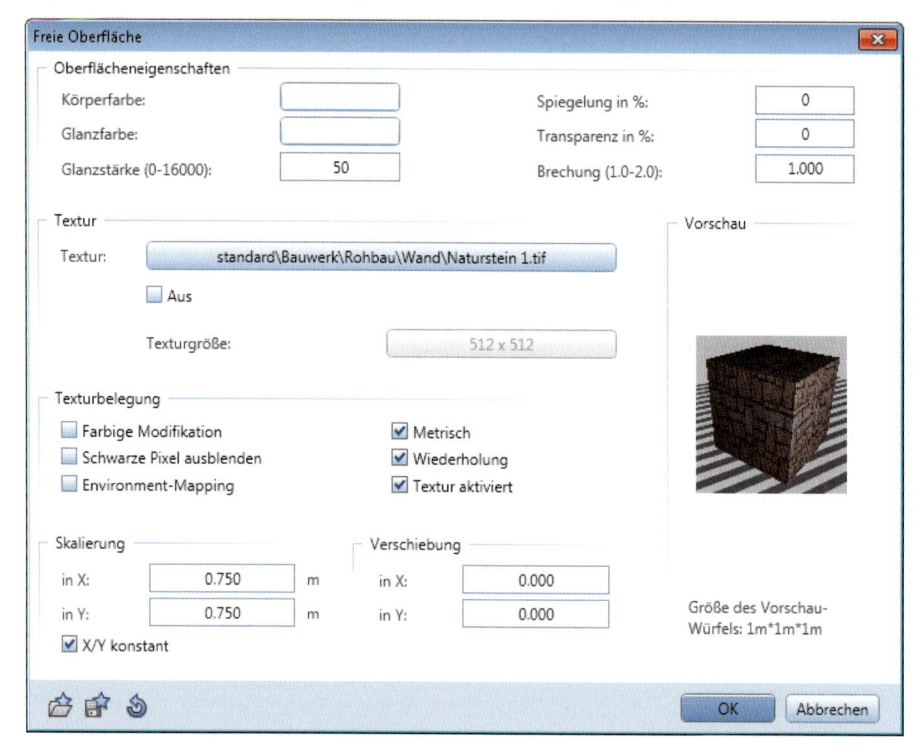

- **KÖRPERFARBE** definiert die Oberflächenfarbe. Das reflektierte Licht erhält diese Farbe, bei Oberflächeneinstellungen ohne Textur wird die Farbe angezeigt. Die Körperfarbe wird bei Verdecktberechnung verwendet.
- **GLANZFARBE** gibt die Farbe der Spiegelung der Lichtquelle an. Je heller die Glanzfarbe gewählt wird, desto brillanter wird der erzeugte Glanz.
- **GLANZSTÄRKE** gibt an, wie flächig der Glanz erzeugt wird. Die Einstellung 0 bedeutet kein Glanz und der Wert 16 000 ist der maximale Glanz.
- **SPIEGELUNG IN %** (Werte von 0 – keine Spiegelung – bis 100). Die Spiegelung wird nicht in allen Renderverfahren berücksichtigt und ist in der Animation nicht sichtbar.
- **TRANSPARENZ IN %** kann Werte von 0 (undurchsichtig) bis 100 (vollkommen durchsichtig) annehmen.
- **BRECHUNG** gibt die Ablenkung des Lichtstrahls beim Übergang zwischen unterschiedlichen transparenten Materialien (z. B. Luft/Wasser, Luft/Glas) an. Die Brechung wird nicht in allen Renderverfahren berücksichtigt.

> **HINWEIS:** In Verbindung mit Spiegelung, Brechung und Materialfarbe kann Rauchglas, Spiegelglas usw. entstehen.

- **TEXTUR** bietet ein Auswahlfeld für die zu verwendende Bilddatei als Textur an. Freie Oberflächen (und Pixelflächen) werden im Projekt gespeichert, in dem sie verwendet werden. Hierzu wird jede surf- und die zugehörige Textur-Datei bei Verwendung in den Projektordner (Unterordner *design*) kopiert, und vorrangig von dort geladen. Über die Checkbox **AUS** kann die Textur entfernt werden.
- **TEXTURGRÖSSE** zeigt die Originalgröße in Pixeln an.
- **FARBIGE MODIFIKATION**: Die Körperfarbe wird mit der Textur gemischt (auch bei Texturen mit schwarzen Bereichen).
- **SCHWARZE PIXEL AUSBLENDEN**: Bereiche, die in der Originaltextur rein schwarz sind und in Körperfarbe dargestellt werden, werden ausgeblendet. Mit dieser Option können z. B. Personen oder Bäume, deren Hintergrund komplett schwarz ist, freigestellt werden.
- Wenn Sie **ENVIRONMENT MAPPING** aktivieren, wird die eingestellte Textur zu einer sogenannten Spiegelungstextur.

> **TIPP:** Für **ENVIRONMENT MAPPING** sind besonders Wolken- oder Umgebungstexturen auf Glasfassaden geeignet, um eine Umgebung vorzutäuschen.

- Wenn **METRISCH** eingeschaltet ist, wird davon ausgegangen, dass 100 Pixel des Original-Bildes gleich einem Meter sind. Durch die **SKALIERUNG** kann die Vorgabe verändert werden.
- Wenn **WIEDERHOLUNG** eingeschaltet ist, wird das Objekt komplett mit der ausgewählten Textur gefüllt. Ist die Option ausgeschaltet, wird die Textur nur einmal am Ursprung des Objekts (durch Verschiebung änderbar) angezeigt.
- **TEXTUR AKTIVIERT** dient zum Ausblenden der Textur, um eine schnellere Rechengeschwindigkeit zu erreichen.

> **HINWEIS:** Verwenden Sie das Ausblenden von Texturen in den Einstellungen der Oberfläche nur in Ausnahmefällen. In den Optionen von **ANIMATION** kann die Darstellung aller Texturen global ausgeschaltet werden.

Regeln für Oberflächeneinstellungen

- Transparente, glasartige Materialien
  - Die Körperfarbe sollte auf Schwarz eingestellt werden, die Glanzfarbe auf Weiß. Buntes Glas kann über die Glanzfarbe (Körperfarbe sollte schwarz bleiben) eingestellt werden.
  - Je größer die Transparenz des Glases eingestellt wird, desto höher sollte auch die Glanzstärke gewählt werden. Unbeschichtetes Fensterglas hat demnach eine Glanzstärke von nahezu 16 000, während Milchglas oder sedimentierte Glasscheiben eine Glanzstärke von 20 – 30 haben.
  - Für dickes Glas sollte die Brechung bei ca. 1.50 liegen. Bei den in den Fenstermakros enthaltenen Glasscheiben kann die Brechung vernachlässigt werden, da dort nur eine 3D-Fläche enthalten ist.

- Glänzende und metallische Materialien
    - Die Körperfarbe sollte auf Schwarz eingestellt werden, während die Glanzfarbe entsprechend der Materialfarbe (Chrom: weiß, Messing: gelblich) eingestellt wird.
    - Je stärker die Spiegelung eines Materials sein soll (und eingestellt wird), desto höher ist die Glanzstärke zu wählen (z. B. Chrom auf 16 000, mattes Aluminium auf 100).
- Lackierte oder beschichtete Oberflächen
    - Materialien wie polierter Kunststoff oder lackiertes Holz setzen sich aus der darunterliegenden Schicht in Körperfarbe und dem glänzenden Überzug in Glanzfarbe zusammen. Soll das Material dominieren, erhält die Körperfarbe den höheren Wert, soll der Lack intensiver wirken, hat die Glanzfarbe Vorrang.

Einstellungen für einige Materialien

Durch die Einführung von Global Illumination mit Allplan 2013 sind einige Einstellungen für Texturen deutlich wichtiger geworden. Nachfolgend sehen Sie eine kleine Auswahl an Materialien mit herkömmlichen (z. B. für Quick-Ray oder Ray-Tracing ausreichenden) Einstellungen sowie »verbesserten« Einstellungen für Global Illumination. Beachten Sie, dass Körperfarbe und Textur auch bei der Verdecktberechnung verwendet werden.

Material	Standard-Einstellung	Optimiert für Global Illumination
Aluminium		
Körperfarbe	RGB 150,150,150 (grau)	RGB 128,128,128 (grau)
Glanzfarbe	RGB 180,180,180	RGB 171,171,171 (grau)
Glanzstärke	100 (matt)	10 (extrem matt)
Spiegelung	0 (keine Spiegelung)	40
Transparenz	0	0
Brechung	1.000	1.000
Chrom		
Körperfarbe	RGB 241,241,241 (hellgrau)	RGB 213,213,213 (hellgrau)
Glanzfarbe	RGB 255,255,255 (weiß)	RGB 255,255,255 (weiß)
Glanzstärke	1 (extrem matt)	16000 (extrem glänzend)
Spiegelung	80 (starke Spiegelung)	80 (starke Spiegelung)
Transparenz	0	0
Brechung	1.000	1.500
Glas		
Körperfarbe	RGB 200,200,255 (hellblau)	RGB 0,0,0 (schwarz)
Glanzfarbe	RGB 255,255,255 (weiß)	RGB 255,255,255 (weiß)
Glanzstärke	50 (matt)	16000 (extrem glänzend)
Spiegelung	70 (starke Spiegelung)	5 (geringe Spiegelung)
Transparenz	59	85
Brechung	1.000	1.500

Material	Standard-Einstellung	Optimiert für Global Illumination
Milchglas		
Körperfarbe	RGB 255,255,255 (weiß)	RGB 255,255,255 (weiß)
Glanzfarbe	RGB 255,255,255 (weiß)	RGB 255,255,255 (weiß)
Glanzstärke	1 (extrem matt)	30 (sehr matt)
Spiegelung	5 (geringe Spiegelung)	0 (keine Spiegelung)
Transparenz	60	85
Brechung	1.000	1.500
Spiegel		
Körperfarbe	RGB 220,220,255 (hellblau)	RGB 0,0,0 (schwarz)
Glanzfarbe	RGB 0,0,0 (schwarz)	RGB 255,255,255 (weiß)
Glanzstärke	500	8000
Spiegelung	69	80
Transparenz	0	0
Brechung	1.000	1.500

9.1.7 Ablaufschema zum Rendern

Der Hauptteil der Arbeit für ein gutes Render-Ergebnis kann schon bei der Erstellung der Bauteile getätigt werden, indem Bauteileigenschaften übernommen oder detailliert eingestellt werden, die gute Texturen (freie Oberflächeneigenschaften) beinhalten. Der komplette Vorgang gliedert sich in die nachfolgend dargestellten Schritte. Es bietet sich an, in jedem Schritt zunächst einmal grobe Einstellungen zu treffen, und diese dann mit Testrenderings zu verfeinern, bis das Ergebnis den Wünschen entspricht.

1. Animationsfenster öffnen
2. Grundeinstellungen in den **OPTIONEN ANIMATION** definieren (z. B. Darstellung von Ausbau-Elementen, Texturdarstellung einschalten, Darstellung der Ebenen kontrollieren)
3. Lichtquellen setzen, Sonnenstand bzw. geographischen Ort einstellen
4. **OBERFLÄCHENEIGENSCHAFTEN** für Stiftfarben und Bauteile mit freien Oberflächeneinstellungen ergänzen/überarbeiten
5. Perspektive einstellen und bei Bedarf Einstellungen der Bauteile und Lichter ändern
6. Funktion **EINZELBILD RENDERN** aufrufen und gewünschtes Renderverfahren einstellen
7. Bildgröße bestimmen und Berechnung starten

> **HINWEIS:** Allplan kennt keine Stapelverarbeitung zum Erzeugen von unterschiedlichen Perspektiven. Sie können aber einen Kameraweg definieren und die Einzelbilder (Pixelshow) speichern lassen. Wenn keine Zwischenschritte definiert sind, werden nur die eingestellten Kamerapunkte (= Wunschperspektive) gerendert.

9.1.8 Texturierungsregeln für Körper

Die Normale einer Fläche steht senkrecht auf der Fläche und sollte nach außen zeigen.

In Allplan kann kein Einfluss auf das Texturmapping genommen werden, wie dies in Animationsprogrammen wie z. B. Cinema 4D möglich ist. Auch die Normalen, die für die Ausrichtung der Textur bedeutsam sind, werden automatisch ermittelt. Für das automatische Texturmapping ist der Winkel zwischen der Z-Achse und der Polygon-Normalen des zu texturierenden Objekts (bzw. der Fläche) entscheidend.

Es gelten folgende Regeln.

3D-Elemente

- Wenn der Normalenwinkel weniger als 45 Grad beträgt, wird die Textur von oben (xy-Ebene) oder von unten (xy-Ebene) aufgebracht.
- In den anderen Fällen wird die Textur von der nächsten vertikalen Grundebene (xz, yz, -xz oder -yz) aufgebracht (ohne Spiegelung, d. h. Text erscheint nie Spiegelschrift).
- Auf der Rückseite von reinen 3D-Polygonen wird die Textur hingegen gespiegelt, damit Vorder- und Rückseite bei Transparenzen deckungsgleich sind (Text besitzt auf einer Polygonseite Spiegelschrift).

Dächer – Dachhaut

- Wenn ein Polygon normale Dachneigung hat (d. h. wenn der Winkel zwischen 7 und 87 Grad beträgt), wird die Textur von der Normalen aus aufgebracht.
- Wenn ein Polygon fast horizontal oder vertikal ist (d. h. wenn der Winkel mehr als 87 Grad oder weniger als 7 Grad beträgt), wird die Textur wie bei einem 3D-Element aufgebracht.

Wände – normale Wände und wandartige Linienbauteile

- Wenn ein Polygon nahezu vertikal ist (d. h. wenn der Winkel mehr als 89,5 Grad beträgt), wird die Textur von der nächsten vertikalen Grundebene aus (xz, yz, -xz oder -yz) aufgebracht.

Profilwände und ähnliche Linienbauteile

- Wenn ein Polygon nahezu vertikal ist (d. h. wenn der Winkel zwischen 3 und 89,5 Grad beträgt), wird die Textur lotrecht zur Wandachse und immer vertikal aufgebracht (sie wird nicht um die x- oder y-Achse gedreht wie bei Dächern).

9.1.9 Ratgeber Bildgröße

Für die Ermittlung der optimalen Bildgröße, Auflösung und Pixelanzahl, sollten einige Regeln beachtet werden, um unnötige lange Rechenzeiten zu vermeiden. Beachten Sie, dass bei steigender Pixelanzahl der benötigte Speicherplatz (für Berechnung *und* Ergebnis) sehr schnell ansteigt.

Datenmenge

Die ungefähre Dateigröße einer nicht speicheroptimierten Bilddatei (z. B. tif oder bmp) lässt sich über folgende Formel bestimmen: 3 Byte × Pixel_X × Pixel_Y (1 MB = 10^6 Byte).

Bildformate mit eingebauter Komprimierung (z. B. jpg) sparen Speicherplatz, kosten aber je nach Komprimierungsverfahren leichte Qualitätseinbußen.

Entscheidungshilfe Auflösung

Die maximale Bildgröße, die Sie mit den unterschiedlichen Renderverfahren von Allplan erzeugen können, ist 10 000 × 10 000 Pixel. Je nach Ausgabegerät können Sie damit unterschiedliche maximale Bildgrößen erzielen.

Gewöhnliche Tintenstrahldrucker können in etwa Auflösungen von 150 dpi bis 1200 dpi ausgeben. Wobei die Qualitätsunterschiede bei Bildauflösungen von mehr als 300 dpi sehr klein werden, wie Sie an der folgenden Tabelle ablesen können. Die Anzahl der Bildpunkte errechnet sich über die Formel `Bildlänge in cm × 2,54 × Auflösung` (1 inch = 2,54 cm).

Ausgabegröße	150 dpi	300 dpi	600 dpi
DIN A6 105 × 148	620 × 874 ca. 1,5 MB	1240 × 1748 ca. 6,2 MB	2480 × 3496 ca. 25 MB
DIN A5 148 × 210	874 × 1240 ca. 3,1 MB	1748 × 2480 ca. 12,4 MB	3496 × 4961 ca. 50 MB
DIN A4 210 × 297	1240 × 1754 ca. 6,2 MB	2480 × 3508 ca. 25 MB	4961 × 7016 ca. 100 MB
DIN A3 297 × 420	1754 × 2480 ca. 12,4 MB	3508 × 4961 ca. 50 MB	7016 × 9921 ca. 200 MB
DIN A2 420 × 594	2480 × 3508 ca. 25 MB	4961 × 7016 ca. 100 MB	(9921 × 14031) ca. 400 MB
DIN A1 594 × 841	3508 × 4967 ca. 50 MB	7016 × 9933 ca. 200 MB	(14 031 × 19 866) ca. 800 MB

Wenn Bilder nur auf dem Bildschirm präsentiert werden sollen, sollte entweder die Auflösung des Bildschirms selbst oder HDTV (1920/1080) verwendet werden. Höhere Auflösungen als das Ausgabegerät darstellen kann, bewirken deutlich höhere Ladezeiten ohne Qualitätsvorteile.

Zeitdauer

Die Berechnung hochauflösender Pixelbilder kann – je nach Rechner – sehr zeitintensiv sein. Es ist auf jeden Fall empfehlenswert, kleinformatige Probe-Renderings durchzuführen und so die beste Einstellung für Perspektive, Licht, Texturen etc. zu finden. Das hochauflösende Pixelbild kann dann über Nacht oder übers Wochenende berechnet werden.

Einschränkungen durch Hardwareausstattung

Große Modelle benötigen zur Bearbeitung und Berechnung der Ergebnisbilder sehr viel Speicher. Rechner und Betriebssystem sollten optimal ausgelegt sein.

- RAM (physikalischer Arbeitsspeicher: 4 GB oder mehr (bei 64 Bit Windows)
- Virtueller Speicher:
  bei 32 Bit Windows: 2 GB (Standard)
  bei 64 Bit Windows: 4 GB
- Auf dem Rechner sollten sich möglichst wenige andere Programme befinden, da diese auch Speicher belegen und somit den für die Berechnung zur Verfügung stehenden Speicherplatz einschränken.

9.1.10 Ratgeber Animationsfenster

Die Darstellung des Modells im Animationsfenster hilft bei der Arbeit und verschafft Ihnen einen guten Überblick über die erzeugten Daten. Werden z. B. neue Wände erzeugt, wird eine Live-Vorschau in allen geöffneten Animationsfenstern angezeigt. Änderungen, egal ob Oberflächen- oder Geometrieänderungen, werden in der Regel sofort aktualisiert. Dies kann bei älterer Hardware und/oder großen Modellen zu Verzögerungen führen. Um diese möglichst gering zu halten bzw. bei Bedarf gegensteuern zu können, gibt es folgende Möglichkeiten:

- Eine große Anzahl und Auflösung der Animationsfenster benötigt viel Rechenleistung. Beschränken Sie sich auf ein oder zwei Animationsfenster und schränken Sie die Größe auf ein Minimum ein.
- Viele Texturen in hochwertiger Darstellung benötigen eine große Grafikleistung. Unter **OPTIONEN ANIMATION** können Sie die Darstellung beeinflussen bzw. die Texturen für geometrielastige Arbeiten komplett ausschalten.
- Die Ermittlung und Darstellung der Ausbauflächen von Räumen und Geschossen (Boden-, Seiten- und Deckenbeläge) ist zeitintensiv. Unter **OPTIONEN ANIMATION** können diese gezielt ausgeschaltet werden. Alternativ können auch die Layer der Bauteile ausgeblendet werden.
- »Unsichtbare« Animationsfenster hinter Ihrem Konstruktionsfenster werden immer mitberechnet. Kontrollieren Sie unter dem Menüpunkt **FENSTER**, ob nicht benötigte Animationsfenster (und Konstruktionsfenster) vorhanden sind. Über die Funktion **1FENSTER** können Sie alle Fenster bis auf ein Konstruktionsfenster ausschalten.
- OpenGL-Grafikkarten sind dafür ausgelegt, Texturen mit einer Größe von 2^n Pixeln zu verarbeiten. Optimale Auflösungen sind z. B. 64 × 64, 128 × 128, 128 × 256, 256 × 256 … Verwenden Sie nach Möglichkeit bei eigenen Texturen entsprechende Auflösungen.

9.2 Global Illumination

9.2.1 Grundlagen

Global Illumination (*deutsch:* Globale Beleuchtung) bezeichnet alle Verfahren zur Simulation der Licht-Wechselbeziehung von Objekten. Beim Renderverfahren Global Illumination werden nicht nur direkte Lichtquellen dargestellt, sondern auch die indirekte Beleuchtung, die sich aus der Brechung und Spiegelung des Lichtes an anderen Objekten im Modell ergibt. Dies ermöglicht wirklichkeitsnahe Beleuchtung, besonders bei Innenräumen. Im Vergleich zum Ray-Tracing werden die Nuancen der Helligkeit optimiert und weichere Schatten erzielt.

Das Ergebnis der Berechnung kann direkt nachbearbeitet, als HDRI-Bild gespeichert oder als Bild (wie bei den herkömmlichen Verfahren) gespeichert werden.

> **HINWEIS:** Global Illumination benötigt sehr viel Speicher. Eine 64-Bit-Installation von Allplan ist für die Berechnung empfohlen.

9.2.2 Einstellungen vor der Berechnung

Neben den in den Bauteilen oder über die Stiftfarben definierten Oberflächen sowie der eingestellten Beleuchtung ist die Ausgabegröße – wie auch bei den anderen Renderverfahren – die Grundlage der Berechnung. Zusätzlich zur Ausgabegröße können weitere Einstellungen getroffen werden, welche die Bildqualität und die Bearbeitungsdauer steuern. Grundsatz bei allen Schiebereglern ist, dass höhere Werte eine höhere Bildqualität erzeugen und dementsprechend mehr Rechenzeit beanspruchen.

Die Einstellungen für Globale Illumination sind gezielt einfach und übersichtlich gehalten, da die extrem vielfältigen Möglichkeiten, die hinter dem Berechnungsverfahren stehen, für die Erstellung guter Bilder nicht unbedingt notwendig sind. Über die vorhandenen Regler ist es möglich, mit einfachsten Mitteln realistische Bilder zu erzeugen.

- Im Pulldown-Menü von **VOREINSTELLUNG** kann entweder eine der vordefinierten Einstellungen oder eine über die nebenstehenden Schaltflächen gespeicherte eigene Einstellung geladen werden. Die Einstellungen enthalten alle Einstellungen des Bereichs **QUALITÄTS-EINSTELLUNGEN**. Default nach der Installation ist **MITTEL**.
- **KANTENGLÄTTUNG** bestimmt den Grad des Anti-Aliasing. Bei niedrigen Werten können gezackte Kanten und rauschende Texturen entstehen, bei hohen Werten werden die Kanten geglättet und Texturen feiner und detaillierter dargestellt.
- **BELEUCHTUNGS-VORBERECHNUNG** beeinflusst die Dichte und Genauigkeit der Interpolation von indirekter Beleuchtung. In vielen Bereichen mit indirekter Beleuchtung führen höhere Werte zu besseren Ergebnissen. Kleine Werte können zu sichtbaren Verläufen führen.
- **INDIREKTE BELEUCHTUNG** hat Einfluss auf die Genauigkeit der Berechnung der indirekten Beleuchtung. Niedrige Werte führen zu größeren Abweichungen bei indirekt beleuchteten Oberflächen, während hohe Werte zu gleichmäßigeren Ergebnissen führen.
- **SCHATTEN** ist für die Qualität der Schatten zuständig. Höhere Werte führen bei flächigen Lichtquellen zu weicheren Schatten, niedrigere Werte führen zu größerem Schattenrauschen. Je größer die beleuchtete Fläche ist, desto höher muss die Qualität der Schatten sein.

> **TIPP:** Es empfiehlt sich, **KANTENGLÄTTUNG** und **SCHATTEN** sinnvoll zu kombinieren. Für weichere Schatten muss man die Kantenglättung nicht extrem erhöhen, denn die Schattenberechnung ist weniger zeitintensiv. Für ein akzeptables Ergebnis reicht es, wenn Sie **SCHATTEN** erhöhen und **KANTENGLÄTTUNG** etwas zurücknehmen.

- **PHOTONEN-BERECHNUNG** beeinflusst die Anzahl der erzeugten globalen Photonen (Lichtstrahlen), die Genauigkeit der Beleuchtung sowie weitere notwendige Einstellungen für Photonen-Berechnungen. Höhere Werte führen zu genaueren Ergebnissen, niedrigere Werte führen zu größeren Abweichungen bei indirekt beleuchteten Oberflächen.

> **TIPP:** Ist **PHOTONEN-BERECHNUNG** auf einen höheren Wert eingestellt, kann dies viele zeitintensive Berechnungen von indirekter Beleuchtung ersetzen, sodass **INDIREKTE BELEUCHTUNG** auf einen niedrigen oder mittleren Wert eingestellt werden kann. Beim Rendern von sehr komplexen Modellen oder komplizierten Lichtsituationen ist dies besonders zu empfehlen.

- **OPTIMIERUNG** setzt die für Außenansichten/Innenräume notwendigen internen Voreinstellungen um. Die Vorgaben sind auf den jeweiligen Anwendungsbereich optimiert und können nicht beeinflusst werden.

> **HINWEIS:** Wird eine Berechnung ohne Sonnenlicht gestartet, wird die Szene automatisch mit *Ambient Occlusion* (Umgebungsverdeckung) berechnet. Hierdurch werden besonders weiche, realistische Schatten erzeugt.

9.2.3 Bild-Korrektur nach der Berechnung

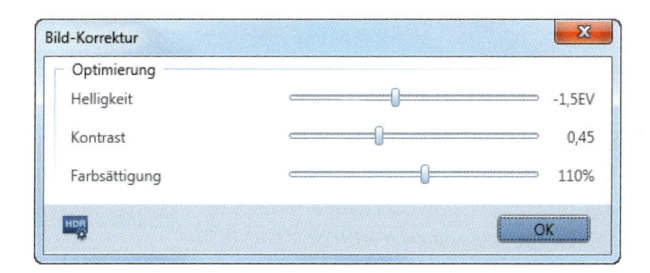

Direkt nach der Berechnung wird eine automatische Optimierung von Helligkeit, Kontrast sowie Farbsättigung vorgenommen. D. h., das bei der Berechnung sichtbare Bild ist meist zu hell und entspricht noch nicht dem optimierten Endergebnis.

- **HELLIGKEIT** korrigiert die Belichtung der Berechnung. Hohe Werte können zu Überbelichtung, niedrige zu Unterbelichtung führen.
- **KONTRAST** korrigiert die Tonwerte der Aufnahme.
- **FARBSÄTTIGUNG** korrigiert die Farbsättigung. Eine niedrige Farbsättigung »entfärbt« das Bild.
- Über die Schaltfläche **HDR** können Sie das Bild als High Dynamic Range Bild (HDRI-file, *.hdr) speichern. Die gespeicherte Datei enthält die komplette Beleuchtungsbandbreite, die berechnet wurde, und kann in unterschiedlichsten Bildbearbeitungsprogrammen weiter bearbeitet werden.

High Dynamic Range

High Dynamic Range

Gewöhnliche Bilder enthalten 256 Helligkeitsstufen (8 Bit) pro Farbkanal (Rot, Grün, Blau). Natürliche Szenen beinhalten deutlich mehr Helligkeitsstufen, die aber auf den heute üblichen Ausgabemedien (Bildschirme, Drucker) nicht erkennbar sind. Die Helligkeitsstufen entsprechen etwa einem Verhältnis von 1000:1. Bei einem HDR-Bild können Helligkeitswerte in einer Bandbreite gespeichert werden, die in etwa einem Verhältnis von 200 000:1 entsprechen. Dies lässt eine deutlich umfangreichere Nachbearbeitung in entsprechenden Bildbearbeitungsprogrammen zu.

9.2.4 Bild berechnen

Grundlage für ein gutes Ergebnis ist, wie bei allen Renderingverfahren, ein gutes Modell mit darauf abgestimmten Texturen. Die Beleuchtung kann z. B. gegenüber dem Ray-Tracing deutlich einfacher aufgebaut werden. Bei Außenaufnahmen ist zumeist die Sonne als Lichtquelle ausreichend, bei Innenaufnahmen kann bei vorhandenen Fensterflächen ebenfalls die Sonne als Lichtquelle verwendet werden, oder mit einigen Leuchten eine der Realität nahe kommende Stimmung erzeugt werden (z. B. für Nachtaufnahmen in Innenräumen).

Die Berechnung folgt den gleichen Schritten wie in Abschnitt 9.1.7, »Ablaufschema zum Rendern«, beschrieben, und wird nur durch die beiden zusätzlichen Dialoge ergänzt.

- Animationsfenster öffnen, Grundeinstellungen in den **OPTIONEN ANIMATION** definieren (z. B. Darstellung von Ausbau-Elementen, Texturdarstellung einschalten, Darstellung der Ebenen kontrollieren)
- Lichtquellen setzen, Sonnenstand bzw. geographischen Ort einstellen
- **OBERFLÄCHENEIGENSCHAFTEN** für Stiftfarben und Bauteile mit freien Oberflächeneinstellungen ergänzen/überarbeiten und Perspektive einstellen

Einzelbild rendern

- Funktion **EINZELBILD RENDERN** aufrufen, **GLOBAL ILLUMINATION** (1) und gewünschte **RENDERGRÖSSE** (2) einstellen, Dialog mit **OK** schließen
- Im Dialog **EINSTELLUNGEN GLOBALE ILLUMINATION** entweder die gewünschten **VOREINSTELLUNGEN** (*Niedrig*, *Mittel*, *Hoch* oder *Sehr hoch*) auswählen oder die Regler nach Bedarf verschieben und **AUSSENANSICHTEN** oder **INNENRÄUME** unter **OPTIMIERUNG** entsprechend der Perspektive auswählen

> **TIPP:** Berechnen Sie Bilder mit einer relativ niedrigen Auflösung und einfachen Einstellung für Globale Illumination, um einen Eindruck der Szene zu erhalten.

Nach dem Start der Berechnung folgen die angezeigten Schritte. Der erste Schritt – Szene wird geladen – kann nicht abgebrochen werden. Bei den weiteren Schritten können Sie jederzeit die Berechnung beenden.

Nach Abschluss der Berechnung wird ein automatischer Abgleich von Helligkeit, Kontrast sowie Farbsättigung durchgeführt.

- Ändern Sie je nach Bedarf und abhängig von den eigenen Wünschen die Helligkeit, den Kontrast sowie die Farbsättigung.

High Dynamic Range

- Speichern Sie das Bild als High Dynamic Range für eine Weiterbearbeitung mit speziellen Programmen oder beenden Sie den Dialog *Bild-Korrektur* mit **OK**.
- Das fertige Bild kann entweder nach dem Schließen des Fensters *Rendererergebnis* oder über den Menüpunkt *Datei* in unterschiedlichen Bildformaten gespeichert werden.

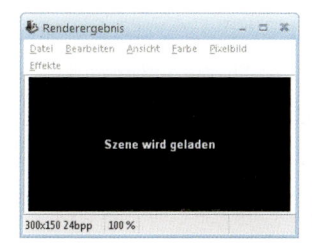

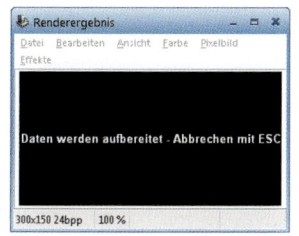

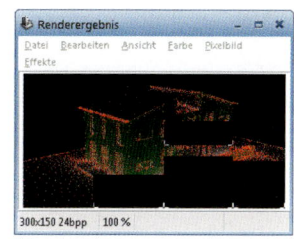

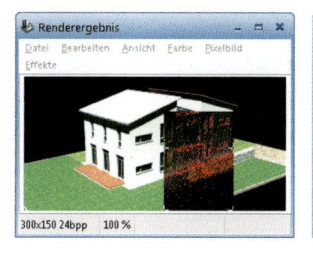

9.2.5 Besonderheiten bei bestehenden Projekten

Da die Globale Illumination besondere, vom bisherigen Standard abweichende Oberflächeneinstellungen benötigt, müssen Sie bei Projekten, die aus älteren Allplan-Versionen stammen, oder bei denen die Standardoberflächen-Dateien verwendet werden, Anpassungen vornehmen, um optimale Ergebnisse zu erhalten. Für den jeweiligen Fall sollten der notwendige Arbeitsaufwand sowie die Auswirkungen auf Verdeckt-Berechnungen und/oder assoziative Ansichten berücksichtigt werden.

Schritt 1: Testrendering mit Globale Illumination

Erzeugen Sie von der Wunschperspektive ein Testrendering, bei dem Sie nur die Lichteinstellungen ändern (meist nur Sonne notwendig!). Wenden Sie je nach Ergebnis die weiteren Schritte an.

Schritt 2: Anpassen von Oberflächendateien

Im optimalen Fall müssen nur die Oberflächen von transparenten Bauteilen angepasst werden. Hierzu können Sie mit der Funktion FREIE OBERFLÄCHEN AN 3D-, AR-ELEMENTE ZUWEISEN die betroffene Datei öffnen, die Einstellungen wie in Abschnitt 9.1.6, »Texturen in Allplan«, beschriebenen ändern und unter dem gleichen Namen an gleicher Stelle wieder speichern. Zusätzlich sollten Sie kontrollieren, ob metallische Oberflächen verwendet wurden und besonders in Erscheinung treten.

Schritt 3: Standardoberflächen austauschen

Speichern Sie die neuen Oberflächendateien bei Bedarf im Standardordner (*STD/Design*) ab. Bei den nächsten Projekten können Sie diese im Projekt löschen (über den Windows-Explorer) und durch GI-Oberflächen ersetzen lassen.

> **HINWEIS:** Erzeugen Sie zum Testen Sicherheitskopien Ihrer Projektdaten und/oder des Design-Ordners. Über das Allmenu können Sie die entsprechenden Ordner direkt im Windows Explorer anzeigen lassen (siehe auch Abschnitt 10.1.4, »Service«).

10 Allmenu

■ 10.1 Allmenu – Basiswissen

Allmenu ist ein Programm, mittels dem Sie einige Basiskonfigurationen wie z. B. Sprache oder Lizenz tätigen können bzw. müssen. Bei Workgroup-Installationen werden über den Menüpunkt **WORKGROUPMANAGER** zusätzliche Benutzer angelegt und verwaltet.

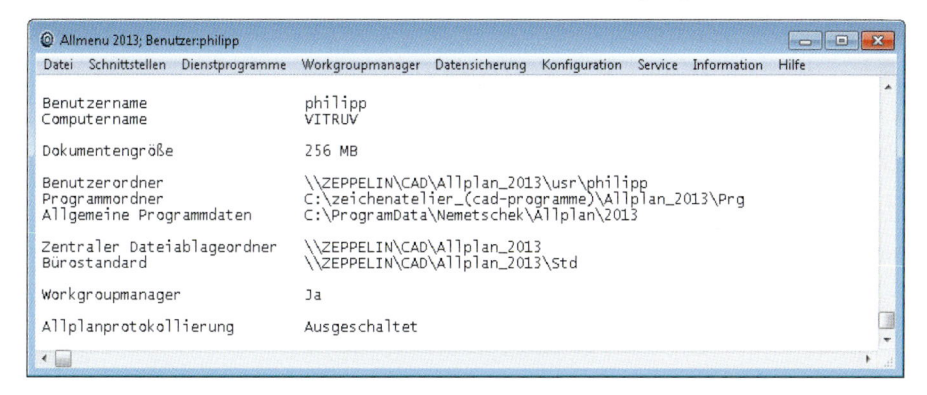

```
Allmenu 2013; Benutzer:philipp
Datei  Schnittstellen  Dienstprogramme  Workgroupmanager  Datensicherung  Konfiguration  Service  Information  Hilfe

Benutzername                      philipp
Computername                      VITRUV

Dokumentengröße                   256 MB

Benutzerordner                    \\ZEPPELIN\CAD\Allplan_2013\usr\philipp
Programmordner                    C:\zeichenatelier_(cad-programme)\Allplan_2013\Prg
Allgemeine Programmdaten          C:\ProgramData\Nemetschek\Allplan\2013

Zentraler Dateiablageordner       \\ZEPPELIN\CAD\Allplan_2013
Bürostandard                      \\ZEPPELIN\CAD\Allplan_2013\Std

Workgroupmanager                  Ja

Allplanprotokollierung            Ausgeschaltet
```

Im Ausgabefenster des Allmenus können Sie die Installationspfade und weitere nützliche Informationen ablesen. Die Anzeige des Benutzers in der Programmzeile entfällt bei einer Installation ohne Workgroupmanager sowie auch der gleichnamige Menüpunkt.

10.1.1 Dienstprogramme

Unter **DIENSTPROGRAMME** finden Sie die Lizenzverwaltung von Allplan. Je nach installierter Lizenz (Hardlock, Softlock) werden unterschiedliche Unterpunkte angeboten. Je nach eingespielter Lizenz und genauer Installationskonstellation werden unter **LIZENZEINSTELLUNGEN** unterschiedliche Dialoge angeboten.

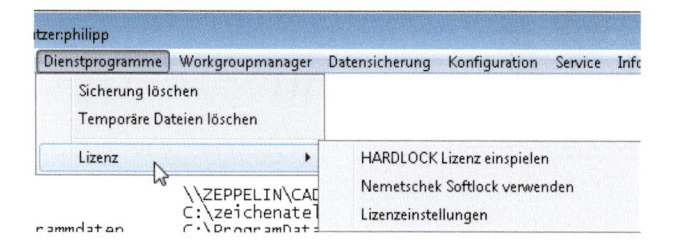

10.1.2 Datensicherung

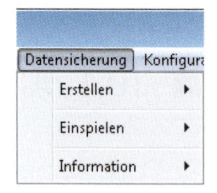

Unter dem Menüpunkt **DATENSICHERUNG** werden Ihnen halbautomatisch ablaufende Funktionen angeboten, mit deren Hilfe Sie Projekte, Bürostandards usw. selektiv sichern können. Der Ablauf zum Sichern und Wiederherstellen eines Projekts wird am Ende dieses Kapitels beschrieben.

10.1.3 Konfiguration

Unter **KONFIGURATION** werden Grundeinstellungen für die Kommunikation von Allplan und Allmenu mit Ihrer Hardware getätigt.

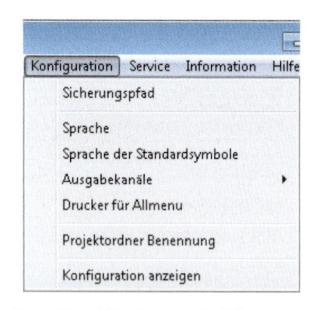

- **SICHERUNGSPFAD** definiert den Ort, an dem die Sicherungsroutine des Allmenus eine Sicherung anlegt oder nach einer Sicherung zum Einspielen sucht. Der Sicherungspfad kann auf einen beliebigen, nicht schreibgeschützten Ordner gestellt werden. Im Sicherungspfad werden die Sicherungen angelegt, die über den Menüpunkt **DATENSICHERUNG** erzeugt werden. Beim Rücksichern von Daten wird auch auf den eingestellten Sicherungspfad zugegriffen.
- **SPRACHE** bietet alle installierten (und erworbenen) Sprachen für Allplan und Allmenu zur Auswahl an. Sollte die gewünschte Sprache nicht verfügbar sein, ist diese entweder nicht in Ihrer Lizenz enthalten oder nicht installiert.
- **PROJEKTORDNER BENENNUNG** legt fest, wie die Benennung der neuen Projektordner (Windows-Ordner) erfolgen soll bzw. welche Möglichkeiten bei der Erstellung neuer Projekte vorhanden sind. Das System zeigt in einem Auswahlfenster die verfügbaren Optionen sowie die aktuell eingestellte Option an.
  - **INTERNE PROJEKTNUMMER VOREINGESTELLT**
    ORDNERNAME WIE PROJEKTNAME WÄHLBAR bedeutet, dass Sie zwischen den Einstellungen **INTERNE PROJEKTNUMMER** oder **ORDNERNAME WIE PROJEKTNAME** auswählen können und die interne Projektnummer für die Projektordnerbenennung voreingestellt ist.

- **INTERNE PROJEKTNUMMER FEST EINGESTELLT**
  Normale Nutzer in einer Workgroup-Umgebung dürfen nur solche Projekte neu anlegen, deren Projektordner mit der internen Projektnummer benannt ist.

> **HINWEIS:** Für Administratoren bzw. Einzelplatz-Nutzer gilt diese Einschränkung nicht. Sie erhalten aber eine Meldung, dass dies nicht der Standardeinstellung entspricht.

- **ORDNERNAME WIE PROJEKTNAME VOREINGESTELLT, INTERNE PROJEKTNUMMER WÄHLBAR**
  Hier kann der Anwender zwischen den Einstellungen **ORDNERNAME WIE PROJEKTNAME** oder **INTERNE PROJEKTNUMMER** auswählen. Ersteres ist voreingestellt.
- **ORDNERNAME WIE PROJEKTNAME FEST EINGESTELLT**
  Normale Nutzer in einer Workgroup-Umgebung dürfen nur solche Projekte neu anlegen, deren Projektordner wie der Projektname benannt ist.

> **HINWEIS:** Für Administratoren bzw. Einzelplatz-Nutzer gilt diese Einschränkung nicht. Sie erhalten aber eine Meldung, dass dies nicht der Standardeinstellung entspricht.

10.1.4 Service

Unter dem Menüpunkt **SERVICE** befinden sich Hilfsprogramme, die den Nutzer bei der Erstellung einer Supportanfrage an Nemetschek unterstützen.

- **EINGABEAUFFORDERUNG** und **WINDOWS EXPLORER** bieten einen Schnellzugriff auf alle Pfade, in denen Daten von Allplan abgelegt werden. Gegenüber den Vorversionen müssen die Pfade an die Datenablagevorgaben von Microsoft angepasst werden. Über die Schnellanwahl und die in der Oberfläche des Allmenu gezeigten Pfade haben Sie dennoch schnellen Zugriff.
- **SUPPORTANFRAGE ERSTELLEN (HOTINFO):** Der Assistent **SUPPORTANFRAGE ERSTELLEN (HOTINFO)** erzeugt eine standardisierte Anfrage an die Hotline von Nemetschek, die neben der eigentlichen Frage auch Systeminformationen beinhaltet, die für eine Beantwortung notwendig sein können. Verwenden Sie die Hotinfo vor allem dann, wenn Sie weder Kundennummer noch installierte Allplan-Version kennen.
- **Hotlinetools:** Die Hotlinetools sind eine Sammlung verschiedener Hilfsprogramme, die bei der Lösung eventuell auftretender Probleme helfen und den Programm- und Systemservice mit der Hotline automatisieren.

Einige dieser Tools sollten nur im Dialog mit der Hotline verwendet werden bzw. nach Beratschlagung mit kundigen Kollegen.

Die wichtigsten Problemlösungen über Hotlinetools sind im Folgenden aufgeführt.

- **CLEANSTD: CAD-EINSTELLUNGEN AUF STANDARD ZURÜCKSETZEN**
  CLEANSTD setzt alle Benutzereinstellungen zurück, die Sie in den Optionen getätigt haben. Über **LASTSTD** können Sie die letzten Einstellungen regenerieren, wenn Ihr Problem nicht beseitigt wurde.

- **CLEANREG: CAD-REGISTRIERUNGSEINSTELLUNGEN ZURÜCKSETZEN**
  CLEANREG findet alle in der Systemregistrierung unter HKEY_CURRENT_USER vorhandenen CAD-spezifischen Einträge und kann diese (auch selektiv) bereinigen. Unter HKEY_CURRENT_USER werden z.B. die Größe und Lage der meisten Dialoge gespeichert.

- **CLEANUP: INITIALISIERT DIE BILDSCHIRMDARSTELLUNG**
  CLEANUP initialisiert die Bildschirmdarstellung (= setzt diese auf Standardwerte zurück) und behebt damit Probleme, die durch defekte Grafikinformationen verursacht wurden. Sie können dieses Tool bedenkenlos verwenden und sollten es immer dann ausführen, wenn die Bildschirmdarstellung nicht korrekt ist. Nach der Ausführung des Hotlinetools und nach erneutem Start von Allplan wird in das private Projekt gewechselt.

- **CLEANPRINT: DRUCKEREINSTELLUNGEN AUF STANDARD**
  CLEANPRINT setzt die Druckereinstellungen zurück. Dies kann hilfreich sein, wenn auch bei korrekten Einstellungen nicht das gewünschte Druckbild erreicht wird.

- **TOOLBAR: TOOLBARPOSITIONEN AUF STANDARDEINSTELLUNG**
  TOOLBAR setzt die Lage und den Inhalt der Symbolleisten auf die Standardeinstellungen zurück, die bei der Neuinstallation des Programms vorhanden sind. Dieses Zurücksetzen erfolgt unabhängig davon, ob Sie die Lage der Symbolleisten als Standardposition gespeichert haben. Durch Ausführen dieses Hotlinetools können »verschwundene« Symbolleisten wieder im sichtbaren Bereich des Bildschirms platziert werden.

- **REORG: REORGANISIERT DIE PROJEKTVERWALTUNG**
  REORG kann in drei unterschiedlichen Varianten gestartet werden. Mit der Option **PROJEKT-VERWALTUNGSDATEI WIEDERHERSTELLEN** können Sie eine defekte oder gelöschte Projektverwaltung erneuern.

- **DOCSIZE: EINSTELLUNG DER DOKUMENTGRÖSSE**
  DOCSIZE sorgt dafür, den im Arbeitsspeicher vorgehaltenen Platz für alle geladenen Dokumente an die Ausstattung Ihres Rechners anzupassen. Grundsätzlich gilt: Je größer der Wert, desto langsamer wird das Programm. Daher sollte der Wert für **DOCSIZE** immer möglichst klein eingestellt werden. Die Eingabe erfolgt in MB. Empfehlungen für die Einstellung der Dokumentgröße:

  - Bei einfacher Hardwareausstattung: Dokumentgröße 64 MB
  - Bei Standard-Hardwareausstattung: Dokumentgröße 128 MB (Windows 32 Bit)
  - Bei Standard-Hardwareausstattung: Dokumentgröße 200 MB (Windows 64 Bit)
  - Bei guter Hardwareausstattung: Dokumentgröße 256 MB (Maximum für Windows 32 Bit)
  - Bei sehr großer Datenmenge, guter Hardwareausstattung und Windows 64 Bit: 512 MB

> **HINWEIS:** Die maximale Datenmenge pro Teilbild ist auch bei Windows 64 Bit auf 256 MB beschränkt. Bei Überschreiten der Grenze wird eine entsprechende Meldung angezeigt.

10.1.5 Information

Unter dem Menüpunkt **INFORMATION** können Sie die installierte Version und Ihre Kundennummer (inklusive Arbeitsplatznummer) einsehen. Beide Informationen sind wichtig, wenn Sie die Hotline kontaktieren.

10.2 Allmenu – Datensicherung

Allplan speichert automatisch bei jedem Teilbild-, Plan- oder Projektwechsel sowie beim Beenden des Programms Ihre aktuelle Arbeit ab. Zusätzlich werden bei vielen kritischen Aktionen (dokumentübergreifendes Kopieren, Kopieren von Teilbildern in der Bauwerksstruktur, Kopieren von Plänen in der Planstruktur) automatisch Backup-Dateien angelegt. Dennoch ist es, vor allem für Nutzerfehler, ratsam, die bearbeiteten Projekte in bestimmten Abständen über das Allmenu zu sichern. Die so erzeugten Projektsicherungen können eingespielt werden, um z.B. einen alten Planungsstand zu prüfen, um versehentlich gelöschte Daten wiederherzustellen, oder um die Daten komplett einem Planungspartner oder externen freien Mitarbeiter zur Weiterarbeit zur Verfügung zu stellen. Neben Projektsicherungen können auch Sicherungen des privaten Ordners und/oder des Bürostandards gemacht werden.

Eine automatisch gesteuerte Sicherung der Daten am Datenserver sollte natürlich immer erfolgen.

10.2.1 Projektsicherung erstellen

Einstellen des Sicherungspfades

Der Sicherungspfad muss vor dem Start der Sicherung eingestellt werden.

- ➤ KONFIGURATION
- ➤ SICHERUNGSPFAD
- ➤ Bestehenden Ordner wählen oder neuen Ordner erstellen
- ➤ Einstellungen bestätigen

Datensicherung erstellen

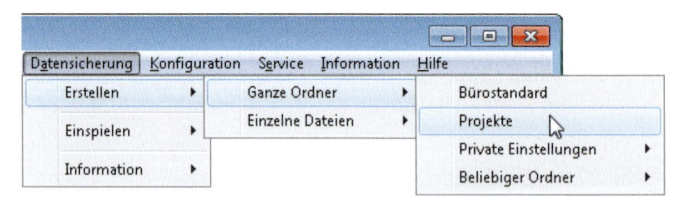

- ➤ DATENSICHERUNG
- ➤ ERSTELLEN
- ➤ GANZE ORDNER
- ➤ PROJEKTE
- ➤ Ein oder mehrere Projekte auswählen, die in dem angegebenen Pfad gesichert werden sollen
- ➤ Abfrage mit OK bestätigen
- ➤ Daten werden gepackt und gesichert

Sollte noch kein Sicherungspfad definiert worden sein oder der definierte Pfad ungültig bzw. nicht erreichbar sein, werden Sie nach Auswahl des zu sichernden Projekts aufgefordert, einen gültigen Sicherungspfad anzugeben.

> **HINWEIS:** Zu Beginn des Sicherungsvorgangs wird überprüft, ob das Projekt (oder die Projekte) in Benutzung ist. Geöffnete, sich in Benutzung befindliche Projekte können nicht gesichert werden.

Im angegebenen Sicherungspfad werden zwei Dateien für jedes Projekt erzeugt – zum einen das Zip-Archiv, das die Daten in sich trägt, zum anderen eine Informationsdatei, die das Allmenu zum Lesen der Sicherung benötigt. Der Dateiname setzt sich immer aus der Projektbezeichnung und einer Nummer zusammen, die aus dem Datum und der Anzahl der an diesem Tag getätigten Sicherungen des Projekts besteht.

10.2.2 Projektsicherung einspielen

Einstellen des Pfades, in dem die Sicherungsdateien liegen

Bevor Daten aus einer Sicherung eingelesen werden können, muss der Sicherungsroutine mitgeteilt werden, unter welchem Pfad die einzuspielende Sicherung gespeichert ist.

- KONFIGURATION
- SICHERUNGSPFAD
- Ordner auswählen, in dem die einzuspielende Projektsicherung liegt

Datensicherung einlesen

- DATENSICHERUNG
- EINSPIELEN
- PROJEKTE
- Sicherung auswählen, die eingespielt werden soll

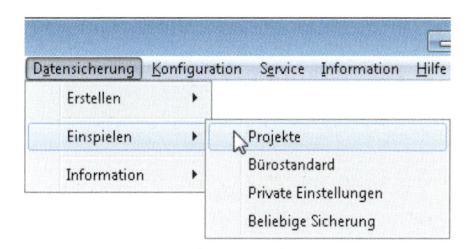

- Abfrage, ob die gesamte Sicherung oder einzelne Dateien der Sicherung eingespielt werden sollen
- Abfrage → Neues Projekt anlegen oder Daten in bestehende Projekte einspielen
- **JA** → Projektname für das neue Projekt wird im nächsten Schritt abgefragt
- **NEIN** → Projektauswahl erscheint
- Daten werden nach Bestätigung entpackt und in das gewählte Verzeichnis kopiert

Werden Daten aus einer älteren Version eingespielt, wird automatisch nach dem Einspielvorgang die Datenwandlung gestartet, und die Daten werden in die aktuelle Version gewandelt.

Index

Symbole

3D-Fläche 340, 349
3D-PDF-Datei 449
3D-Polygonfläche 341

A

Ableitungen 143, 370
– Ansichten 370
– Schnitte 370
Absetzpunkt 80
Achse 219
Achsraster 160
ADMIN 442
Administrator 442
Aktivierungsbereich 88
aktueller Layer 113
Allmenu 477
– Datensicherung 481
– Hotinfo 479
– Hotlinetools 479
Allplan 2013-spezifisch 191
Allplan Exchange 415, 420, 436
– Ansicht 438
– Einstellungen 438
– Empfänger 437
– Export 438
– lokal 437
– Planattribute 439
– Planversand 437
– Projektattribute 439
Allplan Update 6
Animation 78, 213, 342, 354, 386, 449, 450, 458
– Drahtmodell 61
Anpassen
– Bauwerksstruktur 20
– Planstruktur 20
– Projektbezogen öffnen 20
– Zeichnungsstruktur 20
Ansicht
– Allplan Exchange 438
– Nachbearbeitung 378, 387
– sperren 377
Ansichten 143, 369, 370
– Assoziative Ansichten 369
– Einzelschritte 375
Architekturbauteile 91, 231, 311
– ändern 85, 214, 248
– Aufkantung 221
– Ausbau 317
– Aussparung 267
– beschriften 302
– Beschriftungsbild 302
– Bodenfläche 317
– Dachflächenfenster 268
– Dachhaut 265

– Decke 265
– Deckenfläche 317
– Durchbruch 267
– Eckfenster 228
– Eigenschaften 214
– Einzelfundament 270
– Fassade 345
– Fenster 228
– Fensterbankmakro 333
– Fenstermakro, Türmakro 332
– Flächenstoß 372
– flächige Bauteile 264
– Formateigenschaften 212
– Geländer 342
– Geschoss 311
– Höhe 210
– Installationsbauteil 222
– Linienbauteile 217
– Nische 228
– Öffnungen 227, 267
– Plattenfundament 265
– Polygonwand 222
– Raum 311
– Rollladenkasten 232
– Schornstein 270
– Seitenfläche 317
– Sturz 232
– Stütze 270
– Treppe 283
– Tür 228
– Türmakro 332
– Wandpfeiler 222
Architekturbauteile überprüfen 342
Architekturschatten 372, 383
Architekturschnitt 374
archivieren
– Plan 448
Assistent 55, 67
Assoziative Ansichten und Schnitte 31, 342, 369
Attribute 91, 213, 312, 398, 417, 431, 439, 443
– Planattribute 417
– Projektattribute 417
Aufkantung 221, 283
Ausbau 311, 313
ausrichten 159, 165
ausrunden 158
ausschneiden 158, 162
– Zwischenablage 94
Außenanlagen 364
Außenputz 317, 324
Aussparung 267
Ausstattung 355
Auswertung 392, 409
– Bauwerksstruktur 406
– Report 32

AutoCAD
– exportieren 192
– importieren 191
automatische Sicherung 127

B

Bauantrag 311, 315
Bauantragslisten 394
Bauteilachse 219
Bauteile
– Höhe 210, 313
– überprüfen 342
Bauwerksstruktur 25, 142, 380, 394, 406, 410
– Ableitungen 143, 370, 375
– anpassen 20
– Ansichten 143, 375, 380
– Assistent 143
– Bauwerksstruktur löschen 28
– CAD-AVA Recherche 29
– Dachlandschaft 251, 255
– Ebenenmanager 21, 143
– Ebenen zuweisen 107, 243
– Favorit 28
– IFC-Richtlinien 142
– kopieren 44
– Listen 143, 392
– Projektstruktur 145
– Quellteilbilder 370, 375, 380
– Reports 32, 392, 406
– Restriktionen 28
– Schnitt 143, 375, 384
– speichern 27
– Stapel-Reports 405
– Struktur erweitern 150
– Strukturstufe 26, 29, 142
– Strukturstufe einfügen 150
– Teilbilder kopieren 29
– Teilbilder zuordnen 27, 29, 151
BCM 398
Bedienung (Tastatur/Maus) 68
Bedingung 314, 321
Begrenzungslinien 373
Benutzerinteraktion 398
Bereich ausschneiden 158
beschriften 307, 318, 322, 325, 327, 429
Beschriftung 302, 375
– Beschriftungsbild 302
– Dokumentlegende 303
– Höhenkote 303
– markieren 302
– Plan 418
– Planbeschriftung 418
Beschriftungsbild 302, 317, 318, 319, 322, 325
Bewegungsmodus 60
– Kamera 73
– Kugel 73

Bezugsmaßstab 119, 175
Bezugspunkt 96
Bezugspunkteingabe 98
Bild 402
– anpassen 403
Bildausschnitt 60
Bildschirmdarstellung 119, 207
– Farbe zeigt Stift 76
– Favoriten 48, 119
Bildschirmmaßstab 60
Bodenbelag 313, 320, 373
Bodenfläche 317, 320, 373
Bodenplatte 271
Bogenmittelpunkt 96
Büro 46, 317

C

CAD-AVA
– Projektzuordnung 139
– Recherche 15, 29
CINEMA 4D 193, 450
Connect 56, 355, 366

D

Dachebene 103, 106, 259
– Ebenenmanager 256
– Gaube 253
– modifizieren 255
Dachflächenfenster 268
Dachhaut 277
Dachlandschaft 106, 261, 410
– Ebenenmodell 256
Darstellung
– Favoriten 48
– Linienstil 77
– Punktfang 98
– Treppen 289, 296
– Zeichnungstyp 77
Darstellungs-Favorit 119
Datensicherung 481
Datenverwaltung 48
Decke 246, 273, 365
Deckenbelag 313, 320, 373
Deckenfläche 317, 320, 373
DEFAULT 442
Deltapunkt 101
Dialogzeile 53, 74, 100
Dicke Linie 374
DIN 277 311, 315, 321, 394
DIN 1356-1 167
Dokumentgröße 480
Dokumentlegende 303
Dokumentnummer 128
doppelten Linienteil löschen 158
DOWNLOAD 442
Drahtmodell 61
drehen 86
Druckvorschau 399
Duplikate löschen 159
Durchbruch 267
DXF/DWG
– exportieren 192
– importieren 191

E

Ebenen
– Bauteiloberkante 211
– Bauteilunterkante 211
– Dachebene 103, 253
– Dachlandschaft 106, 255, 261, 410
– Ebenenmanager 21, 104, 143, 256
– Ebenenpaar einfügen 106
– Ebenen zuweisen 30, 107, 242
– Favorit 107
– freie Dachformen 104
– freies Ebenenpaar 104, 251
– Gaube 103, 253
– Höhe ändern 107
– Höhenanbindung 211
– Modell neu (Ebenenmodell) 105
– modifizieren 255
– Projektbezogen öffnen 104
– Standardebenen listen 103, 109, 244
Ebenenmodell 102, 210, 261, 410
– Dachlandschaft 255
Eigenschaften
– Hilfskonstruktion 76
– Layer 76
– Linienfarbe 76
– modifizieren 85, 87
– Palette 55
– Plan 37
– Projekt 19
– Reihenfolge 77
– Segmentnummer 77
– Stiftdicke 76
– Strichart 76
– Teilbild 31
– von Layer 76
einfügen 162
– Zwischenablage 94
Eingabe
– Tastatur/Maus 68
– rückgängig (letzte) 75
Einstellungen
– Allplan Exchange 438
– Geländer 344
– Report 394
Einzelfundament 270
Einzellinie 152, 164
Elemente 98
– Absetzpunkt 80
– aktivieren 88
– Bereich markieren 88
– Eigenschaften 85, 87
– Filter 89
– Flächenelement 81
– Hilfskonstruktion 76
– Linienelement 81
– polygonaler Aktivierungsbereich 89
– Reihenfolge 77
– Segmentnummer 77
– Summenfunktion 89
– Transportpunkt 80
Elementfilter
– Polygonzugeingabe 83
Elementgruppe 160
Elementinfo 128

Element teilen 158
Ellipse 154
Ellipsoid 341
Empfänger
– Allplan Exchange 437
entsperren 444
ersetzen
– Projektbezogen öffnen 20, 24
Erweitert in Version 2013 13, 33, 373
– Suchen 24
– Treppenassistent 286
Excel 398
Export 189, 398
– 3D-PDF-Datei 193, 449
– 3DS-Daten 194
– Allplan BCM 195
– Allplan Exchange 438
– BCM 398
– C4D-Datei 450
– Cinema 4D 194
– Excel 398
– IFC-Datei 193
– NID-Plandatei 421
– PDF-Datei 192, 398, 448
– Pläne 195
– Ressourcen 195
– Rhino-Daten 194
– SketchUp-Daten 194
– STL-Daten 194
– Teilbilder 195
– U3D-Daten 194
– VRML-Datei 194
– Word 398

F

Falz 232
Farbe 163
Farbe zeigt Stift 76
fasen 158
Fassade 340, 349
Favoriten 58
– Bauteil 48
– Bauwerksstruktur 28
– Bildschirmdarstellung 119
– Darstellung 48
– Darstellungs-Favoriten 48
– Datei 48
– Datei öffnen 58
– Ebenenmodell 107
– Fassade 345
– Geländer 343
– Planelement 417
– Planstruktur 35
– Verdeckt-Berechnung 374
Fenster 238, 330
– Animation 458
– Bewegungsmodus 60, 73
– Bildausschnitt 60
– Bildschirmmaßstab 60
– Drahtmodell 61
– ganzes Bild 59
– Kameramodus 73
– Konstruktionsfenster 59
– Kugelmodus 73

– Panen (Bild verschieben) 59
– Plan 120
– Projektionen 60
– Schnittdarstellung 61
– Standardprojektionen 60
– Verdeckt-Berechnung 60
Fensterbankmakro 333
Fenstermakro 332, 335, 337, 352
Fertigmaß 396
Filter 89, 400
– Architekturbauteile 91
– Assistent 90
– Attribut 91
– Farbe 90
– Hilfkonstruktion 91
– Layer 90
– Muster 91
– Musterlinie 91
– Schraffur 91
– schrittweise 91
– Segmentnummer 91
– Stift 90
– Stilfläche 91
– Strich 90
– Übernahme 90
– Umbaukategorie 91
Fläche 340
Flächenauswertung 395
Flächenelemente 81, 154, 178, 212, 371
– modifizieren 159
– vereinigen 160
Flächenstoß 372
Flat-Shading 457
Folie 318
Formateigenschaften 212
– modifizieren 85
FREELANCER 442
Freie Oberfläche 314
Freier Plan 39
Freies Ebenenpaar 104, 106
Freies NDW 39
freistellen
– Text 163
Füllfläche 155, 163, 177, 314, 371
Fundament 280
Funktion
– rückgängig 75
– wiederherstellen 75
– wiederholen 75
Funktionsabbruch 75
Funktionen 55
– Symbolleisten 56
Funktionsaufruf
– Abbruch 75
– Assistent 74
– Maus 74
– Shortcut 74
– Tastatur 74

G

Gast 442
Gaube 103, 266
Gauß-Krüger-Koordinaten 198

Gebäudemodell 142, 209
Geländer 340, 342, 347
geschnittene Kanten 374
Geschoss 311, 324
Geschossgruppe 317
Geschosshöhen 246, 258
Gespiegelte Kopie 86
Gewerk 213, 314
Global Illumination 458, 471
Globalpunkt 101
Gourand-Shading 458
Griffe 361

H

Hilfskonstruktion 76
– Filter 91
Höhe 210, 312, 329
Höhenbezug 210, 312
Höheneinstellung
– Anbindung an Dächer 251
– Bauteile 210, 312
– Dachhaut 265
– Dachlandschaft 255
– Ebenen 102
– Ebenen zuweisen 243
– Standardebenen listen 245
Höhenkote 303
Horizontalschnitt 374
Hotinfo 479
Hotlinetools 479

I

IFC 28, 193
– Richtlinien 142
Import 189, 198
– Allplan BCM 195
– Allplan-Daten 203
– AutoCAD-Datei 198
– Cinema 4D 193
– HPGL2 191
– IFC-Datei 193
– PDF-Datei 192
– Pläne 195
– Ressourcen 195
– Rhino-Daten 194
– SketchUp-Datei 194
– STL-Datei 194
– Teilbilder 195
Index 428, 432
Info 438
Innenputz 313, 317, 320, 329
Installation
– Allplan Update 6
– Betriebssysteme 2
– Einzelplatz 4
– Hardware 2
– Netzwerk 4
– Systempfade 4
– Updates 6
– Upgrades 5
– Workgroup 4
Installationsbauteil 222, 328

K

Kegel 341
Kollisionskontrolle 342
Konfiguration
– Allmenu 477
Konstruktion 152, 157
– erweiterte 160
Konstruktionsfenster 59, 416
Kontakte 137
kopieren 162
– dokumentübergreifend 297
– entlang Element 86
– Plan 35
– Planinhalt 92
– Planstruktur 35
– Projekt 138
– Teilbildinhalt 92
– Teilbild 44
– Zwischenablage 94
Kopieren und einfügen 86
Körperfarbe 371
Kote 166, 389
Kreis 153
Kreisteilung 83
Kritische Modelldaten markieren 342
Kugel 341
Kurztasten 63

L

Längeneingaben 54
Layer 76, 90, 109, 376, 393
– aktueller Layer 113
– bearbeitbar 113
– Definition 109
– einfache Übernahme 110
– Einstellungen 112
– Filter 90
– Formateigenschaften aus Layer 110
– Funktionen 112
– Hinweis 113
– Linienstil 77
– Plotset 113, 119
– sichtbar gesperrt 113
– Sichtbarkeit 113, 117
– unsichtbar gesperrt 113
– Verlauf 115
– von Layer 111
– Zeichnungstyp 77
Layerstatus ändern 180
Layout 415
Legende, Plankopf 428
Leiste 313, 317, 321
Licht 372
Lichtschacht 364
Linie 152
Linienbauteile 217, 221
– Streifenfundament 220
– Unterzug 220
– Wand 219
Linienfarbe 76, 90
Linienstil 77, 111
Linienzug 152, 164
Listen 143, 392
Lizenzverwaltung Allmenu 477

löschen *87*
- Bauwerksstruktur *28*
- Dachkörper *255*
- doppelten Linienteil *158*
- Element zwischen Schnittpunkten *158*
- Fenstermakro *229*
- Geländer *343*
- Makro *229, 268*
- Maßlinienpunkt *170*
- Planinhalt *36*
- Planstruktur *35, 424*
- Teilbild *31*
- Teilbildinhalt *31*
- Teileelement *158*
- Text *162*
- Textzeile *165*

M

Makro *330, 334, 356, 382*
Makro in Öffnung *335*
Makrokatalog *331*
Makro tauschen *337, 339*
MANAGER *442*
Mansarddach *253*
Maßlinie *165, 304*
- kontrollieren *171*
- Kote *166*
- modifizieren *170*
- Optionen *169*
- Referenzpunkt *98*
- Wände *300*
Maßstabsbezug *318*
Material *213, 314*
Matrix *402*
Maus *69*
- Bewegungsmodus *73*
- Tastenbelegung *69*
MEMBER *442*
Mengenansätze *396*
Mengengrafik *401*
Menüleiste *53*
messen *178*
- Koordinaten *391*
MicroStation
- exportieren *192*
- importieren *191*
Mitarbeiter *442*
Mittelpunkt *96, 97*
Möblierung *355, 359*
Modell *415*
modellieren 3D *340*
modifizieren *361*
- Architekturbauteile *85, 214, 215, 248*
- Allgemeine AR-Eigenschaften modifizieren *216*
- Dachebenen *255*
- Dachlandschaft *257*
- Ebenen *255*
- Ebenenmodell *257*
- Fassade *346*
- Fenstermakro *337*
- Geländer *344*
- Layer *362, 363*
- Linienbauteile *221*

- Maßlinie *171*
- Text *164*
- Treppe *288, 296*
- Türmakro *337*
Module *54*
Muster *155, 314*
Musterlinie *160*

N

NDW *39*
Neues Projekt *135*
Neu in Version 2013 *133, 419*
- Anzahl Pläne *13, 33*
- Anzahl Teilbilder *13*
- Allplan Exchange *420, 436, 443, 446*
- Architekturschatten *372*
- Einstellungen Architekturschnitt *373*
- ersetzen *20, 24*
- Global Illumination *458, 471*
- iTWO-Daten exportieren *194*
- Kollisionskontrolle *342*
- Kritische Modelldaten markieren *342*
- Legende *428*
- Markierung bei Beschriften *302*
- Oberfläche *51*
- Palette Connect *56, 134*
- Planattribute *35*
- Plankopf *418, 428*
- Plan- und Projektattribute *418*
- Projektattribute *14, 35*
- Referenzteilbilder *31*
- Reports Projekt *18, 35*
- Schnitttiefe = 0 *373, 386*
- SmartPart-Palette *356*
- suchen *20*
- Verlauf Layersichtbarkeit *115*
- Verlauf Projekte *18*
NID-Plandatei *421*
NPL *39*
Nutzeinheit *326*
Nutzungseinheiten *317*

O

Oberfläche *51, 53, 63, 372*
Oberfläche Animation *314*
Oberflächeneinstellung *354*
Oberkante *211*
Objektattribute *91*
Öffnungen *231, 233, 330*
Öffnungsmakro *334*
Offset-Koordinaten *137, 140*
OpenType *163*
Optionen *123*
- automatische Sicherung *127*
- Bezugspunkteingabe *98*
- Ebenenmanager *106*
- Elementinfo *128*
- Maßlinie *169*
- Punkteingabe *96*
- Punktfang *97*
- Reihenfolge *77*
- Speicherorte *47, 127*
- Spurlinie *96*
- Spurverfolgung *96, 98*

- Stiftfarben *76*
- suchen innerhalb *124*
- Symbolleiste Standard *56*
Ordnername *136*

P

Paletten
- Assistent *55*
- Auf aktives Objekt zoomen *55*
- Connect *56, 134*
- Eigenschaften *55, 87*
- Funktionen *55*
- modifizieren *87*
- Module *54*
panen (Bild verschieben) *59*
Papierformat *417, 420*
PDF-Datei *192, 398, 421*
Perspektive *401*
Pfad
- Büro *46*
- Privat *47*
- Projekt *46*
Pfadeinstellungen *137*
Phong-Shading *458*
Pixelfläche *156, 172, 174, 371*
Plan
- Allplan Exchange *436*
- als PDF-Datei ausgeben *448*
- anlegen *425*
- archivieren *448*
- Attribute *443*
- Ausgabe auf Papier *433*
- beschriften *418, 428, 429*
- Eigenschaften *37*
- entsperren *444*
- Entwurfs-Ansicht *120, 416*
- erstellen *427*
- exportieren *421*
- Farbplot-Vorschau *120, 416*
- Favorit *417*
- Filter Planelemente *91*
- Graustufenplot-Vorschau *121, 416*
- HPGL *421*
- importieren *421*
- Index *428, 432*
- kopieren *35, 92*
- Layer *419*
- Legende, Plankopf *428*
- Papierformat *417, 420*
- Pixelbild *421*
- Planattribute *417, 431*
- Planbearbeitung *19, 415*
- Planblatt verschieben *418*
- Planelement *417*
- Pläne zuordnen *34*
- Planfenster *430*
- Plankopf *418, 428, 429*
- Planmanagement *436*
- Planrahmen *418, 428*
- Planstruktur *421*
- Planverknüpfung zuordnen *36*
- Planversand *420, 436, 437, 443, 446*
- Plotten *419, 435*
- Projektattribute *417*

- Seite einrichten   417, 420
- sperren   444
- Strukturstufe einfügen   34
- Subindex   428, 432
- Verkleinerungen   435
- Verknüpfungen anzeigen   36
- Verknüpfung erstellen   36
- Versand   437
- verschieben   35
- Webplattform   440
- zuordnen   36
Planattribute   417, 431, 439, 443
- Allplan Exchange   439
Planbearbeitung   19
Planfenster   430
Plankopf   418, 428, 429
Planmanagement   436
Planmodus   415, 422
Planrahmen   418, 428
Planstruktur   421
- anpassen   20
- erweitern   421
- Favorit   35, 424
- löschen   35, 424
- Plan kopieren   35
- speichern   35
Planversand
- Allplan Exchange   420, 436, 437, 443, 446
Planzeichen Städtebau   16
Planzeichenverordnung   139
Plattenfundament   271
Plotset   113, 119, 376, 393
Polygonwand   222
Polygonzug   154
- Linien zu Polygonen verbinden   158
Polygonzugeingabe   81
- Bezugspunkt   82
- Elementfilter   83
- ganzes Element   82
- Hilfspunkt   82
- Kreisteilung   83
- Stichmaß   83
- Teilbereich   82
Privat   47
ProjectPilot - Verwaltung   48, 454
Projekt   13, 46
- Bauwerksstruktur   142
- CAD-AVA-Projektzuordnung   139
- Eigenschaften   19
- Ein-/Ausgabewährung   16
- kopieren nach   138
- Neues Projekt   18, 49, 135
- öffnen   17
- Offset-Koordinaten   16, 140
- Planzeichenverordnung   139
- Projektattribute   133, 139, 417, 439, 443
- Projektbezogen öffnen   141
- Projekt kopieren   18, 138
- Projektpfad   19
- Recherchepfad   140
- Struktur   141
- umbenennen   19
- Verwaltung   50

- Währung   140
- Zeichnungsstruktur   141
Projektattribute   133, 139, 417, 439, 443
- Allplan Exchange   439
- freigeben   133
Projektbezogen öffnen   19
- anpassen   20
- Bauwerksstruktur   25, 141
- Plan   33
- Zeichnungsstruktur   23, 141
Projektionen   60
Projektname   136
Projektort   136
Pultdach   253, 259
Punkte modifzieren   86
Punktfang   74, 97
- Bezugspunkt   96
- Bogenmittelpunkt   96
- Deltapunkt   101
- Eingabefelder   100
- Element   98
- Globalpunkt   101
- Globalpunkteingabe   101
- Länge rastern   102
- Mittelpunkt   96
- Punkt über Winkel   101
- Schnittpunkt   96
- Spurlinie   96, 102
- Spurpunkt   96
Pyramide   341

Q

Quader   341
Quellteilbilder   370
Quick-Ray   458

R

Raster   102, 160
Rasterpunkt   97
Raum   311
- Gruppe   317
Raumausbau   313
Raum/Geschossgruppe   317, 326
Ray-Tracing   458
Rechteck   152
Reihenfolge   77, 174
Renderverfahren   457
- Flat-Shading   457
- Global Illumination   458, 471
- Gourand-Shading   458
- Phong-Shading   458
- Quick-Ray   458
- Ray-Tracing   458
Report   369, 392, 398, 409
- Bauantrag   394
- Bauwerksstruktur   32, 406
- BCM   398
- Benutzerinteraktion   399
- Bild   402
- DIN 277   394
- Druckvorschau   399
- Excel   398
- Filter   400
- Grafik   403

- Matrix   402
- Mengenansatz   396
- Mengengrafik   401
- Neues in Version 2013   18
- PDF   398
- Perspektive   401
- Viewer   398
- Wohnflächen   394
- Word   398
- zoomen   399
Ressourcen   195
Restriktionen der Bauwerksstruktur   28
Rohbau   209
Rohbaumaß   396
- Pauschalabzug   396
Rollladenkasten   232
Rückgängig   75

S

Satteldach   253
Schatten   372, 383
Schnitt   143, 370, 374, 384
- Einstellungen   373, 385
- Einzelschritte   375
- Nachbearbeitung   378, 388
- sperren   377
Schnittdarstellung   61, 386
Schnitte   342, 369
Schnittflächen   374
Schnittkörper   374
Schnittlinie   374, 383
Schnittpunkt   96, 97
Schnitttiefe = 0   373
Schornstein   270
Schraffur   155, 314
Schriftart   163
Segmentnummer   77, 91
Seitenbelag   313, 320, 324, 329
Seitenfläche   317, 320, 324, 329
Shortcut   63, 74
Skalierung
- Lageplan   172
SmartParts   356, 359
- Katalog   357
- modifizieren   361
Speicherort   46, 127
- Büro   46
- Privat   47
- Projekt   46
sperren   377, 444
Spiegel   86
Spline   154, 161
Sprache
- Allmenu   477
Spurlinie   96, 98, 102
Spurpunkt   96
Spurverfolgung   96, 98
Standard   317
Standardebenen   103
- listen   109
Standardprojektionen   60
Stapel-Reports   405
Statusleiste   53
Stichmaß   83

Stiftdicke   76, 90
Stilfläche   157
Streifenfundament   220, 280
Strichart   76, 90
Strukturstufe einfügen
- Bauwerksstruktur   26, 29
- Plan   34
Sturz   232
Stütze   270, 282
Subindex   428, 432
Suchen
- Projektbezogen öffnen   20, 24
Summenfunktion   89
Symbole   356, 358, 362, 367
- Allplan Connect   355
Symbolleisten   56, 63
Systempfad   46

T

Tangente   157
Tangentenpunkt   97
Tastatur   68
Teilbilder
- Ebenen zuweisen   30
- Eigenschaften   31
- kopieren   29, 44, 92
- löschen   31
- öffnen   20
- Quellteilbilder   370
- Referenz   31
- Sichtbarkeit   116
- Teilbildgröße   480
- Teilbildstatus   21
- Teilbildstatus ändern   116, 224
- umbenennen   148
- verschieben   29
- Zielteilbild   39
- zuordnen   24, 27, 29, 151
- Zuordnung lösen   31
Teilbilder aus Zeichnungs-/Bauwerksstruktur   20
Teilbildmodus   415, 422
Teilbildstatus ändern   116, 224
Text   161, 164, 302, 391
- ausrichten   165
- freistellen   163
- Füllfläche   163

- modifizieren   164
- Textblock   163, 165
- Textzeile   163
- Textzeile löschen   165
Textur   371
Textzeiger   164
Textzeile löschen   165
Titelleiste   53
Transparenz   372
Transportpunkt   80
Treppe   283, 294
- Darstellung   296
- modifizieren   288
- Treppenschnitt   288
Treppenschnitt   298
TrueType   163
Türen   330
Türmakro   332, 335, 337, 352
Type 1   163

U

Überarbeitet in Version 2013   479
- Pläne   33
- Teilbildstatus ändern   116
Übernahme   58
Umbaukategorie   91
Umbauplanung   216
Unterkante   211
Unterzug   220
Update   6
Upgrade   5

V

Verblendung   232
Verdeckt-Berechnung   60, 342, 369, 376, 386, 408
verschieben   86
- dokumentübergreifend   297
- Plan   35
verschneiden   158
verteilen   159
verzerren   87
Visualisierung   78, 213, 457, 458
Vordach   353
Voreinstellungen
- Allmenu   477
Vorwandinstallation   328

W

Währung   140
Wand   217, 219, 222, 366
wandeln
- Flächenelement   160
Wandpfeiler   222
Webplattform   440
wiederherstellen   75
wiederholen   75
Winkeleingaben   54
Winkelhalbierende   157
Winkelsprung   80
Wohnfläche   311, 315, 321
- Fertigmaß   396
- Rohbaumaß   396
- Rohbaumaß - Pauschalabzug   396
Wohnflächenreports   394, 395
Word   398

X

XRef   196

Z

Zeichnungseinheit
- Länge   54
- Winkel   54
Zeichnungsstruktur   23, 141
- anpassen   20
- Ebenenmanager   21
- Lesezeichen   24
- Zeichnung erstellen   24
Zeichnungstyp   54, 111, 119, 175
Zeltdach   253
Zielteilbild   39
zoomen   399
zuordnen
- Plan   36
- Planverknüpfung   36
Zwei Elemente ausrunden   158
Zwei Elemente verschneiden   158
Zwischenablage
- ausschneiden   94
- einfügen   94
- einfügen an Originalposition   94
- kopieren   94
Zylinder   341